JN271589

The Troubled Crusade: American Education, 1945-1980

教育による社会的正義の実現
アメリカの挑戦（1945～1980）

ダイアン・ラヴィッチ 著
末藤 美津子 訳

東信堂

The Troubled Crusade: American Education, 1945-1980 by Diane Ravitch
Copyright © 1983
First published in the United States by Basic Books,
a member of the Perseus Books Group
Japanese translation rights arranged with Basic Books,
a member of the Perseus Books Inc., Massachusetts
through Tuttle-Mori Agency Inc., Tokyo

The Troubled Crusade: American Education, 1945-1980 の原著は、1983年にアメリカにおいて、Perseus Books Group の Basic Books より刊行されました。本書は、株式会社東信堂が Tuttle-Mori Agency を通じて、Basic Books との契約に基づき翻訳出版したものです。

Diane Ravitch

日本語版への序文

　私は、*The Troubled Crusade: American Education, 1945-1980* を、公教育の支配をめぐって厳しい対立があった時代に執筆しました。アメリカの教育制度は常に、とても「制度」などとは言えたものではなかったし、地方当局により学校が統制されている極めて分権化されたものでした。本書が扱っている時代において、伝統的な教育の地方分権化は攻撃に晒され、崩壊し始めました。そうした状況を変革し、アメリカの教育に深い影響を与えた論争について、本書は詳しく記しています。

　この本の記述は、第二次世界大戦が終わったところから始まり、1945年から1980年までのアメリカの教育を形づくっていった、主要な問題の歴史に焦点を当てています。連邦政府が教育政策を実現する際に主導的な役割を果たすのがなぜ難しかったのか、また、最終的には1965年になぜ連邦政府がその主導的な役割を引き受けざるを得なかったのかを、この本は明らかにしています。私は、多くの州で揺るぎないものとなっていた人種隔離を突き崩していった、裁判所の役割にも目を向けていますし、そうした裁判所の介入が必要不可欠なものであると位置づけた、社会科学についても紹介しています。そして、カリキュラム開発をめぐるイデオロギー闘争や、カリキュラムに関する全米的な合意を形成することの難しさについても論及しました。この本はまた、1960年代の大学紛争の影響や、大学の急進化や、最終的には学校の急進化についても論じています。権利を奪われた集団が、自分たち

の利益を守るために、どのようにして政治闘争を勝ち取っていったかが、この本では明らかにされています。

　本書を通して私は、アメリカの社会と学校との間の緊密な関係を示すことができたと思っています。あわせて、多様なエスニシティや人種を抱える国にとって、教育の主要な課題をめぐる国家的な総意を形成することがいかに困難であるかということも、示すことができたのではないかと思っています。ここに描かれている事柄は、今日においても、アメリカの教育に大きな影響を与え続けています。

　　　2010年3月30日　ブルックリン、ニューヨーク
　　　　　　　　　　　　　　　　　　　　　　ダイアン・ラヴィッチ

謝　辞

　さまざまな分野に関わりがあり、調査や執筆に何年もかかるような本を書いていると、必然的に多くの方々のお世話になってしまうことになる。新たな情報源を示してくれたり、各章を読んでくれたり、論文や著書について教えてくれたり、知識豊かな協力者を紹介してくれたり、問題や出来事に関する考えを打ち明けてくれたり、また、この仕事を完成させることができないかもしれないと落ち込んでいたときに励ましてくれたりする、多くの人々からの支援と友情を得られて、私は極めて幸運であった。

　とりわけ、ジョン・サイモン・グッゲンハイム記念財団に感謝の意を表したい。というのも、1977年から1978年にかけてこの財団から研究奨学金を受けることができたので、丸一年間、本を読み、問題点を整理し、研究と執筆の計画を立てることができたからである。スペンサー財団の寛大な援助のおかげで本を書き上げることができ、また、研究に関わる有益な支援を受けることができた。さらに、ティーチャーズ・カレッジ図書館、ミズーリ州インディペンデンスにあるハリー・S・トルーマン図書館、カンザス州アビリーンにあるドワイト・D・アイゼンハワー図書館からは、超一流の蔵書と頼りになる図書館員の方々を通して多大な恩恵を受けた。

　研究助手として、思慮深く、機知に富み、徹底的に仕事をしてくれた、カティ・ボルドナロ、スーザン・メイソン、バーバラ・マーチンソンズに感謝したい。バージニア・ブレレトンは宗教に関わる問題の情報収集で私を助け

てくれたし、ティム・クーニハンは刊行前の最終段階で、入手しにくい引用文献を探し出してくれた。

できあがった本に責任を負ってはいないが、私の質問に答えてくれたり、逆に質問してくれたり、重要な資料を示してくれたり、私が何とか理解しようと格闘していた問題点の理解を手助けしてくれた多くの良き同僚は、マーチン・トロウ、ジョン・バンゼル、アビゲイル・サーンストローム、ゲリー・サイクス、パトリシア・グラハム、レスリー・レンコウスキー、マルゲリーテ・バーネット、ハロルド・ノア、それにデリック・A・ベル・ジュニアだ。リタ・クレイマーには特別の感謝の意を表したい。彼女は各章ができあがったときに読んでくれただけでなく、私が落ち込んだときに私の気持ちを盛り立ててくれた。ジェイン・アイセイが私の編集者であったことは、私にとって幸運であった。彼女の適切な編集上の判断と確固とした精神的な支えは、何物にも代え難いものであった。この本の原稿整理編集者であるジュリア・ストランドにも大いに感謝している。彼女は注意深く、洞察力に富み、言葉づかいが完璧であることに対して見事な敬意を払っていた。ローレンス・A・クレミンから受けた恩義に対しては、言葉ではとても言い表せない。彼は、私が1969年に初めて彼の研究室に入って行って、ニューヨーク市の教育に関する本を書くつもりだと告げたその日以来ずっと、私にとっての教師であり、良き指導者であり、仲間であり、そして友達である。

本の著者が、言葉と構想に取りつかれてしまった人間と暮らすことの不便さを我慢してくれた家族に対して、感謝の意を表することは、ほとんど習慣のようになっている。ところが私の家族に関しては、そんな習慣的な謝意を表明するだけでは全く十分ではない。私の夫は、彼自身、恐ろしいほど重い責任を伴う仕事を抱えていたにもかかわらず、私がより多くの時間を執筆に割くことができるように、いくらかの家事的な雑用を喜んで分担してくれた。何年もの間、彼の高潔さ、常識、そして現実を踏まえた理想主義というものが、私にとっては時宜に適った考えを生み出す源となった。私の若い方の息子マイケルは、ワープロの使い方を教えてくれ、私が原稿を台無しにしてしまうとすぐに助けにきてくれ、私が間違って何頁分もの原稿を消してしまっ

たりしたときには同情してくれ、しかも、しばしば編集に関する良い提案を出してくれた。私の年長の息子ジョセフは、彼にとって幸運なことに、私が最も真剣に執筆に打ち込んでいた期間には大学に行っていて不在であったため、私の家内工業に巻き込まれることはなかった。

　この本を愛と賞賛を込めて、私の夫であるリチャードに捧げたい。

ダイアン・ラヴィッチ

はじめに

　1786年に、当時、駐仏米国公使であったトーマス・ジェファーソンは、彼の友人でもありまた助言者でもあった、バージニア州ウィリアムズバーグに住むジョージ・ワイデに手紙を書いている。彼は、自分が7年ほど前に提出した宗教の自由に関する法令を、バージニア州議会がやっと制定したことを、喜んでいた。しかしながら、彼はワイデに対して、次のように書き送っている。州議会に提出されていながら未だ制定されていない法案の中で最も重要なものは、「人々に知識を普及させるための法案である。自由と幸福を守るために、これよりも確実な土台となるものは思いつかない」。ジェファーソンにとっては、フランスの普通の人々の生活を見ている中で、こうした考えを疑う気持ちは完全に払拭されていた。彼らは、「自然の恵み」に囲まれて暮らしているにもかかわらず、悲惨な状況に置かれていた。というのも、彼らは、「無知、迷信、貧困、そしてあらゆる意味での身体と精神の抑圧」に支配された状態のままであったからである。ジェファーソンは、彼の友人に熱心にこう勧告した。「説き続けよ、私の親愛なる師よ、無知の撲滅運動を。普通の人々を教育していくための法律を制定したり改革したりせよ。我々の同胞に以下のことを知らせよ。こうした弊害の蔓延を防ぐことができるのは、人民だけであることを。そして、人民を無知なままに放置しておくと、王族・僧侶・貴族をのさばらせることになるが、王族・僧侶・貴族に払われる税金の1,000分の1にも満たない額で、無知の撲滅運動を実行することができるというこ

とを」[1]。

　本書は、アメリカの歴史の中でもとりわけ混乱していた時代において、無知の撲滅運動がどのような形で進められていったのかについてまとめたものである。1945年から1980年までの35年の間には、他の多くの改革運動も我が国の教育機関の中を嵐のように吹き荒れた。あるときは無知の撲滅運動を応援する形で、あるときは無知の撲滅運動を、価値の有無にかかわらず他の目的に従わせる形で、そうした改革運動は繰り広げられた。アメリカの歴史におけるいかなる時代と比べても、この時代においては、無知の撲滅運動は教育の機会均等を実現するための改革運動であることがより強く意識されていた。幼稚園から大学院に至るフォーマル・エデュケーションのすべての段階において、機会の均等ということが戦後の教育改革者の最も重要な目的になっていた。ときには、こうした戦いを主導する人々が、なぜ生徒をより長く学校に留めておくことが重要であるのかとか、なぜ入学者数を増やすための戦いは無知の撲滅運動の一部であるのか、といったことの理由を忘れてしまったり、教育機関は入学者数だけではなく生徒が何を学んだかによっても評価されるということを、忘れてしまったりしているように見受けられた。

　おそらく、学校教育が社会の病弊を改善できると信じることほど、典型的なアメリカ的な発想は他にはないように思われる。19世紀の初頭でも20世紀の後半であっても、いつでもアメリカ人は、学校教育の充実を求める議論を重ねてきた。その根底には、学校教育を充実させることによって、民主主義を守り、貧困をなくし、犯罪発生率を押し下げ、共通の文化を豊かにし、失業率を減少させ、移民のアメリカへの同化を容易にし、エスニック集団の間にある相違を克服し、科学技術の進歩を促進し、交通事故を防止し、健康の基準を引き上げ、道徳性に磨きをかけ、若者を実用的な職業に導いていくことが可能になるであろうという考えがあった。近年、学校や大学は、現状を維持したり卒業証書を手渡したりすることだけに甘んじることなく、それ以上のことをすべきだと断言する風潮があるが、その妥協を許さない皮肉な言葉の中には、実際には、その言葉で正体を暴こうとしている「神話」以上の真実は何も含まれてはいない。歴史のいかなるときにおいても、アメリカ

人は自分たちの教育機関に多くのものを期待し続けてきた。ときには、学校に対して、全く相応しくない事柄に関する責任を負うよう求められたこともあった。その結果として、教育機関が失敗したとすれば、それは通常、そのときの指導者や一般大衆も同様に、教育機関の持つ真の力ばかりでなく真の限界をも忘れてしまっていたためであった。

　教育機関は国家目的を実現するための手段であるとしばしば定義されたために、教育機関は世論形成という大きな領域での焦点となっていたし、結局のところ、現在でもアメリカ人はそう考えているが、その一方で、教育機関は異なる意見を持つ人々を惹きつける磁石のような役割も果たしていた。すなわち、社会秩序を変えたいと考える人々、危機に瀕している伝統を守りたいと願う人々、歴史上の誤りを訂正したいと望む人々、次の世代の人々が前の世代の人々の過ちによって損なわれることがないようにしたいと希望する人々が、教育機関に惹きつけられていったのである。イデオロギー、社会不安、異なる人種やエスニシティの間にある緊張、国の内外における出来事が、改革者の目を学校や大学に向けさせた。彼らは、そこにおいてどのようなことが教えられているのか、どのような教科書が使われているのか、どのような考え方が支持されているのか、誰がそこで教えることができるのか、どのような生徒が入学を許可され、進級し、大学に進学し、学位を取得できるのかといったことを知りたがっていた。

　1945年の時点では、アメリカの教育は、高度に分権化されたピラミッド型組織としての強さと弱さを併せ持っていた。誰でも学校へ行くことができたが、一番良い学校と悪い学校との間には、途方もないほど大きな教育の質の格差があった。多数の卒業生を著名な高等教育機関に送り出す、一流の学区や素晴らしい寄宿制の私立中等学校が存在した。だが、その一方で、貧困な地域に位置していて、僅かな教育内容しか提供できないお粗末な学校もあった。そうした学校では、カレッジへの進学準備をする生徒はほとんどいなかった。良い学校と良い教師というものは、すべての子どもに平等に与えられているわけではなかったし、高等教育への進学の機会は、才能のある若者すべてに平等に開かれているわけではなかった。教育を受ける機会は、生

まれ合わせと肌の色によって制限されていたのである。
　アメリカは第二次世界大戦を何とか切り抜けることができた結果、国内で理想主義と将来への強い願望が高まり、機会の不平等をめぐる問題は一層ひどくなったというわけではなかったが、アメリカの教育の不公正な特質に関しては、過去のいかなる時代と比べても、人々の間ではるかに受け入れがたいものとなっていた。少なくとも、アメリカの無知の撲滅運動は、人種、宗教、国籍、性別、家庭背景といったものにはかかわらず、教育の機会がすべての若者に与えられることを求めていた。変革を阻むものは手ごわかった。理想主義と将来への強い願望だけでは、過去の手枷足枷を振りほどくのには十分ではなかったし、おそらくは勝負に勝つにも十分ではなかったであろうが、正しい政治的・社会的環境のもとで成功を収めることができるようになるまで、アメリカの良心を掻きたてて、教育の機会均等を求める運動を継続させておくには十分であった。

教育による社会的正義の実現──アメリカの挑戦 (1945-1980) ／目次

日本語版への序文 ……………………………………………… i
謝　辞 …………………………………………………………… iii
はじめに ………………………………………………………… vi
凡　例 …………………………………………………………… xv
欧字略語一覧 …………………………………………………… xvi

第1章　戦後の教育を主導した人々 ……………………… 3
第1節　連邦による教育支援をめぐる公聴会 (5)
第2節　教育への参加者の増加 (10)
第3節　復員兵援護法 (16)
第4節　高等教育委員会 (21)
第5節　公民権委員会 (26)
第6節　タフト法案 (36)
第7節　ブランシャードの反カトリック論 (41)
第8節　バーデン法案 (46)
第9節　スペルマン・ローズベルト論争 (50)
第10節　連邦による教育支援の試みの挫折 (58)

第2章　進歩主義教育の勃興と衰退 ……………………… 61
第1節　20世紀初頭の進歩主義教育 (61)
第2節　『中等教育の根本原理』(67)
第3節　カリキュラム改訂運動 (72)
第4節　カリキュラム改訂運動のもたらしたもの (77)
第5節　教育の社会的有用性 (83)
第6節　若者の要望 (86)
第7節　生活適応教育 (90)
第8節　進歩主義教育への批判 (94)
第9節　進歩主義教育の衰退 (109)

第3章　忠誠心の調査 ……………………………………… 113

第1節　1930年代の急進主義 (115)
第2節　『ソーシャル・フロンティア』(118)
第3節　ラッグの教科書への批判 (124)
第4節　「忠誠の誓い」の広まり (128)
第5節　ワシントン大学の教授解雇事件 (132)
第6節　シカゴ大学の抵抗 (138)
第7節　反共産主義運動 (140)
第8節　進歩主義教育への攻撃 (145)
第9節　パサデナでの出来事 (150)
第10節　マッカーシズムの終焉 (153)

第4章　人種と教育──ブラウン判決 …………………… 159

第1節　南部の非対称な人種関係 (160)
第2節　「分離すれども平等」(166)
第3節　高等教育における人種別学 (169)
第4節　ブラウン対教育委員会 (173)
第5節　ブラウン判決の余波 (179)
第6節　ルイスビルの成功例 (182)
第7節　南部の抵抗 (184)
第8節　リトルロックでの衝突 (189)
第9節　公民権運動の展開 (193)
第10節　公民権法の成立 (197)

第5章　人種と教育──社会科学と法 …………………… 202

第1節　都市の危機 (204)
第2節　「文化」を「剥奪された」子どもたち (209)
第3節　ヘッド・スタートと補償教育 (220)
第4節　公民権法第6章の遵守 (228)
第5節　コールマン報告書 (234)
第6節　『公立学校における人種の分離』(239)

第7節　コミュニティによる学校の統制 (242)
　第8節　「事実上の人種隔離」と「法律上の人種隔離」(244)

第6章　バークレー校からケント州立大学まで ……………………255
　第1節　「マルチバーシティ」の誕生 (256)
　第2節　新たな急進主義の広まり (262)
　第3節　バークレー校での出来事 (266)
　第4節　カウンターカルチャーの出現 (275)
　第5節　コロンビア大学での衝突 (280)
　第6節　大学当局と教授陣の対応 (286)
　第7節　ハーバード大学の危機 (289)
　第8節　サンフランシスコ州立カレッジの「ブラック・パワー」(293)
　第9節　コーネル大学での異議申し立て (297)
　第10節　エール大学での混乱の回避 (302)
　第11節　ケント州立大学の悲劇 (306)
　第12節　大学を政治化しようとする試みの結末 (308)

第7章　改革主義者、急進主義者、ロマン主義者 ………………319
　第1節　スプートニクのもたらしたもの (319)
　第2節　カリキュラム改革の動き (323)
　第3節　急進的な学校改革論 (327)
　第4節　オープン・エデュケーションへの注目 (334)
　第5節　シルバーマンの問いかけ (343)
　第6節　オープン・エデュケーションの課題 (348)
　第7節　フリー・スクールのもろさ (352)
　第8節　オルタナティブ・スクールの広まり (355)
　第9節　連邦による包括的な学校改革の試み (360)
　第10節　全米科学財団によるカリキュラム改革 (367)

第8章　教育をめぐる新たなかけひき ……………………………373
　第1節　連邦による平等主義の推進 (373)
　第2節　バイリンガル教育 (379)

第3節　積極的差別是正措置 (390)
　　第4節　バッキ事件 (398)
　　第5節　フェミニスト運動 (408)
　　第6節　障害児教育 (426)
　　第7節　SATの点数低下 (434)
　　第8節　教員組合の急成長 (437)
　　第9節　教育の統制と自律をめぐって (440)

おわりに──1945年から1980年まで……………………447

注 ……………………………………………………………460

訳者あとがき ………………………………………………501

事項索引 ……………………………………………………505

人名索引 ……………………………………………………514

凡　例

1. 本書は、Diane Ravitch, *The Troubled Crusade: American Education, 1945-1980* (New York: Basic Books, 1983) の全訳である。ただし、A Note On Sources は訳出しなかった。また、翻訳にあたり、「日本語版への序文」の執筆を著者に依頼したところ、快く応じてもらえたので、それを訳出して巻頭に掲載した。
2. 原書の構成は章立てのみとなっているが、読みやすさを考慮して、訳者が節を立て、見出しを付した。
3. 原書においてイタリック体で表記されている箇所は、書名の場合は『　』で、それ以外は傍点で示した。ただし、判決名は本文と同じ字体とした。
4. 原書において" "で括られている語句や文章は、「　」で括って表記した。また、" ' '"のように表記された引用文中の引用については、「『　』」で示した。
5. 原書においては、—（ダッシュ）や（ ）がしばしば使用されているが、読みやすさを考慮して、訳出にあたっては極力、—（ダッシュ）や（ ）を用いないようにした。
6. 原書において引用されている語句や文章のうち、邦訳があるものについては、本書の統一性を考慮して、従来の邦訳に従わずに訳者が改訳したものもある。
7. 原注は巻末にまとめて記し、訳注は本文中に［　］で括って表記した。
8. 原書の索引においては、人名と事項がいっしょに掲載されているが、本書では「人名索引」と「事項索引」に分けて掲載した。なお、「人名索引」については、原書の索引にあるものをすべて網羅したが、「事項索引」については、訳者の判断で項目を整理した。
9. 人名・地名の表記のしかたは慣例に従った。ただし、ラテン名は原則としてラテン語読みとした。
10. 原書においては、公民権運動の前後で Black と Negro の使い分けがなされているので、原書の表記に従って、それぞれ黒人、ニグロと訳し分けた。

欧字略語一覧

AAS	Afro-American Society	アフリカ系アメリカ人協会
AAUP	American Association of University Professors	アメリカ大学教授協会
ACLU	American Civil Liberties Union	アメリカ市民的自由連合
AFL	American Federation of Labor	アメリカ労働総同盟
AFT	American Federation of Teachers	アメリカ教員連盟
AHFG	Ad Hoc Faculty Group	問題解決のための教員集団
AIR	American Institutes for Research	アメリカ調査研究所
BEH	Bureau of Education for the Handicapped	障害者教育局
BSU	Black Student Union	黒人学生連合
CIO	Congress of Industrial Organizations	産業別労働組合会議
CORE	Congress of Racial Equality	人種平等会議
CRSE	Commission on the Reorganization of Secondary Education	中等教育の再編に関する委員会
DAR	Daughters of the American Revolution	米国愛国婦人会
EDC	Education Development Center	教育開発センター
EEOC	Equal Employment Opportunity Commission	雇用機会均等委員会
ESEA	Elementary and Secondary Education Act	初等中等教育法
ESI	Educational Services Incorporated	教育サービス有限会社
ESL	English as a Second Language	第二言語としての英語学習法
ESP	Experimental Schools Program	実験学校プログラム
ESS	Elementary Science Study	初等科学学習
FBI	Federal Bureau of Investigation	連邦捜査局
FSM	Free Speech Movement	言論の自由を求める運動
HCUA	House Committee on Un-American Activities	下院反アメリカ活動委員会
HEW	"U.S. Department of Health, Education, and Welfare"	健康教育福祉省
IDA	Institute for Defense Analysis	国防分析研究所
LDF	Legal Defense Fund	訴訟弁護基金
MACOS	"Man: A Course of Study"	「人間―学科課程」
MIT	Massachusetts Institute of Technology	マサチューセッツ工科大学
NAACP	National Association for the Advancement of Colored People	全米有色人地位向上協会
NEA	National Education Association	全米教育協会
NOW	National Organization for Women	全米女性協会
NSF	National Science Foundation	全米科学財団
OCR	Office for Civil Rights	公民権局
PL	Progressive Labor Party	進歩労働党
POAU	Protestants and Other Americans United for Separation of Church and State	政教分離のために団結したプロテスタントとそれ以外のアメリカ人
SAS	Students' Afro-American Society	アフリカ系アメリカ人学生協会
SAT	Scholastic Aptitude Test	進学適性試験
SDS	Students for a Democratic Society	民主主義社会のための学生
SISS	Senate Internal Security Subcommittee	上院国内安全保障小委員会
SMSG	School Mathematics Study Group	学校数学研究団体
SNCC	Student Nonviolent Coordinating Committee	学生非暴力調整委員会
WEAL	Women's Equity Action League	男女均等行動連盟
WITCH	Women's International Terrorist Conspiracy from Hell	地獄からきた国際女性テロリスト共謀団

教育による社会的正義の実現
——アメリカの挑戦（1945-1980）

第1章　戦後の教育を主導した人々

第1節　連邦による教育支援をめぐる公聴会

　1945年初頭、ヨーロッパでの戦争が終わりに近づいてきたとき、上院教育労働委員会が連邦の教育支援に関する提案についての公聴会を開いた。最も強硬に連邦の援助を要求していたのは、貧しい学区であった。というのも、そこでは地元の財産税だけでは公立学校の財政運営を十分に行うことができなくなってきていたからである。いつものようなそれぞれの立場からの賛成意見および反対意見の陳述に加えて、数名の教師が自分たちの学校の現状に関して上院議員に説明をした。ネブラスカの田舎から来た教師であるウィルマ・アップチャーチ嬢は、自分の学校には487人の生徒がいるのに教師は12名しかおらず、その中で大学を卒業しているのは7名のみであると述べた。また、給料が安いために、前年の教師の離職率は50％と高く、それに加え、ネブラスカ州の教師の5人に1人は緊急時のための仮の教員免許で教師となっていた。これは、おしなべて、彼らが教師としての資格要件を満たすことができなかったためである。彼女の学区は貧しく、目一杯に税金を徴収しても、生徒1人当たりに使える予算は年間に40ドルから47ドルでしかなかった。「私は、他の州に行っても職に就くことができるし、さもなければ爆撃機工場で働くこともできるでしょう」と、アップチャーチ嬢は証言し、こう続けた。「そうであったとしても、私はやはり教師としての仕事を続けたいと考えています。誰かがあの子らを教える必要があるので、私がその仕事を引き受けたいのです」[1]。

ミシシッピ州コピア郡から来た黒人教師のフローレンス・クリスマス夫人は、190人の生徒に対して3人の教師しかいない、自分の学校について語った。彼女は、校長としてすべての科目を5年生から8年生までの4学年で教えていて、その報酬として月当たり60ドルを6ヵ月間受け取っていた。他の2人の教師は、それぞれ292ドルと288ドルを6ヵ月の学期の報酬として受け取っていた。クリスマス夫人は次のように述べている。

> 私たちの学校はアンティオックと呼ばれていて、アンティオック・バプティスト教会と同じ敷地の中にあります。私たちのコミュニティには、小規模な市場向け野菜栽培農家の人々がいます。彼らは教育をとても愛しています。彼らは自分たちで学校の校舎を造りました。それは最初、一つの教室しかありませんでしたが、今では3人の教師が教えることのできる規模にまで大きくなりました。校舎を建てるための資金は、教師、子ども、後援者によって用意されました。私たちは、催し物を開いたり、娯楽の機会を設けたり、親や友人から借金のための保証を取りつけたり、自分の給料の中からお金を出したりして、建設を助けました。校舎のペンキも内側と外側それぞれ一度ずつ塗ることができました。

親と教師は、「ペンキ代金を払い終えるために」、12ドル57セントを用意しようと今でも頑張っていて、彼らの次の課題は、「すべての子どもが座ることができるように、とりわけ初等科の子どもが皆、座れるように」、椅子を十分に用意することだと、クリスマス夫人は続けた[2]。

クリスマス夫人によると、6,000人のミシシッピ州の黒人教師のうち、5,000人は1年間の給与として600ドル以下しか受け取っていなかった。彼女自身、夏休みの間は、工場で野菜を詰める箱を作る仕事をしているが、そこで貰う給料の1週間分が教師として貰える給料のほぼ1ヵ月分になるという。これを聞いたアーカンソー州選出の上院議員ウィリアム・フルブライトは、「それでは、なぜ教えることを続けるのですか」、と彼女に尋ねた。

その問いに対しクリスマス夫人は、「教えることが私の職業です。私はむしろ教えたいのです」、と答えた。
　議事録には事実に即して以下の事柄が記録された。クリスマス夫人が教えていたコピア郡では、白人教師の年間平均賃金は889ドル53セントであったのに対して、黒人教師の年間平均賃金は332ドル58セントであった。学期の長さは、白人の生徒は8ヵ月であるのに対して、黒人の生徒の場合は6ヵ月であった。郡内の91人の白人教師のうち、学位を持っていない者は44人であるのに対し、黒人教師126人のうち、学位を持っていない者は122人に上っていた。毎日の出席率は、白人の生徒の場合は48％であるのに対し、黒人の生徒の場合は60％であった。アンティオック・スクールでは、黒人の生徒の親たちは、ポケットの中のなけなしのお金をはたいて、学期の長さを6ヵ月から7ヵ月に延長させていた。
　南部全体を通して、とりわけ田舎の地域では、教育状況はどこも変わらずひどいものであった。アラバマ州の公立学校局長であったE・B・ノートン博士は、「他の州と我々の州との唯一の違いは、我々が直面している危機が、他の州のように一時的なものではなく、永遠に続く危機のように思われることである」、と記している。アラバマ州にいた2万人の教師のうちおよそ11,000人が、真珠湾攻撃のあとの3年間に教職から去っていった。彼らの代わりに教職に就いた者の多くは、教員養成の教育を受けていなかった。その一つの理由は給料が安いことであった。年間給与は白人の教師で976ドル、黒人の教師の場合は600ドルにしかならなかった。それに加えて、アラバマ州の学校の校舎の半数以上が冬の暖房には石炭やまきを入れる口の開いたストーブを使っており、同様に半数以上の学校の校舎には電気が通っていなかった[3]。
　他の州でも、もちろん南部の州のように絶望的に困窮しているわけではなかったが、給料が安く、国防関連産業に人が流れて教師不足に陥っていることに対する、同様の不満の声が上がっていた。コロラド教育協会はこう述べている。「コロラドの学校は未曾有の重大な危機に直面している。給料があまりにも情けないほど低いために、何百人もの我々の最も優秀な教師を産業

界や他の州に取られてしまっている。……コロラド州の教師の3人に1人は臨時雇いの教師である」。ユタ州の広報担当者は、ユタ州の教師の25％が正式の資格を持っていないことを明らかにしたし、アイオワ州ではおよそ800の田舎の学校にはどこにも教師はいなかった[4]。

　この公聴会には都市部の学校からの嘆願者は来ていなかった。というのも、都市の学校は概して教師を十分に確保していて、財政状態も良好だったからである。郊外型の生活を求める動きは未だ主流にはなっておらず、都市の学校が教師の給料、学級の規模、設備などを決める上での基準を提供していた。それに対して、田舎の学校はひどく貧しく、不十分な状況に置かれていた。

　連邦の教育支援の問題は1870年代から周期的に連邦議会で取り上げられてきたが、常に連邦議会の承認を得ることはできなかった。教育が置かれている悲惨な状況について、どんなに上手く説得力のある説明をしても、結果は同じであった。何らかの危機的状況が、国民の目を学校に釘づけにするようなときにはいつでも、連邦の支援の問題は国全体の問題となった。第一次世界大戦後の数年間、この問題が議論されたが、それは多数の徴募兵が読み書きのできないことに、陸軍が気づいたからであった。大恐慌の時代にもこのことは問題となり、そのときには税収が急激に落ち込んでしまい、学区は、学校の閉鎖、教師の解雇、給料の削減、学習計画の廃止などの措置をとらざるを得なかった。全米最大の教師と指導主事の団体である全米教育協会(NEA)に率いられた教育の圧力団体は、連邦の支援を勝ち取るために戦中戦後を通して戦い続けていた。それぞれの時代において、連邦の支援を獲得するために論理的根拠が作り上げられていたが、1945年の公聴会での主要なテーマは、アップチャーチ嬢やクリスマス夫人といった教師が生き生きと示してくれたように、アメリカの教育における機会均等の欠如であった。教育に関心を持っている人々は、アメリカの教育が緊急に支援の必要な状態にあるということだけではなく、際立った不平等が学区から学区へ、そして州から州へと蔓延しているという明白な事実は、明らかに公平さに欠けていると主張した。

　戦争がようやく終結するに及んで、NEAならびにそれと密接な関係にあっ

た労働組合、全米有色人地位向上協会(NAACP)、親と教師の全米会議などは、全米の学校に対する連邦の援助を求める新たな組織的活動を開始するのに時宜を得たと信じていた。彼らも十分に認識していたが、行く手を阻むものは手ごわかった。連邦の支援に関する法案は、人種、宗教、連邦の統制に対する三つの懸念により、それまで議会を通過しなかった。学校の状態がどんなにすさんだものであっても、支援を可能とする法律を制定しようとするあらゆる試みは、上手くいかなかった。それは、南部の人種別学の学校にまで財政援助すべきかどうかとか、ほとんどがカトリック系である私立学校にも財政援助すべきかどうかとか、地方の学校は連邦の財政援助を受けながらも、連邦の支配を免れるにはどうすべきか、といったことをめぐり議論が百出したからであった。この件が取り上げられるときにはいつでも、こうした問題をどのように法案の中に盛り込むかによって、さまざまな連携が生まれた。南部の人々は、連邦の支援を最も必要としていたので、その法案が彼らの人種隔離の仕組みを脅かすことがない限りは、賛成に回った。黒人、労働組合、進歩的な下院議員は、連邦の支援に関する法案が、人種にかかわらず平等な資金提供になる場合のみ、それを支持した。NEAによって率いられた公立学校のための圧力団体は、法案がどのような形であれ、私立学校への支援を含んでいる場合には反対した。だが、公立学校しか支援しないような法案はいずれも、カトリック教徒およびカトリックの選挙民が多い選挙区から選出された下院議員によって反対された。どのようにして資金を分配するのかということも問題であった。法案が最も貧しい州のみに資金を提供するような場合には、何も援助を受けない州から選出された下院議員の賛成を得られないという危険があった。一方、法案が資金援助をすべての州に行う場合には、あまりに費用がかかりすぎるか、あるいは、最も貧しい州すら支援できないほどの、少額の援助をばらまくだけになってしまう恐れがあった。保守的な下院議員の大多数はほぼ共和党員で、連邦の教育支援にはどのようなものであれ反対であった。というのも、それは、公教育に対する地方の統制を壊す恐れがあったからである。

とはいえ、第二次世界大戦が終結したこの時期が、これまでずっと続い

てきた行き詰まりの状態を打破するちょうど良い時であると期待するのには、それなりの理由があった。戦争中の数年間にわたり、アメリカ人は、民主主義の理念とアメリカ的な暮らし方を守るために莫大な議論を重ねてきたので、教育の圧力団体は、自分たちの主張を民主主義のイデオロギーの実現という流れに沿って展開する時が来た、と感じていた。だが、それよりもなによりも、有無を言わさないような危機的状況がそこにはあった。教師の給与水準が低いことと並んで、教師不足は国家的な問題であった。また、新しい学校と教室が決定的に不足していた。というのも、大恐慌と戦争のために建て替えや修理が先延ばしにされてきたことも一つの理由ではあったが、1946, 7年にはすでに出生率が急上昇し始め、今の教室の収容能力をはるかに凌いでしまう、いわゆる「ベビーブーム」が到来することが明らかだったからである。このような純粋に物理的な要求に負けず劣らず重要なことは、少なくとも教育の指導者の間においては、アメリカが経済成長を維持していくためには教育水準の向上が求められる、技術と科学の進歩の時代に突入しつつあるという事実が認識されていたことであった。そして、おそらく過去のいかなる時代よりもずっと鮮明に浮かび上がってきたのは、こうした人口の増加と教育水準の向上という傾向が、人種と階層に沿った社会の中での分裂を深刻化させ、教育の機会が全米で平等なものとされない限りは、不平等感を強めることになるのではないかという懸念であった。

　危機に直面しない限り連邦議会は行動を起こさないのだが、戦争直後の数年間、アメリカの学校は、あまりにも深刻な困難に陥っていたため、言うことを聞いて貰える機会を得た。『ニューヨーク・タイムズ』の教育担当の論説委員ベンジャミン・ファインは、1947年にこう記している。「アメリカの公立学校の組織は、その歴史の中で最も深刻な危機に直面している」。全米を6ヵ月間回ったあと、ファインは以下の点を報告している。1940年以降、35万人の教師が従軍のためあるいはより良い条件の職業に就くため、公立学校を去ってしまった。7人の教師のうち1人は臨時の「不十分な」免許しか持っていなかった。7万人分の教職が欠員のままになっていた。6,000の学校が教師不足で閉校せざるを得なかった。全米の教師の6万人がハイスクールの

教育かそれ以下の教育しか受けていなかった。教師の平均給与は週当たり37ドルで、これはトラック運転手、ごみ収集人、バーテンダーの平均給与より低かった。教師全体の20％に当たる175,000人が毎年新しく教師の職に就き、離職率は戦前の倍になっていた。教職に就く学生は年々減少傾向にあり、男性は教職を見限っていた。1946年の9月以降の6ヵ月の間に、大規模な教師のストライキが12回起きていた。教師の勤労意欲は今までの最低を記録していた。一つの教室当たり6,000ドルが使われているような最上の教室から、100ドルしか使われていないような極貧の教室まで、「ぞっとするような」不公平が国中に蔓延していた。合衆国が学校に費やす国民所得は、イギリスやソビエト連邦よりも少なく、そのため学校の校舎は「全米どこでも嘆かわしい状態」であった[5]。

　危機の意識は、アメリカの教育における物理的および財政的に不可欠なものに対するものをはるかに超えて、戦後の時代が始まったにもかかわらず、未だに解決されていない社会政策に関するより大きな問題へと広まっていった。高等教育においては、教育者は、誰を、何年間、誰の出費で教育すべきかといった、高等教育の入学の機会をめぐる問題を議論していた。高等教育は、その経費を払うことができる学生や、才能と幸運に十分に恵まれ奨学金を獲得できるような学生のみに、門戸を開くべきであろうか。それとも、より多くの若者に中等教育後の教育を与えるべきか、そうであるとすれば、誰がその費用を負担するのか。公的資金は公立の教育機関のみに与えられるべきか、それとも、私立のカレッジや大学も連邦の援助を受けるべきか。初等および中等教育においても同様に、いらいらさせられるような問題が議論の対象となっていた。特定の学区や州におけるお粗末な状況はどうしたら改善できるのか。すでに貧しい学区は、どのようにすれば教師により高い給料を払ったり、新しい校舎を建設したりすることができるのか。連邦政府のみが、裕福な地域から貧しい地域への資金の再分配を可能にする、課税および支出の権限を持っている中で、どのようにしたら連邦議会におけるこれまでの手詰まりな状態を打破して、連邦支援に関する法案を成立させることが可能となるのか。連邦の支援は、人種隔離を許さない学校にのみ与えられるべきか、

それとも、すべての学校に必要性のみに応じて与えられるべきか。公的資金は公立学校のみに与えられるべきか、それとも、私立学校にも同様に与えられるべきか。連邦が地域の学校を支配することにならないような、連邦の「基準」を確立することは可能か。さらに、教育学上の問題もあった。1930年代の急速なハイスクールへの入学者の増加を受けて、伝統的な学問的カリキュラムからは何も得るところがないであろうと思われる若者のために、新たな科目やカリキュラムが採用されていった。予測される中等教育後に行われる教育の増加も、同様の問題を高等教育の場にもたらすだろうと思われていた。この予測によって、教育者は、高等教育が大量の入学者を受け入れることを新たな挑戦として歓迎する者と、大量の学生によってカリキュラムの質の低下と基準の低下がもたらされることを危惧する者とに二分された。こうした問題をめぐって意見が一致するまでは、学校や高等教育への連邦の資金援助が行われることはなかった。

第2節　教育への参加者の増加

　戦後のアメリカにおける新しい政治的・社会的状況は、イデオロギー上の意見の対立が解決できるのではないかとか、政策の新機軸が打ち出されるのではないかといった、期待を抱かせてくれるような明るい雰囲気を醸し出してはいなかった。戦争が終わったときには国の雰囲気は歓喜に満ちあふれていたが、それはすぐに自信がなくて不安定なものに取って代わられた。心配するにはそれなりの理由があった。第一に、多くの人々は大恐慌の再来を恐れていた。それは今でも記憶の中に比較的新しい出来事として残っていた。ニューディールの社会改革により恩恵を受けた多くの人々は、第一次世界大戦後がそうであったように、国が右方向へ大きく舵を切るのではないかと考えていた。第一次世界大戦ののち、アメリカはしばらくの間、国際問題に介入することから撤退した。その理由としては、国内の改革に対する反動、国際連盟の崩壊、外国嫌いの国民の増加、「共産主義への恐怖」への過剰反応が挙げられる。過去から現在へと引き継がれてきたこうした重大な懸念以上

に、原子爆弾という恐ろしい新事実が存在し、原子爆弾の存在そのものが、国際協調に関する、また、政治において強制力を発揮するための新たな根拠に関する、有無を言わせぬ議論を提起した。原子力の時代においては、H・G・ウェルズが「人類の歴史はますます教育と破滅との競争になってきている」と指摘しているような事実に、新たに緊急に対応する必要が出てきた。

　ローズベルト大統領の時代と比べると戦後は、有権者の雰囲気はより保守的になっていた。共和党は1946年に16年ぶりに連邦議会の多数を占めた。だが、より重要なことは、何が起こらなかったのかということにある。ニューディール政策による社会改革は撤回されなかったし、合衆国は国際社会における責任を投げ出しはしなかった。国の歴史において初めて、国内福祉政策および対外援助が幅広い超党派の支持を得た。けれども、社会保障制度や国際連合などに関する新たな合意の形成は、社会的な対立が勢いを増してきた時期と重なっていた。大恐慌および世界大戦の両方の苦難の時代を、戦争という非常事態によって秩序を維持し、強い大統領の指導力によって一致団結して乗り切ってきた国は、いま自らが、労働争議、物資不足、新たな国際的な緊張関係に対する恐れ、国内での破壊活動に対する懸念といった、のっぴきならない時代にいることに気づいた。そして、それ以上に何かが変だった。ある種の人々には嫌われたが、多くの人々に愛された指導者は去り、その代わりに馴染みのない人物が登場した。新しい大統領のハリー・S・トルーマンという男は、大統領としての権威はおろか、明確なアイデンティティすら持ち合せていない人間であった。1946年の共和党の勝利は、一般大衆の多くがニューディール政策のような改革主義の拡大をみたいとは思っていないということを意味していたし、連邦議会はトルーマンとは相容れない立場をとり、彼が主導して行おうとすることすべてに制限を加えた。

　明らかな政治的な変化に加えて、社会と経済も微妙に変化しつつあったことから、人々は社会が混乱に陥るのではないかという不安な気持を抱いた。科学技術と通信の急速な進歩、郊外の発展、宗教的伝統の崩壊、物質的な安定の追求、少年犯罪の増加、家族にかかる重圧といった世の中の流れは、新聞の大見出しで報じられるようなことはめったになかったが、国民の不信感

や不安感を掻き立てていた。アメリカの社会をダイナミックなものにしているまさにその原動力でもある、科学技術の変革、近代化、都市化、社会的流動性、新機軸の導入といった事柄が、まとまりのあるコミュニティの生活を蝕んでいった。

おそらくこれは、すべての世代の人々が感じている、素晴らしかった昔に対する憧れと同じものに過ぎないかもしれないが、それでもそこには、伝統的なアメリカの価値観が攻撃に晒されていると、肌で感じられるような感覚があった。このような緊張と不確実性の時代において、過去の遺産を守り、青年層にアメリカの伝統的価値を教え込むための場所として、多くの人々が学校およびカレッジに目を向けた。あまり過去に拘らない他の人々は、将来に向けての計画を作り上げたいと考え、機会均等と経済的繁栄を実現する鍵になるのは国の教育制度であると信じていた。どちらの立場に立つ教育評論家も、自分たちが期待を寄せていた教育機関に失望した。

アメリカの学校は常に、自分たちではどうしようもできない基準に基づいて評価される運命にあったように思われる。というのも、当時広く公表されていた学校における危機の背後には、教育を受けられる可能性をめぐって大きな変化があったからである。校舎は不十分であったかもしれないし、教師は不足し、安い給料しか払って貰えずにいたが、合衆国では世界中のどこの国よりも数多くの子どもが学校に通っていた。10年たつごとに、アメリカの若者は1年のうちのより長い期間、また、彼らの人生の中でのより長い期間、学校に通うようになってきていた。1870年から1940年の間で、アメリカの人口は3倍になったのだが、学校への入学率は急上昇した。中等教育課程の学生数は1870年には8万人であったのが、1940年には700万人とほぼ90倍になっている。一方、カレッジへの入学者数も6万人から150万人へと跳ね上がっている。この他に、中等教育後の成人教育講座に100万人の受講生がいた[6]。

教育への参加者が増えてきたのは、経済的および社会的な理由によるものであった。1900年においては、ほとんどの男性労働者は農民か肉体労働者であった。しかし、20世紀に入ると、しだいにこれらの職業に就く男性は

少なくなっていったのに対して、より多くの男性はホワイトカラーの職業や、熟練したブルーカラーの仕事に就くようになり、20世紀の半ばまでには、こちらの方が多数派になっていった。技術革新は教育を受けた人々の需要を生み出し、また、その教育を受けた人々が技術革新を後押しした。自己改革の手段としての学校教育に国が深く関わっていくことも、同様に大きな意味を持っていた。1930年代に義務教育法が整備される以前ですら、ほとんどの子どもは学校に通っていた。たとえ教える内容や知性を身につけることには全く関心が払われていなくても、学校教育には高い関心が払われていた。学校教育は個人の「成功」を手助けした。学校教育は、勤勉で機知に富んだ労働力を生み出すことによって、経済の発展に活力を与えた。学校教育は、子どもに国の歴史や文化について教えることにより、社会との一体感を植えつけていった。学校教育は、子どもに、政府はどのように機能しているのかとか、自分たちがなぜ市民としてそこに参加しなければならないのかといったことを教えることにより、国の秩序と平和の維持に貢献していた。たとえ教育の対象は誰であり、誰が教師や教科書を選ぶ権限を持つべきかをめぐって意見の相違があったにしても、学校教育の価値に関しては、ほとんど全員が賛成できる考え方が存在していた。たしかに、学校教育の力が国の将来を左右するものであることは誰もが認める事実だったので、教育をめぐる議論は白熱したものとなった。

　教育への参加の度合いは、20世紀を通じて着実に増加していった。不況の雇用市場からティーンエージャーの労働者を閉め出すために、義務教育年齢を引き上げた1930年代までは、すべての子どもがハイスクールに通うべきであるという考え方は普遍的ではなかった。伝統的にハイスクールはカレッジへの準備機関としての役割を果たしていたので、新たに入学して来た多様な生徒に合わせていくことには、ある種の困難が伴っていた。学校に在籍する5歳から17歳までのほとんどの子どもにとって、新たな問題が出てきた。彼らのうちの一部が、卒業前に学校を去ってしまうのはなぜか。「生徒を引き留める力」を強化し、入学した生徒全員を卒業まで学校に留めておくためには、ハイスクールのカリキュラムをどう改良すればよいか。それ以前

にも若干見られたが、1930年代になるとハイスクールは、「読書好きでない」子どものために新たな科目を追加し始めた。簿記、タイプ技術、家庭科、自動車構造学といった職業に関する科目や、現代社会の問題に関する科目や、ティーンエージャーの社会問題に関する科目といったものであった。ほどなく、ハイスクールの中には異なる種類の卒業証書を与えるところも出てきた。カレッジに入学するための卒業証書に加えて、職業課程、商業課程、一般課程が登場した。

こうしたハイスクールをめぐる新たな状況に対し、1940年代半ばには、教育者は二つのことを懸念していた。第一の懸念は、校長やNEAのような専門家集団の指導者が抱いていたもので、彼らは、すべての子どもの興味と出席を引き留めることができるほど、ハイスクールがカリキュラムを多様化してきたかどうか疑問視していた。彼らは、ハイスクールへの入学者数が増大したことは、学校に対して民主主義社会における特別の使命を与えたと信じていた。学校は、カレッジに進学させるためだけの役割を果たすのみならず、すべてのアメリカ青年を大人へと導き、彼ら自身および社会の要望に見合った職業に就けるよう彼らに準備させることによって、彼らの社会的適応を促す機関としての役割も担わなければならなかった。こうした新たな使命を帯びて学校は、伝統的な意味での教育ばかりか、職業、健康、娯楽、市民であること、社会で必要とされる能力なども求めるようになった、若者の要望に応えていかなければならなくなった。

第二に、カレッジや大学の広報担当者は、ハイスクールにおける極端なカリキュラムの多様化と高等教育における専門性の深化との溝を埋めるのは、極めて厄介な仕事になったと懸念していた。彼らは、ハイスクールにおける科目の数と種類の急速な増加は、ハイスクールへの入学者数の拡大の直接の結果であるとともに、能力、生い立ち、興味が極めて異なる若者たちに、何らかの教育的価値を提供しようとする試みでもあると理解していた。こうした動きに対して、彼らは「一般教育」の必要性を主張し、1940年代の終わり頃には、一般教育を求める声が中等・高等教育を通じて聞こえていた。

おそらく、一般教育の実態に関してその特徴を最もよく表していたのは、

1945年のハーバード大学の「自由社会における一般教育の目的に関する委員会」によって書かれた、『赤本』の中の記述であろう。ハイスクールへの入学者数の増大と中等教育カリキュラムの増加は二つの危険を生み出したと、委員会は指摘している。「第一の危険とは、さまざまな卒業証書のための学科課程が全く違っていることから、学生が、考え方においても将来の見通しにおいても、お互いに分断されてしまうことである。第二の危険とは、学生に課された課題が一まとまりのものとしてとらえられずに、ばらばらに細分化されていることから、課題が支離滅裂になっていることである」。その解決策として、彼らは、中等学校に通う若者は約半分の授業時間を、難易度と方法においては幅があるかもしれないが、少なくとも同じ教育の理想の姿を共有する、皆に共通するコアとなる学習に充てるべきだと推奨した。さまざまな「コア」カリキュラムに関する考え方があったのだが、ハーバードの委員会は、民主主義社会における教育の主要な課題として正しく認識していた。才能と要望に大きなばらつきのあるハイスクールの生徒に対して、どのようにして教育が行われるべきか。全員が同じ教材を勉強すべきか。生徒は自分にとって最も興味のある科目のみに没頭すべきか。何か上手く釣り合いを取る方法はないものか[7]。

　ハーバードの委員会が決して取り上げなかった問題は、果たして学校はコミュニティに住むすべての若者にとって適切な場所であるかどうか、というものであった。それが決して取り上げられなかったのは、おそらく、それはすでに解決された問題だったからである。過ぎ去った時代においては、学校に落ち着けない若者は、西部や海に行くためにあるいはコミュニティで職を探すために、学校を去っていった。いかにカリキュラムが多様化されようとも、多くのティーンエージャーは間違いなく活動的であり、学校の画一化された生活をあまりにも制限されたものと感じていたにもかかわらず、こうした選択肢は急速になくなっていった。しかし、この種の問題は、1940年代の終わりにおいて持ち出されるべき問題ではなかった。というのも、ほとんどの教育者にとってのより喫緊の課題は、どうしたらハイスクールにおいてより多くの生徒を卒業まで学校に留めておくことができるか、ということ

であり、また、どうしたらカレッジに入学できる学生の割合を高めることができるか、ということだったからである。1940年の半ば頃には、教育者は、1932年に5年生に進学した子どもについては、1,000人当たり455人しかハイスクールを卒業せず、160人しかカレッジに入学しなかったということを問題視していた。こうした数字はそれ以前の年と比べると相当の増加を示してはいたが、それにしても、あまりに多くの才能が無駄にされていて、教育の恩恵が、全員にまでとは言わないまでも、より広く人々に施されるべきであるとの思いが高まりつつあった[8]。

　第二次世界大戦のあと、カレッジの教育が良い仕事を得るための切符、あるいは専門職に就くための登録票とみなされていたときには、どのように高等教育に入学するかが、一般大衆の主要な関心事であった。カレッジや大学への入学許可が単に能力のみに基づいているわけではないことは、周知の事実であった。以前よりもさらに多くの若者が学校に在籍しているにもかかわらず、通っていた初等・中等学校があまりにもお粗末で、カレッジ進学のためのまともな準備ができなかったために、カレッジへの進学の機会を決して得ることができなかった者もいたことは事実であった。人種や宗教によって除外された者もいた。また、家庭が貧しくて学費を払う余裕がなかったり、子どもがカレッジに進学することで失ってしまう子どもの稼ぎを穴埋めできなかったりということで、カレッジへの進学は妨げられた。一般大衆が高等教育を受ける機会について抱いていた考え方に最も劇的な影響を与えたのは、復員兵援護法(GI Bill)として知られる、大衆を対象とする高等教育における試みであり、それは、どちらかというと期せずして始まったものであったが、注目すべきものであった。

第3節　復員兵援護法

　復員兵援護法は、以前は1944年に制定された軍人再適応法として知られていたが、軍隊に勤務した1,600万人の男女に対し、彼らが学校教育および職業訓練を受け続けることができるようにと連邦の補助金を与えたものであ

る。復員兵援護法は結果的には教育の機会を拡大することに有効な議論を引き起こしたのだが、その法律の提案者は、教育とか機会とかいったこととは別のことに関心を持っていた。この法律を支持していた団体の一つである退役軍人の組織は、自分たちの組織の構成員である復員兵に対して、考え得る最善の給付金の組み合わせが与えられるよう強く働きかけた。その結果、法案の最終版には、職業斡旋事業、失業手当、抵当保証、教育給付金が含まれた。この法律のもう一方の提案者である、戦後の復興計画を任されていた連邦の役人は、主に失業状態と経済的困窮を防ぐことに力を注ごうとしていた。当の復員兵にとって教育のための補助金は、一まとめにして与えられることになっている恩恵の中では、もう一つ追加で貰える「おまけ」であった。一方、これを思いついた側にとってみれば、教育のための補助金は、皆が復員してきた際に、職を探す人々の数を減らすのに有効な手段になるだろうと考えられていた[9]。

　1944年6月22日に大統領が署名し法令となった復員兵援護法は、退役軍人に対して月々の生活手当を提供するとともに、授業料、書籍代、諸経費を援助した。退役軍人管理局がこの援護法の対象になる退役軍人を決定し、退役軍人が入学したい学校を選択し、学校が彼らを入学させるか否かを決定した。この教育計画が成功した主な理由の一つは、軍人が自由に学校を選択できるようにし、学校も連邦に介入されずに、入学方針やカリキュラムを統制する自由を持っていたことにある。

　この法案が成立したときに、ほとんどの教育者は、補助金を貰って入ってくる学生が戦争中の定員割れを補ってくれるだろうと期待し、これを歓迎した。だが、全員がその前途を喜ばしいものと考えていたわけではなかった。ハーバード大学学長のジェイムズ・B・コナントは、この法案が学問の基準を引き下げてしまうことに繋がるのではないかと懸念していた。彼は、法案が、「戻ってきた退役軍人の中から注意深く選ばれた若干名」の教育を、財政援助するものとなることを望んでいた。彼よりもさらに率直な意見を述べていたのは、シカゴ大学学長のロバート・M・ハッチンズであった。1944年の12月に、ハッチンズは大衆雑誌『コリアーズ』に、「アメリカの教育に対

する脅威」と題する記事を書いた。彼は、「市民教育と両親の収入」との間の関係を断つことには賛成していたが、一方、復員兵援護法によって、カレッジおよび大学が、あの手この手で連邦政府からの資金を得ようと、職業教育を推進していくのではないかと危惧していた。彼は、次のように記している。「教育機関は、……お金の魅力に抵抗できない。復員兵援護法は、彼らに対して、今まで夢でも見たことのないほどの大金を手に入れる機会を提供するとともに、それを愛国心の名のもとに実行する機会も提供する。教育機関は、資格のない退役軍人を締め出そうとは思わないだろう。彼らは、進級試験に落ちた退役軍人を追い出そうとは思わないだろう……。カレッジや大学は、自分たちのところが、教育における落伍者の闊歩するジャングルに成り果ててしまうことに気づくだろう」。高等教育を受けるための候補者は全米的な試験で選抜されるべきであり、また、真剣な学生のみが入学を許可されるよう保証するために、大学は退役軍人の授業料のうち半分しか負担すべきでないと、彼は考えていた。ハッチンズは、「失業手当や国家規模で行う公共事業の代替物として」教育を利用するのは、もってのほかであると思っていた[10]。

　ハッチンズの批判は、連邦議会や教育者には全く影響を与えなかった。教養教育は職業指導を重視する立場や功利主義に汚されるべきではないという、彼の一風変わった信条に耳を傾ける人はほとんどいなかったし、誰も退役軍人に対してお金を出し惜しみしようとは思っていなかった。1945年の秋までに、およそ88,000人の退役軍人が復員兵援護法に基づきカレッジに入学したのを受け、連邦議会は、より多くの復員兵を有資格者とし、月々の生計費の支払いも増額するために、教育給付金をより自由度の高いものとした。

　政府の役人や教育者は、終始一貫して、教育給付金を利用する退役軍人の数を少なく見積もっていた。退役軍人は何年間も戦場にいたあとで高等教育を受けたいとは思わないだろうと、自信を持って予測していた人々にとってはまさに驚きであったが、1946年の秋には1,013,000人の退役軍人が入学し、これにより全米の大学生の数はほぼ倍増した。彼らの登場で大学生活は一変

した。学生ばかりかときにはその配偶者までも収容するために、かまぼこ型の仮設宿舎がどんどん建てられていった。少なからぬカレッジが、退役軍人を入学させるために、通常の入学者定員を倍にした。新入生に「つばのない帽子」をかぶせることとか学生の泥んこ格闘技大会といった、2年生になったときに伝統的に行われていた行事や、新入生のカヌー漕ぎ競争といった行事が、年かさの新入生の登場により行われなくなった。多くのカレッジで、授業は朝早く始まり、夜遅くに終わった。大学院生も含めて経験のない教師が、大量の学部学生を教える仕事に追われていた。教室はすし詰めで、施設は収容能力を超えていたが、皆、どうにかこうにか状況を凌いでいた[11]。

　退役軍人が大量にキャンパスに殺到したこと以上にさらに驚きだったのは、彼らの学業成績であった。ハッチンズやコナントが危惧していたように、退役軍人は学問の基準を台無しにしてしまうどころか、常に他の学生を凌ぐ成績を上げていた。教育者の間では、退役軍人は、これまでに全米のカレッジを卒業していった世代の中で、最も一生懸命に勉強し、最も学習意欲の高い世代であるという評判がすぐに確立された。ハーバードの学長ジェイムズ・B・コナントは、以前の批判を撤回し、ハーバードの退役軍人は、「ハーバード始まって以来、最も成熟し、前途有望な学生だ」と結論づけた。『フォーチュン』は、1949年度の学生について、「この国における今までで最高の学年だし、カレッジでこれまでに例がなかったほど、……最も成熟していて、……最も責任感が強く、……最も自己訓練された集団」[12]であった、と記している。

　復員兵援護法は、これまでにあらゆる社会で試みられてきた大衆を対象とする高等教育の中で、最も野心的な企てであった。給付金を受けることができる7年間に、780万人の退役軍人がこの給付金を利用して、大学、カレッジ、ハイスクール、職業訓練校、職業訓練プログラムなどに通った。そのうち2,232,000人が高等教育機関に在籍した。高等教育機関に在籍する極めて多くの人々に対して、選別せずに補助金を支給したような社会はこれまで他にはなかった。初めて、収入と教育の機会との繋がりが断ち切られた。経歴にかかわらず、すべての米軍兵士に同じ教育の補助金を受ける権利が与えられた。補助金がなければおそらくカレッジや大学に進学しなかったと思われる

退役軍人の数は、20％から25％に上り、人数にして45万人から55万人と推定された。カレッジに行った退役軍人の2.9％は女性であり、こうした男女の退役軍人は戦後の何十年もの間、アメリカの科学と技術の目覚ましい進展に疑う余地もなく大いに貢献した。キャンパスに退役軍人がいることによって、それまで高等教育の多くの部分を覆っていた繭のような上品ぶった保護膜が、ある場合は一時的だったが、ある場合は永遠に破られてしまった。これは、たとえば、結婚している学生のための宿舎の導入、時間割や年間予定表における新たな柔軟性、高等教育にとって年齢は無関係な尺度であることの発見などである。米軍兵士が、「より大規模な教室、より大規模なカレッジ、大学院生を教師として雇用する機会の増加」を「批判することなく受け入れたこと」が、「復員兵援護法の大きな遺産」だったかもしれないと、ある教育者は述べている。1948年には、2万人を超える入学者を抱えていたのは10の大学に過ぎなかったが、1967年には、それが55に増えていた。ある歴史家は、復員兵援護法のことを「アメリカの歴史の中で最も重要な教育と社会における変革」[13]と呼んだ。

　何と言われようとも、復員兵援護法は人的資源への成功を収めた投資であった。教育者と一般大衆がそこから学んだ重要な教訓は、カレッジは裕福な家庭の子どものために予約されるべきではないということであった。扉は入りたいと願う人すべてに対して開かれていて、入った人は自分で活路を拓き、社会における特殊技能を持った創造的な市民の数を増やすことになった。法案成立の10周年を記念して、『ニューズウィーク』が復員兵援護法の利点をまとめているが、政府の支出でカレッジに行ったすべての退役軍人が、その経験から多くのものを得たわけではないと、暗い調子で記している。「彼らのカレッジへの登場は主に、能力にかかわらず皆が何とかしてカレッジに進学すべきであるという、しだいに高まりつつあり、しかも議論の余地があるアメリカ的な信念に由来していた」。復員兵援護法は、失業を食い止めようとした官僚と、まとまった金額の給付金を求めていた退役軍人の団体との間の妥協の産物だったが、この法律がのちの時代まで最も末永く及ぼした影響はおそらく、「能力にかかわらず皆が何とかしてカレッジに進学すべきで

ある」という信念に対する、励ましだったと考えられる[14]。

第4節　高等教育委員会

　復員兵援護法によって引き起こされたカレッジの過密状態は、高等教育の極めて拡大された組織を予見していた教育者にとっては、またとない機会を提供してくれた。教育の専門家によると、19世紀の大きな争点は、万人のための無償の公立学校の原則を確立するための戦いであった。また、20世紀前半の大きな争点は、中等学校を万人のものとすることであった。そして20世紀後半は、高等教育をすべてのアメリカ人にとって、単なる特権ではなく権利とすることであった。1946年の夏、約600のカレッジと大学が所属する団体であるアメリカ教育審議会は、アメリカのキャンパスにおける危機的状態について議論するための会議を開催した。その危機的状態とは、入学者の数が倍増したこと、宿舎や教室が次々と建設されていること、経験のない学部教員を採用したことなどによって引き起こされていた。アメリカ教育審議会の指導者たちは、復員兵援護法の教育条項の草稿を作成するのに深く関与しており、この現在の危機的状況を上手く利用して、高等教育をさらに大きく拡大していこうと願っていた。審議会の要請に応えて、トルーマン大統領は1946年7月に「大統領による高等教育委員会」を任命した。

　1947年12月から1948年2月までの間に、委員会が一連の報告書を提出したところ、それらは一まとめにされ、『アメリカの民主主義のための高等教育』という表題がつけられた。それは、「どうしたら高等教育は社会をより民主的になしうるか」という質問に対する、多方面にわたる回答であった。この報告書が主張していることは以下のようである。科学、技術、工業化の進展に伴い、より多くの学生が、現代社会に効果的に参加する準備をするために、高等教育を受けたいと考えるようになるであろう。高等教育機関は、こうした拡大を歓迎し、その発展を妨げるような障害物をすべて取り払い、学生の多様な要望に応えるために必要なあらゆる方法で変わっていくべきである。中等教育を終えてからの教育機関を繋ぐために果てしなく広がった連携は、

国際理解、社会問題の解決、個人の成長のための一般教育、職業的な向上を目指した職業教育、民主的な生活のより一層の実現を促進すると、委員会は考えていた。とりわけ委員会は、高等教育の学生数について、1960年までに倍増して460万人にすべきであると主張していた。委員会の予測によると、「我が国の人口の少なくとも49％の人々が、14年間の学校教育を修了するための知的能力があり」、また、「我が国の人口のうちの少なくとも32％の人々は、上級の教養教育や専門職業教育を修了する知的能力がある」という。人々が受ける教育の種類と量は、「たまたま生まれついた家庭やコミュニティによって決められるべきではないし、さらに悪いことだが、肌の色や親の宗教などによって決められるようなことがあってはならず」、彼らの能力のみに基づいて決められるべきであると、高等教育委員会は強く主張した。委員会は、17の州とコロンビア特別区において合法であった人種隔離と、人種隔離が合法ではない州における黒人の若者への教育機会の否定を、厳しく非難した。委員会は、高等教育における「割り当て制度」とか「入学者数の制限」を非難した。それらは、公にはされていなかったが、広い地域で実際に行われていた黒人とユダヤ人の入学を制限するための方法であった[15]。

　アメリカの人々にとっての教育の究極の目的は、「ハイスクール、カレッジ、大学院、専門職大学院などいかなる段階であっても、能力のある人が、国のどこに住んでいようとも、自分の素質と興味にあった種類の教育を受けようとするときに、克服できないような経済的障害に直面することがないような教育制度」を持つことであると、委員会は力説した。委員会は以下のことを勧告した。第一に、各州が、新たな高等教育機関に関する州全体にわたる計画を管理する体制を作り上げること。第二に、州の企画官が、「かつてのハイスクールのようにコミュニティの生活の中に溶け込んだ」、2年制の短期大学ではないコミュニティ・カレッジを、迅速に展開していく準備をすること。第三に、連邦政府は、主として必要性に応じたすべての学部学生の少なくとも20％のための奨学金の計画、ならびに、能力に応じた大学院生のための研究奨学金の計画をたてること。第四に、連邦政府が公立の教育機関に財政的援助を行うこと。第五に、行政当局が、人種隔離を許可する法令を廃

止し、人種差別を禁止する新たな法律を制定すること[16]。

　高等教育委員会の報告書をめぐる表向きの議論は、教育者ならびにその他の人々が、アメリカ社会における高等教育に対する際限もなく拡大された任務のゆくえを、どのように見ていたかをかなりの程度反映している。『ニューヨーク・タイムズ』は、この報告書が「この国の高等教育の歴史における画期的な出来事になるだろう」と予測した。最も人気の高い大衆雑誌『ライフ』は、珍しく1頁全面を使った社説で、カレッジへの入学は、ハイスクールと同様に「市民の生まれながらにして持っている権利」であると明言した。さらに続けて、「ハイスクール修了後に2年間、所定の課程を受けるという経験はどのようなものであれ、極めて多くの若者が強いられているように、ハイスクール卒業後すぐに、彼らを融通が利かない生活様式の中に閉じ込めてしまうことに比べたら、はるかに人間らしい試みだろう」、と述べている。彼らが議論に決着をつける方法は、教育はそれ自体良いことであるという、アメリカ人の信念に訴えかけることであった。「教育だけでは人類の傷を癒すことはできない。だが、それは助けにはなる。アメリカの民主主義の基本原則は、教育を施せば施すほど、より良くなるということである」[17]。

　報告書の賛同者も批判者も、アメリカ人は大学卒業の学位そのものにだけ、あまりに重きを置きすぎているのではないだろうかと首を傾げていた。人気映画 *The Senator Was Indiscreet* を引き合いに出す者もいた。この映画の中で「メルビン・ガッサウェイ・アシュトン上院議員」は、大統領選挙戦中に連邦政府に働きかけ、国中のすべての男性、女性、子どもをハーバードに入学させることを約束していた。また、ハーバードの教授のバーレット・ウェンデルの見解を引用する者もいた。彼は、数年前に揶揄的に、すべてのアメリカ人は生まれたときからすでに大学の学位を授けられているので、本当に学問を追及することに興味を持っている人だけが大学に行けばよい、と提案していた。

　この報告書を批判する人々は、さまざまな問題点を指摘していた。第一に、カレッジへの入学者数が460万人にまで増加すると、学問の基準を危険なほどに引き下げてしまうだろうし、そうなると、将来の指導者を育てるという教育の環境を破壊してしまうだろう。第二に、このように学生数が増加する

と、高等教育機関は職業志向の教育を採用せざるを得なくなるだろう。第三に、提案されている連邦の役割は公立学校に対する政治的支配力を確立することとなり、その結果、私立の教育機関は存在できなくなるだろう。第四に、学位保持者が危険なほどに供給過剰となる一方で、彼らのための職業が十分に存在しない事態に陥りかねない。要するに、批判者は、高等教育の民主化は実現可能で望ましいことなのかどうか、また、そのことにより、公立・私立の教育機関の本質、目的、管理体制などが変わってしまうのではないかといった、深刻な疑問を提起した[18]。

フォーダム大学学長で首席司祭でもあったロバート・I・ギャノン師は、委員会の計画では、「押し寄せる凡庸の波の中で、我々は窒息させられてしまう恐れがある」と警告した。彼は、「教育を膨張させようとする今日の組織的な運動の欺瞞は、我が国の文化を危険なほど内容を薄めてばら撒き、しかもそれを『教育の民主化』と呼ぶことにある」と不満を述べた。もう少し節度のある口調ではあったが、進歩的なカトリック雑誌『コモンウィール』はこう反対している。「財産にかかわらず、真にカレッジに入るだけの力量のあるすべてのアメリカ人を、高等教育に入学できるようにするには、誰でも彼でもしゃにむに掻き集める必要はないように思われる。それとも、高等教育が主に知的なというよりもむしろ社会的に有用な経験の場であるので、すべての人に解放されるべきだという考え方が広まってきているのだろうか」[19]。

多くのカレッジの学長は、この報告書について、学問の基準および私立のカレッジの将来に対する脅威であると非難したが、最も厳しい非難は、シカゴ大学で因習を打破しようとしているロバート・M・ハッチンズから出された。彼は、報告書はまさに教育制度そのものであるとみなしていた。

それは、重要なことであり皆が騒いでいる。それは、中身がまだ整理されておらず、読んだ人を困惑させるし、矛盾だらけだ。それは、すべての人々にとってなくてはならないものである。それは、寛大で、恥ずべきであり、大胆で、臆病で、無邪気で、楽観的だ。それは、普遍的な兄

弟愛の精神とアメリカ人の優越性の意識に満たされている。それは、お金に大きな信頼を置いている。それは、学科に大きな信頼を置いている。それは、反人道主義的であり、反知性主義的である。それは、悪徳をもっと広めていくことにより、美徳に変えることができると信じている。心は正しい場所にあるが、頭はよく働いていない……。叫び声は「もっと」：もっとお金を、もっと施設を、もっと教授を、もっと学生を、何もかももっと。

ハッチンズはとりわけ、教育に関する「総括的な誤った考え」と彼が名づけたもののことを心配していた。その考えとは、「教育にできないものは何もないし、教育はすべてのことをむらなく上手にこなすことができる」というものである。彼は、「学生の数を増やすこと、学生を学校に閉じ込めておく期間を延ばすこと、資金を2倍使うこと」には全く意味を見出していなかったが、「組織がどちらの方向にも進んでいないときや、間違った方向に進んでいるときや、一度に四方八方に進んでしまっているようなときには、今までと同じように資金を使うべきだ」[20]と考えていた。

　議論の騒ぎが収まったあと、「大統領による高等教育委員会」の報告書はどんな影響を与えたのだろうか。即座に答えるとすると、ほとんど何もなかったと言わざるを得ない。大統領と連邦議会は他の問題に忙殺されていて、委員会の勧告を放置した。公聴会は開かれず、法案も作成されなかった。だが、別のさほど知られていない分野で、その影響は広範囲に及んでいった。第一に、それは、コミュニティ・カレッジ運動の急成長に大きな弾みをつけた。とりわけ、大学の付属物かハイスクールの延長としてしか見られていなかった短期大学を、地域社会の教育の要望に応えるために、多種多様な講座を備え、ごく僅かの授業料か無料で通える、コミュニティ・カレッジへと変えていく動きの原動力となった。第二に、委員会の委員は、報告書が伝えたかったことを胸に秘めて、州、カレッジ、コミュニティに散っていったので、彼らは、網の目のように張り巡らされた重要な組織となった。彼らの仲間からはのちに、カレッジの学長、州のコミュニティ・カレッジ制度の企画官、州

の教育長官、さらには連邦教育長官（トルーマン政権時代の1949年から1953年まで教育長官を務めたアール・マックグラス）などが輩出した。第三に、国家レベルでは、委員会の提案を実現することはほとんど何も実行されなかったが、1960年までに大学入学者数を倍増して460万人にしようという勧告は、奇妙にも実際の入学者数と近いものとなっていた。委員会によって提案されていた学生や公立の教育機関に対する連邦の援助がされなくとも、1963年頃には、委員会の提案が正確な予測だったことが判明した。最後に、委員会の断固とした人種隔離と人種差別への非難を受けて、こうした政策の合法性は徐々に崩れていった。指導的教育者から見ると、人種差別を擁護することは不可能であった。教育・社会政策をめぐる将来の議論において、人種による不平等の問題はもはや無視できないものとなった。

第5節　公民権委員会

　人種差別はアメリカ人の生活と法律の中に深く埋め込まれていたが、戦争を経験したことにより、人種差別の現実とアメリカの民主主義の理想との間の矛盾が際立ってきた。この二つの対照的なものは、黒人に、とりわけ軍隊で働いた100万人の黒人に最も強烈な苦痛を与えていた。彼らは、戦争前には毎日の生活の中で人種差別に直面していたが、武装した部隊の一員でありながら、自分たちがアメリカ政府により人種差別を受けているという奇妙な立場にいることが分かった。アメリカ政府は毎日、戦争の目的は民主主義の原則を守り、人種的な優越性を悪意に満ちて唱導する者を打ち負かすことであると宣言していたのである。南部に駐屯した北部の黒人は、人種隔離政策をとっている州の屈辱的な法律と習慣に従わざるを得なかった。一方、北部を移動していった南部の黒人は、自分たちの故郷のコミュニティにおける厳格な人種隔離主義が不変ではないことに気づいた。また、海外に派兵された黒人は、人種的偏見が幅を利かせていないような文化と出会った。軍隊に勤務した黒人や、初めて軍需産業で良い仕事に就けた黒人の多くの者の間では、戦争の数年間で、社会は民主主義の信条を実現するという約束を果たすべき

であると主張する、新たな自覚や意欲が生まれた。

　戦争とそれが引き起こした民主主義への美辞麗句が、偏見を非合法なものとすることに貢献した。合衆国が、自国では人種差別を行いながら、外国で人種差別と戦うことはできないという事実を認識して、ますます多くの白人が、国の人種的階級制度を公然と批判し始めた。1940年の大統領選挙で落選した共和党候補者のウェンデル・L・ウィルキーが、戦争は、「我が国のニグロというマイノリティに対する扱いと、我々がそのために戦っている理想との間にある矛盾を、我々に気づかせてくれた」と、1944年に書いている。人種差別を永続させることは世界の中でのアメリカの立場を傷つけるだろうと、彼は断言した。というのも、「我々が国内で、我が国のマイノリティに対して醜い人種差別を続ける」限りは、……「少数民族や異なる人種や肌の色をした人々に、我々の公言している目的に誠意があると信じて貰えない」からだという。『フォーチュン』は、雇用者と労働組合の両者に対して、黒人を雇用から除外し続けていると鋭く批判した。人種差別は、アメリカが戦争の間に払った努力を損ない、アメリカと他国との関係を傷つけ、国民の良心を蝕んでいると、論説委員は1942年に書いている。そして、「国の現状を本気で見つめ直そうとするなら、アメリカの夢と黒人の置かれている現状との間にある矛盾を見過ごすことは決してできない」という。さらに続けて、こうも述べている。「世界中のすべての人々の意識の中では、この戦争は、人種の優越性を支持するか否かのために戦われているのである。キリスト教の教義と同様にアメリカの憲法は、すべての人間が、機会の平等という譲渡され得ない権利を生まれつき持っているとの原則に基づいている。こうした考え方が『現実的』であるか否かにかかわらず、我々はこうした考え方にしがみついているか、さもなければ立場を逆にするしかない」。偏見を徐々に突き崩していくことは、社会科学者によっても後押しされた。彼らの集団的偏見の不合理性に関する調査は、白人優位性のイデオロギーの土台を揺るがせた。人種差別に対する手厳しい非難としてとりわけ重要だったのは、1944年に出版されたグンナー・ミュルダールの『アメリカのジレンマ』という著作で、それは、人種間の関係を調査し、現代社会科学の成果を要約していた[21]。

それでもなお、戦争終結の時点では、人種問題に関して政治的変革がもたらされるかどうか期待できなかった。反動主義者と人種差別主義者が連邦議会で主要な地位を占め、大恐慌時代における黒人の忠誠を勝ち取っていた民主党は、「民主党の地盤として揺るぎない南部諸州」の選挙の得票に依存していた。弱者の友として愛されていたローズベルト大統領でさえ、有力な南部の味方をなだめるために、黒人の公民権のために特別な公約をすることを避けていた。民主党の1944年の綱領における公民権問題に関する記載があまりにもおざなりだったので、NAACP は皮肉を込めて、「ニグロに関する条項を綱領の一項目 [訳注：Plank という言葉を用いているが、これには厚板という意味もある] と呼ぶのは、正しくない呼び方である。それは、いくら良く言ったとしても、木の切れ端にすぎない」と述べている[22]。

公民権問題に関して、ハリー・S・トルーマンに何を期待できるのか、誰にも分からなかった。思いもよらず1945年4月12日に大統領の職に就いたとき、彼はそれまでの82日間、副大統領の職にあっただけであった。それまで彼は、戦争を利用して暴利を貪った者を調査した、ミズーリ州選出の上院議員としてしか知られていなかった。トルーマンは前任者の狡猾さを持ち合わせていなかったため、黒人と南部の白人政治家の忠誠心を同時に思うままに操ることはできなかった。政治的な結末は1948年の選挙までは明らかにはならなかったが、1946年12月5日に、トルーマンは1本のくじを引いた。彼はその日、公民権と市民的自由に関する現状を分析し、新しい法案を勧告するため、「大統領による公民権委員会」を任命したのである。委員会の委員15名がすべて穏健派と自由主義者から成っていたことは、決して偶然の出来事ではなかった。そこには、2名のカトリック教徒、2名のユダヤ人、2名の労働組合指導者、2名の黒人、2名の南部出身の自由主義者、そしておそらくこの委員会の信頼性を高めるために、ゼネラル・エレクトリック社の社長が委員長として含まれていた。回顧録の中でトルーマンは、彼が委員会を設立したのは、「戦後すぐに、住居は不法侵入され、財産は破壊され、多くの罪のない人々の命が奪われるといった、マイノリティの人々を攻撃する出来事が繰り返し起こったからだ」と記している[23]。

トルーマンは以前に上院議員だったので、南部出身者が委員会の委員長を務めている状況の中で、連邦議会が公民権に関する法案を通す可能性は全くないことを理解していた。公民権委員会の指導者が、ただ単に勧告を出すだけでよいのか、それとも「我々が見つけ出したことを大衆に知らせるための教育」を実施すべきかどうかを尋ねると、大統領は、「自分に興味がある唯一のことは、一般大衆のところまで到達することである」と答えた。問題の範囲を立証することに加えて、彼は、「委員会の作業の中で最も実際的で最も広範囲にわたる見地は、どのようなものでもよいからともあれ、公共の大衆教育の計画を練り上げることであろう」、と述べた。また、大統領は、委員会のなすべきこととして、アメリカの大衆の面前に変革のための予定表や詳細な一覧表を提示し、政治的・社会的変革に先んじて、一連の公教育を推進していくことを挙げていた[24]。

　1947年末、公民権委員会は大統領に報告書を提出した。それは、政府の取るべき行動への明確な提案を含み、公民権の侵害について簡潔にまとめた文書となっていた。大統領委員会は今回初めて、公民権の問題はニグロ問題とかユダヤ人問題ではなくて、国家の問題であり、アメリカで実際に行われていることをアメリカの理想と一致させるという問題なのである、と断言した。簡潔かつ直接的な散文で、委員会は合衆国における人種差別の過酷さの詳細を以下のように報告している。

- 1946年に、6人の黒人が暴徒によりリンチを受けて殺された。22人がリンチを加えていた暴徒より救出された。リンチの犠牲者になりかけた者は、1人を除いて全員が黒人であった。地方の警察および陪審員の判断により、リンチに関与した暴徒はほとんど、起訴されることも、逮捕されることも、有罪を宣告されることもなかった。
- 警察の残虐行為は南部においてあからさまであった。あるコミュニティの警察は、囚人を殴打、拷問戦術、拳銃による殴打、不法捜査などの対象とした。
- あるコミュニティでは、囚人は公平な裁判を受けることができなかった。

というのも、マイノリティ集団に属する者は制度上、陪審員の任務から締め出されていたり、あるいは、被告人が弁護士を雇うだけのお金を持っていなかったりしたからである。

- 黒人の参加を妨げたり、最小限に抑えたりするために、多くの州で選挙権は憲法に反して制限されていた。たとえば南部の州では、人頭税を課したり、将来の有権者に対して、地方の役人が納得するまで州憲法の中身を説明することを要求したりしていた。このような策略で、選挙民の数を少なく保ち、彼らの代表を議会に送り込むことがないようにしていた。1944年の選挙で、人頭税を課している8州では選挙権を持っている人の18.3％しか投票しなかったが、他の40州では投票率は68.7％であった。

- 軍隊における人種差別は、それとは反対の公式見解があるにもかかわらず、続いていた。海兵隊のどこの部署であっても、船内雑用係以外でニグロを入隊させることは禁止されていた。ニグロの水兵の80％は調理師か船内雑用係だった。陸軍では、すべての部署において、10％がニグロを許容する上限となっていた。陸・海・空軍において、将校にまでなれたニグロは、本当にごく限られた少数の者だけであった。

- 黒人は、不平等な雇用慣習と給与差別の犠牲者であった。白人と黒人とでは同じ教育を受けていても、同じ仕事に対して異なる給与を支払われていた。

- 黒人は日常的にホテル、レストラン、その他の公共施設から閉め出されていた。

- 保健医療施設はニグロに対して人種差別をしていた。多くの病院はニグロの患者を受け入れなかったし、職員としてニグロの医師を採用することもなかった。ニグロの学生はほとんどの医科大学院から閉め出されていた。「医科大学院の卒業生は年間およそ5,000人だったが、そのうちニグロは145人しかいなかった。そしてこの145人のうちの130人は、二つのニグロの学校の卒業生であった」。

- 17の州とコロンビア特別区において法律の名のもとに実施されている人種別学は、誰が見ても公正さを欠いていた。「生徒1人にかける経費、

教師の給与、教師1人当たりの生徒数、生徒の通学手段、校舎や教育設備の妥当性、学期の長さ、カリキュラムの程度など、どのような指標を使ってみても、ニグロの生徒はいつも決まって不利な立場に置かれていた」[25]。

　公民権委員会は、人種、肌の色、信条、出身国に基づいた隔離と差別を、アメリカ人の生活のすべての場面から排除することを満場一致で勧告し、以下のような内容からなる連邦のリンチ防止法案を起草した。人頭税の廃止、司法省の公民権担当部局の強化、連邦による選挙権の保護、軍隊でのすべての差別を終わらせるための新たな法律の制定、雇用・住宅供給・保健施設・州にまたがる交通手段・公共施設における人種隔離と人種差別の禁止。
　二つの問題に関してのみ、公民権委員会の意見は分かれていたが、それは両方とも教育に関する問題であった。すべての委員は人種隔離が悪いことであることには同意していたが、委員会は、人種別学を実施している学校への連邦支援の禁止を勧告すべきか否かを、長々と議論した。委員会がまさにこの問題をめぐって慎重に審議を重ねているときに、連邦議会は連邦の初等・中等学校への支援計画を検討していて、こちらの法案が承認される可能性はかなり高かった。委員会の委員は、委員会による勧告が、連邦議会でまだ審議されていないこの法案のゆくえに、影響を与えるかもしれないことを理解していた。委員会としては、連邦支援を、南部の黒人校と白人校の間で公平に分けるよう勧告するのか、それとも、人種別学の学校には連邦支援を行わないことを勧告するのかの、どちらかを選択せねばならなかった。この選択はそれほど簡単なものではなかった。僅か3年前の1944年に、保守派の共和党上院議員ウィリアム・ランガーが、人種別学を実施している学校への連邦支援を認めないという修正案をつけたために、連邦支援の法案は廃案にされていた。彼が予想していたように、この法案を支持していた南部出身者は、これに反対票を投じ、この法案を廃案に追い込んだ。南部の学校とりわけ南部の黒人校が緊急に財政援助を必要としていたために、1947年にはNAACPは、援助金が白人校と黒人校との間で公平に分配されるという条件のもと、連邦支援を支持していた。

公民権委員会の南部出身の委員は、連邦政府に自分たちの暮らし方への口出しを許すぐらいなら、連邦支援など拒否すべきだとの意見であった。南部出身でない委員の中には、偏見は劣った教育から生み出されるので、南部の学校の改善を妨げるようないかなる手段も是認されるべきではないと思っていて、連邦による制裁に反対する人々がいた。委員の1人は、教育がないばかりに荒廃してしまったコミュニティへの資金援助を断ってしまうことは、「唯一の救済手段」を取り上げてしまうことになるのではないか、と懸念していた。ニューヨークの進歩的な弁護士モリス・アーンストが、人種別学の学校への連邦の制裁を支持するための争いの先頭に立っていた。彼は、もし委員会が、「隔離したうえでさらに多額の金銭を与えること」を是認するならば、委員会は愚かだと思われるだろうと主張した。フィラデルフィア出身の黒人弁護士サディー・アレクサンダーも含めて他の委員は、これに同意していた。彼は、南部が「合衆国全体の模範になる」ことを容認することに反対した。最も人の心を打ったのは、ニューヨークのユダヤ教指導者ローランド・B・ギッテルソーン師の以下のような主張であった。

> 私は、より多くの資金とより良い教師を南部の人種別学の学校組織につぎ込めば、それによって最終的な人種隔離の撤廃に向けてかなりの手段を講じたことになるという考え方に、いたく動揺している。そんなことにはならないだろう。子どもは本からではなく自分たちの日々の暮らしから学んでいるし、南部の教育制度の根本にある真実は、あなたたちが教えていることの中にではなく、黒人の子どもは自分といっしょに学校に通うのに相応しくないということを、白人の子どもが理解しているという事実の中にある。あなたたちがどれほど多くの資金をその中につぎ込もうとも、知ったことではない。白人の子どもに向かって、学校ではニグロの子どもはあなたの隣に座ることはできないのだということを、それとなくであっても示している限りは、あなたの負けだ。

黒人の社会福祉士チャニング・トビアスは、人種別学を実施している学校に

対する制裁を支持する勧告によって、連邦支援の法案がかなりの確率で廃案に追い込まれる可能性を指摘していたが、彼は、「隔離問題に関して実際に我々の心の中にあるものを声に出して発言し、その結果として起こることを厭わずに受け入れる」ときが来たことを確信していた。連邦議会は連邦の制裁を決して承認しないだろうと危惧する人々を、産業別労働組合会議（CIO）の一員であるジェイムズ・キャレイは、こう戒めた。連邦議会に何が受け入れられるのかを決めるのが公民権委員会の仕事ではなく、何が正しいかを宣言することこそが委員会の仕事である。「我々が報告書を受け取り、これこそがアメリカ社会を代表する一般大衆の意見であり、そして連邦政府の政策でもあると、多くの人々の目に触れるように広範囲に宣伝することができれば、現政権のうちにでも、我々が到達できると思っていたところをはるかに超えて事態は進展していく……。これこそが我々の強い願望であり、これこそが我々の追い求めるべきものなのだ」。南部出身の2人の委員が弁解がましい反論をしていたが、人種別学を実施している学校に連邦支援は供与されないという原則を、委員会は支持した[26]。

　公民権委員会を分裂させていた2番目の問題は、教育機関への入学に際し、人種、肌の色、信条、出身国に基づいた差別を完全に禁止すべきか否かということであった。誰も人種や宗教による差別を擁護しなかったが、ダートマス・カレッジ学長のジョン・ディッキーは、多様な学生集団を抱えるためにも、教育機関は、人種、宗教、社会的背景を考慮に入れる権利を持つべきだと主張した。彼は、ダートマスにおいて、とりわけ異なる宗教的背景を持つ学生の間のバランスを保つことに関心があった。特定の宗派の学校と関係を持つ委員は、完全な禁止となると、宗派学校としての特質を損なうことになってしまうのではないかと懸念していた。しかしながら、黒人とユダヤ人の委員は、宗派学校だけを例外とした完全な禁止を断固として支持した。というのも、教育機関が差別をしたのが、学生の多様性を求めてなのか、それとも偏見に根ざした憎悪によるものなのか、見極めることが不可能だったからである。最終報告書は、宗派学校を例外として、「学生の入学および待遇において、人種、肌の色、信条、出身国による差別を禁止」する法律の制定を勧告した。

報告書には、「この勧告を出すに当たっては、委員会の中でかなりの意見の相違があった。しかし、委員の多数がこの勧告を支持した」[27]、と記されていた。

　公民権委員会がその報告書を提出する前であったにもかかわらず、トルーマン大統領は1947年6月29日に、NAACPに対して行った演説の中で、自分自身の公民権に関する見解を印象的に語った。彼は、NAACPからの講演依頼を受諾した最初の大統領であった。話をする前の晩、彼は妹に手紙を書いていた。「私は明日、全米有色人地位向上協会で講演をしなければならなくなった。私はこんな羽目に陥らなければ良かったと思っている。ローズベルト夫人、ウォルター・ホワイト、ウェイン・モース、オレゴン州選出の上院議員、そしてお前の兄さんが講演者だ……。お母さんは、私がそこで話さなければならない内容を好きではないだろう。どうしてかと言うと、オールド・エイブ［訳注：南北戦争のとき北軍といっしょに参戦し、南軍と戦った有名な鷹の名前］の話を持ち出して、演説を締めくくるからだ。だが、私は、自分の話すことに信念を持っていて、それを実現できるかもしれないと思っている」。彼自身の心の中の葛藤がいかなるものであったとしても、トルーマンは、連邦政府を「すべてのアメリカ人の権利と平等」の擁護者とするという、率直な誓いを聴衆に伝えた。「そして、私がすべてのアメリカ人というときは、まさにすべてのアメリカ人のことを意味する」と続けた。「真に民主的な社会におけるすべての市民」は、「適切な家を持つ権利、教育を受ける権利、満足な医療を受ける権利、やりがいのある仕事を持つ権利、投票を通じて公的な意思決定に平等に参加する権利、公正な裁判所で公正な裁判を受ける権利」を持つべきであると、彼は述べた。トルーマンはNAACP、黒人の報道機関、北部の大都市の新聞の賞賛を勝ち取ったが、南部と西部の報道機関からは厳しく批判された。とりわけ、すべての人々が、家、仕事、教育、医療に対する「権利」を持っていると発言したことが、槍玉にあがった。こうしたものは、自ら働いて手に入れるものであって、政府によって保証されるものではないと、彼に対して批判的な人々は述べていた[28]。

　トルーマンは、1948年の連邦議会に対する一般教書の中で、公民権を目

玉とした。「我々の第一の目的は、我が国の市民にとって極めて重要な人権を十分に保障することだ」と、彼は考えていた。彼は以下のような事実を糾弾した。「我が国の市民の中には今でも、教育、仕事、経済的向上、投票で自らの考えを表明することなどに対する平等な機会を否定されている者がいる。中でも最も深刻な問題は、法の下の平等な保護が否定されている人々がいることだ。差別が、人種、信条、肌の色、出身国のいずれに基づいていようとも、それはアメリカの民主主義の理想に全く反している」。その後1ヵ月もたたない1948年の2月2日に、トルーマンは、公民権委員会の勧告を具体化した公民権に関する特別教書を、連邦議会に送った[29]。

　大統領の公民権の擁護の主張は、南部の政治家を激怒させた。ミシシッピ州選出の上院議員ジェイムズ・O・イーストランドは、大統領選挙において南部諸州が投票を見合わせ、選挙を下院の手に委ねれば、「南部の出身者が大統領として出現することになるだろう」と予測していた。他の南部出身の議員は、大統領の提案に対して議事妨害を行うといって脅しをかけていた。南部出身者は1948年度の民主党大会から退場し、サウスカロライナ州知事ストローム・サーモンドを「南部主義者」の大統領候補者として支持して、トルーマンに軽蔑の意を表した。同時に、民主党の左派は、ヨーロッパにおけるソビエトの拡張主義に対するトルーマンの断固とした抵抗に嫌気がさし、彼を見捨てて、前の副大統領のヘンリー・ワレスを進歩党の大統領候補として擁立した。トルーマンは1948年の選挙で、共和党のトーマス・デューイを破って何とか勝利を収めたが、党の左右両派を遠ざける先見の明のある政治的戦略だとは、誰も予想していなかった[30]。

　毎年、一般教書の中でトルーマンは、公民権に関する計画を提案していたが、南部出身者が大勢を占めていた連邦議会によって、毎年、静かに否決され続けていた。だが、彼には連邦議会の承認を受けないでもできることがあった。1948年7月26日、彼は、軍隊における人種隔離を終わらせ、連邦政府による雇用における差別を禁止する大統領令を発令した。連邦住宅管理局は、人種が混在する地域における住宅に保険をかけることを禁止している制度を、止めるように指示された。トルーマン政権の司法省は、連邦最高裁に提

出する準備書面を、住宅供給における人種制限的な条項に対するNAACPの批判を支持する内容で作成したことにより、重要な先例を作った[31]。

　公民権委員会の仕事を通して、また、自ら進んで一定の見解を示したいとも思っていたので、トルーマン大統領は公教育の改革に着手した。「アメリカのジレンマ」、すなわち理想と現実との間にある矛盾を解決しようという戦いの中で、最初に求められていたことは、一般大衆にこのジレンマを認識させることであった。これこそが公民権委員会の目指す方向であった。その委員会の仕事、ならびに大統領の思いが込められた提案が価値あるものであったのは、生まれたばかりの公民権運動を合法的なものと認め、後押ししたことにある。人種差別主義者は、今ここで始まろうとしている公民権運動は扇動家と共産主義者によって導かれている、と非難した。合衆国大統領は、その運動の目的は合衆国憲法の最も崇高な願望を具現化している、と述べた。それからのちの10年間で、事態は極めて急速に進展し、一般大衆の意見も極めて大きく変化したので、トルーマンと彼の公民権委員会の見解は適切で当たり前のこととなってしまったが、その当時は、実のところ、彼らには並外れた勇気があったのである。

第6節　タフト法案

　戦争が終わったとき、NEAには、連邦の教育支援の可能性に期待を寄せることのできる少なからぬ理由があった。一つには、全米の初等・中等学校の多くが深刻な苦境に陥っていることが広く認識されていたからであった。教師不足は全米的な問題となっていたし、多くの学区においてはすでに税収を増やすことは不可能となっていた。もう一つの理由としては、トルーマン大統領が連邦の教育支援を支持してくれる最初の最高責任者だったからである。さらには、かつて1944年の連邦支援の法案は人種問題によって廃案にされてしまったのだが、NAACPが白人校と黒人校に連邦の補助金を公平に分配するという原則に進んで同意したことにより、人種問題が和らいできたからであった。だが、最も重要なことは、上院教育労働委員会に所属する長

老の共和党員で、共和党の保守派の指導者の1人であるオハイオ州選出の上院議員ロバート・タフトが、立場を変えてしまったことである。連邦の教育支援を実現しようとする陣営にタフトを引き入れることができたことは、教育の圧力団体にとって意義深い大成功であった。彼は戦争中、連邦支援を廃案にするのに貢献してきたので、彼の心変わりに味方も敵も同様に驚いた。タフトは、ニューディール政策や大きな政府に対する、歯に衣着せぬ批判者だったが、NEAの広報担当者との私的な会合ののちには、連邦の教育支援が必要であると確信するようになった。数年たってから、ある分野においては非常に「保守的」だったのに、連邦の教育支援を支持することに関してあれほど「自由主義的」だったのはなぜかと質問されると、タフトはこう説明した。子どもには、「特権としてではなくて権利として、きちんとした屋根、きちんとした食事、きちんとした医療、学校に通えるきちんとした場所が与えられるべきである。あとのことは、年を重ねていきながら、自分でどうするか決めていけばよい」。そして、「所詮、教育とは社会主義的なものであり、150年もの間、ずっとそうだった」と、彼は付け加えた[32]。

タフトが仲間入りしたことを受けて、NEAの指導者は連邦支援獲得のための運動を再開した。彼らは、市民団体、専門職団体、宗教団体、社会福祉団体といった、幅広い範囲の人々からの支持を期待できることが分かっていた。NAACPは、南部の白人校と黒人校に補助金が「公平に」分配されることが保証される限りにおいて、連邦支援を支持するとの立場をとっていた。南部出身の議員にしても、南部の学校が全米で一番貧しかったので、議会に提出される法案が、人種隔離を脅かしたり、州の教育費を自分たちが管理したり分配したりする権限を脅かしたりしない限りは、この法案を支持してくれることが期待できた。南部出身者が連邦支援をしつこく求めるのには、もう一つの理由があった。それは、1938年初頭から、連邦裁判所は、黒人教師と白人教師の給与、ならびに人種隔離された学区の施設の同一化を要求し始めていたからである。世論の趨勢が示唆するものは明白だったので、南部出身者は、自分たちの人種隔離され未だに同一ではない学校組織に、新たな異議が申し立てられるのを避けるためには、同一化をより迅速に推し進めるべ

きことをよく理解していた。

　教育の圧力団体にとって唯一の深刻な問題は、宗教問題であった。NEAは公立学校の団体だったので、連邦の補助金を私立学校に給付することには伝統的に反対してきた。このNEAの立場は、同じような考え方をとるいくつかの重要な団体、とりわけ、政教分離の原則に一切の妥協を許さないプロテスタントとユダヤ教徒の人々から支持されていた。だが、この姿勢は、私立学校の子どもを対象外とする、あらゆる連邦の援助計画の制定に反対してきたカトリック教徒にとってみれば、極めて腹立たしいものであった。カトリックの子どもを援助から除外することは、単に宗教上の理由によって彼らを差別することであり、自分たちの宗教の自由を貫くことを罰することでもあり、税金を徴収されているにもかかわらず、その恩恵を受けることを否定されることにもなると、カトリック教徒は主張した。1930年代半ば頃までは、カトリック教徒は断固として連邦の教育支援に反対していた。彼らは、連邦から支援を受けると必然的に、連邦の教育への統制や学校を均質化しようとする中央集権的な働きかけが起こり、カトリック系学校が破壊されてしまうことを恐れていた。しかしながら、1940年代半ば頃には、カトリック系学校もそれなりの利益を受けるべく、ニューディール政策の全米青年管理局、連邦の学校昼食計画、復員兵援護法に参加していた。こうした経験を通して、カトリック系学校にも公平に補助金が分配されるのであれば、彼らも連邦の教育支援を進んで支持するようになっていた。カトリック教徒の代弁者は、公立学校の生徒に恩恵が与えられるのであるならば、それと同等の恩恵が私立学校の生徒にも与えられるべきだと主張した。

　連邦支援の法制化への主要な反対は、米国商工会議所に率いられた実業界および産業界より出されていた。商工会議所は、教育への統制と資金提供は州と地方の段階に委ねられるべきだと主張した。商工会議所はいくぶん経済そのものにも関心があったが、主には連邦の教育への介入に反対していた。連邦支援に対して最も力を込めて反対していたのは、米国愛国婦人会（DAR）のような超保守派の団体であった。この団体は、連邦支援は、中央集権的な官僚制に権限を与えることにより、地方の主導権と伝統的な価値を破壊して

しまうことになると考えていた。DARの立場が揺らぐことは決してなかったが、商工会議所の方は、戦後しばらくの間、全米的な教師不足に直面していたときに、立場を決めかねていた。同様に連邦の統制を恐れて、全米製造業者協会も一貫して連邦支援に反対していたが、他の団体は迷っていた。アメリカ在郷軍人会とアメリカ農業局連合は、1950年代の初めまでは連邦支援を支持していたが、それ以降は反対の立場に変わった。

　少なくとも1940年代初めから、連邦の教育支援は、連邦議会での多数の賛成を得る可能性を持っていた。信念に基づいて連邦支援に反対していたのは少数の人々だったのに対して、信念に基づいてそれを支持していた人々は、頻繁に自分たちの間で仲間割れしていた。宗教問題とそれほど激しくはなかったが人種問題をめぐって、連邦支援の支持者はお互いに常に争っていた。戦争が終わるまでに、教師不足による壊滅的な影響と学校間の歴然とした不平等に関する、何千頁にも及ぶ証言が文書にまとめられた。新しく議会による公聴会が開かれるときにはいつでも、多くの同じ証人が呼び出され、しばしば同じ事実が繰り返し取り上げられた。本件は手詰まりに陥ったように思われ、先に進めるには、トルーマン大統領の支持だけでは不十分であった。トルーマンは、連邦支援の問題に深く関わってはいたが、それは、彼の目の前にある多くの問題の一つでしかなかった。彼は、行政側が法案を準備することを決して認めなかったし、特別に何かの法案を支援することもなかったし、利害の絡む集団の間の妥協点を見出す努力もしなかった。連邦支援の実現を目指した運動に新しい息吹が吹き込まれたのは、タフトが上院における戦いの主導権を引き継いだときであった。

　タフトが責任者となったことにより、連邦の教育支援を実現しようとする運動は超党派の運動となり、それよりもさらに重要なこととして、敏腕の指導者と立法に向けた戦略を得た。タフトの素晴らしい能力は、新たな法案の草稿作成において発揮された。「お金を持っている」州の票を惹きつけるために、タフトは、すべての州に対して一律に、子ども1人当たり5ドルの補助金を支給することとした。もっとも、これは公立学校の生徒のみに分配されるものであった。タフトは、宗教問題を緩和するため、連邦の補助金を私

立学校にも分配するか否かをそれぞれの州が決めることを認めた。彼はまた、人種問題を解決するため、隔離政策に対する連邦政府の干渉を禁止する修正案とともに、補助金の平等な分配に関する条項を追加した。苦心して捻り出された妥協案によって、どの利害団体も勝利を勝ち取ったようには見えなかったが、一方、そのおかげでタフト法案は、渋々ではあったが、すべての団体を味方につけることができた。法案では、私立学校に対する公的援助が制限されるかもしれなかったが、NEAはこれを承認した。NAACPも法案を支持していたが、南部諸州が連邦の補助金を公平に分配するとは信じられない、と不満を漏らしていた。カトリック教徒は、自分たちの利益がほんの僅かしか認められなかったので面白くはなかったが、法案には反対しなかった。タフト法案は1946年に初めて提出され、1947年に上院教育労働委員会から上程され、1948年4月1日に賛成票58、反対票22の投票結果を以て、ついに上院を通過した。上院が広範囲にわたる連邦の教育支援を承認したのは、60年間で初めてのことだった[33]。

　不幸なことに、下院においてはロバート・タフトほどの力を持った、連邦支援の支持者はいなかった。法律制定者としての才能に加えてタフトは、共和党が多数を占めている上院における共和党の指導者という有利な立場にあった。ところが、下院においては、共和党も民主党も法案を成立させることに熱心だったわけではなく、1948年の大統領選挙運動が法案成立を遅らせる新たな口実を作り出していた。共和党候補トーマス・デューイはこの法案を無視していたし、トルーマン大統領は、この法案を成立させることに失敗したため、この議会のことを「何もしない」第80連邦議会と酷評した。したがって、この法案が成立すると、大統領が政治的な勝利を収めたと受け取られる可能性があったので、下院の共和党議員の多くには、法案成立を推進しようという気持ちが全く見られなかった。

　連邦支援の法制化は、党派政治のせいばかりでなく、宗教上の対立が表面化したことによっても妨害された。公的資金を私立学校へも供与するかどうかをそれぞれの州に決めさせるというタフトの妥協案は、上院を納得させることはできたが、内容に乏しかった。1947年に連邦最高裁から出された判

決は、公的資金を私立学校にも供与することに賛成の立場の人々と、絶対に反対の立場をとる人々の間で、妥協点を見つけ出すのをますます困難なものにした。

第7節　ブランシャードの反カトリック論

　ニュージャージー州ユーイング郡区は、子どもが公立学校に通っていようがカトリック系学校に通っていようが関係なく、スクールバス通学のための運賃を両親に払い戻した。1人の納税者が、公的資金を教会立学校のために使うのは憲法違反だとして訴訟を起こした。1947年初頭に、連邦最高裁は5対4で、郡区の方針は合憲であるとの判決を下した。その多数派を代表して、ヒューゴー・ブラック判事が、スクールバス通学に対する州の補助金の給付は、以下の事業を提供することに匹敵するものであると述べた。

　　通常の警察や消防、下水道設備の接続、公共の高速道路や歩道の整備といった一般の政府による公共事業。もちろん、これらの事業の対象から教会立学校を除くとなると、……学校を運営していくことは一段と難しくなるだろう。だが、そのような措置を取ることが合衆国憲法修正第1条の目的ではないことは明白だ。その修正条項は、宗教を信じる人々の集団と、宗教を信じない人々の集団との関係において、州が中立であることを要求している。しかも、それは、州がどちらかの敵対者となることも要求してはいない。州の権限は、宗教を利するために行使されてはならないのと同様に、宗教を不利な立場に陥れるために行使されてもならない。

　この判決が危険な先例になってしまうのではないかともみなす人々の、懸念を和らげる必要があると考え、ブラックは次のように述べた。「修正第1条は教会と州の間に壁を設けた。この壁は高くそびえ、難攻不落なものとして堅持されねばならない。どんなに小さな抜け道も、我々は認めるわけにはい

かない。ニュージャージー州は、この件に関して、これまでこの壁を突き破ってはこなかった」[34]。

　異議を唱えた4人の判事はこう主張していた。憲法修正第1条の目的は、「宗教に対するあらゆる形態の公的支援ならびに援助を包括的に禁止することによって、宗教活動の領域と国家権力の領域を完全かつ恒久的に分離すること」にあった。そして、「交通手段の費用は、授業料、教師の給与、建物、施設、必要な教材に対する支払いと同様に、宗教教育にとっても世俗教育にとっても必要不可欠なものである」とみなしていた。一方、すべての子どもは公立学校に通う権利を持っているので、カトリックの子どもに交通費の給付を拒否しても、法律上の差別には当たらないとも考えていた。

　エバーソン判決として知られる、この連邦最高裁での僅差の判決に対して、プロテスタントの団体からは、憤りの声が沸き上がった。彼らは、この判決が教区学校に対する完全な公的支援に向けての第一歩であると見ていた。自由主義的なプロテスタント誌『クリスチャン・センチュリー』は、「そろそろプロテスタントは目を覚ますか」と題した社説の中で、カトリックは、「明らかにあまり重要でないことを楔の先の鋭い刃として用いて、ついには合衆国憲法をこじ開け、教会が公然と求めてきた、合衆国における特権的地位を教会に与えようとしている」と非難した。論説委員は、危機に瀕しているのは、「アメリカ文化の根源的な特質とこの国におけるプロテスタントの教義の運命」に他ならないと警告した。南部のバプティスト派の主唱者は、「この不吉な判決は暗い影を投げかけている」ので、ゆくゆくは、「我々の愛する祖国の信教の自由という松明の火を暗くしてしまうだろう」と警告した。他の全米のプロテスタントの指導者は、この判決を、公立学校と信教の自由に対する重大な脅威とみなし、彼らを支持する人々に対し、公的資金へのカトリックの新たな要求に抵抗することを呼びかけ、そして、トルーマン大統領に対し、特命全権公使をバチカンに向けるよう迫った。彼らの反応は、19世紀にアメリカを支配しようと企んだ、カトリックの「陰謀」に対する懸念とそっくりであった[35]。

　カトリック教徒は、エバーソン判決について、自分たちの学校は、教師や

建物に対して公的資金を受ける資格がないと解釈し、今後のあらゆる連邦支援に完全かつ平等に参加したいという要求を断念した。しかしながら彼らは、通学手段、宗教に関わりのない教科書、医療サービスといった、副次的なサービスに対して公的な補助金を受ける権利は主張した。「子どもの利益」の理論によると、もし州が、教科書や医療サービスやその他の恩恵を公立学校に通う子どもに提供するならば、州は、子どもが通っている学校の種別にかかわらず、それと同じ恩恵をすべての子どもに提供すべきこととなる。なぜならば、その恩恵は学校にではなく子どもに向けられたものであり、公共の目的に適っているからである。カトリック教徒は、彼らの目的を連邦最高裁によって定められた限度に合わせたが、彼らは、分離の壁をめぐる議論は、反カトリック教徒の嘆願から彼らを守ってくれる覆いのようなものであると信じていた。というのも、連邦政府と私的な組織との間で、成果を生み出してきた関係がいくつも築かれてきたからである。たとえば、復員兵援護法、連邦の学校昼食プログラム、連邦の病院支援などにおいては、連邦資金が公的あるいは私的な受益者に対して差別なく施されていた。「子どもの利益」の理論は、エバーソン判決の基礎になったばかりでなく、1930年のコクラン判決の基礎ともなっていた。それは、州に対して、宗教に関わりのない教科書を教区学校の子どもに配ることを許可しているルイジアナ州法を、連邦最高裁が承認した判決であった。1946年までには、五つの州（ルイジアナ、ミシシッピ、ニューメキシコ、オレゴン、ウェストバージニア）が、すべての子どもに無償の教科書を配布していた[36]。

　世の中の風潮が違ったものであれば、エバーソン判決は、NEAとカトリック教徒の間に妥協点を作り上げるために役立っていたかもしれないし、連邦支援の立法化を大きく阻んでいるものを取り除いてくれることとなったかもしれない。だが、この判決の影響は、カトリック教徒と公立学校の支持者との間の対立を鮮明にしただけであった。カトリック教徒は、連邦最高裁が認めたものをすべて手に入れることができないような法案を、受け入れる理由がないと確信するようになった。一方で、この判決は反カトリックの世論を刺激し、カトリック教徒が目指しているものに対する激しい非難を呼び起こ

した。

　これ以上のカトリック教徒の公的資金への食い込みを阻止すべく、1948年1月に、「政教分離のために団結したプロテスタントとそれ以外のアメリカ人 (POAU)」という、新しい組織が結成された。その創設者は有力なプロテスタントの指導者らで、南部バプティスト会議議長ルイエ・D・ニュートン博士、ニューヨーク地区メソジスト教会主教G・ブロムリー・オクスナム師、プリンストン神学校校長ジョン・A・マッケイ博士などが含まれていた。POAU は、私立学校に対するいかなる形での公的援助に対しても、強く反対する組織となった。POAU は、カトリック教徒の副次的なサービスに対する要求を、教区学校への「全面的な援助」に向けた一歩とみなし、ローマカトリック教会が、「州との関係で特別な特権的な地位を得るための戦略において、憂慮すべき進展」[37]をしたとして、警告を発した。

　ポール・ブランシャードによるカトリック教会を攻撃する記事が、『ネイション』に数回にわたり掲載されると、宗教上の対立の激しさはますます高まっていった。ブランシャードは、合衆国における反カトリック感情が、とりわけ自由主義者の間で「凄まじい勢いで復活」してきていることを率直に認め、それは、偏見に根ざした憎悪に基づいているのではなく、「カトリックの階層制をめぐる教育上の攻撃が強まってきていること」に基づいていると考えた。「19の州で公的資金によるバス通学が教区学校の生徒にまで拡大され、ワシントンのさまざまなカトリックの圧力団体が、教区学校が分け前に与ることのできない、連邦の教育支援に反対するための戦いを繰り広げている」ことから、反カトリック主義は広まりつつあると、彼は断言した。言い換えると、エバーソン判決において連邦最高裁から認められた恩恵を要求することによって、偏見に根ざした憎悪を掻き立てたのは、カトリック教徒であった[38]。

　1947年秋と1948年春に掲載された彼の記事は、そののち加筆されて、『アメリカの自由とカトリックの権力』という題名の本として出版されたが、その中心となる論点は、カトリックの方針とカトリックの権力がアメリカの自由を脅かしているというものであった。彼は、医学、倫理、科学、教育に対

する教会の方針を批判していた。また、その階層的な組織、反民主的な性格、ファシズムへの共感、本や映画の検閲、カトリックの信者でない人々に、離婚、避妊、中絶に関する自分たちの見解を押しつけようとすることを批判していた。彼は、伝統的な反カトリックの移民排斥主義とは距離を保とうとしたが、それでも彼は、カトリックの聖職者の服装、独身主義といったような宗教的儀式と宗教上の慣習、それにカトリックの儀式に込められた中世の精神を批判した。彼は、カトリック系の学校について、「分離主義と不寛容」を養うために、「聖職者の服装をまとった宗教の教師に支配された、隔離された学校組織」と呼んだ。彼は、聖職者が信者に対し、アメリカにおける数の優位性を確保するために子どもを生むことを奨励している、と批判した。また、カトリック教徒が多数派になると、「最も顕著なそしてすぐに起きる変化は、……教育、宗教、家族関係の統制をカトリックの階層制に移管することだろう」と警告した。私立学校に対するあらゆる連邦支援に反対する世論を掻き立てるために、ブランシャードは、「アメリカの民主主義とカトリックの階層制との間の戦いは、公立学校が生き残り、さらなる発展を遂げることができるか否かにかかっている」と予測していた[39]。

　ブランシャードの反カトリックの論争は大きな波紋を広げた。ニューヨーク市、ニューワーク、ニュージャージーの学校の当局者は、『ネイション』の予約購読を取り消したので、カトリック教会が出版の自由を粉々に打ち砕いてしまったとの非難を呼んだ。ルターの信奉者だったニューヨーク市の教育長は、学校は宗教を後押しすることも攻撃することもすべきではないのだから、『ネイション』の予約購読を止めたからといって、ニューヨークの学校が『ネイション』の権利を侵害したことにはならない、と主張した。ニューヨーク在住の100人を超える著名人からなる委員会が、学校の図書館から『ネイション』が撤去されたことに抗議するため、「合衆国における自由に知る権利を守るための理性と良心への訴え」に署名したが、州教育長官は、地方の教育委員会の「自分たちが予約購読したいと思う定期刊行物を決める権利」を擁護した。その間に、『ネイション』は一般大衆の要求に応えるために、一連のブランシャードの記事を5万部増刷し、ブランシャードの本は6ヵ月

間、全米のベストセラーとなった。すべての新聞がこの本を宣伝したわけでもないし、すべての書店がこの本を売っていたわけでもないのに、結局、この本は26回増刷を重ね、24万部のハードカバー版が売れた[40]。

1948年3月、ブランシャードの記事をめぐる議論が繰り広げられていた最中に、連邦最高裁はマッコーラム判決を下した。それは、教会と国家を隔てている壁の高さに関して、さらにもう一つの定義を示した。8対1の採決で、連邦最高裁は、公立学校で正規の授業時間中に宗教教育のための時間をとることを認めているイリノイ州の法律について、憲法違反であると認定した。ヒューゴー・ブラック判事は多数派を代表して、公立学校は、「いかなる、あるいは、すべての宗教的信仰や宗派が、その教義や理想を広めるのを手助けする」ために使われてはならない、と宣言した[41]。もっとも、その多数派の中には連邦最高裁で1人だけのカトリック教徒も含まれていたが。

第8節　バーデン法案

連邦議会が再び連邦の教育支援の問題を取り上げたのは、まさにこうした憎悪にみちた雰囲気のときであった。1948年の選挙後には、連邦支援が連邦議会を通過する可能性がそれまでで一番高いように思われた。トルーマンは大統領選挙に勝利し、民主党が連邦議会の両院の主導権を握っていた。1949年の年頭教書で、大統領は連邦議会に対し、連邦の教育支援法案を成立させるよう促した。とはいっても、またもや彼は、何か特定の法案を支持するようなことはしなかった。上院は、前年のタフト法案のときと同様に、法案を作成するためにすばやく行動したので、上院では通過したが、下院では行き詰まっていた。

カトリック教徒は、エバーソン判決で認められた「子どもの利益」の理論を法案の中に盛り込むよう、上院を説得しようとした。ボルチモアの大司教であるとともに、全米カトリック福祉協議会の教育部門長でもあったフランシス・P・キーオは、次のように証言した。「我々が自分たちの子どものために望んでいるのは、教科書、バス通学、医療と歯科治療のためのいくばくか

の援助といった、今、手に入れることが難しい、必要なサービスのみである。我々は、誰かに校舎を建てて貰おうとは望んでいない。我々は、教師の給与を支払うための1セントも望んでいない」。上院は、一般の連邦支援法案の対になる法案として、すべての子どもの健康診断と歯科検診のために350万ドルを提供する、別の健康保険法案を成立させることで、これに応えた。タフトは、連邦支援法案は私立学校のために公的資金を使うことを強制も禁止もすべきではないと主張した。彼によると、この問題は州内で決着がつけられるべきもので、そうすることにより、州は、連邦の干渉なしに自分たちの学校への統制を維持できるという。連邦支援法案は1949年5月5日に、超党派の支持を受け、58対15で上院を通過した[42]。

　焦点は、イデオロギーの戦いの場として知られている、下院教育労働委員会に移っていった。この委員会は労働問題を取り扱うため、共和党の中でも最も保守的な議員と民主党の中でも最も自由主義的な議員という、両党の両極端の人々の興味を惹きつけていた。この委員会においては、意見の相違を引き起こすのは簡単だったが、意見の一致をみることは難しかった。委員会の議長ジョン・レジンスキーは、デトロイト出身の労働者寄りの民主党員でカトリック教徒でもあったが、1949年5月9日、連邦支援法案の審議を、グラハム・A・バーデンが委員長を務める小委員会に委託した。バーデンは、委員会に所属している民主党員の中では上から2番目の地位にある、ノースカロライナ州出身の保守的な元学校教師で、公立学校に対する連邦支援の支持者でもあった。

　上院による法案は、さまざまな団体を満足させるために注意深く練り上げられていたが、下院議員バーデンは承認できないと思った。法案には、強い言葉で、いかなる連邦政府の機関に対しても地域の学校への干渉を禁止する言葉が盛り込まれていたが、バーデンは、その言葉では十分な説得力がないと主張し、こう続けた。「私は、資金の分配法の承認や法案の成立に関与し、自分が何をしているのか分かっていたので、自分の人生の残りの時間を費やして、行政官のところに跪いて擦り寄って行き、どうか、なにとぞどうか、我々がこの法案を成立させたときに心の中に思っていたことを実行してくだ

さい、と頼み続けることになる……。このような事態に陥ってしまう可能性があるので、我々は、連邦政府が我々の学校に、いわば引っかかりを持ってしまうことを恐れているのだ」。「上院の法案には、強く反対すべき箇所がいくつかあるので、私は、この法案を受け入れるわけにはいかない。私は、この法案を承認しない。それだけだ」と、彼は説明した。バーデンがとりわけ反対すべきだと考えた点は、私立学校への公的資金援助に対するタフト法案の自由放任主義的な姿勢であった。全米カトリック福祉協議会の主唱者が彼の委員会に出席したときに、バーデンは、「私は、おそらくあなたのいる方角と正反対の方角で、あなたと同じくらい遠くに離れている。だから、我々は決していっしょにはなれない」。3週間にわたる公聴会の間に、バーデンは上院の法案を放棄し、自分自身の法案を前面に押し出した。バーデン法案は、三つの重要な点で上院の法案とは異なっていた。第一に、連邦の資金援助は公立学校に対してのみと制限した。第二に、通学手段と健康保険のための連邦の支出をはっきりと禁止した。第三に、南部の州に、白人校と黒人校の間での資金の配分を「公平かつ公正」に行うよう求めた文言を取り除いた。1949年7月7日に、バーデン小委員会はバーデン法案を本委員会に提出した[43]。

バーデン法案が皆の注目を浴びて出現したことで、タフトが公立学校の支持者と私立学校の支持者の間に慎重に作り上げた脆弱な合意は、粉々にされてしまった。公立学校派は望んだものすべてを手に入れたが、カトリック教徒はすべてを断たれてしまった。カトリック教徒の利害に関して最小限の妥協しかしていなかったので、成立する可能性がかなり高かった上院の法案を支持する代わりに、NEAはバーデン法案をすばやく受け入れ、会員に支持を促した。バーデン法案は、指導的立場の教育者、POAUによって、また、プロテスタント、ユダヤ教徒、退役軍人、市民団体を代表する多くの組織から、歓喜の声で迎えられた。『ニューヨーク・タイムズ』の教育部門の論説委員は、バーデン小委員会の前で、この法案は、「連邦の法案を実現しようとするこの30年間の試みの中で、議事堂に出現した……最も素晴らしいもの」である、と証言した[44]。

予想どおり、カトリック教徒は激怒した。彼らは、どのような連邦支援の

プログラムにでも全面的に参加したいという要望をしぶしぶ諦めていたが、今や、バーデン法案は、彼らに副次的なサービスすら認めなかった。全米カトリック福祉協議会の役員は、この法案について、「今までにあらゆる議会の委員会で承認された法案の中で、最悪のそして最も反対すべき連邦の教育支援法案」と呼んだ。バーデンは、1949年6月19日に開かれた15,000人のカトリック教徒の集会において、ニューヨークの大司教であるフランシス・スペルマン枢機卿から厳しく非難された。スペルマンは最初に登壇し、バーデンを「偏狭な考えを持つ新たな使徒」であると公然と非難し、彼の支持者を「差別の信奉者」と呼び、彼らについて、「子どもの上に毒」を撒き散らしていることを、「なぜそのようなことをするのか理解し難いほど、ひどく罰当たりなこと」として責め立てた。スペルマンによると、バーデン法案の支持者は、「公立学校のみが真のアメリカの学校であるという、馬鹿げた、アメリカ的でない、差別的な主張」を前面に打ち出し、「カトリックの子どもを相手にして、宗教的な偏見による卑怯な戦いを行っている」という。大司教は、「我々は、すべてのアメリカ人のすべての子どもに、少なくとも宗教に関わりのない教科書、バス通学、健康保険を保証しないようなあらゆる法案に、反対しなければならない」と宣言した。次の日曜日、バーデン法案は国中のカトリック教会から非難され、カトリック教徒は、自分たちの選挙区の議員に手紙を書くよう促された。カトリック系の新聞はバーデン法案を痛烈に批判し、議員の事務所には、「怒ったカトリック教徒の選挙民から手紙や電報が殺到」した[45]。

　下院教育労働委員会の委員長ジョン・レジンスキーは、バーデン法案に満足してはいなかった。6月27日に彼は、この法案は「反カトリックで反ニグロである。私が思うに、彼は、何らかの意図があってこの法案を作成したのだろう。というのも、彼は教育への支援など望んでいなくて、この法案を廃案にしたかったのだから」と断言した。レジンスキーは、下院の多数派の指導者であるジョン・W・マコーマックに励まされた。彼は、バーデン法案について、カトリック教徒とニグロにとって「甚だしく不公平」だとみなした。バーデンは、本当の問題は、私立学校への公的資金の提供を禁止したことに

あると主張した。なぜならば、彼の法案は人種にかかわらず、すべての生徒に平等に資金を提供することを規定していたからで、しかも彼は、彼に対する批判者はカトリックの階層制のために活動しているのでないか、とほのめかしていた。レジンスキーは、バーデン法案を審議するための全体委員会を招集することを拒み、「命のある限り、私は阻止するので、バーデン法案は決して成立しない」と明言していた[46]。

第9節　スペルマン・ローズベルト論争

　宗教間の憎しみ合いがその度合いを増していく中で、それを和らげてくれそうな可能性は、1949年夏における、スペルマン枢機卿とフランクリン・D・ローズベルト夫人との間の公開論争により、完全に打ち砕かれてしまった。枢機卿と夫人の応酬は、大きな政治問題を動かしていくための象徴的な手段という役割を持つ公開行事の一つで、この場合で言えば、カトリック教徒と自由主義者との間にある敵意と誤解の深さを大げさに表現していた。6月に下院議員バーデンを批判した際に、スペルマン枢機卿はすでにバーデン法案とその支持者、とりわけ、「光と自由の使者」のふりをしながら、カトリックの子どもの権利に対して戦いを挑んでいた自由主義者に対して、痛烈な反対を表明していた。アメリカの自由主義者の間で尊敬されていた人物であるローズベルト夫人は、過去において、カトリックの指導者に異議を唱えるのをためらうことはなかった。彼女の伝記作者であるジョセフ・P・ラッシュは、以下のように述べている。

　　政治的な利害に責任があるカトリック教会の指導者は、ローズベルト夫人に対してずっと不満を抱いていた。1930年代にスペインの共和制支持者と親密であったこと、控えめではあったが避妊を支持していたこと、多くの共産主義者が代表を務めていたアメリカ青年会議やその他の団体に資金援助を行っていたことが、聖職者を苛立たせ、彼女が大統領夫人であったときでさえ、彼らは公の場でも不快感を表明していたほどだっ

第1章　戦後の教育を主導した人々　51

た。彼女にしてみれば、社会・政治問題に対して攻撃的なほどに保守的であると思われる、一つの組織の世俗的な権力が増大してきていることを、ますます懸念するようになってきていた……。

1948年に、彼女はニューヨーク市の学校が『ネイション』の購読を禁止したことに対する抗議に参加したことにより、カトリックの指導者の不快感を生じさせた。ローズベルト夫人は、スペルマン枢機卿と彼の仲間は、彼女が、国連においてフランコのスペインを外交的に孤立させておくよう尽力したことに対して、とりわけ怒っているのだと信じていた[47]。

1949年6月23日、スペルマン枢機卿がバーデン法案を公然と非難した4日後、ローズベルト夫人は『ニューヨーク・ワールド・テレグラム』の彼女のコラムで、枢機卿に反対意見を述べた。彼女は次のように書いている。

　　カトリック系学校も連邦支援の資金に与るべきだという、フランシス・スペルマン枢機卿の要求で始まった論争は、この国の市民に極めて難しい決断を迫っている。
　　我々は、自分に相応しいと思われる教会に所属し、その人なりのやり方で神に祈りを捧げることが、人間としての権利であると信じているので、公教育を、納税者のお金で賄われている学校への宗教的な統制と結びつけて考えたくないのならば、偏った見方も責められるべきではない。

彼女は、私立学校は、「どのようなものであれ、税金からの資金」を受け取るべきではないと信じていた。反カトリックに偏向していると批判する何通かの手紙を受け取ったのち、ローズベルト夫人は、7月8日に他のコラム欄で自分の見解を再び明らかにした。彼女と手紙のやり取りをしていた多くの人々は、彼女は自らの見解と一致するバーデン法案を支持していると思い込んでいたようだが、7月15日に発表された3番目のコラムの中で、ローズベルト夫人は、こう述べている。「私は、（バーデン）法案を注意深く読んだわけではないので、特定の一つあるいはいくつかの法案について、賛否を言わ

ないようにかなり気をつけている」[48]。

　7月21日、スペルマン枢機卿は報道機関とローズベルト夫人に対し、元大統領夫人の見解に対する辛辣な批判を送った。彼は、ローズベルト夫人について、バーデン下院議員と極めて親しくしていることを非難するとともに、スペルマンに向かって、「憲法上、他のアメリカの子どもに認められているのと同じ権利をカトリックの子どもには認めようとしない人々から、カトリックの子どもを守ろうとしている」と言って咎めることを、非難した。スペルマンは夫人に対しこう明言している。「あなたは、知識と理解に基づいて行動するのではなく、間違った情報ならびに無知と偏見に基づいて行動してしまっている」。彼はまた、税金で維持されている学校が宗教的に統制されることには反対だと述べた。だが、彼は次のように強く主張している。「もし連邦政府が、公立学校のすべての生徒に牛乳を一壜ずつ与えるならば、連邦政府はすべての学齢期の子どもに牛乳を与えるべきだ。私は、もし連邦の資金が、生徒を公立学校に通学させるために使われるのであれば、その資金は教区学校の子どもの通学のためにも使われるべきだと思う。私は、もし連邦の資金によって、公立学校の生徒が伝染性の病気を防ぐための予防接種を受けるのであれば、すべての子どもがこうした病気から守られるべきだと思う」。彼は、ローズベルト夫人のあからさまな反カトリックの偏見を責め立てた。「なぜ、あなたはいつも反カトリックの主張を弁護するのですか」と、彼は尋ねた。そして、彼はローズベルト夫人に以下のように警告した。

　たとえあなたが、私をこきおろすために再び自分のコラムを使って、喧嘩を売ってきたのは私であると再び非難しようとも、私はあなたの存在を公然と認めることは2度としない。
　というのも、あなたが将来どのようなことを言おうとも、あなたの反カトリックの前科は、すべての人々が、アメリカの母として相応しくない差別の証拠とみなしているからである。しかも、その前科は、決して取り消すことのできない歴史の1頁に、あなた自身が刻んだものである[49]。

ローズベルト夫人は枢機卿に返事を書き、宗教的な偏見に根ざした憎悪を否定し、私立学校への公的資金援助に反対する立場を再び表明した。彼女は、手紙の締めくくりとして、「私は、『賞賛に値しないアメリカの母』になるつもりなどないと、あなたに誓います。親愛なるスペルマン枢機卿殿、すべての人間の真価に対する最後の審判は神の手の中にあるのです」と述べた[50]。

この往復書簡は全米の新聞の一面を飾った。4,000通もの手紙がローズベルト夫人に送られ、その90％が彼女の立場を支持していた。ローズベルト夫人は大都市の新聞の社説、プロテスタントとユダヤ教の指導者、アメリカ市民的自由連合（ACLU）といった団体により支持されていた。彼女はまた、彼女と見解を同じくする何人かのカトリック教徒や、枢機卿の毒舌に当惑した何人かのカトリック教徒からも支持された。ローズベルト夫人はワシントンの報道関係者から、彼女が「先週の日曜日に、カトリックの司祭に説教壇から非難されていたから、これは教会の方針である」と告げられていたが、スペルマン枢機卿を支持する人々はほとんどいなかった。一般の人々の意見が交わされる場では、ローズベルト夫人は紛れもない勝者であった。その大きな理由は、スペルマン枢機卿が、筋の通ったカトリック教徒の不平不満を、ローズベルト夫人への個人攻撃に変えてしまうという大失敗をしでかしたためであった[51]。

ローズベルト夫人がコラムを執筆したときには、連邦支援に関する法案がどういう状況にあるのか、何も知らされてはいなかったので、かなりの課題は論争の中で曖昧にされてしまった。彼女は、連邦資金をバス通学および宗教に関わりのない教科書に使うことを連邦最高裁がすでに承認していたことを、認識していないようだったし、また、上院の法案とバーデン法案が連邦議会の中で対立していることも知らないようであった。コラムの中で彼女は、カトリックの教会が自分たちの学校に対する全面的な公的資金援助を求めていると、間違ってほのめかしていた。1949年の夏にローズベルト夫人が書いた手紙の中で、彼女はスペルマン枢機卿の真意について疑問を呈していた。彼女は、「枢機卿がバチカンの指示を受けていて、彼の手紙も一部はバチカンによって書かれていた」ということを知ったとしても驚かないと、友達に

宛てた手紙に記していた。「スペルマン枢機卿とのやり取りのすべては、私にとっては、もっとずっと大きな状況の中の一部にしか過ぎない。彼らは、この国でカトリックの政党を結成するときが来たと感じていたと思われるし、また、それが成し遂げられることを望んでいたと思われる。彼らは、それが自分たちの望んだようには上手くいかなかったことに対して、失望していた」。POAUと同様に、ローズベルト夫人は、副次的なサービスに対するカトリック教徒の訴えを、自分たちの学校への全面的な公的援助を勝ち取るためだけではなく、全米規模での政治権力を勝ち取るため、長期的な、ちょっと隙間の開いたドアに足を踏み入れてドアを閉められなくする作戦の、一部であるとみなしていた[52]。

　一般大衆の辛辣な反応が、少なくとも言葉の上では収まりかけてきたときに、事態を心配したニューヨーク選出の民主党の指導者が調停に乗り出してきた。8月の初めに、枢機卿は彼女に電話をし、彼の見解を述べた新しい声明文に関して、彼女の意見を求めた。そこで、枢機卿の代理人が彼女の自宅を訪問し、枢機卿の声明文とそれに対するローズベルト夫人の返答文の言い回しをいっしょに吟味した。枢機卿は、私立学校は副次的なサービスへの援助を受けるべきだとする彼の立場を再び明確にし、カトリック教徒は「一般的な公的援助」ならびに校舎や教師の給与への公的資金援助は期待していないと、はっきりと述べた。彼は何も新しいことを言っているわけではなかったが、彼の口調はなだめるような調子だったので、ローズベルト夫人は、彼の声明文は「明瞭で公平である」と記した。その数週間後、スペルマン枢機卿は挨拶のために彼女を訪問した。ローズベルト夫人がスペルマン枢機卿と公に和解してからしばらくたって、彼女は、報道記者で公立学校支援の信奉者であるとともに、『ワシントン・ポスト』の発行者の妻でもあるアグネス・メイヤー宛の手紙の中で、カトリック教徒の頑なさに対する変わらぬ不信感を打ち明けていた。ローズベルト夫人はこう述べている。「彼らが、教区学校も連邦の教育支援を得られるようにしようと思わない限り、彼らは、我々が連邦の教育支援を獲得できるよう手助けしてくれることはないだろうということを、私は今までにもまして確信している」。加えて彼女は、「副次的な

サービス」はカトリック教徒の要求を満足しないだろうということも確信していた。ジョセフ・P・ラッシュによると、彼女は以下のようなことを予想していた。「彼らは、教区学校への州の資金援助が合憲であることを支持する、できるだけ多くの州や連邦最高裁の判決を手に入れるべく働きかけていくだろうし、『結局、州において合憲であれば、連邦資金が副次的なサービスのみならず、すべてのサービスに対しても等しく用いられることが合憲であると宣言されるかもしれないと、彼らは固く信じている。これが成し遂げられた暁には、彼らは学校について、少なくともその大きな部分を支配することになる』」[53]。

　ローズベルト夫人は、偉大な彼女特有の高潔さのおかげで、スペルマンとの戦いにおいて、はっきりとした勝利を収めることができたが、一方、スペルマン枢機卿は、バーデン法案はカトリック教会にとっては受け入れ難いという主張を押し通した。その主張は、下院教育労働委員会委員長のジョン・レジンスキーのおかげで無駄にはならなかった。彼は、7月中に委員会を開催することを拒否した。委員会の委員の圧力により、レジンスキーは、結局、8月2日に委員会の会議を招集したが、この会議は開催されるや否や崩壊してしまった。委員会はバーデン法案に対する投票を拒否し、すべての他の法案も否決した。1949年に、連邦の教育支援は葬られたのである。

　連邦支援の支持者は、何年間も一生懸命に本件に取り組んできたので、本件を諦めるつもりは全くなかった。1950年の議会の会期が始まると、膠着状態が打開できるのではないかという期待が再び高まった。またしても、トルーマン大統領は、連邦の教育支援が議会を通過するよう要求した。レジンスキーは、意見の相違点を整理し、受け入れることのできる法案を作成するために、2月より委員会を開催すると発表した。カトリック教徒は、以前は連邦資金全体の10％を副次的サービスに割り当てるよう要求していたが、その立場を緩めて、2％の割り当てでも受け入れると述べていた。カトリックの指導者にとって受け入れ可能な別の妥協案は、マサチューセッツ州選出の下院議員ジョン・F・ケネディによって提案された。彼は、私立学校の生徒にもバス通学のための連邦の補助金を認める修正案をつけて、上院法案を

承認しようと提案した。それは、連邦最高裁のエバーソン判決と首尾一貫していた。1ヵ月間続いた非公開の審議ののち、連邦が学校を統制するようなことは決してないと大統領が確約するまでは、いかなる法案も提出しないことを委員会は投票で決めた。連邦子ども局が『6歳から12歳までのあなたの子ども』という小冊子を出版したところ、その中の1節に家を所有することを「軽蔑するような」記述が含まれ、また別の1節には性教育に関する記述があったので、彼らの懸念が高まった。その日のうちにトルーマンは、連邦の学校統制に反対であることを力強く表明して、これに対応した。「私が連邦の学校統制に反対であるというときは、合衆国教育局であれ連邦安全管理局（健康教育福祉省の前身）であれ、連邦政府のいかなる職員や部局による統制にも反対であることを意味している」。これ以上、法案の成立を遅らせる理由がなくなったので、委員会は投票の準備に入った。ところが全く同じ日に、グラハム・バーデンは、教区学校への支援に反対する人々のニューヨークでの会議の席で、公然とスペルマン枢機卿を批判した。スペルマン・ローズベルト論争は8ヵ月前に友好裡に決着していたにもかかわらず、バーデンはこの機会をとらえてスペルマンのことを、「偉大で気高いアメリカの婦人であるとともに母親でもある人」を攻撃した、「残酷な権威主義者」と決めつけた。バーデンは、前の年にスペルマンや他のカトリック教徒によって浴びせられた悪態の数を改めて数え直し、「連邦の学校支援の課題に宗教問題を持ち込んだのが誰なのか、疑問の余地もない」と、お祈りを唱えるような単調な調子で語った。バーデンのこうした見解のタイミングを考慮に入れれば、彼が、1949年に連邦支援を葬ってしまった宗教的な悪意を再燃させようと、この機会を利用していたのは明らかだった。バーデンとともにローズベルト夫人も演壇に立ったのだが、彼女は枢機卿の人柄や彼との対立に触れることは敢えてしなかった。だが、ローズベルト夫人は、州が自らの州法に基づき連邦資金を用いることを認めていた上院の法案にも、連邦資金をバス通学に使うことを認めていたケネディ修正案にも、きっぱりと反対を唱えた[54]。

その翌日に当たる3月7日、下院教育労働委員会はケネディ修正案を16対9で否決した。それは、共和党員と公立学校派が手を結んだことにより、破

棄された。1950年3月14日、修正が加えられていない上院法案が投票に付されたが、7人の保守的な共和党員と6人の民主党員が手を結んだことにより、13対12で否決された。6人の民主党員の中には、どのようなものであれ、援助そのものに反対する2人の議員も含まれていた。そしてこれが、1950年における連邦の教育支援の結末だった。下院教育労働委員会の25人の委員のうち17人は、連邦支援に原則的には賛成していたのだが、委員の間での意見の相違、とりわけ宗教的な見解の相違を乗り越えることができないことが明らかとなった。

　1950年5月にジョン・レジンスキーが亡くなって、その後任として、下院教育労働委員会の委員長にグラハム・バーデンが就任した。案の定、バーデンはカトリック教徒、労働組合、黒人を好ましく思っていなかった。連邦の教育支援という観点からすると、NEAだけが彼の就任を喜んでいたし、彼が委員会における指導者の地位に上り詰めたことにより、NEAは、私立学校に対する援助に関して何らかの妥協案を見出すことに、さほど乗り気ではなくなっていた。バーデンは、1949年の彼の法案をめぐる論争の中では、NEA、ならびに多くの自由主義者やプロテスタントの英雄だったが、委員会の委員長としての記録からは、気まぐれなチャンピオンだったことが窺われる。1962年に公表された調査によると、彼の8年間の委員長在任中について、次のように記されている。「彼は、委員会の内部の対立を解決するというよりは、むしろ煽るように委員会を導いていた。彼は、多くの時間をたゆみなく、連邦支援の法案を廃案にするために費やしていた。1949年に1度だけ、彼は、連邦支援の法案を受け入れたことがあったが、そのときには、あまりにも限定的で妥協を許さない立場をとったので、委員会の対立の歴史の中でも最も刺々しい対立を引き起こすこととなった」[55]。

　委員会の委員長としての在任中に、バーデンは「正式な権限、裏での策略、自分自身の才能の絶妙な組み合わせ」を使って、連邦支援の法案を阻止した。彼の伝記作者によると、バーデンは、自分が引き起こしたことよりも、自分が阻止したことの方がより重要であると信じていた。彼が好んで口にしていた言葉は、「法案が承認されなかったことによって危機に瀕してしまった共

和国など、聞いたためしがない」というものであった。彼は、1949年の連邦支援をめぐるささいな口論の結果、「公立学校への連邦支援の問題よりは、教会と国家の分離の問題の方が、この国の将来の繁栄と幸福のためにはより重要であり、この二つのうちのどちらかを選ばなければならない局面に追い込まれるとしたら、私の選択はすでに決まっている」と、心を決めていた。北部出身の自由主義者であり公立学校の擁護者でもあったバーデンは、連邦支援を望んでいたが、それが私立学校の生徒に1セントでも与えることを意味する場合には、その支援に反対であった。教育に関する圧力団体の指導者に支持されていた彼の強硬路線の戦術は、1949年には上手くいくだろうと思われていた連邦支援の法案の成立を、疑いなく阻止した[56]。

連邦最高裁の判決に基づいて、妥協する基盤はいつでもできていた。連邦最高裁は、州から、宗教に関わりのない教科書とバス通学が公立学校の生徒に提供されている場合には、私立学校の生徒に対しても同様に州から提供され得る、との判決をすでに下していた。おそらく、この「子どもの利益」の理論が、すべての子どもに基本的な健康と福祉のサービスを政府が提供することを可能にした。エバーソン判決が出されたのち、カトリック教会の広報担当者は、教師の給与と建設費用に対するいかなる要求も断念し、副次的なサービスに関する援助のみ喜んで受け入れる旨、繰り返し発言していた。だが、プロテスタント、自由主義者、教育者の指導的な立場にある人々の間には、カトリック教会に対する強い不信感があり、それは、連邦の教育支援を求める気持ちよりも強かった。カトリックの教育者が、教区学校の子どもの予防接種を受ける権利について話を始めると、批判者は、フランコ、バチカン、宗教国家への恐怖といった言葉を持ち出して対抗した。カトリックの指導者は、精神的な活動を政治的な影響力から引き離す能力に乏しいことが時折あったが、彼らへの批判者も同様に、カトリック教会に対する政治的な不満とカトリックの子どもの筋の通った要求とを区別できなかった。

第10節　連邦による教育支援の試みの挫折

1950年から1965年までのアメリカの政治の場面においては、一般的な連邦の教育支援法案を成立させることはできないということが、皆に受け入れられている自明の理となっていた。トルーマンの後継者で、極めて人気のあったドワイト・D・アイゼンハワーは、ベビーブームによって引き起こされた負担を軽減するために、学校建設のための連邦支援法案を成立させようと、連邦議会に何度も働きかけた。だが、時はすでに遅く、統一見解を作り上げるのはもはや不可能であった。明らかに取り除くことのできない障害物は宗教上の問題のみならず、1954年に連邦最高裁が人種別学を憲法違反と宣言したのちは、人種問題がもう一つの折り合いのつかない論争の種となった。黒人と自由主義者は、人種別学を実施している学校には連邦の資金は分配されるべきではないと強く主張し、一方、南部出身の議員は、自分たちの人種別学の制度に干渉するようないかなる法案にも反対した。

　1950年に、一般的な連邦の教育支援を勝ち取るための運動が失敗に終わったとき、連邦議会は、要求を拒否された人々への一種の残念賞として、代わりの法案を作った。より大きなプログラムが実現される見通しが消えてしまった中で、連邦議会は、「連邦の影響を強く受けている地域」に対する支援プログラムを承認した。これは、連邦の国防関連産業に従事する労働者の子どもによって、一時的に混雑してしまった学校を抱える学区を救うために、1940年に制定されたプログラムを改訂したものであった。1950年にこの範疇に入る援助の対象となった学区は、南部に集中していて、そこには多くの防衛軍事施設が配置されていた。その援助は、不動産税を払わずに地域の学校を利用する軍人とその家族の流入によって、重い負担を強いられていた学区の支出を相殺してくれると考えられていた。何年もかけて連邦議会は、使途無制約の援助が全米のより多くの学区を含むように、その適用条件を再定義した。その結果、このプログラムは、一般的な連邦の教育支援法案の成立を阻止した政治論争になんら巻き込まれることなく、連邦支援の密かな別形態として1980年代まで生き延びていった。

　20世紀半ば頃には、すでに解決されたと思われていたアメリカの教育に

おける問題の多くが、再び議論の俎上に載せられた。何も解決されなかったが、重要なことは、もはやこのままの現状に甘んじているわけにはいかないということであった。以前であれば、地方学区や特定の高等教育機関に固有の領分と見なされていた教育の主要な問題が、国家の委員会、議会の委員会、連邦裁判所、政党などによって議論されるべき、国政の領域に移り始めていた。この変化は過去からの突然の決別であり、しかも、あまりにも突然すぎたために、政治的合意や意思決定ができなかったほどである。将来、何が起きるかは分からないが、戦後の時代が明確に示唆しているのは、アメリカの教育は、それを変革し、それを守り、それを改良し、それを社会・経済的目的のために利用しようとする、さまざまな組織的活動や改革運動の対象とされてきたということである。連邦支援を引き出そうとした戦いが完全な失敗に終わったことは、教育をめぐる政治が変化していく過程の単なる一面に過ぎない。教育機関を統制したり方向転換を迫ったりする、多くのさまざまな利害関係者の試みが、懸賞金をつり上げ、参加者の数を増やし、問題点の本質さえも変えてしまった。教育論争の問題点は、どのようなカリキュラムや授業が一番良いかといったことではなく、より多くの場合は、そのような手はずを整えると、どのような社会を築き上げていけるのかということになってきた。教育問題を社会問題として考える傾向が強まってくるにつれ、問題そのものが全米的な広がりを持つようになり、イデオロギーや政治にからむ争いにおいて、同志に差し出される人質あるいは褒美としての役割を果たすことから、教育機関は大きな社会的な対立の中心にしばしば押し出されてしまった。

第2章　進歩主義教育の勃興と衰退

第1節　20世紀初頭の進歩主義教育

　戦後間もない時代にアメリカの学校は、教師不足、低賃金、校舎の必要性、将来の財源に関する不安といった現実の問題を抱えていたにもかかわらず、アメリカの教育者は、学校の役割と目的に関して共通の哲学を共有しているという事実に誇りを持っていた。彼らは、自分たちに何が必要であるかが分かっていた。つまり、より多くのお金が必要であるということを。また、彼らは、なぜそれが必要なのかも知っていた。それは、すべてのアメリカの青年を教育するためであると。1940年代までは、進歩主義教育の理想と教義がアメリカの教育学を支配していた。教育学部で必読とされている教科書に加えて、連邦教育局、さまざまな州の教育局、市の教育委員会、教育の専門家の団体などによる出版物などから判断すると、進歩主義教育はもはや慣例となった考え方であり、アメリカの教育者であれば誰もが理解できる共通語になっていた。進歩主義の実践が万遍なく日常的に行われていたかどうかは別の問題ではあるが、しかし、進歩主義教育の言葉と考え方が公教育に浸透していたことは、疑う余地もなかった。

　進歩主義教育の勝利は主に、1940年代半ば頃には、もはや誰もそれを進歩主義教育とは呼ばずに、「現代教育」とか「新教育」あるいはもっと単純に「優れた教育実践」と呼ぶようになったことからも窺える。教職に就いている人々の教職そのもの、その歴史、その願望に関する考え方は、1920年代から1930年代にかけて、進歩主義のイデオロギーによって形作られた。当時、

教員養成課程で学んでいた学生は、古風な科目中心の、厳格かつ権威主義的で伝統的な学校と、現代的で子ども中心の、柔軟かつ民主的で進歩的な学校の間の、画期的な争いについて学んでいた。地域の学校評価機関および州の評価機関は、以下のような進歩主義の基準に基づいて学校を評価した。教室では、教師が支配的であったか、それとも生徒と教師の共同の企画があったか。教師とともに生徒も事実を知ることにのめり込んでいたか、それとも活発に問題を解決しようとしていたか。遠い昔の出来事に過度な重きが置かれていたか、それとも現在と未来に関わる「状況の学習」であったか。学校は書物にばかり過度に頼りすぎていなかったか、それとも経験から学ぼうと学校の壁を越えて活動していたか。ハイスクールのカリキュラムはすべての若者のためのものであったか、それとも学問的能力のある若者のためだけのものであったか[1]。

　進歩主義教育に関するはっきりとした定義というものはなく、いわば、それは態度であり、新たな試みの価値を認めることであり、すべての子どもの教育と学校における民主主義に対して責任を持つことに他ならなかったが、進歩主義教育ではない教育というものが何なのかについては、この時点においては十分に明らかにされていなかった。伝統的な学校教育の特徴の中で、進歩主義教育者が退けていたのは、以下のようなことであった。学校の主要な目的は知的な活動の向上であると信じること。文化的遺産と書物による学習を強調すること。歴史、英語、科学、数学といった伝統的な科目を教えることやそれに類すること。教材に内在する論理に従って内容を教えること。特定の時間に割り当てられた特定の教科を教えるという毎日の予定に忠実であること。教科の習熟度の試験によって学校の計画を評価すること。成績評価とか本質的な意味を持たない賞をめぐる学生同士の競争。進級および落第に関する伝統的な考え方。教科書への依存。教育方法として丸暗記やドリルを使うこと。授業案を立てたり厳格なしつけを行ったりする際に教師が教室を支配すること。体罰を与えること。

　教育者の間でも、「現代」教育に必要不可欠な特徴についての考え方はさまざまであったが、それは概ね以下のようなことを強調していた。読書のよ

うな受け身的な学習よりも、経験やプロジェクトのような活動的な学習。教師と生徒が協同して学級活動を計画すること。成績を競う代わりに、グループ・プロジェクトにおいて生徒が協力しあうこと。生徒の能力と興味に関する個人差を認識すること。生徒にとっての有用性やそれぞれの生徒に固有の必要性や興味に適っているかどうかによって、カリキュラムを正当化すること。知識の獲得ではなくて、「実際に生活すること」が目的であること。学校の計画を学校の周りのコミュニティの生活と関連づけることの価値。伝統的な科目を、コア・カリキュラム、あるいは家庭生活やコミュニティの問題に関する実用的な問題領域、あるいは生徒の興味と融合させること。生徒の活動と経験の一部として必要とされるときのみ、書物や事実や伝統的な学習を用いること。教育学の文献によると、新しい教育はいつでも活動中の民主主義として描かれていた。というのも、それは、教師の権威主義を教師と生徒の間の協力関係に置き換え、個人主義の代わりに集団への社会化を強調し、カレッジへの進学を目指している少数の者よりも、今そこにいるすべての子どものための教育計画を支持していたからである。

　進歩主義の考え方を賞賛する人であれ、非難中傷する人であれ、それが20世紀前半にアメリカの公立学校を変質させたことは認めるところだった。進歩主義の概念は、中等教育の大衆化に向けた流れを緩やかに促していくのに、とりわけうってつけであることが判明した。20世紀の初頭には、同年代の約10％に当たるおよそ50万人の生徒がハイスクールに進んだ。そのうち、極めて限られた者だけが卒業し、カレッジに進学していったにもかかわらず、そのカリキュラムは堅固に学問的であった。20世紀も半ばになると、ハイスクールへの入学者は、同年代の65％に当たる500万人を超え、中等教育のカリキュラムは目を見張るほどに多様化した。進歩主義教育は、職業的な学科や非学問的な学科を含めることの根拠を提供したので、ハイスクールは、より多くの若者を受け入れることができるようになり、また、教職にある人々によって民主主義社会における特別な役割と考えられていたことを、果たすことができるようになったのである。

　教育界の指導者は、自分たちの哲学が民主主義の信念であり、歴史は自分

たちに味方しているという確信で武装していたので、1940年代後半に自分たちの考え方やプログラムに対する攻撃が激しさを増していくと、驚いた。教育者によると、彼らを批判する人々は、良い学校を運営していくための経費に異論を唱える反動主義者で、公教育の敵であり、ジョセフ・マッカーシー上院議員の反共産主義闘争に繋がる憎むべき唱道者で、アメリカの学校を暗黒の読み書き算術の時代に戻したいと考えている、何も分かっていない人々であるという。学校は広報活動の専門家を雇い、批判者をやり込めるために、コミュニティとの関係を作り上げることに取り組んだが、議論は続いていた。ティーチャーズ・カレッジの学部長ホリス・キャズウェルが、アメリカの公教育の「偉大な再評価」と呼んだものが、特定の進歩主義の学校管理者や計画に向けられたものではなく、一つの世代の教育思想に向けられたものであるということが、最初は理解されていなかった[2]。

ローレンス・A・クレミンは、進歩主義教育運動に関する第一級の歴史書である『学校の変容』の中で、進歩主義教育について、「アメリカの革新主義の教育的な面として強調されたもの」と記述している。そのようなものであるから、その運動は「いつも社会的・政治的な進歩主義のより大きなうねりと密接に関連していた」と、クレミンは述べている。そして、「その起源は、学校に、社会と政治を再生させるための重要なてこの役割を課そうとする、第一次世界大戦前の四半世紀の間に起こった試みに遡ることができる」という。「その歴史を通して、さまざまな人々がそれぞれ異なった意味合いを持っていたので、進歩主義教育の簡潔な定義を書くこと」は不可能であると彼は記していたが、それでも彼は、教育における進歩主義について、次のような目的を持つものととらえていた。

まず、学校の計画と機能を拡大して、健康、職業、家庭やコミュニティでの生活の質に関わる直接的な関心を含むものとすることを意味していた。第二に、心理学と社会科学における新たな科学的な研究により導き出された、教育学の原理を教室に適用していくことを意味していた。第

三に、学校の守備範囲に取り込まれつつあった、種類や階層の異なる子どもに対して、一人ひとりに相応しい教育をますます多く与えていくことを意味していた。……最後に、進歩主義というものは、文化は通俗化されずに民主化され得るという確固とした信念、つまり、誰もが、新しい科学の恩恵のみならず芸術の追求においても価値を共有できるという信念を意味していた。

より大きな進歩主義の改革運動における教育部門として、進歩主義教育は、「個人の生活をより良いものとするために学校を利用しようとする、多面的な努力」であった。クレミンが示したように、進歩主義教育はその形成時期において、社会福祉、心理学、政治学、哲学、教育といった広い範囲の先駆者の考え方や仕事から多くのことを学んだ。その先祖とは、ジェイコブ・リース、リンカーン・ステフェンス、ジェーン・アダムズ、ジョン・デューイ、ウィリアム・ジェームズといった人々であり、その他にもより大きな進歩主義の改革運動に参加していた多数の人々がいた[3]。

だが、第一次世界大戦の余波として、進歩主義教育にとってと同様に、より大きな進歩主義運動にも何かが起こった。より大きな改革運動は、1890年代以降、アメリカ人の暮らしにおいて確固たる役割を果たしてきたが、戦争を乗り切ることができなかった。しかしながら、より大きな改革運動が停滞してしまったあとも、進歩主義教育運動は再出発の機会に臨んでいた。進歩主義教育運動は、社会的・政治的改革運動において極めて重要な要素となっていたが、そうしたものとは一線を画していたので、それ自身、変わることができた。その新しい局面において、進歩主義教育運動は制度化され専門化され、それに応じて、主要なテーマも変化していった。教育の進歩主義は、政治と社会に根づいていた根を引き抜かれたことにより、子ども中心の学校、これ見よがしの科学主義、社会改革ではなくて社会的効率主義と社会的有用性、「書物からの」学習に対する強い疑念とみなされるようになった。こうした流れが進歩主義教育運動のもともとの意味から逸れてきていることは、すぐに分かったわけではなかった。というのも、戦前の運動と戦後の運動と

が、ジョン・デューイへの敬意と反形式主義の精神を、少なくとも言葉の上では共有していたからである。新しく誕生した専門家によって理解されていた進歩主義教育の形が、デューイが求めていた新しい教育のまがいものであり、肝心な点における裏切りでもあることが、デューイ本人によってさえ気づかれるまでには、ずいぶんと時間がかかった。

　デューイは、散文調の文体が濃密で難解な多作の著者であった。彼は、教育学の見地からも社会的な機能という見地からも、教育が決定的な変化を遂げようとしていることを、同世代の誰よりもよく理解していたので、彼の著作は難解ではあったが、信奉者や弟子を惹きつけることの妨げにはならなかった。哲学的な信念と実験学校の校長としての自分自身の経験から、デューイは、19世紀から20世紀初頭までの公立学校の特色となっていた、厳格で融通の利かない教育実践を退けていた。それは、カリキュラムが画一的であること、受け身であることを強いること、教師が丸暗記に過度に依存していること、子どもの興味と集中力を抑圧するような傾向にある教育であった。彼の教育哲学においては、かつては家庭、職場、コミュニティによって担われていた社会化の機能の多くを学校が引き受けていた。彼は、学校が、個人やコミュニティの暮らしの質を高める能力を持っているおかげで、社会の進歩を促す重要なてこになり得ると考えていた。デューイの考え方によると、教師が子どもを文化的・社会的・知的な意義のあるより高い段階へと導いていこうとする、その出発点として、子どもは注意深く選択された経験と活動を通して学ばなければならなかった。進歩主義の学校の教師は、類まれな才能を持ち、十分に教育を受けていなければならなかった。彼らには、子どもに対する鋭い理解力と学問に関する広い知識が必要とされた。それは、歴史、科学、数学、芸術といった分野において、子どもがいつ、経験から新しい理解へと進んでいく準備ができたかを見極めるためであった。デューイの思想は複雑だったので、理解されるよりも誤解されることの方が多かったし、彼の弟子も伝統的な方法やカリキュラムを疑うことは上手かったが、その代わりに教育学的に優れたものを作り出すことは不得手であった。

第2節 『中等教育の根本原理』

　『中等教育の根本原理』が1918年に出版され、組織化された教職者の主流派の中に、教育学的な進歩主義を放つこととなった。この報告書は、教職の指導者によって考え抜かれた見解を反映していて、「教育学的な革命」を起こし、ハイスクールの役割を再定義することによって、「アメリカの中等教育の全く新しい時代」を先導した。その執筆者と教育哲学をみると、『根本原理』は、25年前に全米教育協会（NEA）の「10人委員会」によって刊行された文書と際立って対照的であった。その文書は、中等教育段階にあるすべての生徒は、カレッジに進学するつもりがあろうとなかろうと、一般教養を教育されるべきであり、英語、外国語、数学、歴史、科学を学ぶべきであると推奨していた。10人委員会には、5人のカレッジの学長と連邦教育長官のウィリアム・T・ハリスが含まれていて、委員長はハーバード大学学長のチャールズ・エリオットであった。一方、『根本原理』の冊子は、連邦教育局によって広められ、数万部を売り上げたが、これを執筆したのは、NEAの「中等教育の再編に関する委員会（CRSE）」であった。学問的な志向性を持っていた10人委員会とは対照的に、CRSEの委員長は、マサチューセッツ州のハイスクール指導主事のクラレンス・D・キングスレーであり、その他の委員は、教育学部教授、中等学校校長、教育行政官、元教育学部教授であったカレッジの学長といった人々であった[4]。

　中等教育における教育の具体的な中身を吟味する手立てとされた根本原理とは、「1. 健康、2. ものごとの基礎的な処理ができること、3. 立派な家族の一員となること、4. 職業、5. 市民性、6. 余暇の有効利用、7. 倫理感を持った性格」であった。報告書によると、中等教育の目標は、「貢献することになる社会の要請、教育を受けることになるそれぞれの人の特性、利用できる教育学の理論と実践に関する知識」によって決められるべきであるという。委員会は伝統的な、学校で教えられてきた知識に関してはほとんど考慮しなかったので、報告書の最初の原稿には、「ものごとの基礎的な処理ができること」の項目が入っていなかった。中等教育の主要な目標の中で、これだけ

が知的な能力の開発に関連するものであった。報告書の最終版は、学校は自らの目的を、社会における成人の生涯にわたる活動の中から引き出すべきであると強調していた。しかし、これが意外と扱いにくい厄介なことであることは明らかであった。たとえば、カレッジへの準備のための学習は、「女子にとって、現実に必要とされる能力や、いずれ課されるはずの責任を考えると、とりわけ不適切である」という CRSE の主張に従うと、家庭科を学校のその他の学習と同じ価値を持つものとみなすよう、学校に促すことになってしまうからであった。この『根本原理』の中の社会的効率主義に関わる部分が、デューイの「社会改革のてことしての学校」という概念を、「個人を社会に適合させる仕組みとしての学校」という概念へと逆転させてしまい、新しい進歩主義の基礎となった[5]。

　戦前の進歩主義を特徴づけていた科学と科学的方法を重用するという考え方は、1920年代から1930年代においては、それが革新的な方法であると意図的に解釈され、生徒を管理上の理由から能力別の集団に振り分けるために広範囲にわたる試験を行うことを正当化するためにも利用された。進歩主義者は、自分たちの改革は科学によってその正当性が実証されていると主張したが、彼らは、科学的調査というものがもともと不確かなものであることを認識していなかったし、科学と社会科学の違いも認識していなかった。ある進歩主義の指導者は、親に向かって、次のような「反論の余地のない証拠」を示しながら、専門家の忠告は注意を払って聞くようにと助言していた。それは、読み方は、アルファベット、フォニックス、その他のいかなる単語分析にも配慮せずに教えられなければならないという考え方であり、また、「目からではなく耳から情報収集する方がたやくなってしまう」ので、親が子どもに読み聞かせをすることは有害であるという考え方であった。ティーチャーズ・カレッジのウィリアム・ハード・キルパトリックは講義や著作の中で、教育の方法として教科の代わりに、プロジェクトと活動を提唱する彼の考え方を支えていた、教育科学によって確立された「学習の法則」について語っていた。実のところ、「科学的」と称されていたこの時期における発見のほとんどが、妥当性を欠いていた。ティーチャーズ・カレッジのウィリ

アム・C・バグリーは、急進的な進歩主義に対して断固とした批判を加えていたが、1934年にこう指摘している。「実験的な方法による学習の過程に関する研究は、概して期待に反するものばかりであった。ある特定の時期においては、とてもよく確立されたかに見えた『法則』が、証拠が集まってくると成り立たなくなってしまい、いらいらさせられるものばかりであった」[6]。

おそらく、筋道の通らない実験結果の最悪の誤用は、知的陶冶に関する不正確な発言であった。世紀が変わる頃に行われた実験は、ある特定の科目を学習すると一般的な知的機能が向上するかどうかに疑問を投げかけた。多くの研究が行われ、それらによって得られた知見も揺れていたが、進歩主義教育の主唱者は、知的陶冶の「理論」は決定的に崩され、すべての学習はその科目独自のものであると、繰り返し主張した。すなわち、数学の学習は数学を教え、正確さや集中することを教えるものではないということである。ラテン語や高等数学といった学科の教師は、生徒により明確にかつ論理的に考えることを教えているという理由で、自分たちの担当教科を擁護してきたが、知的陶冶は転移しないことを示していると主張する実験結果が、こうした教科の必要性をなくしてしまう原因となった。おそらく、「知的陶冶」は科学的証拠により誤りであると証明されたので、他の学問的な教科もまた、実用性に基づく価値を主張することを求められた。だが、「科学的な」調査という主張は大袈裟で、この問題の最終的な決着はついていなかった。結局のところ、科学、言語、数学といった特定の科目を学習すると、より論理的に考えられるようになったり、頭の中がよりきちんと整理されるようになったりするかどうかは、証明すべき対象ですらなかった。ウォルター・コレスニックは、この問題について徹底的に調べたが、「結局、実験心理学はほとんど問題を解決しなかったし、……おそらく、これ以上のことを期待するのは無理であろう」と結論づけた。リチャード・ホフスタッターは、進歩主義教育者が「実験結果の誤った使い方をすると……、教育思想史において重大な不祥事を招くことになる」、と非難した。しかしながら、知的陶冶が完全に評判を落としたとする進歩主義者の確信は、伝統的な教科を教えることを非難し、特定の実用的な科目を教えることの重要性を主張するうえで、必要不可

欠な要素であった[7]。

　こうした教育の流れの中に、「カリキュラム作成」と呼ばれる教育「科学」の新たな分野が衝撃的に登場した。この分野での最初の本として、フランクリン・ボビットの『カリキュラム』が1918年に出版されたときから、カリキュラムの専門家の登場は予告されていた。シカゴ大学の教育学教授のボビットは、学校の指導計画は実際に教えられている教科をすべて寄せ集めたものから成り立っているという伝統的な考え方を退けた。ボビットによると、人間の生活は「特定の活動を行うことで成り立っている。生活の準備をする教育は、こうした特定の活動のために明確にかつ十分に準備するものである」という。カリキュラムは成人の活動を研究し、成人がどのような形態の知識を必要としているのかを見出すことによって、最もよく決められる。「これらがカリキュラムの目標だ。それはいくつもあり、はっきりしていて、特定されるものである」。『カリキュラム作成法』(1924年) の中でボビットは、カリキュラム作成者のために821の目標を掲げた。彼は、カリキュラムを形作っていく際の最初の一歩は、言語活動、健康活動、余暇活動、親としての活動、職業活動といった、生活に関わる活動の分析であることを明らかにした。カリキュラム開発の領域は、そもそもそれが出現したときから、こうした社会的功利主義と密接に結びついていて、個人を社会へ適合させるという学校の役割を規定した[8]。

　新しい進歩主義教育のもうひとつの要素は、1925年に出版された、ハロルド・ラッグとアン・シュメイカーの『子ども中心の学校』という本に代表される、子どもに対するロマン主義的な見方をする一群の人々であった。新しい学校の特徴は、自由、活動、創造的な自己表現にあった。古い学校は、「聞くための制度」、つまり、「恐怖、忍耐、長くうんざりするほど抑圧された時間」を経験する場所として描かれていた。その哲学は、訓練と教科に対する時代遅れの忠誠であった。新しい学校は、「自己表現と最大限の子どもの発達」に専念していて、子どもが心から通いたいと願うような場所であった。というのもそこは、子どもが、「踊ったり、歌ったり……、粘土や砂で模型を作ったり、スケッチをして絵の具で描いたり、読んだり書いたり、物語を作って

劇を演じたり、庭仕事をしたり、バターを作るために撹拌器を回したり、織物を織ったり、料理をしたりする」場所であったからである。その哲学は「自己概念」であった。1920年代の前衛的な考え方の影響を反映して、とりわけ芸術的な自己表現とフロイト主義に魅せられて、ラッグとシュメイカーは次のように記していた。「子どもの世紀における教育は、まさに経験を寄せ集めて個性を作り出すことを目指している。子どもは丸ごと教育されなければならない。それゆえ、教材は生活そのものと同じくらい幅広く、相互に関連づけられたものでなければならない。というのも、経験とは知的なものに限定されるのではなく、身体的、音楽的、感情的なものでもあるからである」[9]。

最も影響力を持っていた新しい教育の支持者は、ウィリアム・ハード・キルパトリックであった。彼は、ティーチャーズ・カレッジで人気のある教授で、長い教授生活の中で35,000人の学生を教えたと言われている。キルパトリックは、子どもを教育する最も優れた方法として、彼が嘲笑的に「あらかじめ決められた教科」と呼んでいるものではなく、自分自身の経験による「プロジェクト・メソッド」を提唱した。彼は、次のように主張した。良い教師とは、生徒の経験の一部として必要とされるときにのみ、教科を持ち出す。また、学習活動とは、生徒の今後の成長にいかに貢献できるかによって判断される。たとえば、彼が担当する博士課程の学生は、ギリシャ語、ラテン語、数学を「教育的成長を促す可能性の最も低い」科目であると全員で認める一方で、舞踊、演劇、人形遊びを、その可能性の最も高い科目として選んだ。そして、良い教育とは、「生活そのもの、つまり、今を生きることであり、将来の生活への単なる準備としての教育の対極にあるもの」であるという。キルパトリックは、子ども中心の学校のロマン主義、権威主義的な教育者の全面的な科学主義、社会功利主義者の反知性主義を、自分の仕事の中で結びつけたのみならず、教職にある人々にのみ通用する不可解な言語となっていった多くの言い回しを生み出したことにより、進歩主義に貢献した[10]。

『根本原理』に込められていた実用性を重んぜよというメッセージ、学習の最善の方法として経験とプロジェクトを強調すること、カリキュラム開発という新しい分野が出現したこと、子ども中心の学校を見つけ出して祝福す

ること、伝統的な学校における実践の評判を落とすため教育科学に援助を求めること、これらの要素は、ある種の矛盾をはらんでいたにもかかわらず、全米の専門的な教育団体や教育学部に属する進歩主義教育者に対して、良い学校を特徴づける哲学と実践の概略を示していた。たしかに、教育を改善しようとする進歩主義の計画は盛りだくさんだった。子どもの興味を惹くことや目の前で起こっている問題を扱うことによって、子どもの意欲を掻き立てることの重要性に注目すること、子どもの健康に関心を払うこと、暗記や教科書に過度に依存することへの批判、学校が提供するものを多様化しようとする努力といったものである。だが、進歩主義教育の顕著な貢献は、しばしば、自らの内なるねじれと争うこととなり、その結果、表に出ずに終わってしまう場合もあった。そのねじれとは、以下のようなものであった。子ども中心の活動における極端な自由放任、「なすこと」の強調から生じた書物や教科に対する敵意、社会的有用性から生まれた過度な職業重視主義、優先順位をつけずにあらゆる要望に応えていくという独自の権限が学校には与えられているという考え方である。

第3節　カリキュラム改訂運動

　アメリカの初等・中等教育が分権化されているという特徴を考えると、進歩主義の哲学と計画を広めていくことは手に余る仕事のように思われた。新しい考え方は、この目的を推進していくために1919年に設立された進歩主義教育協会、『根本原理』の報告書を主唱したNEA、聖人とみなされた指導者、熱狂的な信奉者、神聖視された著作物などによって、進歩主義の考え方が一種の宗教的な信念の装いをこらし始めていた教育学部などの活動を通じて、一般に広められた。

　ほどなく、教育界の指導者を舞い上がらせた騒ぎと興奮は、学校そのものに到達した。影響を広めることに役立ったものの一つとして、1910年に開始された学校調査がある。通常行われる調査では、市の学校組織が自分たちの成果と要望を調査するために、教育学部から専門家を招いた。調査官は、

学校の物理的・財政的状態を検証することに加えて、その学校のカリキュラムについて、最新の教育思想を組み込んでいるかどうかに応じて評価することになっていた。この調査は、地方の自治体から追加の資金を引き出す手立てを学校当局に指南するばかりでなく、進歩主義教育者の間で共有されていたカリキュラムの考え方を広める手段としても役立った。多くの教育学部は、調査を実施するため特別の計画を立てた。ティーチャーズ・カレッジだけでも、およそ100の学区の調査を実施した。

調査では、勧告は出せたが、強制力を伴うものではなかった。そのために、新しい考え方を実践に移していく最も重要な手段は、カリキュラム改訂運動であった。1920年代初頭に、学校組織は、カリキュラムを「現代的」で「躍動的」なものにし、その中身を「機能的な価値」や「子どもの要望」に見合ったものとするために、カリキュラムの研究と改訂を開始した。カリキュラム改訂を始めた最初の都市の中には、デンバー、セントルイス、ヒューストンが含まれていた。1920年代の終わり頃には、ヒューストンの教育長が、「規模や重要性にかかわらず、この国におけるほぼすべての学校組織が、今、カリキュラム改訂に取り組んでいるか、またはそれを計画中である」と報告していた。1931年にティーチャーズ・カレッジのカリキュラム研究所所長のハーバート・ブルーナーは、この6年間だけで3,000を超える改訂された科目が用意され、また、同時期に大学のカリキュラム部門に学ぶ学生の数は6人から762人に急増した、と報告している。1930年代の半ばになると、人口が25,000人以上の都市の70％、人口5,000人から25,000人までのコミュニティのほぼ半数が、カリキュラム開発の計画を準備していた。少なくとも37州が、州全体にわたるカリキュラム改訂計画を開始していた。1937年に実施された「カリキュラムを考える」という調査の結果、進歩主義の原則に収束するような形で行われているカリキュラム開発計画に、都市の教師が寄せる信頼には顕著な類似点があった[11]。

よく言われるように、カリキュラム改訂計画は、教育学の大学院を修了した1人の学校管理職によって始められた。そこで彼は、新しい教育の流れをめぐる圧倒的な多数の一致した考え方に出会い、自分自身の学校の計画は、

たとえ成功しているかのように見えたとしても時代遅れであることを学んだ。彼は学校に戻り、増え続けている学校の在籍者の多様な要望に応えるため、教育科学による最新の発見を考慮に入れて、カリキュラムを改訂するために協力して作業を進めていこうと教師に告げた。まず、教師はいくつかの研究集団に組織され、キルパトリックの『方法の基礎』、エルスワース・コリングスの『プロジェクト・カリキュラムの試み』（キルパトリックの教え子によって書かれた、彼の教育方法の実演版）、ラッグとシュメイカーによる『子ども中心の学校』といった、当時の教育学の最先端の研究結果を読むよう指示された。教師の研究を指導したり、おそらくは教育の動向に関する公開講座を準備したりするためにも、外部の相談員が教育学部から呼んでこられた。教師が理解を深めると、管理職はコミュニティの調査をし、学校のカリキュラムがコミュニティの必要とするものと合致しているかどうか考えてみるよう、教師に依頼する。研究と調査が完了すると、教師による委員会が、教育学部の専門家による指導のもと、カリキュラムの再編成にとりかかる。こうした専門家による貢献は、いつも「偏りのない考え方」として評価されていた[12]。

　当然のこととして、こうした審議の結果は、教師集団による違いやコミュニティによる違いを反映せずに、極めて同じような傾向を示していた。コミュニティが田舎か郊外か都市かのいずれであっても、地域の経済がよって立っているのが農業か鉱業か商業かのいずれであっても、子どもの出身が裕福な家庭か貧困な家庭かのいずれであっても、カリキュラム改訂は進歩主義の教科書にある同じ言葉を繰り返していた。カリキュラムを改訂した学校は、以下のようなことに同意していると報告していた。世界は躍動的であるから、カリキュラムも躍動的でなければならない。教育は経験を継続的に再構築することから成り立っている。教育は子どものあらゆる生活における経験を受け入れるべきである。教育の目的はあらゆる人々が有効な暮らしを達成することである。カリキュラムの目標は有用な活動という見地から語られなければならない。教えることの焦点は教科から子どもの経験へと変えるべきである。カレッジへの準備のための学習は狭くて貴族主義的であるので、カリキュラムはカレッジを目指すためだけのものではなく、すべての子どもの興味を

受け入れるものでなければならない。教科書は、新聞、雑誌、遠足、プロジェクト、視聴覚教材、活動により、足りないところを補われたり、あるいは取って代わられたりしなければならない。進級と落第というのは、子どもの継続的な発達に適用されると、時代錯誤の考え方になる。点数をつけたり、それ以外にもあまり本質的でない賞を与えたりすることは、民主的でなく、動機づけの方法としても不適切である。

　カリキュラム改訂が最初に始まったとき、教育長や校長は、教師を代表している委員会と共同して作業を進めようとしたが、研究組織に参加しなかった教師にとっては、研究組織の総意を共有するのは難しいことが明らかになった。それゆえ、すべての教師がカリキュラム改訂に参加しなければならないということが原則となった。すべての改訂作業において、新しいカリキュラムを作り上げる過程は民主的でなければならないし、出された結論はすべて民主的な組織によるものでなければならないし、民主主義の本質からして、組織の構成員すべてが組織により下された決定に従わなければならないと、指導者は何度も繰り返し述べた。進歩主義の教育者は、自分たちの哲学と計画に対する同意を作り上げるために、グループ・ダイナミックスの技法を用いたことを認めていた。進歩主義の指導者の中で、教師、親、生徒を巧みに操ることには倫理的な問題が含まれているのではないかと疑っていた者は、1人もいなかったように思われる。ティーチャーズ・カレッジの学部長であり、カリキュラム改訂計画の指導者でもあったホリス・キャズウェルは、カリキュラム改訂に対する教師の抵抗に対しては、「組織の目的を設定すること」で対処するのが一番効果的であると提案した。「主に産業界で行われてきたさまざまな研究によって、組織が目的を設定すると、組織の構成員である個人はその目的を実現するために、それが全く個人的な問題である場合よりも、より大きな力を発揮することが示されている。言い換えると、人は、他の人々と協力し合って仕事を行っているようなときに、また、失敗するといっしょに仕事をしている仲間に好ましくない影響を及ぼすだろうということを知っているときに、より一生懸命に、より大きな熱意を持って働く傾向にある」。これは、民主的な手順に関する一風変わった見解であった。というのも、カ

リキュラム改訂の目的は、これまで1度も議論の対象にならなかったからである。参加だとか協力だとかの言葉を使っているが、カリキュラム改訂の結末は専門家によってあらかじめ決められていた[13]。

　カリキュラム改訂の手順としては、進歩主義の実践を生み出すこととなった、指導的な哲学、皆に共有された目的と価値に関して、全員の総意を作り上げようとするのが常であった。これは共通の視点を持つことの重要性を重んじるためであった。参加者によって書かれた報告書によると、それは大半が指導的な立場にある校長や教育長によって書かれていたが、教師の中には、総意を共有することを拒んだり、自分たちの哲学や見解を変えようとするあらゆる試みに抵抗したりする者が、少なからず存在していた。「民主的な」組織の手順を踏んでいくことを妨げた教師は、解雇された。ある学校では、校長が教員組織のおよそ半数を解雇し、進歩主義の教育方法の訓練を受けた教師と入れ替えた。フィラデルフィアでは、カリキュラム作成の指針に次のように書かれていた。カリキュラム開発は、「いっしょに仕事をするという、民主的な方法によって進められなければならない。その方法とは、共通の目的を表明したり、実現したりするために、全員がいっしょに協力して、持てる知識を出し合って作業を進めるものである」と。しかしながら、その指針には、もし教師が「持てる知識を出し合って、協力して」いくことを拒むならば、「皆の幸せのために」「安全のための方策」がとられることとなる、とも書かれていた。カリキュラム改訂は常に、非協力的な教師を解雇する権限を持っている学校の当局者によって進められていたので、その責任者は、自分たちが教師を本当に味方につけることができていたのか、それともただ単に変革に反対する声を封じ込めていただけなのか、知る由もなかった[14]。

　教育学部は進歩主義教育と深く結びついていたので、卒業生が教職に就くことがそのまま進歩主義の哲学と実践の普及に繋がっていた。テネシー州キングスポートやミシガン州バトルクリークでは、カリキュラム改訂の計画は、研修会、会議、夏期講座、進歩主義の学校への訪問、大学院への入学などを通して、教師を変革することを目指していた。専門的な文献によると、カリキュラム改訂が目指していたのは、カリキュラムそのものを変えていくこと

ではなくてむしろ、教師が教室において以前と異なるように振る舞うよう、教師の態度、価値観、認識を変えていくことであったという。たしかに、教育学部においてすら、ティーチャーズ・カレッジのウィリアム・C・バグリーやI・L・カンデルのように、進歩主義教育の野心や趨勢に対して明確な批判を浴びせる者もいたが、彼らの行った批判は、進歩主義教育の煌めくような成功の中では無視され、しかも、彼らはアメリカの学校組織にカリキュラム開発の情報をもたらした、一群の精力的な教授の中にも属していなかった[15]。

　学校の文書の言い回しを変える以外に、カリキュラム改訂運動はどのような影響を与えたのであろうか。さまざまな学区から抽出されたサンプルから浮かび上がってくる全般的な印象としては、皆に認められる学校教育の目的が、知的発達や教科の習得への関心から、社会的・情緒的な発達への関心や、職業、健康、家庭生活といった領域に関する「実用的な」対象を取り上げることへと、明らかに変わってしまったことである。概して、改訂されたカリキュラムは、知的・社会的・情緒的な要望の釣り合いをとろうとする試みではなくて、「知識のための知識」という伝統的な考え方を、役に立たずおそらく価値もないものとして貶そうとする、意図的な企てであった。多くの学区が、「コア・カリキュラム」課程のようなものを作り上げて、科目間の境界をぼかそうとしていたと報告している。通常のコア課程は英語と社会科を統合していたが、他の科目を統合している場合もあった。「基本的な生活」とか「共通学習」と名づけられていたコア課程は、「個人と社会の発展」に特化していて、以下のような問題を取り扱っていた。生活費を稼ぐにはどうすべきか、他の人と上手くやっていくにはどうすべきか、賢い消費者になるにはどうすべきか、デートのときにはどう振る舞うべきか、健康を維持するにはどうすべきかといった問題である。

第4節　カリキュラム改訂運動のもたらしたもの

　カリキュラム改訂運動の結果として、社会改革が公立学校に入り込んだという証拠はほとんどなかった。南部の10州では州を挙げてカリキュラム改

訂に取り組み、学校を通して民主的な生活を進めていきたいという願いを忠実に書き留めていたが、どの州の委員会も、民主主義の理想と人種隔離の実施との間の矛盾に気づいてはいなかった。それどころか、カリキュラムを改訂したどの都市の学校組織も、社会秩序に対する批判はしていなかった。彼らは、自分たちの役目について、『根本原理』の社会的効率主義の精神に則って、子どもを社会秩序の要求に合わせて準備することだと思っていた。ニュージャージー州ハッケンサックにおける計画の指導者は、「技術職にしろ、一般職にしろ、有色人種は雇われないであろう」と述べ、「学校に在籍する学生の20％がこうした人種であるので、学校はこの問題に現実的に向き合い、こうした人種に属する学生の要望に沿った形で教育計画を提供せざるを得ない」、と結論づけた。これは、社会改革の源としての学校の理想像などには全く邪魔されていない、「現実主義」であった[16]。

　カリキュラム改訂がもたらした重要な、予測され意図された結果は、カレッジ入学の準備課程への学生の入学数が減少したことであった。社会的な有用性がカリキュラム改訂を導いていたため、カレッジに進学しない大多数の学生にとっては、カレッジへの入学準備のための科目は何の「役割」も果たさなかった。ニュージャージー州ハッケンサックでカリキュラム改訂を始めた学校の当局者は、カレッジ入学への準備課程における入学者数はハイスクールの生徒の30％から15％に減少したと、満足そうに報告していた。同様にミシガン州バトルクリーク学区は、教育に関する要望を調査するため、シカゴ大学の専門家を招き、カリキュラムの担当者を雇ってカリキュラムを改訂し、若者の個人的な問題に焦点を当てた「基本的な生活」という新しい課程を作ったところ、カレッジへの入学準備のカリキュラムを履修する生徒の数は半減した。カリフォルニア州アラメダ郡では、カリキュラム改訂の結果、「実用的な」カリキュラムに生まれ変わり、たとえば、「世界の問題」という課程は「年代順に歴史の出来事を並べるだけのものになり果てていた」ので、『より重要な』何かに場所を譲るために」取り除かれた。その代わりに取り上げられたのが、安全教育と運転者教育であった。カリフォルニア州ウェストウッドでは、改訂されたカリキュラムでは、社会生活の役割に焦点を当てた「基

礎課程」を全員に提供する一方で、物理や化学のような課程は、カレッジを目指す者のために残された[17]。

　多くの学校は、カリキュラム改訂の趣旨について、いつも学問的な科目を犠牲にして職業教育を拡大せよと命ずるものとして理解していた。ある南部の田舎のコミュニティでは、地域の評価機関から伝統的なカリキュラムを改訂するように急かされ、実用的な技術を強調していた。男子はどのようにしたら、農民・印刷工・理髪師・電気工・大工といったような職業に就くことができるのかを学んだし、女子は、簿記・美容・速記・家庭科などを学んだ。また、「狭い学問的なカレッジへの入学準備プログラムから、大部分が職業的なプログラムへと移行した」別の学校では、実際には生徒の10％しかカレッジに進学しないにもかかわらず、30％の者が学問的な課程に入学することを強く求めているという事実を、校長が嘆いていた。新しい計画において、唯一の共通の課程は、英語、社会、保健体育だけであった。教師を新しい考え方へと「転向させた」校長によると、「学校のなすべきことの中心は職業教育である。生徒は、いつでも喜んで働くことができるようになって、また、自活して生計を立てることができるようになって、卒業していかなければならない。職を求めるときに、『私はハイスクールの卒業証書を持っています』と言うだけで十分であった時代はもう終わってしまった。そんなことは卒業生であれば誰でも言える。我々の生徒にはそれに加えて、『私はあなたの食事が作れます』、『私はあなたの手紙をタイプで打てます』、『私はあなたの車を修理できます』、『私はあなたの家のペンキ塗りができます』、『私はあなたの庭の手入れができます』と言えるようになって貰いたい」という。この学校のモットーは、「働き手が必要なら、我々に電話を」であった[18]。

　カリキュラム改訂運動の指導者が直面した最大の障害は、教師と親の抵抗であった。学校が成績の評点と通知表を廃止し、自動的に進級させ、生徒をカレッジへの入学準備カリキュラムからそうではないカリキュラムに移すことを決めたときに、親は抗議した。学校の社会的役割が拡大したことにより、家族の生活に関する私的な詳細を尋ねることも必要とされるようになった理由を、理解できない親もいた。ユタ州グラニットのある学区では、「コミュ

ニティの6歳から18歳までの一人ひとりの子どもが、学校の中、学校に来る前、放課後、さらには夏期休暇の間に、どう過ごしているのか」を知ることが自分たちの責任であると考え、それぞれの家庭の倹約ぶり、清潔さ、収入、健康状態、仲が良いか悪いか、読み物が揃っているか、車の種類、型式、製造年などの情報の「記録を取る」ために、スクール・ナースをすべての家庭に派遣していた[19]。

　もちろん、新しい取り組み方を批判して「悶着を起こす人」になってしまった教師は学校から追い払われてしまったが、一方で、協力しようと最善を尽くしていた教師も、元の状態に逆戻りするのではないかという危険に常に晒されていた。ミシガン州アナーバーでは進歩主義の管理職が、すべての教科書を排除し、「教師は教室において自分のしたいことを自由に行ってよいが、自由に教科書を使うことはできない」と通知した。たとえば、綴り方はゲームやプロジェクトを通して教えられたが、結局のところ、綴り方教科書を復活させざるを得なくなった。新しい教科書の評価を聞かれると、「どの学校も、綴り方教科書をもう1度使えるようになったことがとても嬉しかったので、自分たちの使っている綴り方教科書が最高のものであると考えていた」[20]。

　その後、おそらく新しい計画が実践されたあとでも、教室では常に問題が起こっていた。テキサス州では1930年代の半ばに、州全体でカリキュラム改訂を行った。他のほとんどの州と同様に、最初の1年間を研究に費やし、2年目で新しい課程を作り上げ、3年目に新しい課程を試し、4年目にそれを学校に導入した。計画によると、小学校のカリキュラムは教科を無視して、言語技術、社会的関係、家庭・職業に関する技術、創造的・余暇的な芸術、自然・数学・科学といった、五つのコア領域を中心に組み立てられていた。1943年にテキサス州教育局は、教師に対して、「私の学級あるいは学校における子どもの典型的な1日」を描写して提出するよう依頼した。1,000を超える報告が分析された。その結果、評価する人々は、五つのコア領域を中心に系統立てられているのではなく、小学校の典型的な1日が、毎日の課題によって教えられる個別の教科によって構成されていることを発見した。進歩主義の原則が、市、州、国の教育の指導者に広く受け入れられたのちも久しく、

教育の権威者は、教師が教室を「生き生きとさせたり」、「人間化したり」、「社会化したり」することができずに、時代遅れの学問的な伝統にしがみついていると、不満を言い続けていた[21]。

　進歩主義教育が優勢を誇っていたときでさえ、大衆紙は底流にある不満を暴き始めていた。シカゴ大学でロバート・ハッチンズの同僚であったモーティマー・アドラーは、進歩主義者が学校を「大仰な『個人とコミュニティの開発機関』に変えようとし……、それは、子どもが生まれる前の世話から就職の準備までのすべてを管理し、おまけに、コミュニティの社会問題まで解決しようとし、すべての人々にとってのすべてのものとなろうとしている」と非難した。彼は進歩主義の考え方について、コミュニティが直面している問題から目を逸らさせるような、「内容のない一時しのぎ」を提供することによって、コミュニティを駄目にしてしまうのでないか、また、学校の持っている力を「基礎的な知的訓練という本来の任務」から逸らすことにより、学校を駄目にしてしまうのではないか、と懸念していた。以下のようなことに不満を表す人々もいた。進歩主義の学校において規律が欠けていること。基礎の習得が不十分なこと。実用的な学習と引き換えに西洋の教養を放棄していること。一生懸命に努力し続けることを敬うよう教えないこと。学校において共通の基準や価値が存在しないこと。子ども研究の専門家から最新の一時的流行を取り入れようとする傾向があること。子どもを実験材料にしていること。子どもがあまりにも「社会化」され1人で遊ぶことができなくなってしまったこと。集団への適応のため個性を犠牲にしていること。専門家が親に対して見下した態度をとること。親が専門家の意見に依存していること。通知表や成績評価の代わりに心理評定や人物調査票を導入すること。教育の専門家が素人には理解できない仲間内だけで通じる言葉を用いることなどである[22]。

　こうした批判をする人々について、すべてを即座に、事情を知らない反動主義者であるとして退けることはできなかった。キルパトリックの一番の敵であったウィリアム・C・バグリーは、教育学において支配的になっていた進歩主義教育の中でも、狭い意味での実用性を強調する特定のものの持つ危

険性について警告していた。彼は1934年に、「活動」を「系統立った連続した学習」の代わりにすることは、「民主主義における教育の最も重要な目的を損なうこととなり」、とりわけ「可能な限り高い水準の共通教養」を保証するという目的を損なってしまうと批判した。連邦教育局の役人は1937年に、中等段階のカリキュラムは、型どおりの教室での勉強から「生きるために上手く適応し学ぶこと」へと進化しているので「問題は、どこででも誰にも何も要求しない弱腰な教育の組織に負けずに、学校の教育計画の中にこうした重要な適応を組み込んでいく、技術と手順を開発することである」と記していた[23]。

　新しい進歩主義教育への最も痛烈な批判は、思いもよらぬところから発せられた。ジョン・デューイである。1938年に『経験と教育』の中で、デューイは、急進的な熱意が進歩主義の原則を台無しにしていると咎めた。彼は、最近の進歩主義者について、系統立てられた教科を捨て去るべきだと信じ込み、「大人による管理や指導は、いかなる形態であれ、個人の自由の侵害であるかのように」みなし、教育は過去をそっちのけで現在と未来に集中すべきだという間違った考え方をしている、と嗜めた。デューイは、「自由という考え方に基づいていると公言している教育哲学は、それが反発している伝統的教育と同じように独善的になるかもしれないと言っても、言い過ぎではないだろう」、と警告した。進歩主義教育と外部からの統制の排除を執拗にはき違えてしまっている人々に対して、デューイは、「いつまでも大切であり続ける唯一の自由とは知的な自由のみで」、それは「知的な活動の」結果であり、気まぐれや弾みに基づく活動の結果ではないと警告した[24]。

　他の人であったなら、親から寄せられた不満や教師の離脱のみならず、運動の理論的指導者からの批判にがっかりしてしまったかもしれないが、進歩主義教育者はそう簡単にうろたえるようなことはなかった。この運動の成功は否定できなかった。『タイム』は1938年に、「合衆国の学校の中でその影響を受けなかったところはなかった」と題する特集記事を掲載した。同じ年の初めに、自分たちのことを「本質主義者」と呼ぶ教育専門家の集団が進歩主義教育に対する攻撃を始めると、キルパトリックは、「本質主義者は、ある

一つの教義が国中に広まっていくときに必ず飛び出してくる、反動の風潮と同じようなものである。驚くべきことは、反動そのものではなくて、そうした反動があまりに瑣末なことであり、概してまるで目立たない人々から起こってくることである」と、馬鹿にしたように述べた。進歩主義教育者は、ある種の必然性によって裏づけられていただけでなく、どのような困難に直面しても、「文化の遅れ」を引き合いに出すことで辻褄を合わせることができた。ティーチャーズ・カレッジの教育学教授のポール・モートによると、「おしなべて、アメリカの学校組織においては、必要でありながらもいまだ満たされていないと認識されてから、それを満たすための方策を採り始めるまでには、50年の時間のずれがある。そして、いつものことだが、その方策を一つの州のすべての学校に広めていくのに、さらに50年かかる」。こうした未来への確信があると、いかに頑なな批判であっても無視することができた[25]。

第5節　教育の社会的有用性

　主として、無知な素人として、あるいは廃れた教科に執着している怒れる中世主義者として、片づけられている人々からの批判の声が高まっていったそのときに、進歩主義の考え方をめぐる多くの人々の意見は、より確固としたものになっていった。このことは、1930年代の終わりに、NEAの教育政策委員会、全米中等学校校長協会、アメリカ教育審議会といった著名な機関によって刊行された一連の出版物によって、最もよく明らかにされた。一つの例外を除いて、こうした報告書は、教育の持つ社会的有用性という役割を一層強固なものとした。その例外とは、『アメリカの民主主義における教育の独自の役割』と題された報告書で、主に歴史家であるチャールズ・ビアードにより書かれ、1937年に刊行された。ここでビアードが、知識の伝達を学校の主要な目的であると明確に断言していたことは、極めて画期的なことであった。彼は、次のように記している。「教育の第一の務めは、アメリカの民主主義の展望を切り拓きつつ、蓄積され増大しつつある、人類の知恵、知識、願望を守り、育み、前進させ、次の世代の人々の生活に役立てること

である。そのためには、知識を普及させること、知性を解放すること、技術を磨くこと、自由な調査を推進すること、創造的かつ創意に富んだ精神を奨励すること、秩序と変革に対して健全な対応をとることが必要となる。しかも、こうしたものはすべて、個々人が良い生活を送るために有用なものでもある……」。彼は、カリキュラム改訂運動を特徴づけていた積極的な功利主義におそらく気づいていたからであろうが、以下のようなことを付け加えていた。「もし、プラトンの共和国、聖書、トマス・アクィナス、ジョン・ルスキン、ラルフ・ワルドー・エマーソンといった偉大な思索家の著作を、教育の対象から除外するならば、教育は教育であることを辞めなければならないであろう」。ビアードは、昔ながらの言葉の意味において進歩的な人であったが、一連の著作物から判断すると、進歩主義教育の新たな潮流とは明らかに歩調が合っていなかった。おそらくそれは、彼が歴史家であったがために、「教科の専門家」であったからであろう[26]。

同じ年にハール・R・ダグラスがアメリカ教育審議会のアメリカ青年委員会に提出した、『現代アメリカにおける青年のための中等教育』という報告書は、ビアードが無視していた、社会的有用性とカリキュラムの差別化という大きなテーマを要約していた。ミネソタ大学の中等教育の教授であったダグラスは、「教育の目的は、青年の人生における活動に有益な影響を及ぼすことであり、青年はそのために教育を受けている」、と断言した。本来、公立学校はある種の社会的な目標を推進するために存在していて、「人間の行動を統制するために」発展してきた。教育の目標は、市民になるため、家庭と家族の生活のため、職業生活のため、身体の健康のため、有能な人格のため、余暇を効果的に使うため、知識・興味・技術を身につけるための準備をすることであると、彼は記していた。他の多くの進歩主義教育者と同様にダグラスは、ハイスクールへの入学者数は1890年以降、10年ごとに倍増していて、在学生の中には知的能力の低い生徒が少なからず含まれていることから、ハイスクールは、「抽象的で学問的な教材には興味を示さない、凡庸であるかあるいはそれ以下の能力の子どもの要望に応える」ために提供する科目を、多様化することが求められている、と指摘していた。こうした新しい

在学生を踏まえて、「大衆の多くが、古典、芸術、高等数学などを楽しむことによって余暇を過ごすとはとても考えられない。それゆえ、余暇の過ごし方に関する教育は、身体的・実用的な活動に対する生得の資質、一般大衆にとってより身近な楽しみである、家や家具、自然、スポーツ、ゲーム、ラジオ、社交などに焦点を合わせていかなければならない」と、ダグラスは記している。さらにカリキュラムは、「単に文明を開化するのに著しい貢献をしたという理由から、教科やそれに類するものを含まなければならないということはない。ごく少数の専門家がこのような教材によって十分に教育されることは極めて重要なことかもしれないが、このような価値と今日の大多数の若者の教育における教科の有用性とを混同することは、ごく普通に行われていることではあるものの非現実的である」という[27]。

　大勢は、NEAの役員であったウィリアム・G・カーによって主として執筆された、「アメリカの民主主義における教育の目的」と題された教育政策委員会からの新たな文書により、一気に決まった。カーは、教育は「自己実現」、「人間関係」、「経済的効率」、「市民的責任」という目標に主として関わっていなければならないと断言した。彼は、英語の文法と古典を教えることがあまりに強調されすぎているとみなした。「作家になろうとする学生の準備のためにはそうした訓練が役に立つのかもしれないが、アメリカの大多数の男子や女子にとっては、楽しみのためや事実を知るために広範囲にわたる読書計画の方がより有効である」。カーは、教育的価値の判断基準として有用性に着目して、高等数学、高等科学、外国語を学ぶ生徒の数を減らすよう促し、その代わりに毎日、数学と科学に専念するよう強調した[28]。

　翌1939年に、全米中等学校校長協会がB・L・ドッズの『皆が学ぶこと』という本を出版したが、そこでは、ビアードが支持していた教養教育の人文学の伝統が完全に放棄されていた。プルデュー大学教育学教授のドッズは、義務教育の終了年齢がしだいに上がってくる一方で、若者のための仕事が不足している結果として、ハイスクールに通ってきている「新たな50％」と呼ばれる知的水準の低い生徒にとって、相応しくない学問的カリキュラムにハイスクールが固執することは、馬鹿げていると主張した。彼は、「教育上無

視された者」のことが気になると主張したが、実のところ、能力の両極端に位置する学生にとっては等しく馬鹿にされる結果となってしまっていた。「教育上無視された者」は「基準から外れている」わけではないという。逆に、「書くことを通して伝えられた経験の抽象的な象徴を読み解くことに多くの時間を割いて、幸運にも一生研究を続けることのできる、学問的な人が異常だと考える方がより正しい」と、彼は述べた。ドッズによると、学問的カリキュラムの問題は、それが非現実的な野心を「育み、明確に勇気づける」こととなり、その結果、あまりに多くの「選ばれていない」若者が、自分たちに相応しくない経営の仕事や専門職に就くことを熱望するようになってしまっているという。あまりにも多くの時間、労力、資金が、「教育上無視された者」に型どおりの教科を教えようとして無駄になってしまったと、ドッズは不満であった。彼の見解では、多くの成人には数学と科学の専門的な知識は必要でなく、そうした知識から何らかの利益を享受できるような人だけが、そうした知識を身につければよいという。また、彼らは、高い水準の読解力も必要とはしていなくて、新聞や雑誌の記事を読むための「基礎的な道具」として使いこなせれば十分であった。彼らに古典を教える理由はないし、また、書く技術に関しても、「彼らが書かなければならないようなちょっとした書類」を書くことさえできれば、それで十分であった。社会科学の科目も現代に限られるべきである。というのも、「想像力に限りのある学生」にとっては、「遠い昔に死んでしまった英雄」や他の国のことを学んでも、現実性を見出せないからである。彼らのカリキュラムは、彼らの要望と興味とに基づかなければならないし、できるだけ本物そっくりのものでなければならないと、彼は勧告した。彼らが知りたがっているのは、魅力的に着こなす方法、異性の友達を作る方法、職業に就く方法であった[29]。

第6節　若者の要望

　教職関連の団体からは、若者の要望に基づいた中等学校の計画の根本的な再構築の必要性と、ハイスクールはもはやカレッジへの入学準備機関ではな

いという認識を、繰り返し述べる報告書が次から次へと出されてきた。しかし、知識を伝達したり、人類の偉大な業績に対する賞賛の気持ちを掻き立てたり、たとえカレッジを目指していなくても、すべての若者の知的な発達を促したりすることが、学校の責任であるとの認識はほとんどなかった。代わりに「若者の要望」という言葉が教条的なスローガンのようになり、正しい進歩主義を志向している証拠として引き合いに出された。1942年に、ある進歩主義教育者が、このスローガンをさらにもう一歩進めた。教育者は「若者の要望」が最も重要であることには同意していたが、その要望がどのようなものであり、それがカリキュラムにどのような影響を与えるのかについては、ほとんど同意ができていないと、彼は指摘していた。こうした足りないところを埋め合わせるために、彼は2,069人の若者に質問をし、彼らの真の要望を見つけ出した。それらは、職を見つける方法、友人を作る方法、デートで振る舞う方法、健康を維持する方法、お金を最大限に活用する方法、人生を価値あるものにする方法であった。当時、ヨーロッパで猛威を振るっていた戦争の原因について知りたいと思う者や、外国語を学びたいと思う者はほとんどおらず、「ヨーロッパ文化がアメリカ文化に及ぼした影響」について知りたいと考える若者は10％以下であった。男子は科学を勉強したいと思っていたが、女子はそうではなかった。この調査を行った教育者は、調査結果として、「現行の中等教育段階のカリキュラムの特徴ならびに内容には、大幅な変更」が必要であり、男子と女子のカリキュラムを差別化することも必要である、と結論づけた[30]。

　ビアードの特異な見解は別としても、今までに言われたり行われたりしてきたことをすべてまとめた教育政策委員会による重要な報告書は、1944年に刊行された『すべてのアメリカ青年のための教育』であった。再度、改訂された『根本原理』が理想の教育として述べられていた。再度、進歩主義教育者の中でも著名な人々が、市民であること、職業、消費、家族生活、経済に関する理解への準備というような言い方で定義づけられた「若者にとってなくてはならないもの」を満たすために再構築された、理想的なカリキュラムについて説明していた。そこでは、知的好奇心を掻き立てることにも触れ

られてはいたが、将来の学校においては、「『科目』には貴族的な特権はない……。数学と力学、芸術と農業、歴史と家庭科は、すべて同等の地位にある」、と提案されていた。また、学校で実践できないものの中で、本当に必要とされるものはほとんどないとも書かれていた[31]。

　最も優れた進歩主義の考え方に遅れることのないように、全米の学校は、新しいカリキュラムと新しい方法を試していた。タルサにあるジュニア・ハイスクールでは、すべての伝統的な教科は、1人の教師によって教えられる1時間のコア科目の授業に吸収され、生徒は残りの時間を、工作室、校庭、実験室で過ごしていた。英語、科学、数学、歴史が含まれていたこのコア科目の授業は、「社会との関わり方」と呼ばれていた。カリフォルニア州オークランドのあるハイスクールでは、「余暇活動」や「人事管理」の科目を履修することにより単位を取得できた。ペンシルベニア州アルトーナのハイスクールでは、必要性の観点からカリキュラムを再構築した結果、科学の授業は住宅、燃料、衣服に、社会科は集団と個人の適応に、英語は好きなものを自由に読むことに、数学は実際に役立つ応用に、家庭科は消費者としての訓練にそれぞれ力を注ぐこととなった。カンザス州ホルトンでは、英語科は、生徒の住宅に関する学習に基づいてコア・カリキュラムを用意していた。生徒は集団ごとに分けられ、金属、造園、木材とその仕上げ方、石造について学んでいた。ノースカロライナ州ゴールズボーローのハイスクールは、実用的な応用に力を入れていた。物理学では、工作室での学習が実験室や教科書による学習に取って代わり、三角法の学習は、実際の測量を通して教えられ、女子の中には、自分たちの化粧室について、器具を選んだり、長さを測ったり、予算を見積もったり、色を選んだりして、設備を整えることで単位を取得した者もいた[32]。

　斬新な計画は他の多くの学校からも報告されていた。それらは、以下のような共通の特徴を持っていた。伝統的な教科の代わりに、人間の活動の基本的な分野にカリキュラムを集中させること。毎日の状況の中で有効なときだけ、教科の学習を取り入れること。「机上の」抽象的な知識よりも、振る舞い、態度、技術、こつといった実用的な価値を強調すること。学習の方向性を生

徒の当面の要望や興味に合わせること。コミュニティの資源を利用すること。直接の指導や教科書の代わりに、たとえば視聴覚設備や雑誌のような非伝統的な教材や、公開討論会、劇形式、作業プロジェクトのような非伝統的な活動を導入すること、などである。

　人々の合意が形成されていく中で、教育界の中で主流を占める教育学への批判はほとんどなかった。ティーチャーズ・カレッジの教授であり、『学校と社会』の編集者でもあったI・L・カンデルは、卓越した例外であった。1943年に出版された『不確実性の崇拝』の中でカンデルは、進歩主義教育について、退屈で取るに足らないばかりでなく、伝統、権威、過去にあまりにも反感を抱かせるような取り組み方なので、否応なしに「根無し草」を作り上げてしまうと、公然と非難した。カンデルのような批判者の不満にもかかわらず、進歩主義者の間の総意は全く揺らぐことはなかった。典型的な進歩主義の考え方は、ポール・R・モートとウィリアム・S・ビンセントによって1946年に書かれた、『我々の学校への注目―理性的な市民のための本』に要約されていて、それはなぜ「新しい学校」が時代遅れの学校よりも良いのかを示そうとしていた。彼らによると、公立学校の目的は、「国民を形成し、個人を有能で幸せにするために貢献する」ことであるという。教育制度の良し悪しを判断するには、「集団の望ましい行動様式としてどのようなものを育んでいるのか」を尋ねればよい。これは社会の未来を明示する権限を、個人や選挙で選ばれた議員ではなく教育者に委ねることを意味するのだが、そのことは著者にとってたいした問題ではなかったように見受けられる。「新しい学校」の特有の強さは、何が教えられるにしろ、それは本当に役に立つものでなければならないと認識していることであった。それゆえ、学者になろうとする学生のみが、「机上の」教科を勉強すればよい。「どのような子どもにとっても、成功の鍵は向いているかどうかだ。住宅に関する教材は、衣服に関する教材や蒸気機関車を作るための教材とは異なる。だが、住宅も衣服も蒸気機関車も皆、必要なものである。素晴らしい主婦になると思われる女子を、弁護士を育てるための養成の型に押し込めたり、実業界で成功しそうな男子を、医者を育てるための養成の型に押し込めたりすることは無益で、

無駄である」。こうした見解は、それが書かれた当時においては当たり前のことだったと思われるが、型にはまった知識に固有の欠陥を浮き彫りにしていた。つまりそれは、第一に当時広く行われていたことを無批判に反映し、第二に生徒が将来就くはずの職業を承知しているかのように振る舞い、第三に知的な価値を軽んじていた[33]。

第7節　生活適応教育

　教職にある人々の間でこうした重大な合意が形成されたことは、無駄にはならなかった。第二次世界大戦が終わると、さまざまな出来事によってこの学派は論理に適った結論に到達し、アメリカの教育をめぐる大きな議論を引き起こす端緒となった。その始まりは、全く不吉なものであった。1945年6月1日、連邦教育局職業教育部門の招きにより、職業教育に携わる人々が、職業向けの計画によっても、カレッジ向けの計画によっても、要望が満たされない若者の問題について議論するためワシントンDCに集まった。誰も良い考えを持っているようには見えなかったので、会議の議長は、老練な職業教育者のチャールズ・A・プロッサーに、会議の概要をまとめるよう依頼した。プロッサーは、ほどなく「歴史的」と評された言葉で、次のような解決策を示した。

　　報告書の最終版によると、この会議は次のようなことを確信していた。つまり、コミュニティの職業学校は中等学校年齢の若者の20％に対して、熟練を要する望ましい職業に就くためにより良く準備すべきであり、また、ハイスクールは他の20％に対して、カレッジに入学するための準備を続けていくべきであると。我々はまた、中等学校年齢の若者の残りの60％に関しては、公教育の行政官が職業教育の指導者の助けを借りて、この集団の生徒に対して、彼らにとって必要であるとともに、アメリカ市民として受ける権利のある生活適応教育の計画を作り上げるまでは、生活適応教育を受けるべきではないと思っている。

それゆえ我々は、連邦教育長官ならびに職業教育副長官に対して、できるだけ早い機会に、一般教育と職業教育のそれぞれ同数の代表者の間で、この問題を考え、その解決にとって得策と思われる第一歩を踏み出すために、全米会議か地域での一連の会議を招集することを要望する[34]。

　これは即座に「プロッサーの解決」と名づけられ、熱狂的な会議の場で満場一致で採択され、教育長官に提出された。1946年には、「決議文の意味とそれが示唆するもの」ならびにそれを実行するための方法について検討するため、地域会議がニューヨーク市、シカゴ、シャイアン、サクラメント、バーミンガムで開催された。地域会議は、ハイスクールに在籍している生徒の「多数派」に対する「生活適応教育」が緊急に必要であること、ならびに、そのための行動計画を練り上げるために全米会議が開催されるべきことに合意した。プロッサーの解決は、要望が満たされていない若者の具体的な割合を削除するために書き直され、全米会議が1947年5月にシカゴで開催された。この歴史的な決議文が実のところ何を意味しているのか定かではない部分もあったが、会議に出席していた教育者は、「実用的な」教育に対する、教育界の粘り強い要求を実現して欲しいという声を反映していると理解していた。会議では、文化的に劣った環境にある低所得の家庭で育ち、学校で学習が遅れていて、知能テストや学力テストで低い点しか取れず、他の生徒に比べて情緒的に成熟しておらず、学校での勉強にもあまり興味を示さず成績も振るわない生徒のことを、教育上無視されている若者ととらえていた。こうした生徒が必要としているものが「生活適応教育」であり、それは、進路指導と市民性、家庭と家族生活、余暇の活用、健康、学びの手段、職場体験、職業選択といったことに対する教育から成り立っていた。会議の参加者はさらに、「生活適応教育」は教育上無視されている者だけに限定されるべきではないことにも同意していた。というのも、それはたしかにすべてのアメリカの若者にとって欠くことのできない必要なものを満たしてくれる、最も相応しい教育だったからである。

　プロッサーはそれぞれの地域での会議で演説をし、この全米会議でも以下

のような演説をした。「アメリカのこれまでの教育の歴史を通じて、このような会議が開催されたことは1度もない……。参加している人々が、自分たちの信念にこのように真摯であった会合はこれまで1度もなかったので、この会合は、長い間否定されてきた教育遺産をすべてのアメリカの若者に伝えることができるような、何かを始める絶好の機会であった。あなたたちが考えたことは、それを実現するために奮闘する価値のあるものであるし、そのために死んでも構わないほどの価値がある……。私は、同僚の教師が、すべての若者にとって生活にぴったり合った教育の実現を後押ししていくための計画を立案するのを、目にすることができるほど十分に長生きしたことを誇りに思っている」。プロッサーは、1912年から職業教育に関する圧力団体の一員として自らの経歴を積んできていて、1939年の講演の中で自らの考える教育的価値について詳しく述べていた。その中で彼は、ハイスクールで教えられるすべての教科は、日々の暮らしにおける有用性に基づいて評価されるべきであると力説していた。彼の主張は以下のようである。「商業数学は平面幾何学や立体幾何学よりも優れている。健康を保つ方法を学ぶことはフランス語の学習よりも優れている。職業の選び方を学ぶことは代数学の学習よりも優れている。日々の暮らしの中での易しい科学は地質学よりも優れている。易しい商業英語はエリザベス女王時代の古典よりも優れている」。もし、学校の教科が有用性の観点から評価されるならば、すべての数学と外国語は必修科目から除外されることになると、彼は思っていた。彼は「さらなる教育を提供するための教育制度」には、高等教育に向けて生徒を選抜したり、学部の教授の雇用を保証したりする以外には、何の価値もないと考えていた。彼によると「世界で最も大きくて、最も難しくて、しかも、最も重要な仕事」は「生きていくことだ」という。これこそが、進歩主義教育者が「生活適応教育」と呼ぶものの論理的根拠であるとともに将来像でもあった[35]。

連邦教育局は生活適応教育運動を背後から全面的に支援していた。1947年に、ジョン・W・スチューデベイカーが「青年の生活適応教育に関する全米委員会」を任命した。この委員会には、NEA、アメリカ学校管理職協会、アメリカ職業協会、全米ハイスクール指導主事・中等教育主事協会、全米中

等学校校長協会、全米公立学校教職員協議会、全米カトリック福祉協議会といった主要な団体からの代表者が参加していた。この委員会は、会議の費用や、政府印刷局によって発行される多数の出版物の費用を負担し、生活適応教育に関する国家委員会の創設を後押しした。第二次全米委員会の委員が1950年に任命され、その任期が終わる1954年まで、こうした構想を推し進めていった。

　生活適応教育とはいったいどのようなものだったのだろうか。それを推進していった人々の目から見れば、それは、『中等教育の根本原理』からNEAの『すべてのアメリカ青年のための教育』にまで真っ直ぐに繋がっている、あらゆる主要な進歩主義の考え方を主導するものの直系であった。それが新たに出現したことは、進歩主義を宣言してから30年を経てやっと巡ってきた、実践に移すための機会として温かく迎えられたが、そうは言っても、支援者は極めて冗長な説明をするしかなかった。公式な定義によると、生活適応教育とは、「すべてのアメリカの若者に対して、自分自身に満足しながら民主的に生活したり、家族の一員、労働者、市民として社会に貢献したりすることを、より適切に身につけさせる」ことであった。この意味を説明するには、さらに14の声明が必要であった。たとえば、「それは、すべてのアメリカの若者にとって相応しいものであり、彼らの能力に応じた学習経験を提供する……。それは、少なからぬ重要な出来事がはるか昔に起きたと認識しているが、一方で、そうした出来事の真の重要性は、今日の生活に関することの中にあるとみなす」。だが、このようにいくら念入りに説明したとしても、その意味はやはり不明確であった。もっともそれは、疑いなく職業だとか健康だとかの「実用的な」目標を強調し、伝統的な学問的学科を退けることを意味していたが[36]。

　生活適応運動がアメリカの学校にどれほどの影響を与えたのかを正確に測ることは、非常に困難である。とりわけ、生活適応というものが、コア・カリキュラム課程、活動計画、「共通学習」課程といった、すでに確立されている進歩主義教育の別の多くの型と、呼び名が違うぐらいで、あとは全く見分けがつかなかったからである。ある全米的な生活適応会議において、現在

の実践状況に関して、ミシガン州アナーバー、ニューヨーク州フォレストヒルズ、ニューヨーク州スペンサー、ワシントン DC、ミズーリ州スプリングフィールド、フィラデルフィア、コネティカット州ニューブリテン、ミシガン州ミッドランド、メリーランド州ロックビル、バージニア州アッシュランド、ピッツバーグの教師から報告が行われた。さらに、連邦の教育官僚が、生活適応プログラムが開始された学区として、以下を引き合いに出した。テキサス州アマリロ、ニュージャージー州ブルームフィールド、カンザス州コフィービル、コロラド州デンバー、ニューヨーク州ホーネル、イリノイ州ペオリア、ミネソタ州セントポール、ミズーリ州スプリングフィールド、オクラホマ州タルサ、デラウェア州ウィルミントン[37]。

1949年に連邦教育局が全米の学校を調査したところ、500人以上の生徒が在籍するジュニア・ハイスクールの20％がコア・カリキュラムを実施していて、同じような規模のハイスクールの場合は11.3％であった。コア課程の多くは、カリフォルニア州、メリーランド州、ミシガン州、ミネソタ州、ミズーリ州、ニューヨーク州、ペンシルベニア州の七つの州で実施されていた。コロラド州デンバーでは、15校あるジュニア・ハイスクールとハイスクールのうち14校が、英語、社会科、進路指導、健康、「民主的な生活、個人と社会の発展、集団間の教育、人間関係」、そして「居住設備の全般」を含む、コア課程を提供していた。ほとんどの中等学校で同様のコア課程を提供していたのは、カンザス州ウィチタ、ミズーリ州スプリングフィールド、ニューメキシコ州アルバカーキー、オレゴン州ユージーン、カリフォルニア州ロングビーチおよびパサデナ、ミネソタ州ミネアポリス、ミシガン州グランドラピッズおよびデトロイトであった。メリーランド州ガレット郡では、7年生から12年生のために、教科とは関係なく、もっぱら青年にとって「必要なこと」を中心にしたカリキュラムを作り上げていた。たとえば、12年生のカリキュラムは、「家庭生活、教育の役割、生計を立てること、健康と安全、消費者問題、暮らしの中の科学技術」といった題目から構成されていた。メリーランド州ハーフォード郡においては、あらかじめ選ばれたカリキュラムというものは存在しなかった。というのも、教師は「生徒が必要とするものを見つ

け出し、それに合わせて、どのカリキュラムを使うのかまたは使わないのかを自由に決めることができた」からである。こうした学区は連邦教育局によって、「すべての若者に欠くことのできない必要なもの」を満たすことのできる、進んだ教育の実践例として名前を挙げられていた[38]。

　どのような名前で呼ばれようとも、1940年代後半までの新しい教育は、生徒の態度や振る舞いを社会の規範に沿うように変えていこうという目的を持って、日々、直面する状況を教育手段として用いる「実用的な」教え方と、明らかに同じものとみなされた。その理想の姿は、労働者、家族の一員、市民として実り多い生活を送るための準備ができていて、社会によく適応している生徒であった。ジョージア州アトランタのハイスクールの生徒は、美術、音楽、数学、科学とその他の科目を、「家と家庭づくり」という一つの単元に統合した社会科の課程を履修していた。そこでは、健全な家庭を築く方法とか、家や庭を綺麗にする方法といった、実用的な価値を教えることを目指していた。ニューヨーク州ピークスキルでは、コア・カリキュラムへの移行は、学校が教科の習得よりもむしろ生徒の行動の変化を重視していることを物語っていると、親や教師によって理解されていた。ミズーリ州スプリングフィールドでは、教師は、「子どもに望ましい社会的態度や価値を育んでいく」という、自分たちの役割に気づかせてくれる子ども研究の技法に取り組むため、教育学部の教員による訓練を受けた。コロラド州デンバーでは、ハイスクールの生徒は「女子は『かわいがる』ことが好きか」とか「冷蔵庫を漁るために、デートのあとに女子の家にいっしょに入っていくべきか」といった問題を取り扱う、「デートの際に男子に期待されていること」という単元に参加していた。アイオワ州デスモイネスでは、「印象的な個性の開発」という課程の中で、「正しい交際術」や「集団の一員として承認されることによる満足感」を大切にすることを、生徒は教えられていた。オクラホマ州タルサのジュニア・ハイスクールの生徒は、どのような服装がその場に相応しいか、どのような色合いのマニキュアが似合うか、見栄えを良くするにはどうすべきかを学んでいた。こうした課程の目的は、子どもに対して、どのような振る舞いが社会において受け入れられるのかとか、集団の期待に応えるに

はどうすべきかを教えることであった[39]。

　『根本原理』から生活適応教育へと展開してきた進歩主義が及ぼした重圧の犠牲者と思われるのは、ハイスクールにおける外国語の履修者数であった。エドワード・クラッグによると、外国語履修者が最大であったのは1910年で、そのときには全米のハイスクールの生徒の83.3％が外国語を学んでいた。1915年頃には、その数は77％に減少してしまっていた。第一次世界大戦の間、ドイツ語の授業が至るところで取り止めになったことと、それに引き続いて進歩主義教育者が外国語の必要要件を非難したことによって、外国語履修者の割合は「壊滅的」な減少に追い込まれた。1955年頃には、ハイスクールの生徒の20.6％のみが外国語を学んでいた。「それ以上に、1950年代中頃には、公立のハイスクールの46％は、古典語であれ現代語であれ、外国語の授業と呼べるようなものを何も提供していなかったし、54.6％の学校は現代外国語の授業を全く行っていなかった」と、クラッグは記している[40]。

　「単なる知識」を意図的に強調しない教育が、全米の教室で教えられ学ばれていたものに、どの程度影響を与えたのかを確実に知ることはできないし、また、多くの教師は、教育学理論の中心にいる人々から寄せられた批判を無視していたようにも見受けられるのだが、教育の新たな傾向は、いくつかの主要なテストにおける変化から窺い知ることができる。かつては共通の教養科目のカリキュラムに深く根ざして、大学入学試験委員会によって実施されてきた試験は1947年に廃止され、カリキュラムの影響をほとんど受けない、言語と数学の技能に関する標準化された多肢選択のテストである、進学適性試験（SAT）に取って代わられた。この転換は、エリート進学準備校が実施していたカリキュラムを採用していないようなハイスクールの生徒にも、一流カレッジの門戸を開く効果があったが、それはまた、ハイスクールから教養科目のカリキュラムの必修化の必要性を奪うこととなった。小論問題に重点を置いて、個別に採点されていた「大学入学試験委員会による試験」は、カレッジへの入学希望者が増大する中で、機械で採点できるSATに道を譲っていった。カリキュラムの変化は、ニューヨーク州のすべてのハイスクールの最上級生に対して年に1回実施されていた、ニューヨーク州立大学理事会試験の

中によりはっきりと反映されていた。1927年には、試験は少なくとも外国語を2年から4年の間学習してきた生徒を対象に実施された。4年間英語を学習してきた生徒には、「現代生活における科学」、「英雄と英雄崇拝」、「個人の好みと批判の基準」といったテーマで小論を書くことが要求されていた。歴史の試験では、ギリシャ、ローマ、ヨーロッパ、合衆国の社会史、経済史、政治史が対象とされた。10年後、同様の試験は多肢選択問題や、たとえば「労働者の手段としての座り込みストライキ」とか「傑出したニグロの業績」といった、同時代に起こった出来事に関する小論へと一段と推移していったが、本質的な部分は1927年時点での試験と劇的に異なってはいなかった。しかしながら、1948年になると、もはや4年間の外国語学習者への試験は廃止され、アメリカ以外の国の歴史は、「アメリカ史と世界情勢」という多肢選択問題の中で小さく扱われるだけになってしまった。一方、4年間の英語学習者への試験では、多肢選択問題に重点が置かれていたのだが、「老人が直面している三つの問題」、「優等生であることの不利な点」、「親への助言」といった、生活適応に関するテーマの小論を要求していた[41]。

第8節　進歩主義教育への批判

　進歩主義教育に対する批判は、ロバート・M・ハッチンズ、ウィリアム・C・バグリー、I・L・カンデルといった尊敬を受けていた学者と、大衆メディアの記者により、1930年以来続けられてきた。ハッチンズと彼の支持者は無視されたり、あるいは注目されたとしても、トマス・アクィナスの信奉者、新古典主義者、エリート主義者として軽蔑されたりしていた。進歩主義教育者は、自分たちの信念に微塵の疑いも抱かずに、連邦、州、市の教育機関と連携して活動していたので、1949年に始まり1953年に最高潮に達することとなる激しい攻撃に対して、何の準備もしていなかった。現状に対する批判者も擁護者も、この時代のことを「激論」の時代と呼び、多くの人々は、それがアメリカの教育の将来に決定的な影響を与えると感じていた。

　進歩主義教育を批判する人々の非難の声は、以前は全く聞き入れられな

かった。というのも、彼らが馬鹿馬鹿しい例外的なものしか指摘できなかったからである。しかし、今や彼らは生活適応教育の中に、攻撃の標的がどっと増えてきているのに気づいた。生活適応教育は連邦教育局とほとんどすべての主要な教育団体の承認を得ていた。それは、全米の公立学校で実施され、大量のスローガン、仲間内の特殊用語、愚かな反知性主義をその内側に抱えていた。それはまた、近年の進歩主義が持っていた功利主義と集団順応主義とを、究極の取るに足らない瑣末なものへと変えてしまった。こうした夥しい批判の噴出が、教師不足、学校による連邦支援の要請、「ベビーブーム」の到来といったものと時を同じくして起こったため、学校が、あまりにも根源的であるため無視することができない危機に瀕していることが明らかになった。

　公立学校への批判は多種多様であった。進歩主義教育は共産主義者の陰謀であると信じている急進的な人々もいて、彼らは、危険思想を持つ教師や議論を呼ぶ書籍の排除を要求していた。バーナード・イディングス・ベルのように、公立学校の世俗主義が、相対主義以外の価値を広めていくのを邪魔していると危惧する批判者もいた。ハッチンズのような人々は、本質的な哲学に基づいて学校を批判した。モーティマー・スミス、アルバート・リンド、アーサー・ベストー、ポール・ウッドリングといった人々は、学校について、主としてカリキュラムが適正でないと批判した。批判の標的となった進歩主義教育は共通のものであったので、批判者の見解にも重複する部分が若干あったが、彼らの間での相違点は、類似点と同様に大きな意味を持っていた。スミス、リンド、ベストー、ウッドリングは、進歩主義の根本的な不適切さに対するハッチンズの懸念の多くを共有していたが、教育と宗教の分離に関するベルの批判や、急進的な人々の強制的で過度な愛国心に同意する者はいなかった。けれども、公教育の擁護者は、批判者を一まとめにして「公立学校の敵」というレッテルを貼って対抗した。

　急進的な人々の団体は、戦後の10年間に国中を騒然とさせた右翼の偏執狂の流れを作り出していた。少なくとも五つか六つの団体が、大きな悪意のある陰謀がアメリカの教育を破壊してしまい、伝統的な教育のみならず伝統

的なアメリカの理想にまで背かせることとなったと言って、恐怖を煽っていた。こうした団体は、本、パンフレット、雑誌を出版し、さまざまなことを主張していたが、中でも公立学校に関しては、基礎を教えることに失敗し、子どもを躾けることにも失敗し、一時的な流行や余分なものにお金を無駄使いし、集団主義、無神論、少年犯罪を助長する進歩主義教育を支持していると主張した。彼らの資料は、一部の真実しか含まずに口汚く歪曲された話や、極めて侮蔑的な非難から成り立っていて、進歩主義計画が攻撃を受けていた多くのコミュニティにおいて表面化していた。こうしたコミュニティのうち、テキサス州ヒューストンやカリフォルニア州パサデナといったようなところでは、地元の人々が陰謀説に同意し、自分たちは、危険分子の影響を受けている学校を浄化するため、愛国心に満ちた改革運動に従事していると確信していた。しかしながら、パサデナにおいてすら、反進歩主義の立場の人々は、進歩主義の教育長が、子どもの知性の発達よりも子どもの態度や価値の形成により強い関心を払っていると理解しつつ、教育に対する不満を抱いていた[42]。

　地方のレベルにおける進歩主義教育に対する他のすべての攻撃が、好戦的な反共産主義によって引き起こされたわけではなかった。ミネアポリスでは、学校組織の「共通学習」プログラムが、コミュニティの抵抗の焦点となっていた。「共通学習」は毎日少なくとも2時間開かれ、英語と社会科とを結合させた形で、「若者が、現在および将来の市民として共通に必要とされるものに応えるために、彼らの個人的・社会的な問題を学習する」コア・プログラムであった。それは、古典文学の読解というような伝統的な学習を退け、その代りに、「人間行動の理解」や「良い市民への成長」のような「正しい態度の形成」を目的に、「若者にとって意味のある」問題を指導することを採用していた。「共通学習」は1945年に開始され、1949年から1950年にかけてすべての学校で採用されるようになった。1950年に親の会と呼ばれる団体が、教育委員会に対して、プログラムを選択できるようにして、教科の授業を望む生徒にはそうした授業を提供してほしいとの要望を出した。学校の当局者は、子どもは今までよりもずっとよく学んでいると反論したが、大学教授が指導者であった親の会を納得させることはできなかった。約800人が親の会

によって招集された会議に出席し、その場で詩人であり小説家であるロバート・ペン・ワレンが「共通学習」プログラムの「最低限必要な基準」と、進歩主義教育者の「一方の手に恩着せがましい民主主義を、もう一方の手には独善的な権威主義を持った横柄な態度」に関して、辛らつに話をした。圧力に屈服して、教育委員会はプログラムを選択科目とすることに同意した。進歩主義教育者はこの状況を、現代の教育プログラムを混乱させようとする「好戦的な少数派」の企ての典型と分析し、十分に教育を受けた人々が、なぜ自分たちに同意できないのか理解できないままに「共通学習」のようなプログラムへの批判者を、他の「公立学校の敵」といっしょくたにしてしまった[43]。

コミュニティが議論したりあるいは争ったりしている間に、進歩主義教育にきちんとした形で疑問を投げかける本が数冊出版された。最初に刊行されたのは、モーティマー・スミスによる『そして死にもの狂いで教える』(1949年) であった。スミスはコネティカット州の教育委員会の元委員で、進歩主義教育が「アメリカの公教育の公式な哲学」になってしまい、そのため、教師、管理職、教育学部が「教育の目的、内容、方法に関して、本当に驚くほどの画一的な意見を持ち」、しかも、この哲学は反知性主義的であり反民主主義的でもあると批判していた。スミスは、公立学校がすべての子どもを含むまでに拡大していったときに、教師はすべての子どもを教育できないことを正当化するために進歩主義に走った、と述べた。「ここに、集団の伝統的な知識を伝えるという義務を教師から免除する教えが含まれていて、それは、人は知識のいかなる基準にも拘る必要はなく、ただ単に個人の興味を満足させればよいと、明確に示唆していた……。この教えを受け入れることによって、アメリカの公立学校教育は、自分たちの問題を解決するために安易な方法を採ることとなった……」。その安易な方法とは、実用的でハウツー的な科目を喜んで受け入れる一方で、「読書好きであれ読書嫌いであれ、すべての生徒に世界の知恵を伝える」努力を止めてしまうことであった。知的基準と倫理的基準をなくしてしまうことは、「どの教科も本質的にはどれが良いとか悪いとかでなく、同じ価値を持つものであり……、機械工としての技術を訓練することは、知性や想像力を育むことと同等の価値を持つとみなされ

……、整髪や死体の防腐処理は、歴史や哲学と比べて、それ以上ということはないにしても同じように重要である」ということを意味していると、スミスは記していた。学校が「すべての子ども」に、「雨が降ったら雨宿りをするといったような、誰にでも分かる当たり前のこと以外のすべてを」教育しようと努力することは、単に馬鹿げているだけでなく危険ですらある。というのは、それは、個人と家族の犠牲において、社会的集団と国家の権限を拡大することになるからである、とスミスは批判した。また彼は、個人を社会に合わせることを強調すると、個人の自由を侵すのみならず、誰に対しても責任を取らない専門家による、官僚的な統制の傾向を現代社会において加速することになる、と警告していた。スミスによると進歩主義者は、個人に対して集団の社会的価値に合わせるよう強制していることから、権威主義者であるという。また、進歩主義者は「すべての若者の教育を『受ける』能力に対する根強い不信感」を表明していることから、反民主的であるともいう[44]。

　その後の5年間にわたって、「教育の危機」は、当時の教育実践に対する賛否両論の議論とともに、全米の雑誌の頁を埋めていた。『タイム』は、生活適応教育を「合衆国の教育者の最新のからくり」と表現し、それを馬鹿にして、「教師の仕事は歴史や代数学を教えることではなく、むしろ生徒がその後ずっと幸せに生きていけるように準備することである」と定義していた。優等学生友愛会のイリノイ大学支部長は、『サイエンティフィック・マンスリー』の中で、教育学の教授を嘲笑していた。彼によると、彼らは「文学、言語、哲学、芸術、科学の知識の追求」の価値を軽視し、教師を「乳母、性教育の指導者、医療に関する助言者、失恋者のカウンセラー、歯を磨くときに水平に磨くのかそれとも垂直に磨くのかの論争の審判員、自動車操作の師匠」に替えてしまったという[45]。

　公教育の教育者は、批判的な解説、嘲笑、罵詈雑言が突然、彼らに向けて大量に浴びせられ、不意を突かれた。教育雑誌だけを見ても、当時の教育実践を攻撃または擁護する記事の数は1948年には7本であったのが、1952年には49本に増加し、『ライフ』、『リーダーズ・ダイジェスト』、『アトランティック・マンスリー』、『サタデー・レビュー・オブ・リテラチャー』、『マッ

コールズ』、その他多数の全米の出版物に掲載された記事では、批判の量は2倍あるいは3倍に増えていた。1930年代から1940年代初頭にかけては、進歩主義教育への批判は、無視するか軽視するのが普通であったのだが、もはやそうもいかなくなってきていた[46]。

　進歩主義教育者の反応は、自分たちが自己批判を行なえず、自分たちが敬意を払ってきた実用的な精神で自分たち自身の前提を検証する能力がないことを、白日の下に晒した。せいぜい現在の教育実践の擁護者は、激しい非難の的となっている計画は、社会科学から得られた証拠によって正当性が立証されていて、生徒の能力の多様性を認識したうえで作り上げられている、という議論をするのが精一杯であった。カリキュラムが多数ではなくて少数の生徒だけに適切であった、神話的な「古き良き時代」に戻るということは、科学的ではなく民主的でもない。しかしながら、新教育の擁護者は皆一様に、単に擁護するだけであった。彼らは、学校が今までで一番良い状態にあると主張していた。学校に通う子どもは、彼らの先輩よりも一層よく基礎を学んでいることを示す研究成果が引用された。学校が読み書き算術を無視していると非難する、急進的な考え方をする人々に反論することはできたのだが、歴史、科学、数学、外国語、文学の代わりに、「ハウツー的」な科目と社会と個人の適応が採用されていることに対する、真摯な批判に対する反論は回避された。進歩主義教育は1度も実施されたことがないので、進歩主義教育が学校の失敗を招いたことなどあり得ない、と主張する擁護者もいた。だが、もし進歩主義の実践が全く行われてこなかったと主張するならば、進歩主義の実践はどのようにして学校を今までよりも良いものにしたのかという、新たな疑問が浮上してくる。

　公教育を破壊しようと企てている、大規模でよく組織化され、財政的にも豊かな全米的な組織に属する批判者に対して、反動主義者、強い偏見を持つ者、狂信者、公教育の敵として、執拗に激しく攻撃するという態度も見受けられた。『進歩主義教育』の編集者によると、学校に対するよくあるまとまった攻撃には三つのものがあったという。第一には、地域における不平分子や批判者からのものである。第二には、地域における自発的な組織からのもの

である。第三には、地域の組織に「有利な情報と戦略」を供給する全米的な組織からのものである。どのような人々が攻撃に参加していたのであろうか。それは、疑いもなく、誠意ある批判者ではなかった。というのも、誠意ある批判者というのは、よく状況を認識し、「学校とともに問題解決に当たっていくことを厭わず、おしなべて、教育者と同じ方向に進むことを支持していた」からである。つまり、「誠意ある批判者」というのは全く批判者などではないのに対して、学校の計画に同意できない人は誰でも、文字通り、不平分子であり、誠意のない批判者であった[47]。

『サタデー・レビュー・オブ・リテラチャー』の記者は、批判者を以下のような四つに分けて定義していた。「(a)公的支出が増えることにはいつでも反対する『慢性税金節約主義者』。(b)『私が学校にいたときはこんな風ではなかった』と、すべてのことに疑り深い『先天的反動主義者』。(c)とりわけ1900年以降のすべての政治的・社会的変革は『赤』であるとする、『魔女狩り』の多くの部族。(d)さまざまな形の先入観で斧を研いでいる、多数の『宗教団体』」。ハーバード大学学長のジェイムズ・B・コナントは、学校の管理職の会議の席で、私立学校が税金からの資金を得ることを支援するために、批判者は公立学校を攻撃しているのかどうかを明らかにすべきだと述べた。同じ会議の席上で、ハーバードの教育者は、学校の評判を落とそうとする試みに加わっている人々は、「コミュニティの中で最も情緒的に不安定な人々」である、と発言していた。一方、NEAの防衛委員会は、少々異なる形で批判者の特徴をとらえていた。それは、「民主的な暮らし方の土台を崩すために、無償の公教育をなくそうと望んでいる、確固とした危険分子。最新の教育方法についていけず、その教育方法が抱える欠陥を正当化しようとしている、不満を抱いている教師。自分たちの子どもの欠陥をすべて学校のせいにしようとする、理不尽な親。我々の子どもの教育に関する国の正当な懸念につけこんで、自分たちの金儲けのために、何も疑っていない市民から金を搾り取ろうと企てているペテン師」などであった。「敵」について、「不動産業を生業とする保守派、超愛国者、独善的な考えを言い募る人々、人種に敵意を持つ人々」と簡潔に定義する者もいた。こうした評判の悪い学校への批判者もたしかに

存在していたが、そうした批判に反撃する人々は、事情に明るく、学校の実践に率直に異議のある人々がいるという事実に向き合うよりも、急進的な人や変人に焦点を当てる方を好んでいたこともまた、間違いのない事実であった[48]。

　自分たちの敵の評判を貶めようとする教育者の精力的な努力にもかかわらず、1953年は、進歩主義教育を辛辣に批判する側にとって極めて重要な年となった。反動的な少数派集団や宗教団体とは何の関係もない人々に書かれた本によって、進歩主義がひどく困った状態に追い込まれていることが明らかにされた。

　『民主主義社会の教育における闘争』という本の中でロバート・M・ハッチンズは、現代の実用的な教育は明らかに破綻していると主張した。彼によると、進歩主義教育は四つの原則から成り立っているという。最初の原則は「適応の教義」で、これは「知識というよりは情報とでもいうべき雑多な使い物にならない事実からなるカリキュラムと、職業訓練に達する」。彼は、そうした教義は、皆と同じであることを賞賛し、独自性のある考え方の価値を下げることとなるので、適切ではないと警告していた。「この地球上における我々の使命は、我々のいる環境を変えることであって、決して我々自身を環境に適応させることではない」。第二の原則は「目前の要望の教義」で、これはあまりにも多くの要望があるために学校の計画の分裂を促すこととなり、その結果、「新たな事態に対処したり、新たな問題が起きたときに、それを解決したりできるような知的な力」を、若者の身につけさせることができなくなる。第三は「社会改造の教義」で、これに対して彼は、すでに社会に受け入れられている以外のことを公立学校は主張すべきではないとして退けた。学校が社会を改良する方法は、人をより知的にすることによっており、時の流行りの政治の宣伝用の機械になることによっているのではないと、彼は主張した。第四は「教義を全く持たないという教義」で、これは、教育の目標や目的を問うことを拒む教育者や、カリキュラムを持たないことを自慢する教育者のせいであると、彼は考えていた。「おそらくアメリカが世界に与えた最も偉大な思想は、万人のための教育という思想であった。この思想

が、すべての者が教育され得るということを意味しているのか、あるいは単にすべての者が学校に通わなければならないということを意味しているのか、世界は知る権利がある」[49]。

『公立学校のいかさま』という本の中で、実業家であり教育委員会の委員でもあったアルバート・リンドは、「教育学者」が公立学校を独り占めにしている状態を嘲笑っていた。リンドは、教育学者が学校の統制を人々の手からもぎ取り、教育方法に関する技術的な問題のみならず教育の社会的な目標までも決定する、独占的な権限を我がものとしていると非難した。教育学者は、「どこの国のいかなる専門家集団もこれまでに作り上げたことのないような、最も見事な官僚機構」を考案していたと、彼は批判した。というのも、教育学者のもとで学習しない限りは、誰も公立学校で教えることができなかったし、将来の給料の増額は「こうした一流の専門家に仕える」ことにより緊密に結びついていたからである。子どもは、歴史、文学、科学、芸術を学ぶ代わりに、「どうしたら私の家庭は民主的になるのか」とか「どうしたら私の部屋をもっと魅力的にできるのか」といった、「瑣末なこと」を学んでいると、リンドは非難していた。劇的な効果を狙って誇張してものごとを表現する傾向のあったリンドだったが、彼は、以下のような重要な問題を提起していた。公立学校は誰に属しているのか。誰が教育の社会的目標を選択する権利を持っているのか。コミュニティかそれとも教育者か。これらは、進歩主義教育者が過去30年以上もの間、1度も考えたことのない問題であった[50]。

優れた業績を持つアーサー・ベストーが、新教育への異議申し立てに加わってきた。ベストーは、評判の高いイリノイ大学の歴史家で、ティーチャーズ・カレッジで教えたこともあり、彼自身、進歩主義の学校として全米で最もよく知られているリンカーン・スクールに在籍していた。彼の論文や著書の中で最も特筆すべきものは、『教育の荒地』(1953年)という本で、「1950年代における最も重要で、鋭い内容の影響力を持った進歩主義教育に対する批判」であると評されていた。ベストーによると、現代の教育に対するすべての批判者が反動主義者や古典主義者ではなくて、彼らの中には自由主義者もいれば、「近年の技術中心の世界の問題に直接関わっている」科学者や数学者と

いった人々も含まれているという。教育学者は本質的に間違っていると、ベストーは記している。というのも、彼らは学校の目的が「考える力」を養うことだということを、否定しているからだという。これだけが学校やカレッジの果たすべき責任ではないとしても、「厳格な知的訓練」を強調することがなければ、「そこには何も残らないだろう」。民主主義の真の本質とは、かつて特権を与えられたほんの一握りの人々のものに過ぎなかった教養教育を、すべての市民が受ける権利を持つことである。教育者は、この基本的な前提を退け、多数もしくは大半のハイスクールの生徒が、知的訓練から恩恵を受ける能力に欠けていると思うことによって、民主的な教育の理想に背いてきたのである。教育の質の低下は、リンカーン・スクールにおいて教科をよりよく教えるために用いられた、「進歩主義教育」によって引き起こされたわけではなく、知性に敵対し、教科を馬鹿にし、科学と学問の世界から隔離された「後戻りする教育」によって引き起こされたのである。ベストーは、基礎的な訓練の代わりに「生活上の必要性」を持ち出してきたことを、軽蔑していた。「世界大戦の時代と戦後の世界的な緊張の時代において、外国語の重要性を減じるということや、国家の安全がアインシュタインの方程式に依存するようになったまさにこの時代において、数学の重要性を減じるということは、生活上の必要性を満たすという妙な現実逃避のやり方でしかない」。彼の主張によると、教養教育は自らの力で学び続ける習慣を生み出すが、日常生活に関わる問題の教育では、生徒が特定の科目を履修しない限りは、当然、その内容を取り扱うことができないという。「『開拓者になるための方法』という科目を学んだ男女によって、西部は開拓されたわけではない」と、彼は断言した。「……少なくとも自分は、学校で鼻のかみ方とか、ズボンのボタンのかけ方などを教えなければならないほどに、アメリカ人があらゆる常識や生来の賢明さをなくしてしまったとは思わない」。学校はすべての要望に応えなければならないという考え方は、「どのような意味であれ、社会を救済することに貢献せずに、結局は教育制度を解体することになってしまう、馬鹿げた妄想である」と、彼は思っていた。ベストーは、教育学部、州および連邦の教育機関、公立学校当局を統制している、「互いに連携をとっ

ている管理職」の権限を奪うための改革を求めていた。それは、とりわけ、将来有望な教師により多くの学問的な訓練を受けることを要求したり、教員養成機関を人文科学と自然科学の専門家の監督のもとに設置したりすることであった[51]。

『我々の学校についてまともに語ろう』という著作の中で、ウエスタン・ワシントン教育大学教授のポール・ウッドリングは、敵意や皮肉などはないが、基本的には進歩主義教育に批判的な見方を議論の場に持ち出してきた。教育者が批判者の不満に率直に上手く対処できなければできないほど、批判の声はますます大きくなっていくと、彼は記していた。現在の不満の多くは、「利害関係のある市民や、選挙で選ばれた教育委員会の委員でさえもが、基本的な教育政策の確立にもはや適切に参加することができないと感じるほどに」、教職に就いている者が「政策立案の責任を先取りしてしまって」いた、という認識から生じていた。そのうえ彼は、ほとんどのアメリカ人は、現代教育の実利的な哲学を、もしそれを本当に理解していたとしたら、受け入れないだろうと思っていた。彼の見るところでは、ジレンマは万人のための教育が急速に拡大していったことによってもたらされた。今までの学校では、学習の進み方が遅い生徒に対しては、落第点をつける以外の対処法を知らなかったし、新しい学校では、読み方を教えずに同年齢集団といっしょに進級させるために、成績にかかわらず無条件に進級させる方法を用いていた。どちらにしても問題解決にはならなかった。ウッドリングは、今こそ教職に就いている人々に対して、あらゆる問題への解決策を持っているわけではないことを認め、一般の人々の間での意見の相違を大目に見て、「基本的な原理に対して疑問を投げかける人々は、反社会的な素人の反動主義者であるという、よく知られている考え方から逃れる」ときであると考えていた。彼は、批判者を攻撃することを止め、「1953年のアメリカの教育は、進歩主義教育に向かって進化しているのではなくて、すでにそれを通り過ぎてしまった」ことを認めるときが来た、と考えていた[52]。

ウッドリングは、彼にしてもまた彼以外のいかなる教育者にしても、I・L・カンデルが以前に「民主主義のジレンマ」と呼んでいた問題に対する答えを

持ち合わせていないことを認めていた。万人のための教育は、生徒の能力に合わせて科目とカリキュラムの差別化を示唆しているのか。進歩主義教育者はそうだと答え、生徒の多様な興味と適性を考慮に入れて、カリキュラムを作り上げることこそが民主的なのだとみなした。一方、批判者はそうではないと答え、たとえ進度が異なるにしても、すべての子どもに同じ基礎的な教材を教えることこそが民主的なのだと述べた。伝統的な科目が伝統的な方法で教えられている学校に飽き飽きしてしまっている生徒には、どのように対処すればよいのだろうか。この問題に対して進歩主義教育者は、たとえ生徒の興味がいかに限定されたものであろうが、あるいはいかに興味の対象を限定していくものであろうが構わずに、何でもよいから、生徒の興味のあるものを特定し、それを科目や単元にしていくことだと答えた。批判者は、この問題に向き合うことが全くできなかった。

　寄せては返す波のような批判にもかかわらず、進歩主義者は、今では激しい批判の対象となっているまさにその計画を支持し続けていた。猛攻撃が最高潮に達したときも、進歩主義教育の教科書は、進歩主義に基づいた改革が広く全米の学校組織において着実に進行していると確信を持って記述し、進歩主義の視点を反映したカリキュラムの公示が、州や市の教育機関から定期的に出され続けていた。そのうえ、変革の速度が遅いことに対する進歩主義者の欲求不満がときたま見受けられた。オハイオ州立大学の著名な進歩主義者のハロルド・アルバーティは、教員養成用に作成した教科書である『ハイスクールのカリキュラムの再構築』の中で、創造的なカリキュラムの再構築に取り組んでいる人は、教師、親、生徒の反対にあって困難な闘いに直面していると認めていた。アルバーティは、「世間に認められている知識の論理的な構成に代表される、昔ながらのしっかりと確立された学問分野は、今でも非常に強い影響力をカリキュラムに対して持っていて、生徒の時間の大半を使い果たしている」と、不機嫌に記していた。彼は、大多数の教師は変革の必要性について興味もなければ、理解すらしていなかったという事実を嘆いていた。たとえばイリノイ州ブルーミントンで、ハイスクールの教師に学校の改革案を募ったところ、カリキュラムの改革を提案したのは僅か5％

の教師でしかなかった。そのうえハイスクールの生徒は、「新しいカリキュラムや学習方法を追い求める意欲が驚くほどないことを示していた……。カレッジの新入生に、自分たちのハイスクールに関する意見を聞くと、ほとんどの学生がハイスクールの計画に完全に満足していたことが分かる」。さらに悪いことには、「一般人を対象とした世論調査のすべてが、一般大衆は学校とそこで輩出する卒業生に対して、かなりの程度十分に満足していることを示している」。もはやカレッジは入学要件としてラテン語を求めていないにもかかわらず、多くの親は、「教養と学問の昔からの伝統」に対する時代遅れの敬意から、自分たちの子どもにラテン語を学ばせたいと考えていた。こうしたあらゆる無関心や反対をものともせず、アルバーティは、カリキュラム計画は若者の必要性に基づいて行われるべきだと、強く主張した。そこにはたとえば、痩せていること、太っていること、歯が弱いこと、顔色が悪いこと、足の問題や「足に合わない靴」といった問題が含まれていた[53]。

第9節　進歩主義教育の衰退

　論議の高まる中で、進歩主義教育運動の残骸はボロボロに崩れ去ってしまった。1955年に進歩主義教育協会は店じまいし、その2年後に機関誌『進歩主義教育』は静かに廃刊した。その寿命を終わらせたのは批判者ではなくて、協会も雑誌もどちらも支持者がいなくなったからであった。どちらか一方でも、生き生きとした意味のある展望を示すことができていたならば、議論を通して、新たな会員や予約購読者を獲得していたであろうと考えられる。1919年にパトリシア・A・グラハムが、「進歩主義教育というのは、教育における良いもののすべてを意味しているが、35年後には、アメリカの教育の悪いもののほとんどすべてが、この進歩主義教育のせいにされるであろう」と述べていたように、「賞賛の時代から非難の時代へ」と、言い回しそのものが「変化した」。かつて、現代思想の象徴としての進歩主義と一体化することを誇りとしていた教育者は、今やその肩書きを避けていた[54]。

　誰があるいは何が進歩主義教育を葬ってしまったのだろうか。それはいく

つかの理由により廃れてしまったのだが、老齢化が主な理由であった。前を見つめてとか未来志向でとか言いながらも、現実にはこの運動の首唱者は、アメリカ人の生活と教育の中に出現してきた新たな問題に気づかずに、過去の考え方や教育実践を擁護する、聖典の番人になってしまっていた。学校を社会と結びつけると言っておきながら、進歩主義者は、すでに爆発寸前になっていた人種問題に関して指導力を発揮することができなかったし、子どもを学問的、一般的、職業的なカリキュラムに振り分けていくことの社会的な意味合いについては、目をつぶったままであった。社会と世界の状況が変化しているのに、彼らは変わることができなかった。国際理解の必要性が、外国語教育を力説する理由であったかもしれない。戦後の社会において人々が簡単に移動し根無し草のようになることが、歴史教育を力説する理由であったかもしれない。国際的な緊張が持続していることが、他の文化の歴史や文学を教えることを力説する理由であったかもしれない。技術の変化の素早さが、科学と数学を強調する理由であったかもしれない。大衆社会における個人の窮状をめぐって広く共有されている懸念が、文学教育を推進する理由であったかもしれない。そのような状況の中にあっても、進歩主義教育者は、世の中の出来事から全くかけ離れ、自分たち自身の伝統と権威に習慣的に何も考えずに依存していることを明らかにするような方法で、若者の必要とするものについて語り続けていた。1955年のずっと以前から、進歩主義は職人かたぎと同義語となってしまい、その両方が損なわれてしまった。かつて、雑多で多様な分野の人々を一つに結びつけていた考え方は、教育学部の教科書の中で凝り固まってしまったために、徐々に現実からかけ離れたものになってしまった。民主主義を求める声は、最初のうちは学校を活性化させ、社会を改革していくことを目指していたが、20世紀の半ば頃には集団の総意を生み出し、すでに決められている結論を受け入れるよう他の人々を説得するための、グループ・ダイナミックスの技術の駆使を意味するようになってしまった。進歩主義運動が軽率なやり方で実用主義に走ってしまったので、初期の進歩主義が持っていた、「文化は低俗化されることなく民主化され得る」という「過激な信念」は忘れ去られてしまい、よく知られた進歩主義の計画

においては、文化は低俗化されることによってのみ民主化され得るかのように見受けられた[55]。

アメリカの教育をめぐる「激論」は、ロシア人が最初の人工衛星スプートニクを軌道に乗せた、1957年の秋まで吹き荒れていた。スプートニク・ショックの影響は、数学と科学に対する連邦資金、言語教育のより大きな強調、より高度な学問基準への要求を生み出した。ある意味では、ロシア人が激論に終止符を打ってくれたとも言えるが、別の見方をすると、スプートニクが軌道に乗った時点で、その激論はもはや意味のないものとなっていた。進歩主義教育はかなり以前から、自己批判する能力と新しい状況に適応していく能力とを失くしてしまっていた。NEA、他の専門家集団、教育学部、公教育機関の活動によって、教育関係者の中では進歩主義教育の異形が確立されていたが、それは、ジョン・デューイが提唱していた、人間味あふれる、実用的な、偏見のない方法からは逸脱したものとなっていた。しかもそれは、その原理が独断的な見解として教え込まれ、批判者は危険な異教徒として扱われてしまう、狂信的集団へと堕落してしまっていた。生活適応教育は、その時代の教育について皮肉を言う人々に格好の場を提供したが、それは偶然に異常繁殖したものではなく、1940年までにはすでにでき上がっていた社会の傾向が、理論的にまとめられたものととらえることができる。

進歩主義教育を葬ったのはロシア人でも批判者でもない。皮肉なことではあるが、それはもはや時代にそぐわなくなったので葬られたのだ。それは、公立学校における「問題を解く」実用的な試験において、水準以下の生徒のためのカリキュラム改革を除いては、満足すべき結果を出すことができなかったし、公にされていた進歩主義教育の意図どころのものではなかった。国の中で突然、技術と知性の必要なことが自覚され、進歩主義教育は現在ならびに将来にわたって必要とされるものと折り合いがつかないように思われた。1950年代半ばに、とうとう進歩主義教育が消滅した際に、それがそもそも意味していたものは、ほとんど跡形もなくなってしまった。もっとも、その先駆者の影響は、プロジェクト、活動、生徒の経験が教科教育と知的に統合されているようなあらゆる場所、健康と職業に対する関心が学校計画の

中で不変の位置づけを得られているようなあらゆる場所、子どもの個性の多様性への気づきが融通の利かない教え込みや機械的な丸暗記に取って代ったようなあらゆる場所に、確実に残されていたが。

第3章　忠誠心の調査

　戦後すぐの数年間、アメリカ人が確信を持てた唯一のことは変革であった。それまでの16年間、国は危機しか経験したことがなかったので、どうしたら生活は「普通」に戻せるのであろうか。教育の分野において国の指導者は、戦後の状況の流動性が、人種間の関係、高等教育、公教育への資金援助に関して、平等主義の進展を求めるにはちょうど良い雰囲気を醸し出していると感じていた。現状をどうにかしたいと願っている男性や女性にとっても、変化の醸し出す独特の趣は、新たな解決策を提唱していくためには歓迎すべき機会であるように思われた。

　こうした流動的な風潮は、ある種の人々に改革主義者の熱意を抱かせたが、その一方で他の人々には不安感と恐怖心をもたらした。国の委員会の指導的な市民が、連邦レベルでの新たな改善策を求めていたまさにそのときに、州や地方のレベルではいらいらした雰囲気が生まれていた。それは、変化に対する敵意と、変化を声高に叫ぶ人々への疑念のようなものであった。州議会においては次々と、国内の安全性を脅かすものや、重要な場所で破壊活動を行うような人物の危険性に対する懸念が表明された。ソビエトとアメリカの関係が冷え切っていった戦後の10年間、国に対する忠誠心と国内の安全保障がアメリカの政治における主要な関心事となった。州および連邦の議員は調査を行い、新しい法案を書き、破壊行為を働きそうな人々を炙り出そうと、宣伝活動によって厳しい睨みを利かせた。この時代はのちに「悪夢の10年」、「疑惑の時代」、「マッカーシー時代」といった呼び名で知られるようになった。ウィスコンシン選出の上院議員ジョセフ・マッカーシーが、1950年に、忠誠

心を欠く市民に対する政府の調査活動に自分の名前をつけたのだが、実際の調査はそれよりもずっと以前から実施されていた。

　若い世代の知性と価値観を形成するという重要な役割のために、教育機関は忠誠心の欠如や破壊活動を懸念する人々から常に注目を集め、とりわけ大多数の学校や高等教育機関が資金を供給され統制を受けていた、州および地方のレベルにおいてはなおさらであった。公的資金により支援されていた学校や大学が、「反アメリカ活動に関する州の法律に則った調査の、……第一の標的ではないにしても主要な標的に」された。ほとんどの州が、教師に忠誠の誓いを立てさせること、特定の団体の成員を教師として雇用することを禁止すること、たとえば州政府および連邦政府を暴力的に転覆させることを唱えるような、「反アメリカ的な」あるいは破壊的な教義を教えたり支持したりすることを禁止することを盛り込んで、破壊活動から一連の教育の過程を守ることを目的とした法律を採択していた。忠誠の誓いや忠誠心の調査を声高に批判する人々は、学校や高等教育機関は破壊分子からは全く危険に晒されていないが、議員や勝手気ままに手段を選ばず行動する人々から発せられた言いがかりによって、大きな危険に晒されていると非難した。問題になりそうな主義主張を支援したり、急進的な政治活動が「反アメリカ的」とか「破壊的」と見なされたりするコミュニティでは、そうした行動を起こしそうな人々の思想の自由や言論の自由を抑制する政治的風土があった[1]。

　あらゆる議論の中で取り上げられたテーマの多くは、陰謀と扇動への恐怖、外国人に対する嫌悪と移民排斥主義、大衆主義の立場をとる反知性主義と反エリート主義など、アメリカの歴史の中に深く根ざしていたが、目の前の危機は大恐慌時代のイデオロギー闘争から生み出されたものであった。概して、1940年代後半から1950年代前半にかけての教育における破壊活動をめぐる議論には、以下のような特筆すべき特徴があった。共産主義と自由主義との関係について、アメリカの左翼の中にあった深い亀裂。アメリカの左翼は揃って愛国心のない人々の集まりであるという、アメリカの右翼の主張。敵対する者どうしが相手の信用を傷つけ抹殺しようと試みる、甲高い調子の逆襲。忠誠心の欠如への非難と、それを「赤狩り」だとする反論などである。こう

した議論の方法と内容は、異なるイデオロギーの熱狂的支持者の間に線が引かれた1930年代に起こった。すなわち、文化の優位性をめぐる彼らの闘争は、戦争中こそ静かに収まっていたが、戦後は、国内外の出来事のせいで拡大され、不吉な様相を呈しつつ再燃したのである。

第1節　1930年代の急進主義

　1929年に始まった経済の破綻は、文化的・政治的環境に深い変化をもたらした。大恐慌の恐ろしい結末は、至るところではっきりと見ることができた。失業者の数は急激に増えていった。食料の無料配給を待つ人の列、街頭のりんご売り、失業者が住みついたバラック村が多くの都市に突然現れた。多くの銀行が倒産し、農家や商店につけられていた抵当権は流れてしまった。危機に直面しているとの感覚が広まり、伝統的な価値観を突き崩し、国の社会的・政治的・経済的な根本となる取り決めを批判的に再考しようとする動きに拍車をかけた。経済の崩壊は、解決策とそのための行動への願望を生み出したのみならず、あらゆる種類の急進派や扇動政治家の話に耳を傾けてみようとする人々も生み出した。ほとんどのアメリカ人は急進的な考え方に走ることなく、フランクリン・D・ローズベルトのニューディール計画に希望を繋ぐか、さもなければしらけた諦めの境地で反応していた。

　だが、急進的な答えを求める人々や「ある目的を持った少数派の人々」は、その答えを共産党の中に求めようとした。アービング・ハウとルイス・コーザーによると、彼らの世代で「最も知的で、私心のない、理想を追い求める」人々の中には、共産党に心を奪われている人々がいた。というのも彼らは、「アメリカの社会がすっかり途方に暮れているかのように感じ、実業界や職場を活気づけてくれるような雄大な倫理的な目的をなくしてしまっていて、自分自身を急進派ではないと思っている何百万人もの人々が、社会は崩壊してしまうのではという考えを共有している」と、とらえていたからである。カレッジのキャンパスでは、共産党は学生の間に著しく食い込んでいき、とりわけ、ニューヨーク市においてはそれが顕著で、急進派の活動家の数は危険なまで

に多かった。1930年代を通して、共産主義者は全米学生連盟といった学生組織の乗っ取りを図り、他の多くの組織にも支配的な影響力を及ぼしていた。1930年代前半にコロンビア大学の学生であったジェイムズ・ウェシュラーは、その当時における自らの共産主義への転向について、アメリカの生活が崩壊しているという、広く信じられていた印象への対応と表現していた。彼にとっての選択肢は、古臭く優柔不断で混乱している自由主義か、自信に満ちて確固とした共産主義かのどちらかであった。彼は、自由主義者ウォルター・リップマンの『道徳への序文』の中の、古い神は死んだが新しい神を見つけるのは困難であるという教訓と、共産主義者のジョン・ストレイチーの『来るべき権力闘争』の中にあった、アメリカ人は私的所有権をなくすことで貧困を終わらせることができるという大胆な主張との間の、鮮やかな対比を思い出していた[2]。

　ロシア革命の魅力は、アメリカ人が自分たち自身の置かれている状況についてじかに知っていることと、彼らが新しいソビエト社会の成し遂げたものについて耳にしたこととの間の、対比によって誇張されていた。アメリカ人は、アメリカの農民や労働者が絶望的な困窮に陥っていることを知っていたし、スターリンによって採られた政策が、ロシアの農業や産業を変質させて完全雇用を実現したことを聞いていた。そうした現実的な要求を別にしても、革命は、神聖な文言、規律、殉教者、信心深い指導者、理想郷の姿などを通して、世俗的な信仰の装いをこらしていた。革命に対する信念は有無を言わせぬほど強いものであったため、その賞賛者は、「プロレタリア独裁」の一時的な形態として用いられた独断的な手段を、大目に見ることを厭わなかった。知識人にとりわけ感銘を与えたのは、新しい国家が理想と理論によって作り上げられたということであり、それは、労働者に劣らず知識人が革命の成功のために重要な役割を果たしたということに他ならなかった。一方、合衆国においては、彼らは明らかに周縁に追いやられていたのである。

　好ましい環境であったにもかかわらず、アメリカ共産党の党員は常に入れ替わっていた。派閥争いが果てしなく続き、モスクワに指示された教義に忠実に従っていたために、共産党は資本主義の弱体化につけ込むことができな

かった。1928年から1935年にかけて党の教義は、共産党の党員からはどちらも軽蔑的に「社会主義のファシスト」と呼ばれていた、社会主義者と自由主義者への敵対行為に加え、トロツキー派の人物と他の左翼の転向者を共産党から追放することを要求していた。ローズベルトとニューディールに対する敵意に満ちた攻撃や、社会党大会における手荒い破壊行為によって象徴されるような党の強硬路線は、左翼との連携の可能性を断ってしまった。最も頑強な左翼の反共産主義者の中には、この時代に形作られた者もいる。自らが体制における反逆者であることから共産主義者になった人々は、反体制者を粛清することに取りつかれている組織に自分自身が属していることに気づき、多くの者が脱落していった。

　1935年に党の綱領は突然に変更された。ヨーロッパにおいて拡大しつつあったファシストの脅威に応える形で、国際共産主義連盟は集団的な安全保障に関する新たな政策を公表し、共産党、労働組合、社会主義者、自由主義者、他の反ファシスト勢力による統一戦線の結成を呼びかけた。この新しい路線に則って、アメリカ共産党はカンザス州のアール・ブラウダーを新しい指導者として登用した。彼は、「共産主義は20世紀のアメリカ中心主義である」と宣言し、その英雄はマルクスやレーニンのみならずジェファーソンやリンカーンであると述べた。この新しい路線は「人民戦線」として知られる、短いが重要な時代の幕を開けた。その中で共産党は、共産党以外のいくつもの名ばかりの組織とともに、ファシズムの台頭に抗議し、戦争に反対し、スペイン共和国のための支援を結集し、同じような事例を擁護するために闘った。1935年から1939年まで続いた人民戦線の時代に、共産党の影響力は絶頂期に達した。人民戦線に属していた多くの組織は、共鳴する同志を何千人も惹きつけ、広範囲にわたる同胞への連帯感、ならびに海外におけるファシズムと国内における不公正に立ち向かおうとする願望を煽っていた。人民戦線の組織は「声明、公開質問状、嘆願書、宣言、申し立て、意見、抗議書、国の中で世論の高まりがあるかのように見える幻想」のために、多くの人々の名前を集めて名簿を作り上げていた[3]。

　人民戦線の雰囲気が盛り上がっている中で、ソビエト連邦やアメリカ共産

党に対する批判は「赤狩り」であるとして轟々たる非難を浴びる傾向にあった。人民戦線の時代に、とりわけスターリンによるボルシェビキ幹部の「公開裁判」、大量の逮捕者、有望な作家、学者、詩人、芸術家、教育者、技術者の処刑に関するニュースが少しずつ漏れてくると、左翼の知識人はスターリン主義と共産党に対する態度をめぐってくっきりと分裂していった。知識人の中には信用をなくしてしまった者もいたが、他方で、ソビエト連邦によって行われたことに関しては何も尋ねないようにしている者もいた。人民戦線の心的傾向としては、挑戦するため抵抗していくことが明らかとなったが、それは、当時70代の後半にさしかかっていた卓越した教育者のジョン・デューイが、レオン・トロツキーに対するスターリンの告発を調査するための委員会を主導し、それが事実無根であることが判明したあとでも、揺るがなかった。人民戦線が崩壊したのは、1939年9月にソビエト連邦とナチスドイツが不可侵条約を調印したときであった。一夜にして、ソビエト連邦とアメリカにおけるソビエト連邦代表部は、ナチズムとの戦いの先導者としての信用を失墜してしまった。アメリカ共産党が忠実にその路線を変更し、昨日の敵との友好条約の正当性を主張すると、最も頑固なスターリン主義者以外は皆、党とその人民戦線の組織を見捨てた。

第2節 『ソーシャル・フロンティア』

　1930年代の急進的な雰囲気は、教職に就いている人々の間には、共産党の活動を通してではなく、コロンビア大学のティーチャーズ・カレッジを中心にした比較的少人数の人々の考え方や書き物の形で現れてきた。最も遠慮のない意見を出したのは、アメリカの教育における階級偏見に対する鋭い批判とソビエト連邦の教育に関する研究で知られていた、ジョージ・S・カウンツであった。カウンツは1932年に『学校は新しい社会秩序を構築しようとしているのか』という著書を出版し、名声と悪評の双方をそれなりに得ていた。カウンツは、進歩主義教育者に対し、個人主義的な子ども中心の学校に焦点を当てることを止めて、代わりに、より良い社会秩序を作り上げるため

には、どのように学校を利用すべきかを考えるよう迫っていた。彼は、進歩主義教育は、「子どもを進歩主義学校に通わせている、自由主義的な考え方を持った上流中産階級」とあまりにも深く関わりすぎている、と批判した。彼は以下のように警告している。

　もし進歩主義教育が真に進歩的でありたいならば、この階級の影響から自らを解放し、あらゆる社会問題に正面から勇気を持って向き合い、厳しい現実の生活に真剣に取り組み、コミュニティとの有機的な関係を構築し、人類の行く末に関する現実的かつ挑戦的な見通しを発展させ、押しつけや教化といった恐ろしいものに今よりも脅かされないようにしなければならない[4]。

　教師に向かって、「慎重に権力に手を伸ばし、手に入れたものを最大限に活用すべきだ」と、カウンツは促した。彼らは中立を避け、アメリカがどうなるのかという見通しを予測することに自分たちの力を使うべきである。ところで、この社会の未来の姿はどのようなものなのだろうか。それは資本主義的なものではあり得ない。というのも、資本主義は自己本位に基づいていて、道徳的に非難されるべきものであり、そのうえ、その失敗はすでに実証されているからである。未来の秩序は計画され、調整され、社会化され、人道的で、集団主義的なものでなければならない。それは、アメリカの過去の民主的かつ革命的な伝統の上に構築されなければならない。だが、民主主義は、「合衆国憲法、代表を選ぶための一般投票、選挙権の行使といった、政治の形態や機能と同一視されるべきではない」。そうではなくて、民主主義は、「我々の政治制度とはほとんど関係がない。それは、人間の道徳的な平等に関する感情である。それは、この感情を完璧に満たしてくれるような社会を求める強い願望である」。新たな社会秩序を構築する際に、重要なのは結果そのものであって、そこに行き着くために必要とされる方法ではない[5]。

　1934年に、カウンツならびに彼と同じ志を持つティーチャーズ・カレッジの同僚は、教育が「アメリカ社会の再構築」を主導すべきであると信じる人々

のための公開討論の場として『ソーシャル・フロンティア』を創刊した。カウンツはこの雑誌の論説委員で、雑誌の理事にはジョン・デューイ、ウィリアム・ハード・キルパトリック、ジョン・チャイルズ、ハロルド・ラッグといった、世間で著名な進歩主義教育者が含まれていた。この雑誌と関わりのある人々は、「最前線の思索者」とか「社会の再構築者」と呼ばれるようになった。その最初の論説の中で、現在の「支配的な現実」を次のように要約していた。すなわち、「アメリカの人々にとって、経済における個人主義の時代は終わりを迎えつつあり、集団主義の時代が始まろうとしている」。この月刊誌はとりわけ最初の数年間、社会主義と集団主義を支持し、資本主義と個人主義に反対するようにと議員への働きかけを精力的に行っていた。たとえば1935年の4月号では、論説委員は、「今の社会秩序においては、人々は、空虚な規則だらけの決まったやり方の中にしか、快適さを見出すことができないが、集団主義による社会秩序は、真の自由、つまり多くの人々にとって豊かで、恵まれた、華やかな、社会的に意味のある暮らしを約束してくれる」と、自信満々に明言していた。一方、対照的に、「生産手段を私的に所有し、私的な利益を追い求める経済においては、……思想と表現の自由はない……。歴史は、この判断が正しいことを証明している」。同じような軽はずみな調子で論説委員は、「ロシアはより偉大な民主主義に向かって動いていて、教育や芸術における教条主義から遠ざかろうとしている。一方、他の多くの民主主義国家においては、権威主義に向かう傾向が隆盛を極めている」と述べていた。文化的な自由に関する論説委員の奇妙な見解は、彼らの次の疑問の中によく出ていた。「大統領は、経済的な安定と文化的な自由を兼ね備えた新たな社会秩序という、光り輝く憧れのものを手に入れるために、新聞、ラジオ、映画、公教育制度を利用するつもりがあるのだろうか」[6]。

1930年代が過ぎていく間に、『ソーシャル・フロンティア』は、アメリカの教育者の中でも最も政治的な意識を持つ人々がしだいに幻滅していくことを示す、注目すべき証拠を提供した。最初の頃の号では、闘争的な急進主義と教育は「アメリカ社会の再構築を進めるうえで重要かつ戦略的な役割を担っている」という信念とが際立っていた。1935年の秋には、「私的な財産

と利益に基づいた社会秩序の中では、意味のある教育実践は望めない」との考えから、雑誌は教師を階級闘争に駆り立てた。ニューヨーク大学のマルクス主義の教育哲学者セオドア・ブラメルドは、他の進歩主義者が、マルクス主義の階級闘争の原理と労働者階級の独裁政権への支持をためらっているのを、たしなめていた。1936年2月に論説委員は、社会における「階級闘争」理論を擁護し、社会は所有者と労働者の二つの階級から成り立っているのに、そのうちの一方だけしか社会の利益に対する意識を持っていないと主張した。「労働者の間で階級意識が欠如しているので、今のままの意識を受け入れ、一連の活動の基礎とするよりも、彼らに階級意識を植えつけることが教育の課題であるとみなす方が、理に適っているであろう」[7]。

しかしながら、再構築主義者は、アメリカ社会をめぐるマルクス主義者の分析の妥当性について、彼ら自身の間では同意していなかった。1936年にハロルド・ラッグは、「階級闘争」による方法論に反対を表明した。彼は、アメリカの社会は二つのいがみ合う階級から成り立っているわけではなく、政治は宗教、人種、職業、近隣といった要素に基づく、「多くの小さな特別の利害関係のある集団間の相互作用」を通して進められている、と論じた。「だから我々は、今日のアメリカの人々を、はっきりと敵対した階級としてすっぱりと二分してとらえるのではなく、ときに応じてお互いに排他的になったり敵対しあったりするが、その多くで構成員と利害が重なり合い、場合によっては闘争したりあるいは協力しあったりしている、多くの流動的な集団の万華鏡としてとらえざるを得ない」。同様にウィリアム・ハード・キルパトリックも、「明示されそして却下された過激なマルクス主義」という記事の中で、ブラメルドのことを厳しく糾弾した。キルパトリックは「階級闘争」、「労働者による独裁政権」、「教師による教え込み」、「教師の階級意識」、「階級闘争の道徳性」、さらに彼が「過激なマルクス主義」と呼んだその他の教義をきっぱりと退けた。彼によると、過激なマルクス主義は拒否されなければならないという。というのも、それは「民主主義を退け、社会変革の過程としての教育を退け、……他人の人格に対する倫理的な敬意を退ける」からであった。同じく1936年春にジョン・デューイは、教育者にとっての階級概念の有用性

に関して疑問を呈し、それが民主主義の伝統と方法に矛盾することを示唆した。もちろん、デューイはトロツキーを無罪にしたことによって、すでに共産主義者からひどく嫌われていた[8]。

　この雑誌の政治的様相は、最も急進的な扇動家のジョージ・カウンツが、彼の知人の教育者がソビエトの粛清により殺されたことを知ってから「態度を豹変させた」ので、すっかり変わってしまった。1937年にカウンツは、『ソーシャル・フロンティア』の論説委員の地位を去り、カレッジの教員組合の中の反共産主義集団の指導者となった。1939年には、主要な「最前線の思索者」の急進化からの決定的な離脱が公にされた。その中で、カウンツは、ティーチャーズ・カレッジの教員組合内での自由主義者と共産党支持派との間の争いについて記していた。カウンツによると、共産主義者は、「掻き立てられた熱い思いを募らせ、それに乗じることに大きな関心を寄せていて、労働者の状態を改善することには、はるかに低い関心しか払っていないようであった」という。共産党支持派は匿名で活動をしていただけでなく、自分たちの計画や方法を自由主義的な教員の手になるものと思わせようとしていた。「我々は遅かれ早かれ、その影響からの独立宣言を出さなければならないと認識していた」。共産党支持派の出版物は、「いつも悪意のある、挑発的な、無責任なものであった。あらゆる場合に共産党支持派は、当局をおびき寄せ、彼らから引き出したことを歪めた形で人々に伝えていった。それはまた『月並みな』階級闘争の見本を、大学側に押しつけようとしていた」。最終的に学部の自由主義者は、ティーチャーズ・カレッジにあった共産党の組織を正式に糾弾し、「陰謀の手法を用いる党派による、無責任な匿名の活動の最前線としての役割を果たすこと」がもはやできないことを、皆に知らしめた。カウンツは、共産主義者について、中傷や挑発の駆け引きによって反動的な態度を作り上げているとして、以下のように非難した。

　　彼らは、民主主義を反動から守っていると称して、すべての一般大衆の
　　力を結集した統一戦線の結成を呼びかけている。けれども彼らは、公平
　　さと誠実さという最も基本的な民主主義の美徳を汚そうとし、自分たち

の手法で、一般大衆の理想とするものに避けることのできない不一致をもたらしている。彼らは「赤狩り」の叫び声とともに根本的な批判に直面する……。現代史が紛れもなく教えてくれることは、目的と手段は切り離すことができないので、非民主的な手段は民主的な目的を破壊してしまうということである。

カウンツは1932年以来、長い間旅をしてきていた[9]。
　1939年5月に、人民戦線はいまだに盛会であったが、『ソーシャル・フロンティア』は、共産主義者に対して反対の立場を取るようになった。論説委員はこう書いている。

> 我々が、教員組合、平和と民主主義を守るアメリカ連盟、アメリカ学生組合、共産党が注目するに値すると考えていたその他の組織から、スターリン主義者の影響をたたき出そうとし始めたときからずっと、『ソーシャル・フロンティア』は、我々の編集意欲を明らかに喪失させようとする組織化された集中攻撃に晒されてきた……。我々のことをよくないとする理由は正反対に異なるが、彼らは皆、S.F誌は、コラムの中で共産党のことをあまりにも丁重に扱いすぎていたと判断したその日から、駄目になってしまったという共通の結論を示していた。ロシアでは公式に禁止されている進歩主義教育の原理に関心があるふりをし、民主主義に傾倒しているように見せかけ、その一方で、この雑誌の論説委員を、文章を書いたことの罪によって無慈悲にも殺してしまおうとするような体制を擁護しつつ、この政治的な悪党どもは、我々がそれについてじっと黙っていることを望んでいるのだ。何と図々しい奴らだ[10]。

『ソーシャル・フロンティア』は、1930年代における典型的な進歩主義の雑誌であったが、その発行部数は6,000部を超えることはなかった。再構築主義者の指導者はマルクス主義と共産主義に幻滅を感じるようになったという事実にもかかわらず、この雑誌は急進的な雑誌としての評判を落とすこと

は決してなかった。それは、1943年に廃刊となった。「結局」と、ローレンス・A・クレミンはこう記している。「この雑誌は、進歩主義教育のもう一つのイメージを大衆の心に残してくれた。それは、学校を利用してアメリカ風の暮らしを破壊しようとした急進的な教育者の漫画だ……」。実際には、1930年代の初期や中期の急進的な教育者は、さまざまな出来事、ソビエト連邦における粛清、労働運動の中でもとりわけ教員組合における共産党派の反民主的なやり口などによって、その過激さをそがれてしまっていた[11]。

第3節　ラッグの教科書への批判

　組織化された教師の統制をめぐる闘争が、ニューヨーク市以上に劇的であったところはなかった。そこには社会主義者と共産主義者が最も集中していたからであった。1930年代には、ニューヨーク市の30,000人以上の教師の忠誠心を獲得しようと、60以上の組織がしのぎを削っていた中で、教員組合だけが組織化された労働者と連携していた。社会主義者によって1916年に創設され、アメリカ教員連盟 (AFT) やアメリカ労働総同盟 (AFL) の第五支部として認可された教員組合は、左翼の党派主義の戦場の傷跡であるばかりでなく、学問の自由ならびに教師の権利について遠慮のない意見を言う擁護者でもあった。1930年代初頭に教員組合は、社会主義者の指導者集団と共産主義者に率いられた反対勢力の間の激しい権力闘争の結果、二つに分裂してしまった。1935年に、反対派が組合の指導者の裏をかいて出し抜くと、指導者は組合を飛び出し、ティーチャーズ・ギルドと呼ばれる新たな組織を結成した。それは、揺るぎない反共産主義者の組織であった。だが、教員組合はAFT-AFLの認可を持ち続けていた。新たな指導者の1人はベラ・ドッドで、彼女は1935年から1944年まで教員組合の法定代表者と主要な戦略家としての任務を果たし、そののち公然と共産党の党員になった。

　1930年代の残りの時期に、さまざまな左翼の党派は、第五支部のみならずその母体であるAFTも同様に支配下に置こうと張り合っていた。1939年にジョージ・カウンツは、ニューヨーク・シティ・カレッジ教員組合の指導

者を追い出す闘いを始めた。彼は、支部長に立候補したが、完膚なきまでに打ち負かされてしまった。それから彼は、全米規模のAFTの委員長候補となった。独ソ不可侵条約が締結されたというニュースが流れてきたまさにその日に、全米大会において投票が行われ、カウンツは僅差で勝利した。1941年までにカウンツの率いるAFTは、共産主義者が支配的な支部を除名した[12]。

　左翼が共倒れになってしまいそうな闘いの決着がつくまで争い続けていたときに、国内では、エリザベス・ディリングの『赤い人脈──愛国者のための急進主義の「人名録」と手引書』(1934年)といった刊行物によって煽られた、反共産主義の好戦的な波がゆっくりと高まりつつあった。それは、460の組織と13,000人の個人について、「知ったかぶりをして、あるいは知らないままに、……合衆国における共産主義運動の一つまたは複数の局面で、ある程度貢献した」とみなしていた。ディリングの名簿には、共産主義者のみならず、左翼の反共産主義者、社会主義者、自由主義者、平和主義者、公民権や市民的自由や労働組合のために活動している人々も含まれていたので、そこに、「赤い人脈」の一部として、ジョン・デューイ、ウィリアム・ハード・キルパトリック、ハロルド・ラッグ、シドニー・フック、ジョージ・カウンツといった進歩主義教育の指導者の名前が載っていても、驚くべきことではなかった。ニューディールを支持する自由主義者が連邦政府をしっかりと掌握していたので、ディリングの非難は、偏執症的な反動主義者の大言壮語として難なく無視された[13]。

　だが、ディリングが心配していた、共産主義者・社会主義者・平和主義者・無政府主義者による国家機関を転覆しようとする途方もない陰謀は、馬鹿げたものではあったが、ワシントンやニューヨークにいる国際的な視野を持ったエリートの世界の外に存在していた、感情の底に流れるものを明らかにした。1930年代には、文化のある部分は左翼に向きを変えていたが、一方で他の部分は、急進主義、共産主義、社会主義、その他すべての左翼の主義に対する積年の嫌悪感を持って、しだいに腹をたてつつあった。こうした反応が育ってきていることの一つの徴候は、州が教師に対して忠誠の誓いを求め

る動きの広がりであった。いくつかの州ではすでに、1920年代の反急進主義の時代に法制化されていたが、それに加えて12の州が、1930年代にこれを採用した。1935年に連邦議会は、コロンビア特別区の学校特別支出金法案に、共産主義を教えたり擁護したりする者にはいかなるお金も支払われないと明記した、「共産主義に対する短い付加条項」をつけたが、これは1937年に撤回された。1938年に下院は、新たにできた「下院反アメリカ活動委員会（HCUA）」に資金を提供することを承認した。これは、ファシストや共産主義者による社会転覆活動を調査するために作られた委員会であった。1940年には、ニューヨーク州議会は、ニューヨーク市の学校と大学の財政状態、転覆活動の申し立てに関して調査を行うため、ラップ・クーダート委員会と呼ばれる委員会を承認した。ラップ・クーダートによる調査の結果、共産党員として特定されたおよそ30数名の教員が、市の運営するカレッジから追放される結果となった[14]。

赤狩りの自警団員による待ち伏せが最初に功を奏したのは、ハロルド・ラッグによって開発された一連の社会科の教科書に向けられたものであった。ラッグの教科書は1930年代に何千もの学校で採択され、何百万人もの生徒によって使われていた。この教科書は、歴史、地理、社会学、経済学、政治学を一まとめにし、図解が魅力的に取り込まれていて、よく書かれていたので、多くの昔の教科書と比べるとずっと生き生きとしていた。1940年にラッグの教科書は全米的な攻撃の対象となった。一つは、『アメリカン・リージョン』に発表された「教科書の中の反逆」という記事で、もう一つは、『ネイションズ・ビジネス』に掲載された「我々の『再構築された』教育制度」という記事であった。ラッグや他の「最前線の思索者」は、集団主義的な社会秩序を広めるために学校を利用しようとしている、「急進的かつ共産主義的な」教育者として描かれていた。執筆者は、ジョージ・カウンツが自ら急進主義者であることを明らかにした、1932年の声明を引用していたが、彼らは、1940年までに、カウンツが共産主義者によるAFTの支配を終わらせようとする試みに成功した指導者であったことに、気づいていなかった[15]。

「社会科」を個別の学科である歴史や他の教科の代わりにすることで、ラッ

グは自らが熱心に広めている解釈を挿入できるようになり、それは、アメリカの歴史の伝統的な価値を損ない社会主義を推進したと批判者は述べていた。批判者は、『ソーシャル・フロンティア』やラッグの1933年の著書である『偉大な技術』のみならず、ラッグの教科書からも勝手に引用した。こうした著書の中でラッグは、科学的に計画された新たな社会秩序を考案していく際の、教育者の果たすべき役割について説いていた。ある意味では批判者は正しかった。1930年代初頭には、ラッグと『ソーシャル・フロンティア』にいた彼の仲間は、教育者は、人々の間に新たな合意を形成することによって、集団主義的な社会秩序に至る道を準備する専門的な社会工学者となるべきである、との構想を提案した。彼らは、教育者が反資本主義の路線に沿った社会秩序の再構築において、指導力を発揮しなければならないと考えた。けれどもこれは、批判者や、さらに言うならばほとんどのアメリカ人が、教師や教科書の執筆者に期待している役割ではなかった。彼らは、愛国的な価値やアメリカの過去を称えることを期待されているのであって、それらを攻撃したり、代わりに新しいイデオロギーを持ち込んだりすることを期待されているのではなかった。

　だが、批判者がラッグのことを共産主義者と呼んだのは間違いであった。それは、この組織全体がスターリン主義に背を向けたのが、ヒトラー・スターリン条約締結のずっと以前であったということだけでなく、1933年の時点においても、ラッグの提案は失敗した資本主義と野蛮な共産主義の間の、ちょうど真ん中あたりに提示されていたからである。そしてより重要なことは、教科書そのものはアメリカ社会に対して批判的ではあったが、特定の主義や主張を熱心に説くようなものではなかった。こういうわけで、ラッグに対する批判は、教科書に基づいてなされるべきではなく、ラッグの議論を呼んだ著書に関してなされるべきであった。それにもかかわらず『アメリカン・リージョン』とハースト出版社の攻撃の結果として、全米の学区はラッグの教科書の使用を取り止めた[16]。

　合衆国が戦争に突入したときに、こうした激しい議論は一時的に脇に置いておかれた。ソビエト連邦が同盟国であったため、反共産主義の風潮は影を

潜めたと言うよりは、一時的に中断され、1930年代の争いにおける敵対者が、ファシズムを打ち負かすために結集した。こうした1930年代の出来事は、部外者にはさほど重要なものに見えなかったかもしれないが、戦後の破壊活動に関する立法府の調査が開始される要素となり、戦後の猜疑心に満ちた時代にむき出しの素材を供給することとなった。

第4節　「忠誠の誓い」の広まり

　第二次世界大戦が終わったときには、新しい国際連合に象徴される、平和と国際協調の新しい時代への広範な希望があった。時代の精神として、合衆国は原子力エネルギーを独占から国際的な管理に移していくことを提案した。その提案をソビエト連邦が退けたことは、戦時中のソビエトとアメリカの同盟関係の悪化をさらけ出した、一連の出来事の一つであった。ソビエト連邦がヤルタで約束した東ヨーロッパでの自主的な選挙を許可しなかったときや、1946年にカナダ政府がソビエトのスパイ組織網を摘発したとき、ソビエト連邦の意図をめぐる懸念は深まっていった。1947年にトルーマン政権は、共産主義ゲリラを追い払うために、ギリシャとトルコに軍隊と経済援助を送り、1948年には合衆国は、西ヨーロッパの荒廃した経済を立て直すため、何十億ドルにも上る援助計画として、マーシャル・プランを開始した。ソビエト連邦はこの援助への参加を断っていた。その同じ年、チェコスロバキアで共産主義者のクーデターが起こり、ソビエトがベルリンの封鎖を企てたことが、新たな国際情勢に対してかすかに残っていた幻想を粉々に打ち砕いてしまった。すべてがあまりにも突然のことだったので、アメリカ人は戦時中の友好関係が失われてしまったことを悟り、「冷戦」、「鉄のカーテン」、「封じ込め」といった新たな用語が、国民の語彙に入ってきた[17]。

　戦後の楽観主義が上手くいかなくなってきたので、アメリカ人は新たな戦争が起こるのではないかと危惧し始め、共産主義者による社会転覆の恐れを懸念し始めた。一般大衆の不安を鎮めるために、トルーマン大統領は政府職員のための忠誠心の計画を1947年に立てた。だが、共産主義者の社会転覆

に対する一般大衆の危惧は、1940年代末から1950年代初頭にかけての、世間を沸かせたスパイ活動に対する裁判とそれに続く議会での公聴会によって煽られ、しだいに高まっていった。新聞の一面がスパイ活動と裏切り行為に対する非難で埋め尽くされ、大きな不安が人々の心を支配していたときに、ウィスコンシン選出の上院議員ジョセフ・マッカーシーは、重要な機関の中にいる危険分子を特定し、根こそぎにするための組織的活動において全米的な指導力を発揮するために、連邦議会での彼の地位を積極的に利用した。彼の名前は、いわゆる危険分子と呼ばれている人々を追放するための政府のさまざまな活動の象徴となった。教育の分野における連邦議会の調査は、上院国内安全保障小委員会(SISS)およびHCUAによって推進された。マッカーシーはこうした委員会の委員ではなかった。

　1930年代から陰謀説をふれ歩いていた右翼の急進派は、共産主義者が、政府、マスメディア、組合、学校、その他の重要な機関に潜入しているという自分たちの主張に対して、新たに耳を傾けてくれる人々を見出した。こうした告発が、人々を困惑させている不吉な以下のような出来事に対して、首尾一貫した説明を提供していたので、その正当性を信じる次のような風潮があった。それは、合衆国とソビエト連邦の間の緊張関係の再開、東ヨーロッパ諸国をソビエトの勢力圏に取り込むこと、共産主義による中国本土の征服、ソビエトの原子爆弾の爆発、1950年の朝鮮半島における戦争の勃発であった。当時行われていた裁判や調査で提示された疑問に共通していた論旨は、裏切りの意識であった。誰がロシア人に我々の原子爆弾の秘密を漏洩したのか。中国を失ったのは誰のせいか。なぜ合衆国はヤルタにおいてロシアを信用したのか。共産主義の脅威の本質についてアメリカ国民を欺いた責任があるのは、どの著者、政府の役人、教師、その他の有名人なのか。

　共産主義に対する懸念は合衆国では新しい現象ではなく、ロシア革命以来、はっきりと継続していた。第一次世界大戦の余波として、急進的な考え方に対する懸念は、伝染病のように全米に広まった。1919年の1年間だけでも、赤旗の掲揚を禁止する法律が26の州で制定され、合衆国司法長官A・ミッチェル・パーマーは、船1杯分の外国人の急進主義者をロシアへ追放した。1930

年代を通じて、ソビエト連邦とアメリカ共産党員に対する一般大衆の反感は深く蓄積され続け、州のレベルでは法律に基づいた調査と忠誠の誓いの法制化という形で示された。だが、人民戦線の時代とそののち再び繰り返された戦争との間は、反共産主義の感情は覆い隠されていた。しかしながら、戦争が終結する頃には、連邦議会は共和党員と南部の民主党員の保守派連合によって支配され、1946年に共和党は、連邦議会、多くの州議会、知事職の支配権を勝ち取った。少なからぬ共和党員が、14年間も政権を握り、今なお大統領職を堅持している、民主党の評判を落とそうと心から願っていたにもかかわらず、1948年までは、反共産主義活動に対する大がかりな攻撃は起こらなかった。だがその年、ソビエトの海外活動と国内におけるスパイ活動に対する裁判が、国家の危機感を生み出した[18]。

戦後の10年間、共産主義者が学校を崩壊させてしまうのではないかという懸念が、州の立法機関の慌ただしい動きを引き起こしていた。1950年頃には、33州が忠誠心のない教師の追放を認める法律を制定していた。26の州では、教師は忠誠の誓いに署名することを求められていた。こうした誓いの多くは、州および合衆国の憲法を支持し、教師としての職務を誠実に遂行することへの誓約から成り立っていた。14州ではそこに飾りがつけられていて、教師に愛国心を育むことを求める州もあった。あるいは、共産党や暴力による政府転覆を主張する他のいかなる組織にも属していないことを教師に約束させる州や、暴力による政府の転覆を教えたり擁護したりしないことを、教師に誓わせる州もあった[19]。

だが、法律に基づいて教師の活動を禁止するというだけで、安全保障の確保ができるわけでは必ずしもなかった。HCUAによって確立された見本に倣って、いくつかの州議会は、現在共産党員であったり過去に共産党員であったりした教師や、人民戦線の組織に関与していた教師を摘発するために企てられた調査を開始した。HCUAは、州の担当部署に対して手本を示すばかりでなく、記録文書と専門的な証言者を提供した。HCUAの調査監督ベンジャミン・マンデルは、ニューヨーク教員組合の最初の共産党員の1人であった。ベンジャミン・ギットロー、ルイス・ブデンツ、ベラ・ドッド、J・B・マシュー

ズといった専門的な証言者は、著名な共産主義者であったり、その同調者であったりした。ギットローは、アメリカ共産党の創設者の1人で、共産党の副委員長候補にも2度指名され、また、犯罪的な無政府主義活動の罪で有罪判決が下された、1925年の連邦最高裁による画期的な判決の当事者であった。ブデンツは、党の中央委員会のメンバーで『デイリー・ワーカー』の編集局長であった。ベラ・ドッドは、1930年代後半から1940年代初頭にかけて、ニューヨーク教員組合の法定代表者であり、のちに共産党員となり、ニューヨーク州の法務長官の共産党候補となった。元共産主義者は、危険分子の撲滅運動に対して、かつて自分たちが急進的な大義に関わっていたときにそうであったように、ひたむきで献身的な態度を持ち込んでいた。彼らは、博識で信頼に足る人々であったので、1940年代後半から1950年代初頭にかけて行われた議会による調査は、信用のおける、中身の濃い、整合性のあるものとなった。

　1930年代の急進派からの脱落者の中で、J・B・マシューズほど価値のある脱落者はいなかった。彼はかつて、大義に尽力することで人生を費やしているメソジスト派の宣教師であった。マシューズは、1935年までは急進派に属し、いくつもの急進的な組織を主導していた。1938年に彼はHCUAに雇用され、そののち、反共産主義者の大義に没頭していった。マシューズは自分が、アメリカで共産主義者に対して真っ先に同調者となったことに誇りを持っていたのだが、共産主義者とその同調者の調査を体系化した。マシューズ自身、急進派と目されている人々を記した名簿の中に名前が載っていたこともあり、彼は共産主義の最前線の組織に関する莫大な書類一式と、共産党員であった人々や、同調者組織が支援する嘆願書に署名した人々の何千人もの名簿をまとめ上げた。しかしながら、彼の名簿は完璧ではなかった。間違って特定された者もいたし、最初から本人の許可なしで使われていた名前もあったし、資金がどこから出ているかを考慮せずに、組織に参加したり、ある特定の問題を支援するために嘆願書に署名したりした人もいた。ムーレイ・ケンプトンはマシューズについて「30年代の遺産相続人であり、その記録保管所の管理人であり、そこでしぼんでしまったすべての風船を修繕し空気を吹き込む人である」と描いていた。マシューズによると、彼が30年代の書類

一式を保存することに拘っていたのは、「そこで起きていたことが、少数の人々の悲劇ではなく多くの人々の過ちとして、極めて重要なものであったと思われないならば、自分の人生は意味のないものになってしまう」からだという[20]。

第5節　ワシントン大学の教授解雇事件

　戦後、破壊活動に関する調査を開始した最初の州の一つはワシントン州であった。そこでは1946年に、共和党が人民戦線の政治活動で忙しかった民主党から議会の主導権を奪い取っていた。選挙が終わったあと、「反アメリカ活動」に関する実情調査委員会が、共和党の新人議員アルバート・F・キャンウェルを委員長として創設された。その標的の一つはワシントン大学であった。1948年春に公聴会が開催され、地元の元共産主義者と HCUA の専門的な証言者から証言が得られた。公聴会の結果として、ワシントン大学は、学部の身分保障委員会の勧告に反して、定年までの長期在職権を持つ3人の教授を解雇した。2人はその時点で共産党員であることを認めたが、3番目の教授は、自らの政治的な関係について情報開示をせずに、「言い逃れをしようとしている」と大学から判断された。加えて、3人の元党員が、党から離れたことを宣言する宣誓供述書に署名するよう命じられ、彼らは2年間の保護観察に置かれた[21]。

　ワシントン大学での出来事は他のキャンパスに影響を与え、定年までの長期在職権を持つ教授が解雇されたことが、警告として受け止められていた。また、他の州議会では、キャンウェル委員会が、州立大学の教員の中から過去と現在の共産主義者を摘発したことが、興味を持って受け止められていた。議論の主要な論点は、共産主義者は教えることが許されるべきか否かということであり、教育界はどちらを支持するのか決め始めていた。1940年に共産主義者が優勢であった支部を除名した AFT は、1948年秋には共産主義者が教えることを認めないとする決議を下した。1949年の会議において NEA は、2,995対5の投票結果によって同じ立場を支持した。ほとんどの大学の

学長が、共産主義者は教えることに適していないと考えていたが、アメリカ大学教授協会 (AAUP) は、教師は個人の行動と専門的な能力によって判断されるべきであって、政治的な繋がりによって判断されるべきではないと主張した。一方、学生を教化しようとすることは、解雇の理由になった。アメリカ市民的自由連合 (ACLU) は、共産主義者を教えることから自動的に排除することには反対した。もっとも、この組織は1940年に「いかなる国においても、全体主義的な独裁体制を支持するようないかなる政治的組織の一員や、公的な発言としてそのような考え方への支持を表明する」いかなる人も、自らの運営委員会からは排除することを決議していたが[22]。

ワシントン大学での論争は、ニューヨーク大学の哲学科の学科主任シドニー・フックと、アムハースト・カレッジの前学長アレクサンダー・マイクルジョンとの間の、『ニューヨーク・タイムズ』紙上での活発な議論を引き起こした。彼らの間の合意は広範囲にわたっていた。両者はともに、学部の教員は、自分たちが真実であると思うことは何でも、全く自由に考えたり教えたりすべきであると考えていたし、議員ではなく学部教員が、専門的能力の最終的な判定者であるべきだと主張していた。マイクルジョンと同様にフックも、大学は自由な思考のための特権を与えられた天国であると思っていた。フックは次のように記している。

> もしも、学問の自由をまっとうに実践していく際に、ある人が、その考え方が他の人々から、「共産主義者」とか「ファシスト」とかの非難を受けるような見解にまで至ったときには、学界は、その非難が正しいか否かにかかわらず、彼を守る義務がある。また、こうした言葉はしばしば、正確な描写というよりはむしろ蔑称として使われるので、それだけますます大学がしっかりしていなければならない。大学は、自分たちの教師が科学的な探求のための倫理と論理に忠実であると信頼しなければならない。昨日の異端はしばしば今日の正統派の教義となることがある。だから、禁止するよりも寛容でありすぎるくらいの方が良い[23]。

フックとマイクルジョンが袂を分かったのは、彼らの間で共産党の党員であることの意味をめぐって理解の違いがあったからである。フックは共産党は他のいかなる政党とも違った組織であると主張した。共産党の文書を引き合いに出しながら、フックは、共産党は秘密主義で規律の厳しい組織であり、ソビエト連邦の全体主義体制の利益を上げるために存在し、受け身や無知な党員は存在しないと断言した。彼の見解によると、共産党に所属している人々は、自分たちの知的自由を進んで放棄し、真実の探求を断念し、学問の自由という根本的な考え方を踏みにじっていた。党の路線が、「芸術から動物学までのすべての思考の範囲に存在している。党の路線と相容れない見解を持っていると思われている人は、党員として認められない」と、フックは述べていた。共産主義者の教師は、「1934年には、ローズベルトはファシストだと教えた。1936年の人民戦線の時期には、進歩主義者だと教えた。1940年のナチス・スターリン条約のときには、主戦論者で帝国主義者だと教えた。1941年にヒトラーがソビエトに侵攻したときには、世界の抑圧された人々の指導者だと教えた」と、彼は指摘した。問題は、共産主義者の教師が正しいか、正しくないかということではない。「問題とされているのは、彼らの結論が、証拠を自由に調べた結果、得られたものではないということである。共産党に属しているには、彼らは党の方針が命じるものを信じかつ教えなければならないのだ」と、彼は主張した。教師は行動によって判断されるべきだとの議論に対して、フックは、党に参加しその規律に従うことは行動であって、単なる意見ではないと応じた。

フックの意見に同意できないとして、マイクルジョンはワシントン大学の事件の重要な特質は、「真実の探求の過程において、教師がアメリカ共産党の政策が賢いものだと気づいて、その信念に基づいて行動したならば、彼は大学から解雇されてしまう」ということだ、とみなした。たとえ教師の見解が一般に受け入れられなかったり、あるいは型にはまっていなかったりしても、学問の自由は本来、教師が自らの見解を表明することを守り、教師の意見が解雇のための正当な理由にはならないということを、保証するために存在していると、彼は論じた。一方、マイクルジョンは、長い間に少しずつ変

化していく党の方針や、「異常に厳格で厳密な」党の規律を受け入れていることを認めながらも、そうであっても、共産党員は、党の見解が自分自身の見解と一致しているからこそ、党の方針と規律を喜んで受け入れているのだと主張した。党に参加することが教師の信念の自由な表現であることを象徴しているので、共産主義者を教職から追放すれば必ず彼らの知的・学問的自由を制限することになると、マイクルジョンは思っていた[24]。

さらにマイクルジョンは、攻撃的な見解を持つ人々に対しては知的自由を否定しておきながら、その一方で学生に知的自由の価値を教えることはできないと主張していた。

　我々の生徒は、何かをしたりあるいはしそこなったりするときには、それがどのようなものであれ、自由とは何かを学ぶに違いない。彼らは、それを価値あるものと認め、愛することを学ぶに違いないし、中でも最も大切なこととして、それを信頼することを学ぶに違いない……。信念の自由を支持する人々と信念の抑圧を支持する人々との間で激しく闘わされている世界的な論争に関する、アメリカの見解はどのようなものであろうか。簡単に言うならば、思想の領域で、自由を支持する人々と抑圧を支持する人々が公正かつ徹底的な議論を行うときは、いつでも自由が勝つと確信しているというのが、我々の見解である。それが真実でないならば、また、民主主義の知的な計画が公正な議論の中で自らの立場を守ることができないならば、そのときは、計画そのものが我々にそれを放棄するよう命じるであろう。自治の信奉者である我々は、そういう事態になっても構わないと心に決めている。

フックにとって極めて重要な問題は、1930年代に共産主義者と戦ったり、戦後に労働組合や自由主義の組織を支配しようとした共産主義者の企てと戦い続けてきたりした、多くの左翼の人々と同様に、共産党の本質であった。戦後すぐに、たとえば共産主義者と自由主義の非共産主義者との間でお互いに傷つけあった権力闘争は、唯一の自由主義の退役軍人組織であったアメリ

カ在郷軍人会の機能を麻痺させ、結局は解散に追い込んでしまった。アメリカの共産主義者がソビエト連邦の外交政策の目的を実現するために権力を得ようとしていたこと、ならびに、その服従するか破滅するかの二つに一つという手法が、自由主義の活動を後押しするどころか台無しにしてしまっていることを確信して、指導的な自由主義者は、左右両極端の全体主義に反対であるとの立場を表明するために、「民主的行動を求めるアメリカ人」という組織を作り上げた。左翼を分裂させた争点は、自由主義者と共産主義者との適切な関係とはいかなるものであろうかということであった。彼らは、政界の左側の異なる地点に立ってはいるが、もとからの味方なのであろうか。それとも、自由主義者は自分自身を人類の自由と民主主義のプロセスに捧げているのだから、右翼の全体主義に反対したのと同じように力強く、左翼の全体主義にも反対する義務があるのであろうか。共産主義者を批判することを拒んでいた人々は、統一戦線を維持しない限り、左翼は弱体化してしまうと主張した。反スターリン主義の自由主義者は、共産主義とファシズムの両方に反対しない限り、自由主義は道徳的に破綻してしまうとともに政治的な信用もなくしてしまうと主張した。アメリカにおける指導的な社会主義者ノーマン・トーマスは、「共産主義者の教える権利は認めるべきではない。というのも、共産主義者は、真実を探求する際の自由を他人に与えてしまっているからである……。今日、共産主義者としての忠誠をあくまで通そうとしている人は、あまりにも愚かであったり、あまりにも民主主義の理想に対する忠誠心を欠いていたりするので、我々の学校で教えることはできない」、と結論づけた。かつて急進派であったジョージ・カウンツとジョン・チャイルズは、アメリカ共産党が合衆国とソビエト連邦の戦後の和解における障害になるであろうと戦争中に予測していた。というのもそれは、「通常の意味における政党ではなく」、ソビエト連邦の利益のために、いかがわしい非民主的な手口で自由主義の組織を破壊することに携わっていた、国際共産主義連盟の一部門であったからである。しかしながら他の人々は、スミス・カレッジ学長のハーバート・デービスによって表明された見解と同じ意見であった。「私は、学問の世界における極端な意見を押し殺してしまい、討論の自由を制

限してしまうような企てを懸念しているけれども、いかなる極端な意見であっても、その影響については全く懸念していない」と、彼は述べている[25]。

自由主義者は、共産主義者の教師の問題にどのように対処するか、また、自由を奪わずにどのように自由な機関を守れるかについて議論していたけれど、州と国の議会を支配していた人々は、そうした細かな差異に気づかなかった。彼らにとっての問題は単純に、どのようにして学校や大学から共産主義者とその同調者を追い出すかということであった。新聞の一面に、共産主義とスパイ活動に関連する起訴、逮捕、裁判、取り調べが時系列的に毎日報じられる中で、公務員や教育行政官は、全米の学校と大学は共産主義者の影響を受けていないということを、不安を抱える一般大衆にはっきりと示す方策を考案しようとしていた。

ワシントン大学の解雇事件のすぐあとの1949年3月に、カリフォルニア大学評議会は、州立大学に対する議会の調査を阻止するため、学部のすべての教員に忠誠の誓いを推奨した。1940年に評議会は「共産党員であることは州立大学の学部の構成員であることと相容れない」と宣言し、1942年以来、学部の全構成員は、連邦と州の憲法に忠誠を誓うことを求められていた。忠誠の誓いの条文の1949年の追加では「私は共産党員ではなく、この誓いによって生じる私の義務と相容れないような、いかなる宣誓もしていないし、いかなる契約の当事者でもないし、いかなる関わりも持っていない」と誓うことが求められていた[26]。

誓いに関する議論は学部の中で大騒ぎを引き起こし、それは2年以上も続いた。学部は共産党員を排除するという評議会の方針を支持していたが、誓いに署名することを拒んだ学部教員を、定年までの長期在職権を持っているか、あるいは伝統的な法手続きに則った保証をされているかにかかわらず、解雇することには反対であった。ある学部は以下のような声明を出していた。

> 学部は、共産主義や共産主義者を擁護しようとしているのではない。学部は、あらゆる全体主義的な考えをひどく嫌っているし、そのことは今までに何度も繰り返し述べている通りである。学部は、共産主義者を解

雇する評議会の権利を問題にしているのではない。だが、実質的には学部の総意として、教員が本当に共産主義者なのかあるいは忠誠を欠いているのかを、評議会が自ら調査することもせず、自分たちの作り上げた特定の宣誓書に署名しないからといって、その理由だけで教員を解雇し、大学を台無しにしてしまう権利に対して、学部は抗議する[27]。

　学部教員の反対にもかかわらず、評議会は誓いに署名することを拒否した31人の教授を解雇した。そのうちの20人が、復職と誓いを無効にすることを求めて提訴した。1952年に州裁判所が彼らの有利になるような判決を下すまで、州議会は、大学の教員も含め、州のすべての公務員を対象とする新たな反共産主義の誓いを採択した。ある報告には、署名しなかった教授の復職について、「うわべだけの勝利」と書かれていた。というのも彼らは、「以前に闘っていた誓いよりもより屈辱的な」誓いに署名するよう、求められていたからである[28]。

第6節　シカゴ大学の抵抗

　公的に支援を受けている州立大学であるカリフォルニア大学やワシントン大学とは違って、私立のシカゴ大学は州による敵意を持った調査に立ち向かい、それを凌いだ。州の上院議会の治安妨害活動委員会は、委員長がポール・ブロイレスであったことからブロイレス委員会と呼ばれていたのだが、議会に提出された反共産主義法案に反対する学生の騒々しいデモ行為への反発として、シカゴ大学とローズベルト・カレッジに対する調査を1949年4月に開始した。公聴会が始まる前に、シカゴ大学は理事会から明確な支持表明を得ていた。理事会にはシカゴの主だった実業家も含まれていた。大学学長のロバート・M・ハッチンズは、「シカゴ大学においては、破壊活動は全く行われていないので、このことに関して」証言することはできないと、単刀直入に宣言して公聴会を始めた。ハッチンズは、率直に「完全かつ完璧な学問の自由」を擁護し、学部教員の中に共産主義者がいることを否定した。彼は、学

部教員のうちの何人かが共産主義戦線の組織に属しているとの告発を軽蔑した。というのも、「シカゴ大学は、組織と関係があるというだけで、反アメリカ主義の罪になるとは思っていない。何人かの共産主義者が、我々の大学の教授が属しているどこかの組織に所属し、その教義を信じ、その組織を支配していることさえあるかもしれないが、だからといって、こうした教授が破壊活動に携わっているということにはならない。こうした事実から見えてくることは、これらの教授は組織の目標のある部分をよしとしているということだけだ」[29]。

　ハッチンズは、破壊活動に携わっている学生の存在も知らなかった。彼によると、共産主義クラブには、共産主義に共感を寄せているかもしれない学生が11人所属しているが、「なぜシカゴ大学の10人や12人とかの学生の共感が州にとっての危険となりうるのか」、彼には理解できないという。ブロイレス委員会の提案に抗議した学生は礼儀正しくはなかったかもしれないが、「無礼であることと赤であることは同じではない」と、ハッチンズは述べた。実際にハッチンズは、抗議している学生が、「現在、審議中の法案に賛成しないことは、全く正しい」と論じていた。というのも、彼の意見では、現在の法案は必要がなく憲法違反であるばかりか、反アメリカ的でもあった。なぜならば、それは「思想の統制を目指している」からであった。ハッチンズは、自由な思想を制限するような法律を新たに制定しなくても、破壊活動に携わる人々を処罰するために必要な法律はすでに十分に存在している、と確信していた。大学が、教授に対して言いたいことは何でも言える権利と、好みのどのような組織にでも参加できる権利とを完全に保証していたので、学部教員の共産党戦線への参加をいちいちあげつらうことが、ワシントン大学で起きたような報復措置に繋がることにはならなかった。けれども、州上院議員ブロイレスは諦めきれずに、「好ましからぬ人物」が引き続き存在しているという理由から、シカゴ大学とローズベルト・カレッジに与えられていた免税の特権を剥奪することを提案した。彼の提案は州議会において否決されたのみならず、彼の委員会も解散されてしまった。一般大衆からの支持を得たり、批判者気取りの者を震え上がらせたりすることもなく、ブロイレ

スは、シカゴの4社の新聞社のうちの3社から、また聖職者や労働組合、市民団体や市法曹団体からも反対された[30]。

第7節　反共産主義運動

　シカゴ大学は、大学の内部の問題に関する政治的干渉を阻止できることを示したが、この例は、多くの機関にとってあまり気の進まない、もしくは不可能な方法であった。AAUPやACLUには、左翼の政治活動のために解雇された学部教員からひっきりなしに不平不満が寄せられていた。その政治活動とは、たとえば元副大統領であったヘンリー・ワレスは左翼の進歩党の公認候補者の先頭に立っていたが、そのワレスのために1948年に選挙運動を行ったとか、スミス法を犯したかどで有罪を宣告された共産党の指導者の恩赦を求める嘆願書に署名をした、といったことであった。スミス法とは、暴力による合衆国政府の転覆を、学校で教えたり擁護したりすることを非合法であると定めた、1940年に制定された法律である。いくつかの機関は批判者をなだめたり、敵意のある調査をかわしたりするために、自分たち自身で作り上げた忠誠の誓いを課したり、問題になりそうな話をする者には話をさせなかったり、厄介ごとを避けるためにその他にもいろいろな手段を取ったりした。

　それにもかかわらず、教育機関に対する圧力は、SISSとHCUAが教育における破壊活動の捜査を開始した、1952年から1953年にかけて強まった。SISSはニューヨーク市の公立学校と市立のカレッジに、下院委員会はハーバードとマサチューセッツ工科大学（MIT）に集中して捜査を行った。証言に立った元共産党員は、共産主義者に学校で教えることを許可すべきであるとは思っていなかった。グランビル・ヒックスは、「共産党のすべての党員は、現実にソビエト連邦のスパイであったり、あるいはスパイになるかもしれない人物であったりする」と思っていたが、彼は次のように強く主張した。「すべてのカレッジの学生を100％守ることなどできない。飲酒にふける学生もいれば、共産主義にのめり込む学生もいるし、それ以外の多くのことも彼ら

の身に降りかかってくる。この神の支配する地上において、すべてのカレッジの学生の面倒を見るなんてことは、誰にもできないことである。私が思うに、それで何かが起きたとしても、それはあなたが取らざるを得ない責任である」。二つの委員会の公聴会において、共産党との関係について質問を受けたときに、およそ100人の教師が合衆国憲法修正第5条による黙秘権を行使し、証言することを拒否した。「修正第5条を行使した」証人は、非難の声から身を守ることはできなかった。というのも、報道関係者や尋問していた議員は、彼らは何か隠さなければならないことがあるから黙秘権を行使したのだと考えたからである。しかしながら、黙秘権を行使することによって証人は、共産党に関わっていた他の人々の「名前を挙げろ」という、議員の追及からは逃れることができた[31]。

　ニューヨーク市高等教育委員会は、公式の取り調べにおいて証言することを拒否した人々を自動的に解雇できるとする、市の憲章の中の一つの条項を発動し、頑強に抵抗する教授に速やかに対処した。他の機関は、自分たちの学部の「修正第5条を行使した教授」の存在への対応を模索していた。ニューヨーク大学、ラトガース大学、カンザスシティ大学のように、そうした教授を解雇した大学もあった。一方でたとえばハーバード、MIT、コーネルといった大学では、彼らに対する州および連邦による告発が取り下げられるまで、彼らを無給の停職処分とした[32]。

　学問の世界は、自分自身や仲間に関する質問に答えることを避けている教授の対処法のみならず、共産主義者が教える権利を持っているかどうかに関しても、深く分裂したままであった。政治的な左翼に属する人々は、反スターリン主義の自由主義者と、市民の自由を危険に晒している共産主義者とその同調者を攻撃しなければならないと思い込んでいる人々との間に、1930年代に引かれた線によって二つに分かれていた。アーサー・シュレジンガー・ジュニア、ロジャー・ボールドウィン、ノーマン・トーマス、ジョージ・カウンツ、シドニー・フックといった人々に代表される最初の集団は、民主主義の原則を守る者は、反共産主義で反マッカーシーでありうるだけでなく、絶対に反共産主義で反マッカーシーでなければならない、と主張していた。

一方、アラン・バース、ヘンリー・スチール・コマジャー、ロバート・M・ハッチンズ、ハロルド・テイラーといった人々は、あらゆる考え方や政治的な関係は、それがどのように嫌悪すべきものであったとしても、保護されるべきであると論じていた。それぞれの集団は、相手が右翼の尋問者の思う壺にはまっていると非難した[33]。

議会による捜査が続いている間、AAUP は、証言を拒むことや共産党員であることは、解雇するのに十分な理由にはならないと主張し続けた。「組織的な宣伝活動や合法的とみなされた破壊活動の宣伝のために、教室や学生との別の関係を悪用する教師や、学外の人間関係において合法的とみなされた破壊行為で有罪となる教師」は、職業上の基準や法律を犯していることになる。だが、いかなる懲戒処分を行う場合でも、証拠に基づかなければならないし、手続き上の然るべき手順を踏むという原則を尊重しなければならないと、AAUP は述べている[34]。

ほとんどのカレッジの学長の見解は、1953年に出された AAUP の声明の中に示されていた。37の主要なカレッジの学長は、学問の自由はいかなる制限も受けるべきではないが、共産党の党員であることは、その教義と方法論のせいで、「大学での地位を得る権利を無効にする」と主張していた。知識の探求の妨げになると協会が判断した党の教義は、第一に「世界規模の革命を扇動すること」、第二に「説得をする際に、通常的に嘘や偽りを用いること」、第三に「すべての党員に受け入れられたり教えられたりする必要のある教義を、押しつけることによる思想統制」であった。憲法修正第5条を行使した教授の問題に関して、協会は次のように明言していた。つまり、教授は「大学の同僚に対して、いかなる秘密行為や陰謀活動も行わず、非の打ちどころがないほど誠実であるとともに申し分ないほど高潔でなければならない。彼は、一般大衆に対しても同様に誠実でなければならない。もし、彼が自らの信念について答えるよう求められたならば、率直に意見を述べることが市民としての義務である」と。したがって、修正第5条を行使することは、「教授に対して、自らが教授の地位に就いていることの妥当性を証明するという重い負担を課すこととなり、また、彼の所属する大学に対しても、

彼が大学という社会の一員としての資質があるかどうかを、再審査するという義務を生じさせることとなる」[35]。

　SISSによる、「教育が実践されている中での破壊活動の影響」に関する調査の主要な標的は、ニューヨーク市の公立学校であった。1949年にニューヨーク州議会は、フェインバーグ法を成立させた。これは、学校当局にすべての教師の忠誠心を確認することを要求していた。この法律は厄介で非能率ではあったが、これが成立したことは、共産主義の教師を追放しようとする組織的な試みに拍車をかけた。反共産主義運動はニューヨーク教員組合に集中した。この組合は、1940年にAFTから追い出され、1940年から1941年にかけての州による破壊活動に関する調査の対象とされた。AFTから追放されたのち、教員組合は、産業別労働組合会議（CIO）の系列下にある公務員連合に加盟した。だが、1950年にCIOは共産主義者が支配的であるとの理由から、公務員連合を組織から除名した。1950年から1959年にかけて、ニューヨークの学校の当局者は、情報提供者や脱落者からの情報に基づいて、共産党に関する尋問を行うための教師を選び出していた。調査中におよそ200人が辞職し、また、質問に答えることを拒んだことや、共産党員であることを否定した偽証罪を適用して、さらに200人が解雇された。

　ニューヨーク市教育委員会の強制的な破壊活動防止計画は、1952年に連邦最高裁がフェインバーグ法を承認したことにより、公認された。判事の間では6対3で承認されたのであるが、多数派を代表して、シャーマン・ミントン判事は以下のように記している。

　　教師は、教室内の配慮を要する領域で仕事をしている。そこで彼は、若者の知性を、彼らが暮らしている社会に向けて形成していく。ここに、州は極めて重大な関心を寄せている……。学校当局が、職員、教師、その他の被雇用者について、学校が秩序ある社会の一部として完全な状態を維持していくのに、相応しいかどうかを見極める権利と義務を負っていることは、疑いの余地もないことである。その人の振る舞いのみならず、過去から現在に至るその人の同僚は、その人の妥当性と忠誠心を判

断する際にきちんと考慮されなければならない。大昔から、人の評判はその人が付きあう同僚によって、ある程度、決められてきた。

共産主義者の教師を特定し追放しようとする学校の努力は、1952年と1953年のSISSの公聴会の結果、さらなる勢いを得ていた。そこでは、花形の証言者であったベラ・ドッドが、上院の委員会に向かって、ニューヨーク教員組合と共産党の間を結びつけていた彼女の役割について証言した[36]。

議会の公聴会が、立法府の調査の通常の目的である法律制定にまで至る見込みは、ほとんどなかった。というのも連邦議会は、学校、カレッジ、大学における雇用の実際には何の権限も持っていなかったからである。彼らの目的は、「規範に関する評判」と言われていた。つまり、おおっぴらにすることによって、教え諭し、思い止まらせ、処罰し、抹殺することを意図していた。共産党員である教師や悔い改めていない元共産主義者を、一般大衆が特定することによって、彼らを解雇に追いやることができると期待されていて、実際、証言することを拒否した教師の場合には、これが真実であった。朝鮮半島での共産主義軍との戦争や、アメリカ社会の極めて重要な分野に共産主義者が浸透しているというジョセフ・マッカーシー上院議員の扇動的な告発によって、深く影響を受けていた政治状況のもとでは、共産党との結びつきについて話すことを拒んだために解雇された教師に対して、一般大衆の同情はほとんどなかった[37]。

共産主義者であると思われる教師を追放することに関して、教育機関は、州議会および連邦議会による直接の圧力と、幅広い一般大衆の総意との両方に応えようとしていた。1954年に「共和国のための基金」によって行われた世論調査によると、全米から抽出された人のおよそ90％が、共産主義者であることを認めた教師は解雇されるべきであると思っていた。正統ではないことに対して、一般大衆よりはるかにずっと寛容であるはずのカレッジの教授の間でも、共産主義者の教師に対する反対の声はかなりなものであった。1955年に社会科学の教師を対象に行われた世論調査の結果によると、共産主義者が教えることについて、35％がよしとし、45％がよしとせず、20％が

どちらとも決めていなかった。それにもかかわらず、学界の多くの人々は、教師に政治的な服従を課すような見当違いの試みよりは、共産主義者の教師の方がまだ脅威が少ないと考えていた。ある著名な研究は、カレッジの教授の報告書を引用していた。そこには、政治的な見解のために解雇されたり昇進から外されたりした同僚に関すること、特定の本を使うことや問題のありそうな政治活動に携わることを止めるようにという、管理職や地域コミュニティからの圧力に関すること、人種関係やその他の問題をめぐる見解のために、共産主義者であると告発された教師に関すること、少なからぬ数のマイノリティの人々が、物を言えば仕事の保証が危うくなるのではと懸念している雰囲気が記されていた[38]。

　学問の世界の中にいる人々の認識と、その外側にいる人々の認識の間には大きな食い違いがあった。直接に影響を受けた人々、連邦捜査局 (FBI) による尋問を受けた人々、FBIに協力するよう圧力をかけられた人々、議会の委員会に呼び出された人々、自分の見解を述べることを恐れている人々にとってみれば、そこにはヒステリー、「魔女狩り」、「赤狩り」の雰囲気があった。そしてそれは、学問の自由と市民的自由を危険に晒していた。だが、「共和国のための基金」の世論調査によると、一般大衆はそのような雰囲気を認識していなかったし、基本的な自由が危険に晒されているとの感覚を共有してもいなかった。そして、思想や意見に関わる仕事に携わっている者しか、政府に思想や意見の許容度を監視したり統制したりすることを許してしまう、危険性を認識していなかったというところに、本当の問題が存在していたのである。

第8節　進歩主義教育への攻撃

　広く公表された議会による調査は、1930年代以来続いてきたアメリカ社会の急激な変動に動揺していた人々の、恐怖と疑念を確実なものとしてしまった。流動性、変化、技術革新が例外的なことではなく、むしろそれが普通となりつつあった社会において、人々は、伝統的な道徳性の明らかな崩壊、

少年犯罪の増加、さらには人格だとか、コミュニティの精神だとか、権威の尊重だとか、宗教的な信念と呼ばれるようなものに関する漠然とした喪失感に戸惑っていた。こうしたものすべてが共産主義者のせいだと、即座に決め込む人もいた。事実として、共産党はしばしば秘密めいたやり方で運営されていたために、最も信用できないような憶測さえ、まことしやかに聞こえてしまうような空気を漂わせていた。馴染みのないものや望ましくないものは何であれ、共産主義者の影響のせいにされ、しかも、これがいちばんそのままで行われていたのが学校であった。ニューヨーク教員組合のような組織がなかったり、学校で積極的に活動している共産主義者の組織化された団体がなかったりしたコミュニティにおいては、戦後の「赤狩り」がなければ、カリキュラム、人事、政策などのありふれた議論が行われていたはずなのに、それがあったばかりに、悪意に満ちた様相をつけ加えることとなった。

　教育をめぐる議論の中で「共産主義者」や「危険分子」という非難が投げかけられると、反論するのが難しいだけでなく、その標的とされた人の評判を落としたり、ときには完全に損ねてしまったりする傾向があった。通常は進歩主義教育と結びつけられていた教育における変化は、しばしば反共産主義の文脈で非難された。学校は成績評価を止めて、競争をこれまでほど強調しなくなったのか。もしそうならば、それは共産主義者がアメリカの子どもの道徳心を弱くして、ソビエト連邦と競う我々の能力を徐々に衰えさせようと望んでいるからである。教科書は、アメリカの英雄の仮面を剥いだり、アメリカ社会の欠点を強調したり、ソビエトの全体主義を酷評しそこなったりしていないだろうか。もしそうであれば、それは執筆者が、学問の世界の左翼の著者の影響をむやみに受けているからである。学校は、国際連合のことをあまりにも夢中になって後押ししているのではないだろうか。もしそうならば、それは、我々の国家主権を徐々に衰えさせ、世界連邦主義者と国際共産主義者の企てを推進しようとする、邪悪な試みのせいである。若者が、弱い性格で少年犯罪に走りがちで、愛国心に欠けることがないだろうか。もしそうであるとすると、それは学校が、ジョン・デューイの「神の存在しないプラグマティズム」を受け入れたからである。

この時点までは公教育における支配的な教育であった進歩主義教育について、破壊的であるとよく繰り返される主張は、学校から進歩主義教育者、進歩主義政策、「左翼の」教科書を追放することによって、学校を破壊活動から救おうとしていた多くの集団や個人の間での固定観念になっていた。『進歩主義教育は赤い教育 (REDucation)』という題名の著書があったように、進歩主義教育に対する非難は主として、「最前線の思索者」の急進的な時代の誤った理解に基づいていた。進歩主義教育がアメリカの教育機関に対して過激で敵対していると思っている人々は、1930年代初頭の進歩主義の成果の中に、自分たちの主張の裏づけとなる大量の書類を見出していた。たとえば、1934年のアメリカ歴史協会の社会科委員会において、何度も引用された文章があった。それは、「経済と政治において、個人主義と自由放任主義の時代は終わりを迎えようとしていて、新しい集団主義の時代が出現しようとしている」というものであった。そのうえ、教師に権力を握ることを求めた、1932年に出版されたジョージ・カウンツの有名な『学校は新しい社会秩序を構築しようとしているのか』からと、集団主義の青写真のように見えたハロルド・ラッグの『偉大な技術』(1933年) からの、莫大でのっぴきならない引用があった[39]。

　進歩主義教育者がマルクス主義と戯れ、子どもに教え込むという考え方を弄び、集団主義の路線に沿って社会を再構築することを主張し、学校は新たな資本主義ではない社会への道を準備するために用いられるべきであるという、自分たちの信念をはっきりとした言葉で表明していたのは真実であった。一方、1950年の批判者は、あきれたことに次のような事実を知らなかったし、また信じないであろうが、1930年代の終わり頃には、主だった「最前線の思索者」は皆、マルクス主義、共産主義、洗脳、その他の急進的な時代の過激な考え方と縁を切っていたのも事実であった。デューイは、トロツキーを免罪にした役割と反スターリン主義を貫いた社会主義のために、共産党にひどく嫌われていた。ラッグは、アメリカ社会に関するマルクス主義による階級分析を否定した、最初の「最前線の思索者」の1人であった。カウンツは、AFTの反共産主義者勢力を主導し、さらに1949年には、ソビエト全体主義

に対する情け容赦のない攻撃を、『盲人の国——ソビエト型のマインド・コントロール』という著書にまとめた。ウィリアム・ハード・キルパトリックは、急進的な時代の絶頂期に、「過激なマルクス主義」の教義を嘲笑っていた。けれども、彼らが密接な関係を持っていた進歩主義教育を物笑いの種にするために、彼らがそれまでにしてきたことや言ってきたこととは関係なく、初期の「最前線の思索者」の声明が繰り返し使われた。要するに、反進歩主義者は、反対側に相手のいない議論に閉じ込められていただけでなく、彼らは「最前線の思索者」の急進的な考え方が、進歩主義の教育学の進展の中で一つの小さな要素にすぎないことも理解していなかった。それにもかかわらず、こうした人々と彼らの仕事がアメリカの教育を乗っ取ったという確信は、進歩主義の陰謀を信じている人々にとって揺るぎないものとなった。

　1951年の『リーダーズ・ダイジェスト』のジョン・T・フラインの記事の中で、主張すべきことは明確に述べられていた。フラインは、次のように露骨に非難していた。「さほど大きくはないが影響力を持つ教育者の組織が、我々のハイスクールの社会科学の課程に、生徒の気を惹くような形で集団主義の宣伝を導入しようと企てていた。それは主に我々が社会主義と呼ぶようなタイプのものであった」。フラインによると、彼らの宣伝は三つの主張から成り立っていた。「第一に、民間企業に基づいた我々のアメリカのシステムは失敗である。第二に、限られた権力しか持たない我々の共和国は誤りである。第三に、我々の生き方は集団主義の社会に委ねなければならない。そこでは中央政府が経済システムを独占し、運営し、計画し、出資し、統制することになる」という。彼は、そのときにはすでにいつも引き合いに出されるようになっていた、カウンツとラッグの初期の著書からの一連の引用文を挙げた。悪意のある反アメリカの陰謀が、物を見る目を持っているすべての人にとって、すでに仮面を剥がされ、明らかにされていたと考えることは、熱狂的な反共産主義者の間では議論の余地のない見解となっていた。アメリカの教育が共産主義者と社会主義者によって破壊させられかけているというテーマは、ミロ・マクドナルドのアメリカ教育協会、オーガスティン・ラッド大佐のアメリカ教育の後見人、ルシール・カーディン・クレインの『エデュケ

イショナル・リビューアー』、アレン・ゾールのアメリカ教育全米会議などによる活動を通して宣伝されていた。疑わしい教科書や進歩主義教育に対する攻撃は、政治的に大きな力を持っていたアメリカ在郷軍人会による支援や、アメリカ革命の息子と娘、ミニット・ウィメンといった軍関係の団体による地域活動を通して強化された。こうした組織の中でも最もよく知られていたのはゾールの団体で、彼らは「小さな赤い小学校の校舎はどれぐらい赤いか」といったような演題で話をする講演者と、「彼らはあなたの子どもを欲しがっている」とか「進歩主義教育は少年非行を増やす」といったパンフレットを、不満を持つコミュニティの団体に提供した。加えてゾールは、『エデュケイショナル・ガーディアン』という定期刊行物を出版し、「反アメリカ」の教科書への批判を広めていった。また、「レデュケイター（Red-ucator)・シリーズ」と呼ばれるものも出版していたが、そこでは、主要なカレッジと大学における共産主義戦線と関係のある教授の名前を列挙していた[40]。

　急進的な宣伝者の非難や当てこすりにそそのかされて、多くのコミュニティの圧力団体は、教科書や図書館の本の検閲と「問題のある」教育者の追放を要求した。このように公教育が政治化することがいかに有害であるかは、テキサス州ヒューストンで実証された。そこでは、選挙で選ばれる教育委員会が、穏健な自由主義者からなる党派と急進的な右翼の保守主義者からなる党派という、互いに敵対する党派によって交代で支配されていた。自由主義者は、進歩主義教育や人種統合のどちらも必ずしも支持してはいなかったが、連邦の学校給食計画と専門家によるカリキュラム統制を支援していた。急進的なミニット・ウィメンの構成員に率いられた右翼は、連邦支援、人種統合、国際連合、「じりじりと進行していく社会主義」、進歩主義教育に反対していた。

　1940年に、保守的な教育委員会は、ハロルド・ラッグの社会科学の教科書を使用禁止にした。戦後になって、フランク・マグルーダーの広く使われていた教科書『アメリカの政府』は、市の公民科の教師の反対は乗り越えていたが、クレインの右翼的な『エデュケイショナル・リビューアー』の最初の号で攻撃されたあとに、撤退させられた。48州すべてで使用が許可されて

いた教科書の問題は、そこに「郵便制度、エネルギー計画、累進課税はいわば社会主義であり、無償の公教育と高齢者福祉は共産主義の実例である」という記述が含まれていたことであった。急進的な右翼の統制下では、ロシアについての本は学校図書館から撤去され、国際連合の小論文コンクールは撤回され、「問題のある」教師や管理職は追放された。自警団に告発されることや、どの党派が支配しているかにかかわらず、彼らを刺激することを危惧して、ヒューストンの教師は、批判や注目を浴びるようなことはしないように、また言わないようにすることを学んだ。学校の中には1人の共産党員も存在していないという証拠があったにもかかわらず、共産主義者の問題を巧妙に扱うことにより、教師、教科書、カリキュラムは急進的な右翼の圧力団体のなすがままに置かれてしまった[41]。

第9節　パサデナでの出来事

　最も有名な学校論争はカリフォルニア州パサデナで起こった。1948年春、パサデナ教育委員会は、ミネアポリスの進歩主義の教育長ウィラード・ゴスリンを、パサデナの教育長として雇った。ミネアポリスの学校に「共通学習」プログラムを作り上げたことで、ゴスリンは傑出した行政官とみなされていた。ミネアポリスのプログラムは、ゴスリンがパサデナへ向けて旅立つまでは論議の対象とはならなかった。パサデナには過去20年間にわたって進歩主義の教育長がいたせいで、ゴスリンは手本となる地区を作り上げる良い機会を与えられたと思っていた。彼が予測していなかったことは、コミュニティの中のかなりの部分の人々が進歩主義教育を嫌っていただけでなく、進歩主義教育について、アメリカの若者の人格を知らぬ間に傷つけようとする、広範囲にわたる共産主義の陰謀の一部であると考えていたことである。

　ゴスリンは、進歩主義の教育行政官としての、標準的な学校経営法以外のことは何もしなかった。それにもかかわらず、新たに設立されたコミュニティ組織である学校開発会議にとってはやりすぎであった。学校開発会議は、進歩主義教育が学校を台無しにしていて、ゴスリンの指導下にある学校は基礎

第3章　忠誠心の調査　151

を無視し、成績を排除し、競争をできるだけ減らし、「破壊的な傾向のある」教科書を使っていると苦々しく不平を述べていた。ゴスリンが、夏の研修会でパサデナの教師に講演して貰おうと、著名な進歩主義教育者であるティーチャーズ・カレッジのウィリアム・ハード・キルパトリックを招待したときには、この会議は唖然とした。また、ゴスリンがマイノリティ集団に関する教材を導入し、人種的に隔離された近隣地域の再区分の計画を立てたときには、あっけにとられてしまった。保守的な親は、学校がコミュニティの中心であり、ゴスリン自身がコミュニティの指導者であるという彼の見解を聞くと、親の権威や選挙で選ばれた役人の力をそぐような権力の略奪を感じとった。彼らは、学校の当局者が「グループ・ダイナミックス」の技法を用いて、親の意見を操縦し、会議の結果を巧みに操作するのではないかと疑っていた。彼らが反対すればするほど、それはますます無視され、専門家が大衆について何かを受け入れさせようとしているのではないかという気持ちは、ますます確かなものになっていった[42]。

　ゴスリンが赴任してから2年後に、パサデナの有権者は記録的な高投票率で、学校税の増額の提案を倍の大差で否決した。この投票は一般には、ゴスリンと進歩主義教育に関する信任投票と考えられていた。投票が行われた6ヵ月後に、教育委員会はゴスリンに辞任するよう勧告した。ゴスリンの辞任後に起きた騒動は、全米の注目をパサデナに惹きつけた。あるジャーナリストがこの出来事をめぐって、『これがパサデナで起きたことだ』という本を書いた。この本は、反動勢力が見識のある教育長を袋叩きにするとどうなるかの実例として、広く論評された。進歩主義者と自由主義者は、パサデナ学校開発会議がアレン・ゾールの指示によって行動しているか、あるいは少なくとも彼の影響下にあると思っていたし、パサデナにまつわる話は、外部の扇動者と汚いやり口の危険さを証明しているように見受けられた[43]。

　反対の立場から、すでに「反アメリカ活動」への関与でよく知られていたカリフォルニア州議会のディルワース委員会は調査を実施し、カリフォルニア州は外部の扇動者を必要としないことをはっきりと示した。この委員会は、以下のような事実を指摘した。キルパトリックはいくつかの「共産主義戦線」

の組織に属していたこと。パサデナの学校で使用されていた多くの本の著者は、「共産主義戦線」組織の一員であったこと。とりわけ成績評価と競争の排除といった、学校での「問題のある」教育方法は、共産主義の国で好まれているものと似ていたこと。委員会は、「学校組織そのものの中に実際に、いわゆる破壊活動が存在するという明確な証拠はない」と結論を下したが、一方で、学校管理者は親やコミュニティの意見をよく聞いた方が良いとも考えた[44]。

結局、進歩主義者は立派な行政官を追放し、現代教育を破壊しようとする、財政基盤の整った恐ろしい陰謀が存在することを確信したままであった。一方、学校開発会議の指導者は、左翼の教育者が学校を乗っ取り、集団主義の社会秩序を建設しようとする、将来にわたる恐るべき陰謀があることを、同様に確信していた。進歩主義者は、無知ではない人やファシストではない人が、専門家の最高の思考を体現している計画を攻撃してくる理由が理解できなかったし、地域の自警団員は、親と教育者の伝統的な関係が逆転されてしまった経緯や、進歩主義教育者が読み書き算術を馬鹿にしているように振る舞う理由が、理解できなかった。パサデナでの出来事は、教育の専門家とかなりの数の一般大衆との間に、途方もない理解の欠如があることを暴いた。こうした議論は、どちらの側においてもきちんと説明されることなく、ファシズムや共産主義であるという、決まり切った非難を浴びせかけることによって、マッカーシズムの言葉の中に絡み取られていった。

しかしながら、急進的な右翼のこうした勝利はよくあることではなく、例外なく束の間のものでしかなかった。パサデナにおけるゴスリンの敵は、教育委員会の支配権を握ることは決してなかった。ニューヨーク州のスカースデールやポートワシントンのような他のコミュニティでは、検閲権の要求は退けられた。ヒューストンでマグルーダーの本が禁止されたのち、テキサス州の教育委員会は、唯一の州公認の教科書として、6年間にわたって使用されるべき本の採択を更新した。それは、ヒューストン学区が他の教科書を使いたい場合には、自分自身の資金でそれを購入しなければならないことを意味していた。急進的な右翼の宣伝屋は決して尊敬を得ることはなかった。彼

らは、『マッコールズ』や『サタデー・レビュー』といった全国的な定期刊行物からは軽蔑的に扱われ、NEAや「ユダヤ人文化教育促進協会の反名誉毀損同盟」といった全米的な組織からは、ファシスト的な頑固な偏見を持つ人々として攻撃されていた。大恐慌の時代に、左翼の非主流派の宣伝屋が、自分たちの思想や理論を育む豊かな土壌を見出したのとちょうど同じように、右翼の非主流派の人騒がせな人々も、1950年代初頭の風潮の中で、自分たちの意見によく耳を傾けてくれる人々を見つけていた。どちらの時代においても、さまざまな出来事がその当時の政治的な雰囲気を一変させ、急進的な人々の要求の支持層を事実上、消し去ってしまった[45]。

第10節　マッカーシズムの終焉

　ドワイト・D・アイゼンハワーが1952年に合衆国大統領に選出された。そのときすでに、ウィスコンシン選出のジョセフ・マッカーシー上院議員は、破壊活動に関する議会による調査の全米的な指導者となっていて、扇動政治家としての絶頂期にあった。アイゼンハワーはマッカーシーと対立することを意図的に避けていたが、共和党政権が、マッカーシーの冷酷かつ無謀なやり方が抑制されなければならないことに気づき、上院の共和党員が彼のことを、党、上院、国にとっての恥さらしになっているとみなすのは、単に時間の問題でしかなかった。1954年12月、上院はマッカーシーの不信任案を可決し、ほとんど一晩のうちに、彼は国家的人物としての信用を失墜した。彼があっという間に凋落していったのは、上院の断固とした叱責のためだけではなく、彼の影響力の源がほとんどなくなってしまったことにもよっていた。朝鮮戦争が終結したことが感情的な問題を取り除き、中庸で保守的な共和党政権を選出したことが、政府は「共産主義に甘い」というマッカーシーの主張の信頼性を損なった。アイゼンハワーを大統領に迎えたことで、マッカーシーは、もはや疑念によって生き長らえたり、疑念を持続したりすることはできなかった。共産主義との繋がりを疑われた教師を追放しようとする試みが、しばらくは続けられていた学区もあったが、1950年代の終わり頃には、

異端者狩りをする人の数は、アメリカの政治においてほとんど目立たないほどの少数に減っていた。

　政治制度さえも、安全保障と市民的自由という矛盾する要求を躊躇しながらも解決しようとしているときに、連邦最高裁は、教師の信念と交友関係を調査する権限を州に与えていた破壊活動防止法を、一つずつ潰し始めていた。1952年に連邦最高裁は、過去5年間破壊活動に関わるような組織には属していなかったことを教師に誓うよう求めていたオクラホマ州の忠誠の誓いが、憲法違反であると宣告した。教師は「危険であるとみなされた組織について、その活動と目的に気づかずに」参加したかもしれないので、誓いは「法の適正手続き」に違反していると、裁判所は述べていた[46]。

　一方、高等裁判所は以下のような重要な判決を下している。1956年には、議会の委員会で憲法修正第5条を申し立て、そのあとに解雇された教授の解雇通告を無効にした。理由は、教授が法の適正手続きを否定されたからである。同じく1956年に、修正第5条を行使した職員を解雇することを市に認めている、ニューヨーク市憲章の条項を憲法違反であると宣告した。そのわけは、同様に法の適正手続きに違反したということであった。1956年にはまた、すべての州の治安妨害法を無効とした。というのも、そうした法律は連邦のスミス法に取って代わられていたからである。1957年には、マルクス主義者の教授が講義内容の開示を拒否したことに対する、ニューハンプシャー州の侮辱罪による裁判所への召喚を覆した。それは、「原告人の学問の自由と政治的表現の自由の侵害に当たる」からであった。1960年には、過去5年間にわたって団体に属していたりあるいは寄付したりしていた教師の名簿を、毎年提出するよう強制していたアーカンソー州の法令を、無効にした。というのも、その法令が教師の結社の自由を妨げていたからである。1961年には、共産党を支援したことがないという誓いに署名するよう教師に求める、フロリダ州の法令を無効にした。それは、違憲であるかどうか曖昧で、憲法により保障されている自由の行使を禁止していたからである。1966年には、故意に共産党に所属していたかどで州の職員を起訴するとした、アリゾナ州によって課せられた忠誠の誓いを、憲法違反と宣告した。理由はこの誓いが、

「憲法修正第1条によって保障されている、大切な結社の自由を脅かすもの」だからである。1967年には、自らの1952年の裁定を覆して、ニューヨーク州のフェインバーグ法を棄却した。というのも、違憲であるかどうか曖昧であったからである。そして、1967年、1971年、1972年には、他の公務員に誓わせているものと同様の、簡単な州の忠誠の誓いを承認した。皮肉なことに、教師に政治的な制約を設けようとした10年間の継続的な試みは、結局、州から課せられた学問の自由に対するすべての制約の撤廃と、表現の自由を断固として擁護する手続きの確立に至った[47]。

ロバート・イバーセンの見るところによると、「教育の分野における、アメリカの共産主義活動の最も重要でかつ唯一の結果は、それが引き起こした大規模な報復活動であった」。他方で、大規模な報復活動は冷戦による過激な反応の結果であって、共産主義者の教師によってもたらされた真の脅威とは全く関係がないと主張する者もいた。共産主義者の教える権利を守ろうとした人々が極めて少数派であったことには、ほとんど疑いがない。スターリンが未だにソビエト連邦の独裁者であって、彼の体制の残忍性の報告が記憶に生々しく残っている時期においては、国家社会主義者の教える権利に対して共感が得られないのと同様に、共産主義者の教える権利に対する共感も得られなかった。現在のあるいはかつての共産党員を見つけ出すために支払った代償は高かった。機関は対立させられ、経歴は反故にされ、コミュニティは党派に分裂させられた[48]。

傑出した法学者であるラーンド・ハンドは、1952年にニューヨーク州の教育行政官に向かって、現在最も危険に晒されているのは、社会を一つに繋ぎとめるための接着剤、つまり相互の信頼であると警告した。

> 危険を冒すことの危険、私自身としては、今一般に広まっている疑惑と不信の気持ちを海外に広めるくらいなら、反逆者がその追求の手を逃れて国内に留まる方に私の運を任せたい。……私は、すでにコミュニティが崩壊の過程に入っていると思う。そこでは人が、近隣の人々を敵かもしれないという思いを持って見つめ始め、広く受け入れられている政治

的・宗教的な信条に同調しないことは、反逆心の兆候とされている。そこでは、明確にしたり補足したりすることもせずに公然と批判することが、証拠を示すことに取って代わっている。そこでは、正統的な考え方が反対意見を述べる自由を奪っている。そこでは、理性が究極的な最高のものであるという信念があまりにも揺らいでしまっているので、我々は公開された名簿に基づいて、勝ち負けの判断を下すことは敢えて避けるべきであろう[49]。

マッカーシー時代はその極端さ、つまり政府による思想統制の試みとして適切に記憶されている。だがこうした試みは結局失敗し、反対意見を述べる自由は決して押し止められなかったことも忘れられてはならない。幸運なことに州および連邦政府は、それを広報として人々の間に広める以外に、彼らの命令を押しつける直接的な権力を持っていない。さまざまな形で表現されたマッカーシズムは、以下のようなジャーナリストや学者によって、議論の余地がないほどに公然と非難された。それは、ウォルター・ゲルホーン、ロバート・M・ハッチンズ、アーサー・シュレジンガー・ジュニア、アラン・バース、エドワード・シルズ、エルマー・デービス、ローレンス・チャンバレン、バーン・カントリーマン、エドワード・L・バーレット・ジュニア、ヘンリー・スチール・コマジャー、ジェイムズ・ウェシュラー、ムーレイ・ケンプトン、テルフォード・テイラー、キャレイ・マックウィリアムズ、ナッサン・グレイザー、デービッド・リースマン、ダニエル・ベル、リチャード・ホフスタッター、ロバート・マッキバー、シーモア・マーチン・リプセットであった。マッカーシズムの批判者の声が静まることは決してなかった。

その時代の結論として、学生と学部教員の社会的・政治的問題への関心は明らかにそがれていった。イバーセンは、「ある種の学生運動を共産主義者が統制したことは、キャンパスにおける政治にとって命取りの行為であった」と思っていた。「大恐慌時代のように、学生が過度に政治活動を行うことはおそらく2度とないであろう」と、彼は誤って予測していた。抗議することや大勢で活動することに興味を失っていたので、1950年代末のカレッジの

学生は「静かな世代」と呼ばれていた。彼らは脅かされていたわけではなかったが、イデオロギーにうんざりし、ユートピアに疑いを持ち、さまざまな主義主張の中に正反対の感情が存在することに敏感であった時代に、政治的自覚を持つようになったのである。彼らがその初期に学んだ過激な考え方は、悪い見本であった。右翼はマッカーシズムの乱用によって信用を失い、左翼はとりわけ1956年にソビエトがハンガリーに侵攻したのち、ソビエト全体主義を弁護したことによって信用を失っていた[50]。

　破壊活動防止法と急進的な右翼の政治活動家の標的として、学校はなぜあのように大きく見えていたのだろうか。それは、学校がとりわけ破壊活動に満ち満ちていたからではない。たしかに、共産主義者の教師はいるにはいたが、その数は多くはなく、彼らの影響は無視できるほどのものでしかなかった。カレッジと大学は攻撃を受けやすかった。というのも、そこが、束縛されない批判的な思考の中心であったし、あるいは少なくとも中心であるはずだと考えられていたからであった。その結果、もちろん束縛されない批判的な思考を抑制したいと考える人々に対しては、攻撃的にならざるを得なかった。学校は攻撃を受けやすかった。というのも、欲求不満の時代においては、学校はすべてのコミュニティに存在していて、「すぐに相談できる」公的機関であり、教育するという権限が教え込むという権限と解釈され得るような政府機関だったからである。共産党がしばしば秘密裏に運営されているという知識が、州と連邦の訴追が共産党員を地下に潜らせてしまっているという事実と相まって、共産党員はどこにでもいる可能性があるという懸念や、大見出しで報道されることを狙った議会の調査が拡大されるかもしれないという懸念を引き起こしていた。結局、学校は、親や社会の価値観を反映すべきなのか、それとも生徒が学校に持ち込んできた価値観とは異なる、新しい価値観を明示すべきなのかをめぐる不安定な状況は、いつまでも続いていた。学校が社会変革の最先端だとみなしている人々は、学校が親の価値観よりも、さらに幅の広い、さらに人間性に富んだ、さらに自由な方法で、子どもの価値観を形成することができると思っていた。学校に対して、親やコミュニティの価値観を尊重するよう期待していた人々は、他人の子どもに、自分たちの

価値観を押しつけようと考えていた教育理論家の傲慢さに唖然としていた。

　だが結局のところ、攻撃する人々を惹きつけていたのは学校ではなく、攻撃する人々の方が学校を見つけ出したのである。問題のある本、教師、演説者を根こそぎにしようとすることは、現状を統制し、未来を方向づけようとする試みであった。それは、世界の他のところで進展しつつあった共産主義の脅威を食い止めるために、何かをしようとすることでもあった。それはまた、ワシントンと教職者を一世代の間支配してきた進歩主義の勢力に対して、否と答える方法であった。しばらくの間、個人の思想、意見、過去および現在の交際相手について尋ねる政府の権限を支持する、強力な全米的な合意が形成されていた。政府と個々の教育者の間に立ちはだかっていたものは二つあった。第一は、学問の自由と呼ばれる慣例による一連の原則で、それは権力よりも良心に基づいていたので、当てにならない後ろ盾であった。第二は、連邦議会が、自らの意志を公立・私立の教育機関に押しつける力を制限していた、多元的な政治構造であった。体制順応を求める猛威が止んだときは、あたかも熱が下がるとそれとともに病気の他の症状もいっしょに消え去ってしまうような状況であった。マッカーシーと同様に、僅かな期間脚光を浴びていたその他の人々は皆、政治的・イデオロギー的な間違いを取り除くことでアメリカの教育を純化しようとした、彼らの改革運動とともに消えてしまった。

第4章　人種と教育——ブラウン判決

　アメリカの教育においては、教育方法への関心のように、さながら月が満ち欠けするように時に応じて関心が高まったり低まったりする問題もあったし、破壊活動に対する懸念のように、ぱっと燃え上がりそして消えてしまった問題もあったが、教育における人種的不平等に関する問題は、年を追うごとに重要性を増していった。1954年に学校の人種隔離に対する法的な攻撃が成功したことにより、隔離の構造を撤廃し、人種間の態度を変革する過程が動き始め、それはゆっくりと、断続的に、ときには暴力的に動いていき、そして何十年も続いていった。長い間、公民権運動の明確かつ明白な目的は、アメリカを肌の色にとらわれない社会とし、アメリカの法律や生活から人種の境界を取り除き、人種、宗教、出身国に関係なく、すべての人が市民としてならびに個人として平等であることをはっきりと確立することであった。けれども、公式の人種隔離と合法化された差別が撤廃されたあとでも、長年にわたる人種的不平等の遺物として、膨大な問題が残されていた。やがて、肌の色にとらわれないことは、崇高な目的とみなされるのではなくて、新たな形の人種差別とみなされるようになった。歴史の過ちを正そうとする試みは、人種問題を、以下のような事柄を決めていく真っただ中に押し込んだ。学校はどのように資金を提供されるのか。教師はどのように養成され、採用されるのか。学校の管理・運営に当たる者はどのように昇進するのか。教育的な進歩はどのように評価されるのか。生徒はどのように学校に割り振られるのか。幾世代にもわたって作り上げられてきた過ちは、容易にかつ迅速に修正されることはなかった。

第1節　南部の非対称な人種関係

　南部諸州に人種隔離された暮らし方を止めさせることができるほど十分な軍隊は、世界のどこを探しても存在しないと、南部の白人は好んで口にしていた。南部の暮らし方は、批判的な外部の人にとってみれば理解できないものであったかもしれないが、それは、南部の習俗、道徳観、習慣、礼儀作法の中でしっかりと揺るぎないものとされていた。南部の暮らし方は皆に受け入れられていて、しかも極めて単純であるとともに極めて複雑でもあった。つまり、白人が優越性を持っていてニグロがそれに追従するという図式にしっかりと根づいていることにおいて単純であり、通常は振る舞いと礼儀作法に関する綿密な不文律によって実践されているという点において複雑であった。州と地方の法律は、学校、病院、交通機関、ホテル、劇場、その他ほぼすべての公的・私的施設において、人種隔離を規定していて、白人と非白人との結婚を絶対的に禁止していた。公的な記録には残っていないが、皆によく理解されている人種間の礼儀作法は、黒人が白人に対して示すことを求められている違いを規定していた。たとえば、白人の家に入るときは裏口のみを使用するとか、白人を先に通すために歩道の縁から降りるとかであった。南部の白人は、彼らの世界は二つの人種の文化で構成されており、そこでは白人と黒人がそれぞれのやり方で、それぞれに発展していて、だから、これが両方の人種にとって最善のやり方であると思っていた。だが、その関係は明らかに非対称であった。というのも、白人が公権力を持つすべての機関を統制していたし、私的な権力を持つほとんどすべての機関も同様に統制していたからである。必ずしも州法に基づかなくても、間違いなく州の決議によって、ニグロは公民権を剥奪されていて、そのために政治的に無力なままに放っておかれていた。彼らは陪審員となることから組織的に除外されていた。彼らは舗装道路、電灯、下水道、その他の公共設備に一番遠い地域に住んでいた。彼らは白人と比べて、より短い学期、より粗末な設備しか持たない学校に通学していた。彼らは白人の警官、白人の陪審員、白人の検事の助けを借りることのできる無法な白人による気まぐれのなすがままであった。

第4章 人種と教育——ブラウン判決 161

　人種差別の本質は、肌の色の違いが人々の間の真の、しかも重要な差異を現していると考え、だから「白人」と「ニグロ」は根本的に異なった種類の人間であると思い、「ニグロ」か「白人」かのどちらかに属する人々は、州によって、個人としてよりもむしろ集団の一員として処遇されなければならないと信じることであった。人種差別に法的な意味づけをするために、南部の州法はさまざまな「ニグロ」の定義を盛り込んでいた。たとえば、アーカンソー州は、「彼または彼女の血管の中にニグロの血が流れている者はすべて」ニグロである、と宣言していた。アラバマ州は、「『ムラート』という単語や『有色人種の人』という言葉は、それがどれだけ昔のことであったかとか、幾世代前であったかとかに関係なく、父方か母方にニグロの先祖を持つ混血の人を意味している」と説明していた。黒人は、彼らをそこに留めておくために設計された社会体制の最底辺にいた。この社会体制を覆す可能性は、ミシシッピ州における夏の吹雪と同じくらいにあり得ないことであった[1]。
　けれども、2人の際立って鋭い観察者は、第二次世界大戦中に何か新しいものがこの社会体制の中に行きわたりつつあり、古い秩序がガラガラと音を立て、キーキーと軋んでいるのを感じていた。南部の社会学者ハワード・オーダムは、1942年に南部の白人の間に広く蔓延していた噂を収集することによって、地域特有の風潮が意味するものをとらえていた。危機が高まってきており、その証拠は人種や北部と南部の間の関係に影響を及ぼしている、緊張、暴力、衝突、暴動、恐怖の中に見出すことができるとオーダムは気づいていた。「国の残りの地域におけるほとんどすべての人々が、ニグロに対する南部の処遇は『何とかしなければならない』と想定していて」、一方、ほとんどすべての南部の人々は、伝統的な習俗に対する干渉にはいかなるものであれ抵抗すると決めていたと、彼は述べている。南部じゅうに広まっていた「噂や作り話の洪水」の中で、典型的なものが四つあった。第一の噂は、戦争が終わるとニグロが国を「乗っ取る」のではないかというもので、これは、黒人兵が危険な野心と武器の知識を持って帰還してくることへの危惧と相まって、しばしば伝えられていた。第二の噂は、南部の白人が戦争で留守にしている間に、ニグロの男が白人の女を「乗っ取る」ことを企てているとい

うものであった。第三の噂は、黒人が、都合の良いときに権力を奪取するために、アイスピックのような武器を備蓄しているというものであった。第四の噂は、ローズベルト夫人の平等主義的なやり方に刺激されたニグロの女中が「エレノア・クラブ」に参加し、「生意気」で過度の要求をするようになり、白人の女は1942年か1943年のクリスマスの頃には台所に戻ってくるだろうという誓いを、自分たちのモットーとして掲げるのではないかというものであった[2]。

　噂の背景には状況の変化があったと、オーダムは述べている。南部の国防関連産業と軍事基地での労働力の需要が、黒人労働者の不足を引き起こしていたし、家事手伝いに関しても同様であった。戦争そのものによって引き起こされた雰囲気が、繰り返し唱えられていた同胞愛と民主主義の主張とともに、南部の白人の罪の意識に基づいた自己防衛と不安感を高めたにちがいない。そのことによって、自分たちが黒人に対して行ってきた過ちについて、より迅速に気づくこととなり、黒人を彼らのいるべき場所に留まらせておくために、自分たちがしてきたことを正当化しようとした。ニグロの反乱、つまり「乗っ取ろうとしている」黒人の男や、突然に暴言を吐くようになった黒人の女についての噂への危惧の根底には、伝統的に黒人を抑制してきた強い手綱が緩み、黒人に対する統制力が失われてきていることを、白人が感じているという暗黙の了解があった。オーダムによると、黒人はそわそわと落ち着きがなかったし、白人は不安であった。だが、黒人の態度や期待が変化しつつあったのに対して、白人は明らかにそれまでにも増して自己防衛に走り、理由も明かさずに現状維持を一層強く心に決めていたという事実の中に、騒動の種が潜んでいた。

　グンナー・ミュルダールもまた、彼の代表作である『アメリカのジレンマ』の中で、ニグロの地位に関して極めて大きな意味を持つ変化が進行中であることを予見していた。戦争経済によって引き起こされた労働力不足は、黒人労働者に対してそれまで締め出されてきた産業界に足場を築く機会を与えた。ローズベルト大統領によって1941年に発効された公正な雇用の実施命令は、国防関連産業における人種差別を禁止し、人種差別に関する不満を調

査する機関を創設しただけに止まらず、経済の分野において、「連邦が人種差別に関する伝統的な無関心さを最もきっぱりと捨て去ったこと」を意味していた。アメリカの理想に新たな力を与えた戦時の宣伝の影響を可能な限り少なくすることは、誰にもできなかった。ミュルダールは、黒人が公正に扱われる最大の機会は、自由、機会、公正さ、平等、解放といったものを称揚する、いわゆる彼がアメリカの信条と呼んでいるものと、日常的に行われている人種にまつわる偏見と隔離との間の大きな隔たりを、むき出しにすることの中に存在すると確信していた。歴史の長い流れは断固として人種差別をなくす方向へと向かっていたし、それは「近代のアメリカ社会における奴隷制度の遺物」以外の何物でもなかったと、ミュルダールは思っていた[3]。

　いくつかの当時の出来事が「ジレンマ」、すなわちアメリカの理想とそこで実際に行われていることとの不一致が望ましい解決の方向に向かっていることを、ミュルダールに確信させた。政府が経済に介入しないという伝統は、ニューディールの間に突き崩されてしまっていたし、戦争中にはさらに大きな規模でそうした伝統は崩されてしまったので、戦争が終わっても政府による計画経済は継続されるであろうし、それはニグロの利益になるであろうとミュルダールは戦争中に予測していた。「時がたつにつれ、ニグロはほぼ死ぬまで生活保護を受ける者として世話をされるべき対象として扱われるのか、あるいは、ニグロを通常の経済に組み込んでいくために積極的な手段が必要なのかが、さらに一層明らかになってくるであろう」と、ミュルダールは予想していた。ほとんどのアメリカ人はそうは思っていなかったのだが、ミュルダールはまた、ニグロの公民権を奪うことによって成り立っている、南部の「独特な政治体制全体」は「徐々に揺らいで」いて、それは「主に非合法的な手段」によっていると理解していた。政治的なイデオロギーとしての人種差別は、社会科学の進歩によって知的な正当性を奪われてしまっていた。工業化と都市化の進展により南部が全米的な文化の中に統合されていくと、南部の人種にまつわるイデオロギーはもはや生き残ることはできなくなった。それでも、オーダムと同様にミュルダールは、以下のようなことを認めなければならなかった。つまり南部の白人は、「災いの前兆に気づいて

いない。彼らは切迫した変化を検討していない。彼らはその問題は解決済だという哀れを誘うような幻想の中に未だに住んでいる。彼らは時代の流れに合った建設的な政策を持つことには全く関心がない」。極めて保守的な南部は現実の姿を見ようとはしなかったが、それでも、変化を持ち込もうとする社会の力は動き続けていた[4]。

　南部の厳格な人種隔離の社会体制を貫くためには、いくつかの条件が必要であった。白人が政治の過程を統制し続けなければならなかった。黒人は、体制が変わることは決してないので、それを変えようとすることは無駄ばかりでなく危険ですらあると信じ続けなければならなかった。黒人は、現状に反対する人々からできるだけ遠ざけておかなければならなかった。南部諸州の法律と慣例は、現状を守り、黒人を政治の過程に参加させないようにし、人種的な平等を支持する声や機関を抑えるために作られていた。

　だが南部は、20世紀半ばに国じゅうで湧き上がっていた社会的・経済的なエネルギーを、押さえ込むことはできなかった。工業化が南部でも進展し、農場での労働力の必要性が減少したために、黒人は容易に統制され、情報の入手方法も限られていた田舎を去り、職を求めて都市に移っていった。都市には田舎よりも良い学校が存在し、黒人のための新聞もあったし、リトルロック、ルイスビル、アトランタなどでは自由主義的な白人による新聞さえあった。黒人のための新聞の読者は、全米有色人地位向上協会（NAACP）や全米都市連盟といった組織による反対活動の勢いが増してきていることを知っていた。戦後、反人種差別運動を行う白人の数も増え、ミュルダールが予測していたように、主だった全米的な組織はどこも人種差別を支持しなかったし、大統領による高等教育委員会や公民権委員会は精力的に人種差別を非難し、人種差別は恥ずべきものとなっていった。

　皮肉なことに、独自の二元的な人種制度を維持しようとする南部自身の努力が、その制度の崩壊に繋がる最も強力な種を蒔いていたのである。というのも、南部の人種的に隔離されたニグロの学校は不平等なものではあったが、結果としてハイスクールの卒業生、そしてカレッジの卒業生、さらには少数の不満を持つ専門家集団を生み出したからである。教育を受けたニグロの数

が増加していくにつれ、黒人の向上心も高まり、人種隔離制度によって押しつけられていた制約は、ますます我慢のできないものになっていった。まさにニグロを収容するために創られた学校が、人種が隔離されていた州ではほとんど存在していなかった大学院教育への要求を生み出したばかりでなく、人種隔離制度に対して戦いを挑むことになる黒人の指導者を養成していたのである。「分離された平等」という作り話を維持するために、南部は読み書き能力を黒人にも与えなければならず、その読み書き能力が人種隔離を壊すことになっていった。というのも、読み書き能力は、人種隔離主義者が統制することのできない、新しい情報や考え方を手に入れるための道具を提供したからであった。全米規模でのメディアの技術革新によって、人種差別に反対する考え方は、雑誌、ラジオ、テレビ、映画、書物などにより、いつでも南部に入り込んでくるようになった。黒人の読み書き能力の向上は、黒人を全米的な文化から遠ざけておくことができなくなったことを意味していた。白人の教育水準の向上も重要なことであった。というのも、国のいたるところで、教育の向上は、偏見を減らすことや、人種差別主義者のイデオロギーを突き崩そうとする自覚に繋がっていったからである。

　だが、こうした社会と経済の積極的な力が働いていたにもかかわらず、不可解なことが残っていた。もし、白人によって支配された南部が権力のあらゆる手段を握っていて、譲歩することに断固として反対であるならば、どうしたら隔離は撤廃できるのであろうか。どうしたらアメリカの社会制度は変わるのであろうか。何が政治的な行き詰まりを打破してくれるのであろうか。たしかに、その多くが事実上、白人のみの有権者から選出されていた南部の議員の権力と年功を考えると、連邦議会が過去からの決別を主導することは起こり得ないことであった。南部の州議会は投票資格の決定権を持っていて、白人により支配されていたのみならず、政治の過程を民主化しようとする努力に全く共鳴しない、田舎出身の白人が支配していたのである。1940年代末にトルーマンが失敗したように、大統領でさえ公民権の提案に関して連邦議会を動かすことはできなかった。

第2節　「分離すれども平等」

　しかしながら、黒人の平等な権利の主張を推し進める一つの道があった。司法制度である。まさにこれがすべてにおいて相応しい進め方であった。というのも、19世紀の最後の30年間において、黒人の権利の侵害を容認してきたのは、まさに連邦最高裁であったからである。1873年初頭に連邦最高裁は、再建時代の連邦議会が制定した公民権法を無効にし、南北戦争後の憲法修正条項について、黒人の完全な公民権を保障するという目的を否定する形で読み替えていた。連邦最高裁の判決の結果として、南部諸州は再建時代の憲法修正条項の平等主義的な意図を無視することができたのである。かつての奴隷州において白人の優越性は復活し、黒人は選挙人名簿から削除され、人種間の厳密な隔離を維持するためのジム・クロウ法が成立した。この一連の過程の中で頂点に位置していたのが、1896年に連邦最高裁から出されたプレッシー対ファーガソン判決であった。これは、人種によって鉄道の乗客を隔離するルイジアナ州法の合憲性を支持する判決であった。9人の判事のうち8人が、二つの人種に提供される設備が同等であれば、人種分離には何の問題もないという意見であった。もし有色人種が、「二つの人種の強制的な分離は有色人種に劣等の印を押すことになる」と思っていたならば、「それは法律の中に問題があるのではなくて、単に有色人種が憲法をそう解釈することを選択したに過ぎない」と、多数派は主張した[5]。

　ジョン・マーシャル・ハーラン判事のみが、プレッシー判決に異議を唱え、彼のこの異議は何十年もの間、公民権運動のスローガンとなった。ハーランは、州が人種のみに基づいて市民を統制する権限を持っていることを否定した。「すべての市民に共通な公民権に関して、私の見るところ、合衆国憲法はこうした権利を享受できるよう保護されるべき人々の人種を見分けることを、あらゆる公的権力に認めていない」。再建時代の憲法修正条項は、「我々の政治体制から人種の境界をなくした」と、彼は思っていた。彼の異議の中で最も有名な一節において、ハーランは、人種のみに基づいた市民の規制は憲法にそぐわないと抗議していた。

憲法を考慮し、法的見地からすると、この国には市民の中に優れていて権威のある支配階級は存在しない。この国にはカースト制度は存在しない。我々の憲法は肌の色にとらわれないし、市民の間に階級があるとは思っていないし、それを認めてもいない。公民権に関しては、すべての市民は法の前に平等である。最も卑しい人も最も権力を持っている人と同等である。法は、人を人として見なし、地上の最高の法によって保障された公民権に関しては、人の置かれている環境や肌の色を斟酌しない。

連邦最高裁のプレッシー判決により正当性を立証された「分離すれども平等」の原則は、半世紀以上にわたり国法として君臨していた。それゆえ、人種隔離の原則を法律において、また南部諸州や南部を越えた他の多くの地域での日常生活において公認したのは、連邦最高裁であった。
　多様な人種の寄り合い所帯であるNAACPの法律面の戦略家は、1930年代から1940年代にかけてさまざまな裁判に勝利することによって、人種隔離という大建造物を着実に少しずつ崩していった。そこには、陪審員からニグロを除外すること、白人と黒人の教師の給与を均一にすること、ニグロの投票権を拒否すること、住宅の契約に人種的制限を加えること、州にまたがるバス旅行の際に人種隔離することといったような案件が含まれていた。けれども、これらのどの判決をとってみても、人種隔離を終わらせるための圧倒的な否応なしの命令とはなり得なかった。というのも、「分離すれども平等」のプレッシー原則にまだ効力があったからである。黒人を投票から締め出したいと思っていた州は、裁判所から無効とされた施策に代わる新しい施策を考え出すのに長けていた。覆されなければならなかったのは、一つの法律だけではなかった。それは暮らし方そのものであり、政府による人種隔離の強制こそがその基盤にあった。
　1930年代初頭に、NAACPは統一的な人種別学の反対運動を展開した。多岐にわたる裁判をそのつど取り上げるのではなく、協会は、教育における「分離すれども平等」の原則の有効性を着実に突き崩していくために、判例集を

作り上げようという入念に計画された試みを実践し始めた。一方でその原則そのものが、敵に対して攻撃手段を提供していた。というのも、人種別学を維持している州は、プレッシー判決に従うためには、両方の人種に対して平等なものを提供することになっていた。だが、人種隔離された平等に対する明確な制約にもかかわらず、南部諸州における二元的な学校制度はひどく不平等であった。その不均衡の程度は州ごとにまた年度ごとに異なってはいたが、白人生徒が受けられる教育の機会は、黒人生徒が受けられる教育の機会に対して、はるかに優っていた。黒人校と比べて白人校では、より多額の公的資金が使われ、学期はより長く、教師の給与もより高く、教師としての準備もたいがいより良くできていて、目に見える設備にもより多くの資金が費やされていた。人種間の不平等が最もひどい州の一つであったサウスカロライナ州では、1945年に黒人と白人の生徒数はほぼ同じであったのだが、州は白人生徒1人当たりに、黒人生徒1人当たりに支出する金額のおよそ3倍の金額を支給していた。白人校の不動産価値は黒人校のそれの6倍であった。州は、黒人生徒の通学費用に、白人生徒のための通学費用の100分の1しか費やさなかった。このように公的資金の分配は不公平であったのだが、1930年の比較可能な統計と比べてみると、紛れもない進歩であった。この年、サウスカロライナ州は、白人生徒には黒人生徒の8倍の資金を支出していた。さらにとんでもない資金の分配を行っていたのは、ミシシッピ州であった。そこで州は1945年に、白人生徒1人当たりに対し、黒人生徒1人当たりの費用の4.5倍を支出していたが、これも進歩であった。というのも、1929年の黒人生徒の不利な状況は、白人生徒のそれと比べると、9分の1であったからである。職業教育と教員養成のために州に割り当てられた連邦資金でさえも、白人校と黒人校の間で不公平に配分されていた。人種別学制度を持つ州で、学校に在籍していた生徒の21.4％が黒人であったが、1930年代半ばにおいて、連邦資金の9.8％しか黒人生徒は受け取っていなかった。人種差別主義の制度に含まれているいつも通りの黒人に対する侮辱的言動が、公的資金の分配の際における根本的な不公正にも加えられていた。たとえば、黒人校には白人校で廃棄されたお古の教科書が配られていた[6]。

第3節　高等教育における人種別学

　高等教育において、黒人学生に与えられている機会は限られていた。白人学生は、黒人学生が選択できるカレッジの5倍の数から選択することができたし、白人用のカレッジは黒人用のカレッジに比べて、より豊かなカリキュラムを提供し、基準認定を得られる可能性が高かった。大学院教育や専門教育を受ける機会は、黒人学生に対して厳しく制限されていた。博士号に繋がる研究を提供しているニグロの教育機関はなかった。ハワード大学とナッシュビルのメハリー・カレッジの二つのニグロの教育機関しか、医師養成を行っていなかった。工学と建築の大学院は、南部のニグロの教育機関には存在しなかった。白人学生は、歯学、法学、薬学、図書館学を極めて多くの公立・私立の大学で学ぶことができたのに対して、ニグロの学生のための専門的なプログラムは、南部全体でも一つか二つの教育機関にしか存在しなかった[7]。

　人種隔離の撤廃を求める法的運動は、能力のある黒人学生を公立の大学院や専門職大学院に入学させることを求める裁判から始められた。この教育段階に専念することにしたのは、いくつかの戦略的な利点があったからである。何よりも、不平等が明確で否定できなかったことがある。というのも、多くの南部諸州が白人学生には大学院や専門職のプログラムを提供していたのに対し、ニグロには何も提供していなかったからである。また、こうした問題に関わりを持つ学生数が少なく、初等学校や中等学校に対する正面攻撃に比べて、最初のうちは人種差別主義者にとってさほどの脅威とは感じられないのではないか、と思われたからである。加えて、学生は通常の入学年齢を超えているにもかかわらず、カレッジでの教育を受けていたので、州の支援を受けている高等教育機関から人種の理由により彼らを締め出すという独善ぶりを、劇的に示すことができたからである。平等な取り扱いを保障しているプレッシーの見解がNAACPの議論の進め方に道を切り拓いた。

　こうした戦略に基づいた最初の主要な裁判において、NAACPは、セントルイスに住む黒人で、ミズーリ大学の法科大学院に入学を希望していたロイド・ライオネル・ゲインズの代理人を務めた。ミズーリ州の公立の黒人カレッ

ジであるリンカーン大学の卒業生ゲインズは、州立の白人専用の法科大学院から入学を拒否され、リンカーン大学に入学を申請するかあるいは他の州の法科大学院に入学を申請するかのどちらかを選ぶよう勧められていた。前者の場合には、州はリンカーン大学に新しい法科大学院を黒人のために創設することになっていたし、後者の場合には、ミズーリ州が学費の補助を提供することになっていた。ゲインズのNAACPの代理人は、「分離すれども平等」の解釈のもと、州は、彼に対して、白人に与えられているのと平等な教育の機会を与える義務があると論じた。新しい法科大学院を創るとか、州外の奨学金を準備するというようなミズーリ州の約束は、プレッシーの見解に基づいて求められる平等な取り扱いではない。1938年に連邦最高裁は、6対2でNAACPに同意した。人種隔離を定める法の正当性は、「州内で隔離されている集団に対して、法律によって与えられている特権が平等であることが大前提になっている」と結論づけた。だがミズーリ州は、ニグロには否定されていた、白人の法科大学院生のためだけの特権を作り上げていた。「白人の住民は州の中で法教育を受けることができたが、同じような能力を持つニグロの住民は、そこで法教育を受けることを断られ、法教育を受けるためには州外に出なければならなかった」。原告は州立法科大学院へ入学する権利を与えられた。もっとも、ゲインズは入学しなかったので、自分の勝利を実地に試すことはできなかったが、重要なのは裁判における先例が確立されたことであった[8]。

攻撃は戦後、再開された。ニグロ用のオクラホマ州立カレッジの卒業生エイダ・ロイス・シピュエルは、白人専用のオクラホマ大学の法科大学院に入学を断られ、州がニグロ用の法科大学院を創設するまで待つよう告げられた。シピュエルの入学する権利を議論する中で、NAACPは、「人種や肌の色で分類したり区別したりすることは、我々の社会においては道徳的にも法的にも正当性がない」と強く主張した。連邦最高裁は、人種隔離は本来的に平等とは相容れないとするNAACPの主張に同意する準備がまだできていなかったが、1948年には合衆国憲法修正第14条の平等保護条項に従うため、オクラホマ州はシピュエルに対して、「他の集団の志願者に提供するのと同時に」

法教育を提供しなければならない、と宣言した。オクラホマ州が時を移さず、間にあわせのニグロの学生用の法科大学院を創設したが、連邦最高裁はオクラホマ州の対応が平等に関する憲法上の基準に合致しているか否かについて審議するのを拒否した[9]。

2年後、連邦最高裁は専門職教育と大学院教育における人種隔離をめぐる、さらに二つの異議申し立てに対して判決を下した。黒人の郵便配達人であるヒーマン・M・スウェットが白人専用のテキサス大学の法科大学院への入学を申請したが、もちろん、拒否された。州は急いで新しい黒人用の法科大学院を建設し、「分離すれども平等」の命令に従っていることを示した。新しい法科大学院は、3人の非常勤教員、3部屋の教室、そしてたった1人の学生であるヒーマン・M・スウェットで開校された。連邦最高裁に提出された問題は、シピュエルの場合には上手くかわされたが、黒人は、州の主要な正式に認められた法科大学院への入学を許可されずに新たな急ごしらえの法科大学院にのみ通う資格があるといったような措置を採ることが、果たして平等な取り扱いと言えるのだろうかということであった。同時に、ジョージ・W・マックローリンの訴訟案件が連邦最高裁に届いた。68歳の教師であるマックローリンは、オクラホマ大学の教職大学院の博士課程の学生として入学を申請した。連邦裁判所は彼の入学を命令したが、入学後彼は、大学内の教室、図書館、食堂といったところで、他の学生から隔離された[10]。

こうした訴訟事件のおかげで、問題の核心がはっきりと浮き彫りにされた。テキサス州は、テキサス大学の白人用の法科大学院と同等のニグロ用の法科大学院を、スウェットのために開校することを約束していたが、この二つの法科大学院は、どこを比較してみても明らかに「同等」ではなかった。マックローリンは、計画の段階では白人と同じ施設や本を使うことが認められていたが、実際には白人学生から隔離され、白人学生とは異なる扱いを受けていた。両方の訴訟事件において、州の行動は学生の人種のみに基づいていた。NAACPは、民主主義社会における人種による区分が、弁解の余地のないことに照準をあわせていた。スウェットとマックローリンの両方の訴訟事件において、NAACPは人種による区分が不当かつ不合理であると主張した。

NAACPは、この2件の訴訟事件にからむ弁論趣意書の提出を受け、初めて司法省の支持を得たばかりでなく、「隔離に反対する法学教員委員会」による弁論趣意書により、その立場は鳴り物入りで支持された。エール大学教授のトーマス・エマーソンによって草稿が作られ、187人の法学教授により署名された弁論趣意書は、人種による区分に反対であることを明確に述べていた。

> 平等な保護を与える法律は、人種による区別をしないものであるからして、人種による差別をするものではない。法律が人種のみに基づいた権利や責任を規定するや否や、それは憲法修正第14条を侵害することになる。理に適っている区分は行われることもあろうが、一つの基準のみに基づいた区分は完全に排除されるべきである。というのも、平等保護条項は人種による区分それ自体が不当であるとしているからである[11]。

連邦最高裁は、人種による隔離と人種によって市民を区分することが憲法違反になるかどうかを決定することを避けたが、満場一致でスウェットとマックローリンを支持する判決を下した。オクラホマ大学は、州から課されていたあらゆる制限を撤廃するよう命じられた。というのもそれらは、ジョージ・マックローリンが「効果的な大学院教育を追求していく際に」不利な条件をつけ、彼が学習したり、仲間の学生と交流したり、専門領域について学んだりすることを困難にしていたからであった。1950年の同じ日に連邦最高裁は、テキサス大学法科大学院にハーマン・スウェットの入学を許可するよう命じた。というのもテキサス州が、法科大学院の白人学生とニグロ学生に、「本質的に平等なもの」を提供していなかったからである。テキサス大学法科大学院とスウェットや他の黒人学生のために創設された法科大学院との間には、明確な違いがあったばかりでなく、テキサス大学法科大学院は、「客観的に測定することはできないが、法科大学院を立派なものとするのに寄与している、極めて優れた特質を持っていた」。こうした実体のないものとは、「学部教員の評判、大学運営の経験、卒業生の地位と影響力、コミュニティ

における地位、伝統と名声などであった。これらの二つの法科大学院のどちらかを自由に選ばせるとしたら、この二つの法科大学院が互角であると考える者がいるとは思われない」。スウェットとマックローリンに対する判決は、連邦最高裁が「分離すれども平等」の文言の半分を占める「平等」の部分を真剣に取り上げるつもりであることを、明確に知らせた。それは本当に真剣であったので、高等教育における人種別学の機関が基準に合格できるかどうかは疑問であった。

第4節　ブラウン対教育委員会

　満場一致のスウェットとマックローリンの判決に後押しされて、NAACPは州から初等・中等学校に強制された人種隔離に対する直接の異議申し立てを始めた。1952年と1953年に連邦最高裁は、カンザス州、サウスカロライナ州、デラウェア州、バージニア州、コロンビア特別区における隔離法に対する異議申し立てを確認していた。この一連の訴訟はまとめて、カンザス州トペカの訴訟からとられた名称である「ブラウン対教育委員会」として知られていた。大学院教育における人種隔離に反対する評決は、南部の白人指導者に対して、自分たちの進むべき道を再検証させたり、人種別学に反対の決定が下される可能性に備えさせたりするようなことはなかった。ミュルダールやオーダムが以前に述べていたように、保守的な南部は、それを無視することによって変革を防ごうと心に決めていたと思われる。南部の白人は、国のほぼ半分の人々の日常生活に影響を及ぼしている法律を、連邦最高裁がひっくり返すことなどあり得ないと考えていた。彼らの弁護士は、プレッシー判決によって人種隔離に関する問題がいつも解決されてきたので、州が伝統的に持っていた教育事項の統制権を連邦最高裁が終わらせることはないだろう、と強調した。保守的な南部の代弁者は、近年、黒人の学校制度の向上に進展があったことを誇り高く指摘していたが、これはやましい気持ちからではないにしても、少なくとも裁判所は分離されしかも不平等な学校を大目に見続けることはないだろう、という認識を示していた。

当時、17の州で強制されていて、他の4州で認められていた人種別学に対するNAACPの攻撃は、一つの最も重要な原則に基づいていた。それは、人種による区分を用いることは憲法修正第14条により禁止されているということであった。NAACPの弁論趣意書は、合衆国における平等主義の伝統の歴史を雄弁に語っていた。それは、ハーラン判事が1896年に記していたように、憲法は肌の色にとらわれないで、すべての市民は人種、肌の色、信条、出身国にかかわらず法の前に平等であるという信念を貫くこととして示されていた。平等主義の伝統の原則は、人は誰でも集団の一員として取り扱われるのではなく、個人として取り扱われなければならないという概念であった。原告を代弁してロバート・L・カーターは、連邦最高裁に以下のように告げた。「我々はこの議論をしていく中で、話を一歩先に進めていきたいと考えている基本的な論点があり、その論点とは、いかなる州であっても、憲法修正第14条の平等保護条項のもとにおいては、その市民に対して教育の機会を提供するときの条件として、人種を用いるいかなる権限も持ってはいないということである」。同様に、サーグッド・マーシャルは、「人種という見地から見ると、子どもの間にすぐに分かるほどの違いは何もない」ので、州が人種や祖先に基づいて人々を区分することは不当であると論じていた[12]。

南部の弁護士が、「分離すれども平等」とするプレッシー判決を支持する一連の判決の歴史を強調したときには、NAACPの弁護士は、陪審員の任務、不動産占有、投票、雇用、大学院教育といった分野における人種による区分を無効とした、連邦最高裁の多くの判決を強調して反論した。プレッシーへの主だった反対論は、「憲法修正第14条は、州が、人種や肌の色だけに基づいて市民を区別したり、区分したりすることを排除している」ということであった。公民権を擁護する弁護士によると、州は「市民の中の選ばれた集団に対して、便宜を図ったり、資格を奪ったりすることがあるかもしれない」が、そうした集団の選出は、理に適った真の違いに基づくものでなければならないという。人種と肌の色のみに基づく区別をすることは疑いもなく、「我々の政治体制のもとにおいては、憲法上見過ごすことのできない、独断と気まぐれの明らかな典型である。人種に基づく判断基準は、憲法上不適切である

……」。憲法修正第14条が、人種と肌の色に基づくいかなる州の活動も完全に禁止していて、「州に対して、権力と権威を行使する際には肌の色にとらわれないことを強制している」というNAACPの見解には、曖昧さは全く存在していなかった[13]。

　原告の弁護士は、州によって押しつけられた人種隔離が、黒人の子どもの社会的・心理的な発達を損なっているとする彼らの告発を支持するよう、社会科学者の協力を要請した。弁護士の憲法に関わる訴えが、絶対に肌の色にとらわれないという原則に基づいていた一方で、ニグロの原告のための社会科学に基づいた証言は、内部の矛盾はその時点ではまだ表面化してはいなかったが、両刃の剣となる議論を含んでいた。人種の違いは意味がなく、白人の子どもとニグロの子どもの学び方は同じなので、子どもを人種によって区分する合理的かつ科学的な正当性も存在しない、と証言する社会科学者もいた。また、人種に関するこれまでの定義の方法が、適切かどうかもはっきりしていない。というのも、すでに多くの人種間の混合が起きているからである。彼らはまた、人種のみの理由で公立学校へ通うことを拒否され、その代わりに同じ人種の者にのみ開かれている別の学校へ通わされるとき、害が子どもに及ぶと論じた。これが32人の著名な社会科学者に支持された声明文の要点であった。彼らは、人種隔離について次のように定義していた。「一つの人種、宗教、出身国や出身地、言語集団の一員と、他の集団の一員とが多様な関わりを持つ機会が、公的団体や政府の出先機関の活動の結果として、あるいはその活動に支持されることによって制限されること。我々はここでは、公的団体によって強制されたり、支援されたりするのではなく、個人の自由な活動の結果として現われてくるような人種隔離には関心がない……」。だが、他の社会科学者は、マイノリティの子どもに害を及ぼしているのは、異なる人種の間で接触のないこと、ならびにマジョリティ集団に属する子どもと接触する機会のないことであると証言した。前者の社会科学者の証言の要点としては、肌の色にとらわれないという原則を支持していたが、後者の証言の要点としては、異なる人種が共存する学校教育の必要性を指摘していた。人種隔離廃止をめぐるこうした二つの相反する解釈の違いが、のちの議

論の種を蒔くこととなった。というのも、最初の証言においては、人種隔離の撤廃は、州により強制されているあらゆる人種による区分を禁止することによって、成し遂げられると考えられていたのに対し、2番目の証言においては、人種隔離は人種統合、すなわち多様な人種の子どもが混ざった教室に取って代わられなければならず、それは人種の区分を必要とすると主張されていたからである[14]。

　おそらく、この二つの理解の違いが将来大きな問題になってくるであろうことが、この時点でははっきりしていなかったために、弁護士は政府に肌の色にとらわれないようにという観点から話をしたが、州による人種の区分を禁止したのち、人種の統合が続いて起こってくると考えていた。弁護士は、州が黒人の子どもを人種別学の学校へ強制的に通わせることを止めさえすれば、一つの学校の中での黒人と白人の比率については関心がなかった。フェリックス・フランクファーター判事が、NAACPの訴訟弁護基金（LDF）の代表法律顧問サーグッド・マーシャルに対して、連邦最高裁がNAACPを支持する立場を取るならば、「どのようなことになるのか具体的にはっきりと説明するよう」求めると、マーシャルは次のように答えた。

> 判事殿、私は学校の当局者に対して、第一に法令を施行することを禁止し、第二に人種や肌の色に基づく隔離を禁止するような判決が出されるべきと考えます。そのうえ、彼らがどのような学区の境界線を引いたとしても、その境界線が人種と肌の色に基づいて引かれたものであることを示すことができれば、彼らは禁止命令に背くことになると考えます。その境界線が人種や肌の色に全く関係なく、自然に引かれたものであるならば、文句を言う人は一人もいないだろうと私は考えます。

同様に、バージニアの原告の法律顧問であるスポッツウッド・W・ロビンソン3世が、思い描いている改善策を述べるように求められると、彼は、「あなたのすべきことは、人種に基づいて、特定の学校への入学を制限したり割り当てたりせずに、ただ単にすべての生徒が国のすべての施設を使えるよう

にすることです」と答えた。連邦最高裁において憲法に関わる問題について最も決定的な声明を出したのは、マーシャルであった。彼は、憲法修正第14条について、「政府の関与するいかなる分野においても、人種の区分を行うあらゆる権限を」州に与えていないときっぱりと主張した。彼によると法律における人種による区別は、「不快な」、「嫌悪すべき」、「うさんくさい」、「不合理な」ものであるという。というのも肌の色が同じでないからといって、そこには何ら本質的な違いが存在しないからであった[15]。

　連邦最高裁は1954年5月17日に、州から課されている公立学校における人種隔離は憲法違反であると宣告する判決を全員一致で下した。主席判事アール・ワレンが次のように記している。教育は現代社会において極めて重要なものになっていて、「教育の機会を与えられない子どもが、人生において成功を収めることができるであろうと期待することには無理がある。そうした機会については、州が提供する義務を負っており、すべての子どもが平等な条件で享受されるべき権利である」。目に見える設備や他の実在する要素が平等であったとしても、公立学校における人種のみに基づいた隔離は、マイノリティ集団の子どもから教育の機会均等を奪っていると、連邦最高裁は主張した。連邦最高裁は、「公教育の場には『分離すれども平等』の原則が生き残る余地はない。隔離された教育施設は本質的に不平等である」、と結論づけた[16]。

　この判決は、これ以降「ブラウン判決」として知られるようになり、アメリカ社会における平等主義的な理想を肯定する歴史上有名な出来事となった。この評決は、1938年のゲインズ訴訟事件以来続いてきた一連の判決と全く一致しているのだが、それにもかかわらず、そこには驚くべきものが含まれていた。未だかつて、連邦最高裁がこれほど多くの人々の生活、行動規範、道徳意識の中に深く立ち入ったことはなかった。全米のほぼ半分の州が、裁判所が憲法違反だと裁定した法律に従って暮らしていた。全米の公立学校の生徒のほぼ40％が、人種別学制度の学校に入学していた。この裁定は北部では大歓迎され、自由主義的な南部の新聞には必然的な出来事として描かれる一方、最南部地方の政治家からは軽蔑的に受け止められていたが、それ

が何を意味しているのかとか、それがどのように実行されるのかについては、誰も確実に理解していなかった。連邦最高裁が何の命令も出さず、この判決をどのように実践していくかに関する議論に応じるため、双方の立場の弁護士を召喚したので、どのようにして、いつから判決を遵守するのかが明確ではなかった。

判決が下される1年前に、連邦最高裁は相対立する弁護士に対して、人種隔離を撤廃する法令の特質をめぐる見解を提出するよう求めた。連邦最高裁によって提示された問題の一つは、検討中の改善策の範囲を示唆していた。「公立学校における人種隔離が憲法修正第14条を侵害していると仮定すれば、(a)ニグロの子どもは、通常の地理的な学区の線引きによって定められた区域の中で、自ら選択した学校への入学が直ちに許可されなければならないという判決が、必然的にあとに続くのであろうか、あるいは、(b)連邦最高裁は、公正な権力の行使において、今の人種隔離の体制から肌の色の違いに基づかない体制への、有効で段階的な修正を認めた方が良いのであろうか」と、連邦最高裁は尋ねた。申立書やあるいはそののちの議論の中で、公民権の弁護士は、原告を「人種や肌の色の違いに関係なく公立学校へ入学させる」判決を懇請した。彼らは、判決によって認められた権利は、「個人的な今現在のもの」とされるべきであり、原告にも個人として適用されるべきであると論じていた。南部の弁護士は、学区を新たな状況に適応させるためには、時間、柔軟性、粘り強さが必要である、と考えていた[17]。

1955年5月31日に連邦最高裁は、一般的に南部の勝利と解釈されている、ブラウンIIとして知られる判決を下した。というのもこの判決が、連邦地区判事の監督のもと、人種隔離廃止の実施を地方学区の役人の手に委ねることとしたからである。下級裁判所は、地域の教育委員会に対して、「完全な遵守に向けて速やかにかつ適切に着手する」よう求めるとともに、「人種による差別を受けずに、この判決に関係する人々を可及的速やかに公立学校に入学させる」ために、必要とされるあらゆる命令を下すよう指示した[18]。

第5節　ブラウン判決の余波

　黒人の原告が、人種別学の撤廃された学校に直ちに入学を許可される権利の実施時期を猶予することによって、南部をなだめようとした連邦最高裁の努力にもかかわらず、ブラウン判決は南部の指導者たちにより、先例のない司法権の専制的な行使であると激しく非難された。アール・ワレン首席判事と彼の仲間の何人かの判事を弾劾しようとする無益な要求に加えて、共産主義者による破壊活動であるとする扇動的な告発が充満していた。そうした時代の熱気の中で、判決について州の権利に対する途方もない侵害であるとか、見事な巧みさによる精神的な支配であるとみなす傾向があった。だが、声は小さかったのだが、判決を歓迎しながらも原則に基づいた懸念の声を上げる好意的な批判者もいた。彼らの疑問や疑念は、扇動家の叫び声が消え去ったあとも長く生き残り、この判決の実施を絶えず悩まし続けることとなる問題の前兆となった。

　第一に、連邦最高裁が人種隔離廃止を実施していくための、確固とした命令を出さなかったことに対する懸念があった。NAACPの弁護士が勧告したように、原告が人種隔離のない教育を受ける「個人的な今現在の」権利を認めるよう教育委員会を指導する代わりに、「可及的速やかに」動くことを教育委員会に認めたことにより、連邦最高裁は、人種別学の学校を運営している者の手に、いつ彼らの憲法違反の取り組みを段階的に止めるのかの決定を委ねることになり、人種隔離廃止の過程が何年もの間だらだらと長引くことは間違いのないものとなった。高等教育に関しては連邦最高裁は、原告を直ちに入学させるとともに、いったん入学を許可された学生に対する隔離を止めるよう大学に命令していた。「可及的速やかに」という方策の導入は、原告の権利である隔離からの即座の救済を否定してしまった。事実上、連邦最高裁は原告について権利を否定された個人としてではなく、ニグロという集団の代表として取り扱っていた。連邦最高裁は、南部は即座の人種隔離廃止を許容できないという、南部の弁護士の主張に同意したように思われる。だが、NAACPの弁護士でさえ、その当時、連邦最高裁が南部に協力を強いる

ことができたのかどうか、疑問に感じていた。ロバート・L・カーターとサーグッド・マーシャルは、連邦最高裁が判決の遵守に時間の制限をつけなかったことは、おそらく大した問題にはならないであろうと見ていた。というのも彼らは、ジョージア州、アラバマ州、ミシシッピ州のような最南部地方の最も極端な頑固者は、「ニグロが矢面に立たされることになる、長くて激しい戦いのあとで」、ようやく人種隔離が廃止されるであろうが、いくつかの境界諸州は、連邦最高裁の方策にかかわらず判決を遵守するであろうし、その他のいくつかの州は、何らかの圧力がかかれば従うであろうと予測していた。「連邦最高裁がいかなる判決を下していても」、結局、このような結果になったであろうと彼らは思っていた。おそらく連邦最高裁は直接的な命令を出したとしても、それは無視されたり、暴力的な抵抗を引き起こしたりするのではないかと危惧していた。たしかに、1950年代の連邦最高裁は、のちのち評判の悪くなるような判決を下すことに慣れてはいなかった。けれども連邦最高裁が、「肌の色の違いに基づかない体制への……、有効な段階的な修正を認める」との判決を下す代わりに、訴えられていた学区に対して、ニグロの子どもが「自ら選択した学校」に入学できるよう要求していたとしら、どうなっていたであろうかと予測することは、興味のそそられることであった[19]。

　第二に判決は、社会学と心理学による証拠に依拠していることを批判された。ニューヨーク大学法科大学院のエドモンド・カーンは、裁判の結果において、社会学的な証拠に重要な役割を持たせることは危険であると懸念していた。というのも彼は、「ニグロおよびその他のアメリカ人の憲法上の権利を、こうした記録による科学的な実証といった類の、説得力を欠いた根拠に基づかせることはしない」つもりだったからである。カーンはとりわけ、黒人の子どもに肌の色が白い人形と有色の人形のどちらかを選択させるという、ケネス・B・クラークの有名な人形の実験を、その例として示した。その結果はあらかじめ決められていたように思われると、カーンは抗議した。「たとえばもし、ニグロの子どもが茶色の人形が自分たち自身に似ていると言うと、人種隔離のせいで彼らは人種を自覚していると、彼は推論した。一方、彼ら

が白人の人形が自分たち自身に似ていると言うと、人種隔離のせいで彼らは現実から目を背けていると、彼は推論した」[20]。

　似たような手法で、コロンビア大学法科大学院のハーバート・ウェヒスラーが、判決の理由が憲法の中立の原則に則っていないという懸念を表明した。NAACPが力説したにもかかわらず、憲法修正第14条は市民を人種によって区分することを政府に禁止していると、連邦最高裁は述べなかった。それこそが憲法の中立の原則を提供していたはずであった。それでは、判決は何を拠り所にしていたのであろうか。今日の教育の重要性に鑑み、人種別学は本質的に不平等であるというならば、連邦最高裁が述べたように、今日の公衆浴場や海岸での人種隔離を禁止するために、どのような原則が適用できるのであろうか。人種別学は子どもに心理的な害を及ぼすと社会科学者が述べているので、憲法違反であるというのであれば、将来、異なる結論を支持する新たな社会学的な証拠が明らかになったなら、どうなるのであろうか。また、学校組織が人種によって子どもを割り振ることを止めたあと、明確に定義された原則がない中で、将来学校組織は、憲法上何をすることが求められているのであろうか。カーンやウェヒスラーのような考えは、その結果批判されたが、彼らの疑念は論破されなかった。彼らが見抜いた連邦最高裁の分析に内在していた欠陥は、年がたつにつれしだいに問題化していった。というのも、社会学者の見解がますます多様になり、人種隔離廃止の実現にからむ問題がますます複雑になっていったからである[21]。

　第三に、判決そのものとその底に横たわっていた憲法上の原則が漠然としていたことが、ブラウン判決が求めているものを分かりにくくし、判決に対する抵抗や不承諾を後押ししていた。連邦最高裁が、認められていることと禁止されていることを明確に区分しなかったことが、連邦地区判事の間に混乱を引き起こし、下級裁判所における意見の対立を生み出し、人種隔離廃止の実現を遅らせる一因となった。連邦最高裁は、「人種隔離された教育施設は本質的に不平等である」という原則から後退することは決してなかったが、連邦最高裁が判決を遵守するための最小限の必要条件を打ち出したのは、ブラウン判決から14年後のことであった。そしてその後の数年間においても

連邦最高裁は、議論の主題であったにもかかわらず、禁止されているのは州から課された人種の隔離なのかあるいは人種の分離状態なのか、曖昧なままにしていた[22]。

第6節　ルイスビルの成功例

　怒った論説や政治的で大げさな物言いは別として、南部はブラウン判決に対して冷静な不信感のようなもので応じた。その冷静さは、南部が判決を受容したことを示していたのではなく、連邦最高裁の判決を以てしても、南部の暮らし方の土台である人種隔離がひっくり返されることはないだろうという、懐疑的な態度を示していた。プレッシーの例がまさにその核心を突いていた。というのも、二つの人種を平等に取り扱うことの必要性は、罰せられることもなく、無視され続けていたからである。誰も覚えていないほど昔から、白人の優越性が法律と慣行の中に組み込まれていたような州において、ブラウン判決は何も変えることはないだろうと人々が考えるには、理由があった。判決の価値を貶めることは、最南部地方の州の役人の間では普通に行われていた。デモや暴徒の活動のような物理的な抵抗は、それを無理強いしようとする行動が始まるまでは勃発していなかった。1954年直後のしばらくの間の実施例は皆、矛盾点を抱えていた。だが、判決を無視することはできないことと、人種隔離廃止が不可避であることとをはっきりと示していたことが、白人の人種差別主義者の怒りをさらに煽った。

　カーターとマーシャルが予測していたように、判決に対する否定的な反応は最南部地方の州で最も激しかった。そこではニグロの人口の割合がより高く、黒人が優位を占めることへの懸念はより強く、黒人嫌いが蔓延していた。ミズーリ州、テネシー州、デラウェア州、ケンタッキー州、メリーランド州といった境界諸州では、政治家や報道機関は、連邦最高裁の判決に建設的に反応し、ブラウン判決の受け入れを後押しした。ほとんど黒人学生のいなかった多くの境界諸州のコミュニティでは、何事も起こることなく、学校における人種隔離が撤廃された。かなりの数の黒人の入学者のいる主要都市のいく

つかでも、人種隔離廃止が始まった。こうした中で速やかに人種隔離が撤廃されたのは、ボルチモア、ウィルミントン、サンアントニオ、コロンビア特別区、セントルイス、ルイスビルであった。これらの都市では、学区を再編し、人種の区別なく子どもを最も近い学校に割り振るか、自ら選択した学校への転校を認めることによって、二元的な学校をなくす計画を採択した。

　ルイスビルの人種隔離廃止の成功例は全米の注目を集め、その計画を作り上げた南部生まれの教育長オマー・カーマイケルは、ホワイトハウスに招待され、アイゼンハワー大統領と話し合った。彼によると、ブラウン判決が公表されるや否や、市および州の教育と政治の指導者は、この判決に進んで従うことを強調したので、彼は1年間、人種隔離廃止に対するコミュニティの支持を築き上げるのに没頭したという。計画は1956年9月に始まり、幼稚園から成人教育までの教育制度全体に適用された。人種に関係なく学区の線引きがやり直され、生徒は自らの学区の学校に割り振られたが、この計画の斬新な特色は、自由に転校できることであった。生徒は親の要請に基づいて、どこの学校にでも空きがある限りは転校することができた。こうした特質が、頑なに人種隔離廃止に反対する人々の抵抗をできるだけ小さく抑え、人種別学の学校が残ることがないようにしてくれたと、カーマイケルは思っていた。生徒の割り振りが終わると、かつての白人校に割り振られた黒人の45％が、かつてのニグロの学校に戻ることを求めていたが、一方、かつてのニグロの学校に割り振られた白人の85％が、転校を希望していた。それにもかかわらず、学期が始まると全生徒数の73.6％が、人種の混ざった学校に入学していた。なお、異なる人種の生徒が1人でも在籍していれば、その学校は人種が混ざっているとみなされた。『ニューヨーク・タイムズ』は、ルイスビルにおける学校の始まる日に取材をし、次のように予測していた。「この誇るべき南部の都市の歴史が書かれる際には、今日のこの日は、疑いもなく歴史上画期的な出来事として記録されるであろう。歴史家は、人種統合のきっかけを一世代早めるような社会革命が起こったと記すであろう」[23]。

　公民権の指導者は数年間にわたり、ルイスビル、ウィルミントン、ワシントンといった都市について、善意と指導力が存在していれば、人種隔離廃止

が速やかにかつ平和的に実現され得る証拠として指摘していたが、即座に人種隔離が撤廃された大都市はどこもそのうちに、人口の移動により再び人種隔離の状態に戻ってしまった。やがて、こうした都市の公立学校への入学者は圧倒的に黒人になってしまい、こうした都市が早い時期に人種隔離を撤廃し、誉め称えられたことは忘れられてしまい、そのずっとあとになって、ルイスビル、ウィルミントン、ワシントンはすべて、人種別学を維持しているかどで有罪とみなされた。問題は、白人が郊外や私立学校へ逃避してしまったことだけではなく、時間がたつうちに人種隔離廃止の定義が変わってしまったことにもあった。ブラウン判決直後の余波の中で、学区は以下のようなことを通して、人種隔離廃止を首尾よく成し遂げることができた。それは、すべての生徒に自分たちの近隣の学校に通学するよう要求すること。サンアントニオで行われたように、人種に関するあらゆる制限を取り除き、生徒に対して、本人とその親が選択する学校ならばどこへでも通学することを認めること。ルイスビルで行われたように、生徒が好きなように転校することを認めること。こうした政策は、その当時においては賞賛に値した。というのも、それが黒人と白人が人種に基づいて自動的に割り振られる、古い二元的な制度を廃止したからである。自由主義的な南部の都市の第一世代の反応は、たとえば近隣の学校への通学や自由選択制といった、肌の色にとらわれない政策の実現を切望した。人種隔離のもとでは、ブラウン判決における NAACPの筆頭原告の子どもであるリンダ・ブラウンの場合もそうであったように、黒人はしばしば近隣の学校を通り過ぎて、遠くの学校までバスで連れて行かれ、どの学校に通うのか選ぶ権利をいつも否定されていた。しかしながら、1959年に、公民権を扱う弁護士のジャック・グリーンバーグによって、社会変革の「周到かつ印象的な」例として述べられていた、人種隔離廃止の政策そのものに対して、歳月とさまざまな出来事が黒い影を投げかけていた[24]。

第7節　南部の抵抗

多くの南部の白人にとっては、ブラウン判決に対するいかなる妥協も異端

を意味し、アラバマ、ミシシッピ、サウスカロライナ、ルイジアナ、ジョージアといった最南部地方の諸州においては、この判決を進んで受け入れると表明することは、政治家、学校当局者、新聞の論説委員、宗教指導者にとっては勇気のいる行動であった。黒人嫌いは、法律と慣行によって長いこと支持されてきた強い勢力で、ほとんど誰もそれに反対することはできなかった。それは、ただ単に村八分にされることを危惧したからではなく、自らの身体の安全に対する危惧もあったからである。稀な例外を除いて、選挙で選ばれた指導者は、この判決に従うよう後押しすることはほとんどなかった。それとは逆に、彼らは指導者としての立場を用いて、自らの選挙区の住民に対して、抵抗することが実現可能な策であることを信じるよう促した。南部の政治的指導者は、南部諸州による強固な反対運動が、人種隔離廃止を課す努力をくじいたり遅らせたりし、ついには頓挫してしまうだろうという前提から、「集団的な抵抗」政策を編み出した。1956年3月、南部出身の議員は「南部宣言」を発表した。それは、ブラウン判決について「明白な司法権の乱用」であると公然と非難し、「強制された人種統合に対しては、あらゆる法的手段によって抵抗する」という意志を表明していた。この宣言は、南部選出の22人の上院議員のうち19人によって署名された。ただし、テネシー州選出の上院議員2人のみは署名を拒否し、上院多数党院内総務のリンドン・B・ジョンソンは署名を要請されなかった。そして、106人の下院議員のうち82人が署名した。そこには、アラバマ州、アーカンソー州、ジョージア州、ルイジアナ州、ミシシッピ州、サウスカロライナ州、バージニア州のすべての下院議員が含まれていた[25]。

　懸念されたNAACPと連邦司法当局の介入を食い止めるために、11の南部の州議会は人種隔離を守ろうと多数の新たな法律を成立させた。成立された法案には以下のような条項が含まれていた。異なる人種の生徒が在籍している学校に対する州の資金援助の拒否。公立学校において人種が統合された際には、そこを閉鎖するという脅し。連邦裁判所の命令を無効にするため、公立学校の統制権の州知事あるいは州議会への委譲。義務教育の廃止。人種が統合された学校に通学したくないと思う生徒への学費補助。人種が統合され

た学校で教えることやそこに通うことへの刑事罰。ジョージア州議会は、6人の州最高裁判事の弾劾を要求した。アラバマ州議会は、人種隔離廃止を支持した教師を解雇する規定を設けた。ミシシッピ州議会は、州に対する反対運動を支持する者が州の施設で演説することを禁止した。サウスカロライナ州議会は、NAACPの構成員が公職に就くことを禁じた。3種類の法律が南部のほとんどの州で採択された。第一に、NAACPの法的活動を妨げるための法律。第二に、「州権優位説」の原則を擁護するための法律で、その境界内においては州の権限が連邦政府の権威を無効にできると主張していた。第三に、生徒の振り分け法で、入学時の生徒の割り振りと転校を規定するため複雑な管理制度を作り上げていた。生徒の振り分け法は、転校を希望する生徒に関する念入りな基準を作り上げ、地方教育委員会によって管理されていた。この法律をめぐっては、白人校への入学を希望するニグロの流れを調整し、「形ばかりの」人種隔離廃止の状況を作り上げるために使っていた州もあったし、生徒の心理的・学問的プロフィールやコミュニティの秩序を混乱させる可能性といった、表面的には人種問題とは関係のない理由で、ニグロが白人校へ入学することを妨げるために使っていた州もあった[26]。

　1956年秋、二つの学区が人種隔離廃止の実験場となったが、その結果は際立って異なっていた。テキサス州マンスフィールドでは、裁判所が地区のハイスクールに対して命じた人種隔離廃止を阻止しようと、怒った白人の群集が集まってきたとき、アラン・シバース州知事は、平和を回復するためにテキサス州武装警備隊を2部隊派遣するとともに、混乱を引き起こすこととなった12人のニグロ生徒を除籍するよう、教育委員会に強く要請した。同じ年の秋、テネシー州知事フランク・クレメントは、戦車と数百名の州兵をクリントンの町に派遣した。そこでは、手に負えない白人の暴徒が、学区の当局者が12人のニグロを地区のハイスクールに入学させるのを邪魔しようとしていた。州知事の介入の結果、連邦裁判所の命令はクリントンでは実行されたが、マンスフィールドでは無視された。アイゼンハワー大統領は、テキサス州においては、連邦裁判所を支持するような努力は何もしなかった。その結果、地区や州の役人に反対されているときに、人種隔離廃止をどのようにし

て実施に移すことができるのか、また、連邦裁判所の命令は、それに反対する人々によって無視されることがあり得るのか、不明確なままであった[27]。

　もし南部の州知事が、テキサス州のシバース州知事のように、裁判所の命令を無効にする権限を持っているならば、ブラウン判決が集団的抵抗の砦の中に潜入していくことは不可能であった。南部選出の議員が影響力のある地位を占めている連邦議会も、またアイゼンハワー大統領も、連邦の司法制度と南部諸州との間の制度上の対立に干渉しようという気持ちは持ち合わせていなかった。1952年に大統領に選ばれ、尊敬される軍隊の統率者でもあったアイゼンハワーは、州や地方政府との関係において、連邦政府の力には限界があることを認めていた。アイゼンハワーは、ブラウン判決を支持するよう何度も圧力をかけられていたが、それを拒んでいた。1954年5月19日に報道記者が大統領に、南部に対する忠告があるかどうかを尋ねると、アイゼンハワーは次のように答えただけであった。「連邦最高裁がすでに発言し、私はこの国の憲法に関する手続きを支持することを宣誓している。私はそのように努めているし、それに従う」。何度も何度も、大統領は漸進主義に深く傾倒していることを繰り返し表明していた。彼によると、幾世代もの時間をかけて作り上げられてきた偏見を克服するには十分な時間が必要であるとしても、地区裁判所と地方当局はいずれ最善の結果をもたらしてくれるであろうという。アイゼンハワーは、人種問題が進展していることとならんで、人種隔離廃止に抵抗するにしろ、あるいは逆にそれを要求するにしろ、「急進的な考え方」は助けにはならないし、暴力行為を引き起こすかもしれないことを確信していた。そうした暴力行為は、人種問題の進展を阻止することにもなる。彼はよく、「法律や軍事力によって人の心を変えるのは」難しいことであり、南部における人種関係を修復できるのは善意と良識と思いやりだけであろう、と述べていた[28]。

　ブラウン判決が公表される1年前、アイゼンハワーはサウスカロライナ州知事ジェイムズ・バーンズと昼食をともにした。そこでジェイムズは、もし大統領が近く出される判決を支持すると、「真の共和党員、つまり南部における『野党』を育てていく可能性を永遠に失ってしまうことになる」と警告

した。アイゼンハワーはバーンズへの返答を、個人的な日記に以下のように書き留めていた。

　私は、まだ見ていないので、どのような言葉づかいで表現されているのかも分からないような連邦最高裁の意見に関して、私の態度をあらかじめ彼に伝えるわけにはいかないが、私の信念は政治的な方便によって作られるわけではないと述べた。彼は、人種関係の改善は地方から始められることによってのみ健全かつ適切になり得るものの一つであるという私の信念を、よく理解してくれていた。私は、偏見というものが、たとえそれが明らかに不当な偏見であったとしても、強制に屈服するとは思っていない。したがって、州と国の警察権力の衝突を引き起こすような形で、我々の州に押しつけられた連邦法は、人種関係の進展の契機を極めて長期間にわたって妨げるであろうと、私は思う[29]。

1956年春に、司法長官が新しい公民権法に関する提案をまとめ上げると、アイゼンハワーはそれを承認したが、南部の白人の感情に引き続き敏感であるようにと強く要請した。大統領は内閣に対して、「国民は連邦最高裁の判決に同意しない権利がある。なぜならば、連邦最高裁は60年間継続した自分自身の判決に同意しなかったのだから。だが、もちろん今は、新しい判決が実行されなければならない」と念を押した。アイゼンハワーは、公的な発言においては保守的な南部を敵に回すことは避けたいと思っていたが、新しい公民権法が基本的な権利を守り、連邦の司法組織を政治的な孤立から救うために必要であることには同意していた。議会を通過した法案は、南部選出の上院議員から求められた妥協によって少なからぬ効力を奪われていたが、それは、司法省の中に連邦公民権委員会と公民権担当部局を創設し、司法省に対して投票権を与えられていないニグロの代わりに訴訟を起こすことを認めた。それは再建時代以来、初めての公民権法(1957年)の制定として、また、公民権の保護に関して連邦が責任を引き受けた初めての意義深い出来事として特筆すべきことであり、さらにはそれ以上のことでもあった[30]。

集団的な抵抗を主張する人々の見地からすると、アイゼンハワーは理想的な大統領であった。というのも彼は、公民権を擁護する人々の倫理的な批判を助長するようなことは、ほとんどというより全くしなかったからであり、しかも地方当局を押さえ込むために連邦の権限を行使するようなことが、今までの大統領の中で一番考えられない大統領であったからである。実際、1957年7月17日に彼は、懸念している南部の白人に対して、「連邦裁判所の命令を実施するために……いかなる地域に連邦軍を派遣することになるのか、その時の状況について、私は全く想像がつかない。というのも、アメリカの良識はそうしたことを決して必要としないであろうと思っているからだ」と言って安心させた。しかしながら、必然的に南部の果敢な抵抗により、アイゼンハワーは、漸進主義に対する信念と憲法擁護の宣誓とのどちらを選択するか迫られた。アイゼンハワーにとって、どちらを選ぶかは明らかであった[31]。

第8節　リトルロックでの衝突

　集団的な抵抗という戦略を終わらせることに繋がる衝突は、アーカンソー州リトルロックで起こった。アーカンソー州は頑強に抵抗する州ではなく、一握りの学区と州の支援を受けているすべてのカレッジに、すでにニグロの生徒や学生の入学を認めていた事実を踏まえると、それは皮肉なことであった。けれどもリトルロックでの出来事は、連邦政府の役割に大きな変化をもたらし、裁判所の命令がいずれ強制されることになるかもしれないという疑念を払拭した。

　法的措置に対応して、リトルロック教育委員会は数年間のうちに学校における人種隔離を撤廃するという計画を発表し、その手始めに1957年9月にセントラル・ハイスクールに9人のニグロの生徒の入学を許可した。これではあまりにも計画が手ぬるいと、ニグロが異議を申し立てると、連邦地区裁判所はこれを支持した。暴力行為の発生を予測する白人が異議を申し立てると、連邦判事は人種隔離廃止の実施に対するいかなる妨害行為も禁止した。学校

が始まる前日の9月2日、オーバル・フォーバス州知事は、ニグロの生徒の入学を阻止するために、セントラル・ハイスクールにアーカンソー州兵を派遣した。実際には秩序の混乱など全く起きてはいなかったが、表向きの理由は「秩序の維持と回復」のためとされていた。連邦判事ロナルド・デービーズは、教育委員会に対して計画どおりに進めるよう命じ、9月4日、ニグロの生徒は学校へ入ろうとしたが、州知事の命令で行動していた州兵により追い出された。すでに詳細に報道されていたこの一連の出来事は、歓声と野次の声を上げる白人の群集と世界の報道機関の注目を惹きつけた[32]。

この時点においてはフォーバス州知事は、連邦裁判所に対してのみならず、州知事が「何もないところに」緊張を作り上げていると非難する、リトルロック教育委員会ならびにリトルロック市長に対して、反対の立場で行動していた。連邦裁判所の命令を妨げるのを止めるようにという指示が出されることを恐れて、フォーバスはアイゼンハワー大統領に会うために飛行機に飛び乗り、結局、「裁判所の判決を受け入れる」ことを誓約した。強制命令が出されると、政府はセントラル・ハイスクールから州兵を引き揚げた[33]。

フォーバスの機動作戦がリトルロックを一つの象徴的な戦場へと変えてしまい、人種統合、ニグロ、連邦裁判所、「北部の」新聞への軽蔑を表明しようとする人種隔離主義者を、セントラル・ハイスクールのキャンパスへと引き寄せた。9月23日に学校が始まったときには、セントラル・ハイスクールは、1,000人近くの秩序をなくした暴徒に取り囲まれていた。彼らは、声高に脅し、報道記者を攻撃し、警察官と乱闘し、ニグロの生徒の追放を要求した。教室から出てきた数十名の生徒も参加し、地域の警察だけでは暴徒をとても制圧できなかった。状況が悪化したので、校長はニグロの生徒を警察の車で帰宅させた。午後6時23分、アイゼンハワー大統領は、リトルロックでの正義を妨害しているすべてのものに対して、即座の「活動の停止と断念」を命じる宣言を公布した。この状態を「恥ずべきもの」と呼んで、大統領は、連邦裁判所の命令について、「いかなる個人や急進的な考え方の暴徒であっても、それを馬鹿にして従わない場合には、必ず罰せられることになる」と警告した。翌日、大統領は、アーカンソー州兵を連邦政府の指揮下に置き、「連

邦裁判所の判決の実施を保証するために」、第101空挺部隊をリトルロックに派遣した。人種隔離廃止の計画を作り上げるのは地方政府と裁判所の責任であるが、連邦裁判所の最終的な命令には、「州政府とすべての市民が、国法として従わなければならない」と、大統領は述べた。落下傘部隊は素早く、断固として、「一目で分かる圧倒的な力で」裁判所の命令を実行し、暴徒を追い散らした[34]。

　1957年11月末までには、陸軍正規部隊はリトルロックから撤退したが、連邦政府の指揮下に置かれた護衛兵としての派遣部隊は、学校が終わる1958年5月まで駐留していた。しかしながら話はこれで終わらなかった。というのも、学期半ばに教育委員会は、学校内で高まっていた緊張と教育プログラムの混乱のために、人種隔離廃止の計画を2年半遅らせることを模索していた。連邦最高裁はそうした計画の遅れを容認することを拒んだ。1958年のクーパー対アーロン判決において、連邦最高裁は「法と命令は、ニグロの子どもから憲法上の権利を奪うためにここに存在しているのではない」と宣告した。人種や肌の色によって差別されない権利は、「州議会、州の行政官、判事によって公然と直接に無効にされることもなければ、『巧妙にあるいは誠実に』企てられていたかどうかにかかわらず、彼らの人種隔離を言い逃れようとする企みによって間接的に無効にされることもない」。彼らの決定が全員の総意であることを強調するために、判事は意見書に9人の判事の名前を書き添えるという、通常ではとらない手続きをとった。民主党予備選挙での圧倒的な勝利を得た勢いで、フォーバス州知事は、1958年度の学期の間、リトルロックの四つのハイスクールを閉鎖して、その判決に対抗した。およそ1年後、連邦裁判所は、アーカンソー州の学校閉鎖法について、暴力への危惧は市民から憲法上の権利を奪おうとする州の行動を正当化できないとする、連邦最高裁のクーパー対アーロン判決に照らして、憲法違反であるとの判決を下した[35]。

　他の州も、フォーバスの派手な駆け引きに励まされて公立学校を閉鎖したり、さもなければ人種隔離を終わらせるという自分たちの責任を回避したりして、彼の例に倣おうとしていた。リトルロックでの出来事は、一時的には

人種隔離主義者にとって火に油を注ぐ形となったが、より長い間続いた重要な影響は、大統領の職と連邦最高裁に対して生じた。

アイゼンハワーは、問題をゆっくり解決しようとしているという事実から距離を置きたいと考えていたが、州知事の大胆な抵抗によって、無関心でいることを諦め、連邦司法制度の完全な状態を軍事力で守らなければならなくなった。連邦最高裁は、リトルロックの判決において、人種隔離主義者の意見に迎合するような企みを黙認することはないと、一般大衆と下級裁判所の判事に明らかにした。クーパー対アーロン判決ののち、連邦判事は、「人種や肌の色によって差別されない」という子どもの権利を無効にするようなことを許してはならないと通告を受けていた。このとき以来、南部の州議会によって作られた一連の法定の障害物が、結局は崩れ落ちるに違いないことは、もはや些かの疑いもなかった。リトルロックのあと、さまざまな工夫をこらした議会や暴力的な抵抗は、裁判所の命じる人種隔離廃止を妨げることはできなくなった。最終的段階はそれぞれで異なっていた。1960年にニューオリンズで怒って野次を飛ばして異議を唱えていた白人、1961年にジョージア大学で起こった暴動、1962年にミシシッピ大学で起こった流血のすえの犠牲者、1963年にアラバマ大学でジョージ・ワレス州知事が舞台監督を務めた「校舎の扉の身代わり」事件など。だが、こうしたすべての事件を通して、人種隔離主義者が敗れた。

それでも、裁判所における着実な一連の勝利にもかかわらず、ブラウン判決が実際にどれほどの違いを生み出したかについては、大きな疑問が残っていた。人種隔離は、学校だけでなく暮らし方として南部全体で根づいていて、抗議活動によって挑戦する人々は、大きな個人的な危険に晒されていた。二元的な学校制度を運営してきた州の多くは、人種隔離廃止をできる限りゆっくり進めていた。1962年までに、オクラホマ州、ミズーリ州、ケンタッキー州、ウェストバージニア州、メリーランド州、デラウェア州といった境界諸州では、目覚ましい進歩がみられた。こうした州では黒人生徒の25％から60％が、二つの人種が統合されている学校に通学していた。だが、テキサス州、ジョージア州、バージニア州、ノースカロライナ州、アーカンソー州、ルイジアナ州、

テネシー州、フロリダ州の南部の8州においては、黒人生徒の2%かそれ以下の者しか、二つの人種が統合されている学校に在籍していなかった。そこでは、「形ばかりの」人種隔離廃止の戦略が、ほんの数名の黒人のみを白人校に入学させるために使われていた。ミシシッピ州、アラバマ州、サウスカロライナ州においては、1人の黒人も白人校には在籍していなかった。少なからぬ州では、生徒への人種隔離が撤廃されたときですら、公立学校の教師に対し人種隔離が続けられていた。ミズーリ州、オクラホマ州、テキサス州、ウェストバージニア州においては、多数のニグロの教師が、二つの人種が統合されている学校へと変わっていく過程で、その職を失った[36]。

第9節　公民権運動の展開

　しかしながら、社会変革の過程はすでに動き始めていて、それが逆戻りすることはあり得なかった。人種平等を求める運動は、ある地域では他よりも早く、抵抗勢力のほころびに向かって進攻していたが、南部の黒人の間に大規模な基盤ができあがると、前進しようとする運動の方向性は不動のものとなった。平等な権利のための戦いが大衆運動へと変質していくきっかけは、1955年12月、アラバマ州モントゴメリーで始まった。多様な人種を受け入れているテネシー州のハイランダー・フォーク・スクールの、指導者養成講座を修了したばかりのニグロのお針子のローザ・パークスが、混雑した公共バスの中で白人の男性に席を譲らなかったかどで逮捕された。それに対して、モントゴメリーのニグロ・コミュニティは、1年後に連邦最高裁がバスにおける人種隔離が憲法違反であるとの判決を下すまで、市営バスをボイコットした。裁判での勝利に勝るとも劣らないものは経験そのものであった。というのもそれが、非暴力と組織化された抵抗の持つ力を見せつけ、カリスマ性を持った黒人の指導者、マーチン・ルーサー・キング・ジュニア牧師を生み出したからである。彼は、平等という大義に向けて人の心を動かすことのできる代弁者として、瞬く間に現れた。キングは、裁判で勝利して手に入れたものは、新たな自己意識を持った黒人コミュニティが、それを使いこなす用

意ができて初めて確かなものとなる、と理解していた。キングは次のように記している。「法律と裁判所の命令は、権利を宣告するだけで終わる傾向がある。彼らは、それをあまねく広めることは決してしない……。人間の経験の中で日常的なありふれたものになるまで、法的権利を粘り強く行使していくことによって、裁判の判決には命が吹き込まれる」[37]。

公民権運動の大衆的な基盤は、1960年代初頭に急激に広まっていった。1960年2月、ノースカロライナ州グリーンズボロの人種隔離された簡易食堂のカウンターで、4人の黒人のカレッジの新入生が、最初の「座り込み」を敢行した。彼らの行動が南部全体にわたって、レストラン、ホテル、映画館、海辺、教会、遊園地での同じような示威行動を引き起こすこととなった。1961年、黒人と白人の「フリーダム・ライダーズ」が、南部のバスターミナルにおける人種隔離に抗議するため、州をまたいで走るバスに乗って南部を旅行した。アラバマ州とミシシッピ州で彼らが非人間的な扱いを受けたことが、あらゆる列車、バス、ターミナルにおける連邦による人種隔離の禁止へと繋がっていった。1962年までに、NAACP、マーチン・ルーサー・キングの南部キリスト教指導者会議、1960年に学生の抗議団体により創設された学生非暴力調整委員会 (SNCC)、人種平等会議 (CORE) などのいくつかの組織に属する公民権運動家は、南部全土において有権者登録運動を組織化するとともに抗議のデモを指揮した。

1960年代初頭の人種に関する抗議は、人種差別の残酷さと不合理さをまざまざと表現していた。全米的な情報伝達メディア、とりわけテレビが、こうした対立をめぐる全米の視聴者の受け止め方を変えていった。ミュルダールがあらかじめ予測していたように、露骨であからさまな人種差別は、アメリカの信条に対する直接の挑戦であることが浮き彫りにされた。黒人がコーヒー1杯を注文するのを止めさせようとしたり、黒人がバスターミナルで好きなところに座るのを止めさせようとしたりして、白人の男が無抵抗の黒人を殴っているような場面を目にすると、遠くにいる視聴者にとっては著しく正義に反することに思われた。デモに参加している人々の非暴力の戦術の力によって、彼らを攻撃する側の残忍さが際立ち、今、何が起きているのかに

関する認識のある部分が作り上げられていった。だが、その大きな部分は、デモの参加者が、肌の色の異なる人々と全く同じように扱われたいという自分たちの請願の単純な正当性を、効果的に伝えていたことによっていた。目的と方法とメディアが、一般大衆を教育する上でこのように効果的に結びつけられたのは、極めて稀なことであった。

　公民権運動が南部全域に広まっていき、集団的な抵抗を煽っていた法律が一つひとつ裁判所により打ち砕かれていく中で、南部の地位を守ろうとする人々はますます孤立していった。1960年にジョン・F・ケネディが大統領に選出されると、行政の各部署は、公民権をめぐる闘争に共感する人々に支配された。選挙運動の間、ケネディはアイゼンハワーが公民権問題に対して消極的であることを嗜めていた。だが、紙一重の僅差で選出されると、彼もまた、連邦議会における強力な南部の議員連合に立ち向かうことを避けようとした。とはいえ、気質においてケネディは活動家の大統領で、言動こそがアメリカをより良い社会にすることを一生懸命に示そうとした。ケネディ政権は、フリーダム・ライダーズを保護するために連邦法執行官を派遣し、交通機関における人種隔離を終わらせるように州間商業委員会に圧力をかけ、ニグロの原告の代わりに学校における人種隔離廃止の訴訟を起こし、アラバマ州知事とミシシッピ州知事を相手に州立大学における人種隔離廃止をめぐる精力的な交渉を行った。

　ケネディが、南部選出の議員との関係を維持しながら、同時に公民権への支援も続けていこうとした試みは、1963年春のアラバマ州バーミンガムでの出来事により終わりを迎えた。国民の意識の焦点を人種にからむ不公平に合わせようと、マーチン・ルーサー・キング牧師は、地域の黒人コミュニティによる抗議活動を指揮したが、それは牛追い棒、警察犬、消防用ホースで武装した地域当局に至るところで戦いを挑まれた。双方の人種の指導者の間で合意を見出そうと、連邦政府が調停を試みたが、混乱、暴動、爆弾により失敗に追い込まれていた。結局、大統領は秩序回復のために連邦軍を派遣した。市がそのときそこで行っていた残忍な行為を、若い男女に襲い掛かっている牙を剥いた警察犬の映像と写真が、言葉では表現しようもないほど生々しく

表現していた。「国民世論の新たな風潮がバーミンガムの通りの上で作り上げられていた」と、法学者アレクサンダー・ビッケルは記している。バーミンガムでのデモが終わってほどなくすると、ジョージ・ワレス州知事が、裁判所の命じる黒人学生のアラバマ州立大学への入学を妨害しようと脅してきたので、ケネディは再度アラバマ州に介入せざるを得なくなった。しばらくの間、お互いに睨みあいを続けていたのだが、結局、州知事は声明を出し、大統領はアラバマ州兵を連邦政府の監督下に置き、学生は入学を許可された[38]。

1963年6月11日、ワレス州知事が連邦政府に屈した2時間後、ケネディ大統領は全米向けのテレビ番組に出演し、再建時代以降で最も意義深い提案である、重要な新しい公民権法案に対する社会全体の支援を求めた。ケネディは、平易な言葉で、雄弁に、そして情熱を込めて、国が直面している「倫理的な危機」について次のように語った。

> もし肌の色が黒いというだけで、あるアメリカ人が一般大衆に開かれているレストランで昼食をとることができなかったり、自分の子どもを地域で一番良い公立学校に通わせることができなかったり、自分の意見を代弁してくれる公職に就こうとする者を支持する投票ができなかったりするならば、つまり、私たち皆が求める充実した自由な生活を楽しむことができないならば、私たちのうちの誰が喜んで自分の肌の色を変え、自分の居場所に止まるでしょうか。……すべての子どもが、同じ才能、同じ能力、同じ意欲を持っているわけではありません。ですが、彼らは皆、独力で何かを作り上げるために、才能と能力と意欲を高めていく権利を等しく持つべきです。私たちには、ニグロ・コミュニティが責任能力を備え、法律を支持することを期待する権利があります。ですが、彼らには、その法律が公平で、世紀の転換期にハーラン判事が述べたように、憲法が肌の色にとらわれないことを期待する権利があります。

バーミンガムのみならず多くのコミュニティが、黒人の不満に耳を傾けなかったので、緊張の高まりや散発的な暴動と暴力を経験していた。「我慢し

たり、ぐずぐずしたりする」時代は終わり、「欲求不満と争いの炎が北部と南部のすべての都市で燃えさかっている」と、大統領は宣言した。ケネディは連邦議会に対して「アメリカ人の生活や法律の中には人種が入り込む余地がないとする提案」に専念するよう求めることを約束した。1週間後、大統領は投票権、公共施設の利用、連邦の資金援助を受けたプログラム、教育、雇用における、人種差別に対する重要な連邦の保護が盛り込まれた、総括的な公民権法案を提案した[39]。

公民権運動は、白人のアメリカ人に注目するよう求め、また、実際に注目したことにより、白人の人種差別主義者の暴力的な反応を引き起こした。大統領演説の翌日、ミシシッピ州におけるNAACPの地区幹事のメジャー・エバーズが殺された。3ヵ月後、バーミンガムの黒人教会が爆破され、4人の子どもの命が奪われた。上げ潮のような勢いの暴力に激怒するとともに、断固とした連邦政府の行動が見込まれることに元気づけられて、公民権運動は不平等と不公平に反対する歴史的なデモを実行に移した。公民権運動の指導者は、1963年8月に大規模な「ワシントン行進」を組織した。そこには、権利と雇用の計画を一致団結して支持する25万人もの人々が駆けつけ、非人種差別の目的を幅広く共有する宗教団体や労働組合も参加した。

第10節　公民権法の成立

1963年11月にケネディが暗殺されたのち、彼の後継者リンドン・B・ジョンソンは、即座にケネディの公民権法案の採択を強く求めた。連邦議会における最初の演説で、ジョンソンは次のように述べた。「我々は、平等な権利に関して、この国において十分に長いこと話を尽くしてきた。我々は、100年以上もの間、話をしてきた。今こそ次の章を書くときであり、それを法律の本の中に書き記すときである」。南部人であるとともに如才のない政治家でもあったジョンソンは、公民権法案が連邦議会を通過するように巧妙に舵を取り、1964年7月2日に法案に署名し、法律として制定した。1964年公民権法は、およそ18,000語のいくつかの章から構成された文書で、広範囲の活動を網

羅していた。第1章では、投票権に対する連邦の保護手段が述べられていた。なお、1965年に投票権法は、連邦の保証をさらに強化した。第2章は、ホテル、レストラン、劇場といった公共施設における人種、宗教、出身国による人種差別を禁止していた。第3章は、合衆国司法長官に、公園や市の公会堂などの公共施設における人種隔離廃止の訴訟を起こす権限を与えていた。第4章は、教育長に、教育の機会均等の実現可能性に関する調査を準備し、人種別学を廃止しようとしている地域に技術的な援助を行うことを命じていた。第5章は、1957年に創設された実情調査機関である連邦公民権委員会の存続期間を延長した。第6章は、連邦の援助を受けたあらゆるプログラムにおける、「人種、肌の色、出身国に基づく」差別を禁止していた。第7章は、個人の肌の色、宗教、性別、出身国に基づく雇用における差別を禁止していた。なお、第7章にだけ性別の記載があるのは、南部選出の議員が、こうした修正を加えることによって、法案を嘲笑の対象としようとしたからであった。アメリカ人の生活の中で公民権運動の占める地位が変化したことは、法案署名式典に、マーチン・ルーサー・キング・ジュニアやNAACPの指導者ロイ・ウィルキンズなどの、黒人の中心的な指導者が出席していたことからも窺える。ジョンソンは次のように説明した。「この法律の目的は単純だ。この法律は他人の権利を尊重する限り、いかなるアメリカ人の自由も制限しない。また、いかなる市民も特別扱いしない。この法律は、幸せや自分の子どもの未来への望みを制限するのは、自分自身の能力だけであると述べているのだ」[40]。

　当時はさほど明確ではなかったが、公民権法の成立は、アメリカ人の生活の中での人種や集団の意識の役割というより大きな問題にとっての分岐点であるばかりか、公民権運動の進展にとっての分岐点でもあった。この法律が成立するまでは、主要な公民権団体はさまざまな人種が入り混じって均衡がとれていて、法律から人種による区別をなくすことに専念していた。この法律の文言はケネディ大統領が望んでいたように「アメリカ人の生活や法律の中には人種が入り込む余地がない」とする提案を反映していた。この法案をめぐる公聴会において証人は、プレッシー判決に対するハーラン判事の異議の中に含まれていた、肌の色にとらわれないという考え方への賛同をしばし

ば明らかにした。たとえば、ロイ・ウィルキンズが下院司法制度委員会において、NAACPは雇用における人種割り当て制度に反対することを表明し、「割り当て制度は、ニグロのために使われるのか、あるいはニグロを排除するために使われるのかにかかわらず、不公正であると我々は考えている」と述べたのも、まさにこうした意図からであった[41]。

　だが水面下では、集団の隔離に反対する表面的な意見の一致だけでは解決されない、厄介な緊張の芽が存在していた。法案の可決を強く望むあまり、支援者は肌の色にとらわれないという言葉の上の理想と、将来の人種に配慮した政策の尊重の間で、予測される対立を隠そうとした。ケネディ法案の中で何度も言及されていた公立学校における「人種の不均衡の問題」が、この懸案事項を表面化させた。南部選出の議員はこうした文言のねらいが、裁判所と連邦の官僚に、近隣の学校への通学にかかわらずに人種統合を促進していく権限を与えるのではないかと懸念していたし、北部選出の議員は、そうしたことが北部の学区で子どもの通学区を変更する法的な基盤に繋がるのではないかと危惧していた。彼らは、政権の報道官に向かってこの文言の真意について質問を浴びせた。法案を擁護しつつも、ロバート・ケネディ司法長官も健康教育福祉長官(HEW)のアンソニー・J・セレブレッツェも、「人種の不均衡」が何を意味するのか十分に理解しているようには見受けられなかったし、また、それが明らかに意味していることを守ろうともしなかった。ケネディ政権が、ノースカロライナ州選出の上院議員サム・アービンから、「他のコミュニティにおいて教育者が人種の均衡のとれた学校とみなしているものを実現するために、子どもを近隣の学校から遠く離れた別のコミュニティの学校に輸送することを奨励する」政策を持っているかどうかを問い正されると、ロバート・ケネディはこう返答した。「いいえ。我々はそうした政策は持ち合わせていない、上院議員殿」。そして、「我々は、地方当局から支援を要請されたときに、『人種の不均衡の問題を解決する』お手伝いをするだけだ」と説明した。人種の均衡の真意をめぐるアービンの執拗な質問攻めに対して、ケネディは、この言葉のねらいは、それぞれの子どもが近隣の学校に通学する権利を保障しているだけだと主張した[42]。

セレブレッツェにしても人種の不均衡に言及することが何を意味しているのか、説明することができなかった。「もしあなたたちが、80％が白人で20％がニグロであるべきだとか、逆に20％が白人で80％がニグロでなければならないといった境界線を引き始めるとすると、それは今まさに我々が取り除こうとしている人種隔離を促進することと同じになってしまう。私の言っていることは、白人であるか黒人であるかにかかわらず、生徒は自分の学級に通学することができなければおかしいということだ」。議会の批判者に押し切られた形で、1964年公民権法は人種隔離廃止について、「人種、肌の色、宗教、出身国にかかわらず、生徒を公立学校に割り振ったり、そうした公立学校内で割り振ったりすること。だが、『人種隔離廃止』は、人種の不均衡を解決するために、生徒を公立学校に割り振ることを意味してはいない」と定義する、具体的な文言を含んでいた[43]。

1964年公民権法が、ついに政府から、人種や集団の同一性に基づいて人々を分類する権限を奪い去ったとともに、ついに連邦政府に、市民が自分たちの権利を遂行する際に、恣意的な人種差別を受けないよう保護する権限を与えたことにより、すべてが最終的に解決されたかのように思われた。こうした多くの人々の考え方が、黒人の主導のもと、自分たちの集団の同一性にからんだ、あらゆる形態の人種差別に抗議するために集まった者の間に、政治的な連携をもたらした。人は自分自身の能力によってのみ判断されるべきであるという考え方は、ミュルダールがアメリカの信条と呼んでいたものにきちんと基づいていた。あらゆる集団に対する人種差別を終わらせるための戦いの指導者として、黒人の代弁者は全米向けの舞台の中央に登場し、1964年から1965年にかけて革新的な社会を目指す法律を精力的に作り上げるために、ジョンソン政権と密接なかかわりを持った。それは公民権法だけに止まらず、経済機会法（1964年）、投票権法（1965年）、初等中等教育法（ESEA）（1965年）といった法律であった。

だが、肌の色にとらわれないということがはっきりとした勝利を収めていたのは、ほんの束の間のことであった。自由主義者、労働組合、公民権団体の連合が、これまでで最大の法的な勝利を勝ち取っていたにもかかわらず、

暴動と市民生活における秩序の混乱が都市の黒人コミュニティに広まり、黒人の分離主義を擁護し、非暴力の戦略を貶す声は、しだいに高まっていった。それまでの10年間に高まってきた期待が、幾世代にもわたって鬱積されてきた怒りと欲求不満を爆発させた。アメリカ人の生活における人種をめぐる意識は、あまりにも強烈であるとともにあまりにも有害であったため、1日では、さらにはたとえ10年かけても、意図的に消し去ることはできなかった。

第5章　人種と教育──社会科学と法

　1964年公民権法の成立によって、肌の色にとらわれないことはすべての者にとっての義務とされたが、それはそもそも存在したのかどうか疑問に思われるほどに長続きしなかった。人種意識はアメリカ人の心の中にすでにあまりにも深く根づいていたために、法令によって拭い去ることはできなかった。ブラウン判決後の何年間か、自由主義者は学校や職場への応募要項から人種を特定するような質問を排除しようと果敢に取り組んでいたが、人種の平等を推し進めるうえで、まず人種隔離廃止の進捗状況を測り、次に黒人の地位向上をめぐるさまざまな方策の有効性を測るために、人種に関する情報に頼らざるを得なくなった。そして、当然のことながら、黒人社会の激変によって解き放たれた大きな願望は、人種はもはや重要な事柄ではないという保証だけでは満たされないものであることが、即座に明らかになった。黒人を黒人として活性化させるとともに、白人に対しては、彼らが黒人を相手に犯してきた歴史的な不法行為に気づかせ、そのことに責任をとらせることが公民権運動の重要な戦略的な要素であったので、人種意識が急に消えてなくなると思うのはあまりにも無邪気すぎることであった。
　たしかに、法案が議会を通過してしばらくすると、人種間の関係を改め、その後の公共政策に影響を与えるような変化が起こり始めた。それはすぐさま表面化することはなかったが、公民権運動の質が変わった。黒人により主導された異なる人種にまたがる運動として、その目的は、国家が、人種、肌の色、信条、出身国にかかわらず、人を個人として処遇する公共政策の実現であった。この目的が法律として書き上げられると、運動そのものが、政治

的な風土の中で、マイノリティ集団としての黒人の利益を高めていくことに専念する、黒人運動へと形を変えていった。黒人どうしや黒人組織の中に常に存在していた民族主義的な傾向が表面化し、黒人が集団として承認されること、自分たち自身の歴史と文化を主張すること、アメリカのエスニック集団の中における正当で尊敬される地位の必要性に対して、注意を喚起していた。こうした変化を示唆するものとしては、人種平等会議（CORE）と学生非暴力調整委員会（SNCC）という二つの指導的な公民権に関する組織が、過去の異なる人種にまたがる主張を放棄し、黒人民族主義の主張者になったことが挙げられる。黒人が自らの集団の利益を守るために独善的に活動し始め、他のエスニック集団と同じように政治の世界に入ってくると、肌の色にとらわれないという考え方は、黒人に対する公然たる侮辱、つまり、すべてのマイノリティの中で、黒人のみが見分けのつかない存在であることを求められているようにも思われた。

　公民権法に生気を与えていた当初の申し合わせが、瞬く間に的外れなものとなってしまったのには、他にも理由があった。肌の色にとらわれないことは、黒人の間に広く蔓延している貧困への救済策ではなく、経済の主要な分野から黒人が排除されていることに対する救済策でもなかった。食事代もなかったら、レストランに入れて貰っても何の役にも立たないというありふれた不満によって、幻滅感は表現されていた。連邦議会が、アメリカの法律の中から人種の役割を除去することになると考えられる法律を作り上げているときでさえ、黒人活動家は、歴史的な人種差別主義の償いとして、雇用における優遇措置を求めていた。そしてもし、人種の役割が途切れることなく続いているということに気づかせてくれるものがさらに必要というのならば、その証拠は、白人といっしょに通学している黒人生徒がほとんどいない南部に存在していた。

　都市のスラム街はますます人口が密集し、暴力的な人種間の無秩序への恐怖が高まっていく中で、黒人差別政策に対する法律上の勝利が、アメリカの黒人のより深い問題の解決に繋がっていないことがますます明らかになってきた。それは高い失業率、自動化の影響を最も被りやすい低い技術しか必要

とされない職種に集中していること、教育の欠如、過密で荒廃した学校や住居に集中していることなどによって立証されていた。法律とは関係なく、集団としての黒人は経済的にはぎりぎりで、アメリカ的な生活への完全な参加からは社会的にも締め出されていた。1960年代初頭のアメリカは並外れた繁栄を謳歌していた時代にあり、また1960年以来、政権を担当している民主党政権が社会変革に好意的であったこととも相まって、貧困対策に賛成する有権者の数は増えつつあった。政府の政策立案者、財団、大学関係者は、貧困の原因と結果を取り除く運動にとりかかるため、さまざまな思いつきをめぐって騒然としていた。国の問題としての貧困の発見というよりはその再発見は、1962年に出版されたマイケル・ハリントンの『もう一つのアメリカ——合衆国における貧困』によって拍車をかけられた。ハリントンは、およそ5,000万人の人々が、適切な住居、教育、治療をあてがわれず、国の経済発展からは置いてきぼりにされ、州の福祉事業の恩恵からも締め出されていることを告発し、彼らの虐げられた絶望感を感動的に描いた。彼が、「貧困を終わらせようとする情熱」を求めて訴えるには、ちょうど都合の良い時期であった。というのも、アメリカが希望に満ちていたのではなく、ひどく苦しんでいたからである[1]。

第1節　都市の危機

　1960年代初頭には、合衆国は「都市の危機」にとりつかれていて、全米の都市が生き残れるかどうかは極めて不確かであるという認識が広まっていた。大衆紙や政策決定に携わる人々の間で突っ込んだ議論が交わされていた「都市の危機」をめぐる認識は、とりわけ都市の人種間比率の変化に由来していた。1940年から1966年までの間に、農業が機械化されたために、およそ400万人の黒人が南部からアメリカの他の地域に移住し、その多くが都市部に定住した。アメリカのほとんどすべての主要都市の黒人人口は、1950年代から1960年代初頭までの間に著しく増加した。1950年から1966年の間に、大都市圏の都心における黒人人口は650万人から1,210万人へとほぼ倍増し、

これは、全米の黒人に対する比率で見れば43%から56%への増加であった。同じ時期、都心に住んでいた白人の数に変化はなかったが、1966年までには、全米の白人に対する比率で見れば34%から僅か27%にまで減少していた。都市部の黒人人口が急増するとともに、住宅地域の住み分けもまた増えていった。新たに移住してきた黒人は、それぞれの都市の一番貧しい地域に住みついた。北東部の古い都市では、黒人は初期に流入してきた貧しいヨーロッパ系移民がかつて住んでいたのと同じ、スラム街の安アパートに入居した。都市への移民は、教育程度も低く、技術もほとんど身につけずに流入してきたが、当時、未熟練あるいは半熟練の労働者のための求職数は急速に減少しつつあった[2]。

　他の移民と同様に、黒人はより大きな可能性を探し求めて都市に出てきて、そうした可能性を見つけることができた者もいた。しかしながら、そうすることができなかった者は、都市の貧困は、彼らが逃げ出してきた田舎の貧困よりも、彼ら自身をさらに弱体化させるものであることに気づいた。彼らが交渉する公的機関は、非人間的で官僚的であった。雇用市場の多くの領域は黒人には閉ざされていた。というのも彼らは、必要とされる技術、教育、服装、振る舞い、話し方に欠けていたからであった。そして、法律によって人種差別が厳格に禁止されているはずの都市においても、人種差別が広まっていた。黒人は、家政婦、荷物運び、給仕といった安い給料の職業に集中していた。専門職に就けるような教育を受けていた黒人はほとんどいなかったし、資格を持っていたとしても、商店、会社、企業、レストラン、ホテル、地域が、黒い肌の人間を歓迎しないことが分かるだけであった。

　1963年とその後の数年間、都市における人種間の混乱は、南部の公民権に関する組織の受動的な抵抗戦略に転換点をもたらした。ブラック・ムスリムの主義主張をはっきり述べる指導者であったマルコムXは、白人社会に受容されることを目指していた黒人の人種統合主義者に対する軽蔑に加えて、白人社会に対する軽蔑も積極的に表明したことにより、全米の注目を浴びた。マルコムの白人に対する厳しく公然とした非難は、アメリカの黒人スラム街で多くの黒人から賞賛をもって受け入れられ、中でも、公民権のデモが、客

観的な生活状況に何の影響も与えずに、期待と集団としての結束を高めていた南部以外の都市において受け入れられた。公民権運動の偉大な法制上の勝利は、都市の貧しい黒人に対して、平等な機会を獲得するための運動が、彼らの置かれている状況を変えるものではないと痛烈に気づかせ、運動の平等主義的な美辞麗句が空虚な悪ふざけにすぎないのではないかと、懸念を抱かせていたようであった。

　「都市の危機」感は政治的な意味合いを内包していた。というのもそれは、貧困への戦いを起こし、黒人の不満に応えていこうとする勢いを活気づかせ、その結果、長いこと棚上げされていた連邦の教育支援に突破口を開くことを可能にしたからである。1961年、ケネディは法案が連邦議会を通過するよう試みたが、おきまりの人種と宗教にからむ対立のために失敗した。経験豊富な批評家は、この案件は今後何年たっても望みはないと結論づけていた。リンドン・ジョンソンは1964年に圧倒的な勝利を収めたのち、連邦の教育支援の法案を成立させようと心に決めていた。彼の党は、上院では68対32、下院では295対140といった具合に、連邦議会の両院で圧倒的に優勢な多数を占めていた。こうした立法府の支援があれば、いかなる組織であっても、この法案を阻止できるほどの力を持ち得なかった。以前の法案は学校を支援するとか、教師の給与を引き上げるとか、国の要請に応えるといった見地から作られていたのだが、議会での承認を得られなかった。ジョンソンの法案は貧困撲滅の方策として考え出されたもので、その最大の給付金は、貧しい子どもの教育を改善することに向けられていた。貧困に焦点を当てることで、公立学校の擁護者と私立学校の擁護者との間での意見の相違に、妥協点を見出すための打開策が得られた。それは、公立の機関だけが資金を受け取ることができるのであるが、一方で、私立学校に通う貧しい子どももサービスと設備を共有する権利を持つことになるからであった。この新しい方策は、実のところ、カトリック教会が20年前に支持していた一方で、私立学校と対立する人々が強行に抵抗していた、児童福祉手当の考え方の現代版であった。けれども、法案が貧しい子どもを支援するという言葉で示されると、昔の対立は横に追いやられてしまった。両者は、彼らの昔の反目が連邦支援

を阻止してしまったことを認めていたし、この法案が議会を通過するのを阻むような投票をする者は、どちらの側にもいなかった[3]。

　宗教問題が解決されただけでなく、連邦の資金援助を受けるあらゆるプログラムにおける人種差別をすでに禁止していた1964年公民権法の結果として、人種問題も初めて深刻な問題ではなくなった。こうして人種と宗教の行き詰まりをとうとう打開し、大統領の法案は目を見張るほどの速さで連邦議会を駆け抜けていった。1965年4月9日、法案が連邦議会に提出されてから僅か87日後に、初等中等教育法（ESEA）が連邦議会を通過した。およそ百年の間、連邦の教育支援を可決しようとする試みはことごとく失敗してきた。貧しい子どもの教育の機会を改善する必要性をめぐっては幅広い合意が形成されていたおかげで、とうとう法案の可決が可能となった。この計画の政治的訴えは、貧しい子どもの数によって連邦資金を配分するという貧困撲滅方式を採用したために、不動のものとなった。この解決策は、連邦資金が生徒1人当たりいくらという形で割り当てられるのか、あるいは教師の給料や建物のために割り当てられるのかという、伝統的な論争を回避したばかりでなく、連邦資金が全米の圧倒的多数の学区に与えられることを保証した[4]。

　1965年にESEAを生み出した社会改革主義は、貧しい子どもの教育に対する社会科学者と教育者の強い関心をすでに刺激していた。ブラウン判決後の10年間、白人と黒人の子どもの学力水準の大きな格差が、人種隔離を撤廃している学区における主要な問題になっていた。新たに人種隔離を撤廃したワシントンDCの学校の管理者は、この問題に対して、生徒を能力に応じて四つの異なる能力別学級のうちの一つに割り振ることで対応した。「能力別学級編成」は、子どもの多様な学びの要求への適切な対応と説明されていたが、それはまた白人の親に対して、人種隔離廃止は基準を下げるものではないことを再確認するものでもあった。第二次世界大戦以降、黒人人口が増加していた都市での問題は、黒人と白人の子どもをいっしょにしたことに由来するのではなく、主として貧しい地域にある黒人校の数が増大してきたことに由来していた。スラム街では、犯罪、不良少年組織、アルコール中毒、薬物中毒、非識字、病気、失業などの率が高かった。スラム街の学校は、低い

学力、お粗末なしつけ、無断欠席、教師の高い離職率などによって特徴づけられていた。比べようもないほどに多数の生徒が、ほとんど教育も受けず、技術も身につけず、将来の雇用の見込みもないままに、卒業せずに中退していった。教師の離職率の高さは、学校の内外の状況が、がっかりすることからぞっとすることまでしかないようなところには、残りたくないという彼らの気持ちを示していた。

都市の学校はそれ自体が不利な立場に置かれていた。ジェイムズ・B・コナントは1961年に、裕福な郊外のハイスクールの生徒1人当たりの経費は、大都市のハイスクールの2倍であると記している。郊外のハイスクールは、「概ね広々とした近代的な学校で、1,000人の生徒当たり70人の専門職が配置されていた。それに比べて、スラム街のハイスクールは混雑し、しばしば荒れ果てた魅力のない学校になっていて、1,000人の生徒当たり40人かそれ以下の専門職しか配置されていなかった」。郊外の学校では、80％かそれ以上の生徒がカレッジに進学していたが、スラム街の学校では、半分ほどの生徒が卒業する前に中退していた。加えて、スラム街にある学校は、生徒の生活と学校を取り巻くスラム街の社会状況とを切り離して考えることができなかった。あるジュニア・ハイスクールの校長は、女生徒から、彼女らにとっての一番の問題は、「アパートの玄関で性的ないたずらを受けずに、道路から自分のアパートの部屋に入ることです」との報告を受けたと、コナントに語った。コナントは、広く人々に共有されていた次のような不吉な予感を述べていた。

> 第二次世界大戦以来、ニグロの都市のスラム街で繰り広げられてきた全体的な状況を考えると、将来を懸念しないわけにはいかなくなる。定職を持たない、欲求不満を抱いた多数のニグロの青年が、都市の人口密集地域に集まっていることは、あたかも、都市の一区画にある空っぽの建物の中に燃えやすい材料を蓄えていることに、なぞらえられるような社会現象である。将来、問題になりそうなこと、はっきり言えば、大惨事に至る可能性が、間違いなくそこにはある[5]。

学校と都市が未曾有の危機に瀕していることが広く認識されていたので、貧しい人々とマイノリティの教育の課題に関する研究は、極めて急を要するものであった。都市は生き残ることができるのであろうかという問いかけにおいて、以前には公立学校が何百万人もの読み書きのできないヨーロッパからの移民を同化させていたのに対して、今は公立学校が大量の黒人の移住者の流れを同化させることに失敗しているということが、繰り返し指摘されていた。しかしながら、この比較の裏側には、移民によって引き起こされた都市の学校の困難に関する、歴史的な視点が欠けている。多くの社会学者は以下のようなことに気づいていなかったように思われる。それは20世紀初頭には、移民の子どもが非常に高い比率で「教育上の遅れ」を経験していたこと、その結果、極めて少数の移民の子どもしかハイスクールを卒業できていなかったこと、また、20世紀中頃の学校は、20世紀初頭の学校が達成していたよりもはるかに高い成功の基準で評価されていたことである。19世紀末から20世紀初頭にかけての「新移民」が直面した敵意と、戦後の黒人の移住者に対する身の毛のよだつような態度との間の、著しい類似点に関してもほとんど認識されていなかった。「新移民」に対してその時代の人々は、あまりにも同化できず覚えが悪く、アメリカの生活にも適応していないと感じたので、1920年代頃には、移民の受け入れは事実上、閉ざされてしまった[6]。

第2節 「文化」を「剥奪された」子どもたち

だが、危機はそこにあった。というのも、いわゆる黒人校の数は増え続け、教育者は、こうした学校に通う子どもの学問的技能が学校に滞在する期間が長くなればなるほど、年ごとにますます劣っていくことを認めていたからである。都市における教育の急激な低下傾向を食い止めようと、教育者は「補償教育」プログラムを開始し、社会科学者は人種、社会階層、学習の間の関係について研究した。1950年代中頃から1960年代末までの間に、都市の学校における貧しいマイノリティの子どもの低学力の理由を探し当てようとす

る、膨大な文献が生み出された。「文化的に剥奪された」、「文化的に不利な立場に置かれている」、「社会的・経済的に恵まれていない」、「低い階層に属する」子どもの教育方法をテーマにした、著書、論文、シンポジウム、セミナー、会議などが急増した。常にそうだと言うわけではないが、ここで使われている用語は、しばしば黒人の子どものことを婉曲的に表現するために使われていた。

「文化的剥奪」に関する研究の裏にある主要な動機は、黒人と低所得層の子どもが学校の成績が悪いのは遺伝的に劣っているからであるという、広く一般に信じられていることに疑いをはさむためであった。IQテストが広く用いられたことにより、このテストは、遺伝と環境によって決められた能力の曖昧な寄せ集めというよりも、実は、持って生まれた知能を測定しているという誤解を広めてしまっていた。遺伝万能論者の解釈が支配権を持つというならば、教育活動が自然の定めたものを変えることができると思う根拠はほとんどない。文化的剥奪に関する関心の急速な広まりは、社会学者の間で学習における環境の決定要因への関心の高まりをもたらした。文化的剥奪に関する研究の主要な成果は、学校における子どもの学習能力は、貧困と人種偏見の影響によって損なわれるというものであった。人種隔離がマイノリティの子どもに心理的な害を永続的に及ぼすというブラウン判決の結論を踏まえて、黒人の子どもの劣った学業成績を人種隔離のせいにしようとする研究者もいた。ブラウン判決が政府によって強いられた人種隔離のみに言及していたのに対し、ブラウン判決後の研究者の多くは、ハーレムのような黒人コミュニティに住んでいる子どもの自我、自尊心、学習意欲が壊滅的な損傷を受けていると論じた[7]。

社会に関する多くの研究が、貧困が子どもの家庭環境に及ぼす有害な影響に焦点を当て、しかも、極めて多くの研究が、貧困がどのように学習過程に影響するかをめぐり、同じ結論を出していた。中産階級の家庭と比べると、貧しい家庭には、本、玩具、ゲームといった子どもの視聴覚を刺激するようなものがほとんど存在しなかった。中産階級の親にはより多くの余暇の時間や教養があるのに対して、貧しい親は、子どもに本を読んだり、話しかけたり、

あるいは子どもの言葉の使い方の習得を後押ししたり、彼らの好奇心を刺激したりするために、子どもと交流する時間はほとんど持ち合わせていなかった。中産階級の子どもと比較すると、貧しい子どもは、食べ物、休息、治療といった基本的な要求が満たされるかどうか確実ではなかったので、運命論者のような受け身の態度になってしまっていた。貧しい子どもと比べると、中産階級の子どもは、注目されたり学び方を教わったりして報いられ、将来の目的のために、今現在の欲求の満足を遅らせることを教えられ、情報や承認を得るには大人をあてにすべきことを学んでいた[8]。

　貧しい子どもは、中間所得層の子どもと比べると、学ぶための準備が十分にできていないにもかかわらず学校に通い始めるばかりか、学校が教育方法や教材を生徒の学問的要求に適応させることができなかったので、彼らはさらに大きな損害を被った。進歩主義の方法は、それが受け入れられていた学校においてはどこでも、音声学や言葉と読み方の指導法の入念な順序性をこれまでほど強調しなかった。だが、言葉の発達の遅れた子どもにとっては、こうしたものが通常必要とされていた。貧困な地域の教師は、読み始めることに対してすでに意欲を持っていて、心構えのできている子どもを教えるよう養成されていたので、自分たちの教室の子どもを教える力はなかった。どのように教えたらよいのかも分からずに、教師は秩序を維持しようともがいていた。99％がニグロである学校を描写した心理学者のマーチン・ドイッチェは、「無秩序な雰囲気、しつけの強調、最小限の学問的な教授、『創造的な表現』の過大な強調」を見抜いていた。生徒は破壊的かつ挑発的で、一方、教師のほとんどはニグロで、こうした問題の解決に取り組む熱意を持っていなかった。「彼らの目的は主として秩序を保つことであり、子どもが実際に学んでいることに関しては、彼らは何も期待していなかった」。一軒家に住むピンクの頬をした子どもの話が載っている読本は、「私が出かけた旅行」に関する作文の課題と同様に、この地域の子どもにとっては全く無縁なものであった。65％の子どもは、家から25ブロック以上離れた所に行ったことがなかった。子どもの多くは、混雑したアパートや壊れた一軒家から通学していた。半分の子どもは、家にはペンも鉛筆もないと言っていたし、少なから

ぬ子どもは朝食抜きで学校に来ていた。子どもの「聞くことに集中力が持続する時間」は短く、そのことはまた、子どもが注意深く聞くことや、長く聞いていることに慣れていないことを意味していた。貧しい白人の生徒と比べると、黒人の子どもは、時がたつにつれて、ますます学力が劣っていった。理由の一つとして、しつけやその他の非学問的なものに対して、白人の学級では30％以下の授業時間しか費やされていなかったのに比べ、黒人の学級では50〜80％の授業時間が費やされていたことが挙げられる[9]。

1964年6月に、31名の著名な社会科学者が、連邦教育局の支援のもとシカゴ大学に集まり、文化的剥奪と教育をめぐってよく知られていることを精査し、それに対する解決策を提案することとなった。参加者は、連邦政府が巨額の資金を貧困撲滅プログラムに拠出しようと計画していることを承知していた。ベンジャミン・ブルーム、アリソン・デービス、ロバート・ヘスらによってまとめられたこの会議の報告書には、「文化的剥奪」が何を意味するのかに関する明確な見解と、どうしたらそれを食い止めることができるのかが記されていた。著者によると、「文化的な不利益あるいは文化的な剥奪という」言葉を使うのは、「彼らの問題の本質のおそらく多くの部分が、彼らの家庭における経験に根ざしていると考えるからである。そこでは、学校やより大きな社会におけるさまざまな学びのあり方に必要とされる、文化の手本が伝達されていないのである」という。彼らは以下のように提案していた。

第一に、学校やコミュニティは、もし親ができないのであれば、それぞれの子どもに朝食と昼食、適切な治療、必要な衣服を提供すべきである。

第二に、文化的に剥奪された子どもに対しては、「最も恵まれた家庭環境において見られるような、知的発達や学習のしかたを身につけることを促すような環境を兼ね備えた」保育園や幼稚園が提供されるべきである。

第三に、それぞれの子どもは、小学校入学後の最初の3年間、個別の学習の処方箋を持つべきである。それによって子どもは、「学習そのものに関する一般的な技能を伸ばすのみならず、言葉、読み方、算数の基本的な技能を習得する」ことが可能となる。「目標は、子どもの現在の状況から始めて、他の子どもと同様に学べるような段階にまで彼を引き上げ、最終的には他の

子どもと同じ状況に至らせるために、注意深く開発された連続的なプログラムによって進んでいくことである」と、著者は強調していた[10]。

　この報告書は、補償教育の分野とアメリカの教育の強さと弱さを明らかにした。それは、大量の複雑な社会データを簡潔にかつ正確に分析し、また民主的で平等主義的で、教育的価値にきちんと焦点を当てた目的を設定していた。だが、そこで提案されたことをどのように実現するかに関しては、ほとんど何も分かっていないことが示された。空腹な子どもにどのように食事を与えるのかとか、学校にどのように医務室を設けるのかといったことをめぐっては、何も問題がなかった。だが、文化的に剥奪された子どもに、十分な知的発達をもたらすような保育園や小学校を推奨するに際して、著者は、こうした特別なプログラムのために、「カリキュラムの指針、教材、教育方法を開発するために……教師と他の専門家からなる全米委員会」の創設を呼びかけなければならなかった。著者は、貧しい子どもの集団をどのように教育すべきかに関しては、ほとんど知識を持ち合わせていないことを認めていた。アメリカの学校は、才能を伸ばしていくために有能な若者を見分けることには優れていたが、すべての子どもを読み書きができるようにするための全責任を引き受けたことは、実は一度もなかった。それ以前の時代には、学校で上手くいかなかった移民の子どもは、学校を中退して仕事に就いた。彼らは、未熟練や半熟練の労働力を必要としていた実業界に入ることができた。義務教育法の施行や雇用市場の収縮に応じて、より多くの若者がより長い期間、学校に留まることになった1930年代には、進歩主義教育者は柔軟な基準、成績が悪くても進級させること、生徒を学校で忙しくさせておくための非学問的プログラムなどを導入した。アメリカの教育者は、公言した理想にもかかわらず、社会階層と教育成果との間の相関関係を断ち切るための継続的な努力を全くしてこなかった。すべての子どもを教育することは可能なのであろうか。子どもが学校に持ち込んできた、さまざまな文化的な不利な条件を克服することは可能なのであろうか。それが可能であると答えることは、誠実な行為、もちろん、賞賛すべき誠実な行為であろうが、それが可能であるという証拠は未だにほとんど存在しなかった。

当時の教育界でよく言われていた言葉の中に、補償教育は文化的剥奪への答えであるというものがある。この時代の教育学に関する他の多くの用語と同様に、補償教育という言葉は、不必要に軽蔑的な響きを持った不適切な呼び名であった。それが意味していたものは、正しく定義され実践されたならば、人に自信を与え、励ましてくれるような環境における徹底的な個別指導ということであり、すなわち、良い教育のことであった。

当時の政治状況に応えるとともに、マイノリティの子どもの落第率に困惑して、1960年から1965年にかけて、100以上のコミュニティが補償プログラムを創設した。最初の、おそらくは一番よく知られている補償プログラムは、ニューヨーク市の43ジュニア・ハイスクールとジョージ・ワシントン・ハイスクールにおける実験的生徒指導プロジェクトであった。このプロジェクトは1952年に始まり、1962年まで継続され、ニューヨーク市全体の高等水準プログラムの模範としての役割を果たした。プログラムに参加したのは365人の子どもで、そのうちの80％が黒人かプエルトリコ系であり、学問的な潜在能力に基づいて選ばれていた。こうした生徒は学問的な課程に在籍させられ、そこで言語と数学の集中的な指導と個別のカウンセリングを受けた。彼らは、健康上の問題も検査されていた。彼らは、博物館、コンサート、観劇、カレッジ見学にも行った。彼らは、アルバイトの仕事を探すための支援も受けた。5年間のプログラムが終わると、プロジェクトの生徒のうち108人が、学問的な課程の卒業証書を貰って卒業した。ちなみに、プロジェクトが始まる前の学級では、そうした卒業生は43人でしかなかった。中途退学者の比率は22％で、市全体の平均よりはるかに低かった。しかも数名の生徒は、同時に卒業したクラスの800人から900人の生徒の中で、上から10番以内の成績を収めていた[11]。

たとえ文化的剥奪に関する研究の初期の傾向が、学校は共通文化への完全な参加を目的としてすべての子どもを教育する義務があるという、急進的な考え方に傾いていたとしても、その目的そのものが疑わしいことを示す証拠が時折、見受けられた。そして時間がたつにつれ、この疑念は、文化的に剥奪された生徒を教育する方法と目的をめぐる大きな分裂へと広がっていった。

目指す方向の微妙な変化は、フランク・リースマンの『文化的に剥奪された子ども』という著書に示されていて、おそらくこの著書は、この問題を扱った著書の中で最も広く読まれていた。シカゴ大学の研究集団は、子どもはある種の能力と学習方法を身につけることが必要だという観点から文化的剥奪を定義していたが、それに対してリースマンは、「文化的に剥奪された人々」は、中産階級の価値観や文化を欠いているかもしれないが、一方で、自分たち自身の文化をそれなりの強さで持っていると論じた。彼の主張は、もし教育者が「剥奪された人々」の文化を理解していれば、彼らは「より大きな学問上の成果」を上げることができたはずだというものであった。リースマンは、学校の持ついわゆる中産階級の価値観が「剥奪された子ども」の学習能力の邪魔をしていて、下層階級の文化は学校で教えられているものよりも実は優れているかもしれないという主張を唱え、一般に広めた。ティーチャーズ・カレッジのグッドウィン・ワトソンによるこの著書の序文が、このあたりのことを明らかにしていた。

> 文化的に遅れている子どもは教育から多くのものを学ぶことができるが、おそらく教育者もこうした若者から何かを学び取ることができる。彼らの言葉は文法的に正しくないかもしれないが、しかしそれはしばしば、教科書の中の大げさな散文よりも生き生きとしていて、表現に富むことがある。こうした子どもは、彼らの教師の多くよりも、より現実的にいくばくかの「人生における真実」と向きあっている。彼らの喧嘩早いところも、辛抱強く、過度に働かされ、それでいて給料は十分に支払われていない教師にとってみれば、注目に値するかもしれない。友達を作ったり、仲間を支援したりするようなことになると、恵まれない地域から来た子どもの方が、堅苦しい教師よりもはるかに勝っている。

おそらく、彼らはテレビや映画の方を好んでいるだろうと、ワトソンは推測していた。というのも彼らは、「話をしながら活動している人の存在と比較すると、印刷物は実は遠回りの活力を失った情報の伝達手段にすぎないこと

を、心の底で気づいている」からである。ここには、「活力を失った情報の伝達手段」で読むことや、より大きな文化の中で使われている言葉で話すことを教えることになっている教師よりも、言葉を上手く使いこなすことができない子どもの方がすでに賢くて抜け目がないという、ロマン主義的な考え方があった[12]。

　リースマンは学校に対して、子どもを学問的な主流に参加させるのに失敗していると同時に、「剥奪された子ども」が主流に入るのを妨げている、言葉を用いない学習方法を受け入れるのに失敗しているとして、激しく攻撃した。「多くの人が述べているように、我々はこうした子どもに対して、中産階級の親が自分たちの子どもに与えるであろうものを与えなければならないし、読書や議論を通して言葉を使うよう励ましていかなければならないと、口に出して言うのは易しい。しかしながら、おそらくこれは上手くいかないであろうし、剥奪された子どもが持つ固有の機能の形態を最大限利用することにはならない」。こうした子どもは、「視覚、身体、活動を強調した」技法によって教えられなければならず、「我々は、こうした子どもを中産階級の子どもの複製品にしてしまうことがないよう、留意すべきである」と、彼は考えていた。良い成績とカレッジへの入学といった学校での報酬は、通常、言葉の技能の習得によって初めて手にすることができたり、意義を持たせることができたりするのだが、リースマンの場合、貧しい子どもは言葉の技能を習得しなくてもそうした学校での報酬を受けることができると、どうやら考えていた節がある[13]。

　何が貧しい子どもにより良い教育的成果をもたらすかに関して、誰もきちんと確実に言うことができなかったので、研究者の理論は大なり小なり同じようなものでしかなかった。学校は子どもに対して彼らに欠けている技能を教えることができると思っている、一群の社会科学者がいる一方で、子どもの学習上の困難は、学校の本質、つまり、不適切な教材や教育方法のみならず中産階級的な価値観が原因であると強調する人々もいた。学校の中産階級への偏向が貧しい子どもを遠ざけてしまっているので、だから逆に、不利益を被っている子どもの特別な文化的な要求に合致するように、学校の形を変

えていく改革案を推進しなければならないという見解が、出現し始めていた。リースマンによると、不利益を被っている子どもは、言葉によらずに意思疎通を図ろうとすることと、役割演技や教育機器といった身体活動を好むことをわきまえた教育方法によって教えられなければならないという。彼はまた教師に対して、「剥奪された子ども」の間で通用している仲間言葉を学ぶよう促したり、教師が「剥奪された子ども」の言葉を理解できるようにと、セックスやドラッグに関する言い回しに重点を置いたスラング辞典を進んで提供したりした[14]。

　清潔な郊外の家に住む白人の子どもの写真が掲載されている読本の、非現実性を批判する者もいた。ニグロの生徒に必要なものは、自分自身のスラム街での生活の現実的な描写と向き合うことである、と主張する研究者もいた。「ボロボロになった漆喰、むかつくほど嫌な匂い、ずうずうしい鼠、ボリボリ音を立てるゴキブリ、紙や割れた硝子が散乱している歩道」を子どもの読本から取り除いたのは、とりすました大人であった。もし、貧しい子どもの読本の中に、麻薬密売人や朽ち果てたスラム街の安アパートが掲載されていたら、彼らが本をより良く読めるようになるという証拠はなかったが、一方でそうはならないという証拠もなかった。ともあれ貧しい子どもは、彼らを共通文化の一部にしてくれるものを学ぶべきであるという考え方を推し進める研究者とは対照的に、子どもの「下層階級の文化」と学校の「中産階級の文化」とが相争っているのだから、学校は変わらなければならない、と断言する研究者もいた[15]。

　この領域の研究者が使う言葉の多くが、概念的に混乱していることが明らかになってきた。「下層階級の文化」とか「中産階級の文化」といった言葉をあまりにも気軽に使うことによって、そうした文化が本当に存在すること、つまり現実の世界において、貧しい人々を一つの集団として、また、中流の所得階層の人々を一つの集団として特徴づけるような「文化」が存在するということが示唆されていた。どちらの側にとっても、こうした考え方はただ単に間違っているばかりでなく、公平さを欠いた固定観念を助長することになった。すべての貧しい人々が、さらに言うなら最も貧しい人々さえもが共

通の文化を共有していると考えるのは、断じて真実ではない。彼らは、いつもそうだと言うわけではないが、貧困であることの結果として、ともに経済的な必要性を抱えているという点においては一様であったが、貧しい人々の間の重要な違いは、社会科学者によって名づけられた包括的な専門用語によってぼんやりしてしまった。収入という物差しで同じ社会階層の一員であると分類しても問題がないのは、人種、宗教、出身国が異なる人々についてだけである。彼らは、特定の地域に住んでいる期間のみならず、親の教育水準や職業という点においても、また、自らの職業経験も異なっていたからである。たとえば黒人のように、ある特定の人種集団の間でも、生まれた場所、宗教、家族の歴史、個人の経験といったものを含む文化的な違いは、全く同じ理由によって幅が広かった。理解を深めようと、貧しい子どもを「文化的に剥奪された子ども」という共通の言葉でいっしょくたにすることからは、ほとんど何も得るものはなかった。レッテルは個々の生徒の固有の状況を見えなくしてしまい、「文化的に剥奪された子ども」が抱えていると思われる要求に見合った、特別なカリキュラム、特別な本、特別な教育方法があるに違いないという思いを強めてしまった。

　皆がいっせいに文化的剥奪に注目していたときでさえ、その有効性を疑問視する社会科学者がいた。ティーチャーズ・カレッジのスローン・ウェイランドは、ずっと前の世代の社会学者もまた、ヨーロッパからの貧しい移民の間で、少年非行、犯罪、経済的な依存が極めて高い水準にあったことを見抜いていたと指摘し、「これは新しい出来事で、大都市のみで生み出されるものである」とするその時代の提言を、不審に思っていた。彼によると、「フォーマル・エデュケーションの歴史的な課題は、ずっと文化的剥奪との戦いであった。ここで用いられている文化的な剥奪という言葉の意味には、本当に少数の人々の他は皆、この範疇に入っていた」という。コロンビア特別区の低所得層の家庭について長年にわたり実地調査してきたハイラン・ルイスは、貧困の文化が存在するのかどうか疑問視していた。彼は、貧しい人々の振る舞いや価値観が極めて多岐にわたっていて、そこにはたった一つの共通な特質しかないことに気づいていた。それはお金がないということであった。彼に

よると、貧しい人々は自分の価値観や好みによって今のような生活をしているのではなくて、自分が選べるような収入や担保を持っていないから、今のような生活をしているだけであるという[16]。

　「中産階級の文化」だとか「中産階級の価値観」といった言葉が、文化的剥奪に関する文献の中で何気なく使われているのは、同様にとんでもないことである。貧しい人々の場合と同様に、「中産階級の文化」という固定観念は、何も存在していないのに、一つの首尾一貫した文化が存在していることを仮定していた。「中産階級」とは、中流以上の収入を得ている人々を指す言葉で、彼らはアメリカ人として多少の価値観を共有していたが、しかし、人種、宗教、民族、職業、社会的出自は異なっていた。収入、文化、社会階層、人種を混同しているのは、粗雑な社会分析であった。しばらくの間、「中産階級」という言葉は、文化的に剥奪された者に欠けている資質や態度を定義するために用いられ、しかも貧しい人々が、経済の生産部門において求められる、言葉を上手く使いこなす力や労働の習慣を必要としていたことは、確かに真実であった。だが「貧困の文化」の考え方が世間で信用されるようになり、その言葉を解説する人まで出てくるようになると、平等主義を模倣したやり方で、あたかも学校が文化多元主義の教義に縛られていて、「貧困の文化」を尊重しなければならないかのように、貧しい人々に対する「中産階級の価値観」の「押しつけ」を攻撃するようになっていた。言葉を上手く使いこなすことが「中産階級」であると示唆したり、言葉を上手く使いこなせるように教育することを強調すると、そうした技能に欠ける子どもにとっては不公平であると非難したりすることは、学校に対して学校としての機能を果たすことを止めるよう提案していることになる。歴史的に見て、公立学校は、さまざまな出自の子どもに対して、アメリカ社会の主流に参加するために必要な技能、知識、価値観を教えることによって、極めて重要な社会化の役割を担ってきた。多くの貧しい子ども、つまり、南部やプエルトリコからの20世紀半ば以降の移住者が、より大きな社会の技能、知識、価値観を学ぶことを最も必要としていたまさにそのときに、学者や一般大衆から、学校の子どもを社会に適合させていく社会化という役割に対する批判が起きたことは、不幸

な皮肉であった。

　文化的剥奪の分野に関して、ケネス・クラークは異なる視点から批判を加えた。彼は心理学者で、彼の研究はブラウン判決にも影響を与えていた。彼は、自分が「文化的剥奪の礼賛者」と呼ぶ人々に対して、学業不振に関する環境的な説明が、かつて遺伝的な説明がそうであったように決定論的になってしまい、そのために偏見を持つ教師が、「こうした子ども」はスラム街の出身であるから学習ができないと主張するのを容認している、という理由で批判した。学業不振の最も重要な点は教師の期待の低さであると、彼は主張した。「こうした子どもは概して効果的に教えられていないので学習しない。しかも、彼らは全く教えられていない。というのも、彼らを教育する責任を負わされている人々は、彼らが学習できるとは思っていないし、彼らが学習できるようになることを期待もしていないし、彼らが学習するのを支援するような方法で彼らに向き合っていない」。この見解はすぐに、黒人の子どもの学業不振は人種差別と教師の期待の低さによると主張する、黒人コミュニティの統制を支持する人々に取り上げられた[17]。

第3節　ヘッド・スタートと補償教育

　社会科学者と教育者は、貧困の文化が存在するのかどうかとか、貧しい子どもを教育する最善の方法などに関して意見が一致していたわけではないが、それにもかかわらず、連邦資金を教育の機会均等を支援するために用いることは広く支持されていた。ジョンソン政権が、就学前のヘッド・スタート・プログラムとESEA第1章の補償教育プログラムを実現しようとしていたときに、いくつかの異なる方法論が政策立案者の注意を惹こうと競い合っていた。まず「欠陥モデル」というものがあった。これは、貧しい子どもと中流の所得のある家庭の子どもとの間の成績の格差を縮めるために、学校は、貧しい子どもに対して、彼らに欠けているある種の技能や態度を教えるべきであるという主張であった。こうした分析によると、貧しい子どもに必要なものは、彼らの学業水準を高めるための集中的な学問的な準備であった。次

に、それとは対照的に、学校が中産階級の文化や価値観を押しつけようとするよりも、貧しい子どもの文化や価値観を尊重するならば、彼らは学校でよりよく勉強できるようになるだろうという主張があった。こうした見解の支持者は、貧しい子どもは学校から疎外されるために学習が遅れてしまうのであり、それは、不利益を被っている子どもの文化に相応しい特別な教育方法と教材を用いることによって、克服されると思っていた。第三に、他の二つのもののどちらとも矛盾しない見解があった。それは、学校はコミュニティ全体のための社会的なサービスセンターになるべきであり、教師と管理者は地域社会の政治的、社会的、経済的な問題にまで関わりあうべきであるというものであった。異なる理論が活発に主張されていたので、貧しい子どもを教育する最善の方法がどのようなものであり、また、貧しい子どもと中流の所得のある家庭の子どもとの間の学業成績の格差の解消が可能なのかどうかさえ、教育者は分かっていないことが曖昧になってしまっていた。

　就学前のヘッド・スタート・プログラムは、いわゆる欠陥モデルの楽観主義と環境決定論から直接、生み出された。最初は、「臨界期」における教育活動によって、貧しい子どもは中流の収入のある家庭の子どもと同じように学ぶ準備を整えて、素早くかつ永続的に学校に通えるようになると考えられていた。もともとの計画は、知的な発達を中心に据えていて、とりわけ、「中産階級の文化」と結びついた「態度や適性」を発達させることを目指していた。ヘッド・スタートが始まったときに、ジョンソン大統領は、夏の学期に参加させることによって、子どもを貧困から「救済」するだけに止まらず、「学校に入るときに彼らを同級生と同じ地点に置く」ことになるだろうと予想していた[18]。

　ヘッド・スタートが知的な成長と、「中産階級」の価値観への転換を強調していくだろうという予想は、しかしながら、さまざまな理由によって実現しなかった。まず、ヘッド・スタートは爆発的に広まっていったことにより、よく訓練された教師が十分にいないままに、しかも方法や目的について意見が一致せずに始められた。計画を立てた人々は、2,500人の子どもを対象にした試験的なプログラムを推奨していたのだが、目立つ形で全米的な貧困撲

滅の試みを開始したいというジョンソン政権の願望によって、ヘッド・スタートの最初の夏には50万人もの子どもが参加することとなった。次に、その創始者がどういうつもりであったかにかかわらず、それぞれのヘッド・スタート・センターの優先順位は、地域住民の中の「参加可能な最大限の人々」によって決められていた。それは、プログラムの教育目的が、成人教育や雇用といった他の喫緊の課題と競わなければならないことを意味していた。第三に、早期幼児教育の専門家は、知的発達のみを唯一の目的とするよりも、多面性を持つ子どもの発達に関する研究方法により馴染んでいた。その結果、典型的なヘッド・スタート・プロジェクトは「子ども中心」となり、「社会的・情緒的な成長を強調し、子どもを丸ごと発達させる」ことに焦点を当てるものとなった[19]。

「伝統的な」教育施設のカリキュラムは、系統的な学習というよりもむしろ、自由な遊びや大人と子どもの寛大な関係を強調するものであった。典型的なヘッド・スタート・センターにおいては、認知に関する目的は、社会的・医療的・心理的サービス、栄養、成人のキャリア開発、保護者の参加といった問題と比べると、あまり重要なものとはみなされていなかったし、さらに言うならば、ほとんど重要視されていなかった。ある観察者によると、ヘッド・スタートが始まってから2年後、多くのプロジェクトが訓練を受けた教師を助手に置き換え始めていた。専門的教育者が、「首尾一貫した教育方法を定義したり、擁護したりすることができなかった」ので、仕事を求めている地域住民の代わりに、専門職としての教師を雇っておく理由がないように思われた。ヘッド・スタートの学問的な効果が限定的で一時的なものであることを、国による評価が繰り返し明らかにすると、失望が広まっていった。だがその評価は、典型的なヘッド・スタート教育施設が認知の発達にほとんど重きを置いていなかったということを知らずに、ヘッド・スタートを当初の目的で判断していたので、不当なものであった[20]。

1965年初等中等教育法 (ESEA) の第1章プログラムの目的は、「教育の機会を剥奪されていた子どもの特別な教育上の必要性」を満たすことであったが、考え方や運用のしかたにおいて同じような問題に悩まされていた。貧しい子

どもの学業成績を改善するため、連邦政府の資金が補償教育に用いられることを期待して、すべての ESEA の資金のうち、ほぼ6分の5が第1章に割り当てられていた。このプログラムの人気が高かった理由の一つは、全米のほとんどすべての学区がこの第1章の資金を受けていたからであった。効果の上がらないプログラムを支援するために、学区が資金を使うのではないかということを懸念して、ニューヨーク州選出のロバート・F・ケネディ上院議員は、第1章の資金を受けている学区には、自分たちのプログラムの教育的な有効性に関する客観的な評価を、少なくとも年に1回は提出することが法律によって求められていると強調した。加えて、学区には「有効性のありそうな教育実践」に関する情報を共有することが、とりわけ期待されていた[21]。

地域の教育機関によって作り上げられたプログラムには、学業成績を改善することのみならず、社会生活に適応する技能、文化的な豊かさ、社会事業、保護者の参加、図書館、言語障害と聴覚障害の治療、栄養、衣服、医療サービスに関する条項も含まれていた。その目的は拡散し、1965年の時点で学校の当局者は、不利益を被っている子どもの十分に裏づけのとれている問題に対処するための、教育上の戦略を持っていなかった。「第1章は、……教師に対して、本質的に未知の領域における活動を開始することと、学校が歴史的にほとんど支援することができなかった、まさにそうした子どもの集団のために、上手くいくプログラムを実施することを求めていた」と見る者もいた。ほとんどの学区が、法律によって求められていた学業成績に関する資料を教育局へ提出しなかった。その結果、最初の全米調査は、「1970年まで報告されなかった。1969年の調査の分析は、全く公表されなかった。1970年の調査結果には1,200もの表がついていたが、説明はされなかった。1971年の資料は、全く分析されなかった」。第1章が貧しい子どもと中流の所得のある家庭の子どもの間の成績の格差を埋めたという証拠を、国の評価ではほとんど見つけ出すことができなかったときに、プログラムに責任を負っていた人々よりも、それを評価する人々の間で、プログラムの目的そのものがより首尾一貫して共有されていたことについては、ほとんど触れられていなかった[22]。

当初、ヘッド・スタートと第1章プログラムの概念を形成していく際に、文化的剥奪に関する理論は最も高い評価を得ていたにもかかわらず、しばらくすると偉大な社会のためのプロジェクトの他の側面が、そうした理論化の信憑性を損なっていった。貧しい人々のうち、「参加可能な最大限の人々」を巧みに操っていた経済機会法の「コミュニティ活動プログラム」は、貧しい住民を動員し、コミュニティの結束と誇りを作り上げることを目指していた。貧しい人々を代弁する者が政策論議にも加わっていたために、「文化的剥奪」や「文化的欠陥」について話すことは、趣味が悪いだけに止まらず、政治的にも厄介なこととなった。貧しい人々にとって必要なのは、文化的豊かさではなく、無能な教師を追い出すために自分たち自身の学校を運営する力であるということを、コミュニティ活動プログラムに起用されたり、あるいはそのプログラムに共感を寄せたりしていた社会科学者は、貧しい人々の文化的な勢力に代って書いていたし、地域の団体の代表者は強調していた。

　文化的剥奪モデルを放棄した第二の理由は、ニグロの家庭に関するモイニハン報告書に向けられた矢継ぎ早の非難の中にあった。労働省の副長官で、「貧困との戦い」を計画したダニエル・パトリック・モイニハンは、アメリカのニグロの社会的・経済的窮状に関して、『ニグロの家族―国家の行動が必要な場合』という表題の著作で分析した。この報告書は、失業、貧困、人種差別、みすぼらしい住居、医療保険といった、家族の不安定さの根本的な原因に向けられた新たな連邦政策について論じていた。1965年6月4日にハワード大学で行われたジョンソン大統領の演説は、平等であることの新しい定義を求めて、当時はまだ公表されていなかったモイニハン報告書から多くを引用した。大統領は以下のように述べている。

　　あなた方は、長いこと両足を鎖で縛られていた人を連れて行って、彼を解放してやり、競争の出発点に立たせて、「お前は他の皆と自由に競争できるよ」と言って、そのうえ自分は全く公平であったと当然のように思うことはない……。機会の扉を開けるだけでは十分ではない。我々市

民が皆、この扉を通り抜けて歩いていく能力を持たねばならない……。これが公民権の戦いの、次のしかもより深遠な段階である。我々は、自由だけでなく機会も求めなければならない。我々は、法律上の公正さだけでなく人間の能力を求めなければならず、権利としての平等や理論としての平等のみならず、事実としての平等や結果としての平等を求めなければならない……。この目的のために、平等な機会は欠くことができないが、それだけでは十分でない、十分ではないのだ。

演説は黒人の指導者から暖かく賞賛された。けれども、1965年の夏に、報告書そのものが報道機関に漏れ始めると、それは厳しく非難され、モイニハンは黒人問題を人種差別や不公平のせいではなくて家族構成のせいにしていると批判者は主張した。もっとも、黒人の貧困の経済的な原因を取り除くための、連邦の主要な取り組みを推奨しているこの報告書を実際に読んだ人が、どうしたらこのような結論に至るのかを理解するのは難しかった。非難は人種差別に関する不当な告発に満ち満ちていて、論争があまりにも辛辣になったためこの報告書は葬り去られた。モイニハン報告書に対して非難が山ほど加えられたので、社会学者にとっては人種と文化を含むある種の問題はタブーであり、少なくとも、十分な注意を払って対応すべきことが明らかになった[23]。

報告書に対する敵意のある反応は、政府の社会政策を支えている前提に対する、広範囲にわたる意見の不一致を反映していた。政策立案者は、社会科学者の範に倣っていたので、どうよく見たとしても因果関係が曖昧でしかない問題領域に入り込んでしまっていた。過去においては、住宅問題の目標は避難所を供給することであった。学校への支援は教師の給与を引き上げたり、新しい校舎を建てたり、学級規模を小さくしたりすることであった。他のプログラムも概して同じような明白で測定可能な目的を持っていた。今や、議員や政策立案者は、論争の余地はないが未だにつかみどころのない、自尊心、社会生活に適応する技能、コミュニティ組織、その他の目的の重要性をめぐって、社会科学者の間で繰り広げられている議論に、遅れずについていこうと

していた。

　社会学者と政策立案者が、新たに生まれてきた社会的なプログラムを相対立する社会理論と関連づけようと努力しているときに、都市の黒人居住区では暴動と暴力行為が勃発し始めていた。1965年の夏、ジョンソン大統領が投票権法に署名をしてから僅か数日後に、ロサンゼルスのワッツ地区で暴動が発生し、その結果34人が死亡し、900人が負傷し、4,000人以上が逮捕された。次の年の夏には、他の黒人のコミュニティで43の暴動が発生した。社会における緊張が高まるにつれ、勢いを増してきた無秩序の傾向を阻止するために、何かがなされなければならないという意見も高まってきていた。黒人の動揺に加えて、ベトナム戦争の拡大に反対する声も、とりわけ大学のキャンパスにおいて強まりつつあった。最初の反戦のための「討論集会」が、アナーバーのミシガン大学において、1965年3月24日に開かれた[24]。

　大統領が一生懸命に努力してくれたおかげで、公民権法、貧困プログラム、初等中等教育法、投票権法が可決したということが、広く全米的に知られていたが、そうした世論がしだいに揺らいできた。ジョンソン政権における白人と黒人の連携は、さまざまな理由によって変貌しつつあった。すでにその地位を確立していた公民権団体は、都市で暴動を起こしている黒人とは接触を持っていなかった。新たな黒人の声は怒りに満ちていて辛辣で、その怒りはコミュニティの組織化の手段として対立的な戦術をとる、連邦の資金援助を受けている貧困撲滅のための機関によって助長されていた。闘争的な集団は、体制の中で活動することよりもむしろ体制そのものと戦うことを望んだ。協力することよりもむしろ対立することを選んだために、闘争的な人々は、こうした連邦の支出の妥当性をめぐり、常に疑問を抱いていた政治勢力との繋がりを強めつつ、彼らの活動に資金援助をし、政府の社会プログラムを拡大するのかそれとも削減するのかの権限を握っていた、まさにその権威そのものを問題にしたのである。

　白人もまた、自由主義的な世論から離れ始めた。ベトナム戦争と人種平等の達成に失敗したことに対する怒りから、断固として左翼に転向した白人もいた。他の白人はしかしながら、暴動、デモ、無秩序に敵意を抱いて反応した。

1964年には「白人の反発」と呼ばれる現象が、ブルーカラーの地区において、アラバマ州知事ジョージ・ワレスが大統領選に立候補することへの大量の支持票を生み出した。公民権運動の自由主義的な支持者の間にさえ暴動に対する反発や、反白人感情と分離主義への共感を示す黒人の発言に対する反発として、憤りの気持ちが大きくなっていった。

　何かがなされなければならなかった。政府は、拡大していく人種にからんだ社会不安に対して、皆にはっきりと目に見える形で対応しなければならなかった。黒人の不満の中で最も明確な象徴は、学校における人種隔離廃止がゆっくりとした速度でしか進んでいないことであった。ブラウン判決から10年後の1964年5月において、南部の11州の黒人生徒のうち白人生徒とともに学んでいたのは、2％以下であった。この10年間、連邦政府は学校における人種隔離廃止に対して超然とした立場を取っていた。というのも、連邦政府は連邦裁判所の命令を強制する以外に何の権限も持っていなかったからである。判決を解釈し実施に当たってのすべての負担は裁判所の肩にかかってきて、しかも、それは地域ごとにばらばらでほとんど統一性がみられなかった。しかしながら連邦政府が無力であったのは、公民権法の成立までだった。というのも、公民権法の第6章は、連邦の資金援助を受けているすべてのプログラムにおいて人種差別を禁止し、不法な人種差別が行われているいかなるプログラムに対しても、連邦資金の打ち切りを正当と認めていたからである。第6章には、「いかなる人も……、人種、肌の色、出身国の理由により、連邦の資金援助を受けているあらゆるプログラムや活動のもとでは、参加することから除外されたり、恩恵を受けることを否定されたり、人種差別の対象とされてはならない」と書かれていた[25]。

　第6章の制定によって、連邦政府がどの程度の強制力を手に入れるようになるかに関しては、当初、若干の疑問があった。1963年にケネディ政権によって第6章が最初に起草されると、南部の議員は南部に「人種の均衡」を押しつけるために、それが用いられるのではないかと抗議した。ノースカロライナ州選出のサム・アービン上院議員のような人々が、第6章は「大統領に独裁者のような権限を与えることになる」と非難したので、公民権法案の最終

版には「『人種隔離廃止』は、人種の不均衡を是正するために、生徒を公立学校に割り振ることを意味してはいない」と入念に明記された。加えて、1964年時点では資金削減の可能性は効果のある脅しにはなってはいなかった。というのもその時点においては、一般的な連邦の教育支援は存在しなかったからである。しかしながら、1965年初等中等教育法が議会を通過すると、第6章で作り上げられた武器に、突然弾丸が込められた[26]。

第4節　公民権法第6章の遵守

　健康教育福祉省（HEW）の教育局は、連邦資金を分配することと学区が公民権法第6章を遵守しているか確認する方法を工夫することに、責任を持っていた。連邦教育局の役人は南部の議員の反乱を燃え上がらせずに、人種隔離廃止をできるかぎり推し進めていきたいと考え、1965年4月に学区が連邦資金を受け取る資格を得るための方法が記載された指針を発表した。まず、生徒と教職員の割り振りと学校の中でのすべての活動において、人種隔離の痕跡を消し去ることのできた学区は、「遵守の保証」という書類を提出できる。次に、裁判所の命令によって人種隔離廃止を進めている学区は、学校の生徒と教職員の人種による配置に関する報告書と人種隔離廃止活動の進捗状況に関する報告書とともに、裁判所の命令のコピーを提出できる。そして第三に、その他の学区は1967年秋までに、自分たちの学校について、生徒に自分の通う学校を選ばせるか、あるいは、簡潔な地理上の通学範囲を採用することによって、完全に人種隔離を撤廃するという自発的な計画を提出することができる。HEWの指針は、ブラウン判決の存在を頑なに認めようとしなかった学区にとっては煩わしいものであったのだが、それにもかかわらず、不法行為だと抗議する南部からの怒号と、寛大に過ぎるという公民権団体からの非難の声の両方を喚起した[27]。

　第6章が施行された最初の年に、白人の子どもと同じ学校に通う黒人の子どもの比率は2%から6%に増加し、1,563の学区が人種隔離廃止に向けた活動を開始した。これは、その前の10年間に達成したよりも多くの成果をたっ

た1年間で生み出したことになる。最南部地方の学区の多くは、おそらく選択の結果としての人種隔離を維持するか、あるいは「形ばかりの」人種隔離廃止を作り上げようとして、生徒に自分の通学する学校を選ばせる自由選択プランを提出した。連邦公民権委員会は、自由選択プランを提出した学区の中で、白人生徒とともに学んでいる黒人生徒が1人もいない学区が102あると公表した。南部の学区は、自由選択プランの採択が公民権法の要求をすべて満たしていると考えていたが、教育局は、自由選択は完全な人種統合という目的のための手段にすぎないとみなしていた[28]。

　最初の年の躍進にもかかわらず、教育局は人種統合の速度はあまりにも遅すぎると感じていた。1966年3月に、事実上、自由選択プランを禁止した新しい指針が発表された。南部は、最初の年の指針が法律の要件の最も確実な解釈であると思っていたので、教育局が最低基準を引き上げたことを知り、驚いた。新しいHEW指針は、それぞれの学区が満たさなければならない比率、すなわち「実績の基準」というものを規定していた。もし、ある学区の黒人生徒が8〜9%統合されていたならば、1966〜1967年度にはその倍の人数の黒人生徒を統合させる必要があった。もし、4〜5%しか統合されていなかったとすると、その3倍の人数を統合させなければならなかった。自由選択プランが全く統合を生み出していなかったとすると、「まさに実質的な開始」が求められていた。それぞれの学区は、教職員の人種統合に関しても「かなりの程度、進捗」することが期待されていた[29]。

　連邦の役人が、公民権法第6章による資金の打ち切りという脅しをちらつかせることで、改訂版の指針の実施を求める締めつけを強めたことから、連邦議会において南部出身の議員は、改訂版の指針が独断的で横暴であると非難した。彼らはHEWについて、公民権法で明確に禁止されている、人種の均衡を保つ政策に着手したとして非難した。教育長官のハロルド・ハウ二世は、彼らの不満に少しも同調せずに、比率は「学校の当局者に適切な進捗状況に関する助言を与えるために」編み出されたものである、と主張した。指針に対する怒りは、連邦議会で声高に語られた。そこでは、切れ目なく続く暴動や黒人が闘争的であることへの反応として、1966年の夏までには政治

的風土がはっきりと変質していた。人種隔離に対する告発の調査結果が出るまで、連邦支援の資金をシカゴに与えるのを HEW が差し控えようとしたことが、イリノイ州の政治家と、南部における連邦の強制的な活動を支持していた他の北部出身の政治家の猛攻撃を引き起こした。第89議会の第2会期は、リンドン・ジョンソンの圧倒的な勝利のもとに開催され、連邦の教育支援、医療保険制度、モデル・シティ・プログラム［訳注：インナーシティと呼ばれる都市の中心市街地の荒廃に対処するための政策で、商業地区の再生、低所得層のコミュニティの再生などを目的としていた］、投票権法などを成立させていたが、新しい公民権法を通過させることは拒否した。問題は、連邦議会と HEW が、1964年公民権法の目的に対して相対立する解釈をしていたことであった。同じ連邦議会が人種の障壁を取り除き教育における人種差別の撤廃を支持することに関して、圧倒的支持を集めていた。だが HEW は、南部においてまさに南部出身の議員が公民権法によって禁止されていると考えていた、人種の均衡を保つ政策を強制していた。HEW の実力行使も辞さないやり方に対抗して、「大恐慌の時代以来、最も自由主義的な下院」は、1966年に強制バス通学に反対する修正案を可決した。その後の15年間にわたり毎年、下院は HEW や司法省が、人種間の不均衡を解消するために、生徒を近隣の学校から遠く離れた学校に再度振り分けるよう求めることを禁じる法案を採択し、「人種の均衡を保つ」と呼ばれているものの不人気さを煽った[30]。

　公民権法が命じていることを、肌の色にとらわれないことから肌の色に配慮することへと読み替えた HEW 指針の運命は、連邦議会ではなくて裁判所により決められた。ブラウン判決に続く10年の間、南部の連邦判事は、ブラウン判決が何を要求しそして何を禁止しているのかを、正確に規定しようと努力していた。連邦最高裁は「人種隔離」、「人種隔離廃止」、「人種統合」という言葉の明確な定義を一度も下さなかったし、また1954年以来、リトルロックの事件以外には学校に関する重要な判決を下していなかったので、さまざまな管轄区域からさまざまな解釈が生まれてきた。連邦最高裁の曖昧さによって残されてしまった真空地帯を埋めるために、多くの南部の判事や教育委員会は、「ブリッグスの格言」に拠り所を求めた。これは1955年にサ

ウスカロライナ州の連邦地方裁判所の3人の判事によって公表された、ブラウン判決の解釈であった。

> 連邦最高裁は、連邦地方裁判所が州の公立学校の仕事を肩代わりしたり統制したりするべきであるとは、決定していなかった。連邦最高裁はまた州に対して、学校の中でさまざまな人種の人々をいっしょにしなければならないとか、彼らに学校に通うよう求めなければならないとか、通う学校を選ぶ権利を彼らに与えてはならないとか、判断していなかった。連邦最高裁が判断していたことは、そして判断していたことのすべては、州は、いかなる人に対しても、人種を理由として、州が維持する学校に通う権利を否定することはできないということであった……。言い換えると、憲法は人種統合を求めてはいない。それは人種差別を禁止しているだけである。それは自発的な活動の結果として生まれてくるような人種隔離を禁じてはいない。それはただ単に、人種隔離を強制するために政府の権限を用いることを禁止しているにすぎない[31]。

裁判所や連邦政府が学校での人種隔離を禁止するだけに止まらず、人種統合を要求すべきであると望んでいた人々にとっては、ブリッグスの格言は手ごわい障壁であった。それは、自由選択の正当性を立証していたので、実際に異なる人種をいっしょにしていることの証明を求めていた、HEW指針の進路に立ちはだかっていた。この二つの考え方の対立は、連邦裁判所において、1965年から1967年にかけて、重大なシングルトンとジェファーソンの判決によって解決された。第五巡回裁判所のジョン・マイナー・ウィズダム判事によって書かれた判決は、南部の人種隔離廃止の発展における劇的な転換点であった。ある法学者によると、この二つの判決は、「大規模な人種統合の時代の前触れであった。これらの重要性は、決して強調されすぎることはない」という。これらの判決は、HEW指針に基づいて南部全体に統一された基準を課したのみならず、「すでに定着していた人種隔離廃止法を再解釈することにより、新しい政策を作り上げた」[32]。

ウィズダム判事は、論争を引き起こしていた HEW 指針の合法性を支持し、それは、「連邦議会と政府高官によって、統一的な全米プログラムの一部となるように計画されたものである」と述べた。加えて、公立学校の当局者は「統合された学校制度を提供する」積極的な義務を負っているので、ブリッグスの格言は「葬られるべきである」と、彼は主張した。南部の弁護士は「人種隔離廃止」とは、ニグロの子どもが自分たちの選択によってどこの公立学校へも行くことができる権利である、と理解していた。だが、ウィズダム判事は、この解釈では人種隔離は多くの部分でそのまま残されてしまうと強く反論した。憲法は公立学校に対して、「生徒、教職員、施設、活動を人種統合する」ことを求めていると、彼は考えていた。「人種の不均衡を是正するために、公立学校に学生を割り振ること」を公民権法が明確に禁止しているという南部出身者の主張に対して、ウィズダム判事は、この禁止は人種差別的な意図を持たない、いわば人口統計学の結果として生じる隔離のような、事実としての隔離にのみ適用されるもので、法と政府の行為により作り出された、法に則った人種別学制度の廃止を妨げるようなものではないと理解していた。彼は、学区が一つの人種統合された学校制度を提供するよう後押しするために、HEW が人種の割合を使用することを承認した。ウィズダム判事は、「憲法の基準に見合う学校の人種隔離廃止の唯一の計画は、それが実際に機能する計画だけである」と記していた[33]。

シングルトンとジェファーソンの判決には、HEW が連邦の財布の紐を握る権限を手に入れるまでは、断固として人種隔離廃止に着手することを拒んでいた、アラバマ州、ルイジアナ州、ミシシッピ州の学区が含まれていたことから、即座に人種隔離廃止の法律的な意味を変えてしまった。この二つの判決が出るまでは、アレクサンダー・ビッケルの表現を借りるならば、ブラウン判決の命令は、人種に基づいて子どもを分離するのを止めるよう政府の役人に命じる「停止」命令であると概ね理解されていた。しかし、シングルトンとジェファーソンの判決は、ブラウン判決を異なる人種の子どもをいっしょにするための積極的な手段を採るよう学区に強いる、「実行」命令に変えた。ウィズダム判事は、本物の人種統合以外は何も認められないというこ

とに、僅かの疑念の余地も残さなかった。これ以降裁判所と HEW は、同じ成果を達成するためにともに活動していった。過去の責任逃れの戦術は終わった。「可及的速やかに」という延期するための策略は、もはや許されないものとなった[34]。

　この判決は公民権を推し進める勢力にとっては偉大な勝利であったが、その勝利はウィズダム判事が、事実上の人種隔離と法律上の人種隔離との間の区別をはっきりさせることが必要であるとしたことから、適度に抑制されていた。公民権法が人種の均衡を図るのを禁止していることは、法律上の人種隔離制度には適用されず、それゆえ、HEW 指針を無効にはしないということを示すために連邦議会は、この禁止条項を事実上の人種隔離が行われていた学校組織にのみ適用することを意図していたと、ウィズダム判事は主張した。この結論は理由は何であれ、人種の分離は憲法違反であると思う人々を失望させたが、一方で南部の学区に対して、公立学校を無理にでも人種統合するよう働きかける権限を、裁判所と連邦政府にもたらすこととなった。HEW と連邦裁判所の共同作業は、南部における人種別学をなくしていくのに驚くほど有効であることが明らかになった。1964年には、その地域の黒人生徒の2%のみが白人といっしょの学校に通学していたが、1968年までには、その比率は32％に達し、そして1972年には、南部の黒人生徒の91％が白人といっしょの学校に通学していた[35]。

　南部の学校の人種隔離廃止は着実な進展を見せていたが、それは都市の黒人居住区で高まっていた緊張を和らげることには繋がらなかった。毎年夏になると、新たな無秩序や、欲求不満と苛立ちの新たな爆発が起こっていた。マーチン・ルーサー・キング・ジュニアは、黒人の我慢はすでに限界に達しており、今や黒人は、彼のことを月並みで進んで妥協する指導者の象徴とみなして背を向け始めている、と繰り返し警告した。1966年には、SNCC の若い指導者は、ますます急進的で分離主義者的な見解を持つようになっていた。白人は SNCC から出て行くべきだと明言する者もいた。ミシシッピ州で行われた行進で、ストーケリー・カーマイケルは、お互いを鼓舞するための掛け声として「ブラック・パワー」というスローガンを用いたので、全米で評判

となった。キングは刺激的なスローガンを使うと、「自分たちの協力者を混乱させてしまったり、ニグロのコミュニティを孤立させてしまったり、自分たちの反ニグロの感情を恥ずかしいと思っていたかもしれない、偏見を持つ少なからぬ白人に、自己弁護のための恰好の口実を逆に与えることになることにもつながりかねない」、と警告していた。だがカーマイケルは、年長の指導者とは違って、黒人と白人の支持者とが協力関係をともに築き上げることには興味を持っていなかった。理性的な面で彼は、他のエスニック集団が行使している権力と似たような、独立した黒人の政治基盤を作ろうとしていた。だが感情的な面で彼は、過去の人種差別によって教え込まれてきた力不足と依存の気持ちを払拭するために、人種の自覚と人種の誇りを掻き立てた。こうした新しい闘争の局面において白人は、黒人解放運動に対して反発する側に加わり、怒りをもって立ち向かったり、あるいは騒然としている黒人大衆をなだめるためには何かがなされなければならないし、それもすぐになされなければならないと合意し、罪悪感をもって立ち向かったりした[36]。

第5節　コールマン報告書

　リンドン・ジョンソンの偉大な社会のためのプロジェクトに弾みをつけた人種問題が危機に瀕しているとの意識は残っていたが、政治的な行動を起こすのに必要な合意は失われてしまった。1966年になると、思いつきや行事の売り込みや宣伝は拡散していった。たくさんの可能性があったにもかかわらず、その多くのものが正反対の方向に動いていた。A・フィリップ・ランドルフ研究所は、1,800億ドルを公共プログラムに使う10年計画を提案した。これは「自由のための予算」と呼ばれ、完全雇用、適正な最低賃金、すべての者に対する適切な住居と医療保険制度、働くことができない人々への収入の保証といったプログラムにより、貧困とスラム街を撲滅することを目指していた。それは言ってみれば、マーシャル・プランの国内版であった。他の時代であったならば、自由主義者の想像力をとらえることができたかもしれなかったが、1966年においては、自由主義者の想像力はあちこちに飛んで

いた。それは、かつてないほど大量の人材と物資を消費していたベトナム戦争の拡大のために、取り乱されていた。それは、都市における暴動と人種間の緊張のために、取り乱されていたし、いくつかの大都市において黒人によるコミュニティ統制の要求が出てきたことにより、取り乱されていた[37]。

　だが、政治的な合意こそなかったが、社会科学者と教育者は都市における貧しい黒人を教育するという問題に対する答えを探し続けていた。一つの進むべき活動の方向性が、1966年の夏に出版された大部の報告書によって提案された。『教育の機会均等』と呼ばれているこの報告書は、1964年公民権法によって委託された、「合衆国におけるすべての段階の公教育機関において、人種、肌の色、宗教、出身国の理由によって、平等な教育の機会が個々人に提供されていないこと」に関する調査の結果であった。ジョンズ・ホプキンス大学のジェイムズ・S・コールマンとバンダービルト大学のアーネスト・Q・キャンベルによって率いられた大規模な調査団が、1965年秋におよそ4,000の公立学校を調査した。調査団は施設、教材、カリキュラム、実験室といった資源の要素を調べるだけに止まらず、そこから生み出されるもの、つまり学業成績に関しても詳しく調べることを決めていた。それゆえ彼らの任務を定義すると、調査団は調査の対象を平等な機会から平等な結果へと変えていた。コールマンはのちになって、「この調査の主要な長所」は、学校の質に関する伝統的な評価基準を採用せず、学校の資源がどのように生徒の成績に影響を与えるのかという問題に政策の関心を移したという事実にあった、と論じていた。コールマン報告書として一般には知られているこの調査の主要な結果は、教育の政策立案者を仰天させた[38]。

　コールマン報告書は以下のことを見出した。

- 多くのアメリカの子どもは、仲間の生徒のほぼ全員が同じ人種である学校に通っている。
- 白人生徒が通っている学校は、黒人生徒が通っている学校に比べて、物的な資源において若干有利であった。だが、その違いは予想されていたほど大きくはなかったし、ある専門家が指摘するように、調査の時点で

は「アメリカの学校は事実上、分離されていてしかも平等であった」[39]。
・マイノリティ集団の子どもの学業成績は、1年生の時点では白人の子どもに比べて1年から2年遅れている。12年生になると、マイノリティ集団の子どもは白人の同学年と比べて3年から5年遅れている。
・成績は、学校の質というよりはむしろ生徒の家庭背景に関係しているように思われる。
・生徒自身の家庭背景の次に成績に関連している他の要素は、学校の社会構成と環境を統制しようとする生徒の意識である。

　コールマン報告書は議論され、分析され、再検討された。というのも、それは結論を出していたが、何の勧告もしていなかったからである。しかしながら、ここに含まれている政策に関する示唆に素早く気づいた人々もいた。この公文書の中から浮かび上がってきた最も重要な点は、「学校が違いを生じる原因ではない」ということであった。もし生徒の成績が主として家庭背景によって決定され、教師、本、施設にはほんの少ししか関係がないとすると、推論は成り立たなくなり、学校を改革することは生徒の成績にあまり大きな影響を持たないことになる。この結論は、僅か1年前に連邦の教育支援の成立に応えてしだいに大きくなりつつある、貧しい子どものための補償教育がもたらすはずの価値について、深刻な疑念を提起した。
　だが学校改革に関しては、この報告書からほとんど支持を得られなかった一方で、社会階層の統合が、下層階級の生徒の成績の改善に効果があるのではないかという強い提案があった。ほとんどのニグロの生徒は貧しかったので、人種統合は、彼らの試験の点数を良くするための最善の道であった。たしかに報告書は、「長い目で見れば、人種統合はニグロの成績に良い影響を与えると予測すべきである」と指摘していた。報告書は黒人生徒の四つの集団を比較していた。白人が多数を占める学級の黒人生徒、半分が黒人で半分が白人の学級の黒人生徒、黒人生徒が多数を占める学級の黒人生徒、白人のいない学級の黒人生徒である。集団ごとの違いは小さかったが、概して最初の集団の黒人生徒が一番高い点数を取っていた[40]。

人種の統合が黒人の成績を改善するであろうというコールマン報告書が明らかにした考え方は、即座に広まっていった。そのうえ、統合を成功させるためには白人生徒を多数派とする必要があることを、報告書が最終的に示したと信じられていた。実際にはその証拠はどちらに関しても説得力がなかった。ニグロの生徒のテストの平均得点の表は、黒人生徒の成績が白人の同級生の数に比例して上がっていくことは示していなかった。総じて白人が多数派の学級の黒人生徒が一番高い得点を上げていた一方で、全員が黒人の学級の黒人生徒は、白人と黒人が半々の学級や多数派が黒人の学級の生徒と同等か、もしくはより高い得点を獲得していた。奇妙なことに中西部では、全員が黒人の学級の生徒は、白人が多数派の学級の黒人生徒をはるかに凌ぐ成績を上げていた。加えて、白人や黒人の割合が成績の良し悪しに影響を与えているかどうかを知る方法がなかった。結局、人種統合された学校に通う黒人は、人種統合された地域に住んでいると考えられた。というのも、1965年には人種隔離廃止に関する裁判所の命令は出されていなかったし、南部の学区はニグロのテストの得点表には含まれていなかったからである。したがって、白人が多数派を占める学校に通う黒人生徒の成績が高いことは、学校における白人生徒の数の独自の影響というよりもむしろ、彼らが1965年の段階で人種統合された地域に住むことができたという、家庭背景の要素と関係があるのかもしれない。相互関係は認識できたものの、その原因は特定できなかった[41]。

　それにもかかわらず、コールマン報告書は、黒人の成績を向上させるための鍵となるのは、資源や教育の質ではなく人種統合であるということを確信していた人々に、極めて有利な情報を提供したように思われる。それが補償教育のプログラムには効果が期待できないという確固とした証拠を提供していることは明確であり、それゆえ北部も西部も東部も、HEWと裁判所が南部に与えているのと同じ強い薬を飲まなければならなくなる。しかもそのことは、ブラウン判決は人種にかかわらず生徒の学校選択の権利を保障しているだけではなく、両方の人種の生徒をばらばらにすることを求めていると、南部の連邦裁判所が判断を下したまさにそのときに明らかになった。アレク

サンダー・ビッケルがのちに述べているように、「学校の在学生を人種的にばらつかせる要求を、ある地域では強制し、他の地域では強制しないというのは、永続的な基準として、道徳的、政治的、そして結局は法律的にも支持できない見解であった」[42]。

ブラウン判決は、人種差別を排除せよとの命令ではなく、人種分離を排除せよとの命令であると徐々に定義されていったのは、決して驚くべきことではなかった。1954年においてさえ、多くの人々はブラウン判決をまさにそのように解釈していた。ニューヨーク市教育委員会の委員長は、ハーレムの聴衆に向かって、彼らの子どもが通っている黒人のみの学校は、「心理的な傷跡を残す」原因となっていると告げた。教育委員会は公式に、事実上の人種隔離を終わらせることを約束した。というのも、「人種的に単一の学校は、マイノリティ集団の子どもの人格を傷つけたり」、「彼らのやる気をそいだり」、「彼らの学習能力を損ねたり」するからであった。1963年にニューヨーク州の教育長官は、50％以上の生徒が黒人であるような学校は人種的に不均衡であるので、平等な教育機会を提供することができないと主張した。1965年には人種の不均衡と教育に関するマサチューセッツ州諮問委員会においても同じような政策文書が採択され、人種的に不均衡なすべての学校の排除を勧告した。なお、この勧告は州議会によって法制化された。1963年にニュージャージー州の教育長官は、次のように主張した。「在校生が完全にあるいは独占的にニグロだけである学校に通うニグロの生徒と親の心の中には恥辱がしみついていて、この恥辱の意識とその結果生じる劣等感は、学習を成功に導く態度に望ましからぬ影響を与える」。というより別の言い方をすると、黒人の教育機関に対する人種差別主義者の態度が、ほとんどの生徒が黒人である学校が、ほとんどの生徒が白人である学校と同等であると思うことを、白人にとっても黒人にとっても不可能にしてしまった[43]。

北部の裁判所は1960年代初頭、連邦最高裁の指導なしに事実上の人種隔離の問題と格闘していた。1961年には連邦地方裁判所が、ニューヨーク州ニューロッシェルの地域学校政策は憲法違反であるとの判決を下した。というのも、その政策が圧倒的に黒人のみの地域を作る原因となり、その結果、

その地域の小学校では94％が黒人となっていた。判決は上告されたが、連邦最高裁は判決の見直しの要求を却下した。黒人居住地域の学校は閉鎖され、生徒は他の学校に分散された。ニューロッシェルは「北部のリトルロック」と呼ばれたが、他の北部の裁判所は違った判決を出していた。1963年にインディアナ州ゲーリーの公立学校が、黒人生徒が憲法違反の人種隔離を受けているとの理由により提訴されたときには、連邦地方裁判所判事は、公立学校における人種の均衡はブラウン判決や憲法によって強制されるものではないと判断した。判決は上告された。連邦最高裁は、ニューロッシェルとゲーリーにおける下級裁判所の判決間の見解の不一致を解決することを拒否した[44]。

第6節 『公立学校における人種の分離』

だが、裁判所の優柔不断さとは関係なく社会科学者の間では、理由はどうあれ人種の隔離は黒人の教育達成度が低いことの直接の原因であるという共通認識が育っていた。共通認識が育っていることの最も力強いそして典型的な表現は、1967年2月に出版された、連邦公民権委員会の『公立学校における人種の分離』という報告書であった。この報告書は1965年後半にジョンソン大統領が、おそらく事実上の人種隔離に対する連邦政府の行動の基礎を築くために、委員会に対して人種分離をめぐる事実関係の調査の実施を求めたことに応じてまとめられたものであった。ジェイムズ・コールマンやケネス・クラークなども含む多数の著名な教育者と社会科学者が、委員会の諮問委員会に参加したり、調査の一員としてあるいは相談役としてつとめたりしていた[45]。

コールマン報告書は、「生徒の成績と態度に関する全米的な資料の基礎的な蓄積」であることを拠り所として、以下のようなことを指摘していた。人種の分離は「激しく」そして「増加しつつある」こと。都市と郊外の間の人種的・社会的・経済的な分離が進展しつつあること。都市の地理的な地域区分が、居住区における人種の集中を引き起こし、その結果、人種の分離を生み出していること。生徒の学業成績が、家庭背景と同級生の社会階層により強く影

響されていること。ニグロの生徒は、在学生のほとんどが不利益を被っている生徒からなる学校に通い、資格のある教師がより少なく、質が劣っている学校に通う可能性が白人生徒に比べてより高いこと。大多数の生徒が白人である学校に通うニグロの生徒は、大多数の生徒がニグロである学校に通うニグロの生徒よりも、一般的に成績が良いこと[46]。

『公立学校における人種の分離』は、不利益を被っているニグロの生徒を、白人が多数を占める学校に入れることの教育的価値に関する結論をめぐっては、コールマン報告書よりもはるかに先を行っていた。コールマン報告書が、社会階層と人種統合がもたらす恩恵の可能性に思いをめぐらせていただけなのに対して、連邦公民権委員会の報告書は次のようにはっきりと述べていた。「白人が多数派で教師の質が劣る学校に通うニグロの生徒の成績は、ニグロの生徒が多数派で教師の質が良い学校に通う同じようなニグロの生徒と比べて、概して優れている」。「不利益を被っているニグロの生徒で、同じように不利益を被っている白人生徒が多数派である学校に通っている場合には、不利益を被っているニグロの生徒で、同じように不利益を被っているニグロの生徒が多数派である学校に通っている場合に比べて、成績が良い」。不利益を被っているニグロの生徒で、他の不利益を被っているニグロの生徒といっしょの学校にいる場合には、不利益を被っているニグロの生徒が恵まれた白人生徒が多数派である学校に通う場合と比べて、2学年以上遅れている。ニグロの生徒は人種隔離の撤廃された学校に通う期間が長ければ長いほど、成績も態度もより良くなる[47]。

貧しい黒人生徒に対して、集中的な学問的支援と文化的な豊かさを提供するプログラムのうち、2年から3年を超えて残っていたものはほとんどなかったが、ニグロの学校で行われている補償教育の価値をめぐる連邦公民権委員会の報告書の判断は、おそろしく否定的であった。報告書は、「補償教育プログラムのない人種隔離を撤廃した学校に通うニグロの子どもは、補償教育プログラムのある人種的に隔離された学校に通うニグロの子どもよりも、成績が良い」とみなしていた。全米の傑出した補償教育プログラムの再検討を行う中で、報告書は、ニグロの生徒の成績向上にはほとんどあるいは全く役

に立っていないことを見出していた。対照的に、白人が多数派である学校に強制的にバス通学させられていたニグロの成績水準は、顕著に上がっていたと報告書は評価していた。委員会は、補償教育プログラムは「限定的な効果」しか持っていなかったと考えていた。というのも、彼らが解決しようとしていた問題の多くは「人種と社会階層によって隔離された学校内での、人種と社会階層に基づく隔離」から生じていたからである[48]。

連邦公民権委員会は、連邦議会に対して、「学校における人種の隔離を排除するための統一的な基準」を確立するよう勧告した。報告書によると、「合理的な」国の基準はいかなる学校でも50％以上がニグロであってはならないとされていた。50％以上がニグロの学校は、「コミュニティによって人種別学の劣った学校としてみなされ、処遇される傾向がある」という[49]。

『公立学校における人種の分離』は、黒人の教育問題に関して二つの異なる救済策を仮定していた。一つ目は補償教育プログラムで、これは「学問的な不利益の主要な原因が普通のニグロの子どもの貧困と彼が育てられてきた環境にあるという、仮定の上に成り立っている」。二つ目は、黒人生徒を白人が多数派である学校に分散させることであった。それは、圧倒的に黒人が多い学校は黒人と白人の双方から悪い評判を立てられ、劣った学校であるとみなされていて、それゆえ平等な教育の機会を提供することができないという仮定の上に成り立っていた。こうした二つの救済策のどちらを受け入れるのか、あるいは退けるのかをめぐる根拠は断片的なものでしかなかったが、黒人は、たとえ彼らの同級生が同じように貧しい白人であった場合でさえも、黒人が少数派である限りは得るところがあると信じて、連邦公民権委員会は黒人の子どもを分散させる救済策を強く支持した。黒人の子どもを分散させるという救済策の魅力は大きかった。それは、成績の格差を、集中的な教育やお金のかかる補償教育プログラムによるのではなくて、黒人生徒を白人が多数派である学校に入れるという、極めて簡単ではあるものの、もしかすると途方もなく難しいかもしれない行為によって縮められることを約束していた。白人より黒人が数多く在籍する優れた学校が存在する可能性を全く想像することができなかった委員会の報告書は、その時代特有の文書であり、委

員会があれほど激しく非難してきた人種差別そのものから抜け出すことができなかったことを示していた[50]。

　黒人の知識人やコミュニティの活動家が、同化の理想を信じなくなったまさにそのときに、『公立学校における人種の分離』は人種統合運動の最も権威のある書物となった。多くの都市の学校で白人以外の生徒が多数を占め、委員会が定義するような、多数の白人との統合が起こりうる可能性がおぼつかなくなるにつれ、実は、人種統合運動のイデオロギーが、マイノリティの生徒が通う学校に対する悪い評判を高めていることが明らかになった。マイノリティの居住区にある学校は、たとえどのような資源やプログラムを持っていても、絶えず劣っていると繰り返し言われ、また、最も才能のあるマイノリティの若者を白人居住区の学校に引き抜いてしまうような統合プログラムの採用は、黒人コミュニティの指導者にとってみれば、「生徒のやる気、親の関心、教師の尽力、コミュニティの活動」をくじく影響を与えていた。エスニシティにかかわらず、すべての人々が平等であるならば、なぜ白人生徒の多い学校が優れた学校で、黒人やヒスパニックの生徒の多い学校がもともと劣っているのか、その理由が分からないと彼らは怪訝に思っていた[51]。

第7節　コミュニティによる学校の統制

　黒人の闘争心と人種分離主義の高まりを反映するこうした疑念は、1966年夏に、ハーレムのインターミーディエイト・スクール (IS)［訳注：4年生から6年生までを対象とする小学校］201において始まった、コミュニティによる学校の統制を推進する運動を後押しした。IS201は、ニューヨーク市の中心にある最も著名な黒人スラム街に設立された新しい学校で、素晴らしい施設と抜擢された教職員を揃えていた。地域の貧困撲滅プログラムに携わるコミュニティの活動家は、この新しい学校の開校について、当初は人種統合を求めるうえで、最終的にはコミュニティによる学校の統制を要求するうえで、コミュニティを活性化する貴重な機会ととらえていた。IS201は1966〜1967年度にかけて騒然としていて、抗議の先頭に立っている人々は、コミュニティ

による学校の統制を求めている他の居住区の活動家と連携した。何ヵ月も続いた排斥、見張り、デモののちに、ニューヨーク市教育委員会は1967年夏に、マイノリティのコミュニティの中に、地域の運営委員会によって運営される、IS201を含む三つの実験的な学区を創設することに同意した。ほどなく、地域の運営委員会は、あらゆることを統制したいという要望と、「白人の権力構造」とりわけユダヤ人教員組合に対する攻撃において、その過激さを一段と増していった。1968年5月、ブルックリンのオーシャンヒルーブラウンズビル学区の運営委員会は、正当な法的手続きを採らずに何人かの教師を追放したので、統一教員連合は秋に2ヵ月間、すべての学校を閉鎖した。次の年の春、州議会は三つの実験的な学区を閉鎖し、自治権を持つ理事会による地域の統制の可能性を消し去る、穏当な学校の分権化計画を採択し、強大な教員組合の怒りを静めた[52]。

　コミュニティによる学校の統制を推進する運動は、政治的に失敗した。というのもそれが、黒人民族主義と人種分離主義の牽引役とみなされ、それゆえ公教育の基礎となる考え方を脅かすと受け取られたからである。また、運動の指導者が、協力すべき関係者をあからさまに激しく攻撃したからである。加えて、地域コミュニティを盛り上げるために使われた扇動的な演説が、地域コミュニティの外にいて支持者になりうる人々を遠ざけてしまったからである。それにもかかわらず、運動は伝統的な教育と社会に関する考え方への批判に広く耳を傾けて貰う機会を得ていた。それは人種統合運動をめぐる同化主義者の目的を退け、エスニシティを自覚することの価値を力説した。それは公立小学校を人種の坩堝とする理想を貶し、その代わりに、学校は地域社会の懸念や関心を反映すべきであると考えていた。統合主義者が、黒人を主流文化に取り込むことに焦点を当てていたのに対し、コミュニティによる学校の統制を提唱していた人々は、人種の誇りに訴えかけ、黒人文化の伝統の高潔さを主張した。だが、彼らの集団としての承認と団結を求めていこうとする闘いの中で、IS201とオーシャンヒルーブラウンズビルにおける活動家は、反白人的および反ユダヤ人的な大げさな言葉を弄することによって、大失敗を犯した。多くのマイノリティが存在する都市および国において、多

元的な社会が機能していくための集団間の礼節の規範を、彼らは破ってしまった。けれども皮肉なことに、政治的な激しい言葉のやり取りの記憶が薄れていくと、コミュニティによる学校の統制を推進する運動はその名残として、黒人は、同情されたり追い散らされたりする劣ったカーストとしてみなされるのではなく、多元的な社会に暮らす他のエスニック集団と同様に、自らの要求や利益を主張するエスニック集団の一つとしてみなされるべきであるという信念を残した。

第8節 「事実上の人種隔離」と「法律上の人種隔離」

闘争的な黒人からは、黒人革命とどうしようもなく歩調が合っていないと軽蔑され、大衆報道においては、バリケードによじ登っている黒人のために影が薄れてしまったが、全米有色人地位向上協会（NAACP）は、裁判で学校における人種統合を求め続けた。1968年、ケネス・クラークのような知識人ですら、ニューヨークの黒人コミュニティによる学校の統制を求める闘いに、背後で支援の手を差し伸べていたときに、連邦最高裁は10年前のリトルロック以来の最初の主要な人種隔離廃止の判決を下した。グリーン対ニューケント郡判決で連邦最高裁は、実感できるほどの人種隔離廃止を生み出していなかった自由選択プランを打ちのめした。バージニア州ニューケント郡には白人校と黒人校の二つの学校があり、居住区での人種隔離はなかった。自由選択プランのもとで、黒人の15％がかつての白人校に通っていたが、白人は誰もかつての黒人校に通うことを選ばなかった。連邦最高裁は地域の教育委員会に対して、「『白人』校や『ニグロ』校などのない、単なる学校が存在するだけの組織」を作り出すために、「現実的に今すぐに機能することを期待させるような」計画を練り上げることを求めた。グリーン判決は画期的なものであった。連邦最高裁は、ほとんど何も定めていない1955年の法令以来、初めて実際に人種を混ぜ合わせることが法律上の人種隔離を排除するために必要であると、明確に述べたのである。この判決の出された時期が重要であった。1955年における自由選択政策は、おそらくは十分な対応策であった。

しかし1968年頃には、連邦裁判所は自由選択をブラウン判決に従う義務からの言い逃れと同義とみなすようになっていた[53]。

　連邦最高裁が、単に人種差別をなくすことよりも、むしろ人種統合を求める方向に動いたことにより、裁判所の命令によって人種の均衡を図ることへの反発は高まっていった。人種の統合を促進するために、子どもを学校に割り振っていくことは、いつも不人気だった。社会科学者は人種統合による教育的利益を公にし、政府に対して生徒の在籍者数を人種に基づいて再配分する、いわゆる「強制バス通学」を迫ったが、そうした提案に対する大衆の反対は極めて強固なものであった。下院は強制バス通学に反対する修正案をたびたび可決したが、それは上院で否決された。皮肉なことにそれは昔、人種隔離主義者が、多数派の意見を無効にするために用いたのと同じ、議会における戦術であった。政治学者のゲイリー・オーフィールドは、次のように述べている。「議員経験が豊かで、ひたむきに公民権運動を支持する人々は、両院協議会、委員会の議題の支配、議事進行妨害、でたらめな法律用語、その他のさまざまな策略を用いて、強制バス通学に反対する多数派を妨害しようとしていた。しばしば南部が人種隔離を温存するために用いた戦術が、今度は人種隔離廃止の要求を擁護するために用いられていた」。1968年に大統領に選出されたリチャード・ニクソンは、「大規模な強制的なバス通学」を力強く非難し、彼の政権下にある司法省は、ノースカロライナ州シャーロッテーマックレンバーグの連邦地方裁判所によって課された、人種の均衡策に反対していた[54]。

　ニクソンの反対にもかかわらず、連邦最高裁は1971年のスワン対シャーロッテーマックレンバーグ判決において示された、人種に基づく生徒の割り振りのやり直しを満場一致で支持した。ニクソンによって任命された連邦最高裁長官ワレン・バーガーによって書かれたスワン判決は、人種的に分離された学校を数多く生み出した地域学校政策を覆した。学校は「今すぐに機能する」救済策を作り出さなければならないとした、グリーン判決の原則に続いて、連邦最高裁は学校当局に、「実際の人種隔離廃止を可能な限り最大限に成し遂げるために全精力を傾ける」よう命じた。地方の役人は、白人と黒

人の在籍者を同一の学校に再度割り振るために、人種の割合を用いること、学区の境界線を引き直すこと、強制バス通学、隣接していない通学区域の創設なども含めて、必要なことは何でも実行するよう命じられた。人種隔離の改善策とは言い換えると、人種を分散させることであった。連邦最高裁はあらゆるコミュニティのあらゆる学校が、学校組織全体の人種構成を反映するよう期待されているわけではないとみなしていたが、学校当局にとっては、一つの人種のみの学校の存在を正当化するという重荷が課されていることは明白であった[55]。

1972年頃には、ブラウン判決以前に存在していたような人種隔離は、ほとんど姿を消していた。1954年には、南部では白人といっしょに同じ学校に通っている黒人生徒はほとんどいなかった。1972年までには、裁判所とHEWの一致団結した努力の結果として、すべての南部の黒人生徒の91.3%が白人といっしょの学校に通っていた。一方、境界諸州においては、この数字は76.4%であり、北部と西部の州では89.1%であった。しかしながら、この基準はもはや適切なものではなくなっていた。というのもコールマン報告書と『公立学校における人種の分離』の調査結果が、黒人を白人が多数派の学校に入れることの必要性を強調していたからである。「人種隔離」を人種の不均衡あるいは主に黒人校のことと再定義していた、この新しい基準への転換は、全く異なる様相を呈することとなった。1972年に南部では、黒人の46.3%が白人が多数派の学校に通っていたが、一方、境界諸州ではその比率は31.8%、北部と西部では28.3%に止まっていた[56]。

裁判所は、白人が多数派を占める学校に黒人を割り振らなければならないという原則を、そのまま受け入れたわけではなかったが、スワン判決は、かつての憲法違反である人種隔離の改善策として、人種の割り振りのやり直しを支持していた。スワン判決の論理が、南部の学校組織にだけ限定的に適用されるべきであると考えられたのには理由がなかったが、1973年のキーズ判決は、そうではないことを明確にした。その判決において、南部の状況のもとで展開された原則は、未だかつて合法的に人種別学を運営したことなどなかった、南部以外の地域にも適用されることとなった。デンバー教育委員

会が、学区の線引き、特定地域の選定、教職員の割り振り、近隣の学校への生徒の割り振りといった政策を推進し、その結果として、黒人の学校在籍者の38％が黒人校とみなされる学校に通っていることが判明した。人種隔離が「学区のかなりの部分で」存在していると判断し、連邦最高裁は、デンバーに対して、法律上の人種別学という二元的な学校制度を憲法に違反して運営しているとの判決を下した。人種の集中は近隣の地域の学校政策の結果であり、不法行為は1954年以前に起こったものであるという、デンバーの主張は退けられた[57]。

キーズ判決ののち、連邦裁判所が事実上の人種隔離と法律上の人種隔離の間に引かれていた線を最終的に消してしまい、アメリカ全土の学校組織における人種間の均衡を図ることを命令するであろうと思われていたし、少なくともそうした可能性があると思われていた。デンバーでの経験が示していたように、ほとんどすべての事実上の人種別学制度が、本当は憲法違反の法律上の人種別学制度であることを証明するための、十分な証拠を揃えることができた。学校の当局者は、人種の集中は学校の手の及ばない居住地の傾向を反映していると主張したのに対し、公民権に関わる弁護士は、人種別学を作り上げ維持しているのは学校政策および他の州の影響のせいであると反論した。デンバー判決が下される以前にも、少なからぬ北部の学区は法律上の人種隔離を犯しているとみなされ、白人、黒人、ヒスパニック、アジア系、アメリカ先住民の生徒を、同一の学校に割り振り直すことを命じられていた。入念な調査の結果、人種隔離を維持していくことを目指した政策文書が明らかにされた。それはしばしば、学校理事会の議事録の中に含まれていた。その詳細は、学区の境界線を勝手に引き直すこと、人種差別的な学区の線引き、小学校からジュニア・ハイスクールに生徒を送り込む際のまやかし、マイノリティの教職員のマイノリティの学校への配置転換、他の人種が通う学校には十分な場所が確保されているのに、特定の人種が通う学校の混雑を緩和しないことなどであった[58]。

一つの人種のみの学校の存在自体は憲法違反ではなかったので、学校の当局者が生徒を人種隔離する意図があったかどうかを立証する必要があった。

だが、人種の分離が全く偶然の要素に由来するのか、それとも学校の当局者による憲法で禁止されている行動に由来するのかを決めるのは、たいてい簡単なことではなかった。生徒が自由に転校できる政策は、そうした曖昧な証拠の一つであった。学校の当局者は、白人の郊外への脱出を最小限に抑えるためにこの政策を採択したと主張したが、公民権に関わる弁護士は、白人生徒は黒人がますます増えてきている学校から逃げ出すために、その政策を利用したと反論した。逆に、生徒が自由に転校できない政策は、黒人を居住地の近くの学校に閉じ込めておこうとする証拠とみなすことができた。教育委員会が、マイノリティのコミュニティに学校を建設しようと決めることは、黒人をその中に閉じ込めておこうとする暗黙の努力と解釈できた。逆に、マイノリティのコミュニティに建設することを拒否すると、黒人生徒を老朽化して劣った学校に通わせることとなった。そのうえ、住居の賃貸や販売における人種差別は、連邦政府の抵当権証書の中にも存在していたばかりでなく、国のどこでも普通に行われてきたことであり、人種的に単一の居住区を作り上げることに、州が加担している証拠は簡単に入手できた。もっとも、居住区における人種隔離が教育委員会のせいであることを示すものは何もなかったが。

　デンバー判決のあと公民権運動は、北部における人種の分離を攻撃するうえで極めて強い立場にあったが、人口統計の推移が新たな問題を生み出していた。第二次世界大戦以降、都市中心部は、白人の絶え間ない流出とマイノリティの流入を経験していた。都市に残った白人はマイノリティと比べて、子どもの数が少ない傾向にあり、その結果、都市の学校におけるマイノリティ生徒の比率は急速に上昇していった。1970年代初頭には、ニューヨーク、シカゴ、フィラデルフィア、デトロイト、クリーブランド、ワシントンDCのような大都市では、白人生徒は少数派に転じてしまっていた。こうした大都市で、人種によって生徒を割り振り直すことを命じる裁判所の命令を原告が勝ち取ったとしても、マイノリティ生徒を白人が多数派の学校に統合することはもはや不可能であった。そこで問題は、アメリカの学校に長いこと根づいていた近隣の学校という制度に止まらず、都市と郊外の間で生徒を割り

振り直すのを妨げている学区の境界にまで及んだ。

デトロイト市は、こうした問題が生じている場所であった。デトロイトの学校制度は、全米でも最も自由主義的なものの一つであった。そこの教育長と教育委員会の委員長は、学校における人種統合に尽力したことから、NAACPより表彰されていた。学区の境界線と生徒の割り振りを担当していた副教育長は、デトロイトNAACPの元会長であった。デトロイトは全米の他のどの市と比べても、黒人の管理職（37.8％）と黒人の教師（42.1％）を一番多く登用していた。また、デトロイトは多民族に対応した指導教材の制作においても先駆者であった。それでも、デトロイトではかなりの居住区において人種隔離が存在していて、教育委員会の努力にもかかわらず、事実上の人種隔離をなくすことができていなかった。1971年に連邦地方裁判所判事はミリケン対ブラッドレー判決において、デトロイトの学校は、教育委員会が活動していることによって、またそれが活動していないことによって、人種的に隔離されていると断言した。デトロイトの学校はすでに63.8％が黒人で、1980年までには80％が黒人になってしまうことを指摘しつつ、判事はデトロイトの学区を白人が多数を占めている郊外の53の学区と統合して、メトロポリタン学区を創設することを命じた[59]。

郊外の学区はこの命令を上訴し、その際連邦最高裁に提訴された問題の核心は、在籍者の中で白人が多数を占めるようにするために、連邦裁判所は近隣の学区を合併できるかどうかということであった。もしこれが支持されれば、判決は非白人が多数派を占めている他の大都市における同じような難問にも道を拓くこととなる。もし否決されると、ほとんど白人生徒がいないデトロイトのような都市は、どのようにして人種隔離廃止を進めていくのかを再考せざるを得なくなる。広く待ち望まれた連邦最高裁の判決は1974年に出され、下級審の判決を覆した。5対4で、連邦最高裁は大都市の救済策を郊外の学区に押しつけることはできないと判断した。なぜならば、53の郊外の学区が憲法上の違反を犯しているわけではないので、地域による学校の統制を廃止する理由はなかったからである。多数派の判事によると、地域の自治は「コミュニティを気遣いつつ、公立学校を支援していくことにとって

も、また、教育の過程の質にとっても必要不可欠なものであると、ずっと考えられてきた」という。デトロイトの学校は、現在の学区の境界線の中で人種隔離を撤廃するよう命じられた。もっとも連邦最高裁はいつものように、それを実行するために何が求められているかに関しては、何も明らかにしなかったが[60]。

人種統合運動はデトロイト判決に深く失望したが、一方でそれとは異なる種類の脅威に直面していた。1940年代、1950年代、1960年代を通して、人種統合運動は社会科学者からほぼ全員一致の支持を得て、法廷闘争も社会調査の分野からの揺るぎない支援のもとに推し進められてきた。しかしながら1972年には、社会科学者の間での意見の相違が表面化し、初めて人種統合政策の前提に直接、疑問が呈された。人種隔離廃止に関する研究者で、連邦公民権委員会の『公立学校における人種の分離』の助言者でもあったハーバード大学のデービッド・J・アーマーは、最新の研究成果を再検討し、人種の均衡を図ることは黒人生徒の間により高い成績や自尊心をもたらさなかったし、人種関係も改善しなかったと結論づけた。人種統合政策を支持する研究者はアーマーの見解を批判し、人種統合から得られた良い結果を示している他の研究成果を持ち出して反論したが、社会科学者の間での亀裂は深まっていった[61]。

1975年に、人種統合を推進している勢力は、ジェイムズ・S・コールマンが人種統合運動を支持しないと公表したことにより動揺した。彼は全米で著名な社会学者で、彼の1966年の報告書は、人種を割り振り直すための根拠として法廷でいつも引用されていた。コールマンは自分の報告書が、人種の均衡を図ることに賛成するために「不適切」に用いられていることを、しだいに懸念するようになっていった。1975年4月に彼は、裁判所から強制された人種別学の廃止は、大都市からの白人の郊外への脱出を引き起こしていて、それゆえ、自己破滅的な政策であると結論づけた研究成果を発表した。人が移転したり、政策に対抗したりする力を失わない限りは、「裁判所はおそらく社会政策上、最悪の機関であろう」と、彼は考えた。人種統合政策を支持する社会科学者は、コールマンの方法論と彼の能力さえもこきおろし、人種

隔離廃止と白人の郊外への脱出の間には何の相関関係もないと主張して対抗した[62]。

やがて感情が落ち着いてくると、コールマンに対する批判者は、学校の人種隔離廃止が白人の大都市の学校から郊外への脱出を招いているとする、彼の本来の主張を概ね認めた。もっとも、彼の方針に隠されていた意味は認めなかったが。コールマンは、人種隔離廃止を自発的に促進することを望んでいたが、人種統合主義者の学者は、白人が人種隔離廃止を嫌って郊外の学校へ逃避することができなくなるように、メトロポリタン学区の創設を提唱した。この議論によって、全米の大都市の学区のほとんどで白人生徒が少数派になってしまったことから、こうした学区のすべての学校で、白人を多数派として人種の均衡を図ることはないという事実に、注目が集まった[63]。

「白人の郊外への脱出」問題だけが、学者の間の意見の一致を解消したわけではなかった。しばらくすると、人種の均衡を図ることが実施されてきた学区からの研究成果が現れ始めたが、人種隔離廃止により黒人の成績と態度にもたらされるはずの利点をめぐる見解は、一様ではなかった。1962年以来、人種隔離と人種隔離廃止の影響をずっと研究してきた学者のナンシー・St・ジョンは、人種別学の廃止が子どもに与える影響について、とりわけ学問的な成長、意欲、異なる人種間での態度や振る舞いに関して見極めるために、100以上もの研究成果を分析した。彼女によると、人種隔離廃止が白人や黒人の成績を下げることはほとんどなかったが、学校の人種の構成を変えることによって、人種間の成績の格差を埋めたり縮めたりできたと思われる、明らかな証拠はなかったという。彼女はまた、人種隔離廃止が黒人の自尊心を高めるという考えを支えるものも、研究成果の中から見つけ出すことができなかった。加えて調査は、人種隔離廃止がときには異なる人種間の友情を生み出したり、ときには人種間の対立や固定観念を生み出したりしたことを示していた。「結果は極めて多様で、人種隔離廃止という単なる事実以外の要因にも影響されているに違いない」と、彼女は述べていた[64]。

社会科学者が方法論とイデオロギーをめぐる問題について議論していた間にも、人種間の均衡を図ることへの命令は、デンバー、サンフランシスコ、

ボストンといったいくつかの大都市で適用された。ボストンでは、白人、黒人、その他のマイノリティをあらゆる制度の中で割り振り直すことを求める命令は、白人による排斥、異議申し立て、暴力に直面した。連邦裁判所による計画が実行に移されていた2年の間に、学区の白人生徒の3分の1が公立学校を去ってしまい、2度と戻ってこなかった。学区は連邦最高裁に上告したが、無駄に終わった。連邦最高裁は、ずっと昔のリトルロック判決で、コミュニティの混乱が連邦裁判所の命令の実施を妨げることはないと判断していた[65]。

1970年代半ばに起きたことは、人種隔離廃止が黒人の成績と態度に及ぼす影響に関して、社会科学者が以前には持っていた確信をなくしてしまったまさにそのときに、ある程度、社会科学の成果に基づいて出された裁判所の命令が前進したということであった。意見の一致が崩れたことには、いくつかの原因があった。黒人生徒を白人が多数を占める教室に入れておきさえすれば、自動的に成績が改善されたり自尊心が高まったりするわけではないことを、時間と経験が明らかにした。人種隔離廃止が正しく実施されれば予想どおりの利益が生まれるはずであると主張し続ける社会科学者がいる一方で、それに納得しない社会科学者もいた。『公立学校における人種の分離』の中の「人種と教育」の章を監修したデービッド・K・コーヘンは、1977年に、社会調査がますます高度に複雑化していくことにより、その研究成果が一点に収束していくことはなく、むしろより複雑でわけの分からないものになってしまったと述べている。社会科学者はもはや折り合うことがなく、人種と教育をめぐる問題への明確な回答すら提示できないことを認めつつ、コーヘンは、社会調査は「問題解決のための手段というよりは、むしろ意見の交換」として理解されるべきだと考えていた[66]。

人種と教育をめぐる問題について見解が分かれるのは、社会科学者に限ったことではなかった。人種をばらばらにする政策に対する黒人の批判者は、教育的な利点が曖昧であるという証拠が蓄積されていくにつれて、口やかましくなっていった。以前は公民権に関わる弁護士であったデリック・A・ベル・ジュニアは、将来の訴訟の目的は黒人の保護者が望むような教育的な利

益を保証するものでなければならないが、それは必ずしも人種をばらばらにする救済策を含む必要はないと論じた。彼の見解は、黒人の勝利を象徴的に意味する限りにおいて、「強制バス通学」を承認していた黒人の間で、体系だった強制バス通学計画に参加するよりも、むしろ保護者と教師とコミュニティの間の効果的な関係を大いに期待して、自分たちの居住区にある学校を根本的に改善したいという気持ちが高まってきていることを反映していた。たしかにこうした見解は、NAACPや訴訟弁護基金（LDF）の攻撃的な人種統合主義者の指導力に対しては、ほとんど何の影響も与えなかった。だが、アトランタやダラスといったコミュニティにおける意見の異なる黒人の声は、連邦地方裁判所判事を促して、体系立って人種の均衡を図ることの強制を思い止まらせた。ダラスにおいては、保護者、専門職、聖職者といった広い範囲の人々を代表する、「教育水準を最大限に高めていくための黒人連合」が拡大された強制バス通学に反対し、その代わりに「教育の質を改善し、マイノリティと白人の間の学問的な成績の不均衡をなくすために考案された」救済策を求めて、人種別学の廃止の訴訟に加わってきた[67]。

　黒人が自分たちの代弁者であった人々に対して公然と対立し始めたこと。黒人が自分たちが通うことによって、学校に悪い評判が立つことなどないと考えるようになったこと。黒人の依頼人が自分たち自身の声について黒人の平等を求める運動を解体する兆候ではなく、ブラウン判決によって始められた社会革命の成功の兆候であることに気づいたこと。このように、ブラウン判決後の四半世紀で人種間の関係は劇的に変化した。裁判所の判決と公民権法に守られて、黒人はあらゆる職種に就いたり、以前には白人しか就けなかった職業にも入っていったり、極めて多くの者がカレッジに進学したり、政治の場面にも積極的に参加したり、過去の白人による人種差別によって押しつけられてきた卑屈で劣った役回りを永遠に放棄したりした。ブラウン判決後の30年あまりの間、主として北部と西部の都市に設立された多くの黒人校は、法律ではなく学区の境界線と人口動態に支えられて存続していた。こうした状況は、ブラウン判決が約束したものに対する裏切りを表しているのか、それとも、他のエスニック集団が優位を占めていた都市の学校と本質的にな

んら違いがないものなのかどうかについては、初期の時代に戦いを指導した人々の情熱と考え方に全く影響を受けていない、別の世代の人々が判断することであった。

第6章　バークレー校から
　　　　ケント州立大学まで

　1960年代が始まったとき、アメリカの教育のどこに問題があるかは一目瞭然であった。南部における執拗な人種隔離は、不穏な状態が続いていくことを保証していた。貧しい黒人とヒスパニックが北部と西部の都市に移住していくことにより、そうした都市の学校に人種と貧困という新たな問題を引き起こしていた。ソビエト連邦が宇宙船スプートニクを成功裡に打ち上げたことが、アメリカの学校の置かれた状態をめぐる懸念を助長した。連邦の教育支援がたびたび求められたが、いつでも無視され、ベビーブームの世代がアメリカの学校の教室をいっぱいにしていたときですらも同様であった。アメリカの教育の中で、唯一健全な状態にあって、学生や社会の要求に応じることができていたのは、高等教育だけであった。

　活気にあふれた経済成長の絶頂の波に乗り、自分たちのことを生き生きとした社会を動かしていく教育機関の指導者であるとみなしていたカレッジや大学の当局者は、自分たちの行く手に危機的時代が横たわっているとは全く想像すらしていなかった。カレッジに入学するということはアメリカン・ドリームの頂点であり、経済的成功と社会的地位を手に入れるための入り口であった。高等教育の規模がより大きくなり、門戸がより大きく広がったとき、水平線上には一片の暗雲も漂っていなかった。財政上の問題でさえ、繁栄を謳歌している経済状態の中では何とかなると思われていた。限りなく楽観的な時代においては、多くのアメリカのキャンパスが1960年代後半には絶えず非難に晒され、評判の良くない戦争や黒人の不満の身代わりにされ、さらにはアメリカの社会において、若い革命家の考えが尊重される聖域を提供し

ていた唯一の施設であったのに、その開放性と寛大さゆえに、皮肉にもそれを破壊しようとした彼らの手ごろな標的にされてしまうとは、誰にも予想のできないことであった。若い急進的な学生が、自分たちの激しい怒りを表す手段として、大学の事務室に爆弾を仕掛けたり、予備役将校訓練隊や国防に特化した研究に場所を提供している建物に放火したり、不法に大学の施設を占拠したり、自分たちの好まない見解を述べる人に対しては大声を出して言い負かしたり、自分たちに批判的な立場の教授の授業を妨害したりしたために、理性と自由な思考を尊重する高等教育の立場はまさに脅威に晒されていた。マッカーシーによる教育への猛攻撃から僅か10年しか経たないうちに、学問の自由、つまり、教える権利と学ぶ権利は、外部の反動的な勢力によってではなく、特定の理念を唱導する学生とキャンパスにおける彼らへの同調者によって、再び攻撃に晒されることとなった。

第1節 「マルチバーシティ」の誕生

　第二次世界大戦後、高等教育は目覚ましい発展の時代へと突入していった。高等教育に対する需要の増加は、期待と経済の実体によって作り上げられていた。親が我が子には少なくとも自分たちが受けたのと同程度の教育を受けさせたいと考えていたばかりでなく、カレッジへの進学者の増加は、職業構造の面で、専門職、技術職、事務職、経営職への転換が起こっていることを正確に反映していた。より多くの生徒がハイスクールを卒業するにつれ、カレッジへの入学者数も増加した。これは新たな現象ではなかった。1870年から1970年までの間、カレッジへの入学者数は14年から15年ごとに倍増した[1]。
　けれども、この戦後の10年間における高等教育の劇的な発展は、過去の経験とは比べようがなかった。1946年に、アメリカのカレッジと大学は退役軍人も含めて200万人以上の学生を入学させ、165,000人の教員を雇っていた。1970年頃には、進学率の増加と戦後のベビーブーム世代がちょうど入学年齢に達したこととが相まって、高等教育への入学者数は800万人になり、それを教える教員の数は50万人以上となった。新任教師になったり他

の専門職に就いたりすることを目指している大学院生も、もちろんいるのだが、研究に対する空前の資金提供により、大学院生の数は1946年の12万人から1970年には90万人に増加した[2]。

　高等教育の変貌は、公立教育機関への州の資金援助の確約により拍車がかかった。1940年代後半には、公立の高等教育機関よりも私立の高等教育機関の方に学生が多く在籍していた。1950年代中頃になると、公立の高等教育機関への入学者数は私立への入学者数をはるかに凌ぐようになり、1970年頃には高等教育機関に在籍する800万人の学生のうちのおよそ4分の3が公立教育機関に在籍していた。高等教育機関の門戸がこのように広く開放されたことが、アメリカにおけるカレッジ進学の意味を変えた。それはもはやハイスクールの卒業生の中で、最も利発なあるいは裕福な者に与えられる特権ではなくなっていた。1946年には、カレッジに通う年齢に当たる若者の8人のうち1人が高等教育を受けていた。1970年頃には、3人のうち1人がカレッジか大学の学生であった。この事実は、カレッジの学位が珍しいものではなくなり、また、地位を表すバッジでもなくなった代わりに、ホワイトカラーの職に就くために必要な資格になってしまったという、逆説的な影響を与えていた。それはまた、今までよりも多くのアメリカの若者が、実業界に入っていく前の特別な数年間、親の世話になることを享受したりあるいは辛抱したりすることを意味していた[3]。

　大学の中での生活においても、高等教育の変貌は別の影響を及ぼしていた。急成長を遂げている間、多くの州立大学といくつかの私立大学における入学者数は2万人をはるかに超えていた。多くの大学から声がかかるような著名な教授は、一般教育や学部学生のための時間をほとんどなくしてしまい、研究や著作や自分の専門分野の上級講座を教えることに専念できるような取り決めを交わすことすら可能となっていた。施設の規模が大きくなるにつれ、大学の運営に携わる者の数も増えていき、入学、資金集め、財政援助、施設設備、議会との関係、教員に関すること、大学の運営計画といった事柄をとりしきるための、複雑な官僚組織が出現した。入学者数の拡大は教室が巨大になり、教員と学生の接触の減少を意味していた。大学がより大きくなり、

またより多様化してくると目的に対する考え方もより多岐にわたるようになった。キャンパスが一つのコミュニティであるという意識が薄れていくと同時に、変貌しつつある文化の様式が、学生の社会生活を統制するという大学当局の権威を徐々に損なっていった。

　戦後のアメリカにおいて大学は、知識、分析、データを生み出す最も重要な組織となり、国内外の政策を作り上げ、科学・技術の進歩を確実なものとし、経済と社会の基本的な動向を分析するために知識が必要とされる社会の中で、極めて重要な役割を担っていた。ある種の分野の教員は、自分たちの任務が政府、基金、私企業に対するコンサルタントとしての需要があることに気づいていた。クラーク・カーがいみじくも述べたように、大学はもはや「聖職者のいる村」ではなくなっていた。合衆国におけるダイナミックな社会と経済の変化に足並みを揃えていく中で、また新たな有用な知識に対する要求に応えていく中で、大学は「無限の多様性を持つ、都市のようなマルチバーシティ」へと変化していった。たしかにカーは同じ意見であった。マルチバーシティは昔ながらの大学と比較すると、コミュニティとしての意識はより小さく、目的意識も低かったが、そこでは窮屈さはより小さく、より大きな社会での生活に参加し、そこで抜きん出た存在になるための方策をより多様に提供していた。カーは1963年に著書の中で、政府と実業界が頼りにしている「知識産業」にとってかけがえのないものであることから、大学を「国家の目的にとっての最も重要な手段」であるとみなしていた。「知識が、社会全体の活動の中で、今ほど中核となったことは歴史上かつて1度もなかった」と、彼は記している。「鉄道が19世紀後半に成し遂げたことや自動車が20世紀前半に成し遂げたことが、20世紀後半には知識産業によって成し遂げられるであろう。つまり、国家の発展のための中核としての役割を果たすであろうということである。そして、大学はその知識を進展させていく中心にある」という[4]。

　カリフォルニア大学の学長としてカーは、大学の形を変えて、政府と産業界に対してより高い水準での貢献を可能にしていこうとする勢力について、並外れた洞察力を持っていた。彼はマルチバーシティを正当化していく中で、

学部学生が無視されてきているのを見過ごさなかった。「最近の変化は……彼らにとって全く良い結果にはなっていない。つまり、教員にとって教育に関わる仕事量は以前より減り、教室は大きくなり、常勤教員の代わりに非常勤教員を起用し、教育能力ではなくて研究業績によって教員を選抜し、知識を粉々に砕いて果てしなく細分化してしまっている」。カーによると学部学生は、「自分自身のことを一つの『階級』に属するものとみなし始めている。中には自分のことを「ルンペン・プロレリアート」と感じている者さえいるという5。

　厄介な問題に対しても公平に理性に基づいて対処する人であったカーの、『大学の効用』という著作の中に、自由主義的なテクノクラートの雰囲気を感じるとすると、それは、短期間に終わったケネディ時代の特徴的な言い回しのせいであった。1960年の選挙で国家の権力を握った民主党員は、自分たちのことをイデオロギーには無関心で、現実的な解決方法を試すことを厭わず、権力を行使することを恐れない、石頭の実用主義者とみなしていた。政治問題に対する公平かつ理性的な解決方法において、ケネディの民主党は、イデオロギーはもはや関係がなくなってしまったとする、社会学者のダニエル・ベルの主張を体現していた。『イデオロギーの終焉』という著作の中でベルは、イデオロギーに基づく政治を求める声を抑えてしまった黙示録的な考え方への幻滅感を描いていた。それまでの30年間の経験を通して、右翼あるいは左翼の特定の理念の唱導者によって実行された非道な行いと裏切りの結果として、古いイデオロギーは、単純化されたスローガンで大衆を説得するだけの力をなくしてしまったと、ベルは思っていた。彼は、いかなる新しい理想郷も、「どこに行きたいのか、どうやって行くのか、それを実行するのに費用はいくらかかるのか、それをある程度実現してみて、その費用を誰が払うのかを決める正当な理由を詳述することが必要になる」と主張した。ベルは、思慮深い人々が結果と費用を十分に見極めて選択するような、理に適った社会を夢見ていた。カーがマルチバーシティにおける学部学生が抱いていた不安感に気づいていたのと同様に、ベルは進展しつつある合理的な高度な技術社会に抵抗する若者の間に、新しい急進主義が湧きあがっているこ

とを認識していた。この「新左翼」は必死になって「大義」を探していたが、急進主義を生み出すような社会環境ではなかったために、そのことをより一層難しい課題にしてしまっていたと、ベルは記している[6]。

1960年代に入ると、客観的な状況は急進主義にとって都合が悪いように思われたが、間違いなく何か文化における地殻変動のようなものが起こり始めていた。知識人や自由主義者の目から見ると、1950年代は「バビロンの捕囚」とか「活気のない悲しい時代」であった。歴史家のウィリアム・L・オニールによると、それは「1947年には1万台であったのが10年後には4,000万台となっていったテレビの時代、新興住宅地の画一的な分譲住宅、けばけばしい自動車、長いスカート、下品な映画」であった。民主党員、自由主義者、その他の左翼の人々はアイゼンハワー時代について、独善的で、実務志向の、視野の狭い、実利主義の、保守的な、教養のない俗物に導かれた、知的内容の乏しい、政治的に停滞した、文化的に面白みのない時代としてとらえていた。アイゼンハワーは教養のあるエリートから馬鹿にされていた。それは記者会見の際に、彼が英語をきちんと喋れなかったことも若干の理由となっていたが、それにもまして彼が、学問や教養が中程度の中産階級の市民をまるで擬人化したような人物だったということによる[7]。

この人物像の描写には、かなりの程度の戯画化と誇張が間違いなく存在していた。というのも、オニールも指摘しているように、50年代には芸術が繁栄し、インフレの兆候もなく、平和は維持され、大多数の普通の人々が実際の経済的利益を手にしていた。だが、マッカーシズムがいったん決定的に退けられると、文化と政治における意見の相違が顕在化してきた。文化の領域においては、自由奔放な人々は自分たちのことを「ビート族」と呼んで、その当時の文学の主流であった、冷めていて、控えめで、皮肉な表現様式に反発し、自然さ、官能性、経験を称賛した。政治の領域においては、核実験、冷戦、軍備拡張主義に反対するために、また、第三世界の革命、その中でもキューバにおけるフィデル・カストロの革命を支持するために、新興の急進主義が起こってきた。新しい急進的な思想の持ち主は、C・ライト・ミルズやポール・グッドマンの著作に感銘を受けていた[8]。

第6章　バークレー校からケント州立大学まで　261

　1956年に出版されたミルズの『パワー・エリート』は、「社会体制」が持っている凡庸さ、平穏さ、そしてそれがあたかも不動のものであるかのように存在していることになじめないでいる若者に対して、説得力のある説明を提供していた。ミルズは、現代のアメリカ社会において普通の人々は、自分たちで統制することができない力に操られていて、無力であるとみなしていた。中央集権化された意思決定のための権限は、現実には政府、経済界、軍隊の中の小さな派閥の手の中に集中していて、これらがいっしょになって互いに絡みあった支配構造である「パワー・エリート」を形成している。こうした人々は、他の人々をはるかに凌ぐ巨大な権限を持っていた。それは、彼らが頭脳明晰であったり、称賛に値したりするからではなく、彼らが「権力、冨の源泉、名声を獲得するための仕組みといったものを駆使して、選ばれたり、形作られたりしているからである」。しかもそれが、「アメリカの組織化された無責任な体制の中に」蔓延していた[9]。

　ミルズのパワー・エリートの概念は、軍事体制の規模、大企業への経済力の集中、公立および私立機関における官僚制の進展、こうした問題に対するアメリカ政府の無関心さといった事柄に懸念を抱いている人々の間で、深い共鳴を呼んでいた。漂流しているアメリカの政治に疎外感を持っている人や、自分たちの無力感を理解するすべを手に入れたいと思っている左翼的な傾向のある若者にとってはとくに、ミルズの解釈は有益な説明となった。それは、権力を持たない人々に対して、彼らは孤立した少数派ではなくて、実は莫大な数の騙されている市民の一部なのではないかと示唆していたが、しかしながらそれは、極めて少数の人々によって形成されている強くて途切れのない絆を、多くの人々が断ち切ることができる方法を示すことはなかった。

　ポール・グッドマンは、この新しい急進的な見解に対して、個人と社会の関係に焦点を当てた自分自身の特異な無政府主義をつけ加えた。社会評論家で現状を変えようとうるさく主張していたグッドマンは、価値、意義、個人の自由、美、有用性を兼ね備えた生活を送る機会を損なうようなものについては、どのようなものであれ危惧していた。1960年に出版された『不条理に育つ』の中でグッドマンは、「一人前の男の仕事」と彼が呼ぶものに就く機会

がほとんどないので、若者は成長していくのに困難な時代に生きていると不満を述べていた。企業、組合、政府を動かしていく「半独占企業」は、利益と仕事のことだけを心配していて「有用性、質、合理的な生産性、個人の自由、独立した進取の気性、人間的な大きさ、人間らしい職業、本物の文化といったようなものに無関心である」と、彼は考えていた。その結果、人々は意味のない仕事を引き受け、役に立たない装置を作り、顔の見えない官僚制に自分を適合させる準備ができている。人間としての価値を保つことを考慮せずに、少なからぬ活動が組織化され体系化されているような社会においては、若者の問題は「どのようにしたら社会の役に立ち、自分自身を何か別のものに作り上げていくことができるのか」ということであると、彼は記していた。パワー・エリートが揺るぎないもののように見えたミルズと違って、グッドマンは「あらゆる階級の1万人の人々が、自らの2本の足で立ち上がり、十分に議論を尽くしたうえで強く主張するならば、我々は自分たちの国を取り戻すことができるだろう」と考えていた[10]。

第2節　新たな急進主義の広まり

　1960年になると、カレッジの学生が「徹底的に議論をして強く主張する」ための用意ができていることを示す兆候が満ち溢れていた。1月に、社会民主主義を掲げる産業民主主義連盟の学生組織が、自分たちの名前を民主主義社会のための学生 (SDS) と変更し、アメリカの学生の間に「新左翼」を作り上げる活動を始めることを誓った。2月に、ノースカロライナ州グリーンスボロの白人専用の昼食カウンターで、カレッジの4人の黒人学生がコーヒーを注文した。これがそののち、数年間にわたってアメリカ全土で続いた、学生による公民権のデモを引き起こすきっかけとなった。5月に、多くのバークレーの学生を含む数百名の人々が、下院反アメリカ活動委員会 (HCUA) に抗議するサンフランシスコでの激しいデモに参加した。1961年春には、アメリカが後押しするキューバ侵攻に反対するため、学生は「キューバに公正な扱いを」求める委員会に多くのキャンパスで参加し、1962年初頭には数千

人の学生がホワイトハウスで平和を求めるデモを行った。

　学生の間に起っている新たな風潮に注目して、C・ライト・ミルズは、彼らのことをよみがえった急進主義の最先端ととらえていた。1960年秋にイギリスで出版され、1961年初頭には合衆国でも再版された『新左翼への手紙』の中で、彼はベルのイデオロギーの終焉論について、社会主義への傾倒を思い止まらせるために「北大西洋条約機構 (NATO) の頭脳集団」によって提示された「独りよがりのスローガン」であると攻撃した。ミルズによると急進派は、労働者階級に対して社会変革のための歴史的な働きを期待することはもはやできなくなったという。では、「変化のために直ちに急進的な働き」を担ってくれるのは誰であろうか。ミルズは次のように問いかけた。「うんざりしているのは誰だ。マルクスが『古臭いでたらめのすべて』と呼ぶものに、愛想を尽かし始めているのは誰なのだ。急進的なやり方で考えたり行動したりしているのは誰なのだ。世界中で、つまり特定の組織の中でも外でも、またその狭間でも答えは同じだ。それは若い知識階級である」[11]。

　1960年代初頭に SDS に加入した学生活動家は、学生が「変革のための急進的な働き手」になれるかもしれないという考えに肯定的に応じた。SDS の指導者のトム・ハイデンは、ミシガン大学でミルズの著作物を読んでいたので、ミルズの影響は SDS の声明書であるポート・ヒューロン声明に反映された。その文書の中で、SDS はアメリカ社会に対する広範囲にわたる批判を明らかにした。それは、人種にからむ不法行為、核戦争の脅威、核エネルギーの平和利用の失敗、冷戦、反動的な反共産主義、富の不公正な配分、労働の無意味さ、学生の政治的無関心、自由主義的および社会主義的な思考の枯渇、手に入れたいと切望している政治的権力、コミュニティ、能力から個人が隔てられていることであった。それは、社会秩序を急進的に変革することへの要求であり、また、自分自身の生活に関わる意思決定に個人が参加できる「直接民主主義」の要求でもあった。そこで生き生きとしていた精神は実存主義的な人道主義で、政治の役割はコミュニティを作り上げ、個人をばらばらにすることを止めさせ、個人の私的生活の意義を見出すための手段となった。SDS の急進的な考え方には必ずしも賛同しない者が少なくなかったが、それ

にもかかわらず、自分の運命を自分で支配していくには、因習から自由になってもよいのではないかという願望には共感していた。

ポート・ヒューロン声明によって宣言された急進的な変革への道筋は、既存の政治の進展や労働者の動員によらず、「社会改革運動の将来の拠点となり、その担い手となる」とみなされていた大学に依拠していた。大学は急進的な組織に対して、以下のようないくつかの重要な便宜を提供していた。つまり、大学はアメリカ全土に分散し、新左翼を形成する若い知識階級の極めて多数を擁していた。また、大学において急進的な考え方をする学生は、政治的な生活を送る時間があり、異論の多い見解であってもそれを大学が擁護してくれるという恩恵に与っていた[12]。

学生を政治活動家へと変えていく過程は、美辞麗句を弄することによるのではなく、公民権運動の経験に基づいていた。1964年、学生非暴力調整委員会（SNCC）はミシシッピ・サマー・プロジェクトにおいて、自主学校で教えたり、黒人の有権者を登録したり、人種隔離に抗議するために、1,000人の白人ボランティアに協力を要請した。SNCCの指導者はミシシッピ州において、連邦政府が介入せざるを得ないようなこうした重大な危機的状況を、無理やり作り出そうとしていた。つまり、北部の白人学生は裕福な家庭の子どもであったため、暴力事件が起きた場合の宣伝効果は保証されていた。ほどなく、全米の激しい憤りを掻き立てる事件が起こった。1964年6月21日、ミシシッピ州に住む1人の黒人とニューヨークに暮らす2人の白人が失踪し、6週間後に彼らの死体が発見された。予想どおり、ミシシッピ・サマー・プロジェクトは、公民権法に対する大衆の支持をにわかに活気づけるのに役立ったが、それはまた、参加した白人学生の頭と心にいつまでも消えることのない影響も与えた[13]。

白人学生は公民権活動に参加することによって深く心を動かされていた。第一に彼らは、南部以外のコミュニティで日常的に行われている人種差別に加えて、南部の人種差別の情け容赦のない不当性と過酷さに気づくと、道徳的な激しい怒りの気持ちを露わにしていった。SNCCの職員が日々、虐待と身体的暴力に晒されていることを知って、白人学生は、社会変革のためなら

自分たちも危険を冒すことを厭わないところを示したいと思った。第二に公民権活動は、対決と大人数での抗議という戦術の有効性を立証した。つまり、多数のデモ隊と当局との対決は、当局に対して何もしないのか、それとも力を行使するのかという選択を迫った。もし当局が力を行使するのであれば、抗議する人々の団結を強固にし、デモへの共感を作り出すこととなる。一方、大人数による抗議は、宣伝効果を生み出すのみならず、罰せられる可能性を減らした。というのも、数百人もの逮捕者が出ると、責任の所在を特定することが難しいからである。第三に心ならずも、抑圧する側と人種的に繋がりのあることが、白人学生の心の中を罪悪感で満たした。その結果、黒人学生と白人学生との関係はこじれ、黒人に対して白人は、ときには見下すような、ときには恩着せがましい、ときには慇懃な態度をとることとなった。そのうえ、トム・ハイデンがのちに思い出しているように、公民権活動において「大きく変わったことは」、それに参加する人々が、「自分の命を危険に晒すようなやり方で」活動するようになったことである。それは、「実存主義的に行動する、あるいは、自分にとって重大なことであるかのように行動する」手段を提供した。ハイデンは、『ライ麦畑でつかまえて』の中のホールデン・コールフィールドや、『理由なき反抗』のジェイムズ・ディーンといった主人公が、「何と呼んでよいのか分からないようなある種の苦境にあって、そこからどうやって抜け出したらよいのかも分からず、それに対処する方法もない」といった感情を象徴している、と考えていた。それが疎外や倦怠と呼ばれるものであろうとなかろうと、政治活動家志望の学生は、デモなどの直接行動の中に、自分の信念どおりに生きたり、心地よいが何の面白味のない生活に意味を与えてくれたりする、よい機会を見出していた[14]。

1960年代のキャンパスにおける抗議活動において、白人学生は公民権運動から学んだ道徳上の激しい怒りと戦術を活用した。だが抑圧された黒人が、公民権の法制化に対する大衆の支持を得るために、デモを上手く使うことができたのに対し、白人学生が自分たちの闘争も同様のものであり、自分たちもまた南部の貧しい黒人と同じように抑圧されていると繰り返し主張したことは、一般大衆から不信感と敵意をもって受け止められた。というのも、抑

圧されているという訴えが、バークレー、コロンビア、ハーバードといったエリート大学の学生から最も頻繁に寄せられていたので、一般大衆は常に困惑するのみであった。

第3節　バークレー校での出来事

　1960年代初頭には、サンフランシスコを取り巻く湾岸部は政治活動が活発であるという定評を得ていて、多くの指導者や活動家がカリフォルニア大学バークレー校から輩出されていた。学生の政治活動は1950年代後半、自由主義的な学生組織と急進的な学生組織が連携して、スレートと呼ばれた学生の政治組織の支配権を手にしたときから芽を出し始めた。スレートは軍拡競争、死刑、地域の公立学校における人種統合、地域産業によるマイノリティの雇用、男子大学生寮の社交クラブにおける人種差別、学生寮の不足といった問題に関心を持つ学生を惹きつけた。1960年代初頭に抗議のための座り込み運動が始まると、政治に積極的に参加する学生が増えていった。1960年5月、サンフランシスコにおけるHCUAの公聴会に反対する騒々しい抗議活動のせいで、数百人のバークレーの学生が逮捕された。1960年代初頭には、キャンパスの近くに住んでいた学生以外の人々の参加も増え続け、数百人の学生が公民権のための行進やデモに参加し、彼らは、活動のせいで逮捕されることは名誉勲章であると考えていた*。

　　*言葉の定義について：これ以降の議論の中で、「自由主義者」とは、選挙で選ばれた人たちや法律を変えることで社会を良くすることができると信じて、政治体制の枠の中で変革を起こそうとしている人々のことを指す。「急進派」とは、体制それ自体がどうしようもなく腐敗してしまっていて、取り替えられなければならないので、指導者や法律を変えるような緩やかな改革は意味がないと考える人々のことを指す。最も極端な急進派は「革命家」であり、彼らは体制を打倒するには武力行使が必要であると信じていた。ここで用いられている「活動家」とは、政治的傾向にはかかわりなく、政治的な活動を行っている者のことを指している。新左翼は政治的な分布から言うと左側に位置する学生の興味を惹きつけたが、主にはSDSのような学生急進派と連携していた。

　数多くの政治的に活発な組織の根拠地として、バークレーは微妙な立場に

置かれていた。アメリカにおける学問のエリートが集まる中心としての地位に留まるためには、自由に探求し自由に表現するという学問の伝統を懸命に守らなければならなかった。だが、税金によって賄われている州議会に依拠する教育機関としては、政治的な議論は避けなければならなかった。州議会の過去の記録を見てみると、大学が急進主義の温床であるとみなされた場合には、保守派が大学に介入したり、予算を減らしたりする懸念が常に存在していた。このジレンマは、キャンパスでの政治的あるいは宗教的な転向を促す活動を、州立大学の評議会が禁止したことによって、解消されたかのように思われた。大学は、一定の制限が課されているキャンパス内での政治活動と、制限のないキャンパス外での政治活動とを区別していた。キャンパス内の政治活動の制限は何年も続いた対立の原因であった。というのもそれは、一定の規則とその見直しを必要としていたからである。1964年初頭には、定年までの身分保障をされた教員が会合の長を務め、72時間前に大学に届けを出しておけば、どのような党派に偏った話し手であっても、キャンパスで演説することができた。しかしながら学生が、公民権、国や州の選挙といったような、キャンパス外の目的のために資金集めや勧誘を行うことができるのは、キャンパス外の土地とみなされていた、大学の正門の外のレンガ造りの歩道のみに限定されていた。この解決策は上手く機能していると考えられていた。というのも、共産主義者から国家社会主義者まで、考えられるありとあらゆる政治的見解を広めようとする話し手が、キャンパスで演説していたからである。1964年春には、学問の自由を拡大した功績により、カリフォルニア大学学長のクラーク・カーは、アメリカ大学教授協会（AAUP）によるアレクサンダー・マイクルジョン賞を授与されることとなった。

　1964年9月、バークレーのキャンパスを、アメリカの高等教育において先例のないような危機に陥れた一連の事件が起こった。学生活動家が前の年の夏の公民権活動による興奮が冷めやらないままに、キャンパスに帰ってきた。バークレーに在籍していた27,000人の学生のうち、およそ300人から500人の学生が経験豊かな政治活動家で、その中の何人かはSNCCとともにミシシッピで夏を過ごしていた。そのうえ、その中にはあからさまに急進的になっ

た者も存在していた。戻ってきた学生は、大学やアメリカ社会に対するまとまりのない痛烈な非難を含んだ、スレートの刊行物のコピーを受け取った。それは、元大学院生によって書かれた「学部学生への手紙」で、「このキャンパスを整理し、分割し広く開放しよう。……このキャンパスにおいては、まさに、誰でも参加できる、激しい、徹底的な反乱を起こそう」と、学部学生を急き立てていた。この手紙の著者は、大学運営における永続的で独立した学生の役割に加えて、学部課程における成績評価と学生寮における規則の即時廃止を要求していた[15]。

学生活動家の政治的自覚の鋭い刃を突きつけられて、エドワード・M・ストロング学長に率いられていたバークレーの大学当局は、この時を選んで、学生がキャンパス外の政治活動のために、大学の入り口にある交通量が極めて多い幅26フィート（約8メートル）の細長い歩道の土地を使用することを、今後禁止すると発表した。歩道は実際には大学の所有物で、市の所有物ではなかったように思われる。学生組織は長いこと行ってきたように、資金集めや勧誘のために、あるいは選挙候補者や選挙公約に賛成したり反対したりするために、机を設置してこの場所を使用することができなくなった。大学当局は1964年夏に、キャンパス内とキャンパス外の活動を区別することに関しては、首尾一貫していなければならないと決めていた。州立大学の学長としてクラーク・カーは、キャンパス外での公民権デモにおいて逮捕された学生を退学させることを拒んでいたが、今度はバークレーの大学当局は、大学敷地内において政治的な転向を促す行為を禁止することを目論んでいた。

理論的には間違っていなかったのだろうが、この決定はその後の出来事を招いた、というよりも引き起こしてしまった。この決定により影響を受けた保守派から急進派までの18の学生組織は、剥奪された権利の回復を求めて共同で行動を起こした。1964年秋、言論の自由を求める運動（FSM）と呼ばれていた学生の抗議活動の主導権が、こうした状況について、学生が弾圧される側で大学当局が弾圧する側であるとする、古典的な公民権闘争ととらえている左翼の学生に握られた。その主な唱導者は、21歳の哲学専攻の3年生であるマリオ・サビオであった。彼は夏の間、ミシシッピでSNCCのボラン

ティアとして過ごし、バークレーでの戦いを、ミシシッピにおける公民権闘争と同じ敵に対する戦いとみなしていた。よく知られたこの劇的な事件はあたかも、追い詰められた学生であるダビデと、権力は持っているが鈍感なカリフォルニア大学の当局者であるゴリアテとの間の戦いのように思われた[16]。

　実際にはこの役回りは全く違っていた。学生が抗議活動の力学について、ならびに、敵の信用を傷つけ味方を得るための象徴となる出来事の活用について精通していたのに対して、当局は何段階もの意思決定者に足を引っ張られ、権威に対する攻撃にどのように対応すべきかさえ分からず、型どおりの官僚制を支配している、決められた規則と手続きに則って行動することを強いられていたので、自分たちの立場を上手く主張することができなかった。議論のほとんどすべての場面において、学生が議案を決定し、当局を守勢に追い込んでいた。FSMは、名前の由来からも分かるように、核となる問題をはっきりと定義していた一方で、当局にしてみれば、抗議者は皆議論の間じゅう、自由に自分の意見を述べることができるわけであるが、そのことから言論の自由が問題となっているのではなく、そのとき問題となっていたのは、大学を政治活動の足場として使うのではなく、さまざまな考え方を交換する場所として確保する必要性であることを、誰にも納得させることができなかった。当局の対応における不器用さには、世代も若干関係していた。1964年の学生は、その数年前の学生に比較すると、より闘争的であり、温情主義の政策をより受け入れ難くなっていることに気づいていなかった。だが、最大の困難は本質的な問題であった。公民権と市民の自由が社会のすべての領域において広まりつつあるときに当局は、許される活動と許されない活動との間の区別が正当なものであると、大多数の教員と学生を納得させることができなかった。

　論争の最初の段階で、公然と侮辱された学生組織はピケを張り、寝ずの番を置き、大がかりな違反行為を企て、それは、市民による不服従の劇的な行動で最高潮に達した。1964年10月1日、元学生が「非合法な」募金活動の受け付けをしている間に逮捕されると、彼が乗せられた警察車両は数百人の学生に囲まれ、そこに座り込まれたために動けなくなった。警察車両は32時

間拘束され、クラーク・カーが FSM の指導者との間の協定書に署名するまで、デモは終結しなかった。

　数週間にわたって FSM は、教員ならびに大学当局と協議を行い、双方ともにキャンパス外での政治活動の支援はキャンパス内においても認められるべきである、との合意に達した。しかしながら、たとえば軍用列車を止めるような非合法のキャンパス外の活動を、キャンパス内で計画することを大学が認めるよう求める FSM の要求には、同意できなかった。FSM は協議の場から抜け、大がかりな不法行為を呼びかける運動を再開し、対決戦術に戻ることに反対していた穏健派の運営委員会の委員を追放した。劇的状況のこの時点において、10月2日の平和協定の結果として任命された臨時の学部委員会は、キャンパスの規則を犯したことにより、この危機の初めの時点で停学処分にされていた8人の FSM に属する学生に対する懲罰を、ほとんど白紙に戻した。この委員会の寛大さは、当局に反対する FSM の運動の正しさを立証するかのように受け取られた[17]。

　11月20日、カリフォルニア大学理事会は、投票の結果キャンパス外の組織がキャンパス内で資金集めや勧誘行動を行うことを認めたが、非合法なキャンパス外における政治活動を計画するために学生がキャンパス内の施設を使用することは認められないと、強く主張した。さらに理事会は、停学処分を受けた8人の学生への見せしめ的な懲罰について、学部委員会によるほとんど意味を持たないほどの軽い処罰を、若干厳しい処罰へと変更することで調整した。学部委員会は停学処分を撤回したが、理事会は停学処分を支持し、期限をこの理事会が開かれた11月20日までとした。表面上、理事会の決定は大学当局の面目を保つことができたが、一方、2ヵ月にわたって強固な当局が与えることを拒否し続けてきた、まさにその権利をついに譲り渡すことによって、FSM に大勝利をもたらすこととなった。だが、FSM の指導者は痛烈な一撃として、新しい方針を採用した。それは、自分たちの希望に対する裏切りでもあった。彼らの本来の目標が変わってしまった。彼らはもはや、失われた権利の回復を求めてはいなかったが、その代わりに、合法、非合法を問わず、大学権力が学生のあらゆる政治活動を規制することを撤廃

するよう求めていた。公民権のデモの参加者は、未だに不法侵入の罪で逮捕の対象とされていたので、FSM の指導者は、非合法活動に対するいかなる制限も、公民権に対する抗議活動を抑制することを目指していると考えていた。そのうえ指導者の中には、穏当であることを拒絶し、新たな危機を押しつける戦術を支持する者がいた。ジャック・ワインバーグは、警察車両が拘束された事件の中心にいて逮捕された人物だったが、FSM に対して「敵」を「一枚岩」として取り扱い、「穏当であろうとする誘惑に抵抗すること」を強く主張した。彼によると、目的は比較的短期間に成し遂げられるようなものではなく、「運動」に対する広範囲に及ぶ支持を作り上げることであるという。勝利への道は、「そうした状況を段階的に拡大していくこと」であり、そしてそれがより多くの支持者を惹きつけることとなる。「我々は、学生と教員のストライキによって、いつでもその段階的な拡大を締めくくることができる……。そのときが来れば、我々はゼネストを命じることができる。我々は、今まさにそれを考えついたと言えばよいのだ。多くの人々の気持ちは我々といっしょだが、我々の方法には反対している。段階的に拡大している状況においては、緊張が張り詰めている。彼らはその緊張を解き放つために、ストライキに参加するであろう」。FSM は決起集会を召集し、管理棟であるスプロール・ホールでの座り込みを実行しようとしたが、彼らが望んでいたような大規模な反応に火をつけることはできなかった[18]。

　だが、FSM にとって将来への見通しがとても暗く見えていたまさにそのときに、大学当局が、ほとんど勝っていた勝負を負け戦にしてしまうほどの、通常考えられないような大失敗をしでかした。感謝祭の休暇中に、10月1日から2日にかけて起きた警察車両の拘束の際に行われた暴力行為により、マリオ・サビオを含む4人の FSM の指導者を当局が告発したことが知らされた。これこそが、FSM が、その萎れかかっていた運命を復活させるために必要としていた事件であった。FSM は即座に「戦闘計画」を策定した。まず、その指導者に対する告発の白紙撤回を要求する。当局がこれを拒んだ場合には、12月2日にスプロール・ホールでの座り込みに向かう。デモ隊は「逮捕されることを望みながら、建物の中で一晩を過ごす。彼らは、大勢の人々が逮捕

されると、それが学生によるゼネストに向かうことを確信していた」。もし当局が座り込みを無視したならば、彼らは、そのときまでに築き上げてきた共感を頼りに、何はともあれストライキを呼びかけることになる[19]。

その年の秋の間じゅう、FSM の代表者は大学を魂の抜けた「知識工場」であると批判していた。その際、教科書としてクラーク・カーの『大学の効用』という著作を用い、大学が産業界と政府の付属物に成り果て、学生は大量生産工程における原材料でしかないことを証明しようとしていた。座り込みの前に行われた FSM の決起集会において、マリオ・サビオはこのテーマを雄弁な話しぶりで繰り返し語ったが、それは、官僚的で人間味のない大規模な高等教育に対する批判と、実存主義的な不安感に対する訴えかけであった。「機械を操作することがひどく不愉快になって、心底から嫌になり、もうこんなことに従事していられないと感じるときがあります。あなたは、たとえ消極的な形ででも、もはやその作業には参加できず、自分の肉体を歯車の上、車輪の上、レバーの上、そして、すべての装置の上に置いて、機械を停止せざるを得なくなります。そしてあなたは、それを運転する人々やそれを所有する人々に向かって、自分たちが自由でない限りは機械を動かすことが全くできなくなるということを、示す必要があります」[20]。

およそ 1,500 人がスプロール・ホールの座り込みに参加した。真夜中にストロング学長は警官隊を送り込み、建物から学生を追い出したので、773 人が逮捕された。キャンパスへの警官隊の導入という衝撃的な事件は、FSM の望んでいた効果をもたらした。それは、当局に対する教員および学生の強い反発を生み出し、大学に反対するストライキの支持を広めた。ある調査によると、学生のおよそ半分が何らかの形でストライキに共感していたが、残りの半分はそれに反対か無視していた[21]。

キャンパスは混乱の中に放り込まれた。800 人以上の教授が集まって、学生に対するすべての告発を取り下げること、政治活動にからむ懲罰に関する最終判断を学部が下すようにすること、非合法のキャンパス外の活動に対する理事会からの禁止命令を無効にすることを、当局に要求した。学生は、「私は学生だ。折り曲げたり、ねじり上げたり、ばらばらにしたりするな」といっ

たようなことが書かれた看板を手に、ピケを張った。ストロング学長は、急性胆嚢炎を発症し入院してしまった。カー学長は学部長と協議を行い、12月7日にキャパス全体集会を開いて、この危機への解決策を明らかにすると発表した。16,000人の学生および教職員を前にして、カーは大学を閉鎖しないこと、座り込みで逮捕された学生に対して大学は民事裁判所が定めた以上に罰しないこと、4人のFSMの指導者に対する告発を取り下げることを公表した。カーが演説を終えると、聴衆は立ち上がって拍手をしたが、マリオ・サビオが登壇し、マイクに近づいた。彼が話を始める直前に、2人の大学の警備員が彼を演台から引きずり下ろした。その場にいた聴衆はこの出来事に衝撃を受けたが、その結果サビオは、カーの妥協案を完全な失敗に陥れるような、人々の反応を引き起こすことに成功したのであった。

　翌日、学部は公式な会議を開き、FSMの意に沿う一連の解決策を圧倒的多数で採択した。それは、以下のことを早急に行うよう命じていた。第一に、議論の対象となっているすべての懲戒手続きを白紙に戻すべきである。第二に、「キャンパス内で政治活動を行う際の時間、場所、方法は、大学の通常の機能を妨害するのを避けるために、適切な規則に従う」が、演説の中身に関しては全く制限されるべきではない。しかも、政治活動に関する懲戒処分は将来、学部の手に委ねられるべきである。「このキャンパス内での演説は、直ちに武力や暴力の行使に向けられない限り」規制されない、とする修正案は否決された。この会議の外で、大勢集まって公開放送設備でその討議の内容を聞いていたFSMのデモ隊は、この結果をほめ称えた[22]。

　数日後に学部が緊急執行委員会の委員を選出すると、FSMの喜びがあまりにも早すぎたことが明らかになった。選出された6人の委員のうち、1人だけが学部の中でFSMを支持する組織の構成員であると確認されたが、他の5人の委員は経験豊富な学部の指導者であった。学部による提案の重要な部分を理事会が12月18日に却下したことに対して、緊急執行委員会が節度のある態度をとったことは、この構成比で説明がつく。理事会は、「カリフォルニア大学のキャンパスにおいては法と秩序を保つべきことを当局に指示し」、学生の懲戒に関する権限は学部ではなく大学当局の手中にあることを、

繰り返し述べた。また、キャンパスにおける政治活動を統制する方針を見直すことにも同意した。彼らは演説に対して、憲法修正第1条と修正第14条に規定されている以上の制限を課すつもりがないことを確約した。加えて、大学当局によって定められた規則に従う限りは、学生がキャンパス外の合法的な政治活動を行うことができることも再確認した。彼らのいくぶん曖昧な声明文は、緊急執行委員会からは喝采を送られたが、FSMからは非難された。しかしながら、新しい衝突は起きなかった。というのも、学部は混乱が収まりさえすればよかったし、FSMはすでにあまりにも多くのものを得ていたので、彼らが当局による抑圧を叫んでも説得力がなかったからである[23]。

　2週間後、ストロング学長は学生の立場に好意的であると考えられていた学長代行に取って代わられた。大学の指導者の交代とキャンパスの規則の緩和により、しばらくの間、キャンパスに心地よい雰囲気がもたらされた。大学の委員会は、1964年の秋に行われた学生意識調査の結果を踏まえ、バークレーの学生の脱力感への教育的な解決策を見出すことに取りかかった。その結果とは、82%のバークレーの学生が、「教科課程、試験、教授、その他」に「満足しているか、大いに満足し」、92%もの学生が、「そうは思っていない者もいるが、この大学の学長とこのキャンパスの学長は、この学生に最高級の教育的体験を与えようと本当に一生懸命に努力している」という意見であった[24]。

　しかしながら、バークレーのキャンパスの平和は長くは続かなかった。FSMは「汚い言葉運動」に取って代わられ、そのあとの数年間は、急進的な学生、ヒッピー、「路上生活者」の間の緩やかな連帯が、抵抗の精神を持ち続けていた。1960年代の残りの期間の間じゅう、学生のデモはほぼ毎日行われる決まった習慣になっていた。それは、キャンパスの同じ場所で毎日午後に行われていた。夕方のニュース番組のために、テレビカメラがその日の出来事を撮影するのに、ちょうど良い時間だったからである。最も劇的な衝突が起きたのは1969年5月であった。それは、コミュニティの活動家によって大学の敷地内に作られた気晴らしの場所である「人民公園」の問題にからんで起こった。大学がこの3エーカー（12,140平方メートル）の区画を取り戻

そうとすると、学生と路上生活者は警官隊との激戦に突入した。警官隊は散弾銃と催涙弾で応戦した。この混乱は、ヘリコプターからキャンパスに催涙ガスを撒き散らし、銃剣を装備して巡回する州兵により、力ずくで決着がつけられた。

第4節　カウンターカルチャーの出現

　このバークレーの出来事は、その地域だけの関心事では終わらなかった。そのさざ波のような影響はまず州全体に広まり、そののち、アメリカ全土に広まっていき、ある人々には感動をもって受け止められる一方で、ある人々には警告としても受け止められた。カリフォルニア州では、州全体にわたる世論調査において圧倒的多数の人々が、州内の最も著名なキャンパスでの暴動を支持していないことが明らかになった。1966年には、映画俳優のロナルド・レーガンが州知事に立候補し、州立大学のキャンパスに法と秩序をもたらすという選挙運動を行い、政治家としてのキャリアを開始した。数の上ではまだほとんどいなかったのだが、新左翼の学生の活動に関して、バークレーの例は以下のような有益な教訓を含んでいた。キャンパス内を異なる意見によって分断し、支持者を獲得するための対決戦術の活用について。学生の要求を通すために、教員を動員して事態に介入させることの可能性について。ピケの際の立て看板に容易に象徴化して表現することができるように、ややこしい問題を理想主義的なスローガンに落とし込むことの価値について。学生に同情的なテレビ番組撮影班に、波乱に富んだ場面を提供することによって、大量の視聴者の目に触れさせる方法について。比較的少人数の抗議する人々の一団が、巨大な大学当局に対して、対等な立場で協議することを強要する方法について。若い急進的な人々にとって、他の方法による変革の可能性があまりないように思われた時代に、つまり、黒人の運動が分離主義的なものへと変わっていき、民主党政権は平然と現実的で儲かる改革を約束していたときに、バークレーでの経験は、自由主義的な大学と自由主義的な大学当局が急進的な抗議に弱いという事実を明らかにした[25]。

バークレーにおける事件ののち、一つのことが確実になったように思われる。それは、アメリカの大学キャンパスにおける中産階級の若者の間に、新しい急進主義と新左翼が誕生したということである。大恐慌のあと、勤勉で努力を惜しまない体制順応型の学生に慣れ親しんできたアメリカ人にとって、バークレーの事件は衝撃的であった。歴史的にみると、アメリカの学生運動は社会的な緊張が存在するときに増大してきて、他の国においても学生の抗議活動が同時期に起きていたという事実を、一握りの学者以外、ほとんどの人は認識していなかった。新左翼の学生組織であるSDSは、バークレーの事件が、キャンパス内の不満を国家の問題と関連づけることによって、アメリカの学生を政治化したり急進化させたりすることができると示唆していることに、すぐに気づいた。学生を急進化するには、現体制の中において変革を起こすのは不可能であること、今のアメリカ政治を支配している自由・労働勢力はパワー・エリートに属していること、ジョンソン政権の貧困を終わらせ公民権を守るための努力が偽りにすぎないことを、彼らに納得させなければならなかった。SDSの代表者は、急進的な社会変革のための「運動」は、強力な自由・労働連合の手助けを受けないばかりでなく、逆にそれと対決しつつ、貧しい人々と学生によって作り上げられなければならない、と力説していた[26]。

　左翼政界のベテランは、学生に主導されたこの新しい急進主義が本物かどうか、首を傾げていた。アービング・ハウは新しい急進派が「個人の生活様式」、すなわち「この社会を全体としてどのように変革していくかということよりも、むしろこの社会の中で個人としてどう暮らしていくかということ」に、より関心を持っているように思われることを危惧していた。彼は若い急進派が、演説のしかた、着衣、風貌の特異性によって中産階級に衝撃を与えようと主張していること、妥協と戦術を必要とする社会革命よりも、ドラッグとセックスによる内なる革命の方に魅了されていること、自由主義者が労働運動と手を結ぶことを軽蔑していること、変革に向けての特別な計画や日程よりも激しい怒りを好むことなどを例として挙げていた。マイケル・ハリントンは、学生と貧しい人々は革命を起こすことができると、新しい急進派が信

じていることに当惑していた。彼は、こうした組織と労働運動の間に連携が生まれない限り、重要な社会変革は起こり得ないと考えていた[27]。

　計画も戦術も急進派の先輩からの承認もなかったが、それでも新しい急進派は、1965年春に、ジョンソン大統領がベトナム戦争にアメリカ軍を派遣すると、極めて重要な新しい争点を手に入れることとなった。3月にミシガン大学で行われた最初の「討論集会」では、アメリカが戦争に積極的に参加することについて議論された。4月にSDSは、ワシントンDCにおいて、約25,000人が参加した反戦デモを主導した。国家の問題と学生の利己心とを結びつける機会は、1966年春にもたらされた。そのとき、政府は同学年の学生の中から、成績の悪い学生を徴兵することを決定した。選抜徴兵制は、カレッジと大学に対して、同学年の学生の成績順位表を提出するよう要請した。多くのキャンパスで学生は、徴兵制度に反対するとともに、大学の徴兵制度への協力に反対してデモを行った。最も大きな抗議活動はシカゴ大学で起こった。そこでは約400人の学生が管理棟で座り込みを実施し、大学当局は警察を呼ぶことも協議することも拒否し、5日後に座り込みは中止された。

　キャンパスで反戦への思いが高まっていくにつれ、SDSは学生の抗議活動の最前線に立つこととなった。キャンパス内の支部の数は、1964年の29から1967年には247に増加していた。SDSの急進化は、常に一般の、つまりあらゆるキャンパスの若者の間の雰囲気よりも早く進んでいた。1968年までは学生の過半数は戦争に反対していなかった。1965年にSDSは冷戦時代の名残であった、共産主義者と「全体主義者」を会員から除外するという条項を憲章から削除した。その数ヵ月後、共産主義者にも門戸を開くというSDSの方針に応えて、「進歩労働党（PL）の5月2日運動」と規律の厳しい毛沢東主義者の組織が解散してSDSに加わった。自由奔放に行動する反権威主義的なSDSの会員とは異なり、PLは厳格な「幹部による統制」を信奉していた。SDSの中の一党派として、PLは常に「方向性」を持ち、常に教義上の純粋さを要求し、いつもSDSをどんどん左へ左へと追いやっていった。PLは止むことなく、「労働者と学生の連帯」を主張し続けていた[28]。

　キャンパス内での戦争への抗議は広まっていった。討論集会は、最初は戦

争をめぐる議論の場であったのだが、政府の報道官が何度もやじり倒され、やり込められたのちには、反戦の抗議のための手段となり、何百ものキャンパスに広まっていった。学生は徴兵制度に反対し、予備役将校訓練隊に反対し、軍隊やダウケミカルのような軍事関連産業の新人採用担当者がキャンパスに現れることに反対し、デモを行った。抗議者は大学に対して、軍事研究、中央情報局 (CIA)、国防関連産業、私企業の利権との繋がりを断ち切るよう要求した。急進派の学生と知識人は、革命の自覚と個人の解放に重点を置いた科目からなる「自由大学」を支援していた。

学生運動の高まりに弾みがつくと、大学自体が抗議の対象となった。ベトナム戦争以前からバークレーのFSMは、今日の大学の新設講義科目が、時代の重要な社会・政治問題と関連がなく、産業界の要求にこびへつらうものでしかないと批判していた。こうした分析と、大学は政府や産業界と結びついているので、戦争における共犯者であるという新たな告発とが相まって、学生の激しい怒りを煽った。大学が腐敗した社会の「代理人」としての役割を果たしている、との認識も広まっていった。SDSにとってみれば、大学キャンパスに闘争を持ち込むという決断には、いわば論争の余地のない理由があった。というのも、白人は1966年にSNCCから追放されていたし、黒人のスラム街と白人の労働者階級の住む地域とを組織化しようとするSDSの企ても、すでに失敗してしまっていた。新たに生み出された「学生組合主義」という考え方が、キャンパスに焦点を合わせることの論理的根拠をもたらした。SDSの指導者の1人が説明していたように、大学は、「一体化された自由主義」体制を維持する人々を生み出すための生産ラインであった。「エリートは経営学部で養成される。体制の擁護者は法科大学院で養成される。体制の弁護者は政治学部で見出すことができる。社会学部は体制を巧みに操る者を輩出する。体制の宣伝者はジャーナリズム学部をあてにしている。体制そのものの将来の発展は教育学部が責任を負っている。我々の中で上手くなじめない者がいれば、カウンセリング部門で洗脳されることとなる」。SDSのイデオロギストによると、学生は専門家と技術者からなる「新しい労働者階級」の先駆けであるという。キャンパスへの回帰は、SDSの革命の自覚の高

まりと同時に起こった。1967年後半には、SDS の密使は北ベトナム、キューバ、その他の共産主義国の革命家と会見していた[29]。

　SDS の強固な急進派の一団が断固として極左に転向していくと、さらに多くの若者が文化における急進主義を支持した。1967年夏には、1950年代における「ビート族」のような、家族、仕事、経歴、宗教、権威といったものに対する中産階級の考え方を退ける「カウンターカルチャー」の出現が際立っていた。その名前が示唆するように、カウンターカルチャーは自らを反対する文化と定義していた。主流文化が、勤勉、先送りされた満足、業績、物の所有に価値を置いていたのに対してカウンターカルチャーは、肉体的な経験、目前の満足、抑圧されない自然主義を賞賛した。その典型的な例が「ヒッピー」で、それは自分たち自身の芸術、言葉、音楽、衣服、私的な生活様式を持っていた。その人数があまりにも多かったため、しばらくすると自分たち自身の出版物、著名人、ロックのスター、映画まで手がけるようになった。ドラッグはカウンターカルチャーの重要な要素で、意識を変えてしまうようなドラッグが若者文化の中に急速に浸透していった。それは、男女を問わない長髪、細い金属製フレームの眼鏡、ビーズ、サイケ調の芸術、「ヒッピーの集会」、「ハプニング」、シタール音楽、オカルトや東洋の宗教への傾倒といったような、カウンターカルチャーの象徴と同様であった。個人の解放を大切に考え、とりわけドラッグとセックスを重視することによって、カウンターカルチャーはティーンエージャーを含むヤングアダルトと呼ばれる人々に対して権威を押しつけようとする、あらゆる社会制度に対する挑戦ととらえられていた。良識を軽蔑し、直観を敬うことによって、カウンターカルチャーは自己修養、秩序、理性の尊重という教育機関が信頼を置いているものに、公然と敵対した。ヒッピーや路上生活者は概して政治には無関心であったが、キャンパス当局との激戦において、政治的急進派にときおり加担した[30]。

　1968年春には、アメリカ社会においては国家的な不吉な予感が満ち満ちていた。しかも、そうした風潮は多くのキャンパスにおいて、あたかも終末論のように深刻であった。戦争は結論が出ないままだらだらと続いていて、反戦の抗議はますます激しさを増すとともに、ますます頻繁に行われるよう

になった。そして、初めて左翼学生によりキャンパスの建物が爆破され燃やされた。都市における黒人の暴動は、過去4回の夏に関しては、年を経るごとにしだいに暴力性が増してきていて、SNCCは武力闘争を執拗に支持していた。1968年4月にマーチン・ルーサー・キング・ジュニアが暗殺されると、都市での暴動は新たな展開を見せ始めた。

第5節　コロンビア大学での衝突

　ハーレムの西の端に位置していたコロンビア大学では、キングの暗殺がすでに問題をはらんでいた雰囲気を刺激した。SDSが何度もキャンパスの注目を集めようとしていたが、そのときまでは、コロンビアの学生はそうした試みを無視していた。1966年秋に設立されたSDSコロンビア支部は、バークレーで起きたような大学当局との衝突を引き起こすきっかけとなる都合の良い問題を探していた。まず、キャンパスにおける軍隊の新兵募集活動に反対する運動を起こしたが、学生投票は圧倒的多数で新兵募集を自由に行うことを支持した。投票結果を無視して、1968年2月、SDSはダウケミカルの新入社員募集を阻止するために座り込みを行ったが、大規模な学生の反応を呼び起こすことはできなかった。1968年3月、マーク・ラッドがキューバに3週間滞在して戻ってくると、SDSの新しい委員長に選出された。当選して1週間後に、彼はニューヨーク市の選抜徴兵局の局長の顔にパイを投げつけ、自分が真剣に行動を起こすつもりであることを示した。大衆の共感を呼び起こすような大学当局との対立の種をずっと探していたラッドは、建物内でのデモ行為が禁止されているにもかかわらず、大学と国防分析研究所（IDA）との関係に抗議する騒々しいデモを行うために、100人の仲間を率いて大学管理棟の建物に入っていった。このとき大学当局は、抗議活動を行った6人の指導者を学部長室に呼び出し、彼らに懲戒的な謹慎を課した。翌4月23日、SDSはコロンビア大学に抗議する決起集会を開いて、「春の攻撃」を開始した[31]。

　この時点においては、SDSは二つの懸案事項を抱えていた。IDAに対する反対と、「IDAの6人」への懲戒処分に対する反対であった。大学がすでに、

政府の支援を受けている軍の調査機関であるIDAとの関係を断とうとしていたので、この問題はあまり多くの人々の関心を惹かなかった。「IDAの6人」の苦境も人々の心を動かすことはなかった。というのも、処分そのものがさほど厳しいものではなかったからである。だが、そこに新しい問題がつけ加えられることになった。大学からハーレムへと下っていく途中の、岩だらけの区域であるモーニングサイド・パークに新しい大学の体育館を建設することに対して、白人からの反対も得るために、SDSの決起集会にアフリカ系アメリカ人学生協会 (SAS) が参加してきた。体育館はハーレムの住民のものである公共の風致地区を不法使用しているので、人種差別的であると、SASは主張していた。

　この体育館建設問題は長い複雑な歴史を持っていた。1950年代後半、大学は、一部を公共に開放する条件で体育館を建設する契約について、ニューヨーク市と協議していた。この契約が州議会の承認を得たのち、大学は新しい体育館の建設資金を確保するのに数年を費やした。1966年に新しい市の政権が誕生すると、市の公園を大学の体育館に使うことに対して、公園管理局長が反対した。黒人の分離主義とコミュニティによる統制の要求の高まりを受け、体育館はあまり参加者の集まらないデモの標的となった。政治的な意識の高いマイノリティの人々が、コロンビアについて、地域コミュニティが必要とするものには全く鈍感な白人エリートの教育機関であるとみなす一方で、計画された体育館の事情に明るいハーレムの多くの住民は、体育館が近隣の若者に娯楽施設を提供することになるので、良い考えだと思っていた。それにもかかわらず、ひとたび体育館が人種問題になると、ハーレムの指導者は誰一人として、あえてそれを支援しようとはしなかった[32]。

　さて、これでSDSの決起集会は以下のような三つの懸案事項を抱えることになった。体育館建設を止めさせること、IDAとの関係解消、「IDAの6人」に対するあらゆる懲罰行為を撤回すること、である。およそ450人のSDSとSASの支持者は体育館建設用地まで行進したのち、大学管理事務所と教室が入っているハミルトン・ホールを占拠する行動に出た。そしてそこで学部長を人質に取ったが、彼は26時間後に解放された。建物を占拠した最初の夜、

黒人学生は白人学生に対して、ここから出て彼ら自身のための建物を占拠するよう告げた。白人の学生は法学図書館に侵入し、大学学長のグレイソン・カークの執務室を占拠した。その次の夜、さらに二つの大学の建物が反体制派の大学院生により占拠され、そののちほどなくして5番目の建物が占拠された。17,000人の学生数のキャンパスにとってはかなりの人数に当たるおよそ1,000人が、その後の数日間にわたって五つの建物を占拠していた。占拠の始まりが新たな要求を生み出していた。中でも最も重要な要求は、今回の占拠に関わった者すべてに対する全面的な恩赦であった。
　当初、大学当局はキャンパスに警官隊を呼び込むことをためらっていた。というのも、黒人学生がハミルトン・ホールから追い出された場合、ハーレムの黒人がキャンパスに乱入してくるのではないかと危惧していたからである。ハーレムの人種平等会議（CORE）、SNCC、その他の組織の闘士がハミルトン・ホールの学生と合流し、そのうちの一部は武装していることを大学新聞は報じていた。他の四つの建物を占拠していた白人学生は、共通の実存主義的体験を分かち合い、共通の敵に対抗するために連帯し、自分たちの生命に影響を及ぼすような決断に絶えず関わることで、どうやら素晴らしい時間を過ごしているようであった。黒人学生が厳しく統制されたコミュニティを運営していたのに対して、白人学生は直接参加型の民主主義を採用し、あらゆる決断を集団討議に委ねていた。トム・ハイデンのような急進派の指導者が「解放」区を訪問し、この出来事にお祭り気分を添えていた。二つの建物の屋上には赤旗がなびき、建物の中の壁は、カール・マルクス、マルコムX、チェ・ゲバラのポスターや革命的なスローガンで飾り立てられていた。学生は、大学の不正行為の決定的な証拠を手に入れようと、大学学長の書類一式をくまなく探したが、結局、何も見つけることができなかった[33]。
　最も重要なことは、学生と大学当局との対立が、SDSの要求への新たな支持者を生み出したことであった。デモの前までは、体育館建設、IDA、SDSの指導者への懲罰に、キャンパスが反対するような兆候はあまりみられなかった。だが、ひとたび建物が占拠され、暴力の脅威がキャンパス中に蔓延すると、学生や教員の主だった組織がSDSに味方し始め、この危機を乗り

越えるにはSDSの要求に応じるしかないと考え始めた。学生新聞は3月には体育館建設を強く支持していたのだが、建物が占拠されるとすぐに、体育館は「政治的にも倫理的にも失敗である」と宣言し、学部は体育館建設の延期を求めた。危機の影響は至るところにひびの入っていた関係を悪化させ、個々人の多様な不満の蓄積を、大学当局や評議員に対する激しい不信感へと変えていった。危機が長引いたことで、大学当局が教員や学生の意見を求めずに重要な決定を下していることに対する、強い憤りが表面化してきた。たしかにこれまでの30年間、コロンビアでは、教員や学生からは遠い存在の形式的な学長が続いていた。学長や評議員が誰であり、彼らが何をしたかということについて、1968年までは学生や教員はほとんど関心を払っていなかった。政治的風潮のせいで、SDSの大学当局に対する頑強な抵抗は、戦争と人種差別に反対する象徴的な行動と受け止められていた。不正な権威を戒め、大学運営に学生と教員を関わらせるという象徴的な出来事に比べて、個々の問題は取るに足りないものであった[34]。

　大学当局が急進派とは交渉しないことがすぐに明らかになり、正式な指導者はいなかったが、多くの教員が、学生と大学当局との論争に第三の勢力として割り込んできた。彼らは自分たちのことを、「問題解決のための教員集団 (AHFG)」と呼んでいた。彼らの活動は大学当局に対する拒絶、とりわけ敬意を払ったり忠誠を尽くしたりするような対象ではなく、遠く離れたところに控えている大御所的な存在である、グレイソン・カーク学長に対する拒絶を意味していた。AHFGは大学当局に対して、学生の要求にもう少し弾力的な対応をし、キャンパスに警官隊を導入することを避けるよう強要した。このAHFGの圧力に応えて、大学当局は警官隊の導入を延期し、体育館の建設を保留した。AHFGは、急進派学生との交渉においても事態が進展していると思っていたが、学生は学部のいかなる提案も受け入れなかったし、自分たちのいかなる要求においても譲歩しなかった。大学当局は、恩赦以外のものは何でも喜んで交渉に応じる用意があったので、恩赦問題が最大の難問となっていた。急進派は恩赦を強く主張した。というのも、それによって、急進派は正しくて大学当局は違法な権威であることを、大学当局が自ら認め

一方には譲歩しない立場を支持する評議員が、他方には柔軟な対応を口うるさく要求する教員がいて、妥協できない二つの勢力の真ん中に、大学当局は捕えられてしまった。加えて建物の中には、大学当局の無条件降伏以外は何も望んでいないという、妥協しない学生がいた。一方、アメリカじゅうの大学の学長がカークに電話をかけてきて、断固とした態度をとるようにと強く迫っていた。教員を遠ざけない限りは強硬な態度をとるわけにもいかず、また、今までの大学としての統一のとれた状態を放棄することが怖くて降伏もしたくないということで、大学当局は困った状況の中で動きがとれなくなった。それは急進派の言い方によると、「困難な状況下にあり」、警官隊を呼び入れるか、急進派の要求に黙って従うかの選択に直面していた。大学当局も教員もすべてを恩赦で済ましてしまうことには反対だったので、AHFGは熱に浮かされたように妥協点を見つけ出そうとした。占拠後7日目に、AHFGは事実上の恩赦が言外に込められた一連の妥協案を双方に提示した。大学当局は条件つきでこの妥協案をしぶしぶ受け入れた。一方、学生は妥協案を即座に退け、交渉の前提条件として完全な恩赦を要求した[35]。

　急進派が全く妥協する余地を見せなかったので、建物から急進派を排除するため、4月30日午前2時半、大学当局は警官隊を導入した。700人以上の人々が不法侵入の罪で逮捕され、そのうちの524人がコロンビアの学生であった。ハミルトン・ホールの黒人学生は、静かに一列になって警察車両に乗り込んだ。白人学生は受け身であったが活発に抵抗したので、学生と警官合わせて148人が負傷した。警官隊がキャンパスに侵入したことは、バークレーのときと同じ結果をもたらした。つまり、学生と教員の間で急進派への大規模な支持を生み出したのである。警官隊が行動を起こしたその日の朝、学生のストライキが始まり、ほとんどの学生にとって、その春学期は終わった。SDSが主導権を持ち、その要求を勝ち取るため、学生ストライキの組織が作り出された。

　ストライキの組織は、大学を急進化したいと望んでいるSDSと、学生が意思決定に参加する「再構築された」大学を求めている自由主義的な学生と

の、不安定な連携であった。ストライキが始まって2週間後に、ストライキの組織は分裂した。穏健派の学生は大学の再構築に取り組むために組織をあとにし、一方SDSは、大学の再構築は革命のための活動から精力を逸らしている、と強調していた。1週間後、SDSの指導者は500人の学生をハミルトン・ホールに連れてきて、そこから退去することを拒んだ。その夜、警官隊が再度キャンパスに導入された。パリで起こった急進派学生の暴動に刺激され、コロンビア大学の急進派はバリケードを築いて火をつけ、警官に石を投げ、一晩じゅう闘い続けた。意外なことに死者は1人もいなかったが、多くの者が乱闘の中で負傷した。

　1968年夏、カークが引退した。最初に警官隊がキャンパスに導入されたのちに作られた学部実行委員会が、大学を「再構築」する試みを指揮し、大学コミュニティを全体として再び元へ戻した。学生と教員からなる12以上の委員会が、新たな参加の形態をひねり出すために作業をした。その結果、懲罰委員会への学生の参画、行動規則の緩和、教員・大学当局・学生からなる一院制の議決機関の設立が実現した。新たに大学の学長になったアンドリュー・コルディアは、逮捕された学生に対する不法侵入罪の告発を取り下げ、4月の暴動ののちに停学処分とされた学生のほとんどを復学させた。大学の再構築の過程において、急進派ではない学生を巻き込んだことが、SDSを孤立させるのに有効であった。1968年秋から1969年春にかけて、SDSは大学との新たな対立関係を引き起こすような企てをしばしば目論んでいたが、それは失敗した。そこには、1969年5月に二つの建物を占拠したことも含まれている。かつては成功したのだが、対決戦術はもはや他の学生に衝撃を与え、急進化させる力をなくしていた。大学はIDAとの関係を断ち、モーニングサイド・パークでの体育館建設計画を白紙に戻した。大いに必要とされていた新しい体育館はキャンパス内に建設された。そのほとんどの部分が地下構造になっていて、地域のために施設を提供することはなかった。モーニングサイド・パークはそのままの形で残され、ほとんど使われることもなく、割れた硝子が散らばり、岩が露出し、コロンビア大学をハーレムから隔てている。ラッドとコロンビア大学SDSの数人の指導者は、テロリスト集

団「ウェザーメン」の中核団員となった。1人は1970年に対人爆弾の製作中に死亡し、別の1人はブリンクス警備保障会社のトラック強奪事件とニューヨーク州ナイアックにおける2人の警察官殺人事件との関連で、1982年に逮捕された。

　新たな不吉な兆候がコロンビアに持ち込まれた。1968年5月、ハミルトン・ホールが2度目に占拠されたときに、デモ隊に反対していた教授の研究室に誰かが侵入し、彼の書類を荒らし回り、パリとルイ14世の治世時代の歴史に関する出版予定の著書のための研究成果を燃やしてしまった。6月にトム・ハイデンは、コロンビアの急進派の闘争戦術を賞賛し、「武器の研究を行っている教授の研究室の襲撃」を含むより大きな混乱が、近い将来起きるであろうと予測した。その目的は、大学を変革することではなく、「アメリカ社会の主流に反対の立場を取る」新たな教育機関に生まれ変わらせることであると、彼は記していた。その秋、コロンビアやその他の大学のキャンパスにおいて、急進派の学生は、自分たちが黙らせたいとか恥をかかせたいと考えた教授の授業を混乱させ、自分たちと異なる見解を持つ演説者に対して大声を出して黙らせたりした。バークレーにおいて言論の自由を求めて始まった運動は、大学を政治化し、見解を異にする人々を抑圧する試みへと変わっていった[36]。

第6節　大学当局と教授陣の対応

　短期的に見れば、コロンビアにおける反乱は急進派にとっての驚くべき勝利であった。大学当局は威信を失墜し、何千人もの学生がSDSの指導者のうしろに結集し、暴徒の小さな集団が全米メディアの注目を集めた。コロンビアでの事件の前には、個人の所有物の破壊や個人的な暴力行為を伴うような、キャンパスでの日常生活に重大な混乱が起こることはほとんどなかった。コロンビアでの危機の翌年には、暴力的な抗議活動がおよそ150のキャンパスで起こった。これは大学全体の6%ほどの小さな割合であったが、その中には入学するのが全米で最も難しい公立大学と私立大学が少なからず含まれ

ていた。暴力的な抗議活動の流行は、コロンビアの例に倣って引き起こされたわけではなかったが、コロンビアは広く周知されたモデルとして引き合いに出された。学生の権限、予備役将校訓練隊の排除、黒人研究、大学自由入学制などを要求するときに、異議を唱える人々は、自分たちの「交渉の余地のない」要求を受け入れさせるために大学を閉鎖するとか、あるいは「必要ないかなる手段」を採ることも辞さないと脅していた。異議を唱える人々、それに反対する人々、警官隊による力ずくの行動はありふれたものとなり、放火、爆弾事件、教員や大学当局に対する脅しは、決してどこでも見られたわけではないが、少なからぬキャンパスで起こっていた[37]。

　極めて多くのキャンパスにおいて礼儀正しさが失われていったのは、学生運動に対する教員のどっちつかずの態度に助長されていた。世論調査の結果によると、カレッジの教員は政治的には圧倒的に自由主義から左翼寄りであり、教授は学生よりも強く戦争に反対していた。しかしながら教員は通常、分野や学部によって政治的な立場も異なっていた。最も自由主義的なのは社会科学と人文科学の教授であり、逆に最も保守的なのは、農学、商学、工学といった応用分野の教授であった。1969年における教授の全米抽出調査によると、「急進的な学生運動の出現」を容認するか否かに関しては、42％が容認すると答え、ほぼ同数に分かれていた。ほとんどの教授が、混乱をもたらす戦術には不賛成で、77％が、「カレッジの機能を混乱させた学生は退学処分か停学処分にされるべきだ」と思っていたが、そうした抗議活動の背後にある「目的」は容認していた。実際のところこれは、闘争的な学生は、自分たちの表明する「目的」に好意的な多数の教員を見出すことができるばかりか、自分たちの戦術には反対だが、それでも好意的な少数の人々を見出すことができる、ということを意味していた。学生の要求を支持する教授もいたし、大学当局を支持する教授もいたが、結局のところ、ほとんどの教授は自分たちの仕事を続けることを一番に望み、政治の領域に入り込むのは、キャンパスを正常に戻す合理的な解決策を見出そうと考えて、「大きな危機に際したときのみ」にしたいと考えていた[38]。

　正常な状態に戻そうとする試みは、どこのキャンパスのコミュニティにも

存在していた、内部の緊張関係によって困難にされただけでなく、アメリカの社会的・政治的な生活における緊張と分裂によっても困難にされた。ジョン・ケネディの弟で大統領候補でもあったニューヨーク州選出上院議員のロバート・ケネディの暗殺、戦争反対を唱えて立候補したミネソタ州選出上院議員のユージン・マッカーシーの落選が、戦争に反対するために選挙運動に加わっていた学生を失望させた。1968年夏の民主党大会期間中における、急進派のデモ隊とシカゴ警察との間の激戦は、警官隊は理想主義に燃える学生を打ちのめす突撃部隊であるとみなす人々と、警官隊は無法なヒッピーと急進派による挑発に適切に対応していると考える人々の両方を怒らせ、世論をより対立させる結果となった。暴力的な傾向の高まりと、テレビで毎晩報道されるベトナムでの戦闘と死者数は、礼儀正しくあれという主張を、馬鹿げてはいないにしても現実的なものではなくしてしまった。

　こうした社会の分裂という背景に対して急進派の学生は、大学は「アメリカ社会の主流に反対の立場を取って」学生とともに立ち上がるべきである、と考えていた。現状との戦いにおいて、大学を味方につけようする彼らの試みは、ほとんどの大学当局者と教員の強硬な抵抗にあった。大学を政治化することに反対する人々は、学生や教授は何でも言いたいことを言っても構わないだろうが、大学は教育機関として政治的に中立であらねばならないと強調した。急進派の学生は、政府や産業界との大学の協力関係、ならびに大学理事会が実業界の人間によって占められていることは、大学の主張する中立性が作り話にしかすぎないことの証拠であると主張した。自分たちの議論を大げさに表現し、学生と教員に対してどちらに味方するのか選ばせるために、急進派の学生は授業と大学の機能を混乱させた。自由主義的な大学当局者と自由主義的な教授は、しばしば急進派学生の主要な標的とされた。たしかに、大学に対する最も激しい攻撃は、学生の不正行為に対して寛大であることで知られていた教育機関に対して行われた。

　混乱に終わりが見えない中で、大学当局は新しい対応方法を編み出した。1969年初頭に、急進派の社会学の教授の再雇用と、教員の雇用と解雇に関する学生の意見を平等に聞くことを求めて、300人の学生がシカゴ大学の管

理棟の建物を占拠した。おそらく学生は間違った問題を取り上げてしまったように思われる。というのも、後者の要求は、戦争と人種差別への攻撃の象徴であるというよりは、ただ単に学部の権限を侵害するものであったからである。大学の管理部門は、本部の建物から撤退して別の場所に事務所を構え、問題となった教授が同僚から不当に評価されていたかどうかを調査する委員会を任命した。大学の立場は警察は導入しない、交渉はしない、早急な懲戒処分を行うというものであった。82人の学生が停学処分となった。件の教授は1年間の雇用延期を提案されたが、彼女はそれを拒否した。デモ隊は教員や学生から支持を得ることができず、2週間後に座り込みを止めた[39]。

　悲惨な結果をもたらした戦術は、条件つき降伏であった。学生の急進派が直接対話を求めていることを承知していたので、多くの大学当局者は規則違反に対して懲罰処分を課すことを避けていた。しかしこれにより、直接対話を求めている者に、当局と角を交えて戦うために、これまで以上に人の目を惹きつける方法を見出させることとなった。こうして、好意的な譲歩の結果が、大学の権威に対する次の挑戦を先鋭化させてしまった。学生の言いなりになるサンフランシスコ州立カレッジの学長が反戦の行進に参加し、学長就任式を混乱に陥れた学生を懲戒処分にすることを拒み、大学新聞の主筆を袋叩きにした学生への処分を軽くし、カレッジの食堂に抗議するストライキを組織した学生を助けた。すべてが無駄となった。すべての譲歩が新しい要求を生み出し、ある時点でSDSの指導者は勝ち誇って次のように述べた。「今や当局は我々の前に跪いている。そこで、これから彼らの背中が地面につくように押し倒してしまおう」。彼の譲歩は、急進的な学生運動からの一時逃れすら勝ち取ることができず、かえって規則の制定者や評議員の激怒を招いたので、彼は、混乱を引き起こした学生に譲歩したことから、学長職を辞する羽目に追い込まれた[40]。

第7節　ハーバード大学の危機

　他の大学の苦悩を目の当たりにし、同様な問題から免れられるわけではな

いので、少なくとも十分に準備をしておかなければならないと考えていたのはハーバードであった。1968年秋、SDS は予備役将校訓練隊をキャンパスから追い出す運動を始めた。学部は、予備役将校訓練隊を追放することを拒む一方で、履修単位の取れる科目の中から予備役将校訓練隊の科目を除外することと、学部教授団から予備役将校訓練隊の教授を解任することを投票により決めた。こうした動きは、国防省がハーバードから予備役将校訓練隊を追い出そうとしていることの証であった。予備役将校訓練隊の奨学金を得ている学生が、今までどおり兵役に備えることができるような手立てを講じることを当局が明らかにすると、ハーバード学長のナッサン・ピュージーは学部の勧告の抜け道を探そうとしているのだということを、SDS は確信した。

ハーバード SDS は、新左翼派と PL 派の二つに分裂して、建物の占拠によって春の攻撃を始めるかどうか議論していた。投票の結果、支部としては建物の占拠は行わないことになったが、PL 派は投票結果を無視することに決めた。1969年4月9日、数十人の学生が管理の中心であったユニバーシティー・ホールになだれ込んでいき、力ずくで数人の学部長を建物から追い出し、すぐさまその場所に「チェ・ゲバラ・ホール」という新しい名前をつけた。学生は学部長室にあった書類一式を精読し、機密の往復書簡や記録文書を複写した[41]。

コロンビアでの騒動の実態調査研究を行ったアーチボールド・コックスの忠告に基づいて、大学当局は前もって指針を作成していた。第一に、混乱を避けるために1人だけ、つまり学長だけが大学を代表して話をすること。第二に、教員はすぐには集会を開かないこと。というのも、コロンビアの教員による介入が、危機的状況の解決をよりいっそう難しくしてしまったと、コックスが結論づけていたからである。第三に、警官隊の導入が決定された場合には、警官隊はすぐに呼び込まれること。コロンビアにおいて警官隊の導入が遅れたことが、相反する要求、多数の交渉役、手に負えない状況を生み出したと考えられていたからである。建物が占拠されてから約17時間後の午前5時に、地元警察がユニバーシティー・ホールに入り、デモ隊の多くの者をこん棒で殴りつけた。184人が逮捕され、そのうちの145人がハーバード

の学生であった[42]。

　キャンパスは肝を潰してしまった。学生と教員は警察の残虐さに衝撃を受けた。学部は相談されなかったことに対して激しく怒っていた。穏健派の学生は、大学の再構築とデモ隊に対する告発の白紙撤回を求めて、ストライキを要求した。学部は、ピュージー学長を非難し、刑事告発の取り下げと、管理と懲戒方針の変更を提案する学部委員会の創設を勧告した。大学の監督理事会は、ピュージー学長を支持する以下のような力強い声明を発表した。

　基本的な問題は、大学における学術的な研究や教育の妨害をするために、暴力が許されるかどうかということである。一握りの少数派が、我々すべての者が属する教育機関に対して、自分たちの意志を押しつけようとしていた。ユニバーシティー・ホールに侵入したこと、力によって学部長を立ち退かせたこと、機密文書を盗み出して複写したことは、自由な学問の社会においては受け入れることのできない行為であった。もし我々がこのような行為を大目に見るならば、教授は誰も教室で安心して授業を行うことができなくなり、学者は誰も安心して流行らない研究を続けることができなくなり、急進的な右翼であれ急進的な左翼であれ、いかなる学生組織も時代の風潮に安心して反対を唱えることができなくなってしまう。

これはまともな自由主義の声であったが、赤い腕章をつけて堅く握り締めた真っ赤な拳を紋章とするTシャツを身につけ、憤慨していたハーバード構内の学生には何の衝撃も与えなかった[43]。
　4月18日の金曜日までの1週間続けられたストライキは、その勢いをほとんどなくしていた。教室は4分の3以上がいっぱいになっていて、ある急進派の学生は取材していた記者に向かって、「たとえこの大学を独裁者の大学にしてしまうことになっても、私がしたいことは、普通の生活に戻りたいだけだ」と語った。急進派の学生はこの週の間に三つの授業を妨害し、一方で急進派の演説を滑稽に真似る学生がキャンパスに現れ始めた。「ボーイ・

スカウトをぶっ潰せ。この組織はCIAの手先だ……。宇宙の膨張を止めろ。長い年月の間、ハーバード大学天文学部の全面的な協力を得て、宇宙は急速に膨張させられてきた」。この日、学部から約束を取りつけたことに満足して、学生はストライキを終わらせることを投票で決定した[44]。

だがキャンパスの危機が去る前に、一つの問題が残っていた。それは、黒人研究であった。学部は1969年2月に、黒人研究のプログラムを作り上げることに同意していた。承認されていたように、アフリカ系アメリカ人研究には、歴史学や経済学といった近い分野との組み合わせで学士号が授与される予定であった。だが黒人学生は、「近い分野」と結びつけられなければならないということは、アフリカ系アメリカ人研究に対する侮辱であると強く主張した。彼らはまたプログラムの運営に関して、学生が学部と同等の役割を持つことを要求した。キャンパスを平穏にしておきたいと切に願う気持ちと、「破壊活動」を引き起こすと脅しをかけてくる学生から問題となりそうな種を取り除いておきたいという気持ちから、学部は黒人学生の要求を受け入れた。3年後にこの二つの変更点は、独自の評価委員会の勧告によって白紙に戻された。評価委員会は、アフリカ系アメリカ人研究学部は、他の学問から孤立していることにより「学問的な継子」になってしまっていて、教員の雇用に学生が関与することは、教員の心をとらえるのに「逆効果を生じる」と結論づけた[45]。

危機が去ったのち、懲戒処分の決定権は、選挙で選ばれた学生と教員による委員会の手に移された。過去においては懲戒処分は気まぐれで、取るに足らないものであった。SDSは妨害しようとしたが、学生と教員による新しい委員会は公聴会を開き、暴力を振るった学生や、過去の懲戒処分歴を持つ学生に対して、断固とした処罰を与えることを勧告した。ユニバーシティー・ホールの占拠の指導者はハーバードから追放され、他の学生は停学処分となった。ストライキに参加した講師や教官助手の大学院生との契約は打ち切られた。SDSの春の攻撃の皮肉な結末は、正当性と権威を持った学生と教員による懲戒制度を誕生させたことであった。SDSの戦術の結果として、ハーバードは、将来の大学崩壊を避ける能力を格段に強めることに成功したので

あった。

　ほとんどの大学において、対決の戦術が本質的に自らを制限してしまうものとなった。というのも、それは同じ場所で2度上手くいくことはほとんどなかったし、その結果として、急進派を孤立させる変革へと繋がっていったからである。大部分の学生はほんの短い期間しか「急進化」されなかった。多くの学生は、戦争への反対、人種平等への支持、大学の意思決定に学生が参加する権利を持っていることの確信を表明したいと心から望んでいた。だが、彼らはまた、教育を受け続けることも望んでいた。それぞれの危機において、変革に対する学生の要求は、大学の「再構築」によって概ね叶えられた。それは、大学の意思決定を行う委員会に学生の代表を参加させることによっていた。学生がいったん管理や裁判の機能に参加すると、SDSが混乱させる戦術を採り続けることは、当局のみならずコミュニティそのものにも打撃を与えることとなった。加えて、多くの大学当局者は、自分たち自身のあるいは別の大学の経験から、大学が有効に機能することを妨害するような抗議活動に直面したときには、力による衝突に追い込まれることを避けるか、あるいは、敏速に、ただし非暴力の警察による活動に任せるという断固とした方針を貫くかの、どちらかであることを学んだ。

第8節　サンフランシスコ州立カレッジの「ブラック・パワー」

　大学当局者が、白人の急進派学生からの異議申し立てにどのように対応すべきかについてさえも、時間をかけて痛みを伴いながら学んでいったとすると、彼らが黒人の要求に直面したときには概して困惑し、躊躇し、怯えてしまっていた。反戦への張りつめた思いが最高潮に達したまさにそのとき、高等教育における黒人の地位に劇的な変化が起こりつつあった。公民権運動とにわか景気の影響を受けて、黒人のカレッジへの入学者数は1960年代に174,000人から522,000人へと3倍に増加し、そののち、1976年頃にはこれが倍増して100万人を超えた。1950年代には、カレッジに通う黒人学生の80％はかつて黒人校であったカレッジに通っていた。それが1970年頃には、

カレッジに通う黒人学生の75％は、圧倒的に白人の学生が多いところに通っていた。かつては人種別学であった南部の大学の門戸を開き、北部の著名な大学への黒人の入学者数を増やそうという努力に拍車をかけたのは人種統合運動であったが、1960年代の黒人学生は都市の黒人コミュニティで暴動やデモを引き起こしていたのと全く同じ怒り、分離主義、民族主義の強いうねりに突き動かされていた[46]。

　高等教育に不慣れで、非白人にとってはなじみがなく、往々にして無神経な環境の中で落ち着かないことから、1960年代中頃から黒人学生はキャンパス版の「ブラック・パワー」を求め始めた。大学が黒人の新入生の獲得や、寄宿舎や男子学生の社交クラブにおける人種の障壁の除去を上手く進めていると考えていた当局者は、新入生が怒っていることにまごついた。黒人研究のプログラム、より多くの黒人の教員と大学管理職、増大された黒人の入学者数、大学入学への準備のできていない学生に対する特別入学制度、黒人専用の寄宿舎といったようなものを要求するために、黒人学生は組織を作った。黒人学生が正規の手段によって自分たちの目的を追求するか、あるいは、礼儀正しい会話という不文律の学問的な規則の精神に則って、自分たちの目的を表明するのではないかという、大学当局者の予想はすぐさま打ち砕かれてしまった。彼らが公民権デモにおいて積極的であったか否かにかかわらず、公民権運動での経験によって、多くの黒人学生は闘争的な戦術に直面したときにのみ、「白人の権力構造」が明らかに反応してくることを十分に認識していた。

　白人急進派の要求を無視してきたキャンパスにおいてさえ、黒人の要求は白人の大学管理職、教員、学生の微妙な罪の意識に訴えかけた。白人の罪悪感と黒人の怒りが相まって、感情的に爆発寸前といった状況を作り出していた。この中には、地元の黒人コミュニティがキャンパスを滅茶苦茶に荒らし回るのではないかという、大学当局の危惧も加わっていた。サンフランシスコ州立カレッジでは、黒人学生連合 (BSU) が地元のハイスクールの生徒を学内に招き入れた。彼らは「食堂を略奪し、書店を襲撃し、窓ガラスを割り、書店に火を放ち、新聞記者のカメラをいくつも壊し、げんこつで殴り合いを

した」。のちに行われた全米調査の結果、マイノリティ問題、たとえば食事や学生寮の異性訪問者に関する規則などの学生生活に関する問題、反戦の抗議活動といった、キャンパスでの主だった三つの典型的な抗議活動の中で、大学当局は黒人の異議申し立てには最もはっきりと対応したが、反戦問題に対応することはほとんどなかった[47]。

　黒人学生が政治的権力を握ろうとした最も大胆不敵な企ては、サンフランシスコ州立カレッジで起きた。このカレッジは、学生に寛大なことで全米的に知られていた通学制のカレッジで、ここで学生は意思決定や教育的な新たな取り組みに参画していた。1968年5月、カレッジの学長は白人の急進派と闘争的な黒人の要求に屈したのち、圧力に耐えかねて辞職した。黒人学生は、黒人研究学部を直ちに創設することとジョージ・マレーの復職を求めて、新しい学長ロバート・スミスと即座に対立した。ジョージ・マレーは、黒人の教師で、ブラック・パンサー党の教育長官であったが、ロナルド・レーガン州知事、カレッジ学長、さらにはその他の人々の暗殺を呼びかけたり、キャンパスに銃を持ってくるよう黒人学生を説得したりといった扇動的な発言を繰り返した結果、停職処分にされていた。正当な理由と適正な手続きを尊重していたスミスが、大学の正規の審議過程を経てカリキュラムが承認されたのち、1969年秋から新しい学部が発足すべきであると強調すると、直ちに新しい学部を開設しなかったことに抗議して、BSUはキャンパス内で攻撃してはすぐに引き上げるヒットエンドラン戦法の一連の攻撃を開始した。1968年11月初旬、キャンパスをうろつき回っていた一群の黒人学生は授業を妨害し、白人学生を袋叩きにし、書類棚をひっくり返し、小さな放火事件を起こし、その他にも多くの些細な破壊活動を行った。警官隊がキャンパスに到着すると、警官隊と学生の激戦が始まった[48]。

　彼らの破壊活動は、SDS、「第三世界解放戦線」と呼ばれる組織、少数派の立場にたつ教員に支援され、いっぱしのストライキになっていった。BSUは10の「妥協できない」要求を掲げ、その目玉は完全に自律した黒人研究学部であった。黒人学生の語る言葉は革命的であり、毒舌であり、極端であった。1人のBSUの指導者が学生集会で次のように発言している。

我々の主たる目的は権力の掌握である。権力は民衆のものとならなければならず、黒人の権力は黒人民衆のものとならなければならない。今のような状況では、君らは自らの計画を、権力を握っている白人どもに提示しなければならず、彼らがそれを承認しなければならないことになっている。我々が権力を握るまでは、すべては茶番だ。やつらは、我々が彼らの政治的なかけひきに参加したがっていて、我々が10の要求をするときには、黒人どもが本当に必要としているのは五つでしかないと思っている。我々の要求が引き延ばされる日ごとに、我々の戦術は激しさを増していく。もし我々が自らの生活と教育を思い通りにしていくうえで武力闘争が必要とされるならば、我々はそれを用いていくだろう[49]。

長々と続く結論の出ない教授会と、何度も繰り返された学生と警官隊の間の小競りあいのあと、ストライキが始まって3週間たつかたたないうちに、スミス学長は辞任し、キャンパスにおける法と秩序の断固たる擁護者として知られていた教授Ｓ・Ｉ・ハヤカワが、すぐにその後任となった。ハヤカワは州立カレッジ組織の責任者から、サンフランシスコ州立カレッジの軍事統率者として選任され、しかも彼は、彼らを失望させなかった。ハヤカワは即座にキャンパスに非常事態を宣言した。彼は小火器を禁止し、拡声器や中央に設置された「講演者用の演壇」の無許可での使用を禁止し、教員に対して授業を行うよう命令し、カレッジの機能を妨害する者は誰でも停学処分にすると警告した。ハヤカワは教員や学生の支持を得ていなかったが、州知事、評議員、一般大衆の堅固な後ろ盾を持っていた。

クリスマス休暇までの2週間、キャンパスは学生と警官隊の連日の戦い、逮捕者や血まみれの指導者、放火や割れた窓が散見される現場となった。学生の急進派が街宣車をキャンパスに持ち込んでくると、学長自らがその配線系統を引きちぎり、全米テレビ放送であっという間に英雄になった。1月6日に少数の教員が自分たちだけでストライキを再開した。多くの教員は授業を続けていたが、その中のいくつかの授業はストライキを行っている学生に

より妨害された。黒人の闘士は繰り返し群れをなし、彼らの標的であったジョン・H・バンゼルの授業を妨害した。彼は、政治学部の自由主義的な学科主任で、黒人研究学部の政治化を批判していた。1968年秋、不発弾がバンゼルの研究室の扉の前で発見された。2月中旬に教員は、苦情の処理のしかたに関する新たな確約を得て、ストライキを終了した。1969年3月20日に学生は、彼らの要求のうちのいくつかは認められなかったが、他の問題はすでに十分に満たされたとしてストライキを終結させた[50]。

すべてが終了すると、非現実的な空気が消耗したキャンパスを覆っていた。大学当局は、12月初めに合意しなかったことに関しては、何の妥協もしていなかった。黒人研究学部は、ストライキが終わるはるか以前より開設されていたが、そのことを誰も気にしているようには見えなかった。ストライキのあと、闘争的な黒人学生はこの新しい学部の支配権を握り、彼らに反対する黒人の教員を追い出し、学部の職員のほとんどを自分たちで独占し、革命家の養成を目指したカリキュラムを作り上げていたが、ハヤカワはそのことを見て見ぬふりをしていた。しかしながら3学期が過ぎると、全員が解雇され、学部を再構築するために黒人教授による委員会が選任された。黒人学生の指導者の1人が管理棟の建物に火炎瓶攻撃を行ったために、1年間服役した。1人の黒人学生は、爆弾の不具合による爆発のため障害を負った。学生のストライキを応援していた25人の教授が解雇された。寛大さ、意欲的な授業、学部の自治、学生参加を誇りにしていた教育機関は5ヵ月のストライキののち、権威主義的な大学当局、分断され意欲をくじかれた教員、得られたものと失われたものについての曖昧さを併せ持った教育機関に姿を変えてしまった。ハヤカワはそののち1976年に、カリフォルニアの人々により合衆国上院議員に選出された[51]。

第9節　コーネル大学での異議申し立て

サンフランシスコ州立カレッジでの出来事は、この学校が公立の教育機関であり、最終的には選挙によって選ばれた代表者に責任があるという事実と、

サンフランシスコとオークランドの黒人学生と黒人コミュニティがともに、当時極めて重要なこととして革命的なブラック・パンサー党に属していて、両者が緊密な関係にあったことに起因していたが、キャンパスで黒人が闘争的であるという問題は、大きな黒人コミュニティから遠く離れたニューヨーク州北部の私立大学のコーネルでは、若干異なる形で現れていた。もちろん、状況は全く異なっていたが、この偉大な私立大学が、西海岸の公立の通学制カレッジと同様に、闘争的な黒人の要求に対応する際に無能で混乱していたことが明らかとなった。

　社会問題への関心の高いカーネギー財団の幹部役員だったジェイムズ・パーキンズが、1963年にコーネルの学長に選任されたとき、彼の主要な目的の一つは、当時14,000人の学生総数のうち僅か25人しかいなかった黒人の入学者数を増やすことであった。1964年に大学は、黒人学生を新入生として勧誘するための特別な計画を立て、その活動の焦点を試験の成績が他の学生と比べて相当程度に下回る、極めて貧しい社会的な不利益を被っている学生に合わせていた。1966年に黒人学生は、黒人のみを対象とするアフリカ系アメリカ人協会 (AAS) を設立したので、寄宿舎と男子大学生寮の社交クラブにおける人種による閉鎖性を禁止するために長いこと闘ってきた、教員の中の白人の自由主義者をびっくりさせた。1968年には250人の黒人学生が在籍していたが、彼らは人種差別に反対する運動を開始し、伝えられるところによると客員講師の人種差別的な発言に抗議して、バリケードを築き経済学部長を研究室の中に7時間閉じ込めてしまった。AASはさまざまな要求を出していたが、その中には黒人専用の宿舎、黒人専用の授業と黒人研究が含まれていた。1968年春、大学当局は学部に対してより多くの黒人教員を採用するよう命じ、黒人女性のための宿舎が建設された。その秋、アフリカ系アメリカ人研究プログラムが承認され、9人の白人の教員と管理職、8人の黒人学生による運営委員会のもと、大学評議員からの100万ドルの担保の提供によって運営されることになった。黒人学生の闘争的な活動が活発化すると、彼らは大学内で完全に分離された、自治権を持つ黒人カレッジを要求するようになった。パーキンズ学長は黒人学生を何とか宥めたいと思っていた

が、結局彼は AAS に対して評議員と州理事会の同意がない限り、分離された黒人カレッジを設立することはできないと通告した[52]。

　黒人学生は、パーキンズのことを人種の平等の実現に真に熱心な人物ととらえていたが、彼の権限では彼らの怒りを和らげることはできなかった。学生は、コーネルが黒人学生を白人に仕立て上げようとしていて、彼らが受けさせられている授業は黒人コミュニティの要望には「不適切」である、との不満を露わにした。ある学生が記者に向かって次のように語っている。

　私たちは、なぜここに連れて来られたのかをずっと問うてきました。彼らは、私たちを、いわゆる「主流」と呼ばれているものの中に組み入れたいのでしょう。彼らは、私たちが４年間この孤立した場所で過ごしたのちに、出身地に戻り、年間２万ドルの給与の職に就き、もう何も考えないような人生を送ると想像しています。

学生は黒人研究プログラムを自分たちの思い通りにしたいと望み、そこでは黒人だけが教えることができると強く主張した。著名な黒人学者の中には、彼らの目的に同意しない者もいた。ハーバードの黒人の政治学者マーチン・キルソンは、学生が黒人研究を自分たちの思い通りにすることには反対し、教師は人種ではなく専門的な資質によって選抜されるべきである、と主張した。「学生はしょせん学生でしかない」と、彼は考えていた。「それは、彼らが知的な陶冶や訓練を施された人々ではないということを意味している。学生はそういう人々から教えを受けるべきである。さもなければこの黒人研究プログラムは、それぞれの黒人の子どもが経験したことを口にすることによって、感情の浄化や精神療法のような役目を果たし、一種の懐古趣味に陥ってしまい、知的な進展を生み出さない。それはまさにグループセラピーの一種でしかない」[53]。

　黒人学生の要求はすでにほとんどすべて満たされていたにもかかわらず、大学当局から新しい妥協案が示されるたびに彼らの怒りは高まっていくようにも思われ、そうした要求や怒りを大げさに表現しようと、黒人学生は

1968年12月に一連の妨害デモを行った。そこには、食堂で食事時に黒人学生が食卓に向って歩いていたときに起きた乱闘事件も含まれていた。大学は、大学の規則に違反したかどで黒人学生の懲戒処分を行うことは避けたのだが、新しいAASセンターのために女子の寄宿舎から家具を持ち出し、おもちゃの銃で学生や訪問者に嫌がらせを行ったという不品行によって告発された6人の黒人学生に関しては、政治的な意見の相違を大切にしながらも破壊的な不正行為に制限を加えるために1967年に設置された、学生と教員による懲罰委員会の前に呼び出された。学生は公聴会に出頭することを拒んだ。彼らは大学の出先機関には大学そのものに向けられた彼らの行動を裁く権限はないし、また人種差別を行っている大学には黒人学生に懲戒処分を行う権利はない、と主張していた。最終的に4月17日の夜、運営委員会は3人の黒人学生を放免し、残りの3人を戒告処分とした。最も寛大な懲戒処分であった。

この決定が下されて1時間もたたないうちに、黒人女子学生の宿舎の前で十字架が燃やされ、夜には偽の非常火災警報が11回も鳴らされた。翌朝、4月19日午前6時に、50人から100人の黒人学生が学生組合の建物であるウィラード・ストレート・ホールを占拠し、親が我が子の様子を見に訪れる、ペアレンツ・ウィークエンドと呼ばれる特別な週末のためにキャンパスに来ていた、30人の親を追い出した。その数時間後、白人の社交クラブの男子学生の何人かが窓から侵入しようとしたが、黒人学生によって押し出された。大学当局者は黒人学生と協議を始め、4月20日に合意文書を公表した。大学当局は以下のことを約束した。4月17日の黒人学生に対する法的手続きの破棄を学部に勧告すること。ウィラード・ストレートを占拠した黒人学生に対して法的な支援を行うこと。完全な恩赦を与えること。建物に加えられた被害の全責任を負うこと。黒人女子学生の宿舎を24時間警備すること。十字架が燃やされた事件の捜査を行うこと。占拠が終わると、黒人学生の多くは、弾丸を入れておくための肩掛けベルトを胸に巻きつけ、散弾銃やライフルを振り回しながら「ストレート」から一列になって出てきた。こうした光景の写真は、不埒な学生の振る舞いの典型として全米の注目を集めた。

翌4月21日、学部は会合を開き、ウィラード・ストレート・ホールの占拠

とキャンパスへの武器の持ち込みを徹底的に非難した。強制されて交渉に臨んだことはおかしいという立場から、学部は3人の黒人に課された懲戒処分を白紙撤回することを拒み、4日後にAASの不満を再検討するために集まることで合意した。黒人学生と彼らの同盟者であるSDSは、約束を実行することを拒んだ学部に激怒した。SDSは学部の再考を求めて、体育館における大規模な集会を呼びかけた。集会は占拠へと変わり、数千人の学生が、学部が行動を起こすまで座り込み続けることを決意した。一方でAASの指導者は、4人の管理職と3人の教員を処分の対象となる「人種差別主義者」とみなし、それに関して大学には「3時間の猶予しかない」と警告した。自分たちのことを「現状を憂慮している教員」と呼び、学生に共感を寄せている約30人の教員は、学部が月曜日に行った投票の結果を覆さない場合には、建物を占拠することを約束した。火曜日の夜には緊張と懸念が高まったので、学部の指導的な立場にある者が水曜日の昼に会議を招集し、懲戒処分の撤回を勧告した[54]。

水曜日、キャンパスには脅迫的な雰囲気が色濃かった。もし学部が懲戒処分を撤回しなかったならば、建物はSDS、AAS、「現状を憂慮している教員」、そしてその他の人々によっても同様に占拠されていたであろう。学部は、キャンパス内の公的秩序の崩壊が懸念される事態に直面し、自らの方針を180度転換し、懲戒処分を取り消した。パーキンズ学長は、およそ8,000人が集まっていた学生集会にすぐに参加し、AASとSDSの指導者を抱きしめ、彼らの夜を徹しての座り込みは「コーネルの歴史においてこれまで取り組まれてきた試みの中で、おそらく最も建設的かつ積極的な力」となった、と明言した。結局のところ、暴力への懸念はコーネルにとってみれば単なる主義主張の問題でしかなかったわけで、パーキンズは表面を繕うために、最善を尽くしたのであった[55]。

他の大学と同様にコーネルはすぐさま「再構築」に突き進んでいき、ほどなくして400人ほどの選出された学生、教員、管理職、卒業生といった人々からなる「規約制定権のある委員会」を創設した。少数ながらも影響力のある一群の教授は、パーキンズが学生のイデオローグに対して学問の自由の正

当性を主張できなかったことを、大きな声で執拗に抗議した。大学の報道官は、黒人学生との約束について、「それは譲歩するか消されてしまうかの選択であった」と弁解した。大学当局が学生の力に屈服してしまったことにより、教育の自由が甚だしく損なわれてしまったことに不満を表明して、学部の指導的立場にあった教授の何人かが辞表を提出した。その中には政治学部と歴史学部の学部長も含まれていた。大学が学生の強制的な言動に屈服してしまったことに戸惑い、大学の評議員は今後、「恐怖を伴うような戦術」には「断固とした適切な対応」で応じることを公表した。5月末にパーキンズは学長を辞任した[56]。

　パーキンズが去り、黒人研究学部が完全に動き出し、大学が再構築されてからもコーネルは混乱したままであった。ウィラード・ストレート・ホールの占拠から1年後、黒人研究センターが放火され、センター内にあった記録、研究資料、莫大な個人の原稿が焼失してしまった。大学というコミュニティにおける価値観とは全く相容れないものであるにもかかわらず、暴力を大目に見ようとすることは、ひとたび緩めれば抑えつけたり呼び戻したりすることが容易にできなくなる、コーネルのキャンパスに棲みついてしまった悪の魔神であった。

第10節　エール大学での混乱の回避

　1969年春のキャンパスの動乱に対する一般大衆の反応は、極めて否定的なものであった。下院は、抗議活動が起きているカレッジや大学から連邦資金を引き上げる法制を検討した。リチャード・ニクソン大統領は、学生の不法な抗議活動に対して、断固たる処置をとるようカレッジに促し、健康教育福祉省長官は1968年度の連邦議会において、キャンパスの暴動にからんで有罪判決を受けた学生への、連邦支援の撤回を求める法律が制定されたことに、大学当局者の注意を喚起した。極めて多くのキャンパスが、自らを律することにはあまり熱心ではないように思われたので、州議会はキャンパスでの行動を管理する法律を制定し、捜査をちらつかせて脅した。ケンタッキー

州知事は、広範囲に及んでいる一般大衆の反応をとらえて、「申し訳ないけれども、私はこうした騒動には、ほとほと疲れ果て、嫌気がさしてしまっている」と述べた。ハリス調査によるとほとんどのアメリカ人は、学生の暴動に「衝撃を受けてうろたえて」いて、分離主義を求める黒人の要求を理解できないでいた。カレッジに通学したことがなくて、カレッジで教育を受けることが大きな特権であると今でも考えている人々は、自分が学んでいるカレッジに抗議活動を起こす学生について理解することはできなかった。ハリスの調査結果では、国民の68％がキャンパス内でのデモ行為は正当ではないとし、89％は暴動を鎮めるために警察や州兵を導入したカレッジ当局者の行動を支持していた[57]。

抗議活動の結果、何千人もの学生が逮捕され、停学処分を受け、退学させられた1969年の混乱した春が終わると、全米のキャンパスには奇妙な静けさが漂っていた。激しい暴動を経験したキャンパスは、「再構築」の真っただ中にあり、学生の指導者は委員会の仕事に追われていた。志願兵による軍隊への一歩として、ニクソン大統領は徴兵制度の代わりに、19歳にしか影響を与えない抽せんによる選抜方式を採用した。それは、徴兵適格者の数を著しく減らすことになり、徴兵を逃れるためにカレッジや大学院に通い続けなければならないという負担を人々から取り除いた。少なからぬカレッジは、黒人研究プログラムを開始し、黒人専用の寄宿舎を開設し、黒人の入学者数をより高めると誓うことにより、黒人の暴動を思い止まらせた[58]。

もう一つの要素はもはや消えていた。つまりSDSは事実上、存在しなくなっていた。いくつかのキャンパスにおける支部は残ってはいたが、全米組織は1969年夏に会合を開いて敵対する二つの党派に分裂し、どちらもともに武装革命を約束し、お互いに相手のことを「反共産主義」と非難していた。コロンビア大学のマーク・ラッドに率いられた組織は、テロ行為と武力闘争に熱心なウェザーメンとなった。ウェザーメンが全米会議の席から退場すると、毛沢東主義のPLによって導かれているもう一つの党派は、急進的な労働者と学生からなる大規模な革命的な運動を率いていくことを宣言し、SDSの名前と出版物を引き継いだが、残された組織は以前の組織の形骸でしかな

かった。現実に全く目を向けることをせずにウェザーメンは、10月にシカゴで開かれる「怒りの4日間」への参加で「革命」を開始することを同調者に呼びかけた。それに応じて、数百人の急進派がシカゴを急襲し、窓ガラスを粉々に壊したり警察官と闘ったりして町じゅうを走り回った。1970年1月1日にウェザーメンの組織は「地下に潜った」。つまり、彼らの革命的な活動に対する政府の監視の目から逃れるために隠れたのである。ほとんど一晩で、SDSはキャンパス内の抗議活動を衝突、抵抗、革命へと変えた閃光のごとく、自滅してしまった。左翼の中で将来手を組む可能性のあった、自由主義者や労働組合といった味方を攻撃することによって、SDSは変革のための政治体制の中で活動することから降りてしまった。また、全体主義に傾倒する人々の加入を認めたために、中枢部にPLの筋金入りの幹部が入ってきて、結局、彼らがSDSの主導権を奪い、組織に壊滅的な打撃を与えた[59]。

　SDSの崩壊にもかかわらず、日々の主要な政治問題に活発に関わりたいという多くの学生の熱意は、弱まることはなかった。エール大学は、他の多くのエリート教育機関を震撼させるような激突を避けてきたが、1970年春には、急進的な政治活動に参加する機会が訪れた。その1年前にニューヘブン警察は、革命的なブラック・パンサー党の数人の党員を、他の党員を誘拐し殺害した罪で起訴した。逮捕された党員のうち、2人は殺人に加担したことを認めたが、もう1人は、ブラック・パンサー党の全米委員長のボビー・シールの命令によって行動しただけだと主張したので、ボビー・シールも逮捕された。1970年4月、エール大学の白人の急進派と黒人の同調者は、パンサーは全米的な弾圧運動の犠牲者であると告発し、シールとその他の逮捕者の釈放を要求した。彼らは、学生ストライキを呼びかけ、5月1日に大規模な抗議集会を開催することを計画した。ストライキの目的は漠然としていたのだが、エールの学部学生はこれを支持し、1970年4月23日にカレッジはストライキに突入した。

　エール大学の関係者は誰でも、他の大学がデモ隊と警官隊の激突により、精神的にも物理的にもひどく傷つけられたことを知っていたので、5月1日に大学と多くの人々に危害が及ぶのではないかという懸念が高まることによ

り、多くの学生が皆の総意として明確な立場を取りたいと強く望んでいた気持ちは、抑えられてしまった。キングマン・ブルースター学長と教員は、最善の対応策はエール大学をデモ隊の味方につけることであると、決めていた。4月23日の教授会においてブルースターは、これから行われるデモの組織者に向かって、「私は、合衆国のどこであれ、黒人革命家が公正な裁判を勝ち取ることができるかどうか懐疑的である」と言いながら、口先だけの支持を表明した。ブルースターの後押しと、1,000人の学生がこの集会場の外で待っているという事実により、エール大学の教員は投票の結果、授業の延期と、通常の授業時間を現在問題となっていることの議論に割くことを認めた。ブルースターのはっきりとした声明は、何人かの新聞の論説委員や政治家の怒りをかったが、一方でエールの学生の支持を勝ち取っていた。彼がスピロ・アグニュー副大統領から非難されると、エールの学部と評議員会がともに彼の後ろ盾となった[60]。

　メーデー集会の公式な後援者ではなかったが、大学は集会の運営者と協力して、デモの参加者のために、食料、宿泊施設、医療活動を提供した。5月1日にはおよそ15,000人がニューヘブンに集結したが、ほとんどこれといった事件も起こらず、暴力とは無縁の週末となった。ブルースターの戦術が功を奏したのである。パンサーと手を結び、裁判所を攻撃することによって、エールはデモ隊の怒りの標的にならずにすんだ。この作戦が上手く機能したことが、大学を政治化しようとする妥当性に疑念を抱いていた人々の声を和らげた。メーデーの週末以降、学生の注目は再びインドシナでの戦争に向けられ、エールの学生はパンサーの裁判に対する関心を失った。1970年春における熱に浮かされたような情熱が醒めてしまうと、司法制度を貶めることによってエール大学が安全を手に入れたことに、ほとんど誰も気づいてはいなかった。秋になると殺人に関わったことをすでに自白していた1人のパンサー党員が、起訴され判決を受け、ボビー・シールの裁判が開かれると60人に満たない者が裁判の傍聴に駆けつけただけであった。1971年春、陪審員は評決に到らなかったことを告げ、判事はこの裁判が無効であることを宣言し、裁判の前に事件のことが広く知れ渡ってしまったので、公正な裁判を

することが不可能になったとしてすべての告発を却下した[61]。

第11節　ケント州立大学の悲劇

　1969年冬から1970年春にかけて、学生の抗議活動は勢いをなくしてしまったかのように見えたが、1970年4月30日にニクソン大統領が、アメリカ軍がカンボジアに侵攻したことを発表すると、即座に息を吹き返した。抗議のデモが全米のキャンパスで始まり、学生の指導者は全米的な学生のストライキを行うよう促した。全米の最も著名な大学の学長がともにニクソン大統領に向かって「アメリカの若者の前例のない疎外感がもたらす測り知れない危険」について考慮するよう嘆願し、あわせてアメリカの戦争への介入を終わらせるよう求めた。オハイオ州知事は、オハイオ州ケントに州兵を派遣した。そこではケント州立大学の抗議集団が町で暴動を起こし、キャンパス内の予備役将校訓練隊の建物に放火し、消防隊の消火活動を妨害していた。5月4日に州兵が学生の大群衆を追い散らそうとすると、学生は石やその他の物を州兵に投げつけ、口汚く罵った。こうした学生の行動はもはや例外的なものではなく、むしろ典型的なものであった。学生は、警察官が警棒よりも強力な武器は決して使わないと信じきっていたし、逆に、キャンパス内のデモに慣れた警察は、学生の挑発を無視することを学んでいた。しかしながら、理由は未だに定かではないのだが州兵は学生めがけて発砲し、4人を殺害した[62]。

　ケント州立大学で起きた殺人と戦争の拡大に対する怒りの反応の中で、教員や管理職からしばしば支援され、学生のストライキ運動は勢いを得た。約350の教育機関が1日かそれ以上のストライキを実施し、多くの教育機関が年度の残りを閉校とした。カリフォルニア州知事ロナルド・レーガンは州立カレッジと州立大学を1週間閉鎖し、他の州は学生のデモを鎮圧するために州警察や州兵の出動を要請した。キャンパスにおける抗議活動は概ね平穏に行われたが、その中にあっても、キャンパス内の予備役将校訓練隊施設を狙った火炎瓶による攻撃や放火といった事件も数多く起きていた。ミシシッピ州

ジャクソンにある、歴史的にずっと黒人専用のカレッジであったジャクソン州立カレッジで起きたキャンパスの暴動で、石や侮辱的な言葉を雨あられと浴びせていた学生の群集に向かって警官隊が発砲したので、2人の若者が殺された[63]。

　ケント州立大学とジャクソン州立カレッジにおける殺人は、外部の警察官の導入を大学に促すことが慣行となっていた危険性を浮き彫りにした。ケント州立大学とジャクソン州立カレッジにおける悲劇的な出来事は、何十万あるいは何百万人もの学生を「急進化」させると思われていた、全米各地で起きている警察による暴力行為や弾圧と同じものであった。だが、SDSはその前年に分裂してしまい、その結果生まれたそれぞれの党派は、革命的な姿勢があまりに顕著であったので、普通の学生との接点を失い、1970年5月に溢れ出てきた学生の苦悩を方向づける、急進派の指導力はもはや存在しなかった。その秋、多くのカレッジは、反戦候補の運動に参加するための休暇を学生に与えた。これはまさにSDSの急進派が一笑に付していた自由主義の政治活動そのものであった。

　また、これとは別の出来事が、かつて溢れんばかりの活気に満ちていた左翼学生の衰退の速度を速めていた。1970年3月、ウェザーメンの組織の3人の指導者が、グリニッジビレッジの豪華なタウンハウスで爆弾製造中に死亡した。1人はコロンビアのSDSの指導者で、あとの2人はオハイオ・ミシガン地域のSDSの指導者で、ともにケント州立大学を頻繁に訪れていた。1970年8月に、ウィスコンシン大学の陸軍数学研究センターが急進派によって仕掛けられた爆弾によって破壊された際、1人の大学院生が殺された。急進派の学生が労働者・学生連合の前衛であるとの幻想は、5月にニューヨーク市で行われた学生の平和デモを、ヘルメットをかぶった何百人もの建設労働者が攻撃し、ケント州立大学で殺された学生の名誉のために掲げられていた半旗を、しっかりと上まで掲げるよう市の役人を促したときに打ち砕かれてしまった。労働者とデモ隊を隔てていたのは単に戦争だけではなかった。労働者は自分たちの怒りの矛先を、長髪、髭、ビーズ飾り、裸足のヒッピーに向けていた。というのも、学生が見せびらかしていた文化の流儀が、権威、

家族、仕事、愛国心、道徳性といった伝統的な価値観をあざけっていたからである。学生のデモを統制するためにキャンパスに導入された警官と同様に、多くの労働者は、労働者や警官にはほとんど与えられていない、良質のカレッジ教育という特権を軽視していた学生の急進派に、心から憤っていた[64]。

第12節　大学を政治化しようとする試みの結末

　キャンパスでの戦争反対と人種問題をめぐる抗議活動は続いていたが、その件数と激しさは急激に減少していった。「運動」自体は減っていたが、急進的な活動の本拠地のいくつかは残っていた。スタンフォード大学では、内部での戦争が続いていた。1960年代半ばより、急進派学生と教授の極めて強い中核となる集団が、座り込み、授業のボイコット、複数にわたる予備役将校訓練隊の建物への放火、学長執務室への火炎瓶攻撃を主導してきた。反戦抗議活動は当初、軍事関連の研究に向けられた。そののち、つまりスタンフォード大学が国防に特化したスタンフォード研究所との関係を断ったあとは、大学そのものに向けられた。教員と大学当局が戦争に反対していたという事実があったにもかかわらず、急進派学生は周期的に窓を壊したり大学の財産を破壊したりしながら、キャンパスじゅうで暴れ回っていた。しかも彼らは、大学にとって修復するのに最も費用のかかる物を選び出し、標的としていた。1971年末には、スタンフォード大学の学長リチャード・W・ライマンは、選出された学部理事会の忠告に従って、学生に不法行為を行うよう唆したかどで、定年までの身分保障を与えられていた教授を解雇するという、前代未聞の処分を行った[65]。

　最後まで残っていた革命家は、大学を政治化するという夢にしがみついていたが、知的な急進派は、大学の政治的中立性に手をつけることが危険であると了解していた。急進的な哲学者ロバート・ポール・ウォルフは、大学の中立性が神話でしかないとしても、それはとても価値のある神話であると、学生に警告した。

大学を政治化すると、……総じて社会の保守的勢力による抑圧、検閲、魔女狩りが起こってくる恐れがある。現在の大学は、社会の他の場所では生活の糧を得ることが極めて難しい、社会批判を行う人の聖域となっている。今日、大学以外の誰が、ハーバート・マーキューズ、ユージン・ジェノビーズ、バリントン・モーア・ジュニアを雇用するであろうか。大学以外のどこが、無政府主義者、社会主義者、他のあまり評判の良くない政治信念の信奉者に、肩書き、名誉、大学の長期在職権という無条件の保障を与えてくれるというのか。……急進派の人々にとって受け入れるには辛いことであるが、大学というコミュニティのどこの部署に所属する人よりも、大学の中立性という虚構によって最も恩恵を被っているのは、実は彼らなのである[66]。

　ベトナムでの戦争が現実に終わりを迎えるずっと以前から、キャンパス内の破壊的な抗議活動の時代は姿を消し、学生活動家はフェミニズム、環境、神秘主義、宗教的カルトにのめり込んでいった。「ストライキだ。大学を閉鎖しろ」、「大衆に権力を」、「壁にぶち当たれ、忌々しいやつめ」といったシュプレヒコールが記憶の底に沈んでしまうずっと以前から分析家は、学生の不安の背後に横たわる原因を見つけ出し、理解しようとしていた。新左翼は「外部の観察者にとって、政治的な意味でのインクのしみによる連想試験」の役割を果たしていた[67]。

　アメリカ人の生活の凡庸さを長いこと批判してきた人々にとって、左翼学生は文化復興の最前線を象徴していた。1930年代と1940年代に左翼の政治活動に熱心に携わってきた人々にとって、学生は急進的な変革を求める自分たちの期待を代わりに実現していた。けれども、異なる記憶を持つ他の人々は、学生の急進主義を凶事の前兆ととらえていた。1930年代のスターリン主義者との戦いを覚えているかつての社会主義者や、ヨーロッパからの亡命者は、ヒトラー青年団の台頭を思い起こしつつ、シュプレヒコールやスローガンを伴う大規模なデモを心配そうに眺め、学生が大学の自由を脅かすものとして自分たちの敵を即座に言い負かすのを見ていた。

抗議活動を行った人々を擁護した人々は、彼らの行動についてはっきりと表明されていた彼らの不満に基づいて説明しようとしていた。バークレーの結果として、マルチバーシティにおける匿名性が学生の不幸の原因であるとみなす人々がいた。教員は学生からあまりにも遠く離れていて、授業はあまりにも人数が多くて、学部学生は無視されていて、大学は画一的な工場のようになってしまい、学習環境は過度に官僚化されていた。学生暴動がコロンビアに移ると、分析家は大学当局の独裁的な気質、教員、大学当局、学生の間の対話の不足、大学を再構築することと学生を意思決定に関わらせることの必要性を指摘した。

急進派の誠実さを疑問視していた人々は、彼らの行動を動機に基づいて説明していた。ズビグネフ・ブレジンスキーは、産業革命時代に機械打ち壊しを集団で行った手工業者であるラッダイトと同様に、学生革命家は新たに出現しつつある「情報化社会」から取り残されてしまっているとみなしていた。しかも彼らの革命には計画も中身もなく、それゆえ彼らは「歴史的に見ても時代遅れの」反革命家であった。ブルーノ・ベッテルハイムは、反知性主義、暴力への傾倒、道徳的絶対主義という観点から、学生の反乱をナチの青年になぞらえた。彼は学生について、「極端に孤立した人々や偏執症的な人々から……急進主義者まで」をも含みこんでいる、社会的に何の役にも立たない大人になりきれない青年である、と断言した。一方、学生の抗議活動を歴史的かつ国際的な文脈から古典的な世代間の衝突とみなす者もいた[68]。

参加している学生にとって、政治的な活動から得られたものは多かった。それは、戦争と人種差別に反対して、「自らの身体を危険に晒す」機会でもあった。もっとも、ケント州立大学の事件が起きるまでは、現実の肉体的な危険というものはほとんど存在しなかったが。建物から学生を追い出すために警官隊が導入されたとき、学生はあらかじめ警告され、退去するよう促されていた。多くの記憶の中でもとくに学生がよく覚えているのは、ふだんは決して味わうことのないわくわくするような経験を共有していることからくる高揚感に加えて、大きな集団で権力に公然と反抗することによって、自分たちは並はずれた力を持っていると感じたことであった。建物を占拠することは

政治的な行為のみを意味していたのではなかった。それは、退屈な日常からの逃避であり、興味深い状況の中で同じ目的を持った人と出会える機会であり、歴史という舞台で1人の俳優になれる機会でもあった。急進的な政治活動は、とりわけ月並みな毎日の生活から抜け出し、試験や出世から離れて、疎外感や無力感を乗り越え、類まれな固く結ばれた共同体の時間へと人を変容させる方法を提供していた。ある元急進派が次のような典型的な意見を記していた。「FSMを活気づけたものは、今度ばかりは自分は本当に行動しているとか、自分の生活に影響を与えているものと直接に、それも皆といっしょに関わっているといった高揚感であった。他人からも自らの存在理由からも自分を遠ざけている、絡みつくような蜘蛛の巣から今度ばかりは自由になれたし、自分が生きているということや、自分の人生とはこれですべてなのだということを了解していた」。それが実際には何か他のものであったとしても、抗議活動は承認と権力への道であった。学生の指導者は、大学当局のトップと対等な立場で交渉し、夕方のニュース番組の取材を受け、テレビのトークショーで機嫌を取られていた[69]。

　学生の抗議活動については、簡単に特徴を述べることができるようなものではなかった。というのも、それは一つに限定できる運動ではなかったし、時間とともに変化したからである。それは一つながりの同心円になぞらえることができ、それぞれのキャンパスにおける政治傾向と特殊事情に応じて、その数は多くなったり少なくなったりしていた。ほとんどの学生は戦争に反対するデモに参加していた。というのも、彼らは戦争に対する深い憤りの気持ちを持ちながらも、国家の政策を変更させるだけの力を持っていないことに失望していたからである。彼らは戦争を止めさせたいと願い、大げさな抗議こそが、自分たちの強い思いを大衆に伝えることができる唯一の方法であると考えていた。方針を決定することに学生の参画を求めたり、キャンパスに警官隊が存在することに抗議したりするために、多くの学生が戦争反対のデモに参加していたが、急進的な指導者はデモと衝突について、急進的な運動を作り上げるための戦術としか見ていなかった。急進的な指導者は、衝突を引き起こし、キャンパスを二極化するために、問題を利用した。バーク

レーでは「問題が問題なのではない」という言い方がされていた。また、マーク・ラッドは次のように誇らしげに語っていた。「皆に本当のことを教えよう。我々が問題を作り出したのだ。IDAなんてコロンビアにとって何の意味もない。3人の教授のことだけだ。体育館の件はでたらめだ。誰にとっても何の意味もないことだ。デモが始まるまで、私は体育館の現場になど行ったことはなかった。どうやって行ったらいいかも知らなかった」。ポール・グッドマンは1960年代に、新しい急進主義が、幸福な無政府主義から全体主義的なレーニン主義へと移行したことを、残念ながら認めていた。大量の学生を「急進化」しようとするひねくれた試みは、「まさに若者が異議を唱えていた社会工学そのものであった……。人々を自分たちの利益のために上手く操り、ついでに誰かの戦術による目的のために酷使することは、権威主義的である」と、彼は記している[70]。

1960年代には、多くの学生がデモに参加し嘆願書に署名をしたが、自分たちを急進派だと思っていた学生は、当時のキャンパスによってもまた政治傾向によっても違いがあるが、カレッジに在学していた学生のおよそ3%から12%でしかなかった。どこのキャンパスをとってみても、抗議活動に常に参加する急進的な活動家が3%を超えるところはほとんどなかった。抗議活動が最高潮に達したときであっても、予備役将校訓練隊がキャンパスから撤退すべきであると考えていた学生は全体の25%、教授は軍事研究を行うことを許されるべきではないと考えていたのは学生の30%、国防関連企業がキャンパスで新入社員を募集することを認めるべきではないと考えていた学生は22%でしかなかった。そうは言っても、バークレーのような大きなキャンパスでは、27,000人の学生の3%は、学生以外の参加者も含めて、強い印象を与える座り込みを行うことができた[71]。

急進的な活動家の出身階層に関する膨大な研究は、一つの共通する人物像に収斂している。急進派ではない学生との比較において、急進派学生は、上流と中流の間の階級、高収入、専門職に従事している家庭の出身で、両親ともに高い教育を受けていて、自由主義から急進主義の政治的信条を持っていた。かなりの人数の急進派学生は、1930年代の急進派の子どもで、いわゆる「赤

いオムツをした赤ちゃん」であった。彼らは、自分たちの親に反抗するよりもむしろ社会に反抗することにより、親の理想を推進していた。急進的な活動家について、よく知られているような宗派別の報告はなかったが、少なくとも「運動」の指導者の60％を占めるほど桁外れに多かったのがユダヤ系の人々で、次いで多かったのが自由主義のプロテスタントの家庭の出身者である。急進派は、エリート大学の社会学部や人文学部における、弁舌能力の極めて優れた成績優秀な学生に偏っていた。SDSの創始者であった社会学者は、学生運動のことを「恵まれた人々の反抗」と表現していた。急進派学生の理想主義に意気投合する社会学者は、彼らに向かって新たな集団、つまり豊かさと産業革命後の社会の申し子として喝采を送った。一方、急進派学生をあまり良く思っていない社会科学者は彼らについて、ずるくて権力志向の強い、左翼の親から生まれた左翼の子どもと見ていた[72]。

　それに続く研究によって、抗議活動が起きやすい教育機関とは、急進派学生の数が抗議活動を引き起こすのに十分な人数存在するところであることが明らかになった。最も選り抜きの学生を擁する教育機関において最も激しい抗議活動が、とりわけ破壊活動が起きていた。全米的な調査の結果、抗議活動が発生するのは「その教育機関の特別な方針だとか慣行だとかというものよりも、むしろその教育機関の学生全体と教員の特質によっている」ことが明らかになった。実際のところ、教育機関の運営方針が自由主義的であったり寛大であったりすると、抗議活動が起こりやすかった[73]。

　二極化の進展は、大学の教員に強い影響を与えた。大きな危機を経験した大学において、学部は学生の要求に共感するかあるいは反対するかという特徴で、二つの派閥に分裂した。エベレット・カール・ラッド・ジュニアとシーモア・マーチン・リプセットは、最も荒れたキャンパスが二段階の過程を通っていったことに気づいていた。第一段階は学生の抗議活動に対する共感として特徴づけられる。概して、大学当局が事態の取り扱い方を間違え、信用を失い、その結果学部の「左翼」勢力が力を得た。だが第二段階では、キャンパスの混乱が続いていても、破壊活動への支持は衰退し、学部の中道か保守的な勢力が選挙に勝ち、キャンパスの秩序回復にとりかかる。最も荒れたキャ

ンパスでは、教員の間の生涯にわたる友情が壊れてしまったところが少なくない。暴動、壊れた友情、急進派と自由主義者の言い争いは、多くのキャンパスに広まっていた寛大で自由主義的な合意を、粉々に打ち砕いてしまった。多様な政治とイデオロギーが混在するキャンパスの一端では、現状に幻滅を感じている少数ながらも目立つ存在の自由主義者が、のちに新保守主義と呼ばれることになる、自由主義の伝統への批判を具体化し始めていた。ほどなく、多様な政治とイデオロギーが混在するキャンパスのもう一方の端には、かなりの数のマルクス主義の学者が現れた。彼らの多くは彼らが学生であった1960年代に急進主義の洗礼を受けていた[74]。

すべてが終わったとき、カレッジや大学は一つとして崩壊しなかったし、高等教育へのアメリカ人の信頼は全く揺るがなかった。しばらくの間、公的予算は削減され、荒れた教育機関の卒業生は寄付を見合わせて自分たちの不快感を表していたが、入学者数は増え続け、破壊の時代が終わると公立および私立の教育機関への財政援助は増えていった。破壊の時代の主要な影響は、いくつかの新しい流行の速度を速めたことである。この大変革の以前から大規模な教育機関では、学生全体の多様性がますます増大してきたことに対応して、伝統的な親代わりの役割を撤回し始めていた。「紛争」のあとでは、学生の声がますます重要になってきたので、大小を問わずより多くの教育機関が学生の社会生活を監督するのを止めた。多くの教育機関では、学生は方針を決定する委員会に参加することになっていたが、通常、教員の採用や昇進を扱う学部委員会は例外であった。学生にとってより多くの選択肢や個人の裁量を与えるため、課程における必修科目が大きく削減された。学生の不穏な動きはときにはこの必修科目の廃止の口実でしかなかった。多くの教育機関において、どのような知識が最も価値があるのかをめぐり、本物の混乱と意見の相違があった。大規模な大学において必修科目をなくしたことは、学生の圧力に対する回答というよりはむしろ、教養科目カリキュラムに対する専門研究の勝利であった。

ある全米調査の結果によると、「英語、外国語、数学を学生全員の一般教育の一部として必修にしている教育機関の数は、1967年から1974年の間で

かなり減少し、英語に関しては調査した教育機関のうちの90％から72％へ、外国語は72％から53％へ、数学に関しては33％から20％へと減少していた」。ジェラルド・グラントとデービッド・リースマンは『果てしない夢』の中で、結びとして以下のようなことを述べている。「1960年代における教育の大変革の最も広範囲に及んだ重要な影響は、学生に対して今までよりもはるかに大きく自治権を認めたことである。学生は、以前には全く考えられなかったようなやり方で、自分の学科課程を自由に作ることができるようになった。最も重要な変化は、多くの学部において履修を義務づけられていた必修科目のみならず、授業に出席することや、学士号を取得するために必要とされる時間、学習の進め方、特定科目の履修単位など、広くあるいは深く強制的に課されていた必修要件を事実上あるいは完全に廃止したことである」。必修要件をなくしたことは、「一般教育の崩壊」を意味していた。というのも、多くの教育機関の学生がいかに専門化され、また、いかに困難であったとしても、自分自身の学科課程をほとんど自分で作り上げることができるようになったからである[75]。

　急進的な「自由大学」において開発された、急進的な意識と革命的なイデオロギーに焦点を当てた斬新な科目が、通常のカリキュラムの中に組み込まれた教育機関もあった。黒人研究は、一つのプログラムとしてあるいは一つの学部として多くの教育機関で採り入れられ、本来の自覚を促す民族主義的な形態で教えられたり、伝統的な教科と相まって地域研究として発展していったりした。成績評価の基準も、従来の点数で競わせるものの代わりに、段階評価でなく合否判定方式を選択できる制度や、その他の制度の導入によって変化していた。ほとんどのエリート教育機関はエリート教育機関であり続けたが、教育とエスニシティに関わる要求が集中したために、エリート校のニューヨーク市立大学のように以前は入学者を厳選していた教育機関が、すべてのハイスクールの卒業生に対して「大学自由入学制」を採用せざるを得なくなった。しかしながら、激しい抗議活動があったからといって、必ずしも教育上の変化が起きたわけではなかった。たとえばコロンビアは、「現代文明」のカリキュラムを必修科目として残していたが、黒人学生が求

めなかったこともあり、黒人研究を導入しなかった。とりわけバークレーとコロンビアで顕著であったのだが、学生の反乱ののち、教室内での教員と学生との接触が、予想に反して以前より少なくなった教育機関もあった[76]。

　1970年代の終わりには、高等教育機関はカリキュラムを再検討し始め、入学要件と卒業要件をなくしたのは度を過ぎたことだったのではないかと思い始めていた。カレッジの範に倣い、ハイスクールも卒業要件の水準を下げた。もしカレッジに入学するのに必要でないならば、ハイスクールが生徒に対して外国語や科学を学習するよう求める理由はないように思われた。カレッジやハイスクールにおける一般教育の崩壊をめぐって、一般大衆の不平の声はいくらか聞こえてきたが、少なからぬ教授は、自由選択制のカリキュラムがやる気のない学生を自分たちの授業から遠ざけておくことになるので、自分たちの好みにあっているとみなしていた。

　ベトナム戦争が起きていなかったならば、バークレーでの学生暴動は単発的な出来事で終わっていた可能性がある。極めて多くの直近の原因がその時間と場所に集中していたので、学生の動揺や急進主義の原因となったものを一つだけ取り出すことはできなかった。たしかに、戦争は一つの決定的な要素であったし、おそらく、唯一の決定的な要素であったが、都市での黒人の暴動の頻度が高まってきたことや、分離主義や政治権力への黒人の要求も同様に決定的な要素であった。軍隊の徴兵制度は、戦争に行きたくない男子学生をカレッジに留めておくこととなり、彼らは徴兵制度を避けるために自分が行った選択に対して、罪の意識と憤りを感じていた。しかしながら1960年代後半には学生暴動は、ベトナム戦争に関わっているわけでもなく、人種問題と格闘しているわけでもない、他の多くの国々でも起こっていた。それは、ベビーブーム世代が1964年にキャンパスに登場したのと同時であり、彼らは、確実に豊かさが拡大していく時代に育ち、戦争や大恐慌の影響を受けていない最初の世代であった。親とは異なり、彼ら自身の生活は比較的、争いの影響を受けていなかった。多くの学生は快適な環境の中で成長し、エリート大学に入るために努力し、自分たちの生活にはやりがいのある仕事がないことに気づいていたが、親の職業上の足跡をたどっていくこと以外に

は、ほとんど何も期待していなかった。さらに、ベビーブーム世代の人数の多さとカレッジへの高い進学率は、マルチバーシティの発展のみならず、ドラッグやセックスへの寛容な態度を伴う自律的で豊かな若者文化の発展にも貢献していた。ドラッグがいつでもどこでも手に入ることは、カウンターカルチャーにとって重要な要素であったし、豊かさは中途退学してカウンターカルチャーを支える人の数を増やすことになった。カウンターカルチャーは学生の抗議活動の一つの構成要素にすぎなかったが、それは運動の本質と方向性に重要な影響を与えていた。

　大衆による議論が激しかったとき、大学は戦争に反対する者たちにとって、公開討論会場や聖域としての役割を果たしていた。異なる意見を持つ者にとって大学は最も居心地の良い場所であったにもかかわらず、急進派学生がまさにその大学を標的にしたことは、この時代のパラドックスの一つであった。急進的な抗議活動はしばしば、教える自由と学ぶ自由を含む、学問の自由を直接的に脅かした。急進派学生は、戦争と人種差別に反対することによって支持者を惹きつけ、キャンパス内で誰が言論の自由を保障されるべきかを決める権利を不法に我が物にし、自分たちの敵に向かって授業を妨害し、研究を反故にし、事務所を爆破し、建物を燃やすことにより宣戦布告した。マルクス主義の歴史家ユージン・ジェノビーズは彼らのことを、「まがいものの革命家を気取っている中産階級の全体主義者」と評していた。彼らは大学を政治化しようとして、自分たちの敵を粛清するため、はるかに強大な保守勢力を招き入れてしまった[77]。

　多くのカレッジや大学において、開放性と自由を維持していこうとする脆弱な合意は甚だしく損なわれたが、結局は教育機関は簡単には破壊されない。評判を落としてしまい、カレッジにおける人間関係も破壊され、永遠に修復不可能となった人間関係もある。カレッジのキャンパスは、武装した軍隊の野営地や暴行や殺人行為のための闘技場として生き残ることはあり得ない。一般に受け入れられている意見かどうかにかかわらず、自由に考えたり自由に話したりすることの多くは、政治的な干渉から批判的な考えを守ってくれる教育機関の力によっている。政治的な干渉が、大統領・州知事・議員

などの選挙で選ばれた代表者、大学評議員、圧力団体などの右派の人々から加えられると、教員と管理職は協力して学問の自由を守ることになる。1960年代に起きたように、急進派学生、教師、圧力団体から異議申し立てがなされると、大学は内部分裂してしまい、学問の自由はそれを最も保護しなければならないと思っている人々の手を離れ、危険に晒されることになる。

第7章　改革主義者、急進主義者、ロマン主義者

第1節　スプートニクのもたらしたもの

　1960年代に入ると、自信に満ちた楽観的な傾向にあった高等教育とは異なり、アメリカの初等・中等教育は、スプートニク後の時代の新たな要請に応えるために悪戦苦闘していた。1957年10月4日にソビエトが世界で最初の人工衛星を打ち上げたことにより、アメリカの教育の質をめぐって、数年間、激しく交わされてきた議論は直ちに止んだ。1940年代後半からアメリカの学校は厳しさに欠け、生活適応教育は知的な価値を低めてしまったと主張していた人々は、自分たちの意見が正しかったと感じた。ある歴史家はのちに、「衝撃を受け、打ち負かされた国家は、際限のない教育の自己反省に陥っていった」、と記している。全米向けの雑誌は教育に潜む新たな危機を暴きだし、原子力潜水艦の父として知られるハイマン・リックオーバー海軍大将のような批判者は、科学、数学、工学の分野においてロシア人に遅れをとっていることにより、国家の安全保障が脅かされているのは学校のせいである、と声高に非難した。何と言われようとも、そこにはスプートニクそのものが存在し、それは、地球の周りの軌道を回りながら、政治的な優越性が技術的な優秀さと結びついていることを常に思い起こさせていた。第二次世界大戦以後初めて、政治に携わるすべての人々が、国家の権益はアメリカの学校の質を高めることにかかっているということで、意見が一致した[1]。

　こうした新しい風潮の中から、連邦政府が何かしなければならない、それもすみやかにしなければならないという騒々しい声が起こってきた。アイゼ

ンハワー大統領は、連邦の支援は必ず連邦の統制に至ることから、学校に対するいかなる一般的な連邦支援にも頑強に反対した。けれども、ベビーブームが多くの学区の財政を逼迫させていることを認識していたので、アイゼンハワーは連邦の学校建設計画について、議会の承認を得ようと繰り返し努力した。この支援の目的は学校建設だけに限定されていたにもかかわらず、以前にも連邦支援法案を阻止した、人種、宗教、連邦の統制に対する危惧といった政治的要因によって妨害された。しかしながらスプートニク以降、連邦がロシアの挑戦に立ち向かっていくことを望む国民の声が広く湧き上がってきたことから、連邦議会はすぐさま1958年国防教育法（NDEA）を成立させた。この法律は、科学、数学、外国語の学習を奨励するために、研究奨学金、助成金、貸付金を提供するとともに、校舎の建設と設備の充実に資金援助をするものであった。連邦支援を求めて活動している圧力団体は、過去に何度も挫折していたが、今回、教育を援助するという連邦の役割の正当性を立証する手段として、国家の安全保障を手にしたことを喜んでいた[2]。

　スプートニクのはるか以前から、アメリカの学校の質に対する不満の明らかな兆候があった。政府の役人は、科学と技術の分野での学部卒業生の数が不足していることに、繰り返し懸念を表明していた。そのうえ進歩主義を批判する人々は、英語、歴史、科学、数学、外国語などの基礎的な学問的教科が等閑にされている、と不平を言っていた。歴史家のアーサー・ベストーは学者に対して、自分たちの教科が公立学校でどのように教えられているか、その責任を取るべきだと強く主張した。学校で教えられているものが、時代遅れの取るに足らないものであり、十分にやりがいのあるものではないと思っていたのはベストーだけではなかった。政府や学問の世界にいる他の多くの人々は、中等学校における教育の質、とりわけ科学と数学の分野における教育の質を批判していた。1952年にイリノイ大学の数学者が、若者に数学者の考え方を紹介することを意図して、ハイスクールの教師のために、新しい教材を開発する事業を組織した。1956年春には、物理学者ジェロルド・ザハリアスの主導のもと、MITの科学者仲間が自然科学研究委員会を作った。この委員会の目的は、中等学校における物理教育の内容と方法を改訂するこ

とで、教えられているものの欠点を除くと同時に、より多くの学生を科学の分野に惹きつけようとするものであった[3]。

　スプートニクは、高い学問的基準に無関心であったことの象徴となった。よく言われていたのは、スプートニクが起こったのはロシア人が何かをしたからではなくて、アメリカの学校がなすべきことをしなかったからだということである。スプートニクに対する典型的な反応は、1958年に発表されたロックフェラー兄弟財団の報告書である『優秀性の追求』であった。1944年に公刊された全米教育協会 (NEA) の『すべてのアメリカ青年のための教育』は、学校を個人とコミュニティの要望を満たすための重要な社会的サービスセンターととらえる、進歩主義教育者の柔軟な見解を要約していたが、『優秀性の追求』は、学校と社会の適切な関係に関して対照的な見解を提示していた。それは、国家の目的として人間の潜在能力を開発することを支持し、国家は、優秀性と平等のどちらに関しても妥協することなく、双方を後押ししていくことができると主張していた。それは、挑戦することや偉大であること、高い業績、道徳的にも知的にも優秀であることなどにも触れていた。たいていの報告書と同様に、その報告書もまた何も引き起こさなかったが、それは高等教育への憧れを植えつけることによって、アメリカ社会の再建の可能性を間違いなく反映していた[4]。

　1950年代後半には、大いに議論されていた「学校の危機」が、主要な財団の注目を惹きつけた。そうした財団は、以前は資金を高等教育に集中的に提供していた。スプートニクが地球の周囲を回り始める1年ほど前にあたる1956年末に、カーネギー財団が元ハーバード大学学長で西ドイツ大使でもあったジェイムズ・B・コナントによる、公教育に関する一連の研究に資金提供することを決めた。コナントの最初の報告書『アメリカのハイスクールの現状』が1959年に出版されると、ずっと頭を悩ましていた学校の当局者は『優秀性の追求』で展開されていた熱心な勧告を現実のものとするための、実践的な指針がまとめられたものとして、これに飛びついた。コナントは、総合制ハイスクールの普及を後押しし、進歩主義の用語を用いて、「コミュニティのすべての若者の教育に関する要望に見合うようなプログラムを持

つ」ハイスクールと定義した。総合制であるためにハイスクールは以下のような三つの条件を満たさなければならなかった。第一に、「優れた一般教育をすべての生徒に」提供することであり、これはすべての生徒が、社会科のみならず、英語、アメリカ文学、作文の科目の履修を求められていることを意味した。第二に、カレッジに進学しない多数派の生徒に、職業訓練に関わるもの、商業に関わるもの、労働体験学習といったような、選択制の非学問的な優れた科目を提供することである。第三に、学問的に優れた生徒に、数学、科学、外国語の分野における上級コースを提供することである。彼は最上級の生徒が100人以下で、規模が小さすぎて「総合制」になれないハイスクールを、なくしてしまうことを促した。コナントは生徒を、たとえば「カレッジ入学のための準備」コースと職業訓練コースといったような、別々のカリキュラムに入れていく能力別学級編成には反対していたが、進度の速い生徒と遅い生徒が、それぞれ学問的なやりがいを感じられる適切な水準を手に入れることができるようにと、能力によって学習集団を作っていくことは認めていた。学問的な優秀性と民主的な価値を巧みに両立したことから、コナントのハイスクール研究は予想を超えたベストセラーとなった。教職に就いている者の中には、コナントの勧告はあまりにも保守的であると非難する人もいたが、カーネギー財団の代表であり、たまたま『優秀性の追求』の著者でもあったジョン・ガードナーは、コナントが、「一夜にして、アメリカの教育に関して最も引き合いに出される大家となり」、彼の著名な報告書は、「全米のPTAの会合、教育委員会、教育長の執務室、教育に関する会議の場で議論された」と満足げに記している[5]。

　同じ時期にフォード財団は、「学校の危機」に対して二つの重要な取り組みを行った。一つは、教育改革のモデル学区としての役割を担う先駆的なコミュニティに資金を提供する包括的学校改革プログラム（CSIP）で、もう一つは、大都市の学校に増加しつつある低所得層の生徒に、学校が補償や補習のプログラムを構築することを援助する大都市グレーゾーン・プログラムであった。伝統的な中等教育を強化しようとしたコナントの報告書とは異なり、フォードのCSIPは、カリキュラム、教員配置、教育技術、施設設備に関す

る革新的な実践を奨励した。具体的にはチーム・ティーチング、教育の専門家ではない職員、柔軟な時間割、プログラム学習、連邦の資金援助を受けている科学カリキュラム、教師が作成したカリキュラム、自主学習、語学演習室、オープン・クラス、無学年制のプログラム、学校と大学との連携といったものであった。この二つのプログラムをめぐっては、一つは、学校改革の鍵として革新ということを強調することによって、もう一つは、貧しい子どもを教育するという問題に立ち向かうことによって、双方ともにある種の先駆者としての役割を担っていた[6]。

スプートニクが地球の周りを回る軌道に乗ったことにより、一般の人々が突然教育に大きな関心を寄せるようになったので、学校は才能に恵まれた生徒により多くの注意を払うべきであり、学問的な基準を上げるべきだと望んでいた人々にとっては思ってもいなかった好機が訪れた。コナントの報告書は、親と市民団体にとってハイスクールの質を評価するための手軽なチェックリストの役割を果たした。「危機」の存在が明確にされたことにより、学校の当局者の関心が、科学、数学、外国語の履修者数に釘づけにされた。優秀な生徒は上級コースを履修し、一生懸命勉強してエリート・カレッジに入学することを奨励された。ハイスクールにおける上級の学問的コースの履修者数が増えるにつれ、標準テストの点数も着実に上がっていった。20世紀になって初めて、外国語の履修者数が増加した。1955年にはハイスクールの生徒のうちの20％しか外国語を学習していなかったのが、1965年頃には24％にまで増加した[7]。

第2節　カリキュラム改革の動き

全米科学財団（NSF）にとっては、スプートニクに対する熱狂的な興奮により、中等学校のカリキュラム改革において財団が果たすべき役割が格段に増した。科学の基礎研究と教育を促進するために、1950年に連邦議会によって創設されたNSFは、当初はカレッジ入学前の教育にはほとんど関わりがなかった。しかしながらしばらくすると、NSFは、ハイスクールの数学と

科学の教師向けの科学フェアや夏期講座に資金提供を始めた。1956年には、科学と技術の分野における人材不足をめぐる政府の懸念に応えて、NSF は MIT の自然科学研究委員会による中等学校の物理のカリキュラムを改訂する作業に資金を提供した。スプートニクの結果として、NSF はハイスクールのカリキュラム改訂計画の範囲を広げて、数学、生物学、化学、社会科学の分野まで含めることとした。これらの努力の結果、「新しい数学」、「新しい社会科」といった多くの革新的なカリキュラムが生まれ、自然科学の分野においても重要な改訂が実現した。

才能と資金の適切な組み合わせが学校の不備な点を是正すると確信して、カリキュラムの改革者は、宣教師のような熱意をもって仕事に取り組んだ。大学の学者とハイスクールの教師の活動が一気に盛り上がったことが、アメリカの教育の変革の兆しを示していた。「アメリカ全土の学校と大学で活動が沸き起こった。科学者、科学教師、心理学者、映画製作者、作家、機械の設計者、芸術家などの何百人もの才能ある人々が、ハイスクールの科学がどのように変わっていくと思うかによって、同じ思いを抱く人々が集まり、いくつかの集団に分かれていった。最初はハイスクールの数学と自然科学を対象としていたが、すぐにハイスクールの社会科学にまで拡大され、それから小学校とジュニア・ハイスクールの科学へと広まっていった」。新しいカリキュラム一式は、何度も試され改訂された。何千人もの教師が、新しい教材の用い方や指導法を学ぶために、夏期講座や現職を対象とするプログラムに参加した[8]。

カリキュラムの改革者は一般によく知られている見解を共有していた。彼らは、教師主導の「教えること」と生徒の暗唱によって特徴づけられる現在の教育方法を、「発見」や「調査」を活用した一まとまりのカリキュラムへと置き換え、また、学習の方法としては帰納法的推論へと置き換えることを望んでいた。その根拠は、もし生徒が入念に計画された実習や実験を通して、その分野の基礎となる原理を「自分で見つけ出した」ならば、その分野をより興味深いものと感じ、自分たちの学んだことをより長く記憶に留めておくであろう、と考えられていたからである。彼らは、映画、「体験」活動、読

書を含む魅力あるマルチメディア的なカリキュラムを作り上げることによって、1冊の教科書だけに頼っていた伝統的指導法を終わらせたいと願っていた。彼らは、科学や歴史の科目でよく行われていたように、全領域を「網羅」しようとするよりも、むしろ教科の中の限られた中心的な概念を理解することの重要性を強調した。現状のカリキュラムが、学問分野の「成果」である教科に関する、知識的、説明的、応用的な側面に力点を置いているのに対して、新しいカリキュラムは学問的教科の構造を教えようとしていた。生徒は、科学者、数学者、社会科学者がどのように考えるか、つまり学問分野の「過程」を学ぶことになった。別の言い方をすると、生徒は科学に「ついて学ぶ」代わりに、科学を「体験する」のであった。改革者は、カリキュラム改革運動の原動力の一つとなっていた、ハーバード大学の心理学者ジェローム・ブルーナーによって唱えられた「どの教科でも、知的性格をそのままにたもって、発達のどの段階のどの子どもにも効果的に教えることができる」という原則に足並みを揃えて、認知能力の発達が重要であるということで意見が一致した[9]。

1960年代初頭に新しいカリキュラムが考案され、改訂されたが、教育改革に対する雰囲気は極めて好意的であった。政治的・社会的な状況は、ケネディ政権のエネルギー、若さ、ダイナミズムにより活気づけられたように見受けられ、力を注ぐべきあらゆる領域の現状が再検討された。初めて教育改革の問題点が、連邦の機関、大学の学者、主要な慈善団体、大都市の学校組織、現場にいるほとんどすべての人々から、一斉に非難された。教育の最前線のすべてにおいて革新が合言葉となり、「学校における革命だ」と自信をもって語る者もいた。1963年に、連邦教育長官のフランシス・ケッペルは過去の10年間を振り返って、「歴史上、かつて見たこともないほどのより多くの時間、才能、資金が、教育の知識の最前線を外に向かって押し広げていくために使われ、次の10年あるいは20年には、さらに意義深い展開を予測することができる」と述べた[10]。

財団や政府の資金によって学校は、「どんな教師でも使える」はずの新しいカリキュラム、職員配置や予定管理の新しい形態、教員養成の新しい方法、新しい教育技術を試みた。行動主義者を賛美するB・F・スキナーは、教育

機器やプログラム学習は教室に革命的変化をもたらすであろうと主張した。他の人々は、テレビを用いた教育、声の出るタイプライター、コンピューター、マルチメディア機器の効能をほめちぎって、「自動化された教室」の到来を思い描いた。新しい技術は、伝統的な卵を入れる仕切りのある箱のような学校を、時代遅れなものにしてしまったと思われていた。生徒がときには個人で学習したり、ときには大きな集団でテレビを用いた指導を受けたり、ときには仲間同士で教えあって学習したりするような学校においては、固定された壁で区切られた同じ大きさの教室を持つことは、もはや意味のあることではなかった。「新しい校舎」は、自由に動かせる設備、可動式の壁、開放された空間が必要で、実際にこうした校舎はすでに、カリフォルニア州サンマテオ、マサチューセッツ州ウェイランド、ネバダ州ボールダー・シティ、マサチューセッツ州ニュートンに存在していた[11]。

　しかしながら、待望されていた学校における教育革命は起こらなかった。それはアメリカの学校の政治的、社会的、経済的基盤に対する激しい異議申し立てである、人種革命の一撃によって一蹴されてしまった。1963年から1965年の間に、アメリカの社会構造は一連の衝撃に耐えていた。すなわち、南部における黒人や公民権運動の活動家に対する暴力行為、ケネディ大統領の暗殺、貧困の再発見、ベトナムへの関与の開始である。一方で、黒人の北部の都市への移動が、都市の学校に人種隔離とスラム街の問題をもたらした。北部と南部の公民権運動の指導者は、人種統合、平等、公立学校の門戸を公平に開放することを要求した。こうした超越的な要求の前では、教育革命は全く革命でも何でもなかった。

　そうこうするうちに、優秀性の追求は、社会的な不利益を被っている生徒の要望をめぐる懸念の前で、影が薄くなってしまった。人種問題における危機と都市の危機がアメリカにとっての最も喫緊の課題となり、ソビエトとの冷戦下での競い合いは後回しにされ、積極的な推進力を失った。才能のある生徒を見つけ出し、高い学力を身につけさせることは、人種の不平等を是正することの緊急性に比べると、国家の目標としては色褪せてしまった。政府の機関と財団は、社会的な不利益を被っているマイノリティの子どもの要望

を満たす仕組みを見出すことに活動目標を設定し直したので、多数の補償教育プログラムがアメリカじゅうで考案された。こうした活動は、貧しい子どもを教育することに焦点を当てた、1965年初等中等教育法が議会を通過したことにより増大した。

　地方学区、州教育局、連邦機関の主導により、多くの補習と補償のプログラムが危機の中で産み出されたが、長期にわたり無視され続けて怒っているマイノリティの間で高まりつつある期待に応えられるような十分な時間も知識もなかった。プログラムは試され、すぐさま評価され、失敗であることが明らかにされた。いくつかの都市では、公民権を主張する人々は、人種統合を要求し劣悪な学校教育に抗議するデモを行った。他の都市では、黒人コミュニティの人々が黒人コミュニティによる公立学校の統制を求めた。批判者は、カリキュラム、教職者、試験、官僚制度、従来の学校における教育方法が、本質的に黒人に対して偏見を抱いていると非難した。

　こうした変革に対する要求が、これまで十分に満たされることがなかったために、また、より重要なこととして、たとえそうした要求が十分に満たされたとしても、誰も望ましい完全な人種平等の到達点をすぐに目に見える形で提示する能力を持っていなかったために、学校は黒人の怒りの矢面に立った。学校がどんなに上手にあるいはどんなに下手に、読み方、書き方、歴史を教えたとしても、そんなことには関係なく、貧しい黒人の子どもは相変わらずスラム街で暮らし、黒人の失業率は白人の失業率の2倍のままであり、黒人の貧困者の割合は高いままであった。学校が良い学校だとして、その学校が何かを上手くできたとしても、それは学校に課された重荷に耐えられるものではなかった。そのうえ、学校は人種の不平等の問題を解決できず、学校の権限として公正であることを求める声を和らげる手段を持ち合わせていなかったので、学校は厳しい批判の標的とされた。

第3節　急進的な学校改革論

　1960年代後半の社会における極端な意見の相違の中で、学校は価値を生

み出し、知るための方法を教えるという役割のゆえに、反戦の抗議活動、自由主義的な考え方をする人々の分裂、カウンターカルチャーの出現、人種分離主義の拡大、社会を変革したいと望むすべての人々による「適切な」カリキュラムへの要求などから直接の影響を受けた。1960年代の10年が始まったとき、もし十分な才能と約束と資金が準備されたならば、学校が抱える問題は解決できるかのように思われた。1960年代後半になると、アメリカの自信の衰退が学校において明白となった。かつてそこには、教育の目的に関する明確な問題意識があったのだが、今では不確実さしか存在しなかった。教育の趨勢は、進歩主義の復活への揺り戻しを始めていた。新しい進歩主義が1960年代半ばに突然現れたとき、それは学校への批判と社会への批判を結びつけようとした。それはマイノリティの子どもを教育する上でのアメリカの公立学校の不適切さに対する厳しい反応と、典型的な公立学校が競争や順位に拘ることへの深い敵意から生まれた。それはアメリカ社会が人種差別と不平等を存続させていることを非難した。それは個人としての子どもに向き合っていくことができない、教育制度の官僚主義的性格を非難した。それは教職に就いている人々が子どもの関心事に応えるのではなく、自分たち自身の関心事にかまけていることを非難した。

　新しい進歩主義の台頭は、時代の社会的・政治的傾向を反映したもので、人種にまつわる不穏な情勢、反戦感情、学生の抗議活動に応じて顕著になっていった。新しい進歩主義は結局、政府や財団によって十分に支援され、その影響は多くの公立・私立学校に及んでいったが、主要な成果は膨大な数の教育への異議申し立ての著作物であった。新しい動きの先駆者は、A・S・ニイルの『サマーヒル』であった。それが出版された1960年は、学問的基準を高めようとするスプートニク後の圧力が広まっていたまさにそのときで、自由であることの素晴らしさをほめ称える著書にとっては不運な時期であった。数少ないこの著書の論評の一つがマーガレット・ミードによって書かれた。彼女はこの著書を「1920年代の幽霊」と呼び、この著書が「教育学関連書を読むことに興味を持ち始めてきた新興階層の親の間に、無批判な行動をとる風潮を生み出す」のではないか、と危惧していた[12]。

ミードが酷評したにもかかわらず、イギリスにおけるニイルの自由主義的な寄宿学校に関する自伝的な逸話のような『サマーヒル』は、教育における急進主義の古典となる運命にあった。伝統的な学校の特徴となっていた規律をまさに問題にし、ニイルは、子どもは「生まれつき賢く、現実的である。もし大人の忠告を全く受けることなく放っておかれたならば、子どもは能力の許す限り発達していくだろう」と主張した。サマーヒルでは、子どもは、自分がそうしたいと思わない限りは授業に出席する必要がなく、子どもがそうしたいと思うまで、ニイルは待つことを全く厭わなかった。彼の生徒の1人がサマーヒルに13年間住みながら、ただの1度も授業を受けていないことを、彼は誇らしげに記していた。「親は、学校の学習という側面がいかに些細なことであるのかに気づくのが遅い」と、ニイルは書いていた。「子どもは大人と同じで、自分が学びたいものを学ぶ。表彰したり、成績をつけたり、試験をしたりすると、望ましい人格の発達を脇道に逸らしてしまう……。どんな子どもにとっても必要なものは、読み書き算術だけだ。あとは、道具、粘土、運動、演劇、絵具、そして自由だ」。アメリカ進歩主義の初期の流れを引き継いだこうした主張には、アメリカの教育者が一般大衆の優秀性への要望に何とか応えようと努めていた1960年の時点では、共鳴する人がほとんどいなかった。だが1969年になると、すっかり雰囲気が変わったおかげで、『サマーヒル』は1年間に20万冊を超えるくらい売れた[13]。

『サマーヒル』に続いて、アメリカの学校に対する容赦のない批判をする著書が大量に出版された。『誤った義務教育』という著書の中で、ニイルの崇拝者であるポール・グッドマンは義務教育を攻撃し、学校教育の期間を延長することは青年にとって「心理的、政治的、職業的な損害を与える」と主張した。青年が学校に「羊のように群れにされて集められ」、そこで「洗脳」され、餌でつられ、圧力をかけられ、抑圧され、監視され、画一的に管理された。この有害で標準化された制度の代わりに、グッドマンはいくつかの代替案を提案した。サマーヒルのように、出席は生徒の自由意思に任されるべきである。全く学校に行かないという子どもがいてもよい。市の施設を学校として使う学級があってもよい。コミュニティにおける教員資格のない大人

を教師として雇うべきである。大都市の学校は20人から50人までの生徒数の小さな単位に分散させ、商店の店先やクラブハウスを校舎として使用すべきである。彼によると学校は「生まれつき学問好きな子どもにとっての安息の地」となるべきであり、学問好きではない多くの子どもは、職業訓練を受け、学校外の生活について現実の状況の中で学ぶべきであるという[14]。

1967年にジョナサン・コゾルの『幼少時における死』とハーバート・コールの『36人の子どもたち』が出版されると、学校に対する批判、なかでも黒人の居住区のある都市の学校に対する批判は最高潮に達した。この2人の若者は、ハーバード大学の同級生であったが、のちにコゾルはボストンの、コールはニューヨーク市の小学校の教師になった。全米書籍賞を受賞したコゾルの著書は、教師が人種差別主義者で残酷で、子どもを軽蔑しているような学校の1年間を詳しく描いていた。コールは内容の乏しいお仕着せのカリキュラムを脇に追いやり、創造的な文章を書くことによって自分自身を表現するよう子どもを促した、彼の1年間の教育を記録した[15]。

1960年代後半に出版された何十もの学校批判の著作の中には、いくつかの類型があった。ナット・ヘントフの『我々の子どもが死にかけている』は、黒人の子どもを教育するために、薄情な社会と官僚主義的な制度に立ち向かっていく公立学校の校長の話。ジェイムズ・ハーンドンの『本来あるべき姿』と『生まれ故郷で生き残る方法』は、生徒を人間として扱うことによって、校長、他の教師、体制を相手に勝利を収めた、理路整然とした若い教師の体験談。ジョージ・デニソンの『子どもの生活』、およびスティーブ・バールマンとジョエル・デンカーによる『いつも決まって行くべき場所がない』は、資金不足に悩まされながらも、教育的にはわくわくさせるような実験的な私立学校を設立して、公立学校と社会的慣行に公然と立ち向かっていった、ひたむきな急進主義者の経験談。ジョン・ホルトの『子ども達はどうつまずくか』は、学校のカリキュラムと教育方法が、実際には学ぶことの楽しさを押し潰していることに気がついた、教師の反省。ジョージ・レオナルドの『教育と没頭』は、教育が潜在能力開発運動の延長でなければならず、また、没頭する瞬間を手に入れるための手段でなければならないということを発見した、

ジャーナリストによる論争的な著書。テリー・ボートンによる『手を伸ばして、触れて、教えろ―生徒の関心と商品化された教育―』は、知的な目的は生徒の感情と振る舞いに向けられた「情緒的な教育」に席を譲るべきであるという教育者による著作といった具合である[16]。

　学校に対する告発は圧倒的であった。批判者の目には学校は、黒人であれ白人であれ、中産階級であれ貧困であれ、すべての子どもの心を破壊しているように映っていた。そこでは無意味な授業のために、気の進まない青年を何時間も無理やり座らせていたので、彼らが巨大な産業構造の仕組みの中に、そこでの不適格者として、あるいはそこにぴったりとはまる歯車として送り出されるときには、すでに彼らの精神は破壊されていた。それは多様なマイノリティの歴史や文化を軽んじることによって、個人の要望を無視していた。それは退屈で不適切なカリキュラムと、子どもの持っている好奇心を跡形もなく摘み取ってしまうような教育方法に固執していた。それは創造的な教師を追い出し、逆に、些細な規律に喧しい教師に定年までの長期在職権を与えていた。批判者の見解に同意する人々にとっては、学校を改革するかそれとも学校を見捨てるか、それ以外の選択肢は存在しなかった。

　アメリカ社会やアメリカ人気質を非難するあらゆる人々にとって、学校が批判の焦点となるにつれ、政府や財団における教育政策立案者の間で合意が形成されていった。新たな合意によると、学校は根本的に改革されることが必要であった。長いこと予告されていた「学校における革命」は、ほんの数年前に起こるはずだと予言されていたのだが、未だに起きてはいなかった。教育機器、ティーム・ティーチング、無学年制の教室、NSFの支援を受けたカリキュラム改革さえも、期待されていたような劇的な改善を引き起こしてはいなかった。「新しい数学」や「新しい科学」といった新しいカリキュラムは、国家が優秀性を求めているときに考案され、カレッジに入学しようとしている青年の興味を掻き立てるために作り出されたものであった。僅か6ヵ月後には、その新しいカリキュラムは、もはや過去のものになってしまった問題を解いているかのようにみられていた。当時の危機に関しては、それはもはや役に立つものではなかった。つまり、人種の不平等を解消することに関し

ては、ほとんど期待を与えるものではなく、学校と社会を根本的に変革することに関しては、全く何の期待も抱かせるようなものではなかった。それゆえ、新しい合意は、学校は上手くいっていないこと、カリキュラム改革のように少しずつ実行していく改革では役に立たないこと、徹底的な改革が必要であることを確信して作り上げられた。すべての新しい計画は、それが学校内における人種間の均衡をとるものであれ、親の参加に関するものであれ、黒人によるコミュニティの統制に関するものであれ、さらには伝統的な慣習の支配を終わらせる見込みのあるものであれ何であれ、支援団体を抱えていた。裁判所は強制バス通学を命じ始めていたし、フォード財団はニューヨーク市のマイノリティ居住区におけるコミュニティの統制を求めるデモを支援していたし、連邦政府は多くの実験的プログラムに対して資金援助を行っていた。さまざまな対応策の根底には、以下のような考え方が横たわっていた。第一に、今の学校には大切に取っておかなければならないようなものはほとんどないこと。第二に、それゆえ革新的なものは何であれ、それが取って代わるものより良いものとなるはずであること。第三に、学校の病状は極めて容易ならざるものであるので、回復させるために効果のある唯一の変革は、根本的で制度に関わる、系統立ったものでなければならないこと。そして第四に、社会を変革し、戦争と人種差別に立ち向かっていくような社会にするには、学校を変革するかあるいは見捨てるしかないことである。

こうした風潮の中で、教育改革を求める新たな動きがさまざまに繰り広げられ、主として公立学校は「救済する」ことができる、あるいは救済する価値があると、どの程度考えるかによって、お互いに違いが出てきた。1960年代後半から1970年代初頭にかけて全米で注目を浴びていた「オープン・エデュケーション運動」は、学校の教育方法と目的を変えることによって、公立学校を改革することを目指した。同時期に生まれてきた「フリー・スクール運動」は、お互いのことによく通じあっていて、伝統的な教育方法を嫌い、急進的な政策にのめりこんでいる、サマーヒル的な原則によって動かされている、私立学校の緩やかな繋がりによって成り立っていた。「オルタナティブ・スクール運動」は、生徒の不満を和らげるために、フリー・スクールの

原則のいくつかを公立学校に持ち込もうとした試みであった。「脱学校運動」は、イヴァン・イリイチの『脱学校社会』という著書に刺激を受けて始まり、その著書は文学的に衝撃的であったが、教育運動としてはさほど大きなものではなかった。実際の影響としては、教育的価値という観点からすると、学校外での活動が学校内における活動と同等か、おそらく実際にはより優れているという急速に広まりつつある憶測に対して、支援の手を差し伸べたことが挙げられる。どの運動も他の運動から孤立してはいなかった。彼らは目の前に存在している公立学校の失敗、アメリカ社会の退廃、学校と社会における抜本的な改革を採択することの必要性をめぐって、ある種の仮説を共有していた。

　こうした運動とイデオロギーは、補償教育の平等主義的な可能性に対する信頼が揺らいだまさにそのとき、最も大きな成功を収めた。1960年代半ばの人種をめぐる混乱に対応するために急遽作り上げられた、偉大な社会のための教育改革は吹聴されすぎた。一つには法律を成立させるために、もう一つには新しいプログラムへの政治的承認を得るために、連邦政府が教育に介入すると、白人と黒人の子どもの成績の差を埋めることができるようになるし、就学前のヘッド・スタート・プログラムに参加した貧しい子どもは、中産階級の子どもと同等に普通の学校に入学できるようになると、無茶な主張が展開された。こうした約束を実現するための知識も経験も持ち合わせていなかったことは、1969年になるまで明らかにならなかった。この年に出された二つの批評が、教育だけで不平等を終わらせることができるし、それも早急に終わらせることができるという期待を打ち砕いてしまった。一つは、ウエスティングハウスによるヘッド・スタートの評価で、それは貧しい子どもが就学前のプログラムに参加することによって手に入れた、人生の最初の時期における有利なものは、その後の数年間で帳消しにされてしまうと結論づけていた。もう一つは、教育心理学者のアーサー・ジェンセンによる論議を呼んだ記事で、「補償教育が試みられ、それが明らかに失敗した」のは、黒人の遺伝的な制約によるというものであった。ジェンセンとウエスティングハウスの調査結果は厳しい批判を浴びたが、それにもかかわらず、より多

くの資金とより多くの学校教育が社会の水準を引き上げると思っていた人々の、熱い思いに水をさすこととなった[17]。

けれども、アメリカの学校に対して最も過激な批判を繰り広げている人々にとって、とりわけ、A・S・ニイルやポール・グッドマンのような著者に賛同する人々にとっては、補償教育の結果は当面の論争点ではなかった。というのも、それはマイノリティの生徒を、感受性が摘み取られてしまうメインストリームに押し込むことだけを約束していたからである。過激な批判を行っている者にとっての関心事は、試験の高得点とカレッジへの優れた入学実績を誇る、成功しているとみなされているような学校においてさえ、より大きな社会組織における同様な要求に備えて、生徒には「正しい」答えを出すこと、互いに競いあうこと、従順であること、学校の要求に黙って従うことが期待されていることであった。学校を批判する人々は、学校をめぐる問題はカリキュラムや教科書や教育方法だけではないと思っていた。もちろん、こうしたすべてのものを彼らは嫌っていたが、それよりもむしろ学校をめぐる問題は、学校の抑圧的な性格と順応性の要求にあると、彼らは考えていた。こうした批判者は、試験の成績を上げようとする改革には無関心であった。というのも、そうした改革はアメリカの教育やアメリカの社会の本質を何ひとつ変えなかったからである。

第4節　オープン・エデュケーションへの注目

アメリカの学校をめぐるこうした軽蔑、失望、絶望の雰囲気の中で、『ニュー・リパブリック』に掲載されたイギリスの幼児学校に関するジョセフ・フェザーストーンの記事は、ちょっとした衝撃をもたらした。1967年の8月と9月に書かれた三つの記事の中でフェザーストーンは、「幼児の学び方、学級組織、カリキュラム、教師の役割といったことへの新しい考え方を含んだ、イギリスの初等教育における意義深い広範な革命」について報告した。子どもがせっせと楽しそうに学んでいる教室について、彼が率直に生き生きと賞賛しながら描き出したものは、アメリカの学校についての当時の評判と

際立った対照を示していた。フェザーストーンの記事は、活動中心の幼児学校を明確に支持する、イギリスのプラウデン委員会による調査結果を公表したものであった。フェザーストーンの記事が掲載されてから1年もたたないうちに、この雑誌は10万部の抜き刷りを販売した。フェザーストーンによってすぐさま、「自由な1日」、「統合されたカリキュラム」、「統合された1日」などと呼ばれたこのイギリス流の幼児教育は、アメリカの教育界における話題の中心になった[18]。

フェザーストーンは、ライセスターシャイアー郡にあるウエストフィールド幼児学校の典型的な1日を描いた。その日は早くから、教師が幼児学校に到着する前であっても、5歳から7歳までの子どもは「本を読み、字を書き、絵を描き、音楽を演奏し、ペットの世話をしていた」。子どもは1人または少人数で学んだり遊んだりしていて、学級全体で何かをいっしょに行うことは稀であった。子どもが動き回ったり、自由におしゃべりしたりしていたので、教室はうるさかった。子どもは、教室、廊下、園庭で、学んだり遊んだりを繰り返していた。とくに決められた場所はなく、よく整えられたテーブルと、美術、数の学習、砂遊びや水遊び、静かな読書、人形遊びやおままごとなどの活動ができる場所があった。1日の日課は「完全に教師に任されていて、教師はそれをまた、子どもの選択に任せていた……。カリキュラムの中の一つの課題と他の課題との間には何の違いもなくて、学習と遊びとの間にさえ違いはなかった」。子どもは、すらすらとよどみなく書くことができるばかりでなく、年長の子どもは幼い子どもに読み方を教えていた。こうした目的をもったあらゆる活動を監督する教師が、「たまに自分の机に向かって座ると、相談のある子どもが彼女の周りに群がっていたが、それ以上にしばしば、彼女は部屋の中を動き回りながら課題に助言を与え、子どもが読むのを聞き、質問を投げかけ、言葉をかけ、話しかけ、ときには励ましていた」。イギリスの幼児学校の成功の秘訣は、「豊かな環境の中では幼い子どもは自分たち自身で多くのものを学ぶことができ、多くの場合、彼ら自身の選択は自分たちの要望を反映している」ということを、教師が確信していることであると、フェザーストーンは結論づけた。

新しい教育方法を推し進めることができたのは、一つにはそこに通う子どもが非常に幼いことと、もう一つにはその幼児学校が独立した教育機関であることによると、フェザーストーンは考えた。幼児学校の教師は保育園の教師といっしょに養成され、彼らの「教科」は事実上、個々の子どもの発達であり、その子どもがどのように学び成長していくかということであった。彼によると最善の実践は、発達心理学者であるジャン・ピアジェの影響を反映したもので、とりわけ「子どもは順に考えることを学んでいき、初期の段階では、主として自分たちの感覚が訴えかけてくるものから学び、言葉を通して学ぶものはさほど多くはない」という、彼の考えを反映したものであったという。それゆえ、幼児学校においては、具体的な体験と活動が強調されていた。個別学習への転換を促したもう一つの重要な要因は、政府の視学官の影響であった。視学官は、イギリスの多くの郡において、進歩主義教育の実践を通して、新しい考え方を広めたり新しい教師を養成したりして、教育上の助言を与える者としての役割を果たしていた。

　フェザーストーンの記事が出版される以前には、イギリスの幼児学校における教育方法をアメリカの学校に取り入れようと考えていたのは、一握りのアメリカ人でしかなかった。イギリスの初等学校における「革命」をめぐる報道が流れると、さらに多くの教育者が、信頼できてそれでいて革命的な新たな試みが緊急に求められていることへの、一つの有効な回答として、イギリス流の幼児教育に注目した。イギリス流の幼児教育はあらゆることを提供していた。学習活動は個別に進められ、遊びと経験に基づいていた。授業はインフォーマルで、子どもの要望と興味に応えていた。子どもは学んでいたし、それでいながら学校を楽しんでいた。イギリスの実践は、アメリカ独自の教育における進歩主義の考え方を含んでいたので、アメリカの教育者の間で共感を呼んだ。子どもの学びの速度はそれぞれ異なっている。子どもは学びたがっている。学習意欲を掻き立てる最善の方法は、プロジェクト、体験、活動である。子どもにとって見れば、「勉強」と「遊び」を区別することは誤りである。知識を教科に分割していくことは不自然である。成績や試験といった外的な刺激は、子ども自身の興味が持つ力とは比べようがない。デューイ、

キルパトリック、ラッグといった、進歩主義の信条に基づいて育てられたアメリカの教育者にとって、イギリスの「統合された1日」は、学問的な批判をする人々からの攻撃やスプートニク後の時代のヒステリックな反応によってかき消されていた、懐かしいメロディーのように聞こえた。伝統的な学校の「権威主義」を忌み嫌っていた若い教師は、イギリス風の考え方をすれば、教室に人間味のある民主主義の精神を吹き込めるかもしれないと考えた。かくも簡単に多くの人々の心をとらえられたのは、一つにはそれが、極めて多くのものを極めて多くのさまざまな人々に提供していたという事実があった。

　ある時点において、フェザーストーンが描いていた学習方法は「オープン・エデュケーション」と命名され、補償教育への期待感が急速にしぼんでいくにつれ、その価値は急上昇した。彼の記事が発表されてから3年ばかりたった頃、オープン・エデュケーションはたちまちに大成功を収めた。州教育局、連邦機関、教員養成機関、雑誌、キー局の時事解説者、財団、個々の教師が、その旗印のもとに群がった。アメリカ全土の都市や町では、学校の当局者が教室の間の壁を取り壊したり、壁のない新しい校舎を設計したりした。1970年に、ニューヨーク州教育局がオープン・エデュケーションに関して1日がかりの会議を開催したところ、2,000人以上の教師が出席した。1968年には、合衆国ではイギリスの初等教育改革に関する記事は30本程度しか掲載されていなかったが、1971年頃には、その数は300本を超えるまでになった。オープン・エデュケーションは伝道にも似た人を惹きつける力を持ち、大西洋横断旅行の大流行をもたらした。1969年までにアメリカの20都市からの調査団が、インフォーマル・エデュケーションについてじかに学ぶために、イギリスへの聖地詣での旅に出かけた[19]。

　オープン・エデュケーションの考え方が多様な分野からの支持を得たので、それを広める試みがさまざまな形で展開された。オープン・エデュケーションの極めて凝縮された歴史において先駆的な実践者の1人は、ニューヨーク市立カレッジの教授リリアン・ウェーバーであった。ウェーバーは1965年から1966年にかけての18ヵ月間を、イギリスの幼児学校の見学に費やした。彼女は1967年秋にハーレムの公立学校で、オープン・コリドアー・プログラ

ムを始めた。自ら志願してきた教師といっしょになって、彼女は、一つの学校の中にもう一つの学校を創るように、共有の廊下で繋がっている四つか五つの教室を一まとめにした。彼女は、異年齢集団の生徒間での交流を後押しする方法や、一斉教授を個人指導や少人数指導に替える方法を教師に示した。ウェーバーは、「イギリスの学校の規模と親密さから手がかりを得ながら、最小限の改革」を実現しようと試みた。彼女の控えめな取り組み方についての語り口と、他の教師との職場での良好な関係の噂は広まり、彼女のプログラムは他のいくつかの公立学校からも求められた。1969年にウェーバーは、教師がオープン・エデュケーションの方法を実践するのを支援する、顧問業務を開始した。数年後には、このセンターは夏期講習を実施し、機関誌を発行し、連邦政府やフォード財団から資金援助を受けるようになった。その主な目的は、オープン・エデュケーションに興味のある教師を支援し、援助することであった[20]。

　オープン・エデュケーションの方法を教えることに力を入れていたのは、バンク・ストリート教員養成カレッジ、ウィーロック・カレッジ、ニュートン・カレッジ、コネチカット大学、イリノイ大学、コロラド大学などのカレッジや大学であった。オープン・エデュケーションの普及に最も効果のあった大学によるプログラムは、ノースダコタ大学で開発された。州全体にわたる調査の結果、すべての小学校教師の59%がカレッジの卒業資格を持っておらず、小学校教師の受けた教育水準に関しては全米で50番目に位置していることが判明した。州の調査委員会の委員は、イギリスの初等学校に関するフェザーストーンの記事を読み、このように数多くの教師の資格を高めることは、新しい視野と新しい教育方法を身につけた、新しい種類の教師を養成する良い機会であるということで委員会の意見は一致した。この目的を達成するために、ノースダコタ大学は1968年に、教育における行動学を研究する新学部を設立した。オープン・エデュケーションの提唱者であるビトー・ペローンに率いられた新学部は、正規の教師が新学部に通学する間、教師を交換したり、大学院生を地域の学校に教育実習生として送り込んだりする制度を作り上げた。教師と教育実習生はともにオープン・エデュケーションの理論と

第7章　改革主義者、急進主義者、ロマン主義者　339

実践に基づく教育を受けた。教員養成の新しい方法を試みていたために、新学部は相当な額に上る連邦資金を受け取っていた[21]。

　オープン・エデュケーションの考え方と実践に関する最も影響力のある情報源はおそらく、マサチューセッツ州ケンブリッジにあるシェイディ・ヒル・スクールとマサチューセッツ州ニュートンにある教育開発センター（EDC）の周りにいた人々や団体の並外れた結びつきであった。シェイディ・ヒルは1915年に設立された私立の進歩主義学校で、EDCは教育の改善を目指し、連邦の資金援助を受けていた地域の一流の研究所であった。一つの教育機関から別の教育機関へと考え方や人が流出していくうちに、古い進歩主義と新しい進歩主義との間に、またスプートニク後のカリキュラム改革者とオープン・エデュケーションの提唱者との間に、ある種の繋がりが生まれた。

　シェイディ・ヒルの教師には以下のような人々がいた。1961年にライセスターシャイアー郡を訪問したのち、イギリスの幼児学校の実践の熱狂的な信奉者になったウィリアム・ハル。ハルの授業助手であったジョン・ホルト。1962年にハルといっしょにライセスターシャイアーを訪れたデービッド・アーミントン。そののち、アーミントンはEDCで働くこととなり、イギリスの幼児学校の元女性校長であった彼の妻もまたEDCで働いていた。ホルトはすべての時間をアメリカの学校に関する批判的な著作に費やすために、教職を去った。1960年代初頭、ハル、ホルト、アーミントンは、教育と子どもの思考をめぐって議論するためにしばしば会っていた。彼らの議論の場に、アンソニー・カレットもしばらくの間加わっていた。彼はシェイディ・ヒルの教師で、1963年にライセスターシャイアーを訪問し、そこに10年間滞在しシェイディ・ヒルの友人と、イギリスの学校におけるインフォーマルな教育実践に関して生き生きとした往復書簡をやりとりした。1966年にジョセフ・フェザーストーンに向かって、ライセスターシャイアーに旅行することを勧めたのはハルであった。その地でフェザーストーンはカレットを訪問し、幼児学校を見学した[22]。

　EDCは、もとは教育サービス有限会社（ESI）と呼ばれる組織の中にあったのだが、1958年に、NSFの資金で初めて作られた新しいカリキュラムである、

PSSC 中等学校物理学の普及と試行のための機関として設立された。1960年代初頭に、初等科学学習 (ESS) と呼ばれる新しい初等科学カリキュラムを開発するために、ESI は NSF より追加の支援を受けた。カリキュラム改革に携わった他の科学者と同様に、ESS の責任者のデービッド・ホーキンスは、子どもは科学について人から教えられるのではなく、自ら科学を実践することによって科学を学ぶべきであると思っていた。ホーキンスは進歩主義の教育方法に共鳴していた。それは、彼の妻が1930年代にカリフォルニアの進歩主義学校の教師だったせいでもある。ホーキンスの著書は、オープン・エデュケーションの支持者の間で古典となった[23]。

ESS の教材を試してみるために選ばれた学校の一つが、シェイディ・ヒルであった。1960年代半ばには、シェイディ・ヒルと ESS の繋がりは少なからずあった。ウィリアム・ハルは、イギリスでの新しい教育方法について知らせるために、ライセスターシャイアーから送られてきたアンソニー・カレットの手紙を、ESS の職員に回覧した。そして ESS は、ハルが立案した数学の教材を製作した。ホーキンスも含めて ESS の職員は、ライセスターシャイアーの教育者と相互に訪問しあっていた。何年もたってからホーキンスは、NSF が資金援助したハイスクールの科学のカリキュラムが、ほんの僅かな効果しか上げなかったことに彼が幻滅し、イギリスに旅行したことを思い出した。イギリスで、彼と彼の妻フランシスは、以下のような学校を目にした。つまりそこでは、教師が、「フランシスが30年代に試みようとしていたことを、実際に行っていた。それは我々に大きな影響を与えた。とりわけそれは、30年代のサンフランシスコの教室でも、少なからず実践されていたようなものを見ることができたということではなくて、ここではそれが事情に明るい専門家の支援を受けながら、広く実践されているということであった。それは、サンフランシスコには決して存在しなかったものである」[24]。

ESS で開発されたカリキュラムは、「正しい答え」よりもむしろ科学的思考の過程を提示するために、日用品と特別な備品を含む、具体的な教材を使用する一連の単元から構成されていた。以前にハイスクールの科学を専攻する生徒のために作られたカリキュラムは、しっかりと系統立てられ、論理

的に配列され、おそらく「どのような教師にでも使いこなせる」ものであった。ESSの単元は、それぞれの生徒によって特定の順番に拘らずに使用されることと、イギリスの幼児学校の支持者が「いじくり回す」と呼んでいるようなことの奨励を目指していた。皮肉なことに、NSFのカリキュラム開発は1950年代の極めて認知主義的な、反進歩主義的な精神のもとで始められたのだが、ESSのカリキュラム開発者は進歩主義の伝統に完全に逆戻りして、「調査」や「発見」という概念に従った。彼らが新しいカリキュラムの導入によって教室に革命をもたらそうと期待すればするほど、典型的な教室の構造と価値観によって、彼らはますます挫折した。彼らが入念に考案した実験を、生徒に自由に調べるようにと使わせる代わりに、教師が言葉を用いた理論的な技術の授業に変えてしまっていくのを見て、ESSの科学者は、自分たちに、科学の文化をそのままの姿で学校に導入する能力がないことに絶望した[25]。

1960年代中頃にはESSの職員は、新しいカリキュラムを作ることだけではあまりにも目的が限定されてしまうと確信し始めた。革新的な教育者との内輪での議論、海外への視察旅行、イギリスの実践家とのやりとり、イギリスとアメリカの進歩主義的な教育哲学に拠り所を求めていくことなどにより、彼らは単なるばらばらの改革にしか見えないものにうんざりしてしまった。ESSの内部のメモによると、新しい科学のカリキュラムは、「教室という組織に根本的な変化をもたらすような、原理的な考え方に大変革を起こさない限りは、ほとんど何も変えることはできない……。態度や期待が根本的に変わらない限りは、良い科学、あるいはどのようなものであれ良いものは、決して教室内に生まれてこないことが、今まで以上に明確である」と悟った職員もいたと、ハルは述べている[26]。

大規模な組織的な変革のきっかけとなることが使命であると思っていたことから、ESSは1964年にNSFに対して教員養成プロジェクトへの資金援助を要請した。そのプロジェクトは、革新的な教育実践を普及させ、教科書や丸暗記に対する学校の依存を止めさせることを目指していた。NSFは制度的な改革ではなく、科学的な研究と開発を担う権限を政府から与えられていたのだが、この要請を断った。ESSからの同じような要請は連邦教育省にも出

されたが、これも却下された。1965年に連邦資金が利用できるようになると、ESS とその出身母体は、EDC という新しい連邦地域研究所の一部分となった。ライセスターシャイアーから来たイギリスの教育者に率いられて、EDC は研修会に資金援助を行ったり、教師に助言を与えたり、オープン・クラスのための教材を準備したりすることで、オープン・エデュケーションを推進していく指導的役割を担った。EDC は、ヘッド・スタート・プログラム後の子どものためのフォロー・スルー・プログラムを、オープン・エデュケーションの原則に基づいて実施するという、大きな契約を請け負った。EDC はイギリスの幼児学校モデルを以下のような場所で試行した。デラウェア州ローレル、シカゴ、ワシントンDC、ニュージャージー州パターソン、フィラデルフィア、テキサス州ローズバッド、ペンシルベニア州ラッカワナ郡、ノースカロライナ州ジョンストン郡、バーモント州バーリントン。この計画はインフォーマルな教育方法、目に見える形での教室の手直し、上手く使いこなせる教材の教室への配備、その他のイギリス・モデルの特徴といったものに重点を置いていた。だが時間がたつと、プロジェクト開始時の指導者はいなくなり、教師は出たり入ったりして、連邦政府が標準化されたテストに基づく成績評価を要求し始めると、そうしたことを強調する傾向は薄れていった[27]。

　明らかに、オープン・エデュケーションの運動は、それがアメリカの教育を変革できると信じていた、熱狂的な支持者に煽られていた。けれども、アメリカ全土の多くの都市や町で精力的な活動が繰り広げられていたのに対して、オープン・クラスを運営するために養成された教師の数や、イギリス・モデルについて聞いたことのある教育委員会の委員の数はかなり少なかった。リリアン・ウェーバーのようなこの運動の指導者の中には、ゆっくりと成長し、人々の理解を基礎から築き上げていくのが最善である、と考えている者もいた。だが、ものの道理として、少なくともアメリカの教育においては、新しいわくわくするような流行が長いこと評判にならずにすむことは稀で、それはオープン・エデュケーションの場合も同様であった。1970年にオープン・エデュケーションは評判となり、その結果、最初の1文字を大文字で記す Movement（運動）と呼ばれるようになった。

1970年5月、ベアトリスとロナルド・グロス夫妻は、『サタデー・レビュー』の読者にオープン・エデュケーションを紹介した。記事の中で彼らの理解は、いくつかの極めて重大な事柄に関して、フェザーストーンよりもはるかに進んでいた。イギリスの幼児学校は年齢が5歳から7歳までの子どものためのものであるとフェザーストーンが明記していたのに対して、グロス夫妻は、この新しい教育方法は5歳から12歳までの子どもに相応しいものであると主張した。フェザーストーンが、子どもの学び方に関するピアジェの見解は確立された理論であると指摘したのに対して、グロス夫妻によると、ピアジェは、「自分の感覚を通して経験できないことを子どもに教えることは、時間の無駄であることを示した」という。学習は具体的な経験から抽象的な思考へと段階的に進んでいくというピアジェの考えをフェザーストーンが引用していたのに対して、グロス夫妻は、「ピアジェは教師が支配的な存在で、書物と教師の話が基本的な教授の手段となり、大人数の集団指導が普通で、口頭試験や筆記試験がすべての一連の過程の正当性を立証するのに使われるような教室に対して、批判的である」と記していた。励ましを必要とする子どもをこうした環境に委ねると、彼らの精神は傷つけられたり、「実際に委縮して」しまったりもするとグロス夫妻は考えた。容易には解決できない教育的な争点をこのように飾り立てて表現したり単純化したりすることは、何かの前触れであった。オープン・エデュケーションは、それを心から信奉する人々にとっての確固たる信念となり、アメリカの教育を「救済」することができる一種の改革運動に祭り上げられていった[28]。

第5節　シルバーマンの問いかけ

　数ヵ月後、チャールズ・シルバーマンのベストセラー『教室の危機』が、オープン・エデュケーションを一般大衆の注目を浴びる場所に登場させた。それは、以前には何をもってしてもできなかったことである。練達のジャーナリストであるシルバーマンは、教師教育に関する研究の準備をするために、ニューヨークのカーネギー財団に招かれていた。だが、シルバーマンは

鋭い直感で、別の話が明かされようとしていて、しかもそれが1960年代後半の時代精神をとらえていることに気づいた。彼は、革新的な教育活動の最前線にいる人々を捜し出し、彼らの考え方がイギリス・モデルに収斂していることを見出した。彼の著書がオープン・エデュケーションを莫大な数の一般大衆の目の前に連れてきた。それは、彼自身が推奨することに対して、著名なカーネギー財団がお墨つきを与えていたことにもよるが、それよりも何よりも、教職にある者の中ではほとんどできる人がいなかったほどに、力強い、生き生きとした、優美な文体で、彼が文章を書くことができたからである[29]。

他の人々もイギリス・モデルをほめ称えていた。というのも、伝統的な教師然とした教育方法と比べると、それは生徒と教師にとってずっと楽しそうで、さまざまな子どもの学びの流儀によりうまくあっていて、子どもの考え方により良く適合しているように思われたからである。つまり、より良い学習と教授の方法であると考えられていたのである。シルバーマンは、インフォーマル・エデュケーションの事例を、もっとずっと広い文脈の中で考えていた。危機的状況にあるのは学校だけではないと、彼は記していた。アメリカ社会は全体として極めて深刻な危機感にとらわれていて、「終末論的な見解……懸案事項に関する新たな合意が、国全体を支配しているように思われる」。この懸案事項の大半は、多くの若者が古い世代の権威を受け入れず、これまでに蓄積されてきた知識にも興味を示さないという認識から生じていた。他の世論調査と比べると格段に大きい数字であるが、若者に対する当時の世論調査を引用しつつシルバーマンは、カレッジの学生の実に40％が急進主義に共鳴していて、「異議の申し立てと疎外感は急速にハイスクールへと広まっていき、さらにはジュニア・ハイスクールにまで浸透している」と警告を発していた。彼は、1969年夏の大規模なロック・フェスティバルについて「水面下に横たわっている疎外感の蓄積」の証拠として指摘した[30]。

シルバーマンは、こうした国家の危機は「宗教改革以来、匹敵するものがないほどの深刻かつ大規模な宗教的・精神的な危機」である、と主張した。アメリカ社会を揺るがすような激しい大変動に直面しながらも、学校、カレッ

第7章　改革主義者、急進主義者、ロマン主義者　345

ジ、教会、新聞、雑誌、テレビ局、放送網といったアメリカの教育機関は、すべて上手くいっていなかった。現在と将来の要望に適うものは何もなかった。何がなされるべきであったのだろうか。「我々の生活、我々の社会、我々の世界の意義と目的」の崩壊をめぐる問題は、「学校の改革」によって対処されなければならなかった。過去の多くの改革者と同様に、社会悪をめぐるシルバーマンの分析は、すぐさま公立学校の悪しき状況とその改善方法の論考へと向かっていった[31]。

　シルバーマンの公立学校をめぐる意見は、1960年代後半に急進的な批判を行った人々の最も極端な意見と同じであった。彼によるとアメリカの学校は、「厳格で楽しくない場所で……高圧的でどうでもよいようなところで……知的な内容に乏しく美的価値もなく」、そして何よりも、「素直であることや従順であること」を要求し、「秩序と統制」で頭がいっぱいになっているという。カリキュラムは、「陳腐でつまらない」ものであった。「そこで教えられていることの大半は、子どもとして知る価値のないものであり、ましてや大人としても知る価値のないものであり、たいがいのものが記憶に残らない」。このいやな抑圧的な教育機関に対する非難は、教師に向けられたものではなく、教師は全体としてみればむしろきちんとした善意の人々であった。そうではなくて、アメリカの学校の「中核的な問題」は、「一人ひとりの子どもに配慮がないこと」であった。つまり学校の中に、「教育の目的とその結果に関して、真剣にかつ深く考える」ために時間をかける人がほとんどいないということであった。「一人ひとりの子どもに配慮がないこと」とは、以下のようなことを意味していた。

　　秩序と統制で頭がいっぱいになっていて、時間割と授業計画に無条件に固執して、日常的に決まりきった仕事そのものにとりつかれていて、音をたてたり動いたりすることがなく、楽しみがなく抑圧されていて、教師が学級全体を一つのまとまりとして教えるフォーマルな授業と教師がとりしきる「議論」、言葉の重視と現実の軽視、生徒が自分たちだけでは学習できないこと、学習と遊びの分裂……[32]

教室における危機への対抗手段は、「新しいイギリスの初等学校」であった。他の多くの人々と同様に、シルバーマンはイギリスに行き、インフォーマル・エデュケーションの伝道師となって戻ってきた。『それはここでも起こり得る』という著書のある章の中で、彼はニューヨーク州のリリアン・ウェーバーやノースダコタ州のビットー・ペローンといった、アメリカにおける実践家の活動を詳細に描いた。だが、インフォーマル・エデュケーションを支持する他の人々が、彼らの提案する改革を幼少の時期に限っていたのに対して、シルバーマンは同じ原則をハイスクールにまで広げようとした。そこでも同様に、「一人ひとりの子どもに配慮がないこと」によって、生徒はひどく苦しめられていた。小学校と同様にハイスクールにも、全面的な改造と生徒に自由を吹き込むことが求められていた。彼が感服して描写したハイスクールのプログラムでは、どのような授業をとるか、どのような授業が提供されるか、成績表を受け取るのかあるいは別の評価方法が採用されるのか、予定がなく空いているまとまった時間をどのように過ごすのか、どのような衣服を着てどのように身だしなみを整えるのか、昼食のために校舎を出て外に行くかどうかを決めるに際して、生徒に大きな範囲の自由が与えられていた[33]。

　『教室の危機』はインフォーマル・エデュケーションの運命に劇的な影響を及ぼした。シルバーマンは、それ以前のイギリス・モデルの支持者が誰も試みようとしなかったことを試みた。彼はオープン・エデュケーションを万人のものとした。シルバーマンは、オープン・エデュケーションの話を多くの一般の聴衆に紹介しただけではなかった。シルバーマンは、イギリス・モデルを幼い子どもに相応しい教育方法から、あらゆる教育機関とあらゆる年齢層を対象にした哲学へと転換した。彼はそれを単なる教育方法から、社会とアメリカの生活の質を再生させることを目的とする、子ども、学び、学校教育をめぐるイデオロギーへと高めた。シルバーマンは、インフォーマル・エデュケーションは教育の悪しき状況全般に対する万能薬ではないと警告していたが、彼のイギリス・モデルへの熱狂的な入れ込みぶりを目にすると、これがシルバーマンが雄弁に描いていた疎外感、社会的価値観の崩壊による社

会不安、その他の社会悪に対する回答であると考えないわけにはいかなかった。同様に彼はアメリカ人が、子ども中心の学校の傾向にあまりにも踏み込みすぎるという過ちを犯すことは好ましくないと警告していたが、子ども中心の教育方法と子ども中心の考え方への彼の熱狂的な支持の方が、均衡をとることが必要だとする彼の苦言よりも勝っていた。

　シルバーマンは、オープン・エデュケーションへの興味の急速な高まりを報じるとともに、そうした興味の高まりを後押しした。彼の著書が出版された頃には、オープン・エデュケーションをめぐって、以下のようなことがすでに明らかにされていた。それは、生徒の不満の表明と異議申し立ての時代に相応しい、教育の革新として認められていた。というのもそれは、伝統、権威、構造化された教授法を軽視する一方で、参画、自由、感情を強調していたからである。ニューヨーク州教育長官のエワルド・B・ナイキストは、オープン・エデュケーションが「学習を人間化したり個性化したりして、その結果、学習を適切で意義があり、個人的にも満足のゆくものとする唯一の機会」を提供すると述べて、それを支持することを公式に表明した。彼は「情報収集、事実中心、教科課程中心、科目中心、成績志向、ベルで中断される活動」である伝統的な教育とは対照的に、それは「人間中心、考え方中心、経験中心、問題志向、学際的な」ものである、と記述していた。ナイキストの指導のもと、州の教育局はオープン・エデュケーションに関する教師の研修会に資金提供するとともに、オープン・エデュケーションの実施を後押しするために全州的な教師と校長の会議を招集した。1960年代後半に入るとフォード財団は、出版、教員養成計画、小学校・ハイスクール・大学における実験的な試みに助成金を支給し、オープン・エデュケーションを活発に奨励した。小学校におけるオープン・エデュケーションは、子どもが活動や教材をいろいろな選択肢の中から選べることを意味していた。ハイスクールにおいては、たとえば「壁のない学校」として知られるフィラデルフィアのパークウェイ・スクールのように、生徒が市とその施設を教室として利用し、通常の履修要件を免れることを意味していた。大学ではキャンパス外での学習、自主学習、学生によって考案された教科課程、体系化されていないプログラムをかなりの程

度増やすことを意味していた[34]。

第6節　オープン・エデュケーションの課題

　オープン・エデュケーションは時宜を得た考え方であり、それを待ち望む声が絶えることはなかった。問題は、待ち望む声が大きくなればなるほどより深刻になっていったのだが、それを定義することであった。シルバーマン以降、オープン・エデュケーションに関する著書や論文は急増したが、それぞれがオープン・エデュケーションの理論と実践をいくらか違う形で定義しているように思われた。支持者の中にはそれを定義することを拒む者もいた。というのも、彼らによるとオープン・エデュケーションを実践するということは、柔軟で新しい考え方を受け入れる用意があり、子どもの興味に喜んで応えていき、あらかじめ決められた授業計画から自由であることを意味しているからだという。だが、他の支持者は、教師に何をなし、どう教えるかに関する確かな見本を示すことなしに、オープン・エデュケーションの実践を普及させることは不可能であると思っていた。それゆえ、オープン・エデュケーションの支持者が注力すべき点は、ただ単に、それがどのようなものであり、どのように実践し、どのように評価するかを説明することであった。

　支持者はそれを、そうではないという否定の表現で定義する傾向があり、月並みで評判を落としてしまった教育方法と自分は無関係だと宣言したいと願っている人々には、魅力的に響いた。それは伝統的ではない。それは、ただ単に壁を取り外すだけでは成し遂げることができない。それは、ティーム・ティーチング、事前に準備された教材に依拠する個別学習、無学年制の学級と同じではない。ある研究者は、オープン・エデュケーションがなぜそんなに漠然としていて混沌としたものなのかを説明しようとしたあとで、それを定義する一番良い方法は、オープン・クラスを観察することであると結論づけた[35]。

　しかしながら、他の人々はそれを何とか合理的に説明しようと試み、一方ではそれを認めようとしない人々も存在していたが、オープン・エデュケー

第7章　改革主義者、急進主義者、ロマン主義者　349

ションは、あらゆる教育の方策に対して「オープン」ではないこと、少なくとも伝統的な教育実践と結びついた教育方法ではないことを示した。支持者の1人であるチャールズ・H・ラスボーンは、オープン・クラスについて、子どもは自分自身の経験を通してどのように学ぶのか、また子どもは自分自身が経験したことの中から何を学ぶのか、という観点から説明した。ラスボーンにとって、オープン・エデュケーションの基本的な考え方とは、第一にすべての子どもは「自ら進んで意義を見出す者であり、自分自身の学習過程において積極的に行動する主体者であり……他人をあてにせずに自立し、自己実現している者である」、ということになる。第二に「すべての子どもが知らなければならない、本質的に必要不可欠な知識の総体というものは」存在しない、ということになる。彼の考えでは、知識は個人的な経験によってのみ獲得できるものであり、2人の人間が同じ経験をすることはない。それゆえ、2人の子どもが頭の中で思い浮かべる、「椅子」、「蟻」、「黒」が、完全に同じものであることはあり得ない[36]。

　オープン・エデュケーションの支持者は、オープン・クラスにおける教師の新たな役割について、知識の伝達者というよりはむしろ子どもの経験の「世話人」とみなしていた。そうした教室での教師の役割は、答えや問いを与えることではなく、子どもを観察し、その子が必要とするものを予測し、子どもが自分自身の問いや答えを見つけるための機会を提供することであると、ラスボーンは記していた。「このことは、オープン・エデュケーションにおいては、教師は主に子どもの活動の協力者であって指導者ではないということを意味している」。ラスボーンもジョン・ホルトもともに、教師とは、子どもが行きたいところに行くのを手助けする旅行業者のようなものだ、という考え方を支持していた[37]。

　オープン・エデュケーションに関する多くの著作を著した支持者としては、ロランド・S・バースのことも挙げることができる。彼は1969年と1970年に、イギリスのインフォーマルな実践について、アメリカの教育における「革命」の拠り所として描いた、いくつかの論文を出版した。『オープン・エデュケーションとアメリカの学校』という著書の中でバースは、オープン・エデュケー

ションの教育者によって共有されていた、子どもと学びをめぐる29の仮説の一覧表をまとめ上げた。たとえば、オープン・エデュケーションの教育者は次のように思い込んでいる。「子どもは生まれながらに好奇心旺盛で、大人が干渉しなくても1人で探求していくであろう」。「もし子どもが完全に熱中していて、その活動を面白がっているならば、学びが成立していることになる」。「成果を客観的に評価することは、学びに否定的な影響を及ぼすかもしれない」。「すべての者にとって知ることが必須の最小限の知識の総体というものは存在しない」。これらの仮説から、バースは以下のような結論を下した。

> オープン・エデュケーションにはカリキュラムがない……。本当の意味において子ども自身の経験が彼らの学びの教材であり、教育内容である。これらの経験は良いものもあれば悪いものもあり、生産的なものもあれば非生産的なものもあり、楽しいものもあれば面白くないものもある。オープン・エデュケーションの教育者は、子どもが経験したことの質と意味に比べると、子どもが何か特別の経験をしたかどうかについては気にかけない。生徒の経験の重みを評価するのは、時間と未来の経験であり、大人が判断することではない[38]。

しかしながら、バース自身の経験が彼の当初の熱意を冷ましてしまった。彼は、ほとんど黒人で占められる小さな都市の学校に、オープン・エデュケーションを導入しようとする活動に参加したが、その結果は散々なものとなった。意欲的な試みとして、学校組織、大学、財団基金から援助を受けていたが、多くの問題が発生し計画は穴だらけにされてしまった。職員は専門家によって過重な負担を負わされていた。古い教師と新しい教師はお互いを疑惑の目で見ていた。学校の指導方針が不安定であった。一方で、オープン・エデュケーションの教育者は、子どもが自由に探索したり自分自身で結論を出したりする機会が与えられていることを、必ずしも歓迎していないことに気づいて驚いた。その代わりに彼らは、「洗面所の外や水のみ場で10人あるいは20

人で群れをなして」騒いでいた。選択しなければならないことに恐れをなして、子どもは「不幸にも、教師によって与えられる指示を要求した」。やがて、新しい教師は伝統的な教授方法をつかみ始めた。「彼らは、読み方のグループ分けを行い、初心者向けの教科書、座席指定、宿題を導入した」。中でも新しいことを試みようと思っていた教師を落胆させたのは、親の否定的な態度であり、彼らは教師の寛大さと教室の騒がしさに不満をもらしていた。ある親が教師に向かって次のように説明していた。「あなたも何らかの教育経験があるでしょう。……知知を発信し教室を運営する教師、尊敬の念に満ち従順に受け答えをする子ども、あなたはそうしてきた。我々の子どもがそれと同じような教育経験を持つならば、彼らもまた、そうするだろう」。その年度が終わる頃には、オープン・エデュケーションの教師全員が退職するか、解雇されてしまった[39]。

　オープン・クラスは困難にぶちあたったが、それにもかかわらず、革新の精神は急速に広まっていった。チャールズ・シルバーマンは著書が出版されてからおよそ3年後に、次のように記している。「他の教師、教師集団、学校、学校組織が、私が提案し記述していた方向に向かっていることを、あるいは少なくとも、向かっていこうと考えていることを、私が耳にしない日は1日たりともなかったし、……少なくとも1週間も続けて耳にしないことはなかった」。実際に、オープン・クラスの問題点は明確であったが、1970年代初頭に影響力を増していたのは、オープン・クラスだけではなかった。大規模校であれ小規模校であれ、大都市にあろうとも小さな町にあろうとも、学校は学校改革者によって提唱された教育の革新的な試みを採用した。概してそうした革新的な試みは、生徒が自分たちの活動を選択する役割を強調した。生徒が立案し、生徒が教える科目の導入。伝統的なハイスクール卒業要件の廃止。伝統的な教科の授業から、生徒の興味に沿って作り上げられた授業や集中講座への転換。生徒に提供される授業と活動の拡大。柔軟な時間割。書面による成績表の軽視あるいは廃止。年齢や能力によるグループ分けに代わる、任意のあるいはさまざまな能力が混在するグループ分け。キャンパス外での活動、コミュニティへの積極的参加、非伝統的な学習に対する科目履修認定[40]。

こうした変化に実利的な根拠が存在していたことは明白であった。学校外の社会における途方もない緊張が、伝統的な権威に対する生徒の抵抗という形で、多くの学校の内部でほとんど耐えがたいほどの重圧を与えていた。より大きな社会における権威が損なわれていくにつれ、学校における権威もまた攻撃の対象となった。無断欠席や公共物などの汚損といった、規律に関する問題が増えた。ギャラップが1969年に公教育に関する年に1回の世論調査を始めると、規律の欠如が学校の最大の問題とみなされた。少なからぬ学校が、学問的な要求の緩和、教師とのより寛いだ関係、現代の社会問題により相応しいカリキュラムなどが生徒の不満を和らげ、生徒の態度を改善し、無断欠席を減らすのではないかと期待して、革新的なプログラムを採用した。こうした変化は、1960年代中頃にカレッジの学生であって、大人が権威を行使することに対して彼らの世代特有のアンビバレントな感情を共有していた、多くのより若い教師にとっても魅力的であった。しかしながら、大人の権威を傷つけることは、規律の欠如が学校における最も重要な問題であるという一般大衆の認識を募らせることになり、それが1970年代を通しての学校への一般大衆の信頼の着実な低下を招いた[41]。

第7節　フリー・スクールのもろさ

　学校を批判する人々は、公立学校を救うことができるかどうかに関して、意見が一致していなかった。まだ希望があると思った人々はオープン・エデュケーションを受け入れたが、一方、公立学校はもう救済するどころの話ではなくなっていると考えた人々は、公立学校の全く手の届かないところで「フリー・スクール運動」を展開し始めた。1960年代半ばに始まった、親によって運営され個人的な資金提供を受けているこうした「フリー・スクール」は、公民権運動、新左翼、カウンターカルチャーに参加した人々によって進められていった。「フリー・スクール運動」さえも超えるような過激な人々も存在した。彼らは、学校という制度全般に対して、人々を社会的な役割に就かせたり、学校の成績証明書を持っていない人を差別したり、将来の出世のた

めに学位に依存させてしまうような権限を不当に独占している、抑圧的な社会装置であるとして反対した。急進的なカトリックの司祭であるイヴァン・イリイチによって提案された「脱学校」論は、1970年に最初に世に出てきたときには幅広く議論されたのだが、義務教育年齢を引き下げることに関わる瞬間的な弾みをつけることになった以外は、実際的な影響はほとんどなかった。イリイチはフリー・スクール運動さえも非難した。というのも、それは、「必須の知識のための卓越した制度」を強化しつつも、「社会的な存在として生きていくには学校が必要である」という、伝統的な仮説を共有していたからである。その結果、彼は学校を解体して、人々が自分自身の「学習のためのネットワーク」を考案するのを認めるという、彼の提案の支持者をほとんど見出すことができなかった[42]。

　「脱学校」が教育運動というよりはむしろ言葉の上での現象であることが明らかになった一方で、フリー・スクール運動は1960年代の反体制の政治的・社会的活動の中から起こった。アン・スウィドラーが、『権威なき組織——フリー・スクールにおける社会的統制のジレンマ——』という研究の中で指摘していたように、フリー・スクールはカウンターカルチャーの集団によって作り上げられた、誰でも利用できる診療所、法律家集団、生活共同体といった、「既存の組織の代替として作られた組織のすべての中で、最も人目につく」ものにすぎなかった。「こうした多様な組織を結びつけていたのは、集団の生活を規制する有効な行動指針としての権威の拒絶であった」。フリー・スクールは、ニュー・スクールズ・エクスチェンジと呼ばれていた情報網を共有し、それは、ニュース・レター、革新的な学校の住所録、書籍、声明書を発行していた。公立学校の官僚主義的な制度上の要求に適合するオープン・エデュケーション運動をはるかに超えて、フリー・スクールは、自由を尊重するサマーヒル的な精神の後継者であった。これが実際の教育実践においては何を意味していたのかというと、フリー・スクールの提唱者であったアレン・グローバードの言葉によると、「押しつけられた規律や懲罰、融通の利かない年齢による学年区分や時間枠の配分、宿題、頻繁に行われる試験と評価と成績通知表、厳密に学年別にされているカリキュラム、標準化された教

室、1人の教師によって支配され意のままに操られる25人から35人の生徒といった、公立学校の一連のやり方を一掃すること」であった。グローバードによると、フリー・スクールの数は1960年代後半から1970年代初頭にかけて急速に増加し、1972年頃にはおそらく500校に達していた。平均的なフリー・スクールにはおよそ33人の生徒が在籍していたので、この時期、フリー・スクールに通っていた子どもは2万人弱であったと言えよう[43]。

　フリー・スクールは、政治的・文化的な急進主義の表れであった。あるフリー・スクールの案内書は、「合衆国で未だに入獄している何百万人の子どもと、彼らを脱獄させようとしている一握りの大人」に捧げられていた。その著者によると、「フリー・スクールに関わることは革命的な活動であった。文化の中心である学校に『否』と言うこと、そして学習のための代替となる制度を作り上げるということは、一揃いになっている信念に対する明白な拒絶であり、その一揃いの信念と相まって、蜘蛛の巣のように張り巡らされている前提、神話、儀式といったものに対する拒絶であった」という。フリー・スクールにおいては、「大人は、子どもが自分たちを取り巻く環境を調査し、自分たち自身が学習したいと思うものを見出し、遊び、うるさい音を立て、動き回り、ときには何もしないことすら認めていた」とスウィドラーは記していた。だが、こうした学校の実際の特徴は、彼らが目指している教育学や教育哲学ではなかった。こうした学校は、新しい種類の社会の見本として計画されていた。ただ単に子どもをより良く教育するためではなく、新しい種類の人間と協調的な社会生活の新しい見本を作り上げるために、彼らは教師と生徒の間の権力関係を廃止した[44]。

　イデオロギー上の共通点を追い求めていく中で、同じような考えを持つ人々がフリー・スクールに惹きつけられていたのだが、イデオロギーの対立が親により運営されていたフリー・スクールを目の眩むような速さで分裂させ破壊していった。ある研究者によると、フリー・スクールの平均寿命は18ヵ月であったという。この高い死亡率は、複雑な事業に資金を手当てすることが難しかったからというよりも、分裂しやすいというフリー・スクールのイデオロギーの本質によっていた。それは、イデオロギーの純粋さを求

めていた親に、自由と学びという異なる目的の達成を約束していたが、管理の手段としての指導力や議会制民主主義を避けていたので、意見の対立を解消するためのしくみを欠いていた。「伝統的な」自由主義者と政治的な急進主義を押しつけたいと望む人々の間で、分裂したフリー・スクールもある。また、全く体系化されていない環境を望む親と、教師が子どもにある程度の制限を課したり読み書きを指導したりすることを望む親との間で、分裂したフリー・スクールもある[45]。

第8節　オルタナティブ・スクールの広まり

　ほんの僅かな生徒しかフリー・スクールに通っていなかったという事実があるにもかかわらずフリー・スクール運動の存在は、マスメディアによって公立学校のまさに存続を脅かす重大な現象として取り扱われた。公立の中等学校は、フリー・スクールに生気を与えていた生徒の参加と変革への同種の要求のようなものを感じ、多くの学校がオルタナティブ・スクールを創ることで応じた。それは、官僚制度の匿名性を克服し、教師と生徒の間により親密な関係をもたらすために、大規模なハイスクールを「ミニ学校」に分割したり、学校の中に学校を創ったりすることによって成し遂げられた。しかしながら概して、オルタナティブ・スクールは伝統的な目的を達成するために、カウンターカルチャーの手法を借りた。それらはたいてい学校を中途退学してしまいそうな、問題のある生徒のための別の組織として設立されていた。そこには「従来の学校では対応困難な情緒的な問題を抱えている生徒、高い学習能力を持ち、自分の創造力が発揮できる場所で学びたいと考えている生徒」、能力が十分に開花されず成績の低い生徒などが含まれていた。伝統的なハイスクールと比較すると通常の中等段階のオルタナティブ・スクールは、規模が小さく、規則は少なく、科目や教師の選択、キャンパスを離れること、喫煙といった事柄に関して生徒はより大きな自由を持っていた。教師やカウンセラーとの密接な関係が慣習的な規則や規制の代わりとなっていた。履修単位は教室での学習で取得することができたが、働きながら学習すること、

地域の公共機関の催しに参加すること、自学自習でも取得することが可能であった。伝統的教科が提供されることもあったが、教室での学習は、たとえば芸術、工芸、政治運動、環境保護運動、超越瞑想、オカルトといった生徒の興味を反映する傾向にあった。通知表の代わりに生徒はしばしば、書面での評価、合否判定、履修認定評価を受け取った[46]。

　一方、オルタナティブ・スクールの起源はフリー・スクール運動に対するカウンターカルチャーの影響にまで遡ることができたけれど、それはさまざまな目的に適っていたので、耐久力を持っていることが証明された。英才児のための特別な学校を設立するための必然性が、オルタナティブ・スクールの中に見受けられる学区もあった。基礎的な技能、服装規定、愛国心を強調する、「基礎的な」オルタナティブ・スクールを設立することで、保守的な親の不満に応えている学区もあった。伝統的なハイスクールや小学校を、オルタナティブと呼ぶ学区もあった。美術、科学、体育、人文科学、舞台芸術に関する、興味中心のオルタナティブ・スクールを計画する学区もあった。ミシガン州アナーバーのような学区では、オルタナティブのハイスクールが、生徒をコミュニティの有給や無給の仕事に配属する、魅力的にまとめられた職業訓練プログラムを提供していた。テキサス州ヒューストンにおいては、学区の役人が、工業技術・職業訓練ハイスクールをオルタナティブ・スクールに転換し、地域の健康医療産業で必要とされる人材を養成するためのオルタナティブのハイスクールを設立したり、芸術に興味を持つ生徒や英才児のための特別なオルタナティブ・スクールを創設したりした。カウンターカルチャーが起源であったにもかかわらず、オルタナティブ・スクールは地域に根を下ろしていった。成功した学校では、中途退学者の比率を下げたり、手のかかる不適切な生徒を伝統的な学校から引き受けたり、多様な生徒集団の固有の要望に見合ったプログラムを提供したりしていた[47]。

　オルタナティブ・スクールの考え方は生き残ることができた。それは、定義を欠いていたために、教育委員会や校長がそれを創るためにどのようなものでも選択できるようになっていたからである。しかしながら、オープン・エデュケーション運動は運動として生き残ることはできなかった。それは、

定義を欠いていたために、極端な子ども中心主義の支持者の考え方と実践に同一視されてしまったからである。彼らは、教室内における組織、教育内容、教育方法に関する伝統的なものにはすべて懸命に反対した。彼らのイデオロギーの信条は子どもの自由、教師の受動性、教師と子どもの間の平等性、遊びと組織化されていない活動の価値、外部からの動機づけへの不信感を強調した。自分たちのやり方がイデオロギーとして機能することを望んでいたオープン・クラスの教師は、そうなるはずだと述べていたので、現実の厳しさを急に思い知らされることとなった。彼らには教室の騒々しさや、「基礎」を無視していることに対して、親や他の教師から寄せられた批判に向けて、何の備えもできていなかった。子どもが教師はより積極的な役割を担うようにと要求したり、教科書を用いた学習を求めたりすると、彼らは面喰らってしまった。彼らは、規律の問題が起きることなど想定していなかったので、そうした問題が起きたときにどのように対処すべきか分からなかった。オープン・エデュケーションの支持者は、教師の抱える問題について、理論に誤りがあったのではなくて、新しい暮らし方への不完全な約束の結果と見なしていた[48]。

　すでに1971年の段階で、オープン・エデュケーションの支持者の中には、それが一時的な流行で終わってしまうかもしれないと警告し始める者もいた。ジョセフ・フェザーストーンは、アメリカのインフォーマルな教室を訪問したあとで、そこでのオープン・エデュケーションについて、「最善のものはかつて私がイギリスで見たものと同じように、良く機能している。しかし、最悪のものはめちゃくちゃだ」、と報告していた。同調者が技能や規律を軽視していることに驚いて、「私は、オープン・エデュケーションのようなスローガンに警戒している……。今、私はオープンでインフォーマルな学校教育を支持するすべての人々に、単にまともな学校を求めていくというスローガンを掲げる運動への協力を要請しようと思っている」と、フェザーストーンは記している。オープン・エデュケーションに関するロランド・バースの著書が出版されるや否や、バースは、オープン・エデュケーションが新しい正統派になってしまって、教師の間で空しいイデオロギー論争の種に

なっていると非難する内容の、「我々はオープン・エデュケーションを忘れるべきだろうか」と題する論文を執筆した。1974年頃には、ドナルド・A・マイヤーズはニューヨーク州のオープン・クラスを調査して「なぜオープン・エデュケーションが死んだのか」について深く考えた。マイヤーズは、それは「別個の概念ではなく、むしろ現在行われている最善の教育実践を寄せ集めたものである」と主張した。アメリカからの見学者は、イギリスのインフォーマルな教室における優れた教師が、決して少なくはない、むしろより多くの体系的なものを提供し、読み書き算術を強調し、内からと外からの動機づけの適切な均衡をとっていることを見落としていたと、彼は非難した。「とりわけそれが、生徒が認知の概念と技能を学ぶ手段として支持されているときに、我々が果たすべき役割とは何だろうか。極めて多くのアメリカの教育者にとって、文章を書くこと、明瞭に話すこと、ピアノを弾くこと、推論に基づく統計学を学ぶことが、ただ単に難しい作業であると認めることが、なぜ困難なのだろうか」と、彼は訝っていた[49]。

　支持者や一般の人々の間で幻滅感が広まっていくにつれ、運動は雲散霧消してしまった。専門的な教育雑誌におけるオープン・エデュケーションに関する記事の数は、1972年から1974年の間で頂点に達し、そのあと急速に減少していった。それ以降は、学校は「基礎に帰れ」という要求が、アメリカじゅうの学区で主張され始めることとなった。多くの学区において、「基礎に帰れ」の勢力は、オープン・エデュケーションのようなプログラムについて、学問的基準を下げ、規律を損ねてしまうものだと非難した。1975年に、大学入学試験委員会が進学適性試験（SAT）の点数が過去10年間に着実に下がってきていることを発表すると、実験的なプログラムは守勢に回った。小学校におけるオープン・クラスの多くは、「基礎に帰れ」運動と予算の削減の中でも生き残ることができたが、それはたいてい、アメリカのあらゆる教育の未来へのうねりとしてではなく、親や教師にとっての選択肢として選ばれたにすぎない[50]。

　おそらくは、インフォーマル・エデュケーションの運動は、推進者によって前に進められたというよりもむしろ阻害されたと言えよう。彼らはそれを、

第7章　改革主義者、急進主義者、ロマン主義者　359

イギリスやアメリカの学校の現実に比べてやたらに誇張していた。それを役に立つ手法とみなして、上手く使いこなす教師もいたが、そうではない者もいた。インフォーマルな教育方法に上手く対応している子どももいたが、より組織化された環境を必要とする者もいた。イギリスの教師は、このことをアメリカの崇拝者よりもずっと良く理解していた。イギリスのインフォーマルな教育方法に魅了されたアメリカ人の報告者は、イギリスの学校が進んでいることについて、あたかも啓蒙の勢力と無知の勢力との間の革命的な争いのように描いた。しかし、現実はそうではなかった。1976年にイギリスで実施された調査は、17％の教師がインフォーマルな教育方法を採用し、25％がフォーマルな教育方法を採用していて、残りの大多数が「フォーマルとインフォーマルな実践の要素を混ぜあわせた、いわゆる混合した手法」を採用している、と結論づけた。アメリカ人の考えていたこととは反対に、「子どもに極めて寛大であることが規範となっているとは思われない……。立ち居振る舞いや話し方に対する教師の統制は概して強く、……10人の教師のうち8人は、生徒に九九の表をそらんじることを求めている」。同様に、1978年にイギリスの調査機関によって行われた全英的な調査によると、大半の教師は環境に応じて教育方法を変えているが、小学校の教師の4分の3は、「主に旧態依然の教育方法を採用していて、探索的な教育方法によっているのは20人に1人にも達していない」という[51]。

　イギリスの学者は、教師は簡単に進歩主義者と伝統主義者に分けることができるという単純な考え方を、問題視していた。ほとんどの教師は結局、さまざまな教育方法を採用している。それどころか、個人の事情に合わせた教育方法が、必ずしも生徒主体の「発見」学習を促進していくとは限らないことは明らかである。イギリスの小学校の主要な調査研究の共同責任者であるブライアン・サイモンは、小学校では「根本的な変革」が起こったものの、それが「革命と呼ぶことができるようなものにまで達していたかどうか」は、「甚だ疑問である」と述べていた。サイモンによると、100を超える小学校の教室の大規模な観察研究の結果は、ほとんどの学習は生徒個人に合わせた形で行われていたが、多くの教授方法は「本質的に旧態依然である」ことを示

していたという。「調査や発見という学習を後押ししていこうという動きはほとんどなかった……。協力的なグループ学習や調査もほとんど実現されていないことが分かった……。加えて、教育の中身についても主に『基礎』が強調されていることが判明した……。たしかに、旧態依然とした教育がまだ広範囲に普及しているという意味においても、教育の中身、教授法、学習法において、根本的な転換があったことを示す証拠はほとんどなかった」[52]。

第9節　連邦による包括的な学校改革の試み

　公教育に資金提供するという連邦政府の役割が大きくなるにつれ、連邦政府が革新的な教育実践の主要な推進者となった。ほとんどすべての連邦のプログラムは、地方の教育機関にとって、それがなければ着手しないような何らかの行動を起こすことをある程度促した。それは、貧しい子どもが特別に必要としているものにより多くの資源を充てること、人種隔離の現状を監視して矯正すること、職業教育を提供すること、英語を話せない子どものために特別な措置を講じること、貧しい子どもに無料の医療サービスと昼食を提供することなどであった。すべての子どもに公平な教育サービスを提供するという取り決めを超えて、連邦政府は、伝統的な教授方法や学習方法から脱却させようと、学区に積極的に介入した。1970年代初頭には、公立学校に提供されたすべての連邦資金の10％が、教育の革新を促進するために割り当てられていた。1974年にはその割り当ては広範なさまざまなプログラムを通して支出され、年間におよそ3億5,000万ドルにも上っていた[53]。

　連邦の政策立案者は、学校が直面している困難の主要な原因は、学校が硬直し伝統にとらわれていることにあるので、現在の教育実践から学校を解き放つために連邦資金は使われるべきであると考えた。連邦資金の魅力は、少なからぬ学区を革新的な実践に取り組むよう駆りたてた。1965年初等中等教育法の第3章は、連邦が唯一最大の「変革の主体」となるプログラムで、州や地方学区に「革新的なプロジェクト」のための資金を配分した。1974年度の年間予算は1億5,000万ドルであった。地方学区は、教職員に革新的な

実践の準備をさせるための現職研修のためばかりでなく、オープン・クラス、ティーム・ティーチング、異年齢集団学習、オルタナティブ・スクールを開始するために、第3章の資金を使用した。連邦資金はまた、理想主義的な若者を教職に勧誘するために1965年に設立された教師団や、教員養成の指導者のためのプログラムといった、野心的なプログラムを通じて提供され、教師教育の実験的な試みにも拍車をかけた。具体的にはノースダコタの行動研究のための新学校や、ハーレムのオープン・クラスのモデル校などの数多くの革新的な活動に対して、1969年から1974年までの間におよそ4,000万ドルが支出された[54]。

1970年にニクソン政権は、連邦政府の最も野心的な学校改革の試みを開始した。新政権の教育政策の立案者は、以前の学校改革の試みが失望に終わったことを、「立ち止まって良く考える」ときが来たと思った。彼らは、連邦の改革プログラムが長続きするような改善をこれまでにもたらすことができなかったのは、以下のような理由によると結論づけた。第一に、彼らは、全体にわたる首尾一貫性がほとんどないばらばらな変革を奨励した。第二に、教育改革は社会科学研究と不適切に関連づけられていた。第三に、あまりにも多くの指示が連邦と州の官僚から出され、地方学区の行政官の主体性が十分発揮されなかった。第四に、地域コミュニティの関与が十分ではなかった。結局、ニクソン政権の政策立案者の結論は、財団や大学における改革志向の分析家によって共有されていた総意と符合した。必要とされていたのは包括的な改革であると、彼らは考えた。この目的のためにニクソン大統領は、1970年3月の大統領教書の中で、実験学校プログラム（ESP）を発表した。彼はこのプログラムについて、「教育研究と現場の実践とを繋ぐ架け橋」を築くための戦略である、と説明した。同時に大統領は、研究を目的とする全米教育研究所の創設を提案した。それはのちにESPを管理することとなった[55]。

資金を獲得するために、地方学区は包括的な改革のプログラムを提案しなければならなかった。「包括的」とはどのようなことか、定義されることはなかったが、計画には以下のようなことが盛り込まれなければならないと応募者は告げられた。第一に、12年生までのすべての学年の生徒を対象とす

ること。第二に、カリキュラム、教職員の能力開発、コミュニティの関与、管理、組織を扱うこと。第三に、「教育の現状から、学習者の要望や願望に基づく教育のあるべき姿への変革を反映した、主要なテーマや教育的な概念」に沿って構成されなければならないことなどである。有効な実践方法を見つけ出すために、ESPは調査を行うことが見込まれたので、プログラムの資金のうちの25％から30％は、調査と評価に割り当てられた。ESPの担当者は、次のような三つの異なる評価方法を考えた。第一に、地域のプロジェクト担当者による内部での試験的な評価。第二に、外部の社会科学者による評価。第三に、他のあらゆる調査結果を総合した評価である[56]。

　結局、18の都市と田舎の学区が、かなりな額の連邦資金を獲得した。そうした提案は、一般によく知られている改革の考え方や言葉づかいを反映していた。すなわち、個性化、人間化、結果よりも過程を強調すること、診断的な手法を用いることができるように教師を再教育すること、すべての子どもが成功を体験できるような学習環境を提供することなどを約束していた。ミネアポリス学区は、すでに進行中であるかまたは計画段階にあるオルタナティブの小学校を、補助的な制度と位置づけることで助成金を獲得した。そこには、伝統的な学校、無学年制の「連続した」学校、オープン・スクール、フリー・スクールなどが含まれていた。ワシントン州のピアス郡にあるフランクリン・ピアス学区は、12の新しいカリキュラムを導入したり、「型にはまった」プログラム、「決まりきった科目の提供による典型的な画一化、融通の利かない授業時間表など」をなくしたりすることにより、それぞれの生徒の学習経験を尊重することを約束した。カリフォルニア州バークレーでは、制度上の人種差別を減らすという主要なテーマのもとに、24のオルタナティブ・スクールを設立することを提案して、5年間にわたる700万ドルの助成金を獲得した。バークレーのオルタナティブ・スクールにおいては、時代の先端を行くあらゆる前衛的な試みを見出すことができた。無学年制の教室や生徒同士による教えあいといった通常の変革に加えて、バークレーのESPはエスニシティを強調していた。ブラック・ハウスと呼ばれるプログラムは黒人専用のもので、カーサ・デ・ラ・ラーザと呼ばれるプログラムはメキシコ系

アメリカ人専用のものであった。この二つのプログラムは人種別学として運営されていたために、のちに連邦公民権局により閉鎖されてしまった。カウンターカルチャーの小学校とハイスクール、ならびに生徒と教職員の数が、白人、黒人、メキシコ系アメリカ人、アジア系アメリカ人の間で均衡を保っている多文化の学校も存在した[57]。

　自ら掲げた野心的な目的に照らしてみると、ESPは失敗であった。5年間で支出した5,500万ドルに対して、結果は貧弱であった。ミネアポリスのようにすでに変革に取り組んでいた学区は、それを続行した。この資金を使って、財政上の危機を乗り越えたり、必要な備品を購入したりする学区もあったが、長続きする「包括的」な改革が起こっていることを示す証拠はほとんどなかった。バークレーの24のオルタナティブ・スクールのうち、残っているのはたった1校であった。加えて、バークレーのESPは、学区の当初の公約から自発的な人種隔離廃止へと全面的に方針を転換し、プログラム終了後に問題のある職員を解雇したために、学区は激しい議論の渦の中に放り込まれた。

　ESPの助成金を受け取っていた10の田舎の学区では、一つには、急激な変化に対する受容力が田舎の学区にはなかったことから、別の種類の問題が生じていた。教師は、プログラムが押しつけられたものと感じて憤慨していたし、内部の対立がさまざまなプロジェクトを弱体化させていた。オレゴン州サウスアンプカは最も成功したプロジェクトの一つとみなされていたのだが、プロジェクトの結末は、保守派の反発に見舞われた。「多くのESPプロジェクトは打ち切られてしまい、図書館の蔵書やカリキュラムの内容は監視委員会の精査を受け、新しい教育委員会が選任され、教育長や副教育長は辞職してしまい、新しい執行部はすべてを元に戻す権限を委託されていた」。こうした反発は時代のせいでもあったのだが、連邦の評価担当者は、「ESPのせいで、サウスアンプカでは他の学区に比べて振り子の振幅がより大きい」と結論づけた[58]。

　多くの学区において、内部での評価は評価としての意味を全く持っていなかった。というのも、評価者と地方学区の役人とが密接な関係を持っていた

からである。全米教育研究所によって行われた専門家の評価の中には、担当部局により不備があるとして退けられたものもあった。社会科学者の中にも、「包括的」な改革という概念があまりにも広くて漠然としていることから、その評価の難しさに躊躇する者もいた。定義ができないものは評価ができるわけがなかった。プログラム全体を最後に総合的に評価することは、結局、行われなかった。

　プログラムが失敗したのは、地方学区の役人の後進性や不誠実さのせいではなく、教育改革をめぐる今日的な美辞麗句の多くにもともと含まれていた、矛盾や無意味なものをプログラムが露わにしたからである。財団や大学の政策立案者や人気のある批判者の多くと同様に、ESPの職員は、以前の改革の試みが失敗したのは、それがあまりにもばらばらだったからだと考えた。すべての学区と小学区を対象とする、包括的で教育全体を見渡すことのできる視点を持った改革が可能であること、ならびに、広範囲にわたるコミュニティの関与が包括的な改革への道筋を確実なものとすることを、ESPは証明しようとした。この目的は達成されなかった。というのも、それはもともと達成できないものだったからである。

　何にもまして、連邦と地方学区の役人は「包括的」な改革が何を意味するのか把握してはいなかったが、それでいながら連邦の役人は、それぞれの提案が「包括的」なものでなければならないと強く主張した。プロジェクトは包括的なものでなければならないと言うだけでは包括的なものなどできなかった。多くの地方学区の役人は連邦の監視者の指示に応じて提案書を書き直し、ESPの担当者の要求を満足させるためにはどのような言葉でも使用した。その結果、連邦の役人の気に入るように提案書を書き直せば直すほど、それは地方の関心事を反映しないものとなってしまった。「包括的」という言葉はもったいぶった専門用語で、地方学区の役人が連邦の資金を引き出したいときには、この単語を引き合いに出せばよいと学んだ言葉であった。同様に、学校の当局者は自分たちの行っていることを、「人間的な」、「情緒的な」、「個性化された」などと、少々決まり切った呼び方で表現したが、それはあたかも活動の現実を温かい改革主義者の言葉づかいで呼び直すことに

よって、改革が可能となると思い込んでいるかのようであった。

　連邦がコミュニティの関与の重要性を強く主張したことも、改革の目的達成のためには全く役に立たなかった。逆に、コミュニティの参加を認めたことで、プロジェクトが扱う関心事と要望の数が増加してしまい、その結果、首尾一貫した包括的な教育改革が実現する可能性はますますなくなってしまった。連邦の役人が地方の役人に対して、包括的な教育改革とコミュニティの参加を強制する際に、連邦の役人は管理職、教師、親、コミュニティの構成員の関心が一致していると勝手に思い込んでいた。連邦の改革者は、「コミュニティは極めて多様な人々を代表しているので、コミュニティを取り込んでも、学校で起こってほしいと願うことが異なる、さまざまな利害関係にある派閥を作り上げるだけである」ことを認識していなかったと、学区の教育長はのちに愚痴をこぼした[59]。

　おそらくより重要な問題は、連邦の役人が自分たちの優先順位と地方学区の役人の優先順位とが同じではないことを決して理解しなかったことであろう。連邦の役人は、民主党政権の前任者と同様に、連邦政府が地方の学校の改革に責任を持っていて、教育の理論と実践に関する研究に基づく考え方は、学校の現場で働いている人々の考え方よりも優れていると思ってプロジェクトに立ち向かった。加えて彼らは、適切な連邦による監視のもとで、改革の工程が確実に実施されるように取り計るはずの、地域の教育長の書面による約束を取りつけることによって、改革を導くことができるだろうと考えた。ピーター・カウデンとデービッド・K・コーヘンによるESPの洞察に富んだ研究によると、連邦の役人の包括的な改革への望みは、「決して実現に近づくことがなかった。どのような改革が起こったかというと……、それは断片的に行われ、概して限定的でばらばらなものであった」という。連邦の役人は、適切な仕組みや工程があれば、学区全体に広範な改革を引き起こすことができるだろうと考えていた。「だが学区は、決定に基づいて進路を変えることができる、単一で中央志向の首尾一貫した組織ではない。それは、異なる要望、関心、意見を持つ、多くの部署と個人とから成り立っている。また、中心的な管理職、校長、教師の仕事は、ほんの僅かに相互依存しているだけで

あり、彼らは決して集団全体をまとめることはできない」[60]。

　地方の役人は、自分たちの学区の知名度を高めることや、専門家を雇い入れたり、新しい教材を購入したり、中途退学する可能性のある特別な子どものためのプログラムを企画したりするために、より多くの資金を獲得しうることを期待して、ESP の資金に申し込んだ。彼らは通常、自分たちの学校について、連邦の役人が見るような否定的な目では見なかった。そのうえたとえ彼らが包括的な改革を約束したとしても、彼らは学校制度がしっかりと系統立てられた、命令が順々に伝えられるような階級組織ではないことを知っていた。彼らは教師に、現職教育プログラムへの参加を依頼したり命じたりすることはできたし、新しいカリキュラムを買うこともできたが、教師が望んでいないことを強制的に行わせることはできなかった。皮肉なことに ESP が証明したことは、「教育全体を見渡すことのできる視点を持った」改革が不可能であることと、いくぶんかの自律性が認められている学校と、かなりの自律性が認められている教師からなる、極めて分権化された学校制度の本質からすると、少しずつ積み上がる改革の方が適切である公算が大きいということであった。

　そうであるならば、「少しずつの改革」は、なぜそのように悪い評判を得たのだろうか。かなりの程度言えることは、少しずつの改革が試され、失敗に終わったと考えるならば、それはスプートニクの余波の中で、NSF によって資金提供されたカリキュラム改訂の困難な歴史から生み出されたということである。その時代に、アメリカの教育を鋳直すための唯一最大の冒険的な企てとして考えられた計画が、学校を改革できなかった。1970年代初頭の視点から眺めてみると、NSF の資金によるプログラムは、アメリカの最高の学者を集め、彼らが最新の知識と最善の方法論を反映するようにカリキュラムを改訂したのだが、それでもなお学校は本質的には手つかずの状態にあった。こうしたことから、改革者は組織の部品をいじくり回すだけでは不十分で、組織そのものを変革するには、ある種の広範な包括的な改革が必要であるとの結論に至った。

第10節　全米科学財団によるカリキュラム改革

　だが、NSFのカリキュラム改訂で何が起こったかの説明は、話のすべてではなく、現実のNSFの経験は学校改革をめぐる政策の方向性に新たな光を投げかけた。1956年から1975年の間に、NSFは53のプロジェクトに資金提供を行った。そのうち43が数学と自然科学で、10が社会科学であった。この期間が終わるまでに、NSFはカリキュラム開発運動の再検討を行い、その結果、新しい科学のカリキュラムは他のものと比べて、はるかに成功を収めていることが明白になった。1976～1977年度には、すべての学区のほぼ60％が、7年生から12年生までで一つ以上の連邦の資金援助を受けた科学のプログラムを使用していた。40％は一つ以上のNSFの科学カリキュラムを使用していた。そして小学校の学年においてさえ、報告された学区のうちの30％が、少なくとも一つのNSFの科学カリキュラムを使用していた。加えてNSFの科学プログラムは、最も広く使われていた市販の教科書の内容と教授方法にかなりの改訂を促したという点で、重大な副次的な影響を及ぼした。市販の教科書会社の仕事を奪うことが必ずしもNSFの目的ではなく、むしろ科学教育の内容と教育方法を改善することが目的であったのだが、結果として、科学のカリキュラムの改訂において、比較的少額の投資で重大な影響を及ぼせたように思われる[61]。

　数学と社会科学は極めて異なる問題を提起した。数学における改訂は、科学における改訂と同様にスプートニク以前に開始され、スプートニク後にかなりの額のNSFからの資金提供を受け、カレッジに進学する生徒の数学の準備をより改善することを意図していた。その改訂は「新しい数学」と呼ばれ、一つのプログラムというよりもいくつかの数学改革団体から導き出された成果であり、学習方法であった。生徒と教師はそれが、「集合」「10進法以外の命数法」「素数」といったような新しい概念を集めたものであると理解した。数学者のブルース・R・ボーゲリはそれを、「もし数学の根本的な統一概念が強調されれば、つまり科目の内的構造が強調されれば、数学の学習はより有効でより効率的になる」という前提に基づくものとして定義した。主要な

NSFプログラムは、学校数学研究団体 (SMSG) によって開発された。SMSG は、1958年から1962年にかけて、新しい中等学校カリキュラムを書き上げ、そののち、新しい初等学校カリキュラムを書き上げた。ボーゲリによると、1967年頃には広範に使用され、市販の教科書会社から幅広く模範とされていたのは、SMSG の教科書のみではなかったが、「『現代的』とみなされない教科書はまるで売れなかった」[62]。

　しかしながら、「新しい数学」の初期における勝利は実体がなかった。数学者によって、あまりに抽象的過ぎて重要な数学の応用を無視していると、こっぴどく批判された。教師からは予期せぬ抵抗を受け、とりわけ初等教育段階においては、教えることが難しいとみなされた。そして、読み書き算術のうちの三番目に当たる算術をわけの分からないものにしたと憤慨し、子どもの計算能力の欠如を危惧する親から、それは激しく嫌われた。1960年代の終わりには、批判と抵抗が一つになって、「新しい数学」をほとんどの小学校から追い出し、「基礎に帰れ」運動の出現を促した。1970年代後半に、NSF がカレッジ入学前の数学の現状を調査した際には、集合や10進法以外の命数法といったような題材は、「より新しい小学校のカリキュラムの教材の中には事実上、存在していない」ことを、調査者は発見した。NSF の数学のカリキュラムを使用している学区の比率は、1970年代初頭の30%から、1976～1977年度にはたったの9%にまで落ち込んだ。数学の教授が、携帯できるコンピューターが、現代数学の新たな様式を教室に復活させるかもしれないと予測した一方、数学の教師は、自分たちにとって安心のできる方法と考え方に戻ったことに満足していた。彼らは NSF の視察者に向かって、「ほとんど完全に規則正しく……、伝統的な内容、伝統的な教授方法、生徒のより高い達成水準が戻ってきていることを、自分たちは賞賛している」、と述べた[63]。

　NSF が改革を引き受けていた新しい社会科学の科目は、別の障害に直面していた。NSF の資金提供を受けていた科学の科目と同様に新しい社会科は、発見学習の活用と生徒の調査を奨励し、文字で書かれた教科書の足りないところを補うために、マルチメディアの教材を導入した。1976～1977年度に NSF の調査が完了し、学区の25%が NSF の社会科学の教材を使用していた。

しかしながら調査員は、ほとんどの社会科の教師が、最も重要な知識源として教科書を使い続けていて、生徒がそこに含まれている内容、つまりその分野の教科内容を学んでいるかどうかを、最も懸念し続けていることに気づいた。たいていの部分で、社会科のカリキュラムはほとんど変わっていなかった。それは未だに歴史と政治に多くの力を注ぎ教科書に基づいていて、社会科学にほとんど配慮していなかった。一見したところ何も変わってはいないように見えたが、実のところ NFS の調査は、社会運動、エスニシティ、価値、自己実現といったものに焦点を当てた、集中講座や選択科目によって代表されるカリキュラムの分断化の時代から、急速に撤退しつつある現場の断片をとらえていた[64]。

　教育は知識の伝達であるという考え方について大学教授はほとんど関心を払っていなかったが、なぜ教師はこうした見解を持ち続けていたのだろうか。全米社会科会議の代表者によると、カリキュラムの改革者は教室における教師の要望を誤解していたという。教師の主要な関心事は、自分たちの教室を上手く運営し、生徒を良い市民になるよう教育することにあったと、彼らは述べている。彼らが新しい教材や新しい教育方法を用いることに失敗したのは、そうした計画を阻害しようとしたからではなかった。「そうではなくて、それはただ単に、彼らが以前に行っていたこと、つまり彼ら自身の価値観と信念、ならびに、彼らが正しく把握していたと考えられるコミュニティの持つ価値観や信念と一致する教育実践を継続することが、彼らにとってより都合が良かったからだ。新しい教材はただ単にしっくりしなかったのだ」。新しいカリキュラムをよく理解している教師は、「基礎を習得していて、おそらくより重要なこととして、適切な自制心を身につけている」生徒の中のエリートにとっては、新しいカリキュラムは最善のものであると考えた。他の生徒に使用する場合には、新しい教材は教室を統制する教師の能力を脅かした。「教師が『基礎に帰れ』運動を支持した背景には、1960年代にカリキュラム改革の試みが強く求められたことに対する、反動と思われるものもあった。新しいテーマと内容の組織化および独特な教師の役割は、実現するのが難しく思われただけではなく、生徒と学校の要望に対する教師の考え方に、

公然と反対するものであった」[65]。

　NSFの資金提供を受けた、小学校高学年用の人類学の科目である「人間─学科課程（MACOS）」をめぐる議論によって、NSFのカリキュラム開発の試みのすべては、1976年の議会による精査の対象となった。他の新しいカリキュラムと同様に、MACOSは、内容、方法論、教育論において革新的であった。その単元には、鮭、セグロカモメ、ヒヒ、ネチリク・エスキモーの、生まれてから死ぬまでの過程と行動様式が含まれていた。この科目は、イギリスのインフォーマルな教育方法の普及に努めた組織でもあるESIが開発したもので、その開発者はこの科目をめぐり「人間の人間らしさとは何か。なぜ彼らはそちらの方向へ進んでいったのか。彼らをさらに人間的にするにはどうすればよいか」といったことに関して、子どもが深く考えることを後押しするだろうと期待した。その科目は、「進化、新生児の間引き、妻の共有、老人殺し、『共同体における生活』といったような扇動的な問題を取り扱っていたために」、市販教科書会社はその出版を引き受けることをためらった。その科目が広く普及し始めると、そこに含まれる教科内容と文化相対主義に反対する保守的な批判者によって、広範なあちこちのコミュニティにおいて、それは激しい攻撃の対象となった。アリゾナ州選出の下院議員が、地域コミュニティに極めて不快感を与えるカリキュラムに対して、連邦政府の補助金を提供することの妥当性に異議を唱えると、下院の小委員会は公聴会を開き、NSFはMACOSに関する内部調査を行い、会計検査院はNSFとMACOSの開発者との間の金銭的関係を調査した。MACOSは批判と異議申し立てを乗り切ったが、悪評のために「販売の急激な減少を引き起こし、科目は……2度と日の目を見ることはなかった」[66]。

　大きな期待とともに始まったカリキュラム改革の時代は、静かに終わりを迎えた。とりわけ物理学の分野におけるような大きな収穫もあったが、損失もまたあった。しかしながらもし教育改革を妨害する状況について理解を深めることができるならば、損失でさえ収穫に変わるであろう。カレッジ入学前のカリキュラムを改訂しようとするNSFの活動から学ぶことはたくさんあった。新しい教材が作り上げられた経緯と新しい教材が具体化した教育方

法の両者が相まって、意気軒昂とした楽観主義の時代においては全く予想もできなかったような、新しいカリキュラムに関する問題をのちに引き起こした。1950年代にカリキュラム改革運動が始まると学校を批判する人々は、当時のカリキュラムが凡庸で厳密性を欠いていて、教育制度が教職者の「連携した理事会」によって統制されているとしつこく不平を述べた。以下のような前提が、この運動の特徴のいくつかを形作っていた。

- 第一に、カリキュラム「改訂」と繰り返し言及していたにもかかわらず、改革者は、今あるカリキュラムをただ改善するだけに止まらず、他のもので置き換えることを目指していた。これは、かなり大きな制度上の抵抗を引き起こしたのみならず、膨大な数の教師の再訓練を必要とした。
- 第二に、改革者は教師が、教えることに関する知識、方法、信念を放棄するのをためらいがちであることを、ひどく過小評価した。調査と発見による学習方法を活用することに困難を感じていた教師、「分野全体を網羅する」ことの価値を信じていた教師、授業を組み立てるのに教科書に依拠していた教師、個別学習に取り組む者の教室を上手く運営できない教師などが多数出てくることが、改革者には予想できなかった。
- 第三に、多くの教材がカレッジに進学する生徒のために用意された。平均あるいは平均以下の生徒には、新しい科目の概念的な方法を扱うことは困難であった。
- 第四に、新しいカリキュラムは著名な大学の学者と指導的な中等学校の教師によって準備されていて、そこには教育学の教授や典型的な中等学校の教師はほとんど参加していなかった。教師を教育する人々が関与しなかったことにより、新しい教師を養成する人々による新しい教材の吸収が疑いなく遅れてしまい、典型的な学校の教師があまり関与しなかったことにより、おそらく、普通の公立学校の教室にいる多様な能力の生徒をよく理解している人々が、プロジェクトからいなくなってしまった。
- 第五に、新しいカリキュラムは財団と連邦の機関から資金提供を受けていた。そのおかげで、州と地方学区の教育機関の政治的制約から自由で

あったし、教科書出版会社にとっても市場的制約から自由であった。しかしながら、政治と市場の「制約」こそが、新しいカリキュラムが採択されるかどうかを決定する傾向にあったので、この自由は功罪相半ばしていた[67]。

「包括的」な改革への希望を抱いているESPと同様に、カリキュラム改革運動は、アメリカの学校のような多様な次元からなる学校制度に対して、徹底的な改革を強いる場合に陥る落とし穴の前例となった。州の教育長、地方教育委員会の教育長、校長が何を勧告しようがそのようなことにはお構いなく、教室の教師は何をどのように教えるかに関してかなりの程度の自由裁量を持っている。新しいカリキュラムが教師の手に委ねられても、彼らの使い方によって、それは見る影もないものに変えられてしまう。アメリカの数千に上る学区と数十万に上る学校は、個人や関心の多様性を十分に認識していたので、カリキュラム改革の価値に反対することはない。しかしそれは、計画されたいかなる改革であっても、それを実践する人々の経験、意図、目的を通してしか浸透しないことを示唆している。関係者の数や彼らの自律の度合いを考えてみても、学校のように多様な制度における永続的な変革は、絶えず増加しながらばらばらに起きている。

ほぼ20年近くにわたり、交互に訪れた変革と改革運動の波がアメリカの学校を洗い流していったが、学校はそれでも変わりがないように見受けられた。だが、学校をより良いものにしようとするあらゆる試みは、その痕跡を残していった。その目的がより限定的でより明確であればあるほど、改革が長続きする可能性はより大きかった。過去のどのような時代に比べても、より多くの子どもがより長い期間、学校に在籍していた。学校の校舎の設備はより良いものとなり、広く過ごしやすくなった。より多くの教師がカレッジの卒業資格を手に入れた。学級の規模はより小さくなった。選択できるカリキュラムはより多くなり、より多くの教育方法が活用され、より多くの種類の教材ができた。学校は救済されなかったのかもしれないが、それにもかかわらず、学校は生き延びることができた。

第8章　教育をめぐる新たなかけひき

第1節　連邦による平等主義の推進

　1965年以降の10年間、政治的な圧力は学校や大学に集中し、学校や大学の抱える問題に口を挟むことによって、その権威を徐々に侵食した。実務上の権限が、学生、教員、労働組合、裁判所、州と連邦の調整機関、州議会、連邦議会、司法、特定の利益団体の間に広く分散されていたまさにそのときに、新たな責任が教育機関に課されることとなった。教育の行政官は、自分たちが今まで経験したことのないような権力闘争の渦中に巻き込まれていることに気づいた。カレッジや大学では、学生がカリキュラムや管理体制におけるより大きな権限を要求した。裁判所と連邦の公民権担当機関は、学部におけるマイノリティと女性の代表を増やすため、積極的差別是正措置のプログラムの遵守を要求した。教員は労働組合に組織化された。連邦議会、裁判所、連邦機関、州議会は、厄介で費用のかかる新たな要求を考え出した。初等・中等学校では管理の自由裁量の部分で、異議を唱えられずにすむものはほとんどなかった。生徒は新たな権利と自由を要求し、教員組合は新たな交戦状態にあると主張し、政治活動家は教室や図書館にある本について、性差別、人種差別、不道徳性という理由で不満を述べていた。裁判所は多くのコミュニティで、人種の統合を成し遂げるために、教員の再配置に加えて生徒の強制バス通学を命じた。連邦議会、裁判所、連邦機関、州議会は、ある種の試験を制限したり求めたりすること、進級および卒業のための基準を設けること、障害のある生徒や女性あるいは人種的・言語的マイノリティの生徒

の処遇を定める新たな要件を制定することといった、広い範囲の問題に関して特別な命令を課した。裁判所が教育機関の内部の問題に介入すること、連邦の官僚制度が学校に対する地方の統制を侵すこと、連邦議会が連邦の教育支援を与えることは、いずれもこれまでしぶしぶ進められてきたことを考慮すると、1965年以降、裁判所、連邦官僚制度、連邦議会が疑念やためらいを素早く捨て去ったことは、ことさら注目に値する。

　教育制度の中で連邦の存在が拡大されたのは、1964年公民権法の第6章にかなりの部分を負っていた。それは連邦の役人に、反人種差別の法律と条例に違反するあらゆるプログラムから、資金を引き上げる権限を与えた。1965年以降、教育のすべての段階に対する連邦の資金提供が急速に拡大したのは、連邦資金の停止という脅しが有力な武器になることを意味していた。第6章を鞭として、連邦資金を飴として、連邦政府はアメリカの学校、カレッジ、大学のために規則を設ける重要な要因となった。総収入のおよそ10％を連邦資金に依存している学校、研究プログラムと研究奨学金として数百万ドルを受けている主要な大学は、連邦の指示に反対できるような強い立場になかった。

　1966年頃には、人種問題が教育政策をめぐる議論の中で主要な要素となっていた。ぜひとも必要な連邦資金を得るには、南部の学区は人種の統合に関する連邦の基準を満たすために、子どもを人種によって割り振らなければならなかった。彼らの試みが成功したか否かは、数で示される基準によって判断された。肌の色にとらわれないことから肌の色に配慮することへの転換、そして個人の権利から集団の権利という概念への転換は、アメリカの政治におけるエスノセントリズム（自民族中心主義）の台頭を反映していた。都市のスラム街での暴動に刺激を受けて、エスノセントリズムはブラック・パンサー党やブラック・ムスリムといった民族主義者の小さな団体を超えて、学生非暴力調整委員会 (SNCC)、人種平等会議 (CORE)、反貧困機関、学界などの黒人の指導者にまで広まっていった。1960年代中頃の貧しい黒人コミュニティにおける市民生活の秩序の混乱は、教育の世界においても全く同様のものが

見出された。それは、マイノリティの子どもの教育達成度が低いのは、その子どもの「文化的な欠陥」や「文化的な不利益」のせいであると長い間説明してきた紋切り型の見識に対する、マイノリティの学者による反抗であった。黒人の教育者やコミュニティを支配しようとする活動家の中には、白人の子どものように考えさせたり行動させたりしようとする無責任な試みによって、黒人の子どもは自分たちの豊かで文化的な遺産を奪われてしまっている、と主張する者もいた。スラム街における教育の欠陥をめぐってよく行われていた分析に対して、彼らは、黒人の子どもは自分たちの文化を学習し、黒人の立派な人物と自分自身を一体化させ、自分たちにとって心地よい「黒人英語」が教室で受け入れられることが必要なのだと反論した。伝統的に白人しかいなかったキャンパスに、1960年代後半から黒人学生の数が急増すると、同じような黒人研究プログラムに対する要求が出された。人種間の緊張を鎮めたいと願ったカレッジや大学は、講座、プログラム、さらにはこの新しい分野での学位を授けるための学部までも創設した。

　法廷や教室では、重大な社会問題に関して人種に配慮した解決策に頼らずに取り組むことが不可能なことが明らかとなった。人種の統合を求める要求であるのか、それとも人種の分離を求める要求であるのかにかかわらず、どちらかの行動を正当化するためには、社会科学から大雑把にしかもしばしば間違って持ち出されてきた用語が必要とされた。連邦の役人や判事が学区に人種統合計画を押しつける際に、彼らは人種別学が、黒人の子どものやる気と成績を制限するような劣等感を生み出し、黒人の子どもにとって精神的かつ情緒的に有害であることの根拠として、大量の社会科学の文献に依拠していた。黒人の分離主義の支持者も同じような議論を利用していたが、それを自分たちの目的に合わせて変えて使っていた。彼らは以下のように主張した。黒人の子どもは白人の支配により、何世代にもわたって精神的かつ情緒的に傷つけられてきた。黒人の子どもの間にある劣等感を根絶する唯一の方法は、黒人が支配権を持っている環境の中で、強力で有能な指導者という役割モデルを提供しながら教育することである。だから、健全な黒人の精神に加えて、経済的かつ政治的に強力な黒人の団体を作り上げるために、人種を分離して

おく期間が必要である。社会科学の研究はこうした見解のすべてに対して、たとえそれがお互いに真っ向から対立するものであっても、何らかの支援を提供していた。問題は、多岐にわたるとともに限定的な根拠しか提示できない社会科学にあったのではなく、複雑な社会政策を維持していくために、暫定的な偏った結論を期待した人々の方にあった。

　この対立する主張の混乱の中から生まれてきたのは、平等主義的であると同時に排他主義的でもある類まれな一群の社会勢力であった。通常であれば、この二つの主張はぶつかりあうものであった。というのも、一方はすべての者に対して平等かつ同様な取り扱いを強く主張し、他方は特別な集団に対して異なる取り扱いを要求するからである。だが、この特異な時勢においては、平等主義と個別主義の両方とも、その根源はブラウン判決に由来した。平等主義者は人種別学は憲法違反であるという主張を正当化するために、ブラウン判決を示すことができた。黒人の団結を唱える人々は、ブラウン判決は白人への従属によって黒人の子どもが精神的な弊害を与えられてきたことを承認している、と反論することができた。彼らはたとえそれが、連邦最高裁の「分離された教育施設は本質的に不平等である」という警告を無視することを意味したとしても、自尊心と人種の誇りを取り戻すことによって、その弊害をなくそうとした。

　当初、伝統的な公民権団体の指導者は、エスノセントリズムへの転向に抵抗し、集団の権利ではなく個人の権利という伝統的な自由主義的な考え方と、肌の色に配慮するのではなく肌の色にとらわれないことに固執した。だが、彼らの立場を維持することはできなかった。というのも新たな好戦的な人々は、教育委員会にはより多くの黒人を雇用したり昇進させたりすることを認めさせ、大学には黒人の入学者数と黒人の教員数を増やすこと、ならびに黒人研究プログラムとその学部を創設することを了承させ、本物の勝利を勝ち取っていたからである。こうした明確な利益と比べると、公的な法律上の平等という高尚な目的は、権力構造との対立に勝利したことに由来する経済的な利益と情緒的な報いを全く欠いていて、抽象的でまるで中身のないもののように思われた。エスノセントリズムは、エスニシティを極端に主張する考

え方を支持するプログラムへの財団の支援により、一層正当化された。たとえば、ニューヨーク市にはコミュニティによる学校の統制を試みるフォード財団のプロジェクトがあり、これはエスニシティの分離を唱える人々によって運営されていた。

　エスノセントリズムが復活したことはしかしながら、今まで以上に資金が必要になることを意味した。何年もの間アメリカの自由主義者は、異なる人種間において寛容であることのみならず、集団の違いが意味を持たないことの価値を説くことによって、集団への偏見を減らそうと努めてきた。その目的は1人の人間を、その人の属する集団の代表として見るのではなく、個人として、仲間の人間として見ることであった。だが1960年代後半になると、ブラック・パワーとブラック・プライドへの要求のあとに、他の集団への配慮を求める主張がすぐに続いた。メキシコ系アメリカ人、アメリカ先住民、その他のマイノリティは、ブラウン・パワー、レッド・パワーを要求して黒人の例に倣った。1970年頃には、他の民族に遅れをとらないようにと、南欧と東欧からの移民の子孫が白人のエスニック運動の目覚めを宣言し、他の集団の中でも、イタリアン・パワー、スラビック・パワー、ポーリッシュ・パワー、アイリッシュ・パワーを祝福した。これは「新たなエスニシティ」と広く呼ばれ、その擁護者は「メルティング・ポット」は失敗に終わり、ワスプ［訳注：WASP（白人・アングロサクソン・プロテスタント）］は、移民の文化的遺産とアイデンティティを剥ぎ取るために同化を押しつけた、と明言した。

　新たなエスノセントリズムの高まりは、ベトナム戦争と、それに反対するアメリカの街頭やキャンパスでの抗議活動の激化と時を同じくしていた。社会的な異議申し立て、社会の危機、都市での暴動、反戦への熱情という背景に対して、アメリカの社会基盤はその欠陥ゆえに厳しい攻撃に晒された。1960年代の終わり頃、ある学者が以下のように述べている。

　　アメリカの社会基盤が弾圧的で不道徳的であるとの見解は、多数派の見解ではなかったが、そうした見解が、多くの人々によってあまりにも強調され、権威を持った人々によってあまりにもなす術もなく黙認された

ので、国家の自信と自尊心が大きく揺らいだ。内政も外交政策もともに、単に間違っているということではなく、罪悪でありかつ醜悪でもあると酷評された……。この解釈によると、アメリカの信条はまやかし以外の何物でもなかったし、アメリカン・ドリームは常に悪夢でしかなかった[1]。

こうした不一致と不信の雰囲気の中で、不満を持つ人々は当然のことながら、裁判所と連邦政府が地方の教育委員会と大学の当局者に対してその権利を行使することを求めた。プログラム、条例、裁判所の命令は、アメリカの教育機関を統制している人々は、マイノリティ、女性、他の不当な扱いを受けている集団の問題に関する限り、いかなる分別をもってしても信頼することはできないという、強い疑念を示し始めていた。学校と大学が、すべてのアメリカの若者に対して、自分自身を高めたり、出身にかかわらず個人の能力に基づいて成功したりするための平等な機会を提供するという考え方は、ひどく軽蔑された。エスニック集団は学校が自分たちの言語と文化を放棄するよう強制していると批判していたし、女性は高等教育機関がジェンダーによる差別をしていると批判していたし、黒人は白人の人種差別主義があまりにも深く浸透しているので、制度の中立性を守ることは不可能であると批判していた。

これが、連邦政府が非常に激しい議論を呼ぶことになったいくつかのプログラムを推進した背景であった。そのプログラムの中には、高等教育における積極的差別是正措置と性的平等、ならびに学校におけるバイリンガル教育があった。広範囲にわたる平等主義の波に乗って、身障者の権利といったような問題も持ち込まれた。それぞれの新しいプログラムの支持者と反対者はその価値をめぐって、ときにはあたかもそれが教育機関を破壊するのかあるいは学生を救済するのかという選択を迫っているかのように、激しく議論した。新しい試みの中には、採用されたものもあるし破綻したものもあった。おそらく恒久的に変わったのは、連邦政府および裁判所と合衆国の教育機関との関係であった。

第2節　バイリンガル教育

　エスニシティを公共政策の基本にすることの正当性と、マイノリティの子どもが自分たちの母文化を否定されることによって教育上の損害を被っているという主張は、1967年におけるバイリンガル教育に関する議会の公聴会の重要なテーマであった。法律の原案は、ヒスパニックの子どものみの「特別な教育上の要望に応えるための」試験的なプロジェクトに、連邦資金を提供することを意図していた。この法律制定の主要な発起人であるテキサス州選出のラルフ・ヤルボロー上院議員は、提案の利益はヒスパニックのみに限定されるべきだと主張した。というのも、他の非英語話者の集団は、自発的にこの国にやって来て、自分たちの言語と文化を置き去りにしていたのに対して、南西部のスペイン語話者は征服され、「我々の文化を彼らの文化の上に重ね合わせた」からであった。ヒスパニックの子どもと有権者の数が一番多い、テキサス州、カリフォルニア州、ニューヨーク州において公聴会が開催されている間じゅう、証言のほとんどはヒスパニックの広報担当者か、ヒスパニックの選挙民の福祉に力を注いでいることを示そうとしていた地方の政治家であった。バイリンガル教育の必要性を説くために多くの証人が証言し、その中には連邦教育長官も含まれていた。彼らの中には南西部では、「白人のアメリカ人」は12.1年、非白人は9年の学校教育を受けているのに比べて、25歳以上の成人のメキシコ系アメリカ人は7.1年しか学校教育を受けておらず、この相違はアメリカの学校が上手くいっていないからであると公然と非難する者もいた。だが、25歳以上の成人のメキシコ系アメリカ人のうちの多くが合衆国の外で生まれて、そこで教育を受けていたりあるいは教育を受けていなかったりしたという事実を指摘する者はいなかった[2]。

　議員と証人は皆、バイリンガル教育の目的はヒスパニックの子どもが英語を学べるようにすることであると認めていた。ヤルボローは、以下のような理由でバイリンガル教育を提案した。すなわち「子どもは、英語を流暢に話すことができなければ、アメリカの文化的生活においてほとんど一流になることはない。彼は、野球選手としては一流になれるかも知れないが、一流の

ラジオの語り手にはなれない。法律の分野でも一流になれないし、医学の世界でもそうだ。彼は、どんな専門職や商売においても一流にはなれない」[3]。

通常、前提というよりも事実として語られていたのだが、四つの前提が公聴会においては支配的であった。第一に、ヒスパニックの子どもが学校で成績が良くないのは、「自己概念が損なわれている」からである。第二に、このような否定的な自己評価が起こるのは、子どもの母語が教授言語ではないからである。第三に、こうした問題への適切な救済策はバイリンガルの教育である。第四に、自分たちの母語あるいは親の母語、ならびに自分たちの文化的遺産を教えられた子どもは、肯定的な自己概念、高い自尊心、学校に対するより良い態度、高い動機づけ、より良い学業成績を獲得できる。あるバイリンガルの教師は、「こうした子どもが自分たちの母語をよく理解すると、彼らが英語への架け橋を作り上げることがより容易になり、英語をより有効に学ぶことができるようになる」と証言した。あるプエルトリコ人の広報担当者は、「メルティング・ポットにおける精神的負担」が、おそらく合衆国における「精神的かつ情緒的な病気」の広まりの原因である、と不平を言った。彼は、母語以外の新しい言語を学ぶ必要性が子どもに「否定的な自己イメージ」を与える、と主張した[4]。

バイリンガル教育を支持する過度なまでの主張が次々と繰り広げられていった最中に、ある教育者が警告を発した。テキサス大学の教育心理学の名誉教授ハーシェル・T・マニュエルは、教育者は家庭言語が英語ではない子どもの教育問題に対する答えを持っていないので、新たな法律はどのようなものであれ、調査と実験を重視しなければならないとヤルボローに警告した。「学校が英語に重点を置いていたことは正しかったし、英語に重点を置くことは続けられるべきであるが、子どもの家庭言語を無視することは正しくなかった」と、マニュエルは考えた。しかしながら、彼は以下のように忠告した。「最善のプログラムを作り上げることなどできない……。我々は、言語教育に関しては相当の知識を持っているが、二つの言語をいっしょに教えることに関しては十分な知識を持っていない……。我々は、正確に測定された結果を伴う注意深く管理された実験を是が非でも必要としているし、我々が

いかに一生懸命だからといって、幻滅と遅延に至るだけの、立証されていない愚かなプログラムを単に増殖させることのないように、気をつけるべきである」[5]。

　のちに初等中等教育法第7章と呼ばれることになる1968年バイリンガル教育法が連邦議会で可決された際に、この法律は連邦議会での法案への支持を集めるために必要な政治的妥協として、ヒスパニックの子どものみではなく「英語を話す能力が限られた子ども」にも適用されることとなり、しかも低所得層の子どもに焦点が当てられた。重要なこととしてこの法案は、「バイリンガル教育」の定義もせず、法律の目的も述べてはおらず、ただ単に地方学区が、英語を話せない子どもの特別な要望に応えるために、「新たな想像力に富んだ初等・中等学校のプログラムを開発し実行すること」に対して、資金を提供することだけを述べていた。この法律が曖昧にされたのは意図的であった。ヤルボローは率直に以下のように認めていた。「人々が『バイリンガル教育とはどういう意味か』と私に尋ねてくるたびに、私は、その意味するところは尋ねる人によって異なると返答する」。バイリンガル教育の支持者は、英語以外の言語と文化を保護することに勝利したと考えたが、議会における支持者はバイリンガル教育について、子どもに英語の読み書きができるように手助けし、英語を話している教室に加わるように後押しする救済的なプログラムであると考えていた。この問題はその後の15年間にわたるバイリンガル教育に関する議論の中心となった。バイリガル教育の目的は、通常の英語で行われる学校プログラムへの移行をもたらすものなのか、それともその目的は、英語を話せない子どもの言語と文化を維持するためのものなのか[6]。

　バイリンガル教育法は、学区にバイリンガル・プログラムを提供すべきことを求めてはいなかった。それは、地方学区によって開始された試験的なプログラムとみなされるものに対して、最初の年は750万ドルの資金を提供した。しかしながらこの寛大な手法は長続きしなかった。1970年に健康教育福祉省（HEW）の公民権局（OCR）は、「英語の技能に欠ける」子どもへの差別は公民権法第6章に違反する、との決定を下した。そこには「合衆国におい

ては誰でも、連邦の資金援助を受けているプログラムや活動において、人種、肌の色、出身国によって参加を除外されたり、恩恵を受けることを否定されたり、差別の対象とされたりすることはない」と規定されていた。OCR は、「アメリカ生まれのマイノリティ集団を5％以上抱える」すべての学区に対して、以下のような通達を出した。

> アメリカ生まれのマイノリティ集団の子どもが、英語を話したり理解したりする能力がないことで、学区から提供される教育プログラムへの効果的な参加から除外されている学区では、こうした生徒に教育プログラムを開放するために、言語の不足を補うための積極的差別是正の手段が講じられなければならない。

こうした子どものための特別なプログラムは、「英語の技能への要望をすぐに満たすように構成されるべきであるし、教育上の行き止まりとして、あるいは常設の能力別学級として運営されてはならない」。基本的に OCR は、英語の技能に限りがあるために通常の教育プログラムに参加することができない子どもに対して、学区は特別な支援を提供しなければならないという理に適った立場を取っていた[7]。

　この指針は1974年に連邦最高裁によって支持された。すなわち連邦最高裁は、サンフランシスコの学校組織が1,800人の英語を話せない中国人の生徒に英語教育を提供しなかったことに対して、不利な判決を下した。ラォ対ニコラス判決において連邦最高裁は、「ただ単に生徒に同じ施設、教科書、教師、カリキュラムを提供するだけでは平等な取り扱いにはならない。英語を理解できない生徒はすべての意味のある教育から事実上排除されてしまっている」とみなした。だが、連邦最高裁は特別な救済策は何も提案しなかった。「英語を話せない中国系の生徒に英語を教えることは、一つの選択肢である。その集団に中国語で教育するのも、もう一つの選択肢である。おそらく他の選択肢もあるだろう」。1970年の OCR の指針と同様に、1974年の連邦最高裁のラォ判決は、学校に対して、英語を話せない子どもには「言語的な欠陥

を是正するために」特別な言語プログラムを創設することを命じた。一方、教授法に関する指示を出すことは慎重に避けていた[8]。

　しかしながら1975年夏に教育長官のテレル・ベルによって任命された、バイリンガル教師と少数言語集団の代表者からなる特別専門委員会によって作られた指針においては、その慎重さは見る影もなかった。「ラォ救済策」として知られる特別専門委員会の報告書は、英語を話さない生徒のためのバイリンガル・プログラムを、学区がどのように準備し実行していくかについて余すところなく詳細に規定していた。学区は、英語の流暢さではなく、生徒の家庭で最も頻繁に話されている言語が何か、彼が最初に学んだ言語が何か、彼が最も頻繁に使用する言語が何かを明らかにすることにより、生徒の第一言語を特定することを命じられた。したがって、たとえ生徒が完璧に英語が流暢であっても、バイリンガル・プログラムを受ける権利があることになる。連邦最高裁はいかなる教授法も支持しなかったが、ラォ特別専門委員会は、英語を話せない生徒は彼らの母語と母文化に関する教育を強調したバイリンガル教育を受けるべきであると主張した。学区は、「第二言語としての英語学習法（ESL）」を提供することを反対された。それは、集中的かつ補充的な英語のみの教授法であった。特別専門委員会によると、ESL は小学校の生徒には「適切ではなく」、ハイスクールの生徒には唯一のプログラムとしては使うことができないという。特別専門委員会はサンフランシスコの学校が、そこに在籍するすべての中国人の子どもにESLを提供しなかったことが、ラォ判決の根拠となったことを見落としていた[9]。

　特別専門委員会の勧告は、バイリンガル教育の支持者の間での新たな合意を反映していた。初等中等教育法第7章の期限を延長する法案をめぐる1974年の議会の公聴会において、議員が依然として、英語の学習を手助けする架け橋としてバイリンガル教育をとらえていたのに対して、バイリンガル教師は英語以外の言語と文化を保持する方法としてプログラムをとらえていることが明らかとなった。プログラムの強力な支持者であるニューヨーク市出身の女性下院議員シャーリー・チショルムは、「英語を理解できない子どもは事実上、すべての意味のある教育から排除されている」ので、バイリンガル

教育は「真の優先事項」でなければならないと強く主張したが、ニューヨーク市のバイリンガル・プログラムの責任者は、「我々はいついかなるときも、このプログラムを、母語から英語への移行を提供する方法として単純にとらえてはならない」と力説した。他の人々は、プログラムは期間を限るべきであるとの提案に強く反対した。というのも彼らの理想は、学校教育の12年間を通して、生徒をバイリンガルのカリキュラムで面倒を見ることだったからである[10]。

1974年の公聴会で話をした人々は、メルティング・ポットに対する怒りを露わにし、文化の多元性を賞賛したので、エスニック・リバイバルの影響も明らかにされた。イタリア人の代表者は、「バイリンガルの資金は他の民族にも配分されるべきである」と不満を述べたが、イタリア系アメリカ人の若者の中途退学率が高いのは、「主として言語の事情ではない」ことを認めていた。ニューヨーク市教育委員会のある委員は熱狂的になっていた。「私はこの法案が、ニューヨークに来るハイチ人の子どものためにも、中国人の子どものためにも……ギリシャ人やイタリア人の子どものためにもなると思っているし、自分たちの祖先がどこから、そしてなぜアメリカに来たのかについて知る権利を再び持つことになった、ハンガリー人の子どもや、ラトビア人やドイツ人の孫のためになると思っている」[11]。

ニクソン政権は、バイリンガル-バイカルチュラルの教育方法を懐疑的に見ていた。HEW次官のフランク・カールッチは、「我々はただ単に、どのようなものであれ、他のものを排除して一つの教育方法を受け入れるだけの確固とした根拠を持っていないだけである……」、と証言した。カールッチは下院の委員会に対して、言語プログラムの目的は英語をほとんどあるいは全く知らない子どもに英語を教えることである、ということを気づかせた。そのうえ彼は、アメリカの多くのエスニック集団の文化的関心を支援するのは連邦政府の役割ではない、と強く主張した。「アメリカ社会の文化の多元性は、最も大きな財産の一つである。だが、そうした多元性は地方における選択の問題であって、連邦政府によって補助金が支給されるようなものではない」[12]。

バイリンガル教育法は、ウォーターゲート・スキャンダルのためにリチャード・ニクソン大統領の辞任に向けての圧力が高まっていた、1974年夏の危機的な状況の中で更新の時期を迎えていたので、政権が法案に反対したことは民主党が主導権を持つ連邦議会において、法案への支持を強めただけであった。改正された初等中等教育法第7章は、主にマサチューセッツ州選出のエドワード・ケネディ上院議員とカリフォルニア州選出のアラン・クランストン上院議員によって推進されたもので、エスニシティを徹底的に主張する人々を満足させるようなバイリンガル教育に関する解釈が組み込まれていた。それは維持プログラムに大きな重みがかけられていた。もはや試験的なプログラムではなくなり、バイリンガル教育は正当性が立証された教育方法として扱われることとなった。1974年法は、以下のようなことを明白に認めていた。第一に、英語を話す能力が限られている多くの子どもは「英語話者とは異なる文化的遺産を持っている」。第二に、「子どもが学習する主要な方法は、そうした子どもの言語と文化的遺産を用いることである」。第三に、それゆえ「英語を話す能力が限られている多数の子どもは、バイリンガルな教育方法と教育技術を用いることによってのみ満たされる、教育的な要望を持っている」。加えて法律は、低所得層の家庭の子どものみならず、英語を話す能力が限られている子どもすべてが、そのプログラムを受ける権利があるとした。1974年バイリンガル教育法は画期的な出来事であった。というのも連邦議会が地方の教育担当部局に特定の教育方法を指示したのは、連邦支援が法制化されて以来、初めてのことだったからである[13]。

1977年頃には、連邦教育局は500を超える地方学区で30万人を超える子どもを母語で教育するために、11,500万ドルをバイリンガル・プログラムに割り当てた。およそ25,000人の教師と助手の養成に資金提供することに加えて、連邦政府は68の言語による教材の準備に補助金を提供した。そこには、スペイン語、フランス語、韓国語、中国語、イタリア語、ギリシャ語、ロシア語、日本語のような、その言語の話者がかなりの数に上る言語のみならず、グウィチン語、イヌピアック語、シベリア・ユピック語、スグピアック語、上クスコクウィム語、アリュート語、上タナナ語といった七つのアラ

スカ先住民の言語や、文字を持たないものも含む多くのアメリカ先住民の言語があった[14]。

バイリンガル教育への連邦の資金提供の更新をめぐって、1977年に開催された議会の公聴会において、議員とエスニック・ロビイストとのいつもながらの二人舞踏に、ちょっとした耳障りな音色が混じってきた。教育者が初めてプログラムの方向性と有効性に狙いをつけた質問を投げかけてきた。人種隔離廃止の専門家であるイリノイ大学のゲイリー・オーフィールドは、連邦政府の補助金について次のように批判した。

> それはしばしば、子どもへの教育的な価値が立証されていない、高額でかつ極めて人種差別的なプログラムにあてがわれている。さらに悪いことに私は、時によっては、そのプログラムを必要としない、そしておそらくそれによって傷つけられるかもしれない子どもまで教え込もうとする傾向があると感じている。プログラムの中には、アメリカ社会への巧みな統合を追い求める代わりに、より深い文化的・言語的な独自性と分離を追求するものもある……。連邦議会は、それが機能することを示唆する証拠もないままに、バイリンガル・プログラムの支援を開始した。バイリンガリズムに関する研究の歴史は、曖昧な発見と軽率な教育方法で満ちている……。そうした研究の中には、子どもが英語を母語として話す他の子どもと絶え間なく交流せずとも、効果的に英語を学ぶことができることを示すものは何もなかった[15]。

それ以上に動揺を与えたのは、連邦教育局によって実施された初等中等教育法第7章に関する4年間にわたる調査報告書であった。よく知られた研究機関であるアメリカ調査研究所（AIR）によって作成された調査報告書は、1975年時点で少なくとも4年間以上運営されていた、全部で38のスペイン語－英語のプロジェクトの中から、286の教室を抽出した。評価の目的は、他の授業科目を自分たちの母語を用いて学んでいる、英語を話す能力が限られている子どもにとって、そのプログラムが英語能力の習得を助けているか

どうかを見極めることであった[16]。

　ある議員は AIR の調査結果を見たとき、その晩はあまりよく眠れなかったと述べている。最初の発見は、第7章の教室の4分の3の子どもはヒスパニックであったが、英語の能力が限られているのは3分の1以下の子どもであったことである。さらにプロジェクトの責任者の約85％が、ヒスパニックの生徒は英語の能力を習得したのちもバイリンガルの教室に留まっていると調査に当たった者に告げた。バイリンガルの教育者にとって、この数字はなんら具合の悪いものではなかった。というのも彼らは、子どもは幼稚園から12年生までずっとバイリンガルで学ぶべきだ、と考えていたからである。だが議員の中にはバイリンガル教育について、ヒスパニックの子どもに通常の英語で行われるカリキュラムへの移動を準備させる移行的な措置とみなしていた者もいたので、彼らはこの数字に驚いた[17]。

　生徒の成績と態度に関する AIR の報告書は、一様に失望せざるを得ないものであった。英語の試験では、第7章の教室のヒスパニックの生徒は、バイリンガルで学んでいないヒスパニックの生徒よりも良い成績を収めることはできなかった。スペイン語と英語で実施された数学の試験では、第7章の教室とそうでない教室の両方のヒスパニックの生徒の成績はほぼ同じであった。全米の平均と比べると、どちらの生徒集団もはるかに低い成績で、英語では下から数えて20％以下に位置し、数学では下から数えて30％以下に位置していた。第7章の教室の生徒が、学校に対してより積極的な態度をとっているというわけではなかった。第7章の生徒が改善されたと言える唯一の分野は、スペイン語を読む能力であった。つまり、調査によって分かったことは、スペイン語学習は生徒のスペイン語の運用能力を高めたが、英語や他の教科では必ずしもそうではなかったということである[18]。

　AIR の調査結果はバイリンガル教師のみならず、主要な連邦政府の調査機関である全米教育研究所のバイリンガル－バイカルチュラル部門の代表者からも攻撃された。だが、バイリンガル教育の建設的な効果しか聞かされていなかった議員は、連邦から資金提供を受けているバイリンガル・プログラムに在籍する極めて多くの生徒が、すでに英語を熟知しているという事実に

よって、ことのほか深刻に動揺した。最新の評価についてどのように思うかを尋ねられると、バイリンガル教育局の責任者であるジョン・モリナは次のように答えた。「あなた方は、実際にはバイリンガル教育プログラムを評価することはできない。それは哲学であり、学級経営である。あなた方は一連の授業の評価はできる。たとえば、評価は、読解、数学、自然科学、社会科学といった科目に限定されるべきだ。私は、何が一番良い教育方法か、そして、子どもが英語以外の言語で学ぶかどうかを決めるためには、莫大な量の調査が必要になると考えている」。彼のこの言葉は、バイリンガル教育がイデオロギー的な理由に基づくものであり、英語を話す能力が限られている子どもを教えるための最善の方法を立証する調査結果に基づくものではないことを、ありのままに容認していた[19]。

　連邦議会が命じ、連邦の教育にかかわる役人が10年以上にもわたって資金提供してきた実践に関して、彼らが未だに調査に基づく根拠を欠いていることは、ある意味において驚くべきことであるかのように思われたが、モリナの回答は問題の核心を突いていた。ある学者は、「母語と母文化を保持することが健全な子どもと健全な国家を生み出すであろうという命題を、吟味することはできない。プログラムの教育的な影響のみが測定可能である」と述べた。バイリンガル教育の目的がエスニシティの団結を促進することであると思っている人々にとっては、調査の結果は見当はずれであった。彼らの立場からすると、バイリンガル－バイカルチュラル教育の存在そのものが成功であった。一方、その目的が英語を話す能力が限られている子どもの、通常の英語によるカリキュラムへの移行を早めることであると考える人々にとっては、バイリンガル教育はその輝きを失っていた[20]。

　1978年に可決された改正版の初等中等教育法第7章では、連邦議会はバイリンガル学級における英語を話せる子どもの数を40％に制限し、彼らは他の子どもが英語を学ぶのを手助けするためにそこにいることを明確にした。親が我が子のために望んでいるものをプロジェクトが提供しているかどうかを保証するために、将来的には親による諮問委員会を作ることがプログラムには求められていた。地域の学校はまた、2年以上バイリンガル・プログラ

ムに残っている生徒全員について個々に評価するよう指示されており、これは英語を話す教室への移行よりも、むしろ文化の維持に力を注いでいるようなプログラムに対する、議会の非難を強調しようとする動きであった[21]。

　このような制限がつけられていたにもかかわらず、バイリンガル教育は激しい議論の対象であり続けた。1980年に教育省がバイリンガル教育の実施を求める新たな条例を提案すると、広い範囲からの反対が起こった。公立学校校長会、全米教育委員会協会、全米小学校校長協会、全米中等学校校長協会、アメリカ教員連盟（AFT）といった専門家の組織が、この連邦の教育統制という直接的な主張に対して反対したのみならず、自分たちの理想とするメルティング・ポットに対する脅威であると激しく非難する、何千通にも及ぶ個人からの手紙がワシントンに送られてきた。こうした条例は、法としての強制力を持っていたのだが、カーター政権においては1度も実施されなかったし、のちにレーガン政権の教育長官テレル・ベルによって撤回された。皮肉なことに彼は、バイリンガル－バイカルチュラルの教育方法に対する連邦政府の最初の介入となった、1975年の「ラォ救済策」の準備を指示していた[22]。

　他の多くの問題と同じようにバイリンガル教育は、政治的な関心と教育的な関心を切り離すことが難しい形で併せ持っていた。最初のうちそれは低い学業成績と高い中退率を逆転させ、ヒスパニックと他の英語を話せないマイノリティの自尊心を高めるための方法として支持された。その問題は現実のものであったが、一方でその問題が、バイリンガル教育が存在しなかったために引き起こされたということを立証する証拠は何もなかった。バイリンガル教育への信頼がイデオロギー的かつ政治的なものである限りにおいて、それは評価の対象にはならない。だがそれが、英語を話せない子どもの成績を改善するという主張に基づく場合には、それは最終的に公平な調査に基づいて評価されなければならない。バイリンガル教育に関する1982年の調査において、全米教育研究所のアイリス・ロットバーグは「バイリンガル・プログラムは他の教授方法と比べて良くもなければ悪くもない」ことを見抜いた。彼女は「世界的な水準では、バイリンガル教育に関する研究の分野は、本質的に異なる調査結果と結論の出ないような結末が特徴とされていて、……調

査は結局のところ、いかなる意見でさえも支持するとみなしうるものである」との結論を下す、国際的な調査結果を引き合いに出した。ロットバーグは意味ありげに、たいていの言語プログラムは、「どのような名前をつけられていても、似たり寄ったりである。たとえば、バイリンガルの構成要素は通常、イマージョン・プログラム [訳注：第二言語習得法の一つで、習得したい言語の読み書きを学習するだけに止まらず、その習得したい言語環境に浸りきって他の教科も学習していく方法である。1960年代にカナダのケベック州で、英語を母語とする子どもにフランス語を習得させるためのフレンチ・イマージョン・プログラムが考案され、成果があったことから、広く普及した。] に含まれているし、ほとんどすべてのバイリンガル・プログラムは何らかの ESL の技法を用いている」と指摘した。「連邦政府が、特定の教育方法を支持したり要求したりするための、法的な必要性や調査基盤は存在しない」と、彼女は結論を下した[23]。

1980年頃には、13の州がバイリンガル教育の実施を命じ、連邦判事の中には学区あるいは州全体でバイリンガル教育を行うよう命じた者もいた。したがって、それが文化的な分離主義の防波堤とみなされる限りは、異論の多い問題であり続けるであろうことに疑問の余地はなかった。エスニック・リバイバルが衰えていき、それとともにバイリンガリズムの政治的な正当性もしぼんでいったが、バイリンガリズムの支持者にとっては彼らの関心事を、アメリカの学校と大学における外国語教育の衰退をめぐる、より大きな一般大衆の懸念の中に溶け込ませる可能性は残されていた[24]。

第3節　積極的差別是正措置

バイリンガル教育は目的をめぐる合意が得られていなかったために論争を引き起こし、議会での議論は、議員とエスニック・ロビイストとの間に全く異なる期待が存在することを明らかにした。一方で積極的差別是正措置が論議の的となっていた。それは、ひとつには支持者と批判者の双方ともにその目的を明確に理解し、強く異議を唱えていたことによるが、それはまた議会における討議や立法化もなしに政府の政策になってしまったからである。バ

イリンガル教育にしても積極的差別是正措置にしても、一般大衆からの支持を得られたわけではなかった。世論調査の結果は常に、圧倒的多数がその両方ともに反対していることを示していた。積極的差別是正措置は政府の政策の転換を象徴していた。それは、肌の色にとらわれないことから肌の色に配慮することへの転換、個人の権利から集団の権利への転換、特定の人種隔離の活動を禁止する政府の政策から、集団内での人種の統計的不釣り合いを人種隔離の証拠とみなす政府の政策への転換を意味していた。高等教育におけるマイノリティの学生と教員の数を増やそうとする民間と政府による努力は、機会の均等の本質と正義の保障という問題をめぐる全米的な議論の幕を開けた[25]。

積極的差別是正措置は矛盾に満ちた趨勢に鑑み、黒人の経済状況の改善の速度を速めるための方策として、1960年代後半に出現した。1964年から1965年にかけての画期的な公民権法制定後、人種問題をめぐる騒動と人種問題解決の動きが共存する期間が長く続いた。際立って一般大衆の目を惹いたのは、都市での暴動とブラック・パンサー党のような準軍事的組織の台頭であった。同時に、黒人の教育の達成度とカレッジへの入学率は劇的に増加し、かなりの数の教育を受けた黒人少数派が初めて中産階級の収入に達した。1960年代後半は、黒人にとって前代未聞の社会的・経済的な向上の時代であったにもかかわらず、黒人の指導者は好意的な連邦の役人に向かって、人種にまつわる変革の速度の遅いことがさらなる社会不安と混乱を引き起こすだろう、と警告し続けた[26]。

しかしながら1964年公民権法の文言が、黒人やその他の特定の人種、エスニック集団や宗教集団を救済しようとする、政府の試みに障害をもたらした。ある特定の集団の独自性に基づく人種差別を終わらせることを保証するために、この法律は法の前におけるすべての人々の平等を明確に肯定した。法案の公聴会においては、この法律が学校における人種の均衡や優先的な雇用を課すのに使われるのではないかとの懸念を、多くの議員が表明した。こうした危惧を和らげるために法律は、人種、宗教、出身国を学校への生徒の割り振りや雇用において使用することを明確に禁止した。同様に、性による

差別も雇用においては禁止された。この法律の第4章には、人種隔離廃止の定義について、「人種、肌の色、宗教、出身国にかかわらず、生徒を公立学校に割り振ったり、学校内で割り振ったりすることであるが、『人種隔離廃止』は人種の不均衡を解消するために生徒を公立学校に割り振ることを意味していない」と記されていた。第7章は、雇用における人種差別を終わらせることを意図して、以下のような文言を含んでいた。「本章には、いかなる雇用者によって雇用された、いかなる人種、肌の色、宗教、性別、出身国の人々の、全体数またはその割合に関して存在するかもしれない不均衡のせいで、いかなる個人やいかなる集団に対しても、人種、肌の色、宗教、性別、出身国による優先的な取り扱いを認めるよう雇用者に求めている、と解釈されるべきものは何も含まれていない」。こうした保証はどちらもともに第6章によって実施された。それは、人種差別を行っているあらゆる活動やプログラムに対して連邦資金は提供されない、と宣言していた。「合衆国においては何人も、人種、肌の色、出身国を理由として、連邦の資金援助を受けているあらゆるプログラムや活動に参加することから除外されたり、その恩恵を受けることを拒否されたり、人種差別に晒されたりすることはない」[27]。

だが、黒人の暴動の余波によってアメリカのいくつかの都市の空が煙で暗くなっている状況のもとで、世界の終りを迎えるような不吉な感覚が、黒人のために目に見える何かをしなければならないという必要性をますます強めていた。連邦教育長官ハロルド・ハウ二世は、1966年に次のようにそっけなく説明していた。「革命が我々の足もとで起こりかけている。その革命のエネルギーを、アメリカの発展のための新たな溌剌とした力の源泉へと転換することができるのか、それともその爆発がこの国を二つの社会に引き裂いてしまうのかを決定するのは、ひとえに学校にかかっている」。公民権法によって定められた命令と衝突せずに、過去の人種隔離を除去する方法を見つけることが連邦の役人の仕事となった。学校における人種隔離廃止の分野では、南部の学校に対して人種の統合を課すことが相応しい償いであると考えられた。というのも南部が幾世代にもわたって、黒人の地位を貶めていたからのみならず、南部の学区が10年以上にもわたって故意にブラウン判決を無視

したり巧みに逃れたりしていたからである。連邦判事は、子どもを人種によって学校に割り振ることを命じる彼らの命令と、子どもを人種によって割り振ることを禁止する公民権法の命令との折りあいをつけるために、違反行為は改善されなければならないという原則に固執した。ひとたび学区が意図的に子どもを人種によって隔離して法律に違反すると、人種の均衡をとるための救済策が適正に発動されることになる。南部は前科があったので、アメリカの他の地域に向けて連邦の新たな役割に関する不満を表明しても、ほとんど共感を得ることはなかった[28]。

　雇用の分野においては人種差別は、公民権法の第7章のみならず、いくつかの大統領令によっても禁止されていた。フランクリン・ローズベルト大統領は、1941年に国防関連産業における人種差別を初めて禁止した。追加の大統領令がトルーマン、アイゼンハワー、ケネディ大統領により発令された。それにより人種差別撤廃は国防関連産業以外の公共事業の請負業者にまで範囲が広げられ、その強制力が強化された。1965年にリンドン・ジョンソン大統領は大統領令11246を発令した。この大統領令は1967年に改訂され、人種差別の禁止が課される範疇の中に「性別」が含まれることになった。ジョンソンの大統領令は、以下のことを規定していた。「請負業者は、人種、肌の色、宗教、性別、出身国を理由に、被雇用者と雇用への応募者を人種差別しないこととする。請負業者は、応募者の雇用や雇用期間中の被雇用者の処遇が、人種、肌の色、宗教、性別、出身国にかかわらず保証されるように、積極的差別是正措置を採ることとする」。

　大統領令の実行は労働省の責任であった。労働省は、マーチン・ルーサー・キング・ジュニアの暗殺から数週間経過し混乱が続くワシントンDCにおいて、1968年5月に「積極的差別是正措置」が何を意味するのかを説明する条例を公布した。公共事業の請負業者には、反人種差別組織である旨の宣言書を人目につきやすいところに張り出し、職場の欠員情報を広く公表し、団体交渉の代表者に人種差別をしないことに同意した旨を通知することが要請された。請負業者には、あらゆる職域における「マイノリティ集団に属する職員の活用」に関する分析と、「欠陥があるときには、完全かつ平等な雇用機

会を迅速に達成するための、明確な目的とそれに向けての工程表」を含む「書面による積極的差別是正措置遵守プログラム」を準備することが求められた。初めて公共事業の請負業者は、自分たちの抱える全従業員のエスニシティに関する統計調査を用意し「ニグロ」、「東洋人」、「アメリカ先住民」、「スペイン系アメリカ人」といった、特定のマイノリティ集団から働きに来ている被雇用者の人数を報告することを命じられた。だが全体としての力点は、人種、国籍、性別による統計的な申し立てよりも、積極的な広告と勧誘によって応募者の総数を大きくすることと、「雇用機会」を広げていくことに置かれていた[29]。

公民権団体がほとんど支持しなかったにもかかわらず、共和党の大統領としてリチャード・ニクソンが選出されたので、連邦の差別撤廃措置への努力が緩んでしまうのではないかとの懸念が生じた。だが驚いたことに、ニクソン政権のもとで積極的差別是正措置の考え方は、公共事業の請負業者がマイノリティの出身者や女性の雇用を拡大せざるを得ないような、精力的な連邦のプログラムへと変貌を遂げた。ニクソン政権下におけるOCRの責任者J・スタンレー・ポッティンガーが、積極的差別是正措置政策への転換を監督し、それは、1970年の指針の文言によると、「結果第一主義」を目指していた。それぞれの新しい指針は、連邦政府の要求を前進させるとともに明確化した。それは、雇用者に対してそれぞれの職域におけるマイノリティ出身者と女性の被雇用者数を分析し、こうした集団がどこで「十分に活用されていない」のかを決定し、すべての種類の職務の中でこうした集団の活用に関する欠陥を是正するための、「目的とそれを実現するための工程表」を明確にすることを求めた。事実上連邦政府は、個人的な人種差別行為が確認されなくても、特別の集団が「不相応に少ない人数」しか在籍していないことが、人種差別の一つの形態を暗示しているという考え方を支持していた。女性とマイノリティを支持する集団と、ニクソン政権との間にはお互いに不信感があったにもかかわらず、OCRは実行力を拡大するためにこうした組織とも友好的に仕事をした。ポッティンガーによると、ニクソン以前の大統領令は1970年に女性運動の組織とマイノリティ集団によって「発見される」まで、

高等教育と関連があるとは「気づかれていなかった」ので、このことにより彼の部局は新しい職員とより大きな使命を獲得することができるようになったという。こうした関係は、取り締まりに当たる機関においてはよく見られたのだが、象徴的であった。不当に権利を奪われた有権者集団による抗議活動が担当部局の権力を増大させ、担当部局に新たな権限が与えられるたびに、担当部局とマイノリティの有権者の立場は双方ともに強まっていった[30]。

　1971年秋にOCRが高等教育機関の遵守状況の査察を始めた頃には、反人種差別の概念は決定的に見直しを迫られていた。それはもはや請負業者が、人種、肌の色、宗教、性別、出身国にかかわらず従業員を雇用し処遇するということを意味せずに、逆にこうした要素を考慮に入れて行動すべきことを意味していた。概して大学は、それぞれの学部と職域における、黒人、ヒスパニック、アジア系、アメリカ先住民、女性の数を記した表を提出し、また、求職市場におけるそれぞれの集団の雇用の可能性を分析したり、「十分に活用されていない」集団に属する者の数を増やすための、大学のプログラムの見通しを提供したりすることによって、連邦政府の要求に応じていた。1970年代初頭には、OCRを満足させるような積極的差別是正措置の計画を大学が提出するまで、20の主要な大学への連邦補助金の支給が停止された。カレッジや大学への苦情の申し立てはOCRのみならず、雇用機会均等委員会(EEOC)、労働省、州の反人種差別機関に届け出ることができた。こうした組織にはすべて、取り調べと遵守状況の評価を実施する権限が与えられていた。より多くの女性とマイノリティを雇用せよとの連邦政府からの圧力に加え、多くの高等教育機関は黒人の入学者を増やしたり、より多くの黒人の教授と管理職を増やしたりせよとの自分たちの大学の黒人学生からの要求に肯定的に応じていた[31]。

　連邦補助金を受け取れなくなるような事態を避けるために、大学は通常は連邦の要求に従っていたが、個々の教授は積極的差別是正措置に対する批判の集中砲火を浴びせていた。彼らの関心は以下の5点にあった。第一に、学部の教員を選ぶときに考慮に入れなければならないことは、知的能力、教育経験、学識、同じ分野の研究者による評価などの学問的業績のみである。第

二に、マイノリティと女性を雇用せよとの圧力は、大学に対して適性の劣る人材を雇用させることになる。第三に、白人の男性は「逆差別」の犠牲者となってしまう。第四に、この問題は連邦調査官に学部の機密書類を閲覧する権利を与えることとなり、その結果仲間でお互いを評価しあうという伝統的な業績評価のやり方を危険に晒すことになる。第五に、大学の内部問題への政府の介入は学問の自由を侵害することになる。

そうした批判の根底には、政府が大学に対して、業績の代わりに集団に属する者が人種、性別、出身国によって釣り合うような原則の受容を、押しつけようとしていることへの懸念があった。彼らが目にしたものは、婉曲的な言い回しと官僚用語で包まれていたが、政府権力が大学に対して、職場における割り当て制度を押しつけているということであった。たとえば、西インド諸島やラテンアメリカから来たばかりの移民に対して、ただ単に彼らの肌の色やヒスパニックの姓という理由だけで、優遇措置を与えることは適切ではないように思われた。知性の領域においては、考えたり、書いたり、教えたりする能力以外の資質は重要ではないと、彼らは強調した。並はずれた多くの批判者はユダヤ人で、移民や移民の子どもの批判者も少なくなかった。ヨーロッパで教育を受けたこれらの人々は、教育と雇用におけるエスニシティと宗教による制限を思い起こした。合衆国で教育を受けた人々は、割り当て制度がユダヤ人、カトリック教徒、黒人、その他の集団に対して、入学や雇用に関する制限を与えていて、それが最近になってやっと主要な大学から撤廃されたことを知っていた。批判者は機会均等について、能力に基づいた報酬を競い合う、すべての個人にとっての公平な機会と定義していた。マイノリティにとっての「割り当て制度」とは、連邦政府が機会均等について、個人の実力とはかかわりなく、すべての集団からの出身者の数が等しくなることであると定義し直したということであった。この政策が「反人種差別」の名のもとに推進されていたので、彼らにとってはなおのこと腹立たしいものとなっていた[32]。

積極的差別是正措置を擁護する人々は当時、大学における雇用は白人男性の「卒業生」の繋がりに支配されていたので、人種的なマイノリティと女性

は政府の圧力なしには決して機会均等を獲得することがないだろうし、また機会均等によって特定の集団に属する者が、教育と雇用に存在する過去の人種差別の影響を克服できるようにはならないと主張した。OCRの広報担当者は、「割り当て制度」の発動はある意味、脅かすための戦略であって、政府は大学に対して、女性とマイノリティが雇用可能性との関連において、学部に適正に在籍しているかどうかを早急に見極め、もしそうでない場合は、彼らを積極的に勧誘し雇用するよう促すことのみを意図していた、と強調した。数多くの記事が、OCRの「目的と工程表」が不合理な割り当て制度なのか、それともただ単に雇用形態における望ましい変化に関する有益な指標に過ぎないのかについて論評していた。しかしながら、偏見をなくすための統制に当たる機関が、大学にとっては不適切と言わざるを得ない、産業界での雇用形態を大学に押しつけたということは明白であった。例を挙げると、最初に提出した三つの計画が適切ではないと却下されると、ハーバード大学は5分冊にものぼる積極的差別是正措置計画をOCRの求めに応じるために提出した。だがその承認は、ハーバードが他のことと同様に、以下のことに同意するか否かによっていた。「それぞれの職種における、また学部に関しては以前に提出されていない場合には学科や職位ごとの、採用と昇進のための詳細な基準を開発し提出すること」、「採用、昇級、昇進のために、現在使用されているすべての試験の正当性を立証すること」、すべての被雇用者について、その組織で働いた年数、教育水準、著作の数、その他の基準によって比較した「給与の正当性の分析」を準備することであった。大きな製造業社であればこのような要求に簡単に応えることができたであろうが、職種を同じように正当化するだけでは学部の実体にはそぐわなかった。学部における学問的な優秀さと研究に対する関心は、従来の職務分析のやり方にぴったりと合わせることはできなかった。そこでは雇用と昇進は人事担当者ではなく、終身雇用を保障されている学部教授陣によって行われていた。しかもそこでは、同じ数の著作を出し、同じ期間学部に勤務している2人の教授が、学問分野における同等の地位を占めていないこともあった[33]。

第4節　バッキ事件

　ほとんどの批判は、大学の雇用の手順や方法に対する政府の介入に向けられていたが、積極的差別是正措置をめぐる主要な裁判の結果は、大学院生の入学制度における人種による優先権の行使を疑問視した。1960年代後半には、ベビーブームの子どもがまさにその年齢に達したので、専門職大学院への入学競争はとくに激しくなっていた。ほとんどの法科大学院と医科大学院への入学志願者は、定員をはるかに超えていた。1971年に、マルコ・デフュニスは、2度目に不合格にされたのち、ワシントン大学の法科大学院を相手に提訴した。定員が300人のところで1,600人が競っていたのだが、デフュニスは憲法違反の人種差別を受けたと訴えた。というのも、大学は志願者を人種によって分類し、自分よりも能力の低い、黒人、メキシコ系アメリカ人、アメリカ先住民、フィリピン人などの人種集団の人々を優先的に入学させたからである。州裁判所はワシントン大学に対して、彼を入学させるよう命じた。1974年にデフュニス訴訟案件が連邦最高裁にまで達したとき、彼はすでに法科大学院の最終学年に進んでいた。連邦最高裁は5対4で、彼の事件はほとんど実際的な意味がないと判決した。というのも、連邦最高裁が支持するか否かにかかわらず、彼は卒業してしまうからであった[34]。

　連邦最高裁は結論を下すことを避けたが、同じ問題を試すような次の事件がすぐに起こった。白人の技術者のアラン・バッキが、カリフォルニア大学のデービス医科大学院から人種差別されたとして提訴した。1968年に開校された新しい医科大学院であるデービスは、二元的な入学制度を採用した。通常の入学制度はすべての入学志願者が84人の定員枠を競い合うものであり、特別な入学制度は不利益を被っているマイノリティに属する者だけが16人の定員枠を競い合うものであった。バッキが1974年、2度目に入学を拒否されたときに、彼は訴訟を起こすことを決心した。他の医科大学院も彼の入学を許可しなかったが、それは彼がすでに33歳で、医者としての経歴を開始するにはあまりにも年を取りすぎていると考えられたからである。しかしながら、彼の成績証明書は卓越したものであり、彼の医科大学院入学試験

の点数も通常の入学制度によって入学を許可された学生の平均を十分に超えていて、特別な入学制度により入学を許可された学生の平均をもはるかに超えていた。バッキは、特別な入学制度は人種に基づいて彼を差別した、憲法違反の人種の割り当て制度として作用していると主張した[35]。

　自由主義的な判断を示すことで知られているカリフォルニア州最高裁は、6対1でデービスの入学制度が憲法違反であるとの判決を下し、大学にアラン・バッキを入学させるよう命じた。最高裁はデービスの特別な入学制度に関して下記のように述べた。

　　一種の教育における割り当て制度であり、考え方としてはおそらく善意に基づくものであろうが、割り当て制度の復活であることには変わりがない。カレッジの入学方針が今日のように人種の割合を利用することによって、有史以来これほど完璧に信頼を失ったことはなかった。人種的ならびに宗教的マイノリティを高等教育から排除する手段として始められた割り当て制度が、人種的なマジョリティを排除するために使われることは、実に腹立たしい[36]。

州の裁判所は大学に対して、「柔軟な入学基準」を用いて、不利益を被っているすべての人種の学生を選抜できるような積極的な入学制度を採択し、しかも人種的な中立性という文脈は維持するようにと忠告した。

　カリフォルニア大学は連邦最高裁に上告した。多くの公民権団体が大学に対して、その上告を取り下げるよう説得しようとし、連邦最高裁に対しても、その訴訟を取り上げないよう説得しようとした。何よりも彼らは、自分たちが完全に信頼しているわけではないカリフォルニア大学によって、自分たちの関心事が代弁されていることが気がかりだった。彼らはまた自分たちの見方によると、この訴訟が裁判で勝てるような強い案件ではないことを認識していた。それはすでにカリフォルニアの裁判所で敗訴していた。デービスの入学制度はマイノリティを特別扱いするために分離していた。また、学校そのものが新しすぎて、人種差別の救済策の採用を正当化できるような、以前

の人種差別の記録を持っていなかった[37]。

1977年にバッキの訴訟が連邦最高裁で審議されることが明らかになると、敵味方はすぐさまはっきりと分れた。カリフォルニア大学は、この訴訟への取り組みの真剣さに関する周囲の不安を払拭しようと、デービスの入学制度を擁護するために元連邦首席検事のアーチボールド・コックスを起用した。アラン・バッキは、著名なサンフランシスコの弁護士レイノルズ・コルビンを代理人としたが、彼は連邦最高裁で事件の弁護をしたことはなかった。58通の「裁判所の友と呼ばれる法廷助言者」の申立書がバッキ訴訟において提出された。これはブラウン判決を含めても、今までのいかなる判決よりも数が多く、そのうちのおよそ4分の3がバッキに反対していた。カリフォルニア大学の特別な入学選考方式の擁護者の大半は、多くの私立大学、司法省、アメリカ市民的自由連合 (ACLU)、全米教育協会 (NEA)、アメリカ法科大学院協会、アメリカ医科大学院協会、公民権団体であった。バッキの立場は主として、ユダヤ人団体、イタリア系、ポーランド系、ウクライナ系などの白人のエスニック集団、保守派から支持された。

連邦最高裁がバッキ訴訟を審理することに同意して以来、マイノリティに味方して差別的待遇を擁護するか、あるいは人種による割り当て制度を攻撃するかを論じる記事が、雑誌に掲載されずに1週間が過ぎてしまうことはめったになかった。『アトランティック・マンスリー』の広く読まれた記事の中で、フォード財団理事長マックジョージ・バンディは、バッキの訴訟はブラウン判決を含む「過去のいかなる単独の訴訟にも優る重要性」を持っていると警告した。彼はカリフォルニア州の判決が、「明らかに人種的なマイノリティの救済に向けられた、あらゆる形態の積極的差別是正措置の合憲性」を脅かしていると信じていた。特別の救済策を施すために学生を人種によって分類することは、「合理的であるのみならず、説得力に富む目的のためには必要不可欠なものである」。人種的な中立性のみでは十分でないというのが、バンディの主張であった。「その理由は単純だが、それを認識するときには常に痛みを伴う。人種的マイノリティと白人のマジョリティとの間にある社会的・経済的・教育的・文化的な優位性の差は、未だに極めて大きくて、一握

り以上のマイノリティの学生を、競争の激しいカレッジや専門職大学院に進学させることのできる人種的に中立な選抜方法は存在しない」[38]。

デービスの入学制度の支援者は、大学には、人種的なマイノリティに対して過去の人種差別の影響を克服するために特別な救済策を提供する義務があると主張した。また、非白人の専門職の数を増やすことは、彼らのコミュニティにおける法律や医療のサービスを受ける機会を増やすとともに、若者が達成することができる役割モデルを提供することとなり、社会の利益になるという。大学側はデービスの入学制度を擁護するために、二つの追加の請求を提出した。まず彼らは裁判所に対して、カリフォルニア大学が学生を選抜する自由を尊重してくれるよう依頼し、次に彼らは新入生を多様化することの価値を強調した。ハーバード大学は入学選抜に当たる担当者が、カレッジへの学生を受け入れるに際し特別な意図を持って多様性を追い求めている、と説明した。長年にわたり彼らは、さまざまな才能とさまざまな野心を持つ学生を、さまざまな場所から選抜してきていた。彼らはまた最近では、経済・人種・エスニシティにかかわる背景の多様性を追い求めていた。それは、「アイダホ州出身の農家の少年は、ボストン出身の若者には提供できない何かをハーバード・カレッジにもたらすことができる。同様に、黒人学生は、白人には提供できない何かを通常もたらしてくれる」と認識していたからである。ハーバードは、最低基準や目標人数枠などを使わずに、「多くの個性と範疇の中に学生を分散させることにいくらかの注意」を払うことによって、多様性を追求してきたと主張した。ハーバードは、大学院や大学の専門課程よりも学部学生を選抜するときに、「多様性」がより強調されていたことを認めていた[39]。

ブラウン判決以来、どの程度その立場や考え方が変化してきたのかは、全米有色人地位向上協会 (NAACP) の訴訟弁護基金 (LDF) の申立書の中に見て取れる。1952年にLDFの弁護士は、「憲法修正第14条は、州に対して人種や肌の色だけに基づいて区別したり分類したりすることを妨げている」と強く主張し、その立案者が「アメリカの法律から人種による区別を排除すること」を意図していたことを立証するために、憲法修正第14条の長たらしい歴

史を提出した。バッキ訴訟において LDF は、「憲法修正第14条は、いかなる人種やエスニック集団に対しても、劣等であるとの烙印を押す目的や効果のために行われる、いかなる人種の分類も禁止する」と論じ、憲法修正第14条の歴史を「立案者が、その修正案について、人種に特化した救済策の実施を可能とし、それを正当化するために意図していた」ことを明白にするために提出した[40]。

　1978年春には、議論は激しさを増し、差し迫った判決をめぐるメディアの報道は執拗であった。6月28日に判決が下されたときにパウエル判事は、「我々は今日、全く合意がなされないままに話をしている。我々がどのようにして分裂してしまったかについて、私は説明しようと思っている」と述べた。説明されるべきことは沢山あった。9人の判事のうち6人が意見陳述書を書き、とどのつまりはカリフォルニア大学はバッキをデービス医科大学院に入学させるよう命じられ、将来の入学者選抜に当たって人種を考慮に入れることは容認されたが、デービスの異なる人種の学生向けの2種類の制度を廃止するよう指示された。「おそらくこれまでに、連邦最高裁において、これほどまでに、より平等な合法性をめぐって対立した議論が行われた訴訟事件はなかったであろう」と、解説する者もいた。「バッキ訴訟における連邦最高裁の職務は、決定的な結論を避けることであった。このように最大限の軋轢を生じる訴訟においては、競争に勝った者の腕を掲げてはならない」。判決は4－1－4で分裂し、それは、「ソロモンの解決法」とか、「仲介された判決」とか、「対位法［訳注：二つ以上の違った旋律を同時に組み合わせる作曲技法］の上手く調整されたもの」などと表現された。他の言い方をすると、『タイム』が表紙に載せたように、「割り当て制度：反対／人種：賛成」であった[41]。

　ウィリアム・ブレンナン、バイロン・ホワイト、サーグッド・マーシャル、ハリー・ブラックマンの4人の判事は、デービスの入学制度はこれまでに人種差別で違法であると指摘されたことがないにもかかわらず、社会的な人種差別の影響を克服し、医療関係の職業においてマイノリティの出身者が少ないことを是正するための、有効かつ自発的な努力であると主張した。ブレンナンの同調者は、連邦議会も連邦最高裁もどちらも、憲法は肌の色にとらわ

れるべきではないということを前提にしていないと論じた。彼らは、「不利益を被っている人種的なマイノリティの救済を目的とする、人種的な優遇措置」に対しては、たしかに寛大であらねばならないと考えた。さらに追加の意見としてマーシャル判事は、ニグロに対する歴史的な人種差別は、「過去の人種差別の影響を取り除くことが必要なところに、憲法修正第14条のもとでのより大きな保護」を提供することを正当化していると主張し、ブラックマンは、「人種差別を克服するために、我々はまず人種を考慮しなければならない」と断言した[42]。

　ジョン・ポール・スティーブンス、ワレン・バーガー、ポッター・スチュワート、ウィリアム・レーンキストの別の4人の判事は、デービスは、人種に基づいて連邦の資金提供を受けているプログラムに参加することからバッキを除外することによって、公民権法第6章に違反していたと考えた。彼らは、「第6章の除外の禁止の意味は明瞭である。人種によって、連邦の資金提供を受けたプログラムに参加することからは、誰も除外されることはない」と主張した。彼らによると第6章の提案者は、「憲法それ自体が政府の側に、肌の色にとらわれないという基準を要求しているのは当然のことと考えていた」という。スティーブンス派の判事は、特別な入学制度を無効としバッキの入学を許可する、カリフォルニア州最高裁の判決を支持する投票をした。

　ルイス・パウエル判事は、他の誰の署名もない意見書を提出したが、それが連邦最高裁の判決となった。というのも彼が、この問題をめぐって異なる視点から決定的な1票を投じたからである。パウエルは、ある種の状況下では入学を許可する過程で人種を一つの要件として考慮することが適切であるという、ブレンナン派の意見に同意していたし、また、デービスの入学制度は憲法違反であり、バッキは医科大学院への入学を認められるべきであるという、スティーブンス派の意見にも同意していた。

　パウエルは、デービスの入学制度が「露骨な人種の分類」を適用していたために、憲法違反であることを見抜いていた。黒人、アジア系、メキシコ系アメリカ人以外の入学志願者は、「入学定員の特定の割合から完全に除外されていた」。彼は、黒人は憲法修正第14条によってより大きな保護を受ける

権利があり、一方、多数派である白人男性はより小さい保護しか受ける権利がないという主張について、妥当であるとはみなさなかった。「平等に保護するという保証は、ある人が申請したときにはこうであって、他の肌の色の人が申請したときは別のものであるということを意味することはあり得ない。両者が同じ保護を受けられない場合には、それは平等ではない」。アメリカは極めて多くの異なるマイノリティ集団によって構成され、そのほとんどが「かつての人種差別の歴史に対する権利を主張できる」のでパウエルは、連邦最高裁は人種的マイノリティやエスニック・マイノリティの間で優先順位をつけるような判決を下せる、という考え方を退けた。というのも、彼らから寄せられるそれぞれに敵対する権利の主張に対して、判決を下すためのきちんとした基準など存在しないはずだからである。「連邦最高裁は、さまざまなマイノリティ集団が被った偏見とその結果としての損害の程度を、評価することを依頼されるかもしれない。そのような社会的損害がある程度の許容範囲を超えていると考えられる場合には、他の集団に属する人を犠牲にして優先的に処遇される権利が与えられるかもしれない」。だが、そのような優先的な取り扱いは、「特定の集団は、個人の価値とは全く何の関係もない要素に基づく、特別な保護なしでは成功を収めることができないという、よく知られた固定観念を補強することにしかならない」危険性があると、彼は指摘した。

　パウエルは1974年に亡くなったエール大学の多作の法学者アレクサンダー・ビッケルの意見を、肯定的に引用していた。申立書はマルコ・デフュニスとの共著であったが、ビッケルは、たとえ憲法違反を犯していない場合でも、政府や公民権団体による、人種がらみの救済策の要求がますます増大してきていることに懸念を抱いていた。「連邦最高裁の偉大な判決から我々が学んだこと、ならびに現代の歴史から我々が学んだことは、少なくとも一世代の間は変わることなく存在してきた。それは、人種に基づく差別が不法で、非道徳的で、憲法違反で、本質的に誤りであり、民主的な社会を破壊してしまうものであるということである。しかし、いまやこのことが忘れ去られてしまっていて、我々は、これが基本的な原理に関する問題ではなく、誰

の雄牛が角で突かれたかといったような問題でしかない、と告げられている。人種の平等が実現されるべきであると求められた人々は、他の人々よりも平等な立場を取らなければならない。憲法の中に平等への支持を見出しておきながら、彼らは今度は、同じ憲法のもとで不平等を支持することを主張している」と、彼は記している[43]。

　カリフォルニア大学は、果たしていかなる状況のもとであれば入学志願者の人種を考慮する権利があるのであろうか。パウエルは、学生集団の中の人種あるいはエスニック集団の特定の割合を獲得することを目指す入学制度は、いかなるものも退けた。「人種あるいはエスニシティの理由のみで、ある集団に属する者を優遇することは、それ自体が人種差別である。これは憲法が禁止していることである」。カリフォルニア大学は、人種の分類が社会的な人種差別による損害を償い、医療サービスが十分でないコミュニティを改善するために適切であることを、はっきりと示してはいなかった。しかしながらパウエルは、多様な学生集団を作り上げるために人種を考慮に入れることは、憲法上許されることであると確信していた。パウエルは、ハーバード大学の入学者選抜制度をとりわけ評価していた。それは、人数や割り当て制度を排除し、すべての入学志願者を一つのまとまりとしてとらえていたが、人種やエスニシティの背景の多様性を、入学許可者を選抜するための一つの要素とみなしていた。

　この裁判についてメディアが大々的に注目し、マイノリティと白人マジョリティの利益の衝突として描き出していたので、バッキの個人的な勝利は当初、公民権運動の広報担当者からは、壊滅的な敗北と解釈されていた。NAACPの担当者は、この判決の下された日を、「合衆国における極めて悲しい日」と呼んだ。メキシコ系アメリカ人の担当者は、マイノリティが以前から享受していた特別の保護を最高裁判所が取り上げたと批判した。黒人の議員はそれを、「ニクソン裁判所による人種差別主義者の判決」と呼んだ。黒人が経営していたニューヨーク市の『アムステルダム・ニュース』は、簡単な見出しを掲載した。「バッキ―我々の負け」。しかしながら、他のマイノリティの代弁者は、ほとんど何も失ってはいないことに気づいていた。全米都

市連盟のバーノン・ジョーダンは判決を、「ある程度の積極的差別是正措置を前に進めるための青信号」とみなしていた[44]。

政府による積極的差別是正措置プログラムの実施に当たっていた責任者は、判決を自分たちの活動に対する支援と解釈していた。EEOCの議長エレノア・ホームズ・ノートンは、「私の判決に関する解釈は、我々が過去に実行してきた方法と何か違うことをせざるを得ない立場に追い込まれたということではなく、また、我々はそうするつもりもない」、と述べた。バッキ判決の5ヵ月後、EEOCは積極的差別是正措置のための新たな指針を発表した。その中でバッキ判決は、雇用に関する判断は、「人種、肌の色、宗教、性別、出身国を斟酌せずに」なされなければならない、と主張し続けている人々に反論するために、引き合いに出された。バッキ判決から学んだことは、連邦最高裁がそうした要素を斟酌することを承認したということであると、EEOCは宣言した。同様に、連邦公民権委員会議長のアーサー・フレミングは、連邦最高裁の「入学者選抜計画において人種とエスニシティを斟酌することへの明確な支援」を歓迎した。これ以上の疑念を鎮めるために、ジミー・カーター大統領は、政府の機関のすべての長に対して、バッキ判決が積極的差別是正措置プログラムを「中断せずに継続することを可能にした」ことを、知らせる覚書を発令した[45]。

連邦最高裁は、おそらくは事態を流動的にしておくために、1970年代後半の本件に続く判決では決定的な判断を示さなかったが、連邦の調整機関は、集団に属する者の数が統計上同数となることを「機会均等」の達成の尺度とすべく、自分たちの努力を推し進めた。1981年頃には、連邦公民権委員会は、「ヨーロッパ系のエスニック集団」に関する資料を収集し始めていた。彼らは、「東欧および南欧の、さまざまな、独自のエスニシティ、宗教、出身国を持つ人々の集団」として定義されていた。統計上の分析と積極的差別是正措置が、黒人、女性、ヒスパニック、アラスカ先住民、アジア系と太平洋諸島の住民、アメリカ先住民に対してのみならず、すべての新しいマイノリティの一群に対してもそろそろ行われるであろうことを、委員会は示唆していた[46]。

高等教育において、積極的差別是正措置の10年間の結果として起きた変

化は、簡単には評価できなかった。その大きな理由は、一つの政策の影響が、同時に実施されている他の政策や社会傾向からはっきりと分けられないからである。高等教育への黒人と女性の入学者数、ならびに上級の学位の取得者数は、10年間で大きく増加し、その傾向は政府による圧力がかけ始められるずっと以前から、かなりの程度進行中であった。積極的差別是正措置に対する批判者や擁護者のほとんどが、教育機関はそこで働くすべての人々のうち、女性が50％、黒人が11％の割合を占めるべきであるという基準を満たしているかどうかによって評価されると考えているようであったが、1970年代末までの高等教育における雇用者の内訳の現実は、これらの数字からは程遠いものでしかなかった。女性は、1960年代には学部教員のおよそ20％を占めていたのだが、その割合は26％にまで増加していた。カレッジや大学の学部での黒人の存在は、1960年のおよそ3％から1979年には4.4％に増加したが、この数字は大学院の学位を持つ黒人の輩出に限りがあることを反映していた。ハーバードの経済学者リチャード・B・フリーマンの予測によれば、1973年には黒人はすべての博士号保持者の1.4％であった。1974年から1980年の間で、毎年およそ1,000人の黒人が博士号を取得していた。これは新たに博士号を取得した人の3％から4％に当たるのだが、それでも新たな博士号取得者数としては、アメリカの2,500のキャンパスにおける黒人教授の数を大きく増加させるのには不十分であった[47]。

　連邦の公民権に関する機関は、自分たちの使命について断固として一致した意見を共有していたが、世論調査の結果は同様に、それとは反対の強固な意見の一致を示していた。1980年の後半にこの問題が広く公にされたあとでも、ギャラップ調査で抽出された調査対象者のうちの僅か10％の者が、雇用やカレッジ入学に関する判断をするうえで、人種、性別、出身国が斟酌されるべきであると考えていただけであった。政府によって押しつけられた集団の権利を大事にするという考え方はどうやら、ほとんどの黒人や女性を含む大多数のアメリカ人が嫌っていた政治的な概念であった。10年間にもわたる議論の結果として、利益と負担が人種、性別、出身国により決まっていた過去を克服する方法が、逆にこの利益と負担が人種、性別、出身国によ

り決まってしまう制度を永続的なものとしてしまうとは、多くの人にとってとても納得できるようなことではなかった[48]。

第5節　フェミニスト運動

　19世紀初頭から、女性の平等な権利をめぐる問題は他の社会改革運動と相前後して、周期的に現れてきていた。そのために1960年代中頃に、他の抗議運動の派閥争いの結果として攻撃的なフェミニズムが再度現れてきたことは、驚くべきことではなかった。新左翼と公民権団体の中の活動家の女性は、組織における平等と参加型民主主義への要望を真剣に取り上げて、おそらくは平等主義運動の枠組みの中の活動という形をとって、日頃自分たちに委ねられている家事を切り盛りするという役割に対する反乱を起こした。1960年代後半になると、「新しいフェミニスト運動」に対しては二つの異なる推進力が働いていた。一般大衆は、議論のためのグループ、出版物、映画、デモなどを組織することによって、イデオロギーを展開したり、自覚を促す活動を広めたりすることを専門に行ってきた「女性解放運動家」について、最もよく承知していた。女性解放運動家は、比較的人数は少なかったが、そのけばけばしさとわざとらしい凶暴性によって、広い範囲の人々の注目を惹きつけていた。「地獄からきた国際女性テロリスト共謀団 (WITCH)」は、ほんの一握りの会員しかいなかったのだが、公共の場で「ゲリラ的な」演劇を公演することによって、新聞の一面の見出しやテレビの定時番組に取り上げられていた。「赤い靴下」、「フェミニスト」、「ニューヨークの急進的な女性」といった他の集団は、そもそもの出身が急進的であったことを反映して声明文を発表し、軍隊に倣った組織を編成し、イデオロギーの勉強会を主宰し、資本主義、女性の同性愛、家族内での社会的な関係といったものとフェミニズムとの関係をめぐって議論を重ねていた[49]。

　女性解放運動家のとっぴな行動によって、一時的に影が薄くなってしまったものの、女性の権利に関する組織という新しいフェミニズムのもう一方の側は、アメリカ社会における女性の地位の政治的かつ法的な重大な変化へ

の道を切り拓き、やがて女性解放運動家の組織をすべて吸収してしまった。1966年に全米女性協会 (NOW) が「女性をアメリカ社会のメインストリームに完全に参加させるために行動を起こす」ことと「性による差別を禁止する法律の制定を求めて戦う」ことを目指して組織された。アメリカ全土に支部を作り上げ、NOW はジョンソン大統領を説得して、彼の大統領令について政府内および連邦の請負業者による性差別を禁止するよう改訂した。NOW は、性差別に反対するさらなる法律の制定に向けてロビー活動を続け、平等な権利に関する憲法修正案を成立させるための政治闘争を主導した。この法案は1971年に下院を通過し、1972年に上院を通過したが、そののちこの法案は4分の3の州の承認を獲得することができず、1982年に失効した[50]。

　NOW の政治活動は、1968年の男女均等行動連盟 (WEAL) の設立により一層勢いを得た。この組織は教育、産業、その他の機関における差別の慣行に対して、法的な攻撃を加えることを追い求め、性差別の禁止を強化するための法制上の変革を目指して活動した。1960年代後半から1970年代初頭にかけて、何百もの他のフェミニストの組織が、法制化を支援し、女性候補者の当選を推進するために創設された。その中には専門職組織、キャンパスや産業界における女性団体、コミュニティに基礎を置いた組織、女性問題研究センター、政治活動委員会といった組織の幹部会も含まれていた。フェミニストの出版物、映画、書籍は急増し、ケイト・ミレットの『性に関する政策』やジャーメーン・グリアーの『女性の宦官』は多くの一般大衆に読まれた。加えてキャンパスでのフェミニズムの広まりは、教育および社会における性差別の存在を立証する、何百もの調査研究を生み出した。1974年に公刊された研究によると、およそ130のフェミニストの定期刊行物がほとんど1970年から1971年にかけて創刊されていて、その研究には新しいフェミニズムに関する著書、ニュース・レター、参考文献目録に加えて、何百もの論文が実例として掲載されていた[51]。

　性差別の問題が進展すると、フェミニストの怒りの対象はかなりの程度、教育機関に絞られた。一つの観点から見るとここに焦点が当てられたのは、劣った地位を受け入れさせるために学校が女子学生を「社会化してきた」方

法を、フェミニストが重要視したからである。だが別の観点から見ると、教育に特別の注目をさせる現実的な考え方があった。フェミニストの指導者には十分な教育を受けた、中産階級と上流中産階級に属している白人の割合が極端に高かった。ある調査によると、女性の権利運動に携わっている人々のほぼ90％が少なくとも学士号を持っており、その3分の1は大学院修了資格を持っていた。このことから彼女らの大半が、どのような基準に照らしても不利益を被っていたというわけではなかったが、自分たち自身の経験から、最も高度な領域においては大学は男性の支配下にあることを認識していたと思われる。教育のある女性として彼女らは、社会秩序を再構築するための運動における考えられる最善の手段として、当然ながら教育に目を向けたのである[52]。

　おそらく新しいフェミニズムの最も特筆すべき成果は、たかが数年の間で、少数の急進的なフェミニストの怒りに満ちた大げさな言葉にすぎなかった運動を、二大政党にとって無視することができないような政治勢力へと変革したことであった。1970年に、オレゴン州選出の女性下院議員エディス・グリーンが、教育における差別についての公聴会を開催した。その時点において、性差別に対する連邦の主要な規制は、積極的差別是正措置と反差別を求める大統領令の中に含まれていた。グリーンは、あらゆる連邦のプログラムにおける性差別を禁止する法案を、議会に提出した。彼女は以下のことを提案した。第一に、雇用以外の場における性差別を禁止していなかった、1964年公民権法を改正すること。第二に、公民権法の中の雇用の条項である第7章から、教育機関が享受していた免除規定を外すよう修正を加えること。第三に、男女同一賃金法における、経営幹部、管理職、専門職の免除規定を撤廃すること。第四に、連邦公民権委員会に、女性に対する差別を調査する権限を与えること。これらの変更は、フェミニストの議題の主要なテーマであり、高等教育機関を連邦の公民権に関する機関に従属させるものでもあった。というのも、そうした機関は、連邦資金を断つことのできる権限を備えていたからである。

　グリーン公聴会はフェミニストにとって重要で画期的な出来事であった。

というのも、アメリカの教育に対する自分たちの主張が、権威のある公開討論の場に初めて提出されたからである。公聴会に呼ばれた証人は、女性と男性にとっての適切な役割をめぐる狭い考え方のせいで、学問の世界におけるより高い職位への女性の登用が不十分であることと、専門職への雇用の機会から女性が排除されていることについて証言した。WEAL の代表者は次のように批判した。

> この国における最も優秀な人々の半数、つまり最高度の知性を磨いていく可能性を持つ最も才能のある人々の半数は女性である。こうした女性は、自分たちの才能を大学という世界において活用しようとすると、差別に次ぐ差別に直面することになる。
>
> 彼女たちは、まず入学申請をするときに差別を受ける。それから彼女たちは、財政的な援助や奨学金を申請するときに差別を受けることになる。そして彼女たちは、学部の教員の職を得ようとするときに差別を受ける。もし雇用されたとしても、彼女たちはいっしょに採用された男性の同僚と比べると、はるかに遅い速度でしか昇進しない。そのうえ、そもそも雇用されたとしても女性はほとんどの場合、男性の同僚と比較してかなり低い賃金しか受け取ることができない[53]。

特別の保護を求めるすべてのマイノリティによって引き合いに出され、すでに通例となっている社会学上の議論を思い起こさせるような証言をすることによって、男性が文化を支配しているために、女性は自分たちが劣等であると感じさせられていて、否定的な自己イメージを持たされ、希望を一段下げている、と批判する者もいた。黒人の場合はこの「男性」の代わりに「白人」と言い、ヒスパニックは「男性」の代わりに「アングロ」と言うであろうが。ある証人は、新たに男女共学となったエール大学の女性が「学業成績のどれを基準にしても常に男性に優っている」という事実と、そうでありながらも女性が「男性本位の文化の中に存在する、男性中心の、男性により管理された教育機関」により精神的に傷ついているという事実とが、矛盾なく存在し

ていると主張した。他の証人は連邦議会に対して、性差別の「原因を取り除くこと」を要求するとともに、「女性に否定的な雰囲気の中で、女性が生活し、仕事をしなければならないこと」を非難した。それは、「精神的な戦争状態……、女性固有の弱さや劣っていることを日常的にあげつらうこと」によって特徴づけられていた。またある証人は、連邦の介入を求める自分の主張の根拠を、人口過剰の抑制の必要性に置いていた。彼女は、避妊用具だけでは十分ではないと考えていた。「女性が生まれた瞬間から、大人になったときの彼女の主な仕事として、母親になること以外の実現可能な意味のある選択肢のために、社会適応をし、期待を持ち、準備をしない限りは、女性は、思想、芸術、文学、指導力、創造、より健全な社会関係を生み出していく代わりに、必要以上の子どもを望み、産み続けるだろう」。さらに続けて彼女は、「女性にできない、あるいは資格がない職業は唯一、精子提供者だけである。男性が唯一資格のない、あるいは資格を取ることができない職業は、妊婦と乳母だけである。以上」と結論づけた[54]。

　グリーン公聴会で繰り返し主張されていたことは、そのあとの10年間の言説と活動を特徴づけるものとなった。第一には、女性は男性による差別のせいで、低い自尊心しか持っていない。第二に、人口比率に基づいて女性が代表となるべきであるという考え方は、差別があるかどうかを見極める正しい尺度である。第三に、連邦政府は大学の雇用における統計上の不均衡を是正する責任がある。第四に、低所得の女性の窮状については多くの議論が行われている一方、性差別に関して連邦が最も関心を払わなければいけない場所は、高等教育である。

　女性下院議員グリーンの修正案を含む法案は、キャンパスで起きていた騒動の犠牲となって、1970年夏には可決されなかったが、1972年頃には女性運動は主要な法制化の目的を達成していた。1972年高等教育法第9章は、「合衆国においては、何人たりとも、性別によって連邦の財政援助を受けているあらゆる教育プログラムや活動について、参加することを認められなかったり、その恩恵を受けることを否定されたり、差別の対象とされたりすることはない」、と述べていた。その唯一の例外は、女子あるいは男子のみの学部

大学、宗教学校、陸軍士官学校であった。それと同じ会期に連邦議会は、教育機関によって享受されていた免除規定を撤廃するために、雇用による差別を禁止していた1964年公民権法第7章を修正し、経営幹部と専門職の被雇用者に対する免除規定を撤廃するために男女同一賃金法を改定した。教育機関はそれに対して異議を唱えなかった。それはおそらく、女性に対する平等という目的を疑問視することは、自分たち自身が誇りに思っていた寛大さと公平さからすると適切ではないと考えたからである。たしかに彼らは、積極的差別是正措置や教育機関に対する連邦の権限による助成金などと比べると、第9章ははるかにすさまじい影響を持つことに気づいていなかった[55]。

第二次世界大戦後、人口動態、経済、社会の要因が組みあわさって、女性を雇用市場から排除してしまった。戦後の繁栄と低い失業率の時代において、女性は以前よりも若くして結婚し、出生率が上昇し、郊外が発展し、多くの女性がベビーブーム世代の子どもを育てるために家庭で暮らしていた。そしてそれは1960年代初頭まで続いた。それと同時に、カレッジの入学者と大学教員の数は劇的に増加した。高等教育の拡大とベビーブームが同時に起きたことは、多数の若い女性が幼い子どもの世話をしている一方で、同年代の男性は、急増した新入生や新しい学部の教員となったことを意味していた。女性の博士号取得者の数は毎年着実に増加していたが、現実の女性の博士号保持者の割合は、男性の保持者との比較においては減少していた。男性の博士号保持者は、カレッジの教授や産業界における研究者の需要に応えるために急増した。1945〜1946年度において、女性は授与された博士号のうちの19.1％を獲得していたが、女性の博士号保持者の割合は1950年代後半まで毎年減少していった。1970年には女性はその年授与された博士号のうちの13.3％を獲得したのみで、それは、1930年以来授与されてきたすべての博士号の11.6％でしかなかった。1970年には、すべての学部の常勤職のうち約20％を女性が占めていたので、それは博士号を保持している女性の数との関連からすると、実際には大きすぎるほどの数であった[56]。

しかしながら女性の教員は、専任講師や助教授といった学部教授団の低い階層に集められ、彼女らは教育、社会福祉、図書館学、看護といった伝統的

に「女性」向きとされる分野に群がっていて、そこには上級の学位を持つ女性が数多く在籍していた。女性教員の出世が遅いのは、ある程度既婚の女性の勤務形態によっていた。彼女らは、子どもが幼い間は雇用市場を離れたり、家庭生活を始めるために同じ年代の男性に比べて学位を取得するのが遅かったり、また家庭の義務を果たすために非常勤で仕事をしたり、僅かばかりの論文しか発表できなかったりした。不釣り合いなほど多数の女性教員が、いわゆる「女性」向きの分野に進出していたのはある意味、彼女たちが医学、法律、ビジネスといった分野から差別的に排除されていたためであったが、それはまたいわゆる「女性」向きの分野では時間の縛りが強くなく、家庭への義務と折り合いをつけることができたということにもよっていた。

戦後の時代において、人口動態、経済、社会的な傾向などが混ざりあって、主婦としての女性の役割を強調していたが、それに匹敵するくらい女性を労働力として活用したり、女性の職業上の業績への人為的な障害に反対したりするという力強い流れが、1960年代後半には交錯していた。ベビーブームが終わりを告げ、家庭は経済状態を改善しようとしていたので、学齢期の子どもや就学前の子どもさえも抱えたかなりの数の女性を含めて、女性の労働市場への進出が急増した。1960年以降、出生率は減少した。家族の中での子どもの数も減少した。独身、未亡人、離婚者の女性の数は増加し、女性は以前よりも晩婚となった。同時に、女性の学生は学校にそれまでより長く在籍するようになり、1976年初頭には、男性よりも女性の方が多くカレッジに入学した。かなりの数の女性が労働市場に参入し、1978年までには女性の50％が仕事に従事するようになり、また高等教育にもかなりの数の女性が入ってきたため、過去においてただ単に「伝統」であるからとして女性を除外したり、制限を加えたりしてきた職業は厳しい異議申し立てに晒されることとなった[57]。

おそらく教育は女性の分野であったのだが、さほど多くの女性が成功したわけではなかった。公立学校では教師の圧倒的多数は女性であったが、女性の教育長や校長はほとんどいなかった。高等教育においては、女性のカレッジの学長や管理職はほんの一握りであった。一流の研究中心の大学において

は、卒業生のうちのかなりの数が女性であるにもかかわらず、学部の教員がすべて男性だけで占められているところが少なくなかった。多くの州は、公立学校で同じ仕事をしている男性と女性の給与体系を同一にしていたが、多くのカレッジや大学は、家族の長である男性はより多くの収入が必要であるとのよく知られた前提に基づいて、女性にはより少ない給与しか支払っていなかった[58]。

　1972年に連邦議会が性差別の禁止の範囲を教育機関と専門職の地位にまで広げると、多くの教育機関は女性の学部教員から訴訟を起こされ、彼女たちに対して給与の追加支払い、給与の調整、昇進させることを余儀なくされた。高等教育法第9章のために、普通に行われていた慣習の多くが不法行為となった。学部教員の配偶者の雇用を防ぐための縁故採用禁止の規則が、女性に対する差別であると宣告された。OCRは、学校と大学に対して、男子の運動競技に過度な額の金額を支出することや、男性の運動選手により多額の奨学金を与えることは、もはやできないことを通告した。彼らはまた、補助金を配分するのに男子学生を優遇すべきではないことも告げられた。寄宿制の学校においても、女子寮と男子寮において異なる異性訪問者用規則を適用することはできなくなった。職業教育プログラムは、男性と女性とを異なる職業活動に振り分けることはもはやできないと勧告された。1973年初頭にOCRは、おそらく差別の可能性のある活動を特定するため、キャンパスと学区に対して、「単一の性の学生や生徒が80％（原文のまま）かそれ以上を占めている」学級があるかどうかを、報告するよう指示した[59]。

　1972年に勝ち取った法的な保証は、一連の訴訟と連邦機関に対する正式な告訴を引き起こしたが、まだ事柄の核心には届いていなかった。法律が書き直されて、施行されたのちに残ったのは性差別であり、男性の女性に対する態度、ならびに女性の自分たち自身に対する態度であった。運動の指導者は、これもまた連邦政府が解決すべき問題であると思っていた。そこで1973年秋に、ウォルター・モンデール上院議員は、自分が支援する男女教育均等法に関する公聴会を開催した。この法律の目的は性差別主義によらないカリキュラムの開発に連邦資金を提供することと、女性に関連する教育、訓

練、研究活動を支援することであった。この法律によれば、いかなる団体や集団もたとえそれが設立後1年を経過していなくても、連邦資金を申請することができた。いくつかのフェミニスト団体の代表は、「教育における性差別に反撃を加える」ことが不可欠であると説いた。彼女らとモンデール上院議員が心に抱いたのは「女性の地位と役割をめぐるアメリカ人の意識の向上」であったことは明らかである。証人は、女子が教師や教科書によって、型にはまった女性の役割の受容を教えられていく方法を次のように述べた。

　　幼い女子が学校に入ったその瞬間から、彼女は、単なる読み書き算術以上のものを学びます。彼女の教科書は、男子や男性について書かれたものがほとんどで、女子や女性が主要な登場人物となることはめったにありません。彼女は、面白くてわくわくさせるようなことをする男子について読みます。男子は筏や樹上の家を作ります。男子は骨の折れる冒険をしたり、問題を解決したりして、「あまりにも間抜け」なために困難に巻き込まれてしまった女子を助け出します。一つの典型的な教科書には、床の上に蛙がいるために椅子の上に立ち上がって叫び声を上げている、14歳の女子の絵が描かれています。それを彼女の8歳になる弟が助け出すのです。

女子は自分たち自身について、劣っていて他人に黙って従うだけの存在として描かれているのを認めていただけでなく、読本は母親とはエプロンをして、主婦として1日じゅう家にいるものであると教えた。証人は人口の半分を占める人々の「人生と才能と大志が、彼女たちを第二級の市民とみなす社会によって損なわれている」と批判した。ある証人がモンデール上院議員に、ミネソタ大学の上位の学位をめぐる女性への差別について語ると、彼は次のように答えた。「私はこの問題が、公民権運動において起きた問題とほとんど同じことの繰り返しであることに衝撃を受けた。教科書、貧困、そしてすべてのものがほとんど同じだ」[60]。

　女性運動が変えたいと願っていたものは、教科書や態度だけではなかった

し、英語では「マンカインド」が男性と女性を表していて、代名詞の「彼」がどの人のことも意味しているように、英語という言語が男性本位であることだけでもなく、何よりも、アメリカ人の生活の中における女性の地位であった。NOWの証人は、アメリカの大学で女性が受けていた教育を、以下のように軽蔑していた。

> 大学が提供しているものは、有能な可愛い郊外の主婦を輩出するために考えられた教育です。労働市場ではほとんど役に立たないような技能しか身につけていないので、子どもが生まれるまで補助的な稼ぎ手になることしかできません。一方、十分な教養科目を身につけているので、子どもの生活を豊かにすることができて、夫の仕事仲間の前で恥をかくようなことはありません。また、今月のおすすめ本を読んだり、ウォルター・クロンカイト［訳注：Walter Cronkite（1916-2009）は、1962年から1981年までの19年間、CBSの看板番組であるCBS Evening Newsのアンカーマンを務めた。アメリカのテレビジャーナリズムの象徴とも言われたニュース番組で、ケネディ暗殺事件やアポロ11号月面着陸の放送は、とりわけ大きな反響を呼んだ。］の番組を聴いたり、他の主婦とともに、すがすがしく整然と組織化された、ちょっとしたコミュニティの良き仕事に参加したりすることができます[61]。

教科書の中での性別役割の定型化への懸念が極めて大きかったので、OCRの局長はモンデール上院議員に、1973年10月に会議を招集したことを告げた。「主要な教科書出版社の代表と、性別に関する紋切り型の表現を議論するためだった。我々は今現在、矯正するための活動を広範囲に実現するには、OCRは教科書出版社の協力を仰ぐ必要があるように思われる」。どうやらOCRは、こうした政府による圧力が出版社の憲法修正第1条による権利の侵害に当たる可能性があるとは、全く考えてもいなかった。逆にOCRはモンデール上院議員に対して、ミシガン州カラマズーの教育長とのやりとりの写しを送り、性別に関する紋切り型の表現を含む読本を採択することによって、学区が高等教育法第9章に違反しているという抗議の申し立てが裁判所に提

出されたことを、彼に知らせた。OCR は、そうした教科書の使用にまで第9章の影響が及ぶのかどうかを測りかねていたが、教育長に対してこうした教科書が選び出された経緯について説明を求めた。教育長は行間を詰めてぎっしり印刷された6頁にも上る手紙で返答した。それは、学区の教科書採択の手続きを擁護し、シリーズの中で描かれている女性の登場人物の数を新たに「数えて」提示し、教師用の指導書から「特定の単語や質問」を削除することを約束し、フェミニスト出版社として認定された出版社による新しい教材を含めることを、OCR に確約した。連邦による調査を心から避けたいと思っていたので、教育長は OCR が学区の教科書選択を監視する権限を持っているのかどうかについては、決して尋ねなかった[62]。

ニクソン政権は、男女教育均等法に関してはさほど熱心ではなかったが、教育局は女性は二級市民であり「エスニック・マイノリティ、身障者、貧困者」と同様に「搾取と排除」の対象であったと述べる、長たらしい報告書を提出した。事実上、全くの反対なしで、法案は1974年に可決された。HEW はすでに19人の委員からなる「女性の権利と責任に関する諸問委員会」を組織していたのだが、この法案が成立したことにより、今度は20人の委員による「女性の教育プログラムに関する全米諮問委員会」が設立された。1976年から1982年の間に、5,500万ドル近くもの金額が男女教育均等法に割り当てられ、州と地方の教育機関、カレッジと大学、非営利組織、個人に対して、男女差別主義ではない教科書、カリキュラム、指導教材、その他のフェミニストの教育活動を生み出すために資金が提供された[63]。

連邦レベルにおける法制化は、地方レベルの精力的な活動をもたらした。フェミニストの批評家は、子ども向けの本や教科書について、性別をめぐる偏見の証拠を探し出そうとして、挿絵の中や物語の主要な登場人物として女子や男子が登場する回数や、両性で示されている職業や活動の数を数え上げ、女子や男子がそれぞれ「女らしい」あるいは「男らしい」個性でもって描写されているかどうかを検討した。出版物と NOW の支部を通して、フェミニストは、「性別役割を画一的にとらえている」著書の一覧表を配布した。アメリカ全土で親の集まりとフェミニストの組織は、「男女差別主義」の教科書

や物語の撤去を求めた。シアトルでは学校組織が、すべての学年において「教師の態度から教科書に至るまで」、性別役割を画一的にとらえていないかどうかに関する大々的な調査を開始した。ミシガン州アナーバーでは教員養成の研究会が開催され、たとえば、「男性教師がコーヒーを給仕する」といったような、女性と男性の役割を逆にしてみることが試みられた。教育雑誌は教室のあらゆる観点から性別をめぐる偏見を探る特集記事を掲載した。それは、社会科のカリキュラム、歴史の本、ディックとジェイン読本[訳注：ウィリアム・S・グレイ（William S. Gray）によって作成された子どもに読み方を教えるための読本で、1930年代から1970年代にかけてアメリカ国内で広く用いられた。幼い子どもでも容易に理解できるような単語が、色鮮やかな挿絵とともに並べられていて、見てすぐに言わせることにより、子どもたちはすぐにお話を読めるようになるという、ホール・ワード・メソッドに基づいていた。]、数学と科学の教科書、おもちゃ、標準テスト、そしてもちろん男子は自動車の修理技術へ、女子は家庭科へといった性別役割を画一的にとらえる振り分けなどを対象とした[64]。

一方、それと正反対の主張もあった。それは、男性を女性よりも頻繁に引用している教科書によって、あるいは母親を家庭の主婦として描いている読本によって、女子が本当に「被害を受けている」ことを実際に示すことは不可能である、という主張であった。女子は学校においてもカレッジにおいても、少なくとも男子と成績は同じであったし、通常はより良かったので、教科書の中の女性の描写が女子生徒の自尊心ややる気を損ねてしまった、という証拠はどこにもなかった。1970年においては、女子と男子はおおよそ同じ割合でハイスクールを卒業していたが、より多くの男性がカレッジを卒業し、上級の学位を取得していた。明らかにその間にあって違いを生み出すものは、女性の結婚年齢や出生率といったような人口統計の要素であって、決して読本の中の言葉ではなかった。女性が若くして結婚し早い時期に子どもを生む限りにおいては、彼女たちは上級の学位を取得する可能性はより低くなり、労働力となる可能性もより低くなり、継続して仕事をしてきた男性より賃金が低くなる可能性はより大きくなった。労働力としての女性への差別は、黒人やヒスパニックへの差別とは、どう見ても比較になるようなもの

ではなかった。というのも、1970年頃にはすべてのホワイトカラーの仕事の60.5％が女性で占められていた。バイリンガル教育が子どもの自尊心を改善したという主張と同様に、学校で性別役割を画一的に取り扱うことが女子の精神を「傷つけた」という批判は、本質的に確かめようがなかった。それは、ものごとがどうあるべきかをめぐる価値観の表明であり、他のイデオロギー上の概念と同様に、立証するとか反証するというような対象ではなかった[65]。

フェミニストは、英語という言語の「性差別をなくす」ための運動の中で、自分たちの最も意義深い勝利を勝ち取った。彼女たちは、通常の英語の使い方は性別に関する偏見を表していて、文化における男性の優位性を強めていると批判した。すべての男性が「ミスター」と呼ばれるにもかかわらず、なぜ女性は結婚しているかどうかを特定する「ミセス」と「ミス」として呼ばれるのか。すべての女性は、結婚とは関係のない中立な「ミズ」と呼ばれるべきではないだろうか。なぜ、非常に多くの職業の接尾語として「マン」がつけられているのだろうか。それによって、もしそうでなければ警察官、消防士、郵便配達人、セールスマンになりたいと考えたかもしれない女性を締め出す結果となっている。なぜ会議の議長が「チェアマン」なのか。女性が、「人類（マンズ）の歴史」、「人間（マンカインド）の物語」、同様の男性志向の参考文献の記述を読んだり聞いたりするときにはいつも、自分たちが軽く見られていると感じることはないだろうか。さらに、「誰もが自分の（ヒズ）本を持っている」というような、標準の英語の文法によって指示されている、男性指示語といういらいらさせられる問題もあった。

フェミニストの圧力によって、1970年代半ばに、連邦政府は性別に中立な専門用語を採用した。「ミズ」という称号、「人的資源（パーソン・パワー）」や「1人1時間当たりの仕事量（パーソン・アワーズ）」が、連邦の使う用語の中に導入された。専門家による集団が、とりわけ接尾語、代名詞、そして人間を表す言葉として「マン」を一般的な総称として用いることを避けることにより、男女差別主義の言葉に満ちた雑誌を浄化するための指針を考案した。アメリカ心理学会は、たとえば寄稿者に対して「人間（マンカインド）」、「平均的な人（ジ・アベレージ・マン）」といった語句や「プロジェクトに要員を配

置する(トゥ・マン・ア・プロジェクト)」といった動詞を使用しないよう通知した。全米英語教師協議会は、「人工(マン・メード)」、「並の人(コモン・マン)」、「迷信(オールド・ワイブズ・テール)」といった用語の使用を避けるよう提案した。1974年から1977年にかけて、市場で混乱が起きることに神経過敏になっていたために、マクグロー・ヒル、スコット、フォアーズマン、ジョン・ワイリー、ホルト、ラインハート、ウィンストン、ハーパー・アンド・ロウ、プレンティスーホールなどの主要な出版社は、作家や編集者のために男女差別主義ではない言葉の指針を出版することとなった[66]。

　連邦資金を受けているすべての教育活動とプログラムにおける性差別を禁止した1972年の高等教育法第9章の制定と、教育機関における性差別を禁止した公民権法第7章の改正によって、連邦の法律と公民権に関する官僚組織の持てる力はすべて、女性への差別撤廃の実現につぎ込まれることとなった。昇進や定年までの身分保証を断たれた女性は、連邦政府や裁判所に支援を求めるようになった。OCRやEEOCに不満を訴え出ることで、その機関の遵守状況に関する大規模な調査を実施できる場合もあり、それは費用のかかる裁判を避けるための解決策を押しつけるほどの圧力を生み出した。訴訟を起こすという脅しは、それ自身で強力な武器となった。ブラウン大学は、定年までの身分保証を断られた女性教授に訴えられたのち、裁判所の外で問題を解決した。裁判闘争もなく、罪を認めたわけでもないのに、大学は弁護料として100万ドル以上を支払った[67]。

　訴訟の増加により教育機関は、法律に基づいた抗議を取り扱ったり連邦や州の機関と交渉したりするため、新たな担当部署を設置することが必要になった。WEALは、7州で公立の高等教育組織に対する訴訟を起こした。女性の教授を巻き込んだ昇進判定で、どのように投票したかを明かすことを拒んだジョージア大学の教授は、学問の自由は学問的な評価の過程の機密性を守るという主張を退けた連邦判事によって、3ヵ月間刑務所に服役させられた。女性への差別の解消の過程を監視するために作られた組織である「女性の地位と教育に関するプロジェクト」によると、ノースカロライナ州の公立のハイスクールとアイオワ州の宗教学校は、未婚でありながら妊娠していた

ために解雇された教師を復職させるよう命じられた。カリフォルニア州連邦裁判所は、いくつかの公立のカレッジに対して保育所を提供するよう命令した。というのもそうした施設がない場合には、女性がこの公立のカレッジの授業に参加することから締め出されてしまうからであった。女性の競技指導者は、ワシントン州立大学に対して、男性の競技指導者が無料で車を受け取ったとして訴訟を起こした。女性の運動選手は、外部の「熱心な後援者組織」が男性の運動選手に追加の奨学金を提供しているとして、ウエストテキサス州立大学に対して訴訟を起こした。女性のバスケットボール選手が、男性のチームが女性のチームと比べてより新しいユニフォームやより多くの予算を提供されているとして、アラスカ大学を訴えた。運動競技のプログラムは連邦資金を受けてはいなかったのだが、高等教育法第9章に書かれていた規則は、教育機関に対してスポーツのためには男女同額を支出するよう指示していた。もっとも、レスリング、フットボール、野球のようなある種のスポーツは、男女双方が参加可能でなくてもよかったが。原告が敗訴するような訴訟、たとえば女性よりも男性の方が博士号をより多く持っているので、大学の博士号取得要件が女性への差別であるといったような訴えの場合でも、費用のかさむ法的手続きをとらなければならなかった[68]。

　高等教育法第9章が施行されたことにより、全米の公立・私立のすべてのキャンパスに連邦の条例が導入された。連邦からの業務を請け負ったり、補助金を支給されたりしている機関に適用される積極的差別是正措置は、およそ3,000の高等教育機関のうちわずか900にしか及んでいなかった。HEWの役人によると、連邦の学生貸付金や退役軍人給付金などのような間接的な形で連邦支援を受けている教育機関もすべて、第9章の対象となると理解されていた。連邦からの業務を請け負ったことのない一握りの高等教育機関は、第9章の遵守を求める書類への署名を拒んだ。HEWは、第9章の遵守を拒むことは、それ自体が第9章の違反であると非難し、こうしたキャンパスに対するあらゆる学生支援を断つと脅し、抵抗する機関を連邦地方裁判所に首尾よく訴えた[69]。

　キャンパスに連邦政府や裁判所が新たに存在感を示したことは、政府によ

る学部の人事に対する侵害であるとともに、学問の自由に対する脅威でもあるとの議論を刺激した。政府が、大学をその他の政府の請負業者と同様に取り扱おうとする傾向は、マッカーシー時代に連邦最高裁が出した判決の一つに述べられていた見解を共有する人々を不安にさせた。

　　推論し、実験し、創造することに最も貢献できる雰囲気を提供するのが、大学の仕事である。それは、学問的な基礎に基づいて、誰が教え、何が教えられ、どのように教えられるのか、誰が学ぶことを許されているのかを大学自身が決める、「大学の四つの基本的な自由」に満ちている雰囲気である[70]。

伝統的に、大学は政府のあらゆる統制を受けないことを強く望み、政府が自由な思考を抑圧するのではないかとか、大学の資源を党派に偏った目的に使うのではないかということを危惧していた。採用、解雇、昇進、学部の教員に定年までの身分保証を与えることの判断は通例として、仲間による極秘の評価の過程を用いて学部によって行われてきた。その独自のやり方によって、大学は教会と同じように政府の規制から自律していた。というのも、どちらも自分たちの自律性の侵害に対して警戒心を持って抵抗したからである。
　有益なことを実現しようと計画された政府の規制の拡大は、今までには決して行使されることのなかった、高等教育を監督する権限を政府捜査官に与えることとなった。マッカーシー時代のFBIや州捜査官の目からは厳格に保護されてきた極秘の個人情報は、性差別の証拠を捜し求めていたEEOCと労働省の捜査官の前に公開された。1972年、EEOCの担当者は、高等教育の指導者との会合において、自分たちの機関は「学部の判断がどのように下されるのか、どのような過程で雇用が決められていくのか」に関しては、ほとんど何も知らないことを認めたが、「委員会は、7年間にわたる産業界における雇用差別との戦いで学んだことを、適用するつもりである」ことを確約した。同じ会合において、フェミニストの指導者は、「学問の自由」と「教育機関の自律性」とは、「同窓生」の人脈による採用を守るために大学によっ

て生み出された「煙幕」であると批判した。彼女が提唱したのは、「積極的差別是正措置をキャンパスに。好むと好まざるとにかかわらず、アンクル・サム［訳注：合衆国政府を擬人化した言い方］はキャンパスに留まっている」ということであった[71]。

積極的差別是正措置を嫌っていた者の中には、高等教育法第9章の最初の起案者でもある、オレゴン州選出の元女性下院議員エディス・グリーンがいた。彼女は性差別の禁止が、女性に味方する「逆差別」の根拠となっていることを知り、「驚きかつ失望した」。1977年にもはや議員ではなくなると、彼女は第9章が起草されたときには、「我々は、割り当て制度の設定が禁止されることを求めて、極めてよく分かるように記述することを心がけた」と述べた。彼女は、「割り当て制度」と「目標」の違いは、「意味の解釈の問題」であると考えた。彼女は、「善意の人々を単純な熱意で逆の割り当て制度の制定に駆り立てている論拠」について理解できなかった。「彼らは、一つ不当な行為が行われていたら、別の不当な行為が行われても構わないとでも思っているのか。判断の根拠は、『利益』なのか、それともエスニシティや性別に基づいた何か厳密な一定の方式があるのか」。もちろん、第9章は積極的差別是正措置の根拠ではなかったが、公民権に関わる官僚は、第9章について、連邦の統制の及ぶ範囲をアメリカじゅうのほとんどのキャンパスに広げていくための、議会による承認であると理解していた[72]。

高等教育法第9章の解釈は、1970年代後半に新たな方向転換をし、「セクシュアル・ハラスメント」が重要な問題になった。エール大学では教授が女子学生に性的に言い寄ったところ抵抗されたので、彼女に低い点数をつけたかどでその教授が訴えられた。連邦判事はその訴訟を棄却した。というのもその女子学生は、不適切な申し出があったこともまたその結果、彼女が不都合な影響を受けたことも証明できなかったからである。学生が教授を訴えたり、女性の教授が男性の教授との性的な関係を持つことを拒んだために、昇進や定年までの身分保障を否定されたと主張したりといったような、他の訴訟がすぐさまそれに続いて起きた。それ以前の6年間に心理学の博士号を取得した500人の女性について調査した結果、4人のうち1人が教授と性的関係を持っ

ていたことが明らかになった。それに比べて、21年以上前に博士号を取得した女性の場合には、僅かに5%でしかなかった。HEW長官パトリシア・ハリスは、セクシュアル・ハラスメントは「性差別の構成要素である」と宣言した。労働省は、職場でのセクシュアル・ハラスメントを禁止する指針を発表した。EEOCはすべての連邦機関に対して、セクシュアル・ハラスメントを防止するための計画を準備し、訓練プログラムを開発するよう指示した。EEOCは、セクシュアル・ハラスメントについて「露骨なまたは暗黙の、歓迎されない言葉や肉体による性的な意味合いを持つ行為」と定義した。マイアミ大学の学長は、男女差別主義者の意見は大目には見られないであろうと警告し、大学の女性問題委員会は、容認しがたいからかいに対する「冗談の指針」を作り上げるために、男女差別主義の冗談を飛ばした教授と面談することにした。フロリダ大学における調査の結果、女性の大学院生の31%と学部生の26%が、教授から性的に言い寄られたことを報告していることが明らかになった。一方、いくつかのキャンパスでは男性の教員が、名誉を毀損されたとして逆訴訟を開始した。セクシュアル・ハラスメントを行っているのではないかと疑われる教授に関する、極秘の名簿を持っていた学生組織に対して、マッカーシー主義者であるという非難が浴びせかけられた[73]。

　10年間にわたる連邦政府の性差別に対する断固とした行動の結果、女性の教育と職業における前進を阻害していた障害物は取り除かれた。1978年から1979年にかけては、女性の学部生の数は男性を上回り、女性が博士号の28%を取得し、法科大学院および医科大学院の入学者の25%を数えるまでに増加した。ミシガン州立大学のようないくつかの医科大学院では、女性が入学者の中の過半数を占めていた。1981年頃には、女性のエンジニア、弁護士、判事、医師、薬剤師、科学者、保険金査定人の数が相当に増加していた。カレッジや大学における常勤の教員である女性の数は、1970～1971年度ではおよそ20%であったのが、1980～1981年度では26.4%に増加した。同じ期間に正教授であった女性の数は、8.6%からほんの少し増えて10.2%となった。これは、定年までの身分保証を受けている教授の回転率が低いことを反映していた[74]。

こうした変化の多くは女性の野心を刺激し、伝統的に女性向きではないとされていた分野への進出を促し、そこで男性と対等の条件で競うことを後押ししたという限りにおいて、フェミニスト運動のおかげであった。その影響はまた、低い出生率と女性の晩婚化といったような、極めて重大な人口動態に関わる指標の顕著な変化にも及んでいたと言えよう。1970年代の変化が、性による役割分担の革命的な解消であったというよりも、むしろ社会構造の再調整であったということは、上級の学位を取得した女性の大半が、教育、社会科学、文学、家政学、芸術、図書館学といった、伝統的に女性の分野であるとされていた科目を専攻していたという事実によって示されていた[75]。

女性にとってみれば、1970年代の変化は、学位の取得数や職業の多様化から分かるように、重要なものであった。しかしながら、それ以上に重要であったのは、連邦政府と高等教育機関との関係が変化したことであった。性差別の問題を通して、連邦の機関は、極秘の個人情報を閲覧できるようになり、大学に対して教員の定年までの身分保証に関する審議内容を明かすことを強要し、自分たちの命令に目を光らせるための新しい官僚的な機構を大学内に作り上げることとなった。ある大学においては連邦捜査官は、教授の講義の中に偏見の証拠を見つけるために、教室をこっそりと監視していたこともあった。1980年頃には、連邦の統制権は今まで1度も連邦の請負業務を受注してこなかったような高等教育機関さえも含めて、アメリカじゅうのすべての高等教育機関に及んだ。学問の自由の必須要素として長い間考えられてきた教育機関の自律性に対するこうした重大な侵害は、1950年代であれば必死の抵抗を受けていたはずであった。1970年代における政府は、有益性を追求しているようにみなされていたので、新たな秩序はすぐさま形成された[76]。

第6節　障害児教育

教育の分野における公民権運動の活動は、構造改革を求めていた他の分野の人々に対して価値のある手本を示した。公民権運動は、黒人はずっとアメリカの学校による犠牲者であったし、地方学区の役人の偏見が連邦と裁判所

第8章　教育をめぐる新たなかけひき　427

の介入を必要なものとしていると説得力をもって主張した。こうした介入は、黒人の被っている教育的・社会的な不利益の事実による裏づけと、そうした損害を与えていることに責任のある人々にはそれを正すことを任せるわけにはいかないという、もっともな非難とを拠り所としていた。バイリンガル教育とフェミニスト運動の主唱者は、彼らの戦術を公民権運動に範をとっていた。というのもそれが、地方と州の教育機関を飛び越える方法のみならず、そうした機関の役人にはほとんど掌握できないような規則を受け入れさせる方法を提供したからである。戦術が成功するか否かは、利益団体が目的に適った委員会に所属する議員と連携することができるかどうかと、誰が大統領になろうとも、自分たちの関心事を支持する永続的な発言権を行政部門において持つことができるかどうかにかかっていた。人種的マイノリティに関して、また1972年以降は女性に関しても、こうした発言は連邦公民権委員会、OCR、EEOCから出された。女性に関しては全米女性教育プログラム諮問委員会から、言語的マイノリティに関してはバイリンガル教育局から意見が出された。いったんこうした関係が確立されると、利益団体は自分たちに関わる問題をめぐる公聴会を支配することができ、新しい法律が審議される時期や、新しい規則が起草される時期について、かなりの影響力を持てるようになった。

　ひとつの重要な事実は、手本そのものが以前には連携することがなかった支援団体を生み出すことを後押ししたことであった。公民権運動の方法論の有効性に気づいて、障害児を支援する人々が自分たちの政治活動の組織化を開始した。連邦議会が最初の包括的な連邦支援のプログラムを1965年に承認した際には、ほとんどの障害者の団体は、州と地方のレベルにおいて、プログラムと資金をめぐる戦いに忙しかったが、それはしばしば、耳の聞こえない子、手足の不自由な子、目の見えない子、知的障害のある子、そしてその他の障害を持つ子を代表する別々の組織の間での、統一性に欠ける戦いとなっていた。障害児は、無視されてきたマイノリティとしての地位を正当に主張することができるはずであった。しかしながら現実には、障害の種類と程度によって、公教育の恩恵を全く受けずにいる子もいたし、健常児ととも

に学ぶ機会がほとんどない障害児学級に配属されている子もいた。緊急に求められていたのは、第一にはすべての障害児を公的な支援を受けている教育プログラムの中に入れることであり、第二にはそうしたプログラムを支えるために十分な教師を養成することであり、第三にはこの両方の費用を負担することであった。

　1965年以降、障害者の支援者は自分たちの働きかけを連邦レベルに集中していた。彼らは連邦資金の拡大を目指していたが、それ以上に重要なこととして、連邦政府が州に対して無料の適切な公教育をすべての障害児に提供することを、当然の権利として要求するよう望んでいた。障害者のための支援者は、特定の障害を代表する多数の団体から成り立ち、そこには、1950年に障害児の家族によって結成された全米知的障害者協会や、障害児教育の専門家の声を代表する「障害児のための審議会」といった団体も含まれていた。障害児の人数に関する正確な数字はなく、障害という言葉をどう定義づけるのかとか、肉体的・精神的障害と同様に学習障害を含むかどうかによってもその数は変わってくるのだが、議会の職員と証人は、500万人から800万人の間の子どもが何らかの障害を持っていると見積もった[77]。

　障害者の支援者は、連邦の保護を求める派手な政治的活動を開始した。彼らの果たした役割はかなりなものであった。彼らは、深い確信をもって障害者の利益を代弁していたので、ほとんど誰も彼らの要求に反対しなかった。加えて、ほとんどすべての議員が障害のある友人や親戚を持っているように思われた。障害児への教育の必要性は、たいていの州や地方学区の財源で対応できるようなものでもなく、努力目標のようなものでもなかった。問題は、連邦政府が障害者を支援するかしないかではなく、この支援を形作る方法とその費用であった。

　1966年に、民主党が多数を占めていた連邦議会は、HEWの教育局の中に障害者教育局（BEH）を開設し、全米障害者教育訓練諮問委員会を創設した。これは決定的な勝利であった。というのも、BEHと全米諮問委員会は双方ともに連邦政府内にあって、障害者を支援する機関として機能していたし、機能することを意図していたからである。障害者のためのロビイストは、下

院と上院の教育に関する委員会と歩調をあわせて仕事をし、上下両院の委員会は法制化に備えて、障害者に関する小委員会を発足させた。1970年に連邦議会は新しい法案を可決した。それは、障害者の教育への連邦支援金を増額し、「障害を持っている」ことの定義を、知覚上の問題や読書障害を持つ学習障害児にまで広げた[78]。

　必要とされていたのは単に資金だけではなくて連邦の強制的な命令であったので、戦いの場は連邦裁判所に移り、そこで障害を持つ原告は二つの重要な判決を勝ち取った。1971年にペンシルベニア州は、公教育を受けていない重い知的障害児の利益を守るための訴訟を起こされた。州は連邦裁判所による同意判決を受け入れた。それにより州は、6歳から21歳までのすべての知的障害児に無料の公教育を提供することを求められ、公聴会、上訴、継続的な監視に対して適用される、広範囲にわたる適正な手続きの体制を確立することとなった。1972年にコロンビア特別区の連邦裁判所は、憲法修正第5条の適正な手続き条項のもとで、学区のすべての就学年齢の子どもは、「その子の知的・身体的・情緒的な障害や欠陥の程度に関係なく、無料の適切な公的支援を受けた教育」を提供されなければならない、との判決を下した[79]。

　こうした法的な勝利ののち、連邦議会は1973年リハビリテーション法を成立させた。これは障害者にとって、1964年公民権法第6章と同等の意味を持つ、第504条を含んでいた。第504条は以下のようである。

　　合衆国における障害を持つ人は、他の資格が与えられている場合以外は、その障害という理由のみによって、連邦の資金援助を受けているあらゆるプログラムや活動に参加することから除外されたり、その恩恵を受けることを否定されたり、または差別の対象とされたりしてはならない。

第504条のもとでは、連邦資金を受け取っている者はすべて、障害者に対して差別することなくその門戸を完全に開放することが要求され、それを実行させるのはOCRの責任となった。第504条を遵守するためにかかると思われる費用が相当な反対を引き起こし、それは、障害者運動が今まで受けた反

対の中で最も深刻なものとなった。ニクソン大統領は法案に対し拒否権を行使したが、民主党主導の連邦議会はそれを無視した。HEW が条例の草案を作ることができなかったために、ニクソン政権とフォード政権の間、法律の施行は遅れてしまった。民主党のカーター政権時代の HEW 長官であったジョセフ・カリファノでさえ、障害を持つデモ参加者から執務室で声を荒げて抗議され、気持ちが変わるまでは、法律の施行をためらっていた[80]。

大統領の拒否権を乗り越えて第504条が成立したことは、障害者の利益団体が、政治学者が呼ぶところの「鉄の三角形」[訳注：アメリカの政策決定の過程における連邦議会、官僚、利益団体の三者の関係を指す言葉]の一部であることを示していた。障害者のための法律制定に関する研究によると、彼らは議会の教育に関する委員会の職員や委員、ならびに障害者のためのプログラムを監督する責任のある連邦機関の担当者と、密接な関係を苦労して作り上げていた。議会の職員は新しい法律を制定するために障害者の代表者と活動し、BEH はより強い強制力とより多くの資金を求め、利益団体の代表者はいつ公聴会が開かれようとも、また新たな条例の草案が作られるときには、常に十分に準備ができていた。障害者の支援団体は極めてよく組織化され、主義主張が理路整然としていたので、連邦議会はその法律を超党派の圧倒的多数によって可決した[81]。

障害児にとって最も意義のある勝利は、1975年の「全障害児教育法」と題された公法94-142であった。利益団体は、「資金、人材、適切な分配制度の欠如が、すべて現実の問題である」ことを十分承知していたが、彼らはそうした制約が、州や地方学区に対してすべての障害児にサービスを提供することを強制する、強固な仕組み作りの妨げになってはならないと考えていた。公法94-142の基本的な目的は、すべての障害児が「自分たちの固有の要望に見合うように考案された障害児教育と、それに関連するサービスを重要視した無料の適切な公教育」を受けられるよう、保証することであった。この法律は「これまでに連邦議会で承認された教育関連の法令の中で、おそらく最も規範的な法令」と評されていた。そこには、「通常であれば、法令の中にではなくて条例の中に含まれるような詳細なことが」書かれていた。その法

律は、すべての障害児が以下のように定義されている「個々の事情に合わせた教育プログラム」を受けるべきことを求めた。

> それぞれの障害児に関する書面での調査票……その調査票には、以下のものが含まれる。(A)そうした子どもの学業成績の現在の水準に関する報告書、(B)短期的な教育目標を含む年間の目標に関する報告書、(C)そうした子どもに提供されるべき特別な教育サービスと、そうした子どもが通常の教育プログラムに参加できる範囲に関する報告書、(D)そのようなサービスの開始が計画された日程と予想される期間、(E)適切な目標の規準と評価方法と、少なくとも年に1回行われる、教育目標が達成されているかどうかを評価するための計画表。

その法律は、親を保護するための念入りな適正手続きを含んでいたので、学校や教師によるいかなる不審な行動も、即座に告発の手順を踏み訴訟に持ち込むことができた。連邦議会は、通常の学校プログラムの費用を超えて、障害児教育のために「余分にかかる費用」の一部を負担する用意があることを宣言した。その一部とは、最初は総費用の5%から始まり、やがては40%にまで達すると考えられていた[82]。

　障害者のための教育は、ほぼ10年間にわたって批判の及ばないところに存在していたプログラムであったが、やがて論争の中に放り込まれた。インフレが激しくなっていたこともあり、地方学区への費用負担が全米各地で予算の重荷になっていた。障害児教育の訓練を受けた新たな人材を雇用し、障害のある労働者を雇用するための積極的差別是正措置の計画を作成することに加えて、学区は、障害者に不便な建築構造をなくすための費用と、重度の障害児を私立学校に通わせるための授業料を負担しなければならなかった。学校の当局者は、連邦議会は、自らが命じたものについては喜んで資金提供するであろうという前提のもとに、連邦の介入を支持していた。しかしながら、議会の命令に見合うような資金提供は、約束されていた部分的な資金提供の水準ですら実現されなかった。カーター政権による連邦の予算削減の努

力のために、このプログラムへの資金提供は、学区が負担しなければならなかった費用の12.5％を超えることは決してなかった。結果として、地方の学校予算は法律による負担増を補うために増額され、その不足分はしばしば健常児へのサービスを減らすことによって穴埋めされた。ある記者はそれを、「あなたは週に2回、隣人を夕飯に連れ出し、その代金をあなたの財布から払うべきであるという、市議会の条例」によく似たものだと評した[83]。

費用だけが問題であったわけではなかった。法律は、障害児が健常児と「適切な最大限度まで」いっしょに教育を受けることを命じていた。これは、「最も制約の少ない環境」の中で、障害児を「通常学級に通わせる」ための要求として知られるようになった。障害児の親の中には障害児のための特別な学校の方を好む人々もいた。障害児教育の教師は、通常学級に通わせることでネグレクトが繰り返されるのではないかとか、自分たちの仕事がなくなってしまうのではないかと危惧した。通常学級の教師は、身体的・情緒的な障害を持つ子どもがいる学級を教えることができるかどうか懸念した。健常児の親は、自分たちの子どもに対する教育が無視されたり、あるいは手を抜かれたりしてしまうことを恐れた。加えて、学校の当局者や教員組合は、「個々に合わせた教育計画」の準備に求められる時間と事務処理をめぐって不満を漏らし、その計画が法的に拘束力を持つ契約とみなされ、新たな訴訟の種になるかもしれないとして反対した[84]。

連邦政府の法律の適用範囲に関する曖昧さは、連邦最高裁の二つの判決によってある程度は解決された。1979年に連邦最高裁は、ノースカロライナ・カレッジに対して、第504条は看護師養成プログラムに耳の聞こえない女性を受け入れることを求めてはいない、という判決を全員一致で下した。彼女の障害が看護師としての適格性に欠けるとみなされたのは、「読唇術に依存せずに話を理解する能力は、患者の安全のために必要である」という理由からであった。また第504条は、「教育機関に対して、障害者に合わせて学問の基準を低くしたりまたは重大な変更を加えたりする要求を押しつけてはいない」と連邦最高裁はみなした。1982年に、公法94-142の最初の重要な試金石となった裁判で、連邦最高裁は6対3で、ニューヨーク市の学区に対し

て、4年生の耳の聞こえない生徒のために手話の通訳者を提供することを求められてはいない、という判決を下した。その子どもは通常学級で平均以上の成績を上げていて、特別なサービスも受けていたために、連邦最高裁は、彼女に対する教育は「適切」であると判断した。判事の多くは、連邦議会の意図は「障害児に対して、適切な条件のもとで公教育の門戸を開くことにあって、入学後における特別な教育の達成度を保証するものではない」と主張した[85]。

こうした判決は、新たな法的要件は上手くいきそうにないという教育界の権威者の危惧を和らげたが、すべての障害を持つ生徒を教育しなければならないという、教育機関の義務を取り除くものでは決してなかった。それはまた、地方学区が連邦議会によって費用のかかる官僚的な命令を押しつけられるのではないか、という懸念を取り除いたわけではなく、要求に応じるために必要な連邦資金もなく、終わりのない訴訟と当てが外れた希望の筋書きがあるだけであった。

1980年春までに、障害児教育を必要とするすべての生徒の98％に当たる400万人以上の障害児が、公法94-142に基づいて評価を受け障害児教育プログラムに配属されたとOCRは発表した。この生徒数は、連邦議会によってもともと予想されていた数よりもはるかに少なかった。地方学区に入学した障害児のおよそ3分の2が、特定の学習障害か話すことに欠陥のある子どもであった。障害を持つ生徒の約70％は通常学級に入学した。プログラムは未だに資金不足の状態であったが、それにもかかわらず、教育の財源が減少しつつある時代にあって、健常児の親の怒りを買う可能性が十分にあった。だがそうは言っても、障害児の支援者は子どもの状態がどのようなものであれ、すべての子どもが無料の公教育を受けることのできる権利を確立するために、短期間のうちに上手く政争の場に入り込んでいった[86]。

権利を主張する人が誰であれ、黒人、女性、障害者、英語を話せないマイノリティ集団のうちの誰を代表しているにしても、政治的救済の手段は同じであった。好意的な議会の委員会に直接働きかけ、司法の指示を得ることで、教育の権限を無視することであった。一つひとつの勝利が、学校や大学当局

者に命令を課していった。彼らはそうしなければ、ゆっくりと嫌々ながら実行したり、あるいは全く実行しなかったりしたであろうことを、速やかに実行するよう求められた。こうした外部からの介入は、その特質として、学校や大学の当局者の自由裁量の余地を制限し、連邦により命じられたプログラムを管理し、連邦、州、地方からの多様な要件が満たされているかを判断するために、短期間のうちに新たな地位の官僚や新たな職員を導入して、彼らの権限を削減した。

第7節　SATの点数低下

　1970年代末になると、大学は連邦政府との新たな関係に順応していた。その大きな理由は、それが平均的な教授の生活にはほとんど影響がなかったからである。女性、黒人、その他のマイノリティ集団に属する人々に対する積極的差別是正措置の要求は、結局、簡単に方向を逸らされたり、緩和されたりしたことが判明した。というのも、こうした人々の数が不足している最も典型的な分野において、適切な職業上の資格を持つ女性やマイノリティ集団に属する教授候補者の数が極めて少なかったからである。

　しかしながら公立学校は1970年代の新たなプログラムに、容易にかつ迅速に慣れていったわけではなかった。その理由は、いつも通りに教え続けることができたカレッジの教授とは違って、学校の教師は以下に挙げられるような、新たな状況のいくつかの局面によって直接影響を被ったからである。バイリンガル教育の導入。軽度の知的障害児を自分たちの通常学級に入れること。人種の均衡を図るための生徒の強制バス通学と教師の再配置。特定の集団に不快感を与えるという理由での教科書の撤去。エスニック集団や女性に関する科目の中に歴史をばらして入れていくこと。そして、エスニック・リバイバルである。すべての生徒は、「自分たちが育んできた固有の言語、つまり、自分自身のアイデンティティやスタイルを見出すことのできる固有の言語などのような、自分たち自身の言語の形態や多様性に対する権利」を持っていると宣言し、それに加わった教育者もいた[87]。

彼らが急激な変化に見舞われていた1975年に、大学入試センターにより、毎年100万人を超えるハイスクールの上級生が受験する進学適性試験（SAT）の点数が、1964年以来、着実に低下し続けていることが公表されると、公立学校はまた新たな打撃を被った。他のいかなる要素の何にも増して、点数が下がり続けていることをめぐる一般大衆の関心が、読み書き算術の「基礎」に関する教育への大きな要望の声を引き起こした。1977年に、大学入試センター内の第一級の専門家委員会がその原因に関する報告を公表すると、学校における手ぬるい基準への不満が増大した。その報告によれば、点数が下がった理由はいくつもあり複雑であったが、少なくとも以下のようなことが含まれていた。「第一に、注意深く批判的に読むことが以前よりも要求されなくなったり、実践されなくなったりしている。第二に、気をつけて書いても、どうやら文体がなってないようだ」。一般大衆の不満と「基礎」を復活させることへの要望に応えるため、38の州議会が、基礎的な技能に関する最低限度の能力を測る試験の実施を、公立学校に求める法律を可決した[88]。

1970年代の終わりには、利益団体、裁判所、連邦政府が、法令、指令、裁判所命令を通して、もし学校に任せてしまったら正しいことを行うとは思われないと繰り返し述べ、学校が第一に最も上手く遂行するであろうとすべての人が考えていた、読み書きを教えることすら、もはや学校には期待できないと州議会が学校に伝えたことは、ともかくも適切なことであったが、同時に心の底から悲しいことでもあった。

1960年代半ば以降、教育機関を改善したり、改革したり、統制したりしようと上手く計画された活動はとんとん拍子に増大し、多くの私的な機関と同様に、ほとんどすべてのレベルの政府が論争に加わった。何世代にもわたって冷淡な態度を示していた連邦の立法者は、法律制定に取りかかった。1964年から1976年の間に、教育に影響を与える連邦法の頁数は80頁から360頁に増加し、一方、連邦条例の数は1965年には92であったのが、1977年にはほぼ1,000にまで増えた。こうした法的な介入の中には、予想外のものも含まれていた。たとえば、ニューヨーク州選出の保守党の上院議員によって提

出されたバックリー修正案は、生徒の成績を本人に開示することによって、生徒の権利を保護することを意図していたのだが、現実には、それによって大学への推薦状がもはや機密ではなくなり、その結果、公正さが損なわれてしまうことになり、カレッジの入試担当官にとって意味のないものとなってしまった。それによって、SATの点数がさらに重みを増した[89]。

　もちろん連邦裁判所は教育問題に深く関わるようになった。教育に影響を与える連邦裁判所の判決の数は、1946年から1956年の間は僅か112件であったが、1956年から1966年の間には729件に増加し、「その後の4年間で1,200件を超える」までに上昇した。あたかも、裁判所の視野に入らない教育問題などないかのようであった。1975年に連邦最高裁は、オハイオ州の公立学校に対して、事情聴取をせずに生徒を1日たりとも停学処分にしてはならないとの判決を下した。裁判所と異なる見解を持つ少数の人々は初めて、「教育官僚や州議会ではなく連邦裁判所が、子どもやティーンエージャーの教室内の毎日の規律に適用される規則を決める権限」を持つことになった、と批判した。ミシガン州アナーバーでは、連邦判事が学校組織に対して、教師が黒人英語に熟達するよう求めた。カリフォルニア州では、連邦判事がマイノリティの子どもを知的障害児の学級に入れるために、知能テストを用いることを禁止し、州に対してそうした知的障害児の学級に、「黒人の子どもを不釣り合いに多く配置することを止める」よう命じた。ペンシルベニア州では、連邦裁判所が、公立の学校教育は重度の障害児に対して、1年間に180日だけではなくて、1年を通して常に提供されなければならないとの判決を下した。大学は、学業成績が悪いために退学させられた医学生を復学させるよう命じられた。というのも、「ぎりぎりの成績」とはどのようなものであるか、大学が今までに公式に定義していなかったからである。もちろん不首尾に終わった訴訟も中にはあったが、何でもかんでも訴訟に持ち込むことができるように思われた。たとえばプリンストンの最上級生が、論文盗用の罪で学位を与えられなかったとして大学を相手どって訴訟を起こしたり、ハイスクールの卒業生が、自分たちが読み書きのできないことに気づいて、教育上の不適切な措置として学区を相手どって訴訟を起こしたりしたことなどがあった[90]。

学校財政の再建といったような問題は、州裁判所、連邦裁判所、利益団体、州議会を巻き込んでいった。学校財政再建運動の目的は、州内の学校の支出を均一にすることであった。ほとんどの州が地方財産税に大きく依存して、地域の公立学校に資金を提供していた。豊かな学区の優越性に近づけるために、州はしばしば追加の歳入を貧しい学区に拠出したにもかかわらず、概して豊かな学区は貧しい学区よりも公立学校により多くの金額を支出していた。学校財政再建運動における最初の重要な勝利は、1971年のセラーノ対プリーストの訴訟事件であった。カリフォルニア州最高裁は、子どもの教育の質が、「子どもの親や近隣に住む人々の富」によって左右されるのは憲法違反である、との判決を下した。公立学校の財政が地方財産税に基づいていることを問題視して、同様の訴訟が多くの州で起こされた。しかしながら、1973年に連邦最高裁は、地方財産税に基づくテキサス州の制度は憲法違反ではないとの判決を、5対4で下した。「支出の程度の違いがただ相対的に」あるだけであり、「教育の機会の完全な否定」ではないというのが連邦最高裁の判断であった。この判決ののち、戦いの場は州の裁判所に移った。そこでは、州憲法が不平等な支出を問題視する根拠を与えていた。ニュージャージー州やコネチカット州のようないくつかの州では、地方財産税への依存は州憲法違反であることが明らかにされた。しかしながら、ニューヨーク州においては、州最高裁が学区の間で学校への支出を均一にする必要はないと判断した。平等への要望に応じて28の州が、セラーノ判決後の10年間で、学区間の不釣り合いを減らすために公教育への資金提供制度を改めた[91]。

第8節　教員組合の急成長

教育機関の運営に責任を持つ人々にとってのもう一つの厄介な要素は、教員組合の劇的な成長に起因していた。1960年に、AFTは5万人を超える教師から構成され、一方、その競争相手である全米教育協会（NEA）は70万人を超える教師を抱えていた。AFTは組織化された労働運動との連携を模索し、一方、NEAは「専門性」を誇りにしていた。1978年頃には、NEAは170万

人の組合員を擁していると主張し、AFT は組合員が 50 万人を超えると主張していた。何千人にも上る教職に就いていない他の学校職員は、アメリカ自治体職員連合の会員となった。こうした急激な増加は、NEA と AFT との間で繰り広げられた激しい拡張競争に帰するところが大きかったが、それは以下のような時代背景のもとで起った。第一に、学校組織がより大規模に、より非人間的に、より官僚的になりつつあった。第二に、教師の給与水準が低く、同程度の教育を受けた人々と比べても劣っていた。第三に、概して教師はより若くなり、教育水準は高くなり、男性の数が増えていた。なお、男性の教師の方が女性の教師に比べて組合に参加する可能性が高かった。第四に、文化の潮流は政治運動と集団活動を推奨していた。第五に、教育に関する決定権が、教師が全く影響力を持たない州や連邦の段階にますます移行した。第六に、公教育への批判が急激に増えつつあった[92]。

教員組合は、給与やその他の恩恵に影響を与えるような状況のみに巻き込まれるようになったのではなく、「教師が教えて生徒が学ぶという状況に関する政策全般……学級の生徒数、授業が行われている学級の数、カリキュラム、教科書や備品、雇用水準など、要するに、学校の運営に関係するすべてのこと」に巻き込まれ始めていた。組合の力が大きくなるのに比例して、こうした問題をめぐる管理職の自由裁量の度合いは減少した。こうした変化が教育の風潮や質にどのような影響を与えたのかは、決して明確ではなかった。お粗末な教え方、生徒への無関心、官僚的な硬直性、低い基準などのせいで、学校が厳しく批判されていたときに、組合運動の台頭が同時に起こったために、学校を批判する人々は、批判の矛先を組合に向ける傾向があった。学校への批判者の一人として、かつて教員組合の闘士であったマイロン・リーバーマンは、「より少ない労働に対してより多くの給与」を要求したり、たとえそれが学校の全般的な機能を改善するにしても、任命や異動をめぐる管理職の統制に抵抗したりすることは、団体交渉においては当然のことであると非難した[93]。

だが、スーザン・ムーア・ジョンソンの研究は、団体交渉の影響は一般に考えられていたよりは、はるかに少なかったと結論づけた。「校長の公式な

権限が制限され、教師の公式な権限が強化された」ことが真実であった一方で、それにもかかわらず、「最強の組合が存在する学区であっても、学校現場の管理職は、自分たちの学校を上手く運営することができた。校長は、組合の代表に従う名目だけの指導者ではなかったし、また、言われたままに契約に従うような役人でもなかった……。学校は、契約の解釈と実施において際立って自律的であった」。ジョンソンは、同じ学区にある学校の間においてさえ、労働運動には大きな違いがあることを見出した。彼女は、学校は「団体交渉によっていくぶん手直しされたが、大きく変革されることはなかった」と結論づけた[94]。

1970年代半ばまでは、批判する人々が何を言おうとも、教員組合の立場を揺るがすようなものは何もなかった。教育者と一般大衆に対する世論調査の結果は常に、AFTの代表であるアルバート・シャンカーがアメリカの指導的な教育者の1人であることを示し、それは彼の持久力と、カレッジの学長や地方教育委員会の教育長の消耗度への賛辞でもあった。実際は、AFTとNEAの双方が、自分たちの学区においてのみならず、州議会や国においても主要な勢力になっていったので、どの学区が対等な立場で教員組合に対応できる政治的な権限や法律家を擁しているかということが、真に問われた。教員組合への参加者の多さと組合員の積極的な活動のために、どちらの組合も公職に就きたいと願う人々を惹きつけていた。NEAは、ジミー・カーター大統領の主要な権力基盤の一つとして広く認められていた。大統領は、AFTの反対を乗り越えて、1979年に新たな教育省を設立するよう連邦議会を説得したことによって、その借りを返した[95]。

教員組合の進展を妨げた唯一の障害は、連邦最高裁が1980年に、組合を組織しようとしていた私立のカレッジや大学の教員に下した判決であった。5対4の裁決で連邦最高裁はエシバ大学の教員について、「事実上、かなりの程度、広範に企業を経営している」、「経営に携わる」被雇用者であると判断した。判事の多くは教員は「学部における雇用、定年までの身分保証、1年間の研究休暇、満期退職、昇進に関するすべての案件において、学部長や理事に勧告を行い」、しかも彼らは「カリキュラム、成績制度、入学と入学試

験の基準、年間学事予定表と科目の時間割を事実上、決定している」、と述べていた。この判決が出されたとき、組合はアメリカの教授のうちのほぼ半分から構成され、そのほとんどが公立の教育機関の教授であった。専門家は、エシバ判決が示唆するものに同意していなかったにもかかわらず、それは、私立の教育機関における組合結成の妨害を後押しし、公立の初等・中等学校で組合が追い求めていた権力への道を遮るように思われた[96]。

第9節　教育の統制と自律をめぐって

　初等・中等学校に関する意思決定の権限を共有したいと望む競争相手の数が増えるにつれ、伝統的に公教育に責任を持っていた州は、教育政策の決定に立法上の介入を強めた。1970年代初頭に、厳しく非難されていた学校の効率性を改善する方法を模索していた州議会は、広範囲にわたる「アカウンタビリティ」の体系の導入を命じた。アカウンタビリティに関する法律は、学校に対して、計画、予算編成、評価、目標設定に関する新たな管理制度を採用するよう求めた。その目的はたしかに、学校をより合理的に機能させることであったが、その結果としてはすでに過重な負担がかかっている学区に、別のレベルの官僚的な手法と管理職をつけ加えることが想定された[97]。

　まるで学校が、裁判所、議会、その他の政府機関によって出される新たな指示を追いかけることすらできなかったかのように、市民団体は、公教育の費用、質、特性について精力的に批判した。広く知られた納税者の反乱の中で、カリフォルニア州とマサチューセッツ州の有権者は、学校が依存していた財産税を制限する提案を成立させた。その結果として想定されたことは、改革者が裁判では勝ち取ることのできなかった公教育への資金提供を、州に早急に引き継がせることであった。教科書と図書館の蔵書は、性差別主義、人種差別主義、進化論、ポルノ、性的に露骨な言葉に反対する人々から批判を浴びた。オープン・エデュケーションと下がり続ける試験の点数に対して、基礎的な技能により多くの注意を払うよう、保護者の団体が州議会に圧力をかけた。それは、最低限必要とされる能力の試験の成立に繋がり、そして、「基

礎に帰れ」運動として知られるようになった。右翼の団体は1963年に連邦最高裁が公立学校における祈祷を禁止して以来憤慨しており、連邦の資金提供を受けている「人間－学科課程」(MACOS)のような科目における「世俗的な人道主義」の授業と、天地創造をめぐる聖書の記述の無視に対して不満を表明した。

　驚くほどの度合いで、その歴史のほとんどの間しっかりと支えてきた多くの人々のアメリカの教育に関する総意が消え去りつつあるかのように思われ、主張を張り合う人々の出現が、教育の目的をめぐって増大していく不確実さを反映していた。バイリンガル教育、補償教育、障害児教育のように連邦の範疇にあるプログラム、連邦指令、裁判所命令などから得られた教訓は、それぞれの圧力団体は、自分たち自身で十分に準備をして、教育機関への影響には頓着せずに、できるだけ多くの連邦の保護と公的資金を獲得すべきである、ということのようであった。ものごとの新たな秩序の中で失われてしまったものは、万人のための学校教育を可能にする考え方、つまり、公共の利益という概念であった。外部からの干渉は、地方の役人は正しいことを行うと信ずるには値しないという前提に立ち、そうした不信感は、親が知らない人の手に我が子の世話を委ねることになる教育機関においてはとりわけ心をむしばむ感情となった。毎年行われるギャラップ調査によると、公立学校に対する一般大衆の信頼度は、1970年代を通して着実に低下した。教育者が、学校にとって最も必要なものは改革であると考えていた一方で、一般大衆は毎年、学校が直面している最大の問題は「規律の欠如」であると思っていた。ギャラップにより抽出された人々のうちの3分の2が、教育をめぐる決定は、連邦や州の当局によって行われるべきではなく、地方の教育委員会によって行われるべきであると考えていた[98]。

　1970年代後半には、外部からの干渉によって教育の過程が歪められてしまうのではないかという懸念が、保護者の団体や保守派の批判者からのみならず、自由主義的な教育政策の学者からも表明された。学校財政再建の初期の主唱者であるアーサー・E・ワイズは、連邦議会、連邦機関、裁判所、州議会による教育への善意に基づく押しつけが、「アメリカの教室の官僚主義

化」を引き起こしていることを1979年に記した。それぞれの新たな要求が、新たな規則、毎日の意思決定を管理するための新たな手続き、さらなる中央集権化、さらなる標準化を生み出すと、彼は指摘した。規則による管理が人間による管理に取って代わり、規則を新たに作り上げるときにはいつでも、より多くの訴訟とそれに対抗するための訴訟手続きを引き起こしてしまい、それらが減ることはなかった[99]。

　1980年には同様な文脈で、スタンフォード大学の教育学部長マイロン・J・アトキンは、州と連邦政府の教育政策への関与のあり方が過去の20年間に劇的に変化したと陰鬱そうに思い起こしていた。彼によると1960年代までは、「政治家や役人が、数学はどのように教えられるべきか、12歳の子どもはどのように試験をされるべきか、それぞれの子どもの授業計画はどのように作成されるべきかを決める」などということは、ほとんど誰も想像していなかった。アトキンは、全障害児教育法について、「連邦政府による教育実践の最も激しい細部への介入の一つである」ととらえていた。というのも、そこには今までに全く前例のない、教師の行動に関する詳しい記述が含まれていたからである。連邦の手本に倣って州議会も、教師に向かってどのように教えるか、何を教えるかに関して口を出し始めた。「ますます地方学区の行政官と教師は、政府の行動の結果として、カリキュラムに対する統制力を失いつつある……。この過程において地方の行政官は、教育の指導者としての立場をしだいに失い、立法府の意図が守られているかどうかを監視する立場がより強くなってきている」と、彼は警告した[100]。

　指導者としての立場を失ってしまったことに加えて、最近の傾向が、黒人白人を問わず、中産階級の親が問題の多い公立学校から逃げ出すことを助長したとアトキンは思っていた。

　　立法府による指令の結果として、教師を補充せずに障害児を通常学級にどんどん配属していくので、教師のまなざしは「普通の」子どもからこの新しい集団へと否応なしに向けられていくこととなる。また、他の例としては、判事はしばしば、極端に破壊的な行動をとったために教室か

ら追放された非行少年を元の教室に送り返していた。裁判所は、追放された子どもの市民としての権利を守るために行動している。だが、こうした子どもの多くは、教室に戻されると通常の教育活動を妨害し続け、教師の時間を不相応に拘束する。中産階級の親によって設立された新しい学校は、こうした新たな情勢に対するひとつの対応であったことは明らかである。

アトキンの最も人を縮み上がらせるような批判は、しかしながら、1950年代と1960年代に全米科学財団（NSF）によって資金提供が行われた、連邦のカリキュラム開発計画のために残されていた。これらの十分な資金を提供されていた計画は、次のような新たな専門的な職務を生み出した。「教科書の執筆者、教科の専門家、試験の開発者、学級の経営者、プログラムの評価者、カリキュラムの策定者」。以前にもカリキュラム改革運動はあったのだが、その際には、「教師は、こうした役割を引き受けることが、彼や彼女にとっての専門家としての責任の一部であると考えていた」。それゆえに、カリキュラム改革運動に潜んでいた影響は、教師の自律性を制限してしまったり、教師を教育の専門家から技術者へと変えてしまったり、教師が「繊細で洗練された判断」を下す領域を減らしてしまったことかもしれない。学校改革を推し進めるための新たな試みのすべてはただ単に、学校の自律性と有効性をしだいに損なっていったと、アトキンは示唆した。

　大学の学長は、連邦の条例の煩雑さとそれにかかる費用に悩まされていたので、批判者といっしょに声を上げた。1970年代に新たな法律や条例が一気に制定されたので、大学は、事務処理を進めるために管理部門の職員を新たに雇い入れなければならなかったし、労働安全衛生法、環境規制法、障害者のための第504条、積極的差別是正措置の要件、男性と女性に平等な運動競技を提供せよとの高等教育法第9章の指示などを遵守するために、何百万ドルにも上る費用を負担しなければならなかった。1980年に、運営予算局の覚書A-21という新たな連邦の条例が、給与の一部でも連邦の研究資金によって賄われている教員に対しては、自分たちの「時間と努力」の100％に

ついて、政府の会計検査官が納得するまで説明するよう求めたので、研究中心の大学を怒らせた。連邦の規則を作る人々は、他の請負業者と同様に研究中心の大学を、経営者と被雇用者によって階級的に組織された企業とみなしていた。彼らには学部教授団のある意味、時代錯誤の仲間同士の協調関係といった概念や、時間を1時間ごとに監視することへの抵抗感が理解できなかった[101]。

公立であれ私立であれ、大学は他の多くのものの中でもとりわけ入試、人事、賃金と給与管理、住宅提供、運動競技、記録保持、財政援助、研究、施設建設、経営などに影響を与える、連邦の条例に従わなければならなかった。この容赦のない標準化と官僚主義化が必然的に、高等教育における多様性を損なうことになるであろうと懸念する人々もいた。デューク大学学長テリー・サンフォードは、「最近の雪崩のような政府の条例は……キャンパスの経営を支配しようとする脅しである」と批判した。エール大学学長A・バートレット・ジアマッティは、「条例の高まりつつある波」と「大量の事務処理への要求」が連邦政府と大学の関係を損ねていると、激しく攻撃した。ベレア・カレッジ学長ウィリス・D・ウェザーフォードは、政府の条例に対処するために自分の時間の4分の1を費やしていると不満を述べ、「人のやる気をそぐような単調さ、つまり、政府の過剰な条例により引き起こされた画一性が、アメリカじゅうのカレッジや大学に蔓延するであろう」、と予測した。ハーバード大学学長デレック・C・ボックは、学問的な事柄への政府の介入にはある種の根拠がなければならないと主張した。

> 政府が、学問的な問題に関して、勝手に大学の代わりに判断をしたり、大学を抑えつけたりすれば、概して高等教育の質にとって有害となるであろう……。というのも政府の役人は学問的な問題に関して、教育者や学部の教員ほどには知識を持っていないからである。また、政府の規則は多様性、実験的試み、変化を必要とする活動分野に、しばしば画一性と硬直性を押しつけることになるからである。そして、教育と研究は、外部から指示されるよりもむしろ自由な環境で行われる方が、より上手

くいくからである。加えて3,000もの別々の教育機関の学問的な方針を決定しようと試みると費用がかかり、実施するのが難しそうに思われるからである[102]。

しかしながら、カレッジや大学が不幸であったことで話が終わるわけではなかった。もう一つ変化したものは、多くの大きな大学の連邦が拠出する研究資金への依存であった。それは、1980年頃には、年間60億ドル近くにまで膨らんだ。学区が、全予算の10%しか資金提供を受けていないにせよ連邦の資金を当てにしていたのと全く同様に、大学は連邦機関との関係がたとえどんなにいらいらさせられるものになったとしても、研究機能、研究室、大学院生、そしてその威信が、連邦政府からの資金提供を維持していくことにある程度かかっていることに気づいていた。彼らの不満は十分な根拠に基づいていたが、本当のところ、最も重要な案件として、カレッジや大学は完全な状態と行動の自由を保ってきていた。稀な例外を除いて教育機関は、誰が教えるのか、何が教えられるのか、どうやって教えられるのか、誰が学ぶことを許可されるのかといった学問的な条件に関して、自分たち自身で決め続けてきた。連邦の条例は費用がかかり、教育機関の内部に新たな管理者層をつけ加えることになったが、アメリカの高等教育に関する最善のものを破壊することはなかった[103]。

それにもかかわらず、高等教育と地方学区に関する事柄への連邦の介入をめぐる声高な批判は、ジミー・カーター大統領の政権の時代にとりわけ激しくなった。それは、カーターの政策が格別に負担を強いるものであったということでは必ずしもなくて、彼の政権時代に障害者と女性の処遇を規定する条例が制定されたからである。なお、法律はニクソンとフォードの時代に成立していた。カーターのもとで、連邦の教育予算は相当に増額され、連邦教育省が設立された。皮肉なことに、新しい省の最初の長官は、教育者ではなくて連邦判事であった。ワシントンからの暗黙の合図は、条例と命令のネットワークは経験豊かな人によって管理されるのが望ましいということであった。カーターは1980年に、保守派の共和党員のロナルド・レーガンに打ち負

かされた。彼は、教育省を廃止することと、教育に関する連邦の条例を減らすこととを公約にしていたが、どちらの課題も口に出して言うのは簡単だったが、実現するのは難しかった。

　1980年頃には、誰が大統領に選出されるかには関係なく、地方の教育委員会がほぼ自律的であった日々や、高等教育が教会と同様に、政府から遠く離れていた日々に戻ることは不可能であった。状況の変化は核エネルギーの発見のように、人生の新たな現実であった。1人の人がどれほど深く嘆き悲しもうとも、また多くの人がどれほど嘆き悲しんだとしても、それがなくなることはあり得なかった。ジョン・デューイが見ていたように、教育と政府との間の新たな関係は問題であったし、それが問題であったからこそ、批判的に見る目を持つ知識人に対する挑戦でもあった。だからこの問題は研究され、議論され、批判されるべきものであるとともに、それに従わざるを得ないものでもあった。欠点のある前提を考え直したり、納得のいかない条例を再考したり、有害な影響を与えている法律を書き直したりすることの価値を疑う人はいないであろう。すべての子どもの権利に対する連邦政府と裁判所の活発な献身的活動のおかげで、多くのものを手に入れることができた。しかし、すぐれた目的を追求することが、学問の自由、教育機関の自律性、多様性といったような同様に価値ある目的を危険に晒す限りにおいては、また、教育者が官僚的な手続きに専念することが学校の教育的機能に影を投げかける限りにおいては、しかも、政府のプログラムが学校教育機関に対して新たな責任を引き受けさせながら、一方でその責任を果たすために必要とされる権限をその機関から奪っている限りにおいては、将来の教育改革者にとって必ず取り組まざるを得ない課題が残っている。

おわりに —— 1945年から1980年まで

　1945年に連邦の教育支援に関する公聴会が開かれ、全米各地から教師が自分たちの学校の要望を述べるために連邦議会を訪れたとき、アメリカの教育が抱える難問の数々はほとんど解決不可能に思われた。証言をした教師が田舎の学区から来たことは、偶然ではなかった。というのも、学校が最も深刻な経済的苦境に陥っていたのは、そうした田舎の地域だったからである。都市の学区は田舎の学区とは異なり、こうした公聴会に参加しなかった。というのも、都市の学区は田舎の学区と比べると、特権を与えられ、十分な教職員が配置され、十分な資金が供給されているとみなされていたからである。一方、田舎の学校は財源が不足し、施設が乏しく、教材が時代遅れで、教師不足が深刻であった。

　しかしながら、不公平な財源の問題は、ただ単に最も差し迫って解決されなければならない問題でしかなかった。都市であろうが田舎であろうが、特権を与えられていようが貧しかろうが、アメリカの学校はより大きな社会ではどこにでも見られた人種に対する偏見を反映していた。多くの州で、この偏見は人種別学の学校として制度化されていた。そこでは、黒人の生徒は仲間の白人生徒に比べてより短い期間の学校教育しか受けていなくて、あてがわれている教師もより少ない訓練しか受けておらず、より低い賃金しか得ていなかった。人種隔離は極めて巧妙に仕組まれていたので、第二次世界大戦が終わったときには、州によって推進されている人種隔離の持つ強大な力を

打ち砕くことができるほどの、大きな影響力を持つ政治的な変化が起こりうると確信できる根拠はないように思われた。さらに、高等教育への入学の機会は、他国と比べても決して限られていたわけではないが、大学に通う年齢の若者の6分の1以下の者にしか許されていなかった。黒人の若者にとって、高等教育への機会はずっと少なかった。というのも彼らは、大学入学への準備が不十分であるばかりか、多くの「白人」専用のカレッジや大学から締め出されていて、二重の苦労を背負わされていたからである。学校は悪しき連鎖の一翼を担っていた。というのも、教育の機会から締め出されることは、経済の機会から締め出されることを意味したからである。

　第二次世界大戦が終わって35年がたち、アメリカの教育は変わった。もっともそれは、必ずしも予測されたり、意図されたりしたように変わったわけではないが。連邦の教育支援を得るための戦いや人種隔離を廃止するための争いの過程で、アメリカの教育政策は大きく変化した。1949年に、連邦支援を求める上院議員タフトの提案がもう少しで通りそうになったとき、すべての人々、つまり共和党員も民主党員も、カトリック教徒もプロテスタントもユダヤ教徒も、黒人も白人も、労使双方の代表者も、連邦の教育統制は一切なされるべきではないということで一致していた。タフト法案によると、「この法律では合衆国のあらゆる省、機関、公務員、従業員が」、連邦資金を受け取っている「学校や国家の教育機関や部局について、あらゆる指導、監督、統制を行ったり要求を出したりする権限を与えられていると解釈されるべきではない」という。1965年に連邦議会が何よりも人種の不公平について関心を持ったとき、連邦の統制の問題は、強く抵抗する南部出身の議員によって、「問題の核心から注意を逸らすためのもの」として持ち出された、とみなされていた。法案で明言されているにもかかわらず、ひとたび連邦資金がからむと、学区の活動は、裁判所、連邦議会、連邦の公民権に関する機関の注意深い監視の目を逃れることはできなかった[1]。

　この35年間を通じて、教育をめぐる意思決定は、伝統的な州と地方学区の結びつきを超えたところにまで広がっていった。カリキュラム、人事の方針、訓練の方法、資源の配分に関して、一つの学校がどうするか決めたこと

は、もはや一地方の問題として止まることはなかった。すべての誤りが正されるわけではないが、重大な過失は連邦の役人、州の役人、全米の報道機関、公民権団体、有力な教員組合、専門家集団の注目を集めた。説得力のある話のしかたが変わり、新しい状況のもとでは、学校を「政治問題の外」に置いておこうと主張することは、時代遅れに思われた。もちろん、学校は常に「政治問題の中」に存在していた。つまり学校は、他の公共機関と資金獲得を目指して張り合わなければならなかったし、サービスに関する契約を締結し、教師と管理職を選び、周囲のコミュニティの道徳観と折り合いをつけていたのである。

　だが、学校をめぐる新たなかけひきは、地方と州の連携というよりもむしろ州と連邦の連携を中心に動いていた。1945年における良い教育長や校長は、市長、市議会、教育委員会と良い関係を保っていた。1980年頃には、周囲の動きに機敏に対応しようとする学校の管理職は、新たな資金をもたらすかもしれない新たなプログラムが開発されたかどうか、あるいは、現行の活動が差し止められたり削減されたりしていないかどうかを知るために、連邦議会、教育省、連邦の支配下にある機関、裁判所、州議会の動向について熟知していなければならなかった。総じて、学校をめぐるかけひきは、アメリカの国家的なレベルにおける政治的かけひきとそっくりになっていった。つまりそこでは、異なる利益団体が資金を得るために議員に働きかけたり、議会の委員会と特別な関係を築こうとしたり、競争相手を退けたりしていた。

　素人の一般大衆と教職に就いている者との関係もまた、かなり大きな点で変わった。1940年代には、組合に加盟している教師はほとんどいなかったし、ストライキも稀で、管理職は教師を雇用したり、昇進させたり、配属したりすることにおいて、校舎内や学区内では力があった。教師の賃金は低かったが、彼らは生徒の親よりも多くの教育を受けていたし、彼らの行使する権威に伴う尊敬を集めていた。教職はすぐれた才能のある女性を少なからず惹きつけていた。というのも、彼女たちにとって他の職業に就く機会は限られていたからである。教師の行動に関して、かなりの制限が加えられているコミュニティもあった。コミュニティの若者の手本として、教師には、喫煙や飲酒

やその他の悪い見本になることをしないようにと期待されていた。

　高等教育とりわけコミュニティ・カレッジの発展に伴い、より高い地位や、教授職に付随するより高い賃金や、規律に関わる事柄に煩わされることなく教育できることに惹かれた教師が、ハイスクールから引き抜かれた。女性が法律、医療、ビジネスの世界にも進出できる機会が増えたため、かつては初等・中等段階の教職に就いていた優秀な女性のカレッジ卒業生の多くが、そうした分野に進出していった。全体として、人々の教育達成度が高まったことにより、教師はもはや親よりも多くの教育を受けているわけではなくなり、無条件に親から尊敬されることを期待できなくなった。しかも、1960年代に反権威主義的な態度とともに若者文化が広まってからは、教師は、青年期にある生徒から尊敬を得ることが期待できなくなった。こうした事情が背景となり、教員組合の組織化が進み、その結果として教員組織には交渉相手であるどの教育委員会よりも大きな政治的な権力が付与され、教師はかつては彼らを賞賛しながらも鍛えてくれていた、素人の一般大衆の不満の声に影響されることはほとんどなくなってしまった。

　1940年代、1950年代、1960年代、1970年代には、公立学校への批判はあまりに日常的に行われていたので、学校が驚くほど上手くいっていたときに、どのようにしていたのかという方法は、簡単に忘れ去られていた。アメリカ人は、あまり多くの議論もせずにはるかな昔に、教育は社会を改革するための最良の手段であるとの結論を出していた。人種隔離に対する攻撃は、学校の中で学校の特性を生かした形で繰り広げられていき、その結果、学校における人種に基づく閉鎖的な制度が廃止されるようになり、そうした傾向がアメリカ人の生活の他の領域にまで広まっていった。学校は、アメリカ社会における他のどの機関よりも、公正という目的を実現するための手段となった。学校をめぐる戦いが繰り広げられた。というのも、学校は子どもが肉親以外の他人と上手くやっていくことを学べるような環境を提供したり、子どもや若者が自らの強い願望を実現するために、技能、知識、知性を高めたり、あるいは高め損なったりするような環境を提供していたからである。

　高等教育への入学という目的は、トルーマン大統領による高等教育委員会

の最も楽観的な予想さえも、はるかに上回って実現された。州に対して、広範囲にわたるコミュニティ・カレッジの制度を作り上げてほしいという委員会の期待は、1980年までに完全に実現された。1960年までに460万人の学生がカレッジに通うようになってほしいという委員会の願いは、有能な学生の数が限られていることから不可能であるばかりか、高等教育の水準を確実に下げることにもなるので望ましくないとも考えられ、高等教育に関わる多くの者からあざけりの対象となっていた。その予測は1947年には現実離れしているように見えたのだが、実際には1980年頃には、1,200万人以上の学生が高等教育機関に在籍するようになっていた。そして、カレッジや大学がアメリカ人の生活の中に完全に溶け込んできたので、1980年には、なんと全学生の38％が25歳以上となり、彼らは知性・技能・資格・趣味を向上させるために大学に戻ってきていた。1972年以降、カレッジに進学する際には、大規模な連邦の奨学金や貸付け金のプログラムから十分な助成金が支給されるようになり、その額は1980年頃には年に50億ドル以上に達していた[2]。

　カレッジや大学に通う者が増えたことは、全体としてアメリカ人の教育達成度が高まりつつあることを示していた。戦争が終わった当時、100人の若者のうち40人がハイスクールを卒業できる状況にあり、そののち16人がカレッジに進学した。1980年頃には、100人の若者のうち75人がハイスクールを卒業し、そののち45人がカレッジに進学した。1960年代から1970年代にかけて、白人と黒人の教育達成度の格差はかなり縮まった。1960年には白人の若者の67％がハイスクールを終えていたのに対して、黒人はおよそ40％だった。1980年頃には、白人が82.5％であったのに対して、黒人は70％となった。格差は残っていたが、それを縮める動きは顕著であった[3]。

　批判者が危惧していたように、高等教育への入学の機会を民主化しても、その格差はなくせなかった。平等を求める圧力に応えて、ニューヨーク・シティ・カレッジのような公立学校の中には、教養科目中心のエリート・カレッジから誰でも入学できる教育機関に形を変えるものもあったが、そうした事例は稀であった。アメリカの高等教育は、「機関内でのあるいは機関間での分業」と呼ばれる方法を採択することによって、ひっきりなしに押し寄せる

学生の波に対応した。入学基準や教育と研究への関わりにおいて、エリート校のままであるカレッジや大学もあったが、他の多くの機関は、若い男女に専門的・職業的・準専門的な経歴を準備することに専念する「サービス機関」であったり、あるいはそのような機関になっていったりした。多くの大きな州立大学は、同じ機関の中に双方の機能を併せ持ち、高等普通教育を求める人には質の高い学問的な分野を準備し、一方、職業を志向する人には職業教育のプログラムを準備した。こうした手直しによって、高等教育は新たな要求に応えることができるように拡大していくことが可能となったばかりか、研究と学問の機能における優位性を守ることも可能となった[4]。

　アメリカ社会がより教育され、より均質化されるにつれ、手に負えないように思われた他の問題が軽減されたり、消え失せたりした。1980年頃には、連邦の教育支援を長いこと阻止してきた、厳しい宗教的な緊張関係が和らぎ、カトリック教徒、プロテスタント、ユダヤ教徒が、共通の問題について全キリスト教会の精神のもと、ともに働くことが習慣となった。反カトリックや反ユダヤの密かな動きは残っていたが、社会的な影響力は失っていた。急激な都市化と近代化の進展により、アメリカ社会は宗教から離れて極めて世俗化されていったので、偏見による差別の対象に最もなりそうな宗教的な集団は、原理主義者、とりわけ聖書の指示に固執するプロテスタントとユダヤ教の宗派の人々だった。

　生活の水準が急激に上昇したことによって教育達成度が上昇し、そのことがまた、生活の水準を急激に押し上げた。州政府や連邦政府は、教育機会の拡大を支持した。というのも、彼らは教育が人材開発の一つの適切な方法であり、人々の読み書き能力や技能を高めるために公的資金を出資するのは道理に適っている、と信じていた。国の至る所で教育の機会が拡大されたことにより、アメリカの科学技術の進歩が生み出されたばかりでなく、またその科学技術の進歩の成果として、教育の機会が拡大された。

　けれども、すべてが上手くいったわけではなかった。社会が絶対的に進歩したことにより、相対的な喪失感が増していった。たとえ貧しい人々の現状は少しずつ良くなっていたとしても、豊かな社会の真っただ中で、貧困が持

続していることは国の理想像に対する汚点であった。戦後の時代における人口動態は、新たな問題を生み出した。1950年代から1960年代にかけて、拡大した機会を手に入れたいという願いと農業で雇用される人口の減少は、多くの貧しい黒人とヒスパニックを都市の中心部に追いたて、都市は広大なスラム街を形成した。そこに集まる貧しい人々は、非人間的な公共機関の援助に頼り、田舎では自分たちにとってなくてはならないものだった、家族やコミュニティの価値を奪われていた。1980年頃には、白人は郊外の学校や私立の学校に逃避してしまったことから、たいていの大都市では、黒人とヒスパニックが公立学校の多数派を占めていた。こうした大都市の学校組織の多くは、人種隔離廃止、コミュニティによる統制、財政危機といった問題で、いくつもの衝突を繰り返す中で動揺し、著しく士気をくじかれた状態に陥ってしまった。何十年もの間、大都市の学校は、自分たちこそが国の規範を示す学区であると自負してきたが、1960年代には中産階級の生徒が去り、試験の点数はしだいに下がっていき、規律に関わる問題が急増し、公共施設がよく破壊されたりしたので、教員は自己防衛に走り、その結果孤立していった。以前よりも長いこと学校に留まっている生徒の数がますます増えていったが、これほど厄介ではなかった時代と比べて、教育の質が同じように良く保たれているかどうか、生徒や教師や親は確信が持てなかった。

　教育の質への関心は、大都市の学校だけに限られていたわけではなかった。万人がすべての教育段階で学ぶことがほぼ保障されるようになったことが、いったん確認されるや否や、教育者は学びの状況に目を向け始めた。というのも、それはとても安心できるような代物ではなかったからである。進学適性試験（SAT）の点数が下がった結果として始められた基準をめぐる議論は、以下のようなことを明らかにした。第一には、他の標準テストの点数も下がっていて、そうした傾向は5年生あたりから始まっている。第二には、1960年代の中頃から、ハイスクールの数学と科学の上級コースの在籍者は着実に減っている。第三には、広く用いられている教科書は、言語能力が低下していることに合わせて、読解力の水準を下げた。第四には、宿題がめっきり減り、甘い基準で高い成績評価点をつける傾向が日常茶飯事となった。第五には、

難しいコースの代わりに、やさしかったりあるいは言語を用いなかったりする選択科目が、学校のカリキュラムに少なからず加えられた。第六には、書くことが学習や思考の一部であると系統立って強調されなかったり、論文形式のテストといっしょにあるいはその代わりに、簡単な小テストや標準テストが用いられるようになったりしたことから、書く技能が落ちてしまった[5]。

我々のことをおおいに楽しませてくれるが、我々を受け身にさせる伝達手段でもあるテレビの影響が浸透していることは、新たな状況における重要な要素だった。だが、高まった批判の中には、人文学的教養のゆくえを問う声も含まれていた。進歩主義教育とオープン・エデュケーションに対する寛大な見方への不満を反映して、以下のようなことが論点となった。つまり、民主的な教育制度が一番学生のためになるのは、学生が学びたいならば、彼らに学びたいものを選ばせる場合なのか、あるいは、すべての学生が文学と言語、科学と数学、歴史と芸術などを含む教養教育を間違いなく受けるようにした場合なのか、ということであった。議論は、昔の論争を蒸し返していた。一方には、民主的な学校組織は、そこで教育を受ける人々に喜んで受け入れられるような形で進められるべきである、と主張する者がいた。他方、民主的な学校組織は、すべての者に適切な教育を保証すべきであり、さもなければ、選ばれたエリートとどうしようもない一般大衆の無知とを生み出さざるを得ない、と主張する者もいた。

35年の間には、明らかに得たものと失ったものが存在していたが、それよりも重要なものは、時代の風潮の変化であった。しかもそれは、極めて基本的なものであると同時に、極めて分かりにくいものでもあったので、評価したり記述したりすることさえ困難であった。1945年には、いくつかの大都市のハイスクールは画一的な人間を生み出す巨大な工場のようであったが、大多数の学校やカレッジ、あるいは大学すら、予想されていたものと比べると規模が小さかった。自ら選んだわけではなく、低い賃金のせいで、教師が生徒の家庭に「下宿している」コミュニティもあった。それは、彼らが自ら選んだ状況ではなかったが、コミュニティや子どもとの親密な一体感を確実にもたらした。教師が自立的な生活を送っているところでさえも、彼ら

には放課後、課外活動の監督を務めたり、生徒と親しくなったりすることが期待されていた。逆に教師は、学校からの要求を支援したり、応援したりすることに関して、親をあてにすることができた。カレッジや大学は、自分たちの親代わりとしての役割を決して疑うことがなかった。カレッジや大学は、あたかもその施設そのものが親であるかのように、そこに在籍する若い男女に責任があった。アルコールはキャンパスではめったに許可されなかったし、ドラッグのことなど聞いたことがなかったし、学生の社交生活さえも管理されていた。規則に外れた行為は、停学あるいは退学という形で罰せられた。

1980年までに多くのことが変わった。小規模の学校や学区を統合しようとする運動は、1950年代から1960年代にかけての入学者数の大幅な増加に助けられ、概ね成功した。大規模校が例外ではなく普通になった。より大きなことがより良いことと考えられていた社会では、小さな学区や学校は時代遅れで非能率なものと評された。学区の数は劇的に減少し、戦争終結時には10万あったのが、1980年には16,000になってしまった。35年間に、初等学校と中等学校への入学者の合計は、2,300万人から4,000万人へとほぼ2倍になったが、学校数は185,000から86,000に減ってしまった。生徒はこぞってより大きな学校に通うようになった。高等教育においては、2万人以上の学生を入学させる施設の数が1948年には10だったのが、1980年には115にまで増えていた。規模が大きくなることで多くの利益がもたらされた。たとえば、評価基準の効率化、カリキュラムの多様性、学生や教師の類型の多様化などである。大きくなることは、小さな学校やカレッジでできることと比べて、より多様な環境や、より幅の広いさまざまな考え方や人との交流に晒されることを意味した。

その代わり、もちろん規模が大きくなると、人間味がなくなり官僚的となり、教員と学生の間の触れあいが減り、仲間との関係が形式的なものとなり、コミュニティの絆が弱まった。カレッジや大学は、かつて担ってきた親代わりとしての役割から手を引いた。学生や親と共有できる価値などもはやなく、教師と管理職は、秩序を維持したり、誰にでも受け入れられるような規則を作ったりすることさえも難しいと感じた。教師や教授は、組合に参加

することにより、匿名の批判から自らの身を守った。生徒は、誰も自分たちの名前を覚えていないと文句を言いながら、学校のトイレや廊下にそうした現実を生々しく書き連ねていた。ドラッグは最初、1960年代にカレッジに、そして1970年代にはハイスクールに、さらにはジュニア・ハイスクールにまで浸透し、生徒の感覚機能を鈍らせ、一部の生徒を大人の基準から逸脱させてしまった。1960年代の若者の反乱のなごりである、カウンターカルチャーの影響がだらだらと残っていたので、多くの大人に、学びの基準や努力や守るに値する行為といったものがあるのかどうか、疑問を抱かせた。

　アメリカの教育は、近代的な校舎、より多くの入学者数、より良い教材、より良く養成された教師、より多くの科目、より多くの学部、より多くの卒業生を提供することによって、現実的で、誰の目にも明らかな、そして重要な、極めて多くの点で上手くいっていた。それゆえ教師にとっては、自分たちが成し遂げてきたこととか、自分たちがそのように一生懸命に努力してきた理由とかを、覚えておくことさえ難しかったし、あるいは、どこかで間違えたのではないかとか、なぜ極めて多くの人々がアメリカの学校やカレッジや大学の批判をするのか怪訝に思うようなこともなかった。

　以下の話は、必ずしも典型的な例ではないものの、真実である。1945年、この出来事はフローレンス・クリスマス夫人が、彼女が校長を務めるアンティオック・スクールについて、上院の教育に関する委員会で話をするためにワシントンDCに旅行したことから始まる。彼女によると、そこでは190人の子どものために3人の教師がいて、彼女は校長であるばかりか4年生の全教科を教えていた。この話が感動的なのは、白人と黒人の教師の給料の違いや、白人と黒人の生徒にとっての学校教育の年月の長さの違いによるのではなく、彼女の証言を通して生き生きと語られた彼女の献身的な振る舞いのせいであった。さらにそれ以上に明らかだったのは、たとえ自分たちのできることは僅かしかなくても、自分たちの子どもの学校と教育を存続させるために、親がはっきりと分かる形で関わっていることだった。クリスマス夫人は1957年に亡くなった。その2年後には、アンティオック・スクールが、ミシ

シッピ州のハズルハースト学区の中のいくつかの小さな黒人学校と統合されたのだが、彼女はそれを見ずに逝ってしまった。新しい黒人だけの小学校は、以前よりもずっと大規模だった。クリスマス夫人の姉妹がそこの校長となり、1年生だけでも6人の教師がいた[6]。

1960年代後半には、連邦政府の圧力を受け、ハズルハースト学区は黒人と白人の生徒に、どちらの学校に行きたいかを選ばせる「自由選択」を認めた。黒人生徒の中には白人校に通う者も若干いたが、多くの生徒は友達といっしょに留まった。クリスマス夫人の甥であるローワン・トレイは、黒人校に留まることを選んだ者の1人であった。彼は、そうする方がよいと考えた。彼は、学校の雰囲気が好きだったし、子どもだけで満員になった何台ものバスで、試合に出るフットボール・チームのあとについて行って、彼らに声援を送るようなことが好きだった。トレイは1969年に卒業し、ジャクソンにある小さな、かつては白人だけの教養科目中心のカレッジであった、ミルサップス・カレッジに進学した。その翌年、連邦政府はハズルハーストを非難し、白人校と黒人校の統合を要求した。町の白人は直ちに私立学校であるコウピア・アカデミーを開校し、公立学校を廃校にした。

海兵隊で勤務したのち、1980年にハズルハーストに戻ってきたとき、ローワン・トレイは、若者が基礎的な技能を身につけ職業訓練を受けるのを手助けするため、連邦職業訓練隊で働いた。彼といっしょに入隊した者の中には、ハイスクールを卒業した者も若干含まれていたが、ほとんど読み書きができない者が少なくなかった。彼は、学校を詳しく観察するようになった。彼が目にしたのは、90％以上が黒人の小さな組織で、統合されたのち、「カルチャー・ショック」を受けて、「怖くて黒人の子どもをしつけることができない」白人の管理職といっしょにされた職員だった。人種隔離廃止後の10年間、卒業要件は急勾配で下がっていき、カレッジ入学への準備課程の数はめっきり減り、生徒は自分たちの好みの科目を選択したので、規律は緩んだ。だが、それだけではなかった。建物は修理が必要で、楽団の楽器はほとんどなくなり、聖歌隊はめったに現れなくなり、フットボール・チームは0勝10敗でシーズンを終えた。

ミシシッピ州で生まれて育ったが、海兵隊でカレッジの教育を受けて鍛えられたローワン・トレイは、戦うことを決めた。素人の市民として、彼は、公教育に関わっていこうとする家族の伝統を引き継ぎ、より良い学校を求める運動を展開した。3世代にわたってミシシッピ州に住み続けている白人で、娘が小学校に在籍している者が、新しい教育長に任命されたが、彼はことのほか規律を重んじた。卒業要件は高く設定され、学区は選択科目をなくし、どのような学問的な科目を採るべきか、生徒に指示するようになった。学区内での学級規模は平均するとおよそ20人だったが、上級の科学の学級ではさらに人数が少なかった。学区が立て直しを図ろうとしていたときでも、何とか財政危機を切り抜けていた。連邦資金が着実に入ってくることになり、幼稚園、教員助手、入門期の学年における読み方と算数の特別プログラムを維持していくことが、初めて可能になったのである。

ハズルハーストには、公立の黒人学校と私立の白人学校が1校ずつあり、学校は新しい社会秩序を形成しているわけではないが、社会に貢献している。この10年間、新しい雇用の機会が教育を受けた黒人のために拓けた。それは、地方銀行の出納係や会計係、国から特権を与えられた企業の経営者、公的機関の管理職などであった。ローワン・トレイは、「我々には、黒人と白人のコミュニティをひとつにするための機会が数限りなくあった」のに、「我々はそれを無駄にしてしまった」と嘆いた。そうした機会を無駄にしたのは黒人ではなく、コミュニティから逃避した白人であった。

もし、1947年の大統領による公民権委員会で務めを果たした人の勇気と、その同じ年にアメリカの高等教育の発展を思い描いた人の先見性を兼ね備えていれば、絶望しないように忠告することができるだろう。無知を撲滅するための運動においては、容易に勝利することはなかったが、負け続けることもなかった。アメリカの教育のために力を尽くした人々は、極めて多くの障害が取り除かれ、極めて多くの憎しみが一掃され、将来の和解の基礎を準備するために極めて多くの可能性が残っていることを理解していた。教育を信じることは未来を信じることであり、力をあわせて善意に基づき知性を上手く活用することによって、得られるものの価値を信じることでもある。学校

やカレッジや大学を信用し、自己改革と社会改革に果てしない期待をかけることが、無邪気なアメリカ人と思われるなら、それは賞賛すべき、そしておそらくは崇高とも言える欠点であろう。

注

【はじめに】

1. Thomas Jefferson, "To George Wythe," *Crusade Against Ignorance: Thomas Jefferson on Education*, ed. Gordon C. Lee (New York: Teachers College Press, 1961), pp. 99-100.

【第1章　戦後の教育を主導した人々】

1. U.S. Congress, Senate, Committee on Education and Labor, *Federal Aid for Education,* 79th Cong., 1st sess., 1945, pp. 118-21.
2. Ibid., pp. 122-25.
3. Ibid., pp. 187-94.
4. Ibid., pp. 145-46, 147-48, 161.
5. *New York Times,* February 10, 11, 12, 13, 14, 15, 17, 18, 19, 21, 1947. 以下の文献も参照のこと。Benjamin Fine, *Our Children Are Cheated: The Crisis in American Education* (New York: Henry Holt, 1947).
6. Ben J. Wattenberg, ed., *The Statistical History of the United States: From Colonial Times to the Present* (New York: Basic Books, 1976), pp. 368-89; *General Education in a Free Society: Report of the Harvard Committee* (Cambridge, Mass.: Harvard University Press, 1945), p. 7.
7. *General Education in a Free Society,* pp. 14, 80-81, 96-99.
8. Wattenberg, *Statistical History*, p. 379.
9. Davis R. B. Ross, *Preparing for Ulysses: Politics and Veterans During World War II* (New York: Columbia University Press, 1969).
10. James B. Conant, "Annual Report of the President of the University," *Harvard Alumni Bulletin* 47 (February 3, 1945), cited in Keith W. Olson, "The G.I. Bill and Higher Education: Success and Surprise," *American Quarterly* 25 (December 1973):604; Robert M. Hutchins, "The Threat to American Education," *Collier's*, December 30, 1944, pp.20-21.
11. "The GI Bill: In 10 Years, 8 million," *Newsweek,* October 4, 1954, pp. 88-91; "Beginning of the End," *Time*, July 30, 1951, p. 58; Olson, "The G.I. Bill and Higher Education," p. 608.
12. "The Class of '49,' " *Fortune,* June 1949, p. 84; Olson, "The G.I. Bill and Higher Education," p. 604; Byron H. Atkinson, "Veteran vs. Non-Veteran Performance at U.C.L.A.," *Journal of*

Educational Research 43 (December 1949): 299-302.

13. Keith W. Olson, *The G.I. Bill, the Veterans, and the Colleges* (Lexington: University Press of Kentucky, 1974), pp. 43-48; Sidney A. Burrell, "The G.I. Bill and the Great American Transformation, 1945-1967," *Boston University Graduate Journal* 15 (Spring 1967):3.

14. *Newsweek,* October 4, 1954, p. 91.

15. *Higher Education for American Democracy: A Report of the President's Commission on Higher Education,* 5 vols. (New York: Harper & Bros., 1948), 1:14-23, 27-36, 39-41; 2:25-40.

16. Ibid., 1:36; 2:45-57; 3:30-33; 5:57-58; 65-68.

17. *New York Times,* December 21, 1947; "Revolution on the Campus," *Life,* February 2, 1948, p. 24.

18. Gail Kennedy, ed., *Education for Democracy: The Debate over the Report of the President's Commission on Higher Education* (Lexington, Mass.: D. C. Heath, 1952).

19. "'Tides of Mediocrity,'" *Time,* February 23, 1948, pp. 52-54; "Federal Aid Without Controls," *Commonweal,* February 13, 1948, p. 435.

20. Robert M. Hutchins, "The Report of the President's Commission on Higher Education," *Educational Record* 29 (April 1948): 107-22.

21. Wendell L. Willkie, "Citizens of Negro Blood," in *Primer for White Folks,* ed. Bucklin Moon (Garden City, N.Y.: Doubleday, 1946), pp. 311-12; "The Negro's War," *Fortune,* June 1942, pp. 78, 164.

22. Willkie, "Citizens of Negro Blood," p. 313.

23. Harry S. Truman, *Memoirs of Harry S. Truman: Years of Trial and Hope,* 2 vols. (Garden City, N.Y.: Doubleday, 1956), 2:180.

24. Transcript, President's Committee on Civil Rights (PCCR), Hanover, New Hampshire, June 30, 1947, p. 490 (Files of Philleo Nash, Papers of Harry S. Truman, Harry S. Truman Library, Independence, Missouri).

25. *To Secure These Rights: The Report of the President's Committee on Civil Rights* (New York: Simon and Schuster, 1947), pp. 20-47, 54-78.

26. Transcript, PCCR, pp. 558-74.

27. Ibid., pp. 584-601; *To Secure These Rights,* p. 168.

28. Margaret Truman, *Harry S. Truman* (New York: William Morrow, 1973), p. 392; *Washington Post,* June 30, 1947; *New York Times,* June 30, 1947; *Washington Star,* June 30, 1947. トルーマンのNAACPでの演説に関する南部と西部の報道機関の反応は、以下の文献に所収されている。Files of Philleo Nash, Truman Library. なお、"Mrs. R." は Eleanor Roosevelt のこと。

29. *New York Times,* January 8, 1948; *New York Times,* February 3, 1948. トルーマンの "10-point civil rights program" への反応は、以下の文献に所収されている。Files of Philleo Nash, Truman Library.

30. *New York Times,* February 3, 1948; Associated Press dispatch, February 3, 1948, in Files of Philleo Nash, Truman Library.
31. *New York Times,* July 27, 1948.
32. William S. White, *The Taft Story* (New York: Harper & Bros., 1954), p. 50.
33. 1940年代後半の連邦支援をめぐる戦いに関する最良の資料は、以下の文献である。Gilbert Elliott Smith, "The Limits of Reform: Politics and Federal Aid to Education, 1937-1950" (Diss., Teachers College, Columbia University, 1975); *The Limits of Reform: Politics and Federal Aid to Education* (New York: Garland Publishing, 1982).
34. *Everson v. Board of Education of Ewing Township,* 330 U.S. 1 (1947).
35. "Now Will Protestants Awake?" *Christian Century,* February 26, 1947, p. 262; *New York Times,* February 12, 1947; May 8, 1947.
36. *Cochran v. Louisiana State Board of Education,* 281 U.S. 370 (1930); Leo Pfeffer, *Church, State, and Freedom* (Boston: Beacon Press, 1953), pp. 466-69.
37. *New York Times,* January 12, 1948.
38. Paul Blanshard, "The Catholic Church and Education," *Nation,* November 15, 1947, p.525.
39. Paul Blanshard, *American Freedom and Catholic Power* (Boston: Beacon Press, 2nd ed., 1958, orig. pub., 1949), pp. 303, 322-23.
40. "The Schools and 'The Nation,'" *New York Times,* May 28, 1949; Blanshard, *American Freedom and Catholic Power,* pp. 1-10. 以下の文献も参照のこと。T. Robert Ingram, "The Blanshard Book," *Atlantic Monthly,* February 1950, pp. 74-79.
41. *McCollum v. Board of Education,* 333 U.S. 203 (1948).
42. *New York Times,* February 18, 1949. 以下の文献も参照のこと。Rev. M. J. McKeough, "American Education Week," *Catholic Action,* November 1949, P.11.
43. U.S. Congress, House, Special Subcommittee of the Committee on Education and Labor, *Public School Assistance Act of 1949,* 81st Cong., 1st sess., 1949, pp.102, 744.
44. Ibid., p. 532.
45. *New York Times,* June 20, 1949; Smith, "Limits of Reform," p. 317-18; Seymour P. Lachman, "The Cardinal, the Congressmen and the First Lady," *Journal of Church and State 6* (Winter 1965): 42.
46. Lachman, "The Cardinal, the Congressmen and the First Lady," p. 43; Robert C. Hartnett, "Who's Blocking Federal Aid?" *America,* July 9, 1949, p. 417; *New York Times,* July 7, 1949; Elmer L. Puryear, Graham A. Barden: *Conservative Carolina Congressman* (Buies Creek, N.C.: Campbell University Press, 1979), p. 86.
47. *New York Times,* June 20, 1949; Joseph P. Lash, *Eleanor: The Years Alone* (New York: W. W. Norton, 1972), pp. 156-57.
48. *New York Times,* July 23, 1949.
49. Ibid.

50. Ibid.
51. Lash, *Eleanor*, pp. 155-67.
52. Ibid., pp. 159-60. スペルマン枢機卿の見解については、以下の文献を参照のこと。Robert I. Gannon, *The Cardinal Spellman Story* (London: Robert Hale, 1962), pp. 311-22.
53. *New York Times*, August 4, 1949; August 6, 1949; Lachman, "The Cardinal, the Congressmen and the First Lady," pp. 49-50; Lash, *Eleanor*, p. 164.
54. *New York Times*, March 2, 3, 7, 1950.
55. Frank J. Munger and Richard F. Fenno, Jr., *National Politics and Federal Aid to Education* (Syracuse, N. Y.: Syracuse University Press, 1962), p. 122.
56. Puryear, *Graham A. Burden*, pp. 92, 227; Munger and Fenno, *National Politics*, pp. 122-24.

【第2章　進歩主義教育の勃興と衰退】

1. たとえば、以下を参照のこと。State of Indiana, Department of Public Instruction, "Handbook for Evaluating Elementary and Secondary Schools in Indiana," bulletin no. 300, 1950. 活動そのものの実例のみならず教育調査の有益な検討としては、以下の文献を参照のこと。Robert Wilson Edgar, "A Survey of the Techniques and Procedures for Curriculum Improvement in the Great Neck Cooperative Study" (Diss., Teachers College, Columbia University, 1949).
2. Hollis L. Caswell, "The Great Reappraisal of Public Education," *Teachers College Record* 54 (October 1952):12-22.
3. Lawrence A. Cremin, *The Transformation of the School: Progressivism in American Education, 1876-1957* (New York: Alfred A. Knopf, 1961), pp. vii-x, 22, 88.
4. Lawrence A. Cremin, "The Revolution in American Secondary Education, 1893-1918," *Teachers College Record* 56 (March 1955):307; U.S. Bureau of Education, *Report of the Committee on Secondary School Studies Appointed at the Meeting of the National Educational Association*, July 9, 1892 (Washington, D.C.: Government Printing Office, 1892).
5. U.S. Bureau of Education, *Cardinal Principles of Secondary Education: A Report of the Commission on the Reorganization of Secondary Education Appointed by the National Education Association* (Washington, D.C.: Government Printing Office, 1918), pp. 7, 10-12; Edward A. Krug, *The Shaping of the American High School, 1880-1920* (Madison: University of Wisconsin Press, 1969), p. 385.
6. Eugene Randolph Smith, *Education Moves Ahead: A Survey of Progressive Methods* (Boston: Atlantic Monthly Press, 1924), pp. 33-42; William Heard Kilpatrick, *Foundations of Method: Informal Talks on Teaching* (New York: Macmillan, 1926); William C. Bagley, *Education and Emergent Man: A Theory of Education With Particular Application to Public Education in the United States* (New York: Thomas Nelson, 1934), pp. 143-45, 192-94.

7. Walter B. Kolesnik, *Mental Discipline in Modern Education* (Madison: University of Wisconsin Press, 1958), p. 55; Richard Hofstadter, *Anti-Intellectualism in American Life* (New York: Alfred A. Knopf, 1963), p. 349.（田村哲夫訳『アメリカの反知性主義』みすず書房、2003年、304頁。）
8. Franklin Bobbitt, *The Curriculum* (New York: Houghton Mifflin, 1918), p. 42; *How to Make a Curriculum* (New York: Houghton Mifflin, 1924), pp. 8-9; Junius L. Meriam, *Child Life and the Curriculum* (Yonkers-on-Hudson, N.Y.: World Book, 1920); W. W. Charters, *Curriculum Construction* (New York: Macmillan, 1923); Franklin Bobbitt, *Curriculum Investigations* (Chicago: University of Chicago Press, 1926).
9. Harold Rugg and Ann Shumaker, *The Child-Centered School* (Yonkers-on-Hudson, N.Y.: World Book, 1928), pp. vii, 2-5.
10. Samuel Tenenbaum, *William Heard Kilpatrick: Trail Blazer in Education* (New York: Harper & Bros., 1951), p. 141, 185; Kilpatrick, *Foundations of Method*, p. 278.
11. "Curriculum Revision and Development, 1924-1930" (Board of Education, Houston Independent School District, n.d.), n.p.; Herbert B. Bruner, "Present Status of Curriculum," in *Curriculum Making in Current Practice: A Report of a Conference Held at Northwestern University*, October 30-31, 1931 (Evanston, Ill.: School of Education, Northwestern University, 1932), pp. 12-20; Harold C. Hand and Will French, "Analysis of the Present Status in Curriculum Thinking," in *The Changing Curriculum* (New York: D. Appleton-Century, 1937), pp. 1-31.
12. Samuel Engle Burr, *A School in Transition: A Study of a Public School Moving from the Use of Traditional Practices to the Acceptance of the Activity Plan of Progressive Education during a Three Year Transitional Period* (Boston: Christopher, 1937), p. 74; Hollis Caswell, *Curriculum Improvement in Public School Systems* (New York: Bureau of Publications, Teachers College, 1950), p. 53.
13. Caswell, *Curriculum Improvement*, pp. 48-49, 68; カリキュラム改革の社会工学的な極めて貴重な記述については、以下の文献を参照のこと。Robert William Coleman, "Kurt Lewin's Theory of Social Change Applied to Curriculum Change" (Diss., University of Illinois, 1964).
14. N. C Turpen. "Cooperative Curricular Improvement: To Formulate a Plan for Securing Community Understanding, Cooperation, and Support in Making Basic Program Changes in the High Schools of Alabama" (Diss., Teachers College, Columbia University, 1941), pp.129-30; Caswell, *Curriculum Improvement*, pp.293-94.
15. テネシー州キングスポートならびにミシガン州バトルクリークにおけるカリキュラム改革については、以下の文献を参照のこと。Caswell, *Curriculum Improvement;* Edgar, "A Survey of the Techniques and Procedures." 後者では、カリキュラム改革の目標は、ただ単に教師の知識と技能を変革するのみならず、教師の「全体的な人格の型」を変革しようとするものであることが、強調されている (p. 39)。カリキュラム改革に含まれている「社会的な過程」に関する名高い説明は、以下の文献を参照のこと。

Alice Miel, *Changing the Curriculum: A Social Process* (New York: D. Appleton-Century, 1946).
16. William P. Patterson, "Curriculum Improvement in a Junior High School, 1935-1939: A Professional Project to Initiate and Guide the Developing of a Continuous Curriculum Improvement Program in the State Street Junior High School in Hackensack, N.J." (Diss., Teachers College, Columbia University, 1940), p.48.
17. Patterson, "Curriculum Improvement ," p.159; Caswell, *Curriculum Improvement*, pp.115, 331; George H. Geyer, "A Secondary School in Transition" (Diss., Teachers College, Columbia University, 1940).
18. Turpen, "Cooperative Curricular Improvement," pp. 22-31, 107-11.
19. Patterson, "Curriculum Improvement in a Junior High School," p. 67; Turpen, "Cooperative Curricular Improvement," pp. 26, 111; Caswell, *Curriculum Improvement*, pp. 236-37; Edgar, "A Survey of the Techniques and Procedures," p. 162; Francis W. Kirkham, "Educating All the Children of All the People," U.S. Office of Education, bulletin no. 11 (Washington, D.C.: Government Printing Office, 1931).
20. Eileen Kathryn Rice, *The Superintendency and the Implementation of Progressive Practices in the Ann Arbor Elementary Schools from 1921-1942* (Ann Arbor, Michigan: Social Foundations of Education Monograph Series, no. 8, 1978), p. 126.
21. Margaret Rouse, "Present Status of the Elementary School Curriculum," *Texas Outlook*, February 1947, pp. 16-17.
22. Mortimer J. Adler, "Shall We Have More Progressive Education? No," *The Rotarian*, September 1941, pp.30-31. こうした批判の例は以下の文献に引用されている。Sister Mary Ruth Sandifer, *American Lay Opinion of the Progressive School* (Washington, D.C.: Catholic University of America Press, 1943), pp. 10-11.
23. Bagley, *Education and Emergent Man*, pp. 139, 145. バグリーが死んだとき、キルパトリックは日記に次のように記している。「彼はずっと筋金入りの反動主義者で、最もまともな発言者であった。……彼が逝ってしまったことは、一つの時代の終わりを象徴している。教育に精通していると称する者で、今後、彼の行ったことに反対するような者はいないだろう」。(Tenenbaum, *William Heard Kilpatrick*, pp.241-42). Carl A. Jessen, "Trends in Secondary Education," U.S. (Washington, D.C.: Government Printing Office, 1937), p.39.
24. John Dewey, *Experience and Education* (New York: Collier, 1963, orig. pub., 1938), pp.21-30, 64-65, 69. (市村尚久訳『経験と教育』講談社学術文庫、2004年、26–27頁、97頁。)
25. *Time*, "Progressives' Progress," October 31, 1938, p. 31; Tenenbaum, *William Heard Kilpatrick*, p. 240; "The Metropolitan School Study Council—A New Pattern in School Cooperation," *Educational Forum* 9 (May 1945): 146.
26. Educational Policies Commission, *The Unique Function of Education in American Democracy* (Washington, D.C.: NEA, 1937), pp. 77-78, 82.

27. Harl R. Douglass, *Secondary Education for Youth in Modern America* (Washington, D.C.: American Council on Education, 1937), pp. vii, 1, 6, 8, 20, 29-30, 96.
28. Educational Policies Commission, *The Purposes of Education in American Democracy* (Washington, D.C.: NEA, 1938), pp. 47-48, 147.
29. B. L. Dodds, *That All May Learn*, Bulletin of National Association of Secondary-School Principals, vol. 23, no. 85 (Washington, D.C.: NEA, 1939), pp. 13-14, 21, 33-34, 37-38, 54. 57, 69-70, 122-27, 133.
30. Donald Calvin Doane, *The Needs of Youth: An Evaluation for Curriculum Purposes* (New York: Bureau of Publications, Teachers College, 1942), pp. 113-21.
31. Educational Policies Commission, *Education for All American Youth* (Washington, D.C.: NEA, 1944), p.142.
32. "Democracy in U.S. Schools," *Life,* January 13, 1941, pp.68-70; Lavone Hanna, "The Operation of the Core Curriculum in Tulsa," *Curriculum Journal,* February 1940, pp.66-68; William R. Odell, "Two Approaches to High School Curriculum Revision," *Curriculum Journal,* March 1940, pp.115-18(Oakland, California); "Curriculum Revision in the Altoona High School," *Curriculum Journal,* March 1941, pp.97-98; Roberta LaBrant Green, "Developing a Modern Curriculum in a Small Town," *Progressive Education,* March 1936, pp.189-97 (Holton, Kansas); A Group of Teachers of the Goldsboro High School, "Active Learning in a High School of North Carolina," *Progressive Education*, December 1938, pp.629-34 (Goldsboro, North Carolina); Ruth Willard Merritt, "Community Education in Ellerbee, N.C.," *Progressive Education,* February 1938, pp.121-25; Margaret W. Boutelle, "A School Experiment with Integration," *Curriculum Journal,* May 1937, p.216(University of Florida laboratory school); Ethel P. Andrus, "General Procedure at Abraham Lincoln High School, Los Angeles," *Clearing House*, February 1935, pp.334-39; A.C. Hentschke, "The Basic Course at Eagle Rock High School," *Clearing House*, May 1935, pp.555-59(Los Angeles); Glenn Kendall, "The Norris Community Program," *Curriculum Journal,* March 1939, pp.108-10(Norris, Tennessee); F.R. Wegner and Harry Langworthy, Jr., "Roslyn, N.Y., Moves Toward Integration," *Clearing House*, October 1936, pp.84-87; Paul R. Pierce, "The Evolving Pattern of a High School Curriculum," *Curriculum Journal,* February 1941, pp.70-73(Chicago); J. C. Moffitt, *The Schools in the Community* (Report to the Board of Education, Provo, Utah, 1941); C. A. Bowes, "The First Junior High to Construct a Golf Course," *Clearing House,* September 1934, pp.500-501(Newington, Connecticut); Carlos A. Loop, "Co-ordinating the New Curriculum in Newport News High School," *Virginia Journal of Education*, February 1936, pp.208-10; Parker District High School Faculty, *Parker High School Serves Its People* (Greenville, South Carolina, 1942).「カリキュラム運動」の概要と進歩的な実践例については、以下の文献を参照のこと。Harold Spears, *The Emerging High-School Curriculum and Its Direction* (New York: American Book, 1940). ハイスクールの実験的なプログラムの概要については、以下の文献を参照のこと。Russell Irving Hammond, "A

Functional Curriculum for a Small High School" (Diss. Teachers College, Columbia University, 1942).
33. I.L. Kandel, *The Cult of Uncertainty* (New York: Macmillan, 1943), pp.14-15; Paul R. Mort and William S. Vincent, *A Look at Our School: A Book for the Thinking Citizen* (New York: Cattell, 1946), pp. v, 26, 36-37,41-42.
34. U.S. Office of Education, *Life Adjustment Education for Every Youth* (Washington, D.C.: Government Printing Office, n.d.), P.15. Harl R. Douglass, *Education for Life Adjustment: Its Meaning and Implication* (New York: Ronald Press, 1950).
35. Dorothy Elizabeth Broder, "Life Adjustment Education: An Historical Study of a Program of the United States Office of Education, 1945-1954" (Diss. Teachers College, Columbia University, 1976), p.23; Charles Allen Prosser, *Secondary Education and Life* (Cambridge, Mass.: Harvard University Press, 1939), pp.15-16, 32-36.
36. U.S. Office of Education, *Life Adjustment Education,* pp.7-10.
37. Franklin R. Zeran, ed., Life Adjustment Education in Action (New York: Chartwell House, 1953), p.45. 進歩的なプログラムのその他の典型的な例は、以下の文献を参照のこと。Will French, "Newer Practices in High School Curricula," in *Curriculum Making,* pp.126-27; J. Wayne Wrightstone, *Appraisal of Newer Elementary School Practices* (New York: Bureau of Publications, Teachers College, 1938); 以下の雑誌も参照のこと。*Progressive Education, Clearing House, Curriculum Journal, Nation's Schools, High School Journal.*
38. Grace S. Wright, *Core Curriculum in Public High Schools: An Inquiry into Practices,* U.S. Office of Education, bulletin no. 5 (Washington, D.C.: Government Printing Office, 1949), pp.17-25.
39. U.S. Department of the Interior, Office of Education, *A Survey of Courses of Study and Other Curriculum Materials Published Since 1934*, bulletin no. 31 (Washington, D.C.: Government Printing Office, 1937), pp. 60; Ovid Frank Parody, "The Process of Initiating and Developing a New Curriculum at the Drum Hill Junior High School, Peekskill, New York" (Diss., Teachers College, Columbia University, 1948), pp. 17-18; Kenneth Douglass Wann, "Teacher Participation in Action Research Directed Toward Curriculum Change" (Diss., Teachers College, Columbia University, 1950), p. 48; *Materials Prepared by Participants in the Home Economics Group of the Progressive Education Association Summer Workshop, Sarah Lawrence College, Bronxville, New York,* July 2-August 13, 1937 (Columbus, Ohio: Progressive Education Association, 1937), pp. 46-54, 58-63; Donald Roe, "Proposal for the Organization and Administration of a Curriculum Improvement Plan for the New Oak Ridge High School" (Diss., Teachers College, Columbia University, 1950); Joseph McLain, "Plan to Use What Students, Teachers, Parents, and Graduates Think about Secondary Schools to Improve the Educational Program of Mamaroneck Senior High School" (Diss., Teachers College, Columbia University, 1950); Louis V. Nannini, "A Plan for the Improvement of the Curriculum Program of Manhasset High School, Manhasset, New York" (Diss., Teachers College, Columbia University, 1952).

40. Edward A. Krug, *The Secondary School Curriculum* (New York: Harper & Bros., 1960), pp. 258-59.
41. New York State University, *Regents Examinations* (1927, 1937, 1948).
42. こうした団体とその刊行物については、第3章の本文中に記載されている。一覧表は以下の文献を参照のこと。Archibald W. Anderson, "The Cloak of Respectability: The Attackers and Their Methods," *Progressive Education,* January 1952, p. 68. 反進歩主義者の教育をめぐる不満については、以下の文献を参照のこと。Mary L. Allen, *Education Or Indoctrination* (Caldwell, Idaho: Caxton Printers, 1955).
43. Caswell, *Curriculum Improvement*, pp. 258-62. 共通学習を設定した教育長は、ウィラード・ゴスリンで、彼は、パサデナの学校を指導するために、1948年にミネアポリスを去った（第3章を参照のこと）。Miles E. Cary, "The Fight Over 'Common Learnings' in Minneapolis," *Progressive Education,* May 1951, pp. 205-11.
44. Mortimer Smith, *And Madly Teach: A Layman Looks at Public School Education* (Chicago: Henry Regnery, 1949), pp. 7, 21-24, 42, 59-60, 92-93.
45. "Flapdoodle," *Time,* September 19, 1949, p. 64; Harry J. Fuller, "The Emperor's New Clothes, or Prius Dementat," *Scientific Monthly,* January 1951, pp. 32-41; Louis William Norris, "In Praise of Maladjustment," *School and Society,* February 18, 1956, pp. 55-58.
46. 議論に関する記事をまとめたものとしては、以下の文献を参照のこと。C. Winfield Scott and Clyde M. Hill, *Public Education Under Criticism* (New York: Prentice-Hall, 1954); 批判的なものとしては、以下の文献を参照のこと。Mortimer Smith, ed. *The Public Schools in Crisis* (Chicago: Henry Regnery, 1956).
47. Anderson, "The Cloak of Respectability," pp. 66-81; Robert A. Skaife, "The Sound and the Fury," *Phi Delta Kappan,* June 1953, pp. 357-62; "N.E.A. Says Modern Schools Teach Three R's Better Than Those of a Generation Ago," *New York Times,* July 8, 1951; Ernest O. Melby, "American Education is in Danger," *ADL Bulletin,* May 1951, pp. 1-7. *Phi Delta Kappan* の1953年6月号は、学校への非難の問題に当てられていた。
48. W. M. Tugman, "Eugene, Oregon," *Saturday Review of Literature,* September 8, 1951, pp. 11-12; *New York Times,* April 13, 1952; Anderson, "The Cloak of Respectability," pp. 67-68; Morris Mitchell, "Fever Spots in American Education," *Nation,* October 27, 1951, pp. 344-47.
49. Robert M. Hutchins, *The Conflict in Education in a Democratic Society* (New York: Harper & Bros., 1953), pp. 19-20, 42, 47, 50-51, 54-55.
50. Albert Lynd, *Quackery in the Public Schools* (Boston: Little, Brown, 1953), pp. 14-15, 34-36, 90, 207.
51. Cremin, *Transformation of the School,* p. 344; Arthur Bestor, *Educational Wastelands: The Retreat from Learning in our Public Schools* (Urbana: University of Illinois Press, 1953), pp. 4, 10, 44-47, 57-64, 75.
52. Paul Woodring, *Let's Talk Sense About Our Schools* (New York: McGraw-Hill, 1953), pp. 2,

14-15, 44-47, 63.
53. Caswell, *Curriculum Improvement*; Harold Alberty, *Reorganizing the High-School Curriculum* (New York: Macmillan, rev. ed., 1953, orig. pub., 1947), pp. 8, 15-16, 19, 253-54. アルバーティは以下の文献を引用している。Harold Hand, *What the People of Bloomington, Illinois, Think About Their Schools* (Bloomington: Board of Education, 1952), p. 135.
54. Patricia A. Graham, *Progressive Education: From Arcady to Academe: A History of the Progressive Education Association, 1919-1955* (New York: Teachers College Press, 1967), p. 145.
55. Cremin, *Transformation of the School*, p. ix.

【第3章　忠誠心の調査】

1. Walter Gellhorn, ed., *The States and Subversion* (Ithaca, N.Y.: Cornell University Press, 1952), p. 375.
2. Irving Howe and Lewis Coser, *The American Communist Party: A Critical History* (Boston: Beacon Press, 1957), pp. 198-201; James A. Wechsler, *The Age of Suspicion* (New York: Random House, 1953), p. 37; Robert W. Iversen, *The Communists and the Schools* (New York: Harcourt, Brace, 1959), pp. 124-47.
3. Daniel Bell, *Marxian Socialism in the United States* (Princeton, N. J.: Princeton University Press, 1967), p. 147. 1930年代およびそれ以降の左翼の分裂については、以下の文献を参照のこと。William L. O'Neill, A Better World: *The Great Schism: Stalinism and the American Intellectuals* (New York: Simon and Schuster, 1982). 人民戦線について同時代に書かれたものとして、以下の文献がある。Eugene Lyons, *The Red Decade: The Stalinist Penetration of America* (New York: Bobbs-Merrill, 1941).
4. George S. Counts, *Dare the School Build a New Social Order?* (New York: John Day, 1932), pp. 7, 9-10.（中谷彪他訳「学校は新しい社会秩序をつくりうるか」『地域社会と教育』明治図書、1981年、116頁。）
5. Ibid., pp. 28, 40-41.
6. William Heard Kilpatrick, "Launching the Social Frontier," *Social Frontier* 1 (October 1934):2; "Orientation," *Social Frontier* 1 (October 1934):3; "Freedom in a Collectivist Society," *Social Frontier* 1 (April 1935):10. 注：「個人主義の時代」の終焉に関する記述は、「アメリカ歴史協会社会科委員会」の最終報告書によっている。そこには、カウンツも参加していた。(American Historical Association, Commission on the Social Studies in the Schools [New York: Charles Scribner's, 1934], p. 16).
7. Kilpatrick, "Launching the Social Frontier," p. 2; "Teachers and Labor," *Social Frontier* 2 (October 1935):7-8; Theodore Brameld, "Karl Marx and the American Teacher," *Social Frontier* 2 (November 1935):53-56; "Class and Social Purpose," *Social Frontier* 2, (February 1936):135.
8. Harold Rugg, "The American Mind and the 'Class' Problem," *Social Frontier* 2 (February 1936):139; John Dewey, "Class Struggle and the Democratic Way," *Social Frontier* 2 (May 1936):

241-42; William Heard Kilpatrick, "High Marxism Defined and Rejected," *Social Frontier* 2 (June 1936): 272-74.

9. C. A. Bowers, "The Social Frontier Journal: A Historical Sketch," *History of Education Quarterly* 4 (September 1964):173; George S. Counts, "Whose Twilight?" *Social Frontier* 5 (February 1939): 135-40. カウンツの論文は以下の論文への反論であった。James A. Wechsler, "Twilight at Teachers College," *Nation*, December 17, 1938, pp. 661-63.

10. "The Changing Scene," *Social Frontier* 5 (May 1939):228.

11. Lawrence A. Cremin, *The Transformation of the School: Progressivism in American Education, 1876-1957* (New York: Alfred A. Knopf, 1961), p. 233.

12. Iversen, *Communists and the Schools*; David Caute, *The Great Fear: The Anti-Communist Purge Under Truman and Eisenhower* (New York: Simon and Schuster, 1978), pp. 403-45; Lawrence H. Chamberlain, *Loyalty and Legislative Action: A Survey of Activity by the New York State Legislature, 1919-1949* (Ithaca, N. Y.: Cornell University Press, 1951).

13. Elizabeth Dilling, *The Red Network: A 'Who's Who' and Handbook of Radicalism for Patriots* (Chicago: Elizabeth Dilling, 1934), pp. 258-59.

14. E. Edmund Reutter, Jr., *The School Administrator and Subversive Activities: A Study of the Administration of Restraints on Alleged Subversive Activities of Public School Personnel* (New York: Bureau of Publications, Teachers College, 1951), pp. 8-9, 12.

15. O. K. Armstrong, "Treason in the Textbooks," *American Legion Magazine,* September 1940, pp. 8-9, 51, 70-72; Augustin G. Rudd, "Our 'Reconstructed' Educational System," *Nation's Business,* April 1940, pp. 27-28, 93-94.

16. Harold O. Rugg, *The Great Technology: Social Chaos and the Public Mind* (New York: John Day, 1933).

17. アメリカの共産党に関する問題を追求した者は、平和共存の主唱者であるアール・ブラウダーが、古いスターリン主義者による国外からの指令に基づいて、党の指導者の地位を追われたときに、ソビエト連邦が協調から対決へと転じたことに気づいていた。William Z. Foster. Phillip J. Jaffe, *The Rise and Fall of American Communism* (New York: Horizon Press, 1975), pp. 69-85.

18. Gellhorn, "A General View," *States and Subversion,* p. 360.

19. Reutter, *School Administrator and Subversive Activities,* pp. 15-25.

20. Murray Kempton, *Part of Our Time: Some Ruins and Monuments of the Thirties* (New York: Simon and Schuster, 1955), p. 170.

21. Vern Countryman,*Un-American Activities in the State of Washington: The Work of the Canwell Committee* (Ithaca, N. Y.: Cornell University Press, 1951); Jane Sanders, *Cold War on the Campus: Academic Freedom at the University of Washington, 1946-1964* (Seattle: University of Washington Press, 1979).

22. Iversen, *Communists and the Schools,* pp. 226, 334.

23. Sidney Hook, "Should Communists Be Permitted to Teach?" *New York Times Magazine,* February 27, 1949, pp. 7, 22-29; Sidney Hook, *Heresy Yes, Conspiracy No* (New York: John Day, 1953).
24. Alexander Meiklejohn, "Should Communists be Allowed to Teach?" *New York Times Magazine,* March 27, 1949, pp. 10, 64-66.
25. Alonzo L. Hamby, *Beyond the New Deal: Harry S. Truman and American Liberalism* (New York: Columbia University Press, 1973), pp. 147-68; Norman Thomas, Letter to the Editor, *New York Times Magazine,* March 13, 1949, pp. 2, 4; Walter Goodman, *The Committee: The Extraordinary Career of the House Committee on Un-American Activities* (New York: Farrar, Straus & Giroux, 1968), p. 327; George Counts and John Childs, *America, Russia, and the Communist Party in the Postwar World* (New York: John Day, 1943), p. 62.
26. David P. Gardner, *The California Oath Controversy* (Berkeley and Los Angeles: University of California Press, 1967), p. 45; George R. Stewart, *The Year of the Oath* (Garden City, N.Y.: Doubleday, 1950).
27. Gardner, *California Oath Controversy,* p. 122.
28. Ibid., p. 250.
29. All-Campus Committee Opposing the Broyles Bills and the Broyles Investigations, "The Great Investigation," (Chicago: University of Chicago Press, 1949). ハッチンズの証言の一部は、以下の文献を参照のこと。E. Houston Harsha, "Illinois: The Broyles Commission," in Gellhorn, *States and Subversion,* pp. 54-139.
30. "The Great Investigation," pp. 2-3; Harsha, "Illinois: The Broyles Commission," pp.135-39.
31. Eric Bentley, ed., *Thirty Years of Treason* (New York: Viking Press, 1971), pp. 610, 620-21.
32. Ellen Schrecker, "Academic Freedom and the Cold War," *Antioch Review* 38 (Summer 1980): 313-27.
33. このジレンマをめぐる同時代の見解は、以下の論文を参照のこと。Irving Kristol, " 'Civil Liberties,'1952―A Study in Confusion: Do We Defend Our Rights by Protecting Communists?" *Commentary,* March 1952, pp. 228-36; Alan Barth, *The Loyalty of Free Men* (New York: Viking Press, 1952); Arthur M. Schlesinger, Jr., *The Vital Center: The Politics of Freedom* (Boston: Houghton Mifflin, 1949); Mary Sperling McAuliffe, *Crisis on the Left: Cold War Politics and American Liberals* (Amherst: University of Massachusetts Press, 1978); O'Neill, *A Better World,* chap. 11.
34. American Association of University Professors, "Academic Freedom and the Quest for National Security" (bulletin 42, 1956), pp. 49-61.
35. *New York Times,* March 31, 1953.
36. *Adler v. Board of Education,* 342 US 485 (1952); Leon Bock, "The Control of Alleged Subversive Activities in the Public School System of New York City, 1949-1956" (Diss., Teachers College, Columbia University, 1971), pp. 155-56; U.S. Congress, Senate, Committee on

the Judiciary, *Subversive Influence in the Educational Process,* 82nd Cong., 2nd sess., 1952, pp. 2-39; Bella V. Dodd, *School of Darkness* (New York: P. J. Kenedy, 1954).

37. Earl Latham, *The Communist Controversy in Washington: From the New Deal to McCarthy* (Cambridge, Mass.: Harvard University Press, 1966), pp. 378-81.

38. Samuel A. Stouffer, *Communism, Conformity, and Civil Liberties: A Cross-Section of the Nation Speaks Its Mind* (Garden City, N.Y.: Doubleday, 1955), pp. 40-43; Paul F. Lazarsfeld and Wagner Thielens, Jr., *The Academic Mind: Social Scientists in a Time of Crisis* (Glencoe, Ill.: Free Press, 1958), pp. 35-71, 114, 192-236. シュレッカーによると、ラトガースの学部教員の91％は、共産主義の教員を排斥するという理事会の方針を支持していた。("Academic Freedom and the Cold War," p. 326).

39. Kitty Jones and Robert L. Olivier, *Progressive Education Is REDucation* (Boston: Meador, 1956).

40. John Flynn, "Who Owns Your Child's Mind?" *Reader's Digest,* October 1951, pp. 23-28. footnotes 42 and 47, chapter 2.

41. Houston Independent School District, "Minutes of the School Board Meetings," September 11, 1940; October 24, 1949; March 24, 1952; July 13, 1953; July 15, 1953; April 26, 1954; Don Edward Carleton, "A Crisis in Rapid Change: The Red Scare in Houston, 1945-1955" (Diss., University of Houston, 1978).

42. 学校開発会議の見解については、以下の文献を参照のこと。Mary L. Allen, *Education Or Indoctrination* (Caldwell, Idaho: Caxton, 1955).

43. David Hulburd, *This Happened in Pasadena* (New York: Macmillan, 1951); James B. Conant, "The Superintendent Was the Target," *New York Times Book Review,* April 29, 1951, pp. 1, 27.

44. California Legislature, Senate Investigating Committee on Education, "Education in Pasadena," 8th report, 1951, pp. 25-27, 44.

45. Arthur D. Morse, "Who's Trying to Ruin Our Schools?" *McCall's,* September 1951, pp. 26ff.; John Bainbridge, "Danger's Ahead in the Public Schools," *McCall's,* October 1952, pp. 56ff. ニューヨーク州スカースデール、ニューヨーク州ポートワシントン、コロラド州デンバー、カリフォルニア州パサデナ、オレゴン州ユージンにおける学校をめぐる論争についての論文は、以下の文献に所収されている。C. Winfield Scott and Clyde M. Hill, eds., *Public Education Under Criticism,* (New York: Prentice-Hall, 1954).

46. *Wieman v. Updegraff,* 344 U.S. 183 (1952).

47. *Pennsylvania v. Nelson,* 350 U.S. 497 (1956); *Slochower v. Board of Higher Education of New York City,* 350 U.S. 551 (1956); *Watkins v. United States,* 354 U.S. 178 (1956); *Sweezy v. State of New Hampshire,* 354 U.S. 234 (1957); *Shelton v. Tucker,* 364 U.S. 479 (1960); *Cramp v. Board of Public Instruction of Orange County, Florida,* 368 U.S. 278 (1961); *Elfbrandt v. Russell,* 384 U.S. 11 (1966); *Keyishian v. Board of Regents of the University of the State of New York,* 385 U.S. 589 (1967); *Connell v. Higginbotham,* 403 U.S. 207 (1971); *Cole v. Richardson,* 405 U.S. 676 (1972).

48. Iversen, *Communists and the Schools,* p. 360; 異なる見解については、以下の文献を参照

のこと。Caute, *The Great Fear,* pp. 403-45; David L. Marden, "The Cold War and American Education" (Diss., University of Kansas, 1975).
49. Learned Hand, "A Plea for the Open Mind and Free Discussion," in *The Spirit of Liberty,* 3rd ed. (Chicago: University of Chicago Press, 1977), p. 284（発言そのものは1952年10月24日になされた）.
50. Iversen, *Communists and the Schools,* p. 365.

【第4章　人種と教育——ブラウン判決】

1. John Hope Franklin and Isidore Starr, eds., *The Negro in Twentieth Century America: A Reader on the Struggle for Civil Rights* (New York: Vintage, 1967), pp. 4-5.
2. Howard W. Odum, *Race and Rumors of Race: Challenge to American Crisis* (Chapel Hill: University of North Carolina Press, 1943), pp. 53-141.
3. Gunnar Myrdal, *An American Dilemma: The Negro Problem and Modern Democracy* (New York: Harper & Bros., 1944), pp. 416, 577.
4. Ibid., pp. 426, 518-19, 660-62.
5. *Plessy v. Ferguson,* 163 U.S. 537 (1896); Richard Kluger, *Simple Justice: The History of Brown v. Board of Education and Black America's Struggle for Equality* (New York: Alfred A. Knopf, 1976), chaps. 2-4.
6. "The Availability of Education in the Negro Separate School," *Journal of Negro Education* 16 (Summer 1947): 378, 407; Ambrose Caliver, *Education of Negro Leaders: Influences Affecting Graduate and Professional Studies,* U.S. Office of Education, bulletin no. 3 (Washington, D.C: Government Printing Office, 1948), p. 27.
7. Martin D. Jenkins, "The Availability of Higher Education for Negroes in the Southern States," *Journal of Negro Education* 16 (Summer 1947): 459-70.
8. *Missouri Ex Rel Gaines v. Canada,* 305 U.S. 337 (1938).
9. *Sipuel v. Oklahoma Board of Regents,* 332 U.S. 631 (1948).
10. *Sweatt v. Painter,* 339 U.S. 629 (1950); *McLaurin v. Oklahoma Board of Regents,* 339 U.S. 637 (1950).
11. "Appendix to Petition and Brief in Support of Petition for Writ of Certiorari to the Supreme Court of the State of Texas," 339 U.S. 629 (1950).
12. Leon Friedman, ed., *Argument: The Oral Argument Before the Supreme Court in Brown v. Board of Education of Topeka, 1952-1955* (New York: Chelsea House, 1969), pp. 14, 37.
13. "Brief for Appellants," *Brown v. Board of Education,* October 1952, pp. 5-8, 67-68; "Brief for Appellants," *Brown v. Board of Education,* October 1953, pp. 16, 22.
14. "The Effects of Segregation and the Consequences of Desegregation: A Social Science Statement," *Minnesota Law Review* 427 (1953); 連邦地方裁判所における社会科学者の証言については、以下の文献を参照のこと。*Brown v. Board of Education,* 98 F. Supp. 797 (D. Kans. 1951).

15. Friedman, *Argument*, pp. 47-49, 78, 118-21, 187, 202.
16. *Brown v. Board of Education*, 347 U.S. 483 (1954).
17. Stephen L. Wasby, Anthony A. D'Amato, and Rosemary Metrailer, *Desegregation from Brown to Alexander: An Exploration of Supreme Court Strategies* (Carbondale: Southern Illinois University Press, 1977), pp. 78-79; "Brief for Appellants," *Brown v. Board of Education*, October 1953, pp. 190-97.
18. *Brown v. Board of Education*, 349 U.S. 294 (1955).
19. Robert L. Carter and Thurgood Marshall, "The Meaning and Significance of the Supreme Court Decree," *Journal of Negro Education* 24 (Summer 1955):402.
20. Edmond Cahn, "Jurisprudence," *New York University Law Review* 30 (January 1955): 157-58; 163; Alfred H. Kelly, "Clio and the Court: An Illicit Love Affair," in *Supreme Court Review 1965*, ed. Philip Kurland (Chicago: University of Chicago Press, 1965), pp. 119-58; Paul Rosen, *The Supreme Court and Social Science* (Urbana: University of Illinois Press, 1972); Betsy Levin and Philip Moise, "School Desegregation Litigation in the Seventies and the Use of Social Science Evidence: An Annotated Guide," *Law and Contemporary Problems* 39 (Winter 1975): 50-134.
21. Herbert Wechsler, "Toward Neutral Principles of Constitutional Law," *Harvard Law Review* 73 (November 1959): 1-35; Arthur S. Miller and Ronald F. Howell, "The Myth of Neutrality in Constitutional Adjudication," *University of Chicago Law Review* 27 (Spring 1960): 661-95.
22. J. Harvie Wilkinson, III, *From Brown to Bakke: The Supreme Court and School Integration: 1954-1978* (New York: Oxford University Press, 1979), pp. 29-39, passim.
23. Omer Carmichael and Weldon James, *The Louisville Story* (New York: Simon and Schuster, 1957), pp. 85-86, 100.
24. Jack Greenberg, *Race Relations and American Law* (New York: Columbia University Press, 1959), p. 5.
25. Benjamin Muse, *Ten Years of Prelude: The Story of Integration Since the Supreme Court's 1954 Decision* (New York: Viking Press, 1964), p. 63. 「南部宣言」の本文については、以下の文献を参照のこと。Hubert H. Humphrey, ed., *Integration vs. Segregation* (New York: Thomas Y. Crowell, 1964), pp. 32-35.
26. "Statistical Summary of School Segregation-Desegregation in the Southern and Border States" (Nashville, Tenn.: Southern Education Reporting Service, 1962); Reed Sarratt, *The Ordeal of Desegregation: The First Decade* (New York: Harper & Row, 1966), pp. 28-46.
27. Muse, *Ten Years of Prelude*, pp. 87-104; George Barrett, "Desegregation: The Clinton Story," *New York Times Magazine*, September 16, 1956, pp. 11ff.
28. President's Press Conference, May 19, 1954; March 14, 1956; September 5, 1956, Papers of President Dwight D. Eisenhower, Eisenhower Library, Abilene, Kansas.
29. Eisenhower Diaries. July 24, 1953, Eisenhower Library.
30. "Statement of Attorney General Herbert Brownell, Jr., on Civil Rights," Cabinet Paper

56-48, March 7, 1956; Maxwell M. Rabb, "Memorandum for the Attorney General Subject: The President's Views on the Proposed Civil Rights Program," n.d., Ann Whitman Papers, Eisenhower Library.
31. President's Press Conference, July 17, 1957, Eisenhower Library.
32. Muse, *Ten Years of Prelude*, p. 126.
33. Ibid., pp. 127, 135.
34. Ibid., pp. 139-40; "Statement by the President," The White House, U.S. Naval Base, Newport, Rhode Island, September 23, 1957; "Obstruction of Justice in the State of Arkansas: A Proclamation by the President of the United States of America," September 23,1957; "Text of the Address by the President of the United States, Delivered from His Office at the White House, Tuesday, September 24, 1957," Bryce Harlow Papers, Eisenhower Library; author's conversation with former White House aide Bryce Harlow, July 15, 1981.
35. *Cooper v. Aaron*, 358 U.S. 1; Wasby, D'Amato, and Metrailer, *Desegregation from Brown to Alexander*, pp. 173-80.
36. "Statistical Summary of School Segregation-Desegregation," p. 3.
37. Eugene Pierce Walker, "A History of the Southern Christian Leadership Conference, 1955-1965: The Evolution of a Southern Strategy for Social Change" (Diss., Duke University, 1978), p. 8; Anthony Lewis, *Portrait of a Decade: The Second American Revolution* (New York: Random House, 1964), p. 97.
38. Alexander Bickel, "After a Civil Rights Act," *New Republic*, May 9, 1964, pp. 11-15.
39. *New York Times,* June 12, 1963.
40. *New York Times,* November 28, 1963; " '. . . Shall Now Also Be Equal . . .' " *Newsweek,* July 13, 1964, p. 17.
41. U.S. Congress, House, Committee of the Judiciary, *Hearings on Civil Rights Bill,* 88th Cong., 1st sess., 1963, p. 2144.
42. U.S. Congress, Senate, Committee on the Judiciary, *Hearings on Civil Rights Bill*, 88th Cong., 1st sess., 1963, pp. 298-303.
43. U.S. Congress, House, Committee on the Judiciary, *Hearings on Civil Rights Bill*, 88th Cong., 1st sess., 1963, pp. 1516-17; Section 401 (b), 42 USCA:2000c(b).

【第5章　人種と教育──社会科学と法】

1. Michael Harrington, *The Other America: Poverty in the United States* (New York: Macmillan, 1962), p. 159.
2. U.S. Department of Labor and U.S. Department of Commerce, Current Population Reports, *Social and Economic Conditions of Negroes in the United States* (Washington, D.C.: U.S. Government Printing Office, 1967), pp. 6-9.
3. Eric F. Goldman, *The Tragedy of Lyndon Johnson* (New York: Alfred A. Knopf, 1968), p. 363;

Eugene Eidenberg and Roy D. Morey, *An Act of Congress: The Legislative Process and the Making of Education Policy* (New York: W. W. Norton, 1969); Frank J. Munger and Richard F. Fenno, Jr., *National Politics and Federal Aid to Education* (Syracuse, N.Y.: Syracuse University Press, 1962), p. 170; Hugh Douglas Price, "Race, Religion and the Rules Committee: The Kennedy Aid-to-Education Bills," in *The Uses of Power*, ed. Alan F. Westin (New York: Harcourt, Brace & World, 1962), p. 67; Philip Meranto, *The Politics of Federal Aid to Education in 1965: A Study in Political Innovation* (Syracuse, N.Y.: Syracuse University Press, 1967).

4. Stephen K. Bailey and Edith K. Mosher, *ESEA: The Office of Education Administers a Law* (Syracuse, N.Y.: Syracuse University Press, 1968), pp.49-50; National Institute of Education, *Compensatory Education Services* (Washington, D.C.: U.S. Government Printing Office, 1977), p.7.

5. James B. Conant, *Slums and Suburbs* (New York: McGraw-Hill, 1961), pp.24-25.

6. Diane Ravitch, *The Great School Wars: New York City, 1805-1973* (New York: Basic Books, 1974).

7. David P. Ausubel, "Ego Development Among Segregated Negro Children," *Mental Hygiene* 42 (1956): 362-69.

8. Benjamin Bloom, Allison Davis, and Robert Hess, *Compensatory Education for Cultural Deprivation* (New York: Holt, Rinehart & Winston, 1965); Edmund W. Gordon and Doxey A. Wilkerson, *Compensatory Education for the Disadvantaged: Programs and Practices: Preschool Through College* (New York: College Entrance Examination Board, 1966); A. Harry Passow, ed., *Education in Depressed Areas* (New York: Bureau of Publications, Teachers College, 1963).

9. Martin Deutsch, "Minority Group and Class Status as Related to Social and Personality Factors in Scholastic Achievement," (Society for Applied Anthropology, monograph no. 2, 1960), pp. 3-9.

10. Bloom, Davis, and Hess, *Compensatory Education for Cultural Deprivation*, pp. 4, 17, 23, 25-26.

11. Gordon and Wilkerson, *Compensatory Education for the Disadvantaged*, p. 34; Henry T. Hillson, "The Demonstration Guidance Project, 1957-1962: Pilot Program for Higher Horizons," (New York: Board of Education, 1963).

12. Frank Riessman, *The Culturally Deprived Child* (New York: Harper & Row, 1962), pp. x-xi, 1.

13. Ibid., p. 80.

14. Frank Riessman, *Helping the Disadvantaged Child to Learn More Easily* (Englewood Cliffs, N. J.: Prentice-Hall, 1966).

15. Jean Dresden Grambs, "Instructional Materials for the Disadvantaged Child," in *Reaching the Disadvantaged Learner*, ed. A. Harry Passow (New York: Teachers College Press, 1970), p. 172.

16. Sloan Wayland, "Old Problems, New Faces, and New Standards," in Passow, *Education in Depressed Areas*, p. 66; Hylan Lewis, "The Contemporary Urban Poverty Syndrome" (Speech delivered to Howard University Medical School, April 28, 1964), in *Seminar Selections on the Disadvantaged Child*, ed. Elizabeth H. Brady, NDEA Institute for Teachers of Young

Disadvantaged Children, Selected Academic Readings (New York: NDEA n.d.), pp. 25-26.
17. Kenneth B. Clark, *Dark Ghetto: Dilemmas of Social Power* (New York: Harper & Row, 1965), p. 131.
18. Edward Zigler and Karen Anderson, "An Idea Whose Time Had Come: The Intellectual and Political Climate for Head Start," in *Project Head Start: A Legacy of the War on Poverty,* ed. Edward Zigler and Jeanette Valentine (New York: Free Press, 1979), p. 12; Lyndon B. Johnson, "Remarks on Project Head Start, May 18, 1965," in *Project Head Start*, p. 69.
19. Louise B. Miller, "Development of Curriculum Models in Head Start," in *Project Head Start,* p. 196; Zigler and Anderson, "An Idea Whose Time Had Come," pp.12-13.
20. Eveline B. Omwake, "Assessment of the Head Start Preschool Education Effort," in *Project Head Start,* pp. 222-23.
21. Bailey and Mosher, *ESEA*, p. 51; Public Law 89-10, Section 205.
22. Milbrey Wallin McLaughlin, "Implementation of ESEA Title I: A Problem of Compliance," *Teachers College Record* 77 (February 1976): 404; National Institute of Education, *Compensatory Education Services* (Washington, D.C.: Government Printing Office, 1977), p. 5.
23. Lee Rainwater and William L. Yancey, *The Moynihan Report and the Politics of Controversy* (Cambridge, Mass.: MIT Press, 1967). モイニハン報告書、ハワード大学における大統領の演説、その他、論争のすべての記録が含まれている。
24. William Manchester, *The Glory and the Dream* (Boston: Little, Brown, 1974), pp. 1062-65; Goldman, *Tragedy of Lyndon Johnson*, pp. 509-10.
25. Sarratt, *Ordeal of Desegregation*, p. 350.
26. U.S. Congress, Senate, Committee on the Judiciary, *Hearings on Civil Rights,* 88th Cong., 1st sess., 1963, p. 63; Section 401 (b), 42 USCA: 2000c(b).
27. Gary Orfield, *The Reconstruction of Southern Education* (New York: John Wiley, 1969), pp. 85-101; Bailey and Mosher, *ESEA*, pp. 142-46.
28. Bailey and Mosher, *ESEA*, pp. 153-54.
29. Orfield, *Reconstruction of Southern Education,* p. 146; Bailey and Mosher, *ESEA*, pp. 153-55.
30. Bailey and Mosher, *ESEA*, pp. 155-56; Orfield, *Reconstruction of Southern Education,* pp. 266-304; Gary Orfield, *Must We Bus?: Segregated Schools and National Policy* (Washington, D.C: Brookings Institution, 1978), pp. 238-39.
31. *Briggs v. Elliott,* 132 F. Supp. 776 (E.D.S.C. 1955).
32. Frank T. Read, "Judicial Evolution of the Law of School Integration since Brown v. Board of Education," *Law and Contemporary Problems 39* (Winter 1975): 20.
33. *Singleton v. Jackson Municipal Separate School District,* 348 F. 2d 729 (5th Cir. 1965); 355 F. 2d 865 (5th Cir. 1966); *United States v. Jefferson County Board of Education,* 372 F. 2d 836 (5th Cir. 1966); 380 F. 2d 385 (5th Cir. 1967).
34. Alexander Bickel, "Skelly Wright's Sweeping Decision," *New Republic,* July 8, 1967, pp. 11-12.

35. Read, "Judicial Evolution of the Law of School Integration," pp. 20-28; U.S. Commission on Civil Rights, *Twenty Years After Brown: Equality of Educational Opportunity* (Washington, D.C.: Government Printing Office, 1975), p. 47.
36. Clayborne Carson, *In Struggle: SNCC and the Black Awakening of the 1960s* (Cambridge, Mass.: Harvard University Press, 1981), pp. 191-211.
37. Jervis Anderson, *A. Philip Randolph: A Biographical Portrait* (New York: Harcourt, Brace, Jovanovich, 1972), pp. 330-44.
38. Section 402, Civil Rights Act of 1964; James S. Coleman et al., *Equality of Educational Opportunity* (Washington, D.C: Government Printing Office, 1966); James S. Coleman, "Policy Research in the Social Sciences" (Morristown, N. J.: General Learning Press, 1972), p. 9.
39. Gerald Grant, "Essay Review," *Harvard Educational Review* 42 (February 1972): 110.
40. Coleman et al., *Equality of Educational Opportunity*, p. 28.
41. Ibid., pp. 31-32.
42. Alexander Bickel, "Education in a Democracy: The Legal and Practical Problems of School Busing," *Human Rights* 3 (Summer 1973): 54.
43. Ravitch, *Great School Wars*, pp. 252-53; Massachusetts State Board of Education, *Because It Is Right—Educationally* (Report of the Advisory Committee on Racial Imbalance and Education, April 1965); *Fischer v. Board of Education, Race Rel. L. Rep.* pp. 730, 733-34; U.S. Commission on Civil Rights, *Racial Isolation in the Public Schools* (Washington, D.C.: Government Printing Office, 1967), p. 230.
44. *Taylor v. Board of Education of New Rochelle*, 191 F. Supp. 181 (S.D.N.Y. 1961); *Crisis in the Public Schools: Racial Segregation, Northern Style*. これは以下の報告に基づいている。Dan W. Dodson (New York: Council for American Unity. 1965); *Bell v. School Board of Gary, Indiana*, 213 F. Supp. 819 (N.D. Ind. 1963).
45. U.S. Commission on Civil Rights, *Racial Isolation in the Public Schools*, p. iv-vi.
46. Ibid., pp. viii, 199.
47. Ibid., pp. 203-4.
48. Ibid., p. 205.
49. Ibid., pp. 209-10.
50. Ibid., pp. 106, 117.
51. Preston Wilcox, "Releasing Human Potential: A Study of the East Harlem-Yorkville School Bus Transfers" (New York: New York City Commission on Human Rights, 1961); Stokely Carmichael and Charles V. Hamilton, *Black Power* (New York: Random House, 1967); Ravitch, *Great School Wars*, p. 293.
52. Ravitch, *Great School Wars*, pp. 292-387.
53. *Green v. County School Board of New Kent County*, 391 U.S. 430 (1968).
54. Orfield, *Must We Bus?*, pp. 235, 240, 244.

55. *Swann v. Charlotte-Mecklenburg,* 402 U.S. 1 (1971).
56. U.S. Commission on Civil Rights, *Twenty Years After Brown,* pp. 49-50.
57. *Keyes v. School District No. 1, Denver, Colorado,* 413 U.S. 189 (1973).
58. Orfield, *Must We Bus?,* pp. 20-22.
59. Eleanor P. Wolf, *Trial and Error: The Detroit School Segregation Case* (Detroit: Wayne State University, 1981).
60. *Milliken v. Bradley,* 418 U.S. 717 (1974).
61. David J. Armor, "The Evidence on Busing," *Public Interest* 28 (Summer 1972): 90-126; Thomas F. Pettigrew, Elizabeth L. Useem, Clarence Normand, and Marshall S. Smith, "Busing: a Review of 'The Evidence,'" *Public Interest* 30 (Winter 1973): 88-118; David J. Armor, "The Double Double Standard: A Reply," *Public Interest* 30 (Winter 1973): 119-31.
62. "School Expert Calls Integration Vital Aid," *New York Times,* March 9, 1970; "Long-Time Desegregation Proponent Attacks Busing as Harmful," *New York Times,* June 7, 1975; James S. Coleman, "Coleman on 'The Coleman Report,'" *Public Interest* 28 (Summer 1972): 127-28; James S. Coleman, Sara D. Kelley, and John H. Moore, *Trends in School Segregation, 1968-1973* (Washington, D.C.: Urban Institute, 1975); Gregg Jackson, "Reanalysis of Coleman's 'Recent Trends in School Integration,'" *Educational Researcher* 4 (November 1975): 21-25; Christine H. Rossell, "School Desegregation and White Flight," *Political Science Quarterly* 90 (Winter 1975): 675-95.
63. Orfield, *Must We Bus?,* chap. 12.
64. Nancy H. St. John, *School Desegregation: Outcomes for Children* (New York: John Wiley, 1975), p. 85; Harold B. Gerard and Norman Miller, *School Desegregation: A Long-Term Study* (New York: Plenum Press, 1975).
65. Diane Ravitch, "The 'White Flight' Controversy," *Public Interest* 51 (Spring 1978): 135-49.
66. David K. Cohen and Janet A. Weiss, "Social Science and Social Policy: Schools and Race," *Educational Forum,* May 1977, p. 410.
67. Derrick A. Bell, Jr., "Waiting on the Promise of Brown," *Law and Contemporary Problems* 39 (Spring 1975): 341-73; Derrick A. Bell, Jr., "A Model Alternative Desegregation Plan," in *Shades of Brown: New Perspectives on School Desegregation,* ed. Derrick A. Bell, Jr. (New York: Teachers College Press, 1980), pp. 124-39; *Tasby v. Wright,* U.S. District Court, N.D. Texas, 1981, p. 8; Joel L. Fleishman, "The Real Against the Ideal—Making the Solution Fit the Problem: The Atlanta Public School Agreement of 1973," in *Roundtable Justice: Case Studies in Conflict Resolution* (Reports to the Ford Foundation), ed. Robert B. Goldmann (Boulder, Colo.: Westview Press, 1980).

【第6章　バークレー校からケント州立大学まで】

1. Ben J. Wattenberg, ed., *The Statistical History of the United States: From Colonial Times to the Present* (New York: Basic Books, 1976), pp. 382-83.

2. Ibid.
3. National Center for Education Statistics, *Digest of Education Statistics,* 1980 (Washington, D.C.: Government Printing Office, 1980), p. 89; Wattenberg, *Statistical History,* p. 383.
4. Clark Kerr, *The Uses of the University* (New York: Harper Torchbook, 1973, orig. pub., 1963), pp. 87-88. (箕輪成男・鈴木一郎訳『大学経営と社会環境―大学の効用』玉川大学出版部、1994年（増補第3版）、87頁。)
5. Ibid., pp. 103-4.
6. Daniel Bell, *The End of Ideology: On the Exhaustion of Political Ideas in the Fifties* (New York: Free Press, rev. ed., 1965, orig. pub., 1960), p. 405. (岡田直之訳『イデオロギーの終焉―1950年代における政治思想の枯渇について』東京創元新社、1969年、265-266頁。)
7. Ronald Berman, *America in the Sixties: An Intellectual History* (New York: Free Press, 1968), p. 2; William L. O'Neill, *Coming Apart: An Informal History of America in the 1960's* (Chicago: Quadrangle Books, 1971), p. 3.
8. Morris Dickstein, *Gates of Eden: American Culture in the Sixties* (New York: Basic Books, 1977).
9. C. Wright Mills, *The Power Elite* (New York: Oxford University Press, 1956), p. 361. (鵜飼信成・綿貫譲治訳『パワー・エリート（上・下）』東京大学出版会、2000年、（下）167-168頁。)
10. Paul Goodman, *Growing Up Absurd; Problems of Youth in the Organized Society* (New York: Vintage Books, 1962), pp. xvi, 12-15. (片桐ユズル訳『不条理に育つ―管理社会の青年たち』平凡社、1971年、13、32頁。)
11. Paul Jacobs and Saul Landau, *The New Radicals* (New York: Random House, 1966), pp. 104,111-12; ミルズへのダニエル・ベルの返答は、以下の文献を参照のこと。"On C. Wright Mills and the 'Letter to the New Left,' " originally published in *Encounter,* December 1960, reprinted in Daniel Bell, *The Winding Passage: Essays and Sociological Journeys, 1960-1980* (Cambridge, Mass.: Abt Books, 1980).
12. "The Port Huron Statement," in *The New Student Left,* ed. Mitchell Cohen and Dennis Hale (Boston: Beacon Press, 1966), p. 217.
13. Clayborne Carson, *In Struggle: SNCC and the Black Awakening of the 1960s* (Cambridge, Mass.: Harvard University Press, 1981), pp. 99-100,114; Len Holt, *The Summer That Didn't End* (New York: William Morrow, 1965), pp. 35-51.
14. Oral history interview with Tom Hayden, conducted by Bret Eynon, September 29, 1978, Michigan Historical Collections, Bentley Historical Library, University of Michigan.
15. Bradford Cleaveland, "A Letter to Undergraduates," in *The Berkeley Student Revolt: Facts and Interpretations,* ed. Seymour Martin Lipset and Sheldon S. Wolin (New York: Anchor Books, 1965), pp. 72, 80.
16. Mario Savio, "An End to History," in *Berkeley Student Revolt,* p. 216.
17. Max Heirich, *The Beginning: Berkeley, 1964* (New York: Columbia University Press, 1968), p.

173.
18. Ibid., pp. 155-56. 停学について検討していた大学評議会特別委員会は、6人の学生は停学処分にされた時点において復学されるべきであり、2人のデモの指導者は6週間の停学とされるべきであると勧告し、委員会の報告書を公表して、3日間で終了した。一方、カーとストロングの勧めで理事会は、8人の学生の停学処分はそれが課された9月30日から評議会が開催される日までは有効であるとした。加えて、2人のデモの指導者は、当該学期の残りの数週間を謹慎期間とされた。
19. Ibid., p. 195. FSMの指導者はのちに「もし大学が、FSMの4人の指導者に対する懲戒処分によって、事態を公開しなかったら」、FSMは大学当局との衝突を引き起こすために、大学によって不愉快であると禁止されていたフィルムを見せたであろう、と述べている。Seymour Martin Lipset and Paul Seabury, "The Lesson of Berkeley," in *Berkeley Student Revolt*, p. 342.
20. Heirich, *The Beginning*, pp. 199-200.
21. Ibid., p. 215.
22. Ibid., pp. 230, 233.
23. Ibid., pp. 247-48.
24. Robert H. Somers, "The Mainsprings of the Rebellion: A Survey of Berkeley Students in November, 1964," in *Berkeley Student Revolt*, p. 536.
25. Mervin D. Field, "The UC Student Protests: California Poll," in *Berkeley Student Revolt*, p. 199.
26. Seymour Martin Lipset and Gerald M. Schaflander, *Passion and Politics: Student Activism in America* (Boston: Little, Brown, 1971), pp. 124-96; Steven J. Novak, *The Rights of Youth: American Colleges and Student Revolt, 1798-1815* (Cambridge, Mass.: Harvard University Press, 1977); Seymour Martin Lipset, ed., *Student Politics* (New York: Basic Books, 1967); Kirkpatrick Sale, *SDS* (New York: Random House, 1973), p. 145; Tom Hayden, "The Politics of 'The Movement' " in *The Radical Papers*, ed. Irving Howe (New York: Anchor Books, 1966), pp. 362-77. Richard Flacks, "On the New Working Class and Strategies for Social Change," in *The New Pilgrims*, ed. Philip G. Altbach and Robert S. Laufer (New York: David McKay, 1972); フラックスによると、体制が変わらずにいることを保証するには、新左翼は政治体制の外にいるべきであるという (p. 97)。
27. Irving Howe, "New Styles in 'Leftism,'" *Dissent* 12 (Summer 1965): 295-333; Michael Harrington, "Is There a New Radicalism?" *Partisan Review* 33 (Spring 1965):194-202.
28. Everett Carll Ladd, Jr., and Seymour Martin Lipset, *The Divided Academy: Professors and Politics* (New York: McGraw-Hill, 1975), p. 32; Sale, *SDS*, p. 122, 263, 333, 341.（中野秀一郎・柏岡富英・木下博道訳『ひび割れた大学—大学知識人と政治的志向』東京創元社、1980年、32-33頁。）
29. Carl Davidson, "Toward a Student Syndicalist Movement, or University Reform Revisited," in *The University Crisis Reader*, 2 vols., ed. Immanuel Wallerstein and Paul Starr, 2:98-99; Sale,

SDS, pp. 338-39, 391-92.

30. O'Neill, *Coming Apart,* pp. 233-66; *The Free People* (New York: Outerbridge & Dienstfrey, 1969); Theodore Roszak, *The Making of a Counter Culture: Reflections on the Technocratic Society and Its Youthful Opposition* (New York: Doubleday, 1969); Charles A. Reich, *The Greening of America: How the Youth Revolution Is Trying to Make America Livable* (New York: Random House, 1970); Benjamin Zablocki, *Alienation and Charisma: A Study of Contemporary American Communes* (New York: Free Press, 1980).

31. Jerry L. Avorn et al., *Up Against the Ivy Wall: A History of the Columbia Crisis* (New York: Atheneum, 1970), pp. 34-36; the Cox Commission Report, *Crisis at Columbia: Report of the Fact-Finding Commission Appointed to Investigate the Disturbances at Columbia University in April and May 1968* (New York: Vintage, 1968); Roger Kahn, *The Battle for Morningside Heights: Why Students Rebel* (New York: William Morrow, 1970); Dotson Rader, *I Ain't Marchin' Anymore* (New York: David McKay, 1969).

32. Eli Ginzberg, "Black Power and Student Unrest: Reflections on Columbia University and Harlem," *George Washington Review* 37 (May 1969):842.

33. Columbia Daily Spectator, April 25, 1968, pp. 1, 6; Mark Rudd, "Columbia," in *University Crisis Reader,* 2:185.

34. *Columbia Daily Spectator,* March 6, 1968, p. 4; April 29, 1968, p. 4.

35. Walter P. Metzger, "The Crisis of Academic Authority," *Daedalus* 99 (Summer 1970): 568-608.

36. Avorn, *Up Against the Ivy Wall,* p. 268; Tom Hayden, "Two, Three, Many Columbias," in *University Crisis Reader,* 2:163-64.

37. Alexander W. Astin et al., *The Power of Protest* (San Francisco: Jossey-Bass, 1975), pp. 37-41.

38. Ladd and Lipset, *Divided Academy,* pp. 26-34; Martin Trow, "Conceptions of the University: The Case of Berkeley," *American Behavioral Scientist* 11 (May-June 1968):15.

39. シカゴの座り込みに関する報道は、以下を参照のこと。*New York Times,* January 30, February 1, 2, 3, 13, 1969.

40. Robert Smith, Richard Axen, and DeVere Pentony, *By Any Means Necessary: The Revolutionary Struggle at San Francisco State* (San Francisco: Jossey-Bass, 1970), p. 56.

41. Lawrence E. Eichel et al., *The Harvard Strike* (Boston: Houghton Mifflin, 1970), pp. 89, 105.

42. Ibid., p. 111.

43. Ibid., p. 186.

44. Ibid., pp. 249-51.

45. "The Report of the Committee to Review the Department of Afro-American Studies," *Harvard University Gazette,* October 30, 1972; Henry Rosovsky, "Black Studies at Harvard: Personal Reflections Concerning Recent Events," *American Scholar* 38 (Autumn 1969): 562-72.

46. Richard B. Freeman, *Black Elite: The New Market for Highly Educated Black Americans* (New York: McGraw-Hill, 1976), p. 47; Current Population Reports, "School Enrollment," 1977.

47. Smith, Axen, and Pentony, *By Any Means Necessary*, p. 30; Astin et al., *Power of Protest*, pp. 71-75.
48. サンフランシスコ州立カレッジでの出来事については、以下の文献を参照のこと。Smith, Axen, and Pentony, *By Any Means Necessary*; 著者たちはこの危機の間、カレッジの管理職であった。Dikran Karagueuzian, *Blow It Up: The Black Student Revolt at San Francisco State College and the Emergence of Dr. Hayakawa* (Boston: Gambit, 1971); 著者は学生新聞の主筆であった。Arlene Kaplan Daniels, Rachel Kahn-Hut, and Associates, *Academics on the Line* (San Francisco: Jossey-Bass, 1970); 著者たちはこの危機の間、ストライキに参加していたカレッジの教授であった。John Summerskill, *President Seven* (New York: World, 1971); 著者は1968年半ばまでの2年間、サンフランシスコ州立カレッジの学長であった。
49. Smith, Axen, and Pentony, *By Any Means Necessary,* p.155.
50. *New York Times,* March 8, 1969. バンゼルを非難の的とした記事は、以下のものである。"Black Studies at San Francisco State," *Public Interest* 12 (Summer 1968): 22-38; John H. Bunzel, "War of the flea' at San Francisco State," *New York Times Magazine,* November 9, 1969, pp.28 ff.
51. Smith, Axen, and Pentony, *By Any Means Necessary,* pp. 320-24; Karagueuzian, *Blow It Up,* pp. 185, 190-196.
52. Allen P. Sindler, "A Case Study of a University's Pattern of Error" (Paper presented at the annual meeting of the American Political Science Association, New York City, September 1969).
53. Ernest Dunbar, "The Black Studies Thing," *New York Times Magazine,* April 6, 1969, pp. 60, 70.
54. *New York Times,* May 28, 1969.
55. Ibid.
56. *New York Times*, April 30, May 2, 1969.
57. *New York Times*, March 23, May 4, 1969; Louis Harris, *Philadelphia Inquirer*, April 3, 1969.
58. Sale, *SDS*, p. 550.
59. Ibid., chap. 24; 進歩労働党の一派については、以下の文献を参照のこと。Alan Adelson, *SDS* (New York: Charles Scribner's, 1972), pp. 225-48.
60. *New York Times*, April 25, 1970; John Taft, *Mayday at Yale: A Case Study in Student Radicalism* (Boulder, Colorado: Westview Press, 1976), pp.87, 102-3, 105, 116-17,119-20,124, 126, 161-162, 167.
61. メーデー集会に至る出来事ならびにその後の出来事についての説明は、以下の文献を参照のこと。Taft, *Mayday at Yale*; John Hersey, *Letter to the Alumni* (New York: Alfred A. Knopf, 1970); Robert Brustein, "When the Panther Came to Yale," *New York Times Magazine,* June 21, 1970, pp. 7ff.; ブルーシュタインとケネス・ケニストンとの書簡のやりとりも、ここに所収されている。July 12, 1970, pp. 2, 34-35; "And Now Yale ..." *Time*, May 4, 1970, p. 59; "Panther and Bulldog," *Newsweek*, May 4, 1970, p. 52; "Gentlemen Songsters Off

on a Spree," *Newsweek*, May 11, 1970, p.31; Paul Starr, "Black Panthers and White Radicals," *Commonweal*, June 12, 1970, pp. 294-97. パンサーを潰すための全米的な運動があったという主張に反論する論文は、以下を参照のこと。Edward Jay Epstein, "The Panthers and the Police: A Pattern of Genocide?" *New Yorker*, February 13, 1971, pp.45-77. ニューヘブンにおけるパンサーの裁判の余波については、以下の文献を参照のこと。*New York Times*, September 1, 1970; September 19, 1970; November 18, 1970; May 25, 1971.

62. *New York Times,* May 6, 1970.

63. *New York Times,* for the first two weeks in May; "May Day," *Newsweek*, May 11, 1970, pp.31-38; Sale, *SDS'*, p. 637-39; Astin et al., *Power of Protest*, p.39; James Michener, *Kent State: What Happened and Why* (New York: Random House, 1971); *Report of the President's Commission on Campus Unrest* (New York: Arno Press, 1970).

64. *New York Times,* May 9, 1970; Aaron Wildavsky, *The Revolt Against the Masses* (New York: Basic Books, 1971), pp.29-51.

65. H. ブルース・フランクリン教授の解雇については、以下の文献を参照のこと。Kenneth Lamott, "In the Matter of H. Bruce Franklin," *New York Times Magazine,* January 23, 1972, pp. 12-26; Herbert L. Packer, "Academic Freedom and the Franklin Case," *Commentary,* April 1972, pp. 78-84; Alan Dershowitz, *The Best Defense* (New York: Random House, 1982).

66. Robert Paul Wolff, *The Ideal of the University* (Boston: Beacon Press, 1969), p. 75.

67. Stanley Rothman and S. Robert Lichter, *Roots of Radicalism: Jews, Christians, and the New Left* (New York: Oxford University Press, 1982), p. 388.

68. Zbigniew Brzezinski, "Revolution and Counterrevolution (But Not Necessarily About Columbia!)," *New Republic,* June 1, 1968, pp.23-25; Bruno Bettelheim, "Obsolete Youth: Towards a Psychograph of Adolescent Rebellion," *Encounter* 33 (September 1969):37; Lewis Feuer, *The Conflict of Generations: The Character and Significance of Student Movements* (New York: Basic Books, 1969); C. Vann Woodward, "What Became of the 1960s?" *New Republic,* November 9, 1974, pp.18-28.

69. Gerald Rosenfield, "Generational Revolt and the Free Speech Movement (Part 2)," *Liberation*, January 1966, pp. 18-19; reprinted in Jacobs and Landau, *New Radicals*, p.215.

70. Maryl Levine and John Naisbitt, *Right On* (New York: Bantam, 1970), p. 70; Linda Rennie Forcey, "Personality in Politics: The Commitment of a Suicide" (Diss., State University of New York at Binghamton, 1978), p. 93; Paul Goodman, *The New Reformation: Notes of a Neolithic Conservative* (New York: Random House, 1970), p.152,

71. Lipset and Schaflander, *Passion and Politics*, pp. 45-61.

72. Richard Flacks, "The Liberated Generation: An Exploration of the Roots of Student Protest," *Journal of Social Issues* 23 (July 1967): 52-75; Kenneth Keniston, *Young Radicals: Notes on Committed Youth* (New York: Harcourt Brace Jovanovich, 1968); Kenneth Keniston, *Youth and Dissent* (New York: Harcourt Brace Jovanovich, 1971); Richard G. Braungart, "Youth

Movements," in *Handbook of Adolescent Psychology,* ed. Joseph Adelson (New York: John Wiley, 1980), pp. 560-97; James L. Wood, *The Sources of American Student Activism* (Lexington, Mass.: D.C. Heath, 1974). 青年の急進主義に関する膨大な文献の批評と包括的な再検討のためには、以下の文献を参照のこと。Rothman and Lichter, *Roots of Radicalism.*

73. Astin et al., *Power of Protest,* pp. 45, 180.
74. Ladd and Lipset, *Divided Academy,* pp. 207-9. 『コメンタリー』と『パブリック・インテレスト』は、「新保守主義」的な考え方の公開討論の場となり、キャンパスの無秩序を批判する多くの論文を掲載した。キャンパスにおけるマルクス主義を概観するには、以下の文献を参照のこと。Bertell Ollman and Edward Vernoff, eds., *The Left Academy: Marxist Scholarship on American Campuses* (New York: McGraw-Hill, 1981).
75. Robert Blackburn et al., *Changing Practices in Undergraduate Education* (Berkeley, California: Carnegie Council on Policy Studies in Higher Education, 1976), p. 34; Gerald Grant and David Riesman, *The Perpetual Dream: Reform and Experiment in the American College* (Chicago: University of Chicago Press, 1978), pp. 188-89; James Cass and Max Birnbaum, *Comparative Guide to American Colleges: 1968-1969 Edition* (New York: Harper & Row, 1968); James Cass and Max Birnbaum, *Comparative Guide to American Colleges: Sixth Edition* (New York: Harper & Row, 1973).
76. Lipset and Schaflander, *Passion and Politics,* p. 221.
77. Eugene D. Genovese, "Black Studies: Trouble Ahead," *Atlantic Monthly,* June 1969, p. 38.

【第7章 改革主義者、急進主義者、ロマン主義者】

1. Lawrence A. Cremin, *The Transformation of the School: Progressivism in American Education, 1876-1957* (New York: Alfred A. Knopf, 1961), p. 347; Hyman Rickover, *Education and Freedom* (New York: E. P. Dutton, 1959). スプートニクへの反応については、以下の文献を参照のこと。Kermit Lansner, ed., *Second-Rate Brains* (New York: Doubleday, 1958).
2. Barbara Barksdale Clowse, "Education as an Instrument of National Security: The Cold War Campaign to 'Beat the Russians' from Sputnik to the National Defense Education Act of 1958" (Diss., University of North Carolina at Chapel Hill, 1977), pp. 99-102 (published as *Brainpower for the Cold War: The Sputnik Crisis and the National Defense Education Act of 1958* [Westport, Conn.: Greenwood Press, 1981]).
3. Max Beberman, *An Emerging Program of Secondary School Mathematics* (Cambridge, Mass.: Harvard University Press. 1958), chapter 2, pp. 72-79.
4. Rockefeller Brothers Fund, The Pursuit of Excellence (New York: Doubleday, 1958).
5. James B. Conant, *The American High School Today* (New York: McGraw-Hill, 1959), pp. 15, 37-38; Carnegie Corporation of New York, *Fiftieth Annual Report and Annual Report for the Fiscal Year Ended September 30th, 1961* (New York: Carnegie Corporation, 1961), p.24; A. Harry Passow, *American Secondary Education: The Conant Influence* (Reston, Va.: National Association of Secondary School Principals, 1977); *New York Times,* February 13, 1978.

6. Paul M. Nachtigal, *A Foundation Goes to School: The Ford Foundation Comprehensive School Improvement Program,* 1960-1970 (New York: Ford Foundation, 1972).

7. Edward A. Krug, *The Secondary School Curriculum* (New York: Harper & Bros., 1960), pp. 258-59; President's Commission on Foreign Language and International Studies, *Strength Through Wisdom: A Critique of U.S. Capability* (Washington, D.C.: Government Printing Office, 1979).

8. National Science Foundation. *What Are the Needs in Precollege Science, Mathematics, and Social Science Education? Views from the Field* (Washington, D.C.: Government Printing Office, 1980), p. v.

9. Jerome Bruner, *The Process of Education* (Cambridge, Mass.: Harvard University Press, 1960), p. 33.（鈴木祥蔵・佐藤三郎訳『教育の過程』岩波書店、初版は1963年、1976年（第16刷）、42頁。）

10. Ronald Gross and Judith Murphy, eds., *The Revolution in the Schools* (New York: Harcourt, Brace & World, 1964), p. 1.

11. Don D. Bushnell, "Computers in Education," in Gross and Murphy, *Revolution in the Schools*, pp. 68-69; Jonathan King, "The New Schoolhouse," in Gross and Murphy, *Revolution in the Schools*, pp.128-36.

12. Margaret Mead, *American Sociological Review* 26 (June 1961): 504.

13. A. S. Neill, *Summerhill: A Radical Approach to Child Rearing* (New York: Hart, 1960), pp. 4, 25, 29（霜田静志訳『サマーヒル』誠信書房、初版は1962年、1968年、5頁、31-32頁）; "Introduction," *Summerhill: For and Against* (New York: Hart, 1970). ニイルの思想への批判的な評価については、以下の文献を参照のこと。Robin Barrow, *Radical Education: A Critique of Freeschooling and Deschooling* (New York: John Wiley, 1978).

14. Paul Goodman, *Compulsory Mis-Education* (New York: Vintage, 1964), pp. 22, 32-33, 55-57, 67, 126, 141.

15. Jonathan Kozol, *Death at an Early Age: The Destruction of the Hearts and Minds of Negro Children in the Boston Public Schools* (New York: Houghton Mifflin, 1967); Herbert Kohl, *36 Children* (New York: New American Library, 1967).

16. Nat Hentoff, *Our Children Are Dying* (New York: Viking Press, 1966); James Herndon, *The Way It Spozed To Be* (New York: Simon and Schuster, 1968); James Herndon, *How To Survive in Your Native Land* (New York: Simon and Schuster, 1971); George Dennison, *The Lives of Children: The Story of the First Street School* (New York: Random House, 1969); Steve Bhaerman and Joel Denker, *No Particular Place To Go: The Making of a Free High School* (Carbondale: Southern Illinois University Press, 1972, rev. ed., 1982); John Holt, *How Children Fail* (New York: Pitman, 1964)（吉田章宏監訳『子ども達はどうつまずくか』評論社、1981年); George B. Leonard, *Education and Ecstasy* (New York: Delta, 1968); Terry Borton, *Reach, Touch and Teach: Student Concerns and Process Education* (New York: McGraw-Hill, 1970).

17. Arthur R. Jensen, "How Much Can We Boost IQ and Scholastic Achievement?" *Harvard Educational Review* 39 (1969):1-123. 論文とそれへの反応は、以下の文献に所収されてい

る。*Environment, Heredity, and Intelligence* (Cambridge, Mass.: Harvard Educational Review, 1969). Westinghouse Learning Corporation, *The Impact of Head Start: An Evaluation of the Effects of Head Start on Children's Cognitive and Affective Development* (Washington, D.C.: Clearinghouse for Federal Scientific and Technical Information, June 1969).

18. Joseph Featherstone, "Schools for Children," *New Republic,* August 19, 1967, pp.17-21; idem, "How Children Learn," *New Republic,* September 2, 1967, pp. 17-21; idem, "Teaching Children to Think," *New Republic,* September 9, 1967, pp. 15-25.

19. Diane-Marie Hargrove Blinn, "Open Education: An Analysis of the Practical Purport, Historical Context, and Parent Doctrine of an Educational Slogan" (Diss., University of Chicago, 1981), p. 3; Ewald B. Nyquist and Gene R. Hawes, eds., *Open Education: A Sourcebook for Parents and Teachers* (New York: Bantam, 1972), p. 82; Beatrice and Ronald Gross, "A Little Bit of Chaos," *Saturday Review,* May 16, 1970, pp. 71-73, 84-85.

20. Blinn, "Open Education," pp. 258-60; Harold Howe, "Openness—the New Kick in Education" (New York: The Ford Foundation, 1972).

21. 1972年に連邦資金が乏しくなると、新学校は大学の教育学部に吸収され、教授学習センターになっていった。その活動は縮小されたが、オープン・エデュケーションとの関わりは依然として大きかった。Blinn, "Open Education," pp. 266-70; Vito Perrone and Warren Strandberg, "The New School," in Nyquist and Hawes, *Open Education: A Sourcebook,* pp. 275-91; Vito Perrone, *Open Education: Promise and Problems* (Bloomington, Ind: Phi Delta Kappa, 1972); Paul M. Nachtigal, *Improving Rural Schools* (Washington, D.C.: Government Printing Office, 1980), pp. 7-8.

22. Blinn, "Open Education," p. 165.

23. David Hawkins, *The Informed Vision* (New York: Agathon Press, 1974).

24. Blinn, "Open Education," interview with Hawkins, p. 242.

25. Blinn, "Open Education," pp. 333-34.

26. William Hull, "Elementary Science," internal memorandum, ESS, Newton, Massachusetts, September 1968, p. 1 (cited in Blinn, "Open Education," p. 243).

27. Nyquist and Hawes, *Open Education: A Sourcebook,* p. 392; Blinn, "Open Education," pp. 245-49.

28. Beatrice and Ronald Gross, "A Little Bit of Chaos," p. 84.

29. Charles Silberman, *Crisis in the Classroom* (New York: Random House, 1970).（山本正訳『教室の危機』サイマル出版会、1973年。）

30. Ibid., pp. 13, 21, 28.

31. Ibid., pp. 28-29.

32. Ibid., pp. 10, 11, 122, 152, 173, 207-8.

33. Ibid., pp. 324, 340-48.

34. Ewald B. Nyquist, "Open Education: Its Philosophy, Historical Perspectives, and

Implications," in Nyquist and Hawes, *Open Education: A Sourcebook*, p. 83; Howe, "Openness—the New Kick in Education."

35. Bernard Spodek, "Open Education: Romance or Liberation?" in *Studies in Open Education,* ed. Bernard Spodek and Herbert J. Walberg (New York: Agathon Press, 1975), pp. 3-8.
36. Charles H. Rathbone, "The Implicit Rationale of the Open Education Classroom," in *Open Education: The Informal Classroom,* ed. Charles H. Rathbone (New York: Citation Press, 1971), pp. 100, 104.
37. Ibid., pp. 106-7.
38. Roland S. Barth, "Teaching: The Way It Is/The Way It Could Be," *Grade Teacher,* January 1970, p. 101; idem, "When Children Enjoy School," *Childhood Education,* January 1970, pp. 195-200; idem. *Open Education and the American School* (New York: Agathon Press, 1972), pp. 7-48, 50.
39. Ibid., pp. 138, 139, 142, 156.
40. Charles Silberman, ed., *The Open Classroom Reader* (New York: Vintage Books, 1973), p. xvi.
41. 一般大衆の教育への態度に関するギャラップ調査の結果は、1969年以降、毎年9月に『ファイ・デルタ・カッパン』に発表された。
42. Ivan Illich, *Deschooling Society* (New York: Harper & Row, 1970), p. 72（東洋・小澤周三訳『脱学校の社会』東京創元社、初版は1977年、1989年、135頁）；フリースクール運動へのイリイチの批判は、以下の文献に引用されている。Allen Graubard, *Free the Children: Radical Reform and the Free School Movement* (New York: Pantheon Books, 1972), pp. 297-98.
43. Ann Swidler, *Organization Without Authority: Dilemmas of Social Control in Free Schools* (Cambridge, Mass: Harvard University Press, 1979), pp. 2-3; Graubard, *Free the Children*, p. 40.
44. Salli Rasberry and Robert Greenway, *Rasberry Exercises: How To Start Your Own School ... and Make a Book* (Freestone, California: Freestone, 1970), p. 37; Swidler, *Organization Without Authority*, p. 2-3.
45. William A. Firestone, "Ideology and Conflict in Parent-Run Free Schools," *Sociology of Education* 49 (1976): 169-75.
46. Robert R. Sutcliffe, "Hard Science in a Soft School," *Science Teacher,* September 1973, pp.30-32; Philip DeTurk and Robert Mackin, "Lions in the Park: An Alternative Meaning and Setting for Learning," *Phi Delta Kappan*, March 1973, pp.458-60; R. Bruce McPherson, Steven Daniels, and William P. Stewart, "Options for Students in Ann Arbor," *Phi Delta Kappan*, March 1973, pp.469-70; Richard St. Germain, Roger D. Carten, and James Meland, "Roseville Faces Disaffection with Alternative High Schools," *Phi Delta Kappan*, May 1975, p.637.
47. Rita M. Hymes and Franklin O. Bullock, "Alternative Schools: Answer to the Gifted Child's Boredom," *The Gifted Child Quarterly* 19 (1974): 340-45; Gene I. Maeroff, "The Traditional School: Keep It Among the Alternatives," *Phi Delta Kappan,* March 1973, pp. 473-75; Frederick

S. Bock and Wanda Gomula, "A Conservative Community Forms an Alternative High School," *Phi Delta Kappan*, March 1973, pp. 471-72; Philip G. Jones, "All About Those New 'Fundamental' Public Schools, What They're Promising, and Why They're Catching on," *American School Board Journal*, February 1976, pp.24-31; Shirley Boes Neil, "Pasadena's Approach to the Classic School Debate," *American Education*, April 1976, pp.6-10; Community High School, "Course Guide: Community Resource Program" (Ann Arbor, Michigan: Ann Arbor Public Schools, September 1982); Hunter O. Brooks and Paula R. Barker, "Alternative Schools in a Traditional Setting," *Social Education*, November 1973, pp.650-51; Fred M. Hechinger, "The All-New 'Law and Order' Classroom," *Saturday Review*, May 3, 1975, pp. 40-41; *Phi Delta Kappan* special issue on alternative schools, April 1981.

48. Jerome De Bruin, "A Descriptive Analysis of Experiences of Five First-Year Teachers Attempting Open Education," in Spodek and Walberg, *Studies in Open Education*, p. 214.

49. Joseph Featherstone, "Tempering a Fad," *New Republic*, September 25, 1971, pp. 17-21; Joseph Featherstone, foreword to Roland S. Barth, *Open Education and the American School*, p. x; Roland S. Barth, "Should We Forget about Open Education?" *Saturday Review World*, November 6, 1973. pp. 58-59; idem, "Beyond Open Education,"; *Phi Delta Kappan*, February 1977, pp. 489ff.; Donald A. Myers, "Why Open Education Died," *Journal of Research and Development in Education* 8 (1974):62-63; Donald A. Myers and Daniel L. Duke, "Open Education as an Ideology," *Educational Research* 19 (June 1977): 227-35.

50. Blinn, "Open Education," pp. 444-46; "Back to Basics in the Schools," *Newsweek*, October 21, 1974, pp. 87-95.

51. Neville Bennett, *Teaching Styles and Pupil Progress* (London: Open Books, 1976), pp. 43, 149; British Department of Education and Science, *Primary Education in England: A Survey by HM Inspectors of Schools* (London: Her Majesty's Stationery Office, 1978), pp. 26-27; British Department of Education and Science, *Education 5 to 9: An Illustrative Survey of 80 First Schools in England* (London: Her Majesty's Stationery Office, 1982), pp. 48-49.

52. Brian Simon, "The Primary School Revolution: Myth or Reality?" in *Research and Practice in the Primary Classroom,* ed. Brian Simon and John Willcocks (London: Routledge & Kegan Paul, 1981), pp. 23-24; Maurice Galton and Brian Simon, eds., *Progress and Performance in the Primary Classroom* (London: Routledge & Kegan Paul, 1980), pp.33-35, and Neville Bennett et al., *Open Plan Schools* (London: NFER Publishing, 1980).

53. Peter W. Greenwood, Dale Mann, and Milbrey Wallin McLaughlin, *Federal Programs Supporting Educational Change, III*: "The Process of Change" (Santa Monica, Calif.: Rand Corporation 1975), p. 1.

54. Greenwood, Mann, and McLaughlin, *Federal Programs Supporting Educational Change,* pp. 1, 13-14; Malcolm M. Provus, *The Grand Experiment: The Life and Death of the TTT Program as Seen Through the Eyes of Its Evaluators* (Berkeley, Calif.: McCutchan, 1975), p. 146. 教師団について

の研究は、以下の文献を参照のこと。Ronald G. Corwin, *Reform and Organizational Survival: The Teacher Corps as an Instrument of Educational Change* (New York: John Wiley, 1973). 教員養成の指導者のためのプログラムの検討については、以下の文献を参照のこと。Donald N. Bigelow, ed., *Schoolworlds '76: New Directions for Educational Policy* (Berkeley: McCutchan, 1976), pp. vii-xviii, 287-303.

55. *New York Times*, March 4, 1970; Robert E. Herriott and Neal Gross, eds., *The Dynamics of Planned Educational Change: Case Studies and Analyses* (Berkeley, Calif.: McCutchan, 1979), p. 51.

56. U.S. Office of Education, *Experimental Schools Program, 1971. Experimental Schools Projects: Three Educational Plans* (Washington, D.C.: Government Printing Office, 1972), pp. 149-50.

57. 連邦資金の援助を受けたこれらの三つの学区については、上掲書を参照のこと。バークレーのプログラムについては、以下の文献を参照のこと。Diane Divoky, "Berkeley's Experimental Schools," *Saturday Review*, September 16, 1972, pp. 44-50; Francisco Hernandez, "Casa de la Raza—An Alternative School for Chicano Students," in *Alternative Schools: Ideologies, Realities, Guidelines,* ed. Terrence E. Deal and Robert R. Nolan (Chicago: Nelson Hall, 1978), pp. 191-8; バークレーの学校の外部評価については、以下の文献を参照のこと。Institute for Scientific Analysis, "Educational R & D and the Case of Berkeley's Experimental Schools," a report submitted to the National Institute of Education, November 1976; バークレー、フランクリン・ピアス、ミネアポリスのプロジェクトに関する詳細な検討は、以下の文献を参照のこと。Louise Frankel Stoll, "The Price of a Gift: The Impact of Federal Funds on the Political and Economic Life of School Districts" (Diss., University of California at Berkeley), 1978.

58. Nachtigal, *Improving Rural Schools*, p. 11; Paul M. Nachtigal, ed., *Rural Education: In Search of a Better Way* (Boulder, Colo.: Westview Press, 1982); ESPの概要とその他の田舎の学区の評価については、以下の文献を参照のこと。Herriott and Gross, *Dynamics of Planned Educational Change.*

59. Peter Cowden and David K. Cohen, "Divergent Worlds of Practice: The Federal Reform of Local Schools in the Experimental Schools Program," unpublished study prepared for the National Institute of Education, 1979, pp. 16, 29.

60. Ibid., p. 21.

61. Suzanne Kay Quick, "Secondary Impacts of the Curriculum Reform Movement: A Longitudinal Study of the Incorporation of Innovations of the Curriculum Reform Movement into Commercially Developed Curriculum Programs" (Diss., Stanford University, 1977).

62. Bruce R. Vogeli, "The Rise and Fall of the 'New Math' " (Address delivered at Teachers College, Columbia University, February 5, 1976), pp. 4, 17.

63. Morris Kline, *Why Johnny Can't Add: The Failure of the New Math* (New York: St. Martin's Press, 1973); Seymour B. Sarason, *The Culture of the School and the Problem of Change,* 2nd ed. (Boston: Allyn & Bacon, 1982), chap. 4; Marilyn N. Suydam and Alan Osborne, *The Status of*

Precollege Science, Mathematics, and Social Science Education: 1955-1975, vol. 2, *Mathematics Education* (Washington, D.C.: Government Printing Office, 1978), p. 32; Iris Weiss, *Report of the 1977 National Survey of Science, Mathematics, and Social Studies Education* (Research Triangle Park, N. C.: Research Triangle Institute, 1978), p. 79; James T. Fey, "Mathematics Teaching Today: Perspectives from Three National Surveys," in *What Are the Needs in Precollege Science, Mathematics, and Social Science Education?* p. 25.

64. *The Status of Precollege Science, Mathematics, and Social Science Education: 1955-1975: An Overview and Summary of Three Studies* (Washington, D.C.: Government Printing Office, 1978), p. 8; Hazel Whitman Hertzberg, *Social Studies Reform, 1880-1980* (Boulder, Colo.: Social Science Education Consortium, 1981), pp. 155-57.

65. James P. Shaver, O. L. Davis, and Suzanne M. Helburn, "An Interpretive Report on the Status of Precollege Social Studies Education Based on Three NSF-Funded Studies," in *What Are the Needs in Precollege Science, Mathematics, and Social Science Education?* pp. 6-12.

66. Peter B. Dow, "Innovation's Perils: An Account of the Origins, Development, Implementation, and Public Reaction to *Man: A Course of Study*" (Diss., Harvard University, 1979), pp. 181,374,464; Karen B. Wiley, "The NSF Science Education Controversy: Issues, Events, Decisions" (Boulder, Colo.: Social Science Education Consortium, 1976).

67. Karen B. Wiley and Jeanne Race, *The Status of Precollege Science, Mathematics, and Social Science Education: 1955-1975,* vol. 3, *Social Science Education.* (Boulder, Colo.: Social Science Education Consortium, 1977), pp. 299-312; Christopher Dede and Joy Hardin, "Reforms, Revisions, Reexaminations: Secondary Science Education Since World War II," *Science Education* 57 (1973):485-91.

【第8章　教育をめぐる新たなかけひき】

1. Philip Gleason, "American Identity and Americanization," in *Harvard Encyclopedia of American Ethnic Groups,* ed. Stephan Thernstrom (Cambridge, Mass: Harvard University Press, 1980), p. 55.

2. U.S. Congress, Senate, Committee on Labor and Public Welfare, Special Subcommittee on Bilingual Education, *Bilingual Education,* 90th Cong., 1st sess., 1967, pp. 4-6, 21, 35, 37, 424.

3. Ibid., p.43.

4. Ibid., pp. 62, 69-70, 74-8.

5. Ibid., pp. 215-17.

6. Ibid., p. 218; Bilingual Education Act of 1968, Title VII of the Elementary and Secondary Education Act of 1965 (P.L. 90-247).

7. J. Stanley Pottinger, "Memorandum to School Districts With More Than Five Percent National Origin-Minority Group Children," Department of Health, Education, and Welfare, Office for Civil Rights, May 25, 1970.

8. *Lau v. Nichols*, 414 U.S. 563 (1974).
9. U.S. Congress, House, Subcommittee on Elementary, Secondary, and Vocational Education of the Committee on Education and Labor, *Bilingual Education,* 95th Cong., 1st sess., 1977, "Statement of Lloyd R. Henderson, Office for Civil Rights," p. 126; U.S. Department of Health, Education, and Welfare, "Task Force Findings Specifying Remedies Available for Eliminating Past Educational Practices Ruled Unlawful Under *Lau v. Nichols*," Washington, D.C., Summer 1975; Iris Rotberg, "Some Legal and Research Considerations in Establishing Federal Policy in Bilingual Education," *Harvard Educational Review* 52 (May 1982): 148-68.
10. U.S. Congress, House, General Subcommittee on Education of the Committee on Education and Labor, *Bilingual Education Act,* 93rd Cong., 2nd sess., 1974, pp. 38-41, 188.
11. Ibid., pp. 113, 203.
12. Ibid., pp. 314-15.
13. Bilingual Education Act of 1974 (P.L. 93-380).
14. U.S. Congress, House, Subcommittee on Elementary, Secondary, and Vocational Education of the Committee on Education and Labor, *Bilingual Education,* 95th Cong., 1st sess., 1977, pp. 47, 71-81, 99.
15. Ibid., pp. 335-36.
16. Ibid., pp. 141-46; Malcolm N. Danoff, "Evaluation of the Impact of ESEA Title VII Spanish/English Bilingual Education Programs" (Palo Alto, Calif.: American Institutes for Research, 1978).
17. *Bilingual Education*, 1977, pp. 63, 142-43.
18. Danoff, "Evaluation"; *Bilingual Education*, 1977, pp. 143-44.
19. *Bilingual Education,* 1977, p. 69.
20. Abigail M. Thernstrom, "E Pluribus Plura—Congress and Bilingual Education," *Public Interest* 60 (Summer 1980):16.
21. The Bilingual Education Act of 1978 (P.L. 95-561).
22. Federal Register, August 5, 1980; *Washington Post,* April 24, 1982; *Washington Post*, February 12, 1982.
23. Rotberg, "Some Legal and Research Considerations," pp. 164,154-56; ロットバーグによって引用された国際的な調査結果は、以下の文献に拠る。Christina Bratt Paulston, "Bilingual/Bicultural Education," in *Review of Research in Education,* ed. Lee S. Shulman (Itasca, Ill.: Peacock, 1978), p. 187.
24. *Education Week,* June 16, 1982, p. 14; *School Lawyer,* May 11, 1981, p. 1.
25. 公教育に関するギャラップ調査によると、82％の者が英語を話せない子どもは英語を学ぶべきであると答えていた。("Twelfth Annual Gallup Poll of the Public's Attitudes Toward the Public Schools," *Phi Delta Kappan,* September 1980, p. 44); Seymour Martin Lipset and William Schneider, "An Emerging National Consensus," *The New Republic,* October 15,

1977, p. 8-9; Seymour Martin Lipset and William Schneider, "The Bakke Case: How Would It Be Decided at the Bar of Public Opinion?" *Public Opinion*, March/April 1978, pp. 38-44.
26. W. Vance Grant and Leo J. Eiden, *Digest of Education Statistics,* (Washington, D.C.: Government Printing Office 1980), p. 16; U.S. Bureau of the Census, Current Population Reports, 1977 "School Enrollment—Social and Economic Characteristics of Students," p. 8; Richard B. Freeman, *Black Elite: The New Market for Highly Educated Black Americans* (New York: McGraw-Hill, 1976), chaps. 1 and 2.
27. The Civil Rights Act of 1964 (P.L. 33-352), Title IV, Section 401b, Section 407a; Title VI; Title VII, Section 703j.
28. Harold H. Howe, II, "The Time is Now," *Saturday Review*, July 16, 1966, p. 57.
29. Title 41, C.F.R., 60-1.40.
30. J. Stanley Pottinger, "The Drive Toward Equality," *Change*, October 1972, pp. 24, 26-29; Nathan Glazer, *Affirmative Discrimination: Ethnic Inequality and Public Policy* (New York: Basic Books, 1975), pp. 46-49.
31. Richard A. Lester, *Antibias Regulation of Universities: Faculty Problems and Their Solutions* (New York: McGraw-Hill, 1974), pp. 5-6.
32. 積極的差別是正措置政策への批判については、以下の文献を参照のこと。Glazer, *Affirmative Discrimination; for an extensive bibliography of articles and books about affirmative action*; Kathryn Swanson, *Affirmative Action and Preferential Admissions in Higher Education: An Annotated Bibliography* (Metuchen, N.J.: Scarecrow Press, 1981).
33. Lester, *Antibias Regulation,* pp. 113-14.
34. *Marco Defunis v. Charles Odegaard,* 416 U.S. 312.
35. デフュニスとバッキ事件に関する最も優れた著書は、以下のものである。Allan P. Sindler, *Bakke, DeFunis, and Minority Admissions: The Quest for Equal Opportunity* (New York: Longman, 1978).
36. *Bakke v. University of California,* 132 Cal. Rptr. 680, 553 P.2d 1152 (1976); Sindler, *Bakke, DeFunis, and Minority Admissions*, pp. 105, 226-27.
37. Sindler, *Bakke, DeFunis, and Minority Admissions,* pp. 236-37.
38. McGeorge Bundy, "The Issue Before the Court: Who Gets Ahead in America?" *Atlantic Monthly,* November 1977, pp. 41-54.
39. Archibald Cox, *Harvard College Amicus Curiae, DeFunis v. Odegaard*, reprinted in *Reverse Discrimination*, ed. Barry R. Gross (Buffalo, N.Y.: Prometheus Books, 1977); コックスの文書は、バッキ事件の弁論趣意書と同様に、問題をてきぱきと処理していた。
40. *Brown v. Board of Education,* Brief for Appellants, October 1952, pp. 5, 67, 79; Brief of the NAACP Legal Defense and Educational Fund, Inc., as Amicus Curiae, October 1976, in *University of California Regents v. Bakke*, 438 U.S. 265 (1978).
41. J. Harvie Wilkinson, *From Brown to Bakke: The Supreme Court and School Integration, 1954-1978*

(New York: Oxford University Press, 1979), pp. 298-99; Sindler, *Bakke, DeFunis, and Minority Admissions,* p. 292.

42. *University of California Regents v. Bakke,* 438 U.S. 265 (1978).
43. Alexander M. Bickel, *The Morality of Consent* (New Haven, Conn.: Yale University Press, 1975), p. 133.
44. Terry Eastland and William J. Bennett, *Counting by Race: Equality from the Founding Fathers to Bakke* (New York: Basic Books, 1979), pp. 173-76.
45. Eastland and Bennett, *Counting by Race,* pp. 173-74; Federal Register, Vol. 44, No. 14, January 19, 1979, p. 4423; Statement by the United States Commission on Civil Rights on Affirmative Action, July 1, 1978, reprinted in U.S. Commission on Civil Rights, *Toward an Understanding of Bakke* (Washington, D.C.: Government Printing Office, 1979).
46. U.S. Commission on Civil Rights. *Affirmative Action in the 1980s: Dismantling the Process of Discrimination* (Washington, D.C.: Government Printing Office, 1981), p.40.
47. National Center for Education Statistics, *The Condition of Education, 1979* (Washington, D.C.: Government Printing Office, 1979), pp.214-15; Richard B. Freeman, *Black Elite: The New Market for Highly Educated Black Americans* (New York: McGraw-Hill, 1976), pp.53-56; telephone interview, Loretta Conley, Equal Employment Opportunity Commission, Survey Division (EEO-6 Report), February 28, 1983.
48. George Gallup Organization, poll taken December 5-December 7, 1980.
49. Maren Lockwood Carden, *The New Feminist Movement* (New York: Russell Sage, 1974), pp. 85-99.
50. Ibid., pp. 104, 115.
51. Ibid., pp. 201-17.
52. Ibid., p. 19.
53. Catherine R. Stimpson, ed., *Discrimination Against Women: Congressional Hearings on Equal Rights in Education and Employment* (New York: R.R. Bowker, 1973), p. 61.
54. Ibid., pp. 22, 26, 28, 47-50, 61.
55. 第9章（P.L. 92-318）は1972年修正法の一部である。
56. Pamela Roby, "Institutional Barriers to Women Students in Higher Education," in *Academic Women on the Move,* ed. Alice S. Rossi and Ann Calderwood (New York: Russell Sage, 1973), p. 40; Richard A. Easterlin, *Birth and Fortune: The Impact of Numbers on Personal Welfare* (New York: Basic Books, 1980), pp. 37-70. 1970年における女性の学部教員の割合は文献によって異なっている。たとえば、Pamela Roby, "Women and Higher Education," *Annals of the American Academy of Political and Social Science* 404 (1972):118-39, には、1950年から1970年までは、高等教育における学部教員の22％が女性であることを示す棒グラフが所収されている。しかしながら、the Carnegie Commission on Higher Education, *Opportunities for Women in Higher Education: Their Current Participation, Prospects for the Future, and Recommendations*

for Action (New York: McGraw-Hill, 1973), p. 111, は、全米教育協会によって提供されたデータを用いて、19%という数字を提示している。以下の文献も参照のこと。Patricia Albjerg Graham, "Women in Academe," *Science,* September 25, 1970, pp. 1284-90.

57. U.S. Bureau of the Census, *Social Indicators III* (Washington, D.C.: Government Printing Office, 1980), chap. 1, pp. 1-7; Easterlin, *Birth and Fortune*, pp. 60-70.
58. U.S. Congress, Senate, Subcommittee on Education of the Committee on Labor and Public Welfare, *Women's Educational Equity Act of 1973,* 93rd Cong., 2nd sess., 1973, pp. 393-96. Saul D. Feldman, *Escape from the Doll's House: Women in Graduate and Professional School Education* (New York: McGraw Hill, 1974); Jessie Bernard, *Academic Women* (University Park: Pennsylvania State University, 1964); Margaret Gordon and Clark Kerr, "University Behavior and Policies: Where Are the Women and Why?" in *The Higher Education of Women: Essays in Honor of Rosemary Park,* ed. Helen S. Astin and Werner Z. Hirsch (New York: Praeger, 1978), pp. 113-32.
59. *Women's Educational Equity Act,* p. 236.
60. Ibid., pp. 21, 24, 29, 34, 38.
61. Ibid., p. 71.
62. Ibid., pp. 237, 275-84; Federal Register, Vol. 40, No. 108, June 4, 1975, CFR 86.42.
63. *Women's Educational Equity Act,* p. 52.
64. Everett Groseclode, "Sexism and Schools—Feminists and Others Now Attack Sex Bias in Nation's Classrooms," *Wall Street Journal,* October 9,1973, reprinted in *Women's Educational Equity Act* hearings, pp. 296-98. A sampling from the professional journals: John W. McLure and Gail T. McLure, "Cinderella Grows Up: Sex Stereotyping in the Schools," *Educational Leadership,* October 1972, pp. 31-33; Carole L. Hahn, "Eliminating Sexism from the Schools: An Application of Planned Change," *Social Education*, March 1975, pp. 133-36; Kathryn P. Scott, "Sexist and Nonsexist Materials: What Impact Do They Have?" *Elementary School Journal,* September 1980, pp. 46-52; Women on Words and Images, *Dick and Jane as Victims: Sex Stereotyping in Children's Readers* (Princeton, N.J.: Women on Words and Images, 1972); Linda Oliver, "Women in Aprons: The Female Stereotype in Children's Readers," *Elementary School Journal,* February 1974, pp.253-59; Carol Kehr Tittle, "Women and Educational Testing," *Phi Delta Kappan,* October 1973, pp.118-19; Janice Law Trecker, "Sex Stereotyping in the Secondary School Curriculum," *Phi Delta Kappan,* October 1973, pp.110-12; Betty Levy and Judith Stacey, "Sexism in the Elementary School: A Backward and Forward Look," *Phi Delta Kappan,* October 1973, pp.105-9, 123; Richard W. O'Donnell, "Sex Bias in Primary Social Studies Textbooks," *Educational Leadership,* November 1973, pp. 137-141.
65. ハイスクールとカレッジにおける男女の成績の比較については、以下の文献を参照のこと。Carnegie Commission on Higher Education, *Opportunities for Women in Higher Education: Their Current Participation, Prospects for the Future, and Recommendations for Action* (New York: McGraw-Hill, 1973), p. 49-50; Terry N. Saario, Carol Nagy Jacklin, and Carol Kehr Tittle,

"Sex Role Stereotyping in the Public Schools," *Harvard Educational Review* 43 (August 1973): 386-416. 性別役割の定型的な考え方に関するフェミニストの見解への反論は、以下の文献を参照のこと。Vivian Paley, "Is the Doll Corner a Sexist Institution?" *School Review* 81 (August 1973): 569-76; Bruno Bettelheim, "Some Further Thoughts on the Doll Corner," *School Review* 83 (February 1975): 363-68. 女性のホワイトカラー労働者の数については、以下の文献を参照のこと。Roby, "Women and American Higher Education," table 1.

66. "APA Task Force on Issues of Sexual Bias in Graduate Education: Guidelines for Nonsexist Use of Language," *American Psychologist* 30 (June 1975): 682-84; American Psychological Association, "Guidelines for Nonsexist Language in APA Journals," Publication Manual, Change Sheet 2, June 1977; Harper & Row, "Harper & Row Guidelines on Equal Treatment of the Sexes in Textbooks," 1976; Holt, Rinehart & Winston, "The Treatment of Sex Roles and Minorities," 1976; McGraw-Hill, "Guidelines for Equal Treatment of the Sexes in McGraw-Hill Book Company Publications," n.d.; Prentice-Hall, "Prentice-Hall Author's Guide," 5th ed., 1975; Random House, "Guidelines for Multiethnic/Nonsexist Survey," 1975; Scott, Foresman, "Guidelines for Improving the Image of Women in Textbooks," 1974; John Wiley & Sons, "Wiley Guidelines on Sexism in Language," 1977; National Council of Teachers of English, "Guidelines for Nonsexist Use of Language in NCTE Publications," 1975.

67. Project on the Status and Education of Women (PSEW), "On Campus with Women," November 1974, pp. 3-4; March 1978, p. 1.

68. John H. Bunzel, "The Case of the Jailed Georgia Professor: Let's Cut Through the Intellectual Smog," *Chronicle of Higher Education*, January 12, 1981, p. 96. PSEW, "On Campus with Women," May 1975, p. 2; October 1977, p. 4; Spring 1980, p. 7; Spring 1981, p. 8; Spring 1980, p. 3; Summer 1982, pp. 3-4; Fall 1981, p. 1; May 1975, p. 2; April 1976, p. 2; Spring 1981, pp. 7-8; Winter 1981, p. 5; Spring 1979, p. 8.

69. Lester, *Antibias Regulation*, p. 9. ペンシルベニア州のグローブ・シティ・カレッジは、第9章の遵守への署名を拒否した高等教育機関の一つである。第三巡回裁判区の連邦控訴裁判所は、連邦の貸付金や奨学金を受け取っている学生を抱える私立の教育機関は、たとえその機関そのものは連邦資金を直接受け取っていなくても、性差別を禁止している第9章に従うべきであると裁定した。1983年2月22日、連邦最高裁は、第三巡回裁判区の裁定からグローブ・シティ・カレッジの主張を審理することに同意した。(*New York Times*, August 20, 1982; February 23, 1983.) 第三巡回裁判区の裁定に応えて、経済学者のミルトン・フリードマンは、「町かどの食料雑貨店もスーパーマーケットのA＆Pも、社会保障の小切手を受け取っている顧客が何人かはいるので、連邦資金を受け取っている機関である」、と述べていた。(Ronald A. Wolk, "The Entangling Web: Federal Regulations of Colleges and Universities")[Washington, D.C.: Editorial Projects for Education, Inc., 1979], p. 3.

70. *Sweezy v. New Hampshire*, 354 U.S. 234, 263 (1957).

71. Martha P. Rogers, "The Role of the Equal Employment Opportunity Commission in Higher Education" (Speech to the American Council on Education, Miami Beach, Florida, October 5, 1972); Bernice Sandler, "Affirmative Action on the Campus: Like It or Not, Uncle Sam is Here to Stay" (Speech to the American Council on Education, Miami Beach, Florida, October 5, 1972).
72. Edith Green, "The Road Is Paved with Good Intentions: Title IX and What It Is Not," *Vital Speeches*, February 15, 1977, p. 300.
73. PSEW, "On Campus with Women," Summer/Fall 1979, p. 1; Spring 1979, p. 4; Winter 1980, p. 12; Spring 1980, p. 12; Spring 1981, p. 5; Summer 1982, p. 3; Equal Employment Opportunity Commission, Management Directive EEO-MD 704, September 23, 1980.
74. PSEW, "On Campus with Women," Spring 1980, p. 9; Summer 1982, p. 5; *New York Times*, November 15, 1982; U.S. Department of Labor, *Perspectives on Working Women: A Databook* (Washington, D.C.: Government Printing Office, 1980), pp. 10-11; information about proportion of full professors obtained by telephone interview with W. Vance Grant, information specialist, National Center for Education Statistics, Washington, D.C., February 25, 1983.
75. National Center for Education Statistics, *The Condition of Education* (Washington, D.C.: Government Printing Office, 1979), pp. 232-33; Easterlin, *Birth and Fortune*, pp. 10-13; PSEW, "On Campus with Women," Winter 1980, p. 13.
76. "U.S. Aide's Monitoring of Lectures Stirs Coast Dispute," *New York Times*, January 24, 1980.
77. 連邦議会は、「今日、アメリカ合衆国には800万人以上の障害児がいる……ということを見出した」。"Statement of Findings and Purpose" in P.L. 94-142, the Education for All Handicapped Children Act of 1975.
78. 障害者を支援するための政治的活動の成功例については、以下の文献を参照のこと。Erwin L. Levine and Elizabeth M. Wexler, *P.L. 94-142: An Act of Congress* (New York: Macmillan, 1981).
79. Levine and Wexler, *P.L. 94-142*, pp. 38-41; *Pennsylvania Association for Retarded Children v. Commonwealth of Pennsylvania*, 334 F. Supp. 1257 (E.D. Pa. 1971); *Mills v. Board of Education*, 348 F. Supp. 866 (D.D.C. 1972).
80. Levine and Wexler, *P.L. 94-142*, p. 113; Reed Martin, *Educating Handicapped Children: The Legal Mandate* (Champaign, Ill.: Research Press, 1979), p. 19.
81. 「鉄の三角形」と障害者のための圧力団体については、以下の文献を参照のこと。Levine and Wexler, *P.L. 94-142*, p. 53.
82. John C. Pittenger and Peter Kuriloff, "Educating the Handicapped: Reforming a Radical Law," *Public Interest* 66 (Winter 1982): 73; P.L. 94-142.
83. Levine and Wexler, *P.L. 94-142*, pp. 188-89; Gene I. Maeroff, *Don't Blame the Kids: The Trouble with America's Public Schools* (New York: McGraw-Hill, 1982), pp. 15-21.

84. H. Rutherford Turnbull and Ann Turnbull, *Free Appropriate Public Education: Law and Implementation* (Denver, Colo.: Love Publishing, 1978), pp. 137-70; Marjorie Wilson, *Mainstreaming* (Washington, D.C.: National Education Association, 1977); Levine and Wexler, *P.L. 94-142*, pp. 139-40, 154-55.
85. Southeastern Community College v. Davis, 442 U.S. 397; *New York Times,* June 12, 1979; *Board of Education v. Rowley,* 102, S. Ct. 3034 (1982); *New York Times,* June 29, 1982.
86. National Center for Education Statistics, *The Condition of Education,* 1981 (Washington, D.C.: Government Printing Office 1981), pp. 264-80.
87. Committee on CCCC Language Statement, "Students' Right to Their Own Language," *College English,* February 1975, pp. 709-26. 宣言は、「生徒自身の言語の型や多様性への権利、つまり、生まれ育ったところの方言、自分自身のアイデンティティや好みを見出すことができるようなあらゆる方言……」を支持した。また、「特定の方言を容認できないとする主張は、特定の社会集団が他の社会集団を支配しようとする試みに至る」とも述べていた。
88. Report of the Advisory Panel on the Scholastic Aptitude Test Score Decline, *On Further Examination* (New York: College Entrance Examination Board, 1977), p. 27.
89. Arthur E. Wise, *Legislated Learning: The Bureaucratization of the American Classroom* (Berkeley and Los Angeles: University of California Press, 1979), p. 2; Family Rights and Privacy Act of 1974.
90. Wise, *Legislated Learning,* p. 2, 151; *Goss v. Lopez,* 419 U.S. 565 (1975); *Martin Luther King Jr. Elementary School Children, Et Al., v. Ann Arbor School District Board* (473 Fed. Supp., 1372-1391); Nathan Glazer, "Black English and Reluctant Judges," *Public Interest* 62 (Winter 1981): 40-54; *Larry P. v. Wilson Riles,* 495 F. Supp. 1926 (N.D. Calif., 1979); Nathan Glazer, "IQ on Trial," *Commentary,* June 1981, pp. 51-59; *Armstrong v. Kline,* 629 F. 2d 269 (1980); *New York Times,* May 17, 1982; *New York Times,* June 10, 1982; *Peter Doe v. San Francisco Unified School District* (California Superior Court, Docket No. 653-312); *New York Times,* February 20, 1977.
91. *San Antonio Independent School District v. Rodriguez* (411 US 1, 1973); *New York Times,* June 24, 1982; Betsy Levin, "State School Finance Reform: Court Mandate or Legislative Action?" (Washington, D.C.: National Conference of State Legislatures, July 1977); Arthur E. Wise, *Rich Schools, Poor Schools: The Promise of Equal Educational Opportunity* (Chicago: University of Chicago Press, 1968); Allan Odden, *School Finance Reform in the States: 1978* (Denver, Colo.: Education Commission of the States, 1978); John E. Coons, William H. Clune, III, and Stephen D. Sugarman, *Private Wealth and Public Schooling* (Cambridge, Mass.: Harvard University Press, 1970).
92. Myron Lieberman, *Public-Sector Bargaining: A Policy Reappraisal* (Lexington, Mass.: D.C. Heath, 1980), p. 5; Alan Rosenthal, *Pedagogues and Power: Teacher Groups in School Politics* (Syracuse, N.Y.: Syracuse University Press, 1969), pp. 13-15. Susan Moore Johnson, *Teacher Unions and the Schools* (Cambridge, Mass.: Institute for Educational Policy Studies, Harvard University, 1982), p. 2;

Lorraine McDonnell and Anthony Pascal, *Organized Teachers in American Schools* (Santa Monica, Calif.: Rand Corporation, 1979).

93. Lieberman, *Public-Sector Bargaining,* pp. 8-9, 160; Rosenthal, *Pedagogues and Power,* p. 6; Myron Lieberman, "Eggs That I Have Laid," *Phi Delta Kappan,* February 1979, pp. 415-18; Terry Herndon, "The Case for Collective Bargaining Statutes," *Phi Delta Kappan,* May 1979, pp. 651-52; Albert Shanker, "A Reply to Myron Lieberman," *Phi Delta Kappan,* May 1979, pp. 652-54.
94. Johnson, *Teacher Unions and the Schools,* pp. 14-15.
95. 1980年の民主党大会において、NEA はどの州やどの団体よりも多くの代議員を選出した。Stanley M. Elam, "The National Education Association: Political Powerhouse or Paper Tiger?" *Phi Delta Kappan,* November 1981, p. 169.
96. *New York Times*, February 21, 1980; George W. Angell, ed., *Faculty and Teacher Bargaining: The Impact of Unions on Education* (Lexington, Mass.: D.C. Heath, 1981).
97. Wise, *Legislated Learning,* pp. 18, 24-27, 38-40, 110-11.
98. Gallup polls, published annually from 1974 to 1980 in September issues of *Phi Delta Kappan.*
99. Wise, *Legislated Learning.*
100. J. Myron Atkin, "The Government in the Classroom," *Daedalus* 109 (1980): 85-97.
101. James S. Coleman, *The Asymmetric Society* (Syracuse, N.Y.: Syracuse University Press, 1982), pp. 16-19.
102. *New York Times,* October 19, 1980; Wolk, "The Entangling Web," p. 3; Derek C. Bok, "The Federal Government and the University," *Public Interest* 58 (Winter 1980): 96-101.
103. National Center for Education Statistics, *Digest of Education Statistics, 1980* (Washington. D.C.: Government Printing Office, 1980), pp. 187-88.

【おわりに——1945年から1980年まで】

1. U.S. Congress, House, Committee on Education and Labor, *Public School Assistance Act of 1949,* 81st Cong., 1st sess., 1949, p. 1.
2. National Center for Education Statistics, *The Condition of Education, 1982* (Washington, D.C.: Government Printing Office, 1982), p. 164; Lawrence E. Gladieux and Thomas R. Wolanin, *Congress and the Colleges: The National Politics of Higher Education* (Lexington, Mass.: D.C. Heath, 1976).
3. National Center for Education Statistics, *Digest of Education Statistics, 1981* (Washington, D.C: Government Printing Office, 1981), pp. 16-17; U.S. Department of Commerce, Bureau of the Census, *Social and Economic Status of the Black Population in the United States, 1974* (Washington, D.C: Government Printing Office, 1975), p. 91; National Center for Education Statistics, *The Condition of Education, 1982* (Washington, D.C: Government Printing Office, 1982), pp. 132-33.
4. Martin Trow, "Reflections on the Transition from Mass to Universal Higher Education,"

Daedalus 99 (Winter 1970): 1-5.

5. Jeanne S. Chall et al., *An Analysis of Textbooks in Relation to Declining SAT Scores* (New York: College Entrance Examination Board, 1977); Report of the Advisory Panel on the Scholastic Aptitude Test Score Decline, *On Further Examination* (New York: College Entrance Examination Board, 1977), pp. 25-31; A. Harnischfeger and D. Wiley, *Achievement Test Score Decline: Do We Need to Worry?* (Chicago: CEMREL, 1975); President's Commission on Foreign Languages and International Studies, *Strength Through Wisdom: A Critique of U.S. Capability* (Washington, D.C.: Government Printing Office, 1979); Diane Ravitch, "Forgetting the Questions: The Problem of Educational Reform," *American Scholar* 50 (Summer 1981): 329-40.

6. 著者は1982年12月に5人に電話インタビューを行った。1人目は、ミシシッピ州ハズルハーストのアンティオック・スクールの元教師であるアルコラ・フォスター夫人である。2人目は、フローレンス・クリスマス夫人の姉妹でアンティオック・スクールとハズルハースト市の小学校の教師と校長をしていたキャリー・N・ワレス夫人で、彼女は、現在はルイジアナ州のレーク・プロビデンスに住んでいる。3人目は、ミシシッピ州ハズルハーストのローワン・トレイである。4人目は、コピア郡の副教育長のジミー・ブキャナンである。5人目は、ハズルハースト市の教育長のH・T・オウバーバイである。

訳者あとがき

　アメリカを代表する教育史家の1人であるダイアン・ラヴィッチ (Diane Ravitch) は、アメリカの教育の史的展開に着目した著書をこれまでに3冊著している。最初の著書は、19世紀から20世紀後半までのニューヨークの公立学校の史的展開を扱った、*The Great School Wars: New York City, 1805-1973; A History of the Public Schools as Battlefield of Social Change* (New York: Basic Books, 1974) である。二番目の著書は、第二次世界大戦後の1945年から1980年に至る35年間のアメリカの教育の流れを描いた、*The Troubled Crusade: American Education, 1945-1980* (New York: Basic Books, 1983) である。そして三番目の著書は、20世紀の100年間にわたるアメリカの教育の歴史を綴った、*Left Back: A Century of Battles Over School Reform* (New York: A Touchstone Book, 2000) である。

　このうち、*Left Back* は、訳者を含む3人のアメリカ教育の研究者の手により、すでに翻訳書が刊行されている（末藤美津子・宮本健市郎・佐藤隆之訳『学校改革抗争の100年——20世紀アメリカ教育史——』東信堂、2008年）。そこで今回は、範囲としては *Left Back* の扱っている時期の中に含まれているが、分析の対象や手法が *Left Back* とは若干異なる、*The Troubled Crusade* を訳者1人で翻訳することとした。*Left Back* と *The Troubled Crusade* との関係を理解するためにも、ここで、ラヴィッチの略歴とともに、上記の3冊の著書が生み出された背景を簡単に紹介しておきたい。

　コロンビア大学のティーチャーズ・カレッジに進んだラヴィッチは、1969

年からローレンス・クレミン (Lawrence A. Cremin) の指導を受けることとなった。当時のアメリカ教育史研究においては、いわゆる「リヴィジョニスト (revisionist)」や「ラディカル・リヴィジョニスト (radical revisionist)」と呼ばれる人々が登場し、それまで定説となっていた歴史解釈に修正を求める動きが顕著であった。こうした変革のうねりをクレミンのもとで受け止めたラヴィッチは、リヴィジョニストに対しては批判的な見解を抱いていた。博士論文をまとめるに際し彼女は、ニューヨークという大都市における公立学校の歴史的な変遷をテーマに選んだ。この博士論文が、*The Great School Wars* である。1975年には博士号を取得し、コロンビア大学のティーチャーズ・カレッジに教員として採用され、ラヴィッチはニューヨーク市における学校改革の歴史研究を続けていくこととなる。

ところで、ラヴィッチが教育史の研究者としての道を歩み始めた頃、アメリカは国の内外で極めて困難な状況に直面していた。国外ではベトナム戦争が泥沼化し、国内では公民権運動の高まりを背景に、マイノリティの人々が自らの権利を主張したり、大学のキャンパス内で物理的な力による衝突が繰り返されたりして、社会のあり方そのものが厳しく問い直されていた。こうした状況の中で1965年に初等中等教育法が制定され、連邦政府が公教育への直接的な関与を開始したことを、ラヴィッチは大きな出来事と位置づけている。社会の中で十分な教育を受けられずにいる人々をどのように救済できるのか、教育の機会均等がなぜ実現しないのかといった、教育における平等や公正の実現を模索しつつ執筆されたのが、*The Troubled Crusade* である。人種・性・障害による差別の撤廃、バイリンガル教育、大学入試における積極的差別是正措置といった、厳しい対立を内包するテーマを取り上げ、社会的正義を実現するためには、初等教育段階から高等教育段階に至るまでの教育機関はどのような役割を担うべきかを、ラヴィッチは「無知の撲滅運動」という視点から問いかけている。

カリキュラムをめぐる問題も *The Troubled Crusade* の中ではもちろん取り上げられているが、1980年代以降のラヴィッチは、学校で何が教えられるべきかという、教育内容への関心を深めていく。1985年に日本を訪問した折

に、「学習指導要領」に触れて感銘を受けたことも、のちに述懐している（「日本語版への序文」『学校改革抗争の100年——20世紀アメリカ教育史——』IX頁）。また、実際に、カリフォルニア州の歴史カリキュラムの作成にも加わっている。基準を設定し、そのことを通して教育の質の向上を図っていきたいという彼女の思いは、1991年から1993年にかけてブッシュ政権下で教育次官補を務める中で、具体化されていった。政策立案者として、国家的な基準の設定に直接、関わっていくことになったからである。彼女が推進した基準運動は、2002年に No Child Left Behind Act（NCLB法；ひとりもおちこぼれを出さない法）を成立させた。このように教育史家でありながら、教育政策立案者としても活躍した自らの経験を踏まえて執筆されたのが、Left Back である。なお、Left Back の邦訳には3人の訳者による詳しい解説がつけられているので、あわせて参照していただきたい。

　2010年3月には、ラヴィッチの新刊 The Death and Life of the Great American School System: How Testing and Choice Are Undermining Education (New York: Basic Books, 2010) が刊行され、アメリカ国内で話題となっている。この著書の中で、彼女はこれまで自分が積極的に推進してきた基準運動を批判し、現代アメリカの教育政策の中核に据えられている NCLB 法の弊害を説いている。テスト、アカウンタビリティ、チャーター・スクールなどが批判の的とされているのである。これは、ラヴィッチの「思想の転回」とも言われているが、別の見方をするならば、The Troubled Crusade を貫いていた教育の平等と公正を求める立場に立ち戻ったとも考えられる。その意味でも、The Troubled Crusade を今日的な視点から読み返すことがますます求められているように感じられる。

　1945年から1980年までの激動の時代において、アメリカの教育がいわば社会的正義の実現を目指してどのように戦ってきたかを知ることは、今日のアメリカの教育を理解するうえでも必要不可欠なことであろう。すべての人に質の高い教育を保証しようとする取り組みは、時間や場所の制約を超えて、私たちに多くの知見を与えてくれるものと思われる。今後のアメリカの教育のゆくえを見据えるためにも、また、学力向上を目指した政策を掲げている日本の教育のあり方を再考するためにも、本書を手がかりにしてもらえたら

幸いである。
　本書の翻訳を思い立ってから、3年ほどの月日がたってしまった。さまざまな事情から、翻訳作業をしばらく中断せざるを得ないようなことも少なからずあった。こうした訳者の仕事ぶりを最後まで暖かく見守ってくださった、東信堂の下田勝司社長に心からお礼を申し上げたい。

　2011年2月9日

末藤　美津子

事項索引

【ア行】

赤狩り　Red-baiting		114, 118, 123, 126, 145, 146
『赤本』　*Redbook*		15
『アトランティック・マンスリー』　*Atlantic Monthly*		101, 400
アフリカ系アメリカ人学生協会（SAS）　Students' Afro-American Society		281
アフリカ系アメリカ人協会（AAS）　Afro-American Society		298–301
アフリカ系アメリカ人研究　Afro-American studies		292, 298
アフリカ系アメリカ人研究学部　Department of Afro-American Studies		292
アメリカ学校管理職協会　American Association of School Administrators		92
アメリカ教育協会　American Education Association		148
アメリカ教育審議会　American Council on Education		21, 83
——のアメリカ青年委員会　American Youth Commission		84
アメリカ教育全米会議　National Council for American Education		148
アメリカ教育の後見人　Guardians of American Education		148
アメリカ教員連盟（AFT）　American Federation of Teachers		124, 126, 132, 143, 389, 437, 439
アメリカ在郷軍人会　American Legion		39, 135, 149
アメリカ自治体職員連合　American Federation of State, County, and Municipal Employees		438
アメリカ市民的自由連合（ACLU）　American Civil Liberties Union		53, 133, 140, 400
アメリカ職業協会　American Vocational Association		92
アメリカ心理学会　American Psychological Association		420
アメリカ青年会議　American Youth Congress		50
アメリカ大学教授協会（AAUP）　American Association of University Professors		132, 140, 267
アメリカ調査研究所（AIR）　American Institutes for Research		386, 387
アメリカ農業局連合　American Farm Bureau Federation		39
『アメリカの民主主義のための高等教育』　*Higher Education for American Democracy*		21
アメリカ歴史協会　American Historical Association		147
アメリカ労働総同盟（AFL）　American Federation of Labor		124
『アメリカン・リージョン』　*American Legion*		126, 127
アンティオック　Antioch		4
——・スクール　Antioch School		5, 456
イギリスの幼児学校　British infant schools		334–337, 339, 341, 342
偉大な社会のための教育改革　Great Society educational reforms		333
偉大な社会のためのプロジェクト　Great Society programs		224, 234

ウェザーメン　Weathermen	286, 303, 307
ウォーターゲート・スキャンダル　Watergate scandal	385
A・フィリップ・ランドルフ研究所　A. Philip Randolf Institute	234
エシバ判決　Yeshiva decision	440
エスノセントリズム（自民族中心主義）　Ethnocentrism	374, 376, 377
『エデュケイショナル・ガーディアン』　*Educational Guardian*	149
『エデュケイショナル・リビューアー』　*Educational Reviewer*	148, 149
エバーソン判決　Everson decision	42–44, 46, 56, 58
オープン・エデュケーション　Open education	337, 338, 340, 342, 343, 346–350, 352, 357, 440, 454
──運動　Open education movement	332, 353, 356
オープン・スクール　Open Schools	362
親と教師の全米会議　National Congress of Parents and Teachers	7
親の会　Parents Council	99
オルタナティブ・スクール　Alternative Schools	355, 356, 361, 362
──運動　Alternative schools movement	332

【カ行】

カーネギー財団　Carnegie Corporation	321, 322, 343
下院教育労働委員会　House Committee on Education and Labor	47, 49, 55, 56
下院反アメリカ活動委員会（HCUA）　House Committee on Un-American Activities	126, 129–132, 140, 262, 266
カウンターカルチャー　Counterculture	279, 317, 328, 352, 355, 356, 363, 456
学習障害児　Learning-disabled children	429
学生非暴力調整委員会（SNCC）　Student Nonviolent Coordinating Committee	194, 203, 233, 264, 267, 268, 278, 280, 282, 374
隔離に反対する法学教員委員会　Committee of Law Teachers Against Segregation	172
「形ばかりの」人種隔離廃止　"Token" desegregation	186, 193, 229
学校財政再建　School finance reform	441
──運動　School finance reform movement	437
学校数学研究団体（SMSG）　School Mathematics Study Group	368
合衆国憲法修正第1条　First Amendment of U.S. Constitution	41, 42, 154, 274
合衆国憲法修正第5条　Fifth Amendment of U.S. Constitution	141, 142, 154, 429
合衆国憲法修正第14条　Fourteenth Amendment of U.S. Constitution	170, 172, 174, 177, 178, 181, 274, 401, 403
カリキュラム改革　Curriculum reform (innovation)	111, 331, 332, 369, 370, 372
──運動　Curriculum reform movement	325, 371, 372, 443
カリキュラム改訂　Curriculum revision	73–78, 80, 324, 366, 367, 371
──運動　Curriculum revision movement	73, 77, 79, 84
キーズ判決　Keyes Decision	246

基礎に帰れ　Back to basics　　　　　　　　　　　　　　　　　　　　358
「基礎に帰れ」運動　"Back to basics" movement　　　　　　358, 368, 369, 440
義務教育法　Compulsory education laws　　　　　　　　　　　　　13, 213
逆差別　Reverse discrimination　　　　　　　　　　　　　　　　396, 424
教育開発センター（EDC）　Education Development Center　　　　　　　339
教育サービス有限会社（ESI）　Educational Services Incorporated　　　　339
教育水準を最大限に高めていくための黒人連合　Black Coalitin to Maximize Education　253
『教育の機会均等』　Equality of Educational Opportunity　　　　　　　　235
　　→「コールマン報告書」も参照
強制バス通学　Busing　　　　　　　　　　230, 245, 246, 253, 332, 373, 434
共通学習　Common lernings（プログラム）　　　　　　77, 93, 99, 100, 150
クーパー対アーロン判決　Cooper v. Aaron　　　　　　　　　　　　　　191
グリーン（対ニューケント郡）判決　Green v. New Kent County　　　244, 245
経済機会法　Economic Opportunity Act　　　　　　　　　　　　　200, 224
健康教育福祉省（HEW）　U.S. Department of Health, Education, and Welfare　56, 228-230,
　　　　　　　　　232, 233, 237, 246, 302, 381, 384, 418, 422, 425, 428, 430
　　――（の）指針　HEW guidelines　　　　　　　　　　　　　228-231, 233
言論の自由を求める運動（FSM）　Free Speech Movement　　268-274, 278, 311
コア・カリキュラム　Core curriculum　　　　　　　　　15, 63, 77, 88, 93, 95
高等教育法第9章　Higher Education Act of 1972　　412, 415, 417, 421, 422, 424, 443
公法94-142　Public Law 94-142　　　　　　　　　　　　　　　430, 432, 433
　　→「全障害児教育法」も参照
公民権　Civil rights　　　　　　28, 29, 31, 34, 35, 125, 160, 163, 165-167, 174, 178, 183,
　　　　　　　　184, 188, 195, 200, 203, 205, 225, 226, 228, 233, 247, 248, 252, 262, 264-269,
　　　　　　　　271, 276, 294, 327, 373, 376, 394, 399, 400, 404, 407, 410, 421, 424, 448, 449
　　――運動　Civil rights movement　　　　　36, 159, 166, 194, 195, 197, 198, 202, 206,
　　　　　　　　　　227, 245, 248, 264, 265, 293, 294, 326, 352, 405, 416, 426, 427
公民権局（OCR）　Office for Civil Rights　363, 381, 382, 394, 395, 397, 415, 417, 421, 427, 429, 433
公民権法（1964年）　Civil Rights Act of 1964　　　　197, 200, 202, 203, 207, 226, 227, 229,
　　　　　　　　　　　　　　　　230, 232, 235, 253, 264, 391-393, 410, 413, 421
　　――（の）第6章　　　　　　　　　　　198, 227, 228, 229, 374, 381, 392, 403, 429
公立学校校長会　Chief State School Officers　　　　　　　　　　　　　389
コールマン報告書　Coleman Report　　　　　　　　　　　235, 237, 239, 246
国際共産主義連盟　Communist International　　　　　　　　　　　117, 136
黒人学生連合（BSU）　Black Student Union　　　　　　　　　　　294, 295
黒人研究　Black studies　　　　　287, 292, 294, 298, 299, 303, 315, 316, 375, 376
黒人研究学部　Department of Black Studies　　　　　　　　　　295, 297, 302
黒人民族主義　Black nationalism　　　　　　　　　　　　　　　　203, 243
国防教育法（1958年）（NDEA）　National Defense Education Act of 1958　　320
国防分析研究所（IDA）　Institute for Defense Analysis　　　　280-282, 285, 312

コクラン判決　Cochran decision　43
子ども中心　222
　──の学校　Child-centered schools　62, 65, 71, 347
「子どもの利益」の理論　Child-benefit theory　43, 46, 58
コミュニティ・カレッジ　Community colleges　22, 25, 450, 451
雇用機会均等委員会（EEOC）　Equal Employment Opportunity Commission　395, 406, 421, 423, 425, 427

【サ行】

『サイエンティフィック・マンスリー』　*Scientific Monthly*　101
最前線の思索者　Frontier Thinkers　120, 122, 126, 147
『サタデー・レビュー（・オブ・リテラチャー）』　*Saturday Review of Literature*　101, 103, 152, 343
産業別労働組合会議（CIO）　Congress of Industrial Organizations　33, 143
地獄からきた国際女性テロリスト共謀団（WITCH）　Women's International Terrorist Conspiracy from Hell　408
シェイディ・ヒル・スクール　Shady Hill School　339, 340
ジェファーソン判決　Jefferson decision　231, 232
事実上の人種隔離　De facto segregation　233, 238, 239, 247, 249
事実上の人種別学制度　De facto segregated schools　247
実験学校プログラム（ESP）　Experimental Schools Program　361-363, 365, 366, 372
ジム・クロウ法　Jim Crow laws　166
州権優位説　Interposition　186
自由選択　231
　──制　Free-choice policy　184, 316
　──プラン　Free-choice plans　229, 244
上院教育労働委員会　Senate Committee on Education and Labor　3, 36, 40
上院国内安全保障小委員会（SISS）　Senate Internal Security Subcommittee　129, 140, 143, 144
障害児　Handicapped children　427, 428, 430, 431, 433, 434, 436, 442
障害児教育　Special education　428, 430, 431, 433, 441
障害児のための審議会　Council for Exceptional Children　428
障害者教育局（BEH）　Bureau of Education for the Handicapped　428, 430
職業教育　Vocational education　18, 22, 79, 90, 92, 168, 360, 415, 452
女性解放運動家　Women's Liberationists　408
初等科学学習（ESS）　Elementary Science Study　340, 341
初等中等教育法（1965年）（ESEA）　Elementary and Secondary Education Act of 1965　200, 207, 226, 228, 327, 360
　──第7章　381, 383, 386, 387
　──（の）第1章　220, 222-224
進学適性試験（SAT）　Scholastic Aptitude Test　96, 358, 435, 436, 453
シングルトン判決　Singleton decision　231, 232

事項索引　509

新左翼　New left　260, 262, 264, 266, 275, 276, 290, 309, 352, 408
人種隔離　Segregation　7, 9, 22, 26, 31, 32, 35, 37, 78, 159, 160, 164, 165, 167-171, 173, 175, 177-182, 184, 185, 189, 191-195, 200, 207, 210, 228, 230, 231, 239, 240, 244-247, 249, 250, 251, 255, 264, 326, 360, 391, 392, 447, 448, 450
人種隔離廃止　Desegregation　175, 178, 179, 181-184, 186, 187, 189, 191, 192, 195, 198, 200, 202, 207, 227, 228, 230-233, 237, 244, 245, 249-251, 363, 386, 392, 453, 457
人種差別　Racism, Racial discrimination　23, 26, 27, 29-31, 159, 161, 162, 164, 165, 194, 197, 198, 200, 205, 207, 220, 224, 225, 227, 231, 234, 238, 242, 245, 248, 253, 264, 266, 281, 283, 289, 298, 300, 310, 317, 328, 332, 362, 391-394, 397, 398, 399, 401, 402, 404, 405, 440
人種差別の撤廃　Nondiscrimination　230
人種（の）統合　Integration　149, 176, 183, 185, 190, 199, 229-233, 236, 237, 240, 242, 244, 245, 249, 250, 266, 326, 327, 373-375, 392
　　──運動　Integration movement　242, 243, 250, 294
人種平等会議（CORE）　Congress of Racial Equality　194, 203, 282, 374
人種分離　Separation　166, 238, 239
人種別学　School segregation　7, 30-33, 59, 167, 168, 173, 176, 177, 179, 181, 183, 233, 241, 246, 250, 253, 294, 363, 375, 376, 447
進歩主義教育　Progressive education　61-66, 69, 70, 72, 76, 81, 82, 84, 89, 93, 97, 99, 100, 102, 104, 105, 107, 109, 111, 119, 123, 125, 146, 148-150, 336, 454
　　──運動　Progressive education movement　64, 65, 109
　　──協会　Progressive Education Association　72, 109
進歩労働党（PL）　Progressive Labor Party　277, 290, 303
人民戦線　Popular Front　117, 118, 123, 130, 132, 134
スプートニク　Sputnik　111, 255, 319-321, 323, 324, 328, 337, 339, 366, 367
スミス法　Smith Act　140, 154
スワン（対シャーロッテーマックレンバーグ）判決　Swann v. Charlotte-Mecklenburg　245, 246
生活適応運動　Life adjustment movement　93
生活適応教育　Life adjustment education　90-93, 96, 98, 101, 111, 319
生活適応プログラム　Life adjustment program　94
政教分離のために団結したプロテスタントとそれ以外のアメリカ人（POAU）
　Protestants and Other Americans United for Separation of Church and State　44, 48, 54
性（による）差別　Sexism, Sexual discrimination　373, 391, 409, 410, 412, 415, 420, 423, 425, 426, 440
青年の生活適応教育に関する全米委員会　National Commission on Life Adjustment Education for Youth　92
セクシュアル・ハラスメント　Sexual harassment　424, 425
積極的差別是正措置　Affirmative action　373, 378, 390, 391, 393-396, 398, 400, 406, 410, 413, 422, 424, 431, 434, 443
セラーノ（対プリースト）判決　Serrano v. Priest　437
全障害児教育法　Education for All Handicapped Children Act　430, 442

選抜徴兵制　Selective Service System	277
全米英語教師協議会　National Council of Teachers of English	421
全米科学財団（NSF）　National Science Foundation	323, 324, 331, 339-341, 366-368, 370, 443
全米学生連盟　National Student League	116
全米カトリック福祉協議会　National Catholic Welfare Conference	46, 48, 49, 93
全米教育委員会協会　National School Boards Association	389
全米教育協会（NEA）　National Education Association	6, 7, 14, 36, 37, 40, 43, 48, 57, 72, 85, 92, 111, 132, 153, 321, 400, 437, 439
――の教育政策委員会　Educational Policies Commission	83, 85, 87
――の10人委員会　Committee of Ten	67
――の中等教育の再編に関する委員会（CRSE）　Commission on the Reorganization of Secondary Education	67, 68
――の防衛委員会　Defense Commission	103
全米公立学校教職員協議会　National Council of State School Officers	93
全米小学校校長協会　National Association of Elementary School Principals	389
全米女性協会（NOW）　National Organization for Women	409, 417, 418
全米製造業者協会　National Association of Manufacturers	39
全米知的障害者協会　National Association for Retarded Citizens	428
全米中等学校校長協会　National Association of Secondary-School Principals	83, 85, 92, 389
全米都市連盟　National Urban League	164, 405
全米ハイスクール指導主事・中等教育主事協会　National Association of High School Supervisors and Directors of Secondary Education	92
全米有色人地位向上協会（NAACP）　National Association for the Advancement of Colored People	7, 28, 31, 34, 36, 37, 40, 164, 167, 169, 170, 171, 173, 174, 179, 181, 184, 185, 194, 197-199, 244, 249, 253, 401, 405
――の訴訟弁護基金（LDF）　Legal Defense Fund	176, 253, 401
『ソーシャル・フロンティア』　Social Frontier	120, 122, 123, 127

【タ行】

大学自由入学制　Open admissions	287, 315
大恐慌　Great Depression	6, 8, 10, 11, 28, 114, 115, 153, 156, 230, 276, 316
大統領による高等教育委員会　President's Commission on Higher Education	21, 22, 25, 164, 450
（大統領による）公民権委員会　President's Committee on Civil Rights	28, 29, 31, 33, 35, 36, 164, 458
第二言語としての英語学習法（ESL）　English as a Second Language	383, 390
『タイム』　Time	82, 101, 402
脱学校運動　Deschooling movement	333
「脱学校」論	353
タフト法案　Taft bill	40, 46, 48, 448
男女教育均等法　Women's Educational Equity Act	415, 418

事項索引　511

男女均等行動連盟（WEAL）　Women's Equity Action League　409, 411, 421
忠誠の誓い　Loyalty oaths　114, 125, 130, 137, 140, 154
『中等教育の根本原理』　Cardinal Principles of Secondary Education　67, 68, 71, 72, 78, 87, 93, 96
ティーチャーズ・カレッジ　Teachers College　64, 68, 73, 75, 77, 83, 89,
　　　　　　　　　　　　　　　　　　　　　　　　　　　105, 119, 122, 151, 215, 218
『デイリー・ワーカー』　Daily Worker　131
ディルワース委員会　Dilworth Committee　151
投票権法　Voting Rights Act　198, 200, 226, 230
都市の危機　Urban crisis　204, 206, 326

【ナ行】

南部キリスト教指導者会議　Southern Christian Leadership Conference　194
『ニュー・リパブリック』　New Republic　334
入学者数の制限　Numerus clausus　22
『ニューズウィーク』　Newsweek　20
ニューディール　New Deal　10, 11, 37, 38, 115, 117, 125, 163
『ニューヨーク・タイムズ』　New York Times　8, 23, 48, 133, 183
『ニューヨーク・ワールド・テレグラム』　New York World Telegam　51
ニューヨーク州立大学理事会試験　New York State Regents' examinations　96
「人間一学科課程」（MACOS）　Man: A Course of Study　370, 441
『ネイションズ・ビジネス』　Nation's Business　126
『ネイション』　Nation　44, 45, 51

【ハ行】

バーデン法案　Barden bill　48, 49, 51, 53, 55
バイリンガル教育　Bilingual education　378-381, 383, 385, 387-390, 420, 427, 434, 441
バイリンガル教育法
　　——（1968年）　Bilingual Education Act of 1968　381, 385
　　　→「初等中等教育法第7章」も参照
　　——（1974年）　Bilingual Education Act of 1974　385
　　——（1978年）　Bilingual Education Act of 1978　385, 388
破壊活動防止計画　Antisubversive program　143
破壊活動防止法　Antisubversive legislation　154, 157
白人の郊外への脱出　White flight　248, 250
肌の色にとらわれない（こと　Color-blindness　159, 167, 174-176, 184, 196, 198,
　　　　　　　　　　　　　　　　　　　　　　　　200, 202, 203, 230, 374, 376, 391, 403
肌の色に配慮する（こと）　Color-consciousness　230, 374, 376, 391
『パワー・エリート』　Power Elite　261
ビート族　Beats　260, 279
フェインバーグ法　Feinberg Law　143, 155

フェミニスト　Feminist	409, 410, 416, 418, 420, 423
──運動　Feminist movement	408, 426, 427
フェミニズム　Feminism	309, 408-410
『フォーチュン』　*Fortune*	19, 27
フォード財団　Ford Foundation	322, 332, 338, 347, 377, 400
フォロー・スルー　Follow Through	342
復員兵援護法（GI Bill）　GI Bill of Rights	16-21, 38, 43
プラウデン委員会　Plowden Commission	335
ブラウンⅡ　Brown II	178
ブラウン（対教育委員会）判決　Brown v. Board of Education	173, 177, 179, 181, 182, 184, 187, 192, 202, 207, 210, 220, 227, 228, 230, 232, 237, 239, 245, 246, 253, 376, 392, 400, 401
ブラック・パンサー党　Black Panther Party	295, 298, 304, 305, 374, 391
ブラック・ムスリム　Black Muslims	205, 374
フリー・スクール　Free school	332, 352-355, 362
──運動　Free school movement	332, 352, 353, 355, 356
ブリッグスの格言　Briggs dictum	230, 231
プレッシー（対ファーガソン）判決　Plessy v. Ferguson	166-168, 173, 174, 198
→「プレッシーの見解」「プレッシーの例」も参照	
プレッシーの見解	169, 170
プレッシーの例	182
ブロイレス委員会　Broyles commission	138
プロジェクト・メソッド　Project method	71
文化的剥奪　Cultural deprivation	210, 212, 214, 215, 218-220, 224
分離された平等　Separate equality	165
分離すれども平等　Separate but equal	167, 170, 171, 173, 174, 177
米国愛国婦人会（DAR）　Daughters of the American Revolution	38, 39
米国商工会議所　U.S. Chamber of Commerce	38
ヘッド・スタート　Head Start	220-222, 224, 333, 342
ベトナム　Vietnam	288, 309
ベトナム戦争　Vietnam war	226, 235, 277, 278, 316, 377
ベビーブーム　Baby boom	8, 59, 98, 255, 256, 316, 317, 320, 398, 413, 414
包括的学校改革プログラム（CSIP）　Comprehensive School Improvement Program	322
法律上の人種隔離　De jure segregation	233, 244, 247
法律上の人種別学（制度）　De jure segregated schools	247
ポート・ヒューロン声明　Port Huron Statement	263, 264
補習　Remedial education	322, 327
補償（教育）　Compensatory education	209, 213, 214, 220, 223, 236, 237, 240, 241, 322, 327, 333, 337, 441
本質主義者　Essentialists	82

【マ行】

マサチューセッツ工科大学（MIT） Massachusetts Institute of Technology	140, 141, 320, 324
マッカーシズム McCarthyism	152, 156, 157, 260
マッコーラム判決 McCollum decision	46
『マッコールズ』 McCall's	101, 152
ミニット・ウィメン Minute Women	149
ミリケン対ブラッドレー判決 Milliken v. Bradley	249
民主主義社会のための学生（SDS） Students for a Democratic Society	262, 263, 266, 276-278, 280-286, 289, 292, 295, 301, 303, 307, 313
民主的行動を求めるアメリカ人 Americans for Democratic Action	136
モイニハン報告書 Moynihan Report	224, 225
問題解決のための教員集団（AHFG） Ad Hoc Faculty Group	283, 284
モントゴメリー Montgomery	193

【ヤ行】

『優秀性の追求』 Pursuit of Excellence	321, 322
ユダヤ人文化教育促進協会 B'nai B'rith	153

【ラ行】

『ライフ』 Life	23, 101
ラオ救済策 Lau remedies	383, 389
ラォ（対ニコラス）判決 Lau v. Nichols	382, 383
ラップ・クーダート委員会 Rapp-Coudert Committee	126
『リーダーズ・ダイジェスト』 Readers Digest	101, 148
リトルロック Little Rock	164, 189-191, 230, 239, 244, 252
リハビリテーション法（1973年） Rehabilitation Act of 1973	429
リンカーン・スクール Lincoln School	105
レデュケイター・シリーズ Red-ucator Series	149
連邦公民権委員会 U.S. Commission on Civil Rights	188, 198, 229, 239-241, 250, 406, 410, 427
連邦捜査局（FBI） Federal Bureau of Investigation	145, 423
ロックフェラー兄弟財団 Rockefeller Brothers Fund	321

【ワ行】

ワシントン行進 March on Washington	197
割り当て制度 Quata system	22, 199, 396, 397, 399, 400, 402, 405, 424

人名索引

【ア行】

アービン, サム	Ervin, Sam	199, 227
アーマー, デービッド・J	Armor, David J.	250
アーミントン, デービッド	Armington, David	339
アーンスト, モリス	Ernst, Morris	32
アイゼンハワー, ドワイト・D（大統領）	Eisenhower, Dwight David	59, 153, 183, 186–188, 190, 192, 195, 260, 319, 320, 393
アダムズ, ジェーン	Addams, Jane	65
アップチャーチ, ウィルマ	Upchurch, Wilma	3, 6
アトキン, J・マイロン	Atkin, J. Myron	442
アドラー, モーティマー・J	Adler, Mortimer J.	81
アルバーティ, ハロルド	Alberty, Harold	108
アレクサンダー, サディー	Alexander, Sadie	32
イーストランド, ジェイムズ・O	Eastland, James O.	35
イバーセン, ロバート	Iversen, Robert	155, 156
イリイチ, イヴァン	Illich, Ivan	333, 353
ウィズダム, ジョン・マイナー	Wisdom, John Minor	231–233
ウィルキー, ウェンデル・L	Willkie, Wendell L.	27
ウィルキンズ, ロイ	Wilkins, Roy	198, 199
ウェイランド, スローン	Wayland, Sloan	218
ウェーバー, リリアン	Weber, Lillian	337, 342, 346
ウェザーフォード, ウィリス・D	Weatherford, Willis D.	444
ウェシュラー, ジェイムズ・A	Wechsler, James A.	116, 156
ウェヒスラー, ハーバート	Wechsler, Herbert	181
ウェルズ, H・G	Wells, H.G.	11
ウェンデル, バーレット	Wendell, Barrett	23
ウォルフ, ロバート・ポール	Wolff, Robert Paul	308
ウッドリング, ポール	Woodring, Pau	198, 107
エバーズ, メジャー	Evers, Medger	197
エマーソン, トーマス	Emerson, Thomas	172
エリオット, チャールズ	Eliot, Charles	67
オーダム, ハワード	Odum, Howard	161–163, 173
オーフィールド, ゲイリー	Orfield, Gary	245, 386
オクスナム, G・ブロムリー	Oxnam, G. Bromley	44

オニール，ウィリアム・L　O'Neill, William L.　260

【カ行】

カー，ウィリアム・G　Carr, William G.	85, 259, 273
カー，クラーク　Kerr, Clark	258, 267, 268, 270, 272
カーク，グレイソン　Kirk, Grayson	282, 283, 285
カーター，ロバート・L　Carter, Robert L.	174, 180, 182, 389, 430, 431, 445
カーター，ジミー（大統領）　Carter, Jimmy	406, 439, 445
ガードナー，ジョン　Gardner, John	322
カーマイケル，オマー　Carmichael, Omer	183
カーマイケル，ストーケリー　Carmichael, Stokely	233
カールッチ，フランク　Carlucci, Frank	384
カーン，エドモンド　Cahn, Edmond	180, 181
カウデン，ピーター　Cowden, Peter	365
カウンツ，ジョージ　Counts, George S.	119, 122-126, 136, 141, 147, 148
カストロ，フィデル　Castro, Fidel	260
カリファノ，ジョセフ　Califano, Joseph	430
カレット，アンソニー　Kallet, Anthony	339, 340
カンデル，I・L　Kandel, I.L.	77, 89, 97, 107
カントリーマン，バーン　Countryman, Vern	156
キーオ，フランシス・P　Keogh, Francis P.	46
ギッテルソーン，ローランド・B　Gittelsohn, Roland B.	32
ギットロー，ベンジャミン　Gitlow, Benjamin	130
キャズウェル，ホリス　Caswell, Hollis L.	64, 75
ギャノン，ロバート・I　Gannon, Robert I.	24
キャレイ，ジェイムズ　Carey, James	33
キャンウェル，アルバート・F　Canwell, Albert F.	132
キャンベル，アーネスト・Q　Campbell, Ernest Q.	235
キルソン，マーチン　Kilson, Martin	299
キルパトリック，ウィリアム・ハード　Kilpatrick, William Heard	68, 71, 74, 81, 82, 120, 121, 125, 148, 151, 336
キング，マーチン・ルーサー・ジュニア　King, Martin Luther, Jr.	193, 195, 198, 233, 280, 393
キングスレー，クラレンス・D　Kingsley, Clarence D.	67
グッドマン，ポール　Goodman, Paul	260, 261, 312, 329, 334
クラーク，ケネス・B　Clark, Kenneth B.	180, 220, 239, 244
クラッグ，エドワード　Krug, Edward A.	96
グラハム，パトリシア・A　Graham, Patricia Albjergiv	109
クランストン，アラン　Cranston, Alan	385
グラント，ジェラルド　Grant, Gerald	315
グリアー，ジャーメーン　Greer, Germaine	409

グリーン, エディス	Green, Edith	410, 412, 424
グリーンバーグ, ジャック	Greenberg, Jack	184
クリスマス, フローレンス	Christmas, Florence	4-6, 456, 457
グレイザー, ナッサン	Glazer, Nathan	156
クレイン, ルシール・カーディン	Crain, Lucille C.	148, 149
クレミン, ローレンス・A	Cremin, Lawrence A.	64, 124
グローバード, アレン	Graubard, Allen	353
グロス, ロナルド	Gross, Ronald	343
ゲインズ, ロイド・ライオネル	Gaines, Lloyd Lionel	169, 170
ケッペル, フランシス	Keppel, Francis	325
ケネディ, エドワード	Kennedy, Edward	385
ケネディ, ロバート・F	Kennedy, Robert F.	199, 223, 288
ケネディ, ジョン・F（大統領）	Kennedy John F.	55, 56, 195-199, 206, 227, 259, 288, 325, 326, 393
ゲルホーン, ウォルター	Gellhorn, Walter	156
ケンプトン, ムーレイ	Kempton, Murray	131, 156
コーザー, ルイス	Coser, Lewis	115
コーヘン, デービッド・K	Cohen, David K.	252, 365
コール, ハーバート	Kohl, Herbert	330
コールマン, ジェイムズ・S	Coleman, James S.	235, 239, 250
ゴスリン, ウィラード	Goslin, Willard	150, 152
コゾル, ジョナサン	Kozol, Jonathan	330
コックス, アーチボールド	Cox, Archibald	290, 400
コナント, ジェイムズ・B	Conant, James B.	17, 19, 103, 208, 321-323
コマジャー, ヘンリー・スチール	Commager, Henry Steele	141, 156
コリングス, エルスワース	Collings, Ellsworth	74
コルディア, アンドリュー	Cordier, Andrew	285
コルビン, レイノルズ	Colvin, Reynolds	400
コレスニック, ウォルター	Kolesnik, Walter	69

【サ行】

サーモンド, ストローム	Thurmond, Strom	35
サーンストローム, アビゲイル	Thernstrom, Abigail M.	iv
サイモン, ブライアン	Simon, Brian	359
ザハリアス, ジェロルド	Zacharias, Jerrold	320
サビオ, マリオ	Savio, Mario	268, 271-273
サンフォード, テリー	Sanford, Terry	444
ジアマッティ, A・バートレット	Giamatti, A. Bartlett	444
シール, ボビー	Seale, Bobby	304, 305
ジェームズ, ウィリアム	James, William	65

人名索引　517

ジェノビーズ，ユージン　Genovese, Eugene D.　309, 317
ジェファーソン，トーマス　Jefferson, Thomas　vi, 117
ジェンセン，アーサー　Jensen, Arthur　333
シピュエル，エイダ・ロイス　Sipuel, Ada Lois　170, 171
シャンカー，アルバート　Shanker, Albert　439
シュメイカー，アン　Shumaker, Ann　70, 71, 74
シュレジンガー，アーサー・ジュニア　Schlesinger, Arthur, Jr.　141, 156
ジョーダン，バーノン　Jordan, Vernon　406
ジョン，ナンシー・St　St. John, Nancy　251
ジョンソン，スーザン・ムーア　Johnson, Susan Moore　438
ジョンソン，リンドン・B（大統領）　Jonson, Lyndon Baines　185, 197, 200, 206, 220, 221, 224, 226, 230, 234, 239, 276, 393, 409
シルズ，エドワード　Shils, Edward　156
シルバーマン，チャールズ　Silberman, Charles　343, 344, 346, 348, 351
スウィドラー，アン　Swidler, Ann　353, 354
スウェット，ヒーマン・M　Sweatt, Heman M.　171-173
スキナー，B・F　Skinner, B.F.　325
スチューデベイカー，ジョン・W　Studebaker, John W.　92
スチュワート，ポッター　Stewart, Potter　403
スティーブンス，ジョン　ポール　Stevens, John Paul　403
ステフェンス，リンカーン　Steffens, Lincoln　65
ストレイチー，ジョン　Strachey, John　116
ストロング，エドワード・M　Strong, Edward M.　268, 272, 274
スペルマン，フランシス枢機卿　Spellman, Francis　49-54, 56
スミス，モーティマー　Smith, Mortimer　98, 100, 101
スミス，ロバート　Smith, Robert　295, 296
セレブレッツェ，アンソニー・J　Celebrezze, Anthony J.　199, 200
ゾール，アレン　Zoll, Allen　148, 151

【タ行】

ダグラス，ハール・R　Douglass, Harl R.　84
タフト，ロバート　Taft, Robert　37, 39, 40, 47, 48, 448
チショルム，シャーリー　Chisholm, Shirley　383
チャイルズ，ジョン　Childs, John　120, 136
チャンバレン，ローレンス　Chamberlain, Lawrence A.　156
テイラー，ハロルド　Taylor, Harold　142
テイラー，テルフォード　Taylor, Telford　156
ディリング，エリザベス　Dilling, Elizabeth　125
デービス，アリソン　Davis, Allison　212
デービス，エルマー　Davis, Elmer　156

デービス，ハーバート　Davis, Herbert	136
デニソン，ジョージ　Dennison, George	330
デフュニス，マルコ　DeFunis, Marco	398, 404
デューイ，ジョン　Dewey, John	65, 66, 68, 82, 111, 118, 120, 121, 125, 146, 147, 336, 446
デューイ，トーマス　Dewey, Thomas	35, 40
デンカー，ジョエル　Denker, Joel	330
ドイッチェ，マーチン　Deutsch, Martin	211
トーマス，ノーマン　Thomas, Norman	136, 141
ドッズ，B・L　Dodds, B.L.	85
ドッド，ベラ　Dodd, Bella	124, 130, 144
トビアス，チャニング　Tobias, Channing	32
トルーマン，ハリー・S（大統領）　Truman, Harry S.	11, 21, 26, 28, 34–36, 39, 40, 42, 46, 55, 59, 128, 165, 393, 450
トレイ，ローワン　Torrey, Rowan	457, 458
トロウ，マーチン　Trow, Martin	iv
トロツキー，レオン　Trotsky, Leon	117, 118, 122, 147

【ナ行】

ナイキスト，エワルド・B　Nyquist, Ewald B.	347
ニイル，A・S　Neill, A.S.	328, 329, 334
ニクソン，リチャード（大統領）　Nixon, Richard	245, 302, 303, 306, 361, 384, 394, 418, 430, 445
ニュートン，ルイエ・D　Newton, Louie D.	44
ノートン，E・B　Norton, E.B.	5
ノートン，エレノア・ホームズ　Norton, Eleanor Holmes	406

【ハ行】

バーガー，ワレン　Burger, Warren	245, 403
パーキンズ，ジェイムズ　Perkins, James	298, 301
パークス，ローザ　Parks, Rosa	193
バース，アラン　Barth, Alan	141, 156
バース，ロランド・S　Barth, Roland S.	349, 350, 357
バーデン，グラハム・A　Barden, Graham A.	47, 49, 50, 52, 56, 57
パーマー，A・ミッチェル　Palmer, A. Mitchell	129
ハーラン，ジョン・マーシャル　Harlan, John Marshall	166, 174, 196, 198
バールマン，スティーブ　Bhaerman, Steve	330
バーレット，エドワード・L・ジュニア　Barret, Edward L., Jr.	156
バーンズ，ジェイムズ　Byrnes, James	187
ハーンドン，ジェイムズ　Herndon, James	330
ハイデン，トム　Hayden, Tom	263, 265, 282, 286

ハウ，アービング	Howe, Irving	115, 276
パウエル，ルイス	Powell, Lewis	402-405
ハウ，ハロルド二世	Howe, Harold, II	229, 392
バグリー，ウィリアム・C	Bagley, William C.	68, 77, 81, 97
バッキ，アラン	Bakke, Allan	398, 400, 402, 403, 405, 406
ハッチンズ，ロバート・M	Hutchins, Robert M.	17-19, 24, 25, 81, 97, 98, 104, 138, 139, 141, 156
ハヤカワ，S・I	Hayakawa, S.I.	296, 297
ハリス，ウィリアム・T	Harris, William T.	67
ハリントン，マイケル	Harrington, Michael	204, 276
ハル，ウィリアム	Hull, William	339-341
バンゼル，ジョン・H	Bunzel, John H.	iv, 297
バンディ，マックジョージ	Bundy, McGeorge	400
ハンド，ラーンド	Hand, Lerned	155
ビアード，チャールズ	Beard, Charles	83, 85, 87
ピアジェ，ジャン	Piaget, Jean	336, 343
ヒックス，グランビル	Hicks, Granville	140
ビッケル，アレクサンダー	Bickel, Alexander	196, 232, 237, 404
ピュージー，ナッサン	Pusey, Nathan	290, 291
ビンセント，ウィリアム・S	Vincent, William S.	89
ファイン，ベンジャミン	Fine, Benjamin	8
フェザーストーン，ジョセフ	Featherstone, Joseph	334-339, 343, 357
フォーバス，オーバル	Faubus, Orval	190, 191
フック，シドニー	Hook, Sidney	125, 133-135, 141
ブデンツ，ルイス	Budenz, Louis	130
フライン，ジョン・T	Flynn, John T.	148
ブラウダー，アール	Browder, Earl	117
ブラック，ヒューゴー	Black, Hugo	41, 46
ブラックマン，ハリー	Blackmun, Harry	402
ブラメルド，セオドア	Brameld, Theodore	121
フランクファーター，フェリックス	Frankfurter, Felix	176
ブランシャード，ポール	Blanshard, Paul	44, 45
フリーマン，リチャード・B	Freeman, Richard B.	407
ブルースター，キングマン	Brewster, Kingman	305
ブルーナー，ハーバート	Bruner, Herbert B.	73
ブルーナー，ジェローム	Bruner, Jerome	325
ブルーム，ベンジャミン	Bloom, Benjamin	212
フルブライト，ウィリアム	Fulbright, William	4
ブレジンスキー，ズビグネフ	Brzezinski, Zbigniew	310
フレミング，アーサー	Flemming, Arthur	406

ブレンナン，ウィリアム　Brennan, William	402, 403
ブロイレス，ポール　Broyles, Paul	138, 139
プロッサー，チャールズ・A　Prosser, Charles Allen	90, 91
ヘス，ロバート　Hess, Robert	212
ベストー，アーサー　Bestor, Arthur	98, 105, 106, 320
ベッテルハイム，ブルーノ　Bettelheim, Bruno	310
ベル，バーナード・イディングス　Bell, Bernard Iddings	98
ベル，ダニエル　Bell, Daniel	156, 259, 260, 263
ベル，テレル　Bell, Terrell	383, 389
ベル，デリック・A・ジュニア　Bell, Derrick A., Jr.	iv, 252
ペローン，ビット　Perrone, Vito	338, 346
ヘントフ，ナット　Hentoff, Nat	330
ホーキンス，デービッド　Hawkins, David	340
ボーゲリ，ブルース・R　Vogeli, Bruce R.	367
ボートン，テリー　Borton, Terry	331
ボールドウィン，ロジャー　Baldwin, Roger	141
ボック，デレック・C　Bok, Derek C.	444
ポッティンガー，J・スタンレー　Pottinger, J. Stanley	394
ボビット，フランクリン　Bobbit, Franklin	70
ホフスタッター，リチャード　Hofstadter, Richard	69, 156
ホルト，ジョン　Holt, John	330, 339, 349
ホワイト，バイロン　White, Byron	402
ホワイト，ウォルター　White, Walter	34

【マ行】

マーシャル，サーグッド　Marshall, Thurgood	174, 176, 180, 182, 402
マイクルジョン，アレクサンダー　Meiklejohn, Alexander	133, 134, 267
マイヤーズ，ドナルド・A　Myers, Donald A.	358
マクドナルド，ミロ　McDonald, Milo	148
マグルーダー，フランク　Magruder, Frank	149
マコーマック，ジョン・W　McCormack, John W.	49
マシューズ，J・B　Matthews, J.B.	130, 131
マッカーシー，ユージン　McCarthy, Eugene	288
マッカーシー，ジョセフ　McCarthy, Joseph	64, 113, 129, 144, 153, 156, 158, 256, 423, 425
マッキバー，ロバート　MacIver, Robert	156
マックウィリアムズ，キャレイ　McWilliams, Carey	156
マックローリン，ジョージ・W　McLaurin, George W.	171-173
マッケイ，ジョン・A　Mackay, John A.	44
マニュエル，ハーシェル・T　Manuel, Hershel T.	380
マルコムX　Malcom, X	205, 282

マレー，ジョージ　Murray, George	295
マンデル，ベンジャミン　Mandel, Benjamin	130
ミード，マーガレット　Mead, Margaret	328
ミュルダール，グンナー　Myrdal, Gunnar	27, 162, 163, 173, 194, 200
ミルズ，C・ライト　Mills, C. Wright	260–263
ミレット，ケイト　Millett, Kate	409
ミントン，シャーマン　Minton, Sherman	143
メイヤー，アグネス　Meyer, Agnes	54
モイニハン，ダニエル・パトリック　Moynihan, Daniel P.	224, 225
モース，ウェイン　Morse, Wayne	34
モート，ポール　Mort, Paul R.	83, 89
モリナ，ジョン　Molina, John	388
モンデール，ウォルター　Mondale, Walter	415–417

【ヤ行】

ヤルボロー，ラルフ　Yarborough, Ralph	379–381

【ラ行】

ライマン，リチャード・W　Lyman, Richard W.	308
ラスボーン，チャールズ・H　Rathbone, Charles H.	349
ラッグ，ハロルド　Rugg, Harold	70, 71, 74, 120, 121, 125–127, 147–149, 337
ラッシュ，ジョセフ・P　Lash, Joseph P.	50, 55
ラッド，オーガスティン　Rudd, Augustin	148
ラッド，マーク　Rudd, Mark	280, 285, 303, 312
ラッド，エベレット・カール・ジュニア　Ladd, Everett Carll, Jr.	313
ランガー，ウィリアム　Langer, William	31
リーズ，ジェイコブ　Riis, Jacob	65
リースマン，デービッド　Riesman, David	156, 315
リースマン，フランク　Riessman, Frank	215, 216
リーバーマン，マイロン　Lieberman, Myron	438
リックオーバー，ハイマン　Rickover, Hyman	319
リップマン，ウォルター　Lippmann, Walter	116
リプセット，シーモア・マーチン　Lipset, Seymour Martin	156, 313
リンカーン，エイブラハム　Lincoln, Abraham	117
リンド，アルバート　Lynd, Albert	98, 105
ルイス，ハイラン　Lewis, Hylan	218
レーガン，ロナルド　Reagan, Ronald	275, 295, 306, 389, 445
レーンキスト，ウィリアム　Rehnquist, William	403
レオナルド，ジョージ　Leonard, George	330
レジンスキー，ジョン　Lesinski, John	47, 49, 55, 57

ローズベルト，フランクリン・D（大統領）　Roosevelt, Franklin D.　　　11, 28, 115, 117, 134, 162, 393
ローズベルト，フランクリン・D夫人　Roosevelt, Eleanor　　　34, 50-54, 56, 162
ロットバーグ，アイリス　Rotberg, Iris　　　389
ロビンソン，スポッツウッド・W3世　Robinson, Spottswood W., III　　　176

【ワ行】

ワイズ，アーサー・E　Wise, Arthur E.　　　441
ワイデ，ジョージ　Wythe, George　　　vi
ワインバーグ，ジャック　Weinberg, Jack　　　271
ワトソン，グッドウィン　Watson, Goodwin　　　215
ワレス，ジョージ　Wallace, George　　　192, 196, 227
ワレス，ヘンリー　Wallace, Henry　　　35, 140
ワレン，アール　Warren, Earl　　　177, 179
ワレン，ロバート・ペン　Warren, Robert Penn　　　100

【著者略歴】

Diane Ravitch（ダイアン・ラヴィッチ）
1938年　テキサス州ヒューストン生まれ。
1975年　コロンビア大学ティーチャーズ・カレッジにおいて、ニューヨーク市の公立学校史に関する研究で博士号取得。コロンビア大学ティーチャーズ・カレッジ教授、連邦教育局教育次官補（1991年～1993年）を歴任し、現在は、ニューヨーク大学の教育学研究教授、ブルッキングズ研究所の客員上級研究員。
主要著書は、*The Great School Wars: New York City, 1805-1973; A History of the Public Schools as Battlefield of Social Change* (New York: Basic Books, 1974), *National Standards in American Education: A Citizen's Guide* (Washington, D.C.: Brookings Institution Press, 1995), *Left Back: A Century of Battles Over School Reform* (New York: A Touchstone Book, 2000), *The Death and Life of the Great American School System: How Testing and Choice Are Undermining Education* (New York: Basic Books, 2010) など。

【訳者略歴】

末藤　美津子（すえふじ　みつこ）
1977年　東京大学教育学部教育学科卒業。
1986年　東京大学大学院教育学研究科博士課程単位取得退学。
2007年　東京未来大学こども心理学部准教授。
2009年　東京未来大学こども心理学部教授、現在に至る。専門は、教育学、比較・国際教育、多言語・多文化教育。博士（教育学）。
主要著書は、『アメリカのバイリンガル教育―新しい社会の構築をめざして―』（東信堂、2002年）、『世界の外国人学校』（共編著、東信堂、2005年）、『学校改革抗争の100年―20世紀アメリカ教育史―』（共訳書、東信堂、2008年）など。

教育による社会的正義の実現――アメリカの挑戦 (1945-1980)

2011年5月6日　初　版第1刷発行　　　　　　〔検印省略〕

定価はカバーに表示してあります。

訳者©末藤美津子／発行者　下田勝司　　　　　印刷・製本／中央精版印刷

東京都文京区向丘1-20-6　郵便振替00110-6-37828
〒113-0023　TEL (03)3818-5521　FAX (03)3818-5514

発行所　株式会社　東信堂

Published by TOSHINDO PUBLISHING CO., LTD.
1-20-6, Mukougaoka, Bunkyo-ku, Tokyo, 113-0023 Japan
E-mail: tk203444@fsinet.or.jp　http://www.toshindo-pub.com

ISBN978-4-7989-0048-3　C3037　© Mitsuko Suefuji

東信堂

教育文化人間論——知の遭遇／論の越境	小西正雄	二四〇〇円
グローバルな学びへ——協同と刷新の教育	田中智志編著	二〇〇〇円
教育の共生体へ——ボディ・エデュケーショナルの思想圏	田中智志編	三五〇〇円
人格形成概念の誕生——近代アメリカの教育概念史	田中智志	三六〇〇円
社会性概念の構築——アメリカ進歩主義教育の概念史	田中智志	三八〇〇円
教育の自治・分権と学校法制	結城忠	四六〇〇円
教育制度の価値と構造	井上正志	四二〇〇円
教育による社会的正義の実現——アメリカの挑戦	D.ラヴィッチ著 末藤美津子訳	五六〇〇円
学校改革抗争の100年——20世紀アメリカ教育史(1945-1980) 今、知らねばならないこと	D.ラヴィッチ著 末藤・宮本・佐藤訳	六四〇〇円
ヨーロッパ近代教育の葛藤	前田一男編	一二〇〇円
国際社会への日本教育の新次元——地球社会の求める教育システムへ	太田美幸編	三三〇〇円
ミッション・スクールと戦争——立教学院のディレンマ	関根啓子和編	三三〇〇円
多元的宗教教育の成立過程——アメリカ教育と成瀬仁蔵の「帰一」の教育	大森秀子	五八〇〇円
協同と表現のワークショップ——学びのための環境のデザイン	編集代表 茂木一司	二四〇〇円
演劇教育の理論と実践の研究——自由ヴァルドルフ学校の演劇教育	広瀬綾子	三八〇〇円
教育の平等と正義	大桃敏行・中村雅子・後藤武俊訳 K.ハウ著	三三〇〇円
オフィシャル・ノレッジ批判——保守復権の時代における民主主義教育	野崎・井口・M.小暮・池田監訳 M.アップル著	三六〇〇円
《シリーズ 日本の教育を問いなおす》		
拡大する社会格差に挑む教育	西村和雄・大森不二雄 倉元直樹・木村拓也編	二四〇〇円
混迷する評価の時代——教育評価を根底から問う	西村和雄・大森不二雄 倉元直樹・木村拓也編	二四〇〇円
教育における評価とモラル	西村和雄編 戸瀬信之	二四〇〇円
《コメニウス セレクション》	J.コメニウス 藤田輝夫訳	三六〇〇円
地上の迷宮と心の楽園		
《現代日本の教育社会構造》（全4巻）		
〈第1巻〉教育社会史——日本とイタリアと	小林甫	七八〇〇円

〒113-0023 東京都文京区向丘1-20-6
TEL 03-3818-5521 FAX03-3818-5514 振替 00110-6-37828
Email tk203444@fsinet.or.jp URL:http://www.toshindo-pub.com/
※定価：表示価格（本体）+税